Deutsch Aktuell 3

Seventh Edition

Roland H. Specht

Shawn C. Jarvis

Wolfgang S. Kraft

Contributing Writers

Diana Moen

Nathalie Gaillot

EMC Publishing®

ST. PAUL, MINNESOTA

Associate Publisher: Alex Vargas

Director of Production: Deanna Quinn

Senior Editor: Diana Moen

Senior Associate Editor: Nathalie Gaillot

Cover and Text Designer: Leslie Anderson

Production Specialists: Leslie Anderson, Tammy Norstrem, Ryan Hamner

Digital Production Specialist: Julie Johnston

Cartographers: Maps by Patti Isaacs, Parrot Graphics; base map of Europe © Michael Schmeling, www.aridocean.com

Cartoon Illustrator: Marty Harris

Communications Activities Contributor: Hannah Matuszak

About the Cover

Munich (referred to by German speakers as *München*) is the third-largest city in Germany and the twelfth-largest in the European Union. Located on the banks of the Isar River north of the Alps, Munich is the capital of the German state of Bavaria and has a population of about 1.5 million people. Munich is a major center of art, advanced technologies, finance, publishing, business and tourism in Germany and Europe and enjoys a very high standard and quality of living. Munich is home to many national and international corporations, major universities, major museums and theaters. Its numerous architectural attractions, international sports events, exhibitions, conferences and the famous *Oktoberfest* attract millions of tourists each year.

The cover shows downtown Munich early in the morning, when shops and restaurants are still closed. The city center, or *Altstadt*, is easily navigable with all the must-sees easy for tourists to find. It is in the heart of Munich where eyes gaze upon architectural masterpieces like the *Neues Rathaus*, the *Frauenkirche* and, of course, the world renowned *Hofbräuhaus,* where thousands of locals and tourists gather for what Germans call *Gemütlichkeit*.

ISBN 978-0-82198-102-3

875 Montreal Way
St. Paul, MN 55102
Email: educate@emcp.com
Website: www.emcp.com

Printed in the United States of America
24 23 22 21 20 19 18 17 16 1 2 3 4 5 6 7 8 9 10

Denken Sie an Ihre Zukunft?

Heidi ist Ingenieurin und arbeitet mit Architekten zusammen.

Jürgen ist Musikproduzent für Sänger und Bands aus vielen Ländern.

A career using German may be in your future. Combining your German skills with another degree in college may open doors when entering the workforce. With a degree in Marketing, Finance, or Accounting, for example, you could work for a multinational company or run an import-export business of your own. If people call you the "peacemaker," maybe you're headed for a job with the U.S. Diplomatic Service after acquiring a degree in Economics, Political Science or History. A knowledge of German helps doctors and researchers keep up with the latest in medical research as many professional articles are written in German. Or perhaps you'd like to work upon graduation in an international law firm writing contracts for mergers. You could also use your German working in a publishing house, translating or interpreting.

Do any of these careers sound appealing to you? Then you should find a college with a study abroad program in a German-speaking country, or apply directly to a university in Europe.

Deutsch Aktuell, Level 3, 7th edition is a step towards using German whatever your future language goals, from working to traveling to communicating on the Internet, or simply meeting your college's language requirement. This year, as you again explore the language and culture of German-speaking countries, you will encounter two new sections in your textbook: *Kreuz und quer,* in which you'll learn more about locations where German is spoken; and *Im Fokus,* where you'll meet German speakers who have made important contributions to Germany, Europe and the world. There will be some new graphic features also, such as the *Wörterkiste*, which explains important words, and *Flash!,* which focuses on something in the news related to the chapter contents.

Es geht weiter! Viel Spaß dieses Jahr beim Lernen!

CONTENTS

Kapitel 7

Generationen 235

Kapitel 8

Gesundes Leben 273

Kapitel 9

Die Nachbarn in Europa 313

FINNLAND
Helsinki
Tallinn
ESTLAND
LETTLAND
Riga
LITAUEN
Wilna
Minsk
RUSSLAND
WEISSRUSSLAND
Warschau
LEN
SLOWAKISCHE REPUBLIK
Weichsel
Kiew
UKRAINE
Dnjepr
Dnjestr
MOLDAWIEN
Kischinew
Budapest
ARN
RUMÄNIEN
Belgrad
SERBIEN
Bukarest
Donau
MONTENEGRO
KOSOVO
Pristina
BULGARIEN
Sofia
Podgorica
Skopje
Tirana
MAKEDONIEN
ALBANIEN
GRIECHENLAND
Athen
Moskau
Wolga
Ural
RUSSLAND
Don
Wolga
Don
Tbilisi
GEORGIEN
ASERBAID-SCHAN
ARMENIEN
Jerewan
IRAN
Ankara
TÜRKEI
IRAK
Euphrat
SYRIEN
Bagdad
Nikosia
LIBANON
Beirut
ZYPERN
Damaskus

DEUTSCHLAND
DÄNEMARK
Sylt
Nordfriesische Inseln
NORDSEE
OSTSEE
Rügen
Usedom
Fehmarn
Schleswig
Kiel
SCHLESWIG-HOLSTEIN
Lübeck
Cuxhaven
Ostfriesische Inseln
Wilhelmshaven
HAMBURG
Hamburg
Schwerin
MECKLENBURG-VORPOMMERN
BREMEN
Bremen
Elbe
Oder
Papenburg
NIEDERSACHSEN
POLEN
NIEDERLANDE
Weser
Hannover
BERLIN
Spandau
Berlin
Potsdam
Spree
Elbe
Oder
Magdeburg
BRANDENBURG
Bielefeld
NORDRHEIN-WESTFALEN
SACHSEN-ANHALT
Essen
Dortmund
Duisburg
Bochum
Ruhr
Neiße
Düsseldorf
Wuppertal
Weser
Leipzig
Dresden
Erfurt
Köln
Aachen
Bonn
SACHSEN
HESSEN
THÜRINGEN
BELGIEN
Rhein
Elbe
Koblenz
RHEINLAND-
St. Goar
Wiesbaden
Frankfurt
Main
LUXEMBURG
Mosel
Mainz
TSCHECHISCHE REPUBLIK
Bamberg
Trier
PFALZ
SAARLAND
Saarbrücken
Mannheim
Nürnberg
BAYERN
Mosel
Neckar
Regensburg
Stuttgart
Aalen
Ingolstadt
Rhein
Landshut
BADEN-WÜRTTEMBERG
FRANKREICH
Donau
Donau
München
Prien/Chiemsee
ÖSTERREICH
Überlingen
Rhein
Füssen
Bodensee
2713
Watzmann
2963
Zugspitze
SCHWEIZ
LIECHTENSTEIN
0
100 Miles
0
100 Kilometers

ÖSTERREICH
TSCHECHISCHE REPUBLIK
SLOWAKEI
BUNDESREPUBLIK DEUTSCHLAND
LIECHTENSTEIN
SCHWEIZ
ITALIEN
SLOWENIEN
KROATIEN
UNGARN
NIEDERÖSTERREICH
OBERÖSTERREICH
SALZBURG
STEIERMARK
KÄRNTEN
BURGENLAND
TIROL
OSTTIROL
VORARLBERG
Donau
Inn
Salzach
Leitha
Bodensee
Neusiedler See
Wörther See
Krems
Klosterneuburg
WIEN
St. Pölten
Baden
Wiener Neustadt
Eisenstadt
Linz
Traun
Wels
Steyr
Salzburg
Hallein
Kufstein
Innsbruck
Zugspitze 2,963 m
Großglockner 3,798 m
Lienz
Bregenz
Dornbirn
Feldkirch
Leoben
Kapfenberg
Graz
Wolfsberg
Klagenfurt
Villach
0 100 Miles
0 100 Kilometers

SCHWEIZ UND LIECHTENSTEIN
BUNDESREPUBLIK DEUTSCHLAND
ÖSTERREICH
LIECHTENSTEIN
Vaduz
FRANKREICH
FRANKREICH
ITALIEN
SCHAFFHAUSEN
Schaffhausen
THURGAU
APPENZELL AUSSERRHODEN
APPENZELL INNERRHODEN
Appenzell
St. Gallen
Herisau
ST. GALLEN
GLARUS
Glarus
GRAUBÜNDEN
Chur
Inn
Rhein
Bodensee
ZÜRICH
Zürich
Winterthur
Zürichsee
ZUG
Zug
SCHWYZ
Schwyz
URI
Altdorf
NIDWALDEN
Stans
OBWALDEN
Sarnen
LUZERN
Luzern
Vierwaldstätter See
AARGAU
Arau
Rhein
Aare
BASEL
Liestal
STADT
Basel
Rhein
SOLOTHURN
Solothurn
JURA
Delemont
Biel
Bieler See
BERN
Bern
Köniz
Thun
Eiger 3970
Mönch 4099
Jungfrau 4158
TESSIN
Bellinzona
Lugano
Lago di Lugano
Lago Maggiore
WALLIS
Sion
Rhône
FREIBURG
Freiburg
NEUENBURG
Neuenberg
La Chaux-de-Fonds
WAADT
Lausanne
Genfer See
GENF
Genève
0
50 Miles
0
50 Kilometers

Frankfurt an der Oder

1. In Frankfurts Innenstadt ist das Parken kein Problem.
2. Der Blick von Deutschland nach Polen
3. Die Brücke verbindet Frankfurt mit Słubice.
4. Das Nachbarland Polen
5. Aus der Vogelperspektive sieht man am besten.

1

2

3

4

5

Potsdam an der Havel und Ravensburg

1

1. Potsdam an der Havel
2. Panorama der Stadt Ravensburg
3. Einladung in die Landeshauptstadt Potsdam
4. Wer viel studiert, der will auch gut essen.

2

3

4

1. In Regensburg gibt es oft sehr enge Straßen zwischen den Häusern.
2. Das Wappen von Regensburg schmückt dieses mittelalterliche Fenster.
3. Am Ufer der Donau liegen Schiffe vor Anker.
4. Regensburg hat viele tolle Türme und Tore.

1

2

3

4

Die Hansestadt Lübeck

1. Von der Trave hat der Besucher die besten Ansichten.
2. Backsteinhäuser am Ufer der Trave in Lübeck
3. Das Holstentor war früher ein Speicher für die Waren der Hanse.
4. Eine Idylle in Lübeck mit Wäsche auf der Leine
5. Das Stadtwappen von Lübeck ist der Doppeladler.
6. Stadtansicht Lübecks vom Wasser

1

2

3

4

5

6

Köln

1. Am Rheinufer ist immer viel los: da fliegen die Mützen und Hüte in die Luft.
2. Die Langhaus-Orgel im Kölner Dom wird seit 1998 gespielt.
3. Der Kölner Dom dominiert das Stadtbild aus allen Richtungen.
4. Auf dem Domvorplatz malen Künstler ihre Bilder.

1

2

3

4

Harz und Tirol

1. In Wernigerode stehen Häuser aus dem 15. Jahrhundert.
2. Wildblumen in Tirol
3. Tiroler Häuser mit Bildern und Ornamenten
4. Die Gleise der Harzbahn sind über hundert Jahre alt.
5. Die Fahrt mit der Harzbahn geht gleich los!

1

2

3

4

5

Straßburg, Frankreich

1. Das kleine Frankreich: *La petite France*
2. Mit dem Fahrrad durch die engen Gassen und Straßen Straßburgs—da muss man fahren können!
3. Am Straßburger Dom zeigt ein Pantomime seine Kunst.
4. Der Europäische Gerichtshof für Menschenrechte

1

2

3

4

Zitat

„Deutschland ist und bleibt ein weltoffenens Land."

Germany has been and always will be a country open to the world.

—Angela Merkel, Bundeskanzlerin (1954–)

Tatsache

In der Europäischen Union (EU) sprechen mehr als 100 Millionen Menschen deutsch als Muttersprache; mindestens 55 Millionen in der EU sprechen deutsch als Zweit- oder Fremdsprache.

Kapitel

1

Im Herzen Europas

Leitfrage

?

How does language bring people together?

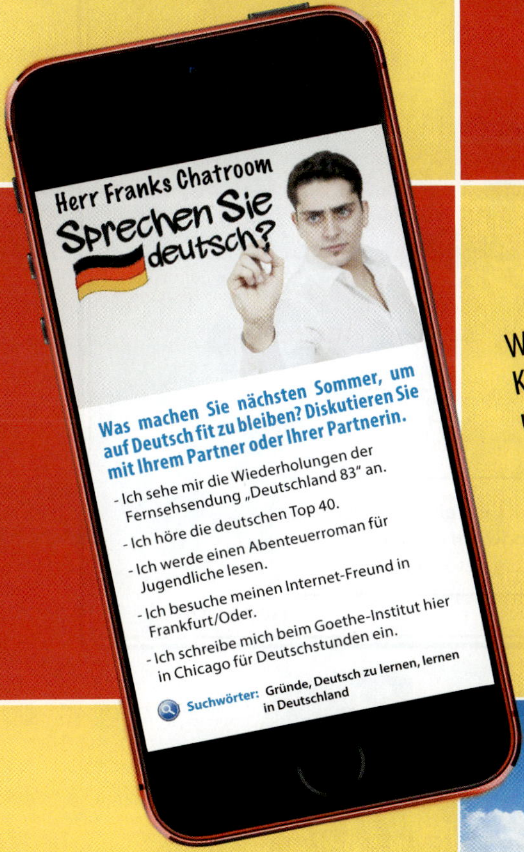

Wie fördern diese Schüler ihre Kenntnisse der deutschen Sprache und Kultur?

In welcher Stadt kann man diesen Dom besuchen?

Lernziele

Lektion A **I will be able to:**

- Sincerely welcome someone, say what area I come from, identify types of businesses, and express my intention to improve my German.
- Read about the city *Frankfurt an der Oder* and its sister city in Poland.
- Use coordinating and subordinating conjunctions.
- Read about an art exhibition in *Frankfurt an der Oder*.

Lektion B **I will be able to:**

- Politely ask for a ticket, inquire about a train connection and cost.
- Talk about the cathedral and *Stadtmuseum* in Aachen and the *Goethe-Institut*.
- Correctly use expressions for times of the day.
- Read about Charlemagne and the lyrics of a song about the *Deutsche Bahn*.

Lektion A

Vokabeln Die Welt

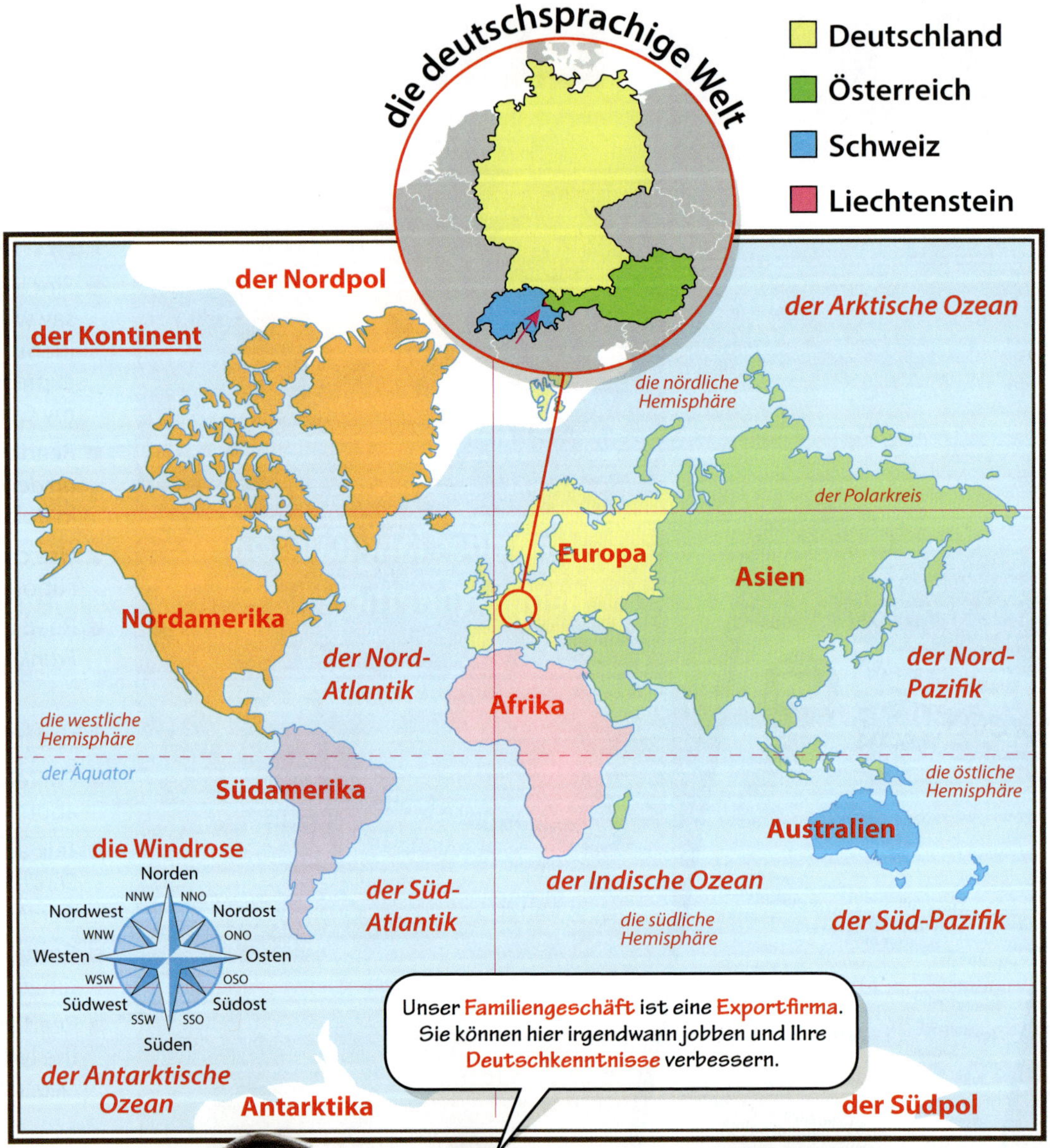

Wichtige Ausdrücke

How do I welcome someone sincerely?

Herzlich willkommen in Freiburg!
Welcome to Freiburg!

How do I indicate the geographical location of my home?

Ich komme aus Kamerun, **im Mittelwesten von Afrika**.
I'm from Cameroon, in Africa's midwestern region.

Ich wohne in Słubice an der Oder, **im Nordwesten von Polen**.
I live in Słubice on the Oder River in the northwestern part of Poland.

How do I say what business my parents have?

Meine Eltern haben **eine Exportfirma**.
My parents have an export business.

How do I say I want to improve my German?

Ich will meine Deutschkenntnisse **verbessern**.
I want to improve my German.

Wörterkiste

The compass is often called "die Windrose": *der Wind + die Rose*, because the compass looks like a rose and shows the different directions of the wind.

Konversationsgruppe

Eine Person sagt den Namen eines Kontinents und die andere Person sagt, ob der Kontinent östlich, westlich, nördlich oder südlich von Deutschland liegt.

Dieser Ozean ist südwestlich von Deutschland.

Was noch?

Erdkunde

die Erde	*Earth*
die Erdkugel	*globe*
der Erdteil	*continent*
der Globus	*globe*
die Grenze	*boundary, border*
der Staat	*nation, country*

Weißt du...?

Wie alt ist der älteste Globus?

Antwort: Der älteste Globus steht im Germanischen Nationalmuseum Nürnberg. Dieser Globus ist aus dem Jahr 1493.

1 Beantworten Sie diese Fragen!

1. Welcher Ozean liegt östlich von den USA?
2. Durch welche Kontinente geht der Äquator?
3. Welche Kontinente liegen total südlich vom Äquator?
4. Welcher Ozean liegt zwischen Afrika und Australien?
5. Welcher Kontinent liegt südlich von Asien?
6. Welcher Ozean liegt zwischen Asien und Nordamerika?
7. Welcher Pol liegt südlich von Afrika?
8. Wo liegt Ihre Stadt? Ihr Land?

2 Schreiben Sie zwei Sätze zu jedem Kontinent!

BEISPIEL **Dieser Kontinent hat drei Länder: Mexiko, Kanada und die Vereinigten Staaten. Er liegt nördlich vom Äquator.**

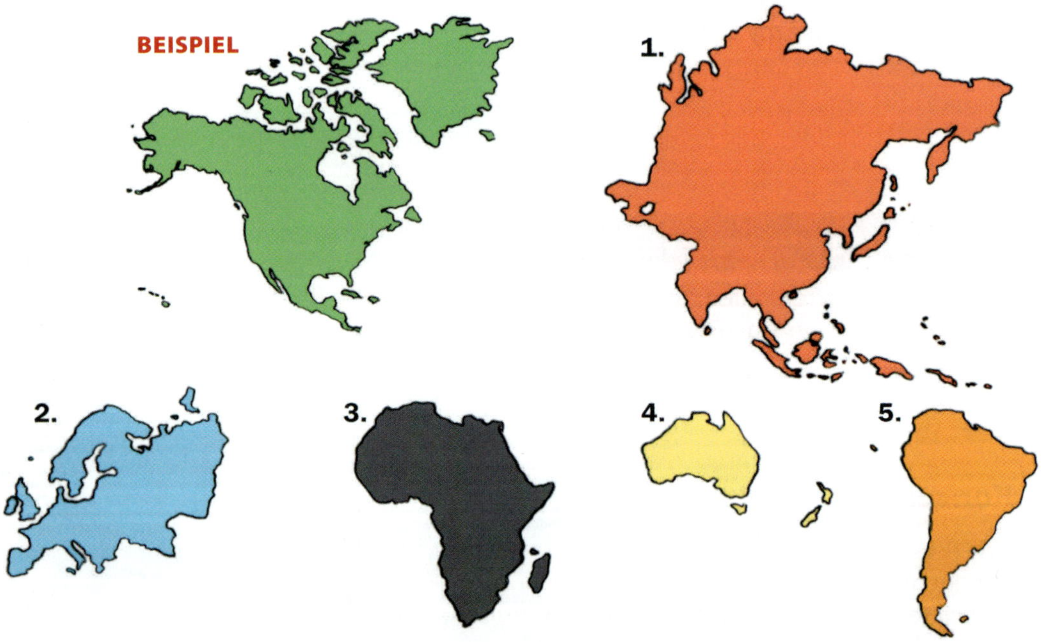

Konversationsgruppe

Connecting to Geography

Spielen Sie dieses Spiel! Eine Person sagt den Namen einer Stadt und die anderen sagen, auf welchem Kontinent diese Stadt ist. Sehen Sie sich vorher eine Weltkarte an.

Dialog Warum lernen sie Deutsch?

Interpretive Communication

Fünf Schüler aus verschiedenen Ländern treffen sich in Freiburg beim Goethe-Institut, einer Schule für Deutschlernende. Patricia kommt aus Ecuador und hat selbst in einem Goethe-Institut Deutsch gelernt. Sie wohnt seit 10 Jahren in Deutschland und arbeitet als Reporterin für die lokale Zeitung in Freiburg.

Patricia: Grüßt euch! Herzlich willkommen in Freiburg! Ich hätte ein paar Fragen an euch: Woher kommt ihr und warum lernt ihr Deutsch?

Palona: Ich komme aus Kamerun, im Mittelwesten von Afrika, fast direkt am Äquator. Kamerun war früher eine deutsche Kolonie und es gibt viele Leute, die noch deutsch sprechen. Meine Vorfahren kamen als deutsche Kolonisten nach Kamerun.

Esmira: Ich komme aus Usbekistan. Das liegt im Südwesten der russischen Föderation. Meine Eltern wollen, dass ich Deutsch lerne: sie haben eine Exportfirma und exportieren viel nach Deutschland. Ich soll eines Tages im Familiengeschäft arbeiten.

Matheus: Ich komme aus Blumenau, im Südosten von Brasilien, leider weit weg vom Ozean. Mein Opa ist 1933 nach Brasilien ausgewandert. In Blumenau sprechen viele Menschen deutsch. Ich will meine Deutschkenntnisse verbessern, denn ich möchte in Deutschland studieren.

Aleksander: Ich wohne in Słubice an der Oder. Das ist ganz im Nordwesten von Polen, in der Nähe der polnisch-deutschen Grenze. Ich brauche Deutsch jeden Tag, denn ich spreche viel mit meinen deutschen Nachbarn auf der anderen Seite der Grenze. Ich möchte vielleicht irgendwann in Deutschland wohnen.

Zhu: Ich heiße Zhu und komme aus dem Nordosten Chinas, aus Beijing. Mein Grund in Deutschland zu sein? Ich bin Fan der deutschen Fußballnationalmannschaft und jobbe mit dem chinesischen Team. Die chinesischen Trainer wollen vielleicht mit den deutschen Trainern arbeiten—wir wollen das nächste Mal im World Cup sein!

Patricia: Danke für die interessanten Informationen über eure Heimatländer. Noch mal, herzlich willkommen und viel Spaß in Freiburg!

Konversationsgruppe

Fragen Sie andere Klassenkameraden, woher ihre Großeltern kommen und wo das liegt.

3 Was stimmt hier nicht?

Korrigieren Sie den falschen Teil.

1. Patricia kommt aus Brasilien.
2. Kamerun liegt im Norden von Afrika.
3. Usbekistan liegt im Norden der russischen Föderation.
4. Matheus' Eltern haben eine Export-Firma.
5. Zhu möchte in Deutschland studieren.
6. Viele Menschen sprechen deutsch in Usbekistan.
7. Brasilien war früher eine deutsche Kolonie.

Sprache — Coordinating and Subordinating Conjunctions

Coordinating Conjunctions

Coordinating conjunctions (*aber, denn, oder, sondern, und*) link ideas together, without necessarily indicating which aspect of the sentence is more important. When you use coordinating conjunctions, you do not have to change the position of the elements in the sentence. The coordinating conjunctions are the glue that holds two sentences together.

Ich möchte in Deutschland studieren, aber ich will bei meinen Freunden bleiben.	I would like to study in Germany, but I want to stay with my friends.
Matheus möchte mehr Deutsch lernen und dann in Deutschland studieren.	Matheus wants to learn more German and then study in Germany.
Aleksander möchte mehr Deutsch lernen, denn er wohnt an der Grenze zu Deutschland.	Aleksander wants to learn more German, because he lives on the border to Germany.
Zhu möchte nicht Chinesisch, sondern Deutsch lernen.	Zhu doesn't want to learn Chinese, but rather German.

Noch etwas

Arbeiten Sie in Gruppen an einer Liste mit Gründen, warum man Deutsch lernen sollte. Dann fragen die Gruppen andere Gruppen nach ihren Gründen. Welche Gründe sind die beliebtesten, welche hört man nicht so oft?

Amerikanische Studenten können eine deutsche Universität besuchen, ohne viel bezahlen zu müssen. Die deutschen Steuerzahler bezahlen dafür.

Subordinating Conjunctions

Subordinating conjunctions (*da, dass, ob, weil*) are *not* just glue—you can always see where they connect the sentences because they push the main verb to the end of the clause.

Ich möchte in Deutschland studieren, da es dort viele gute Universitäten gibt.	I would like to study in Germany, because there are lots of good universities there.
Matheus möchte mehr Deutsch lernen, weil er in Deutschland studieren möchte.	Matheus would like to learn more German, because he would like to study in Germany.
Zhu sagt, dass sie die deutsche Fußballnationalmannschaft liebt.	Zhu says that she loves the Germannational soccer team.

4 Was passt hier am besten?

Kombinieren Sie!

1. Patricia spricht mit den neuen Schülern,
2. Aleksander wohnt an der Grenze zu Deutschland
3. Matheus lernt Deutsch,
4. Zhu interessiert sich für Deutsch,
5. Palona kommt aus Kamerun
6. Esmira soll Deutsch lernen,
7. Matheus und Palona sagen,

A. da ihre Eltern viel nach Deutschland exportieren.
B. dass viele Leute in ihrer Heimat deutsch sprechen.
C. denn sie schreibt einen Bericht für die Zeitung.
D. und hat deutsche Vorfahren.
E. und spricht deutsch mit seinen Nachbarn.
F. weil er später in Deutschland studieren will.
G. weil er die deutsche Fußballnationalmannschaft liebt.

5 Welches Wort passt?

Wählen Sie das richtige Wort!

1. Die Schüler kommen nach Freiburg, ___ sie möchten ihre Sprachkenntnisse verbessern. weil/denn
2. Patricia spricht sehr gut deutsch, ___ sie seit 10 Jahren in Deutschland lebt. weil/denn
3. Esmira lernt Deutsch, ___ sie später in der Export-Firma arbeiten soll. da/denn
4. In Kamerum ist es sehr heiß, ___ es fast direkt am Äquator liegt. da/denn
5. Aleksander braucht jeden Tag Deutsch, ___ seine Stadt liegt an der polnisch-deutschen Grenze. da/denn

6 Bilden Sie Sätze!

1. Palona interessiert sich für Deutsch / weil / viele Leute in Kamerun / sprechen / deutsch
2. Palona sagt / dass / Kamerun / war / eine deutsche Kolonie
3. Esmira lernt Deutsch / weil / ihre Eltern / haben / eine Export-Firma
4. Matheus kommt aus Blumenau / und / viele Leute / sprechen / dort / deutsch
5. Aleksander braucht jeden Tag Deutsch / denn / er / spricht / viel / mit seinen deutschen Nachbarn
6. Patricia sagt / dass / sie / hat / ein paar Fragen
7. Zhu interessiert sich für Fußball / und / ist / ein Fan der deutschen Fußballnationalmannschaft
8. Zhu hofft / nicht das deutsche Team / sondern / die chinesische Fußballnationalmannschaft / gewinnt / das nächste Mal die Weltmeisterschaft

Weltfestspiele

Noch etwas

Presentational Speaking

Die ganze Klasse arbeitet mit einer Weltkarte. Jede Person steckt eine Reißzwecke in das Land, wo ihre Vorfahren herkamen. Wer es nicht weiß sucht sich ein Land aus, das ihr oder ihm gefällt. Dann erzählt jeder in der Klasse darüber.

Deutsch-kamerunischer Kulturverein Grassland beim Karneval der Kulturen in Berlin

In Deutschland ist es einfach, die deutsche Kultur zu erleben. Da kann man aber auch andere Kulturen kennen lernen.

Oktoberfest in Blumenau, Brasilien

Kreuz und quer

Interpretive Communication Pre AP

Frankfurt an der Oder

Strategie

See where this city is located. Then read the subheads in green.

Das andere Frankfurt

Fast jeder kennt Frankfurt am Main: das Bankenzentrum[1] Deutschlands und die Großstadt in der Mitte von Hessen mit dem großen internationalen Flughafen. Aber es gibt auch ein anderes Frankfurt, nämlich Frankfurt an der Oder, ganz weit im Osten von Deutschland, an der deutsch-polnischen Grenze.

Lage

Frankfurt liegt im Osten Deutschlands, im Bundesland Brandenburg. Bis 1945 war die Stadt deutsch und lag an beiden Ufern der Oder, aber nach dem Zweiten Weltkrieg ging der östliche Teil von Frankfurt an Polen. Die polnische Stadt am Ostufer heißt jetzt Słubice. Heute ist die Oder die Grenze zwischen Deutschland und Polen, aber da sie eine gemeinsame[2] Geschichte genießen, gibt es gute Beziehungen[3] zwischen beiden Städten.

Geschichte

Frankfurt bekam ihren Status[4] als Stadt im Jahre 1253. Im Mittelalter dominierte[5] die Stadt den Handel im Nordosten an der Ostsee, zwischen Breslau und Stettin (beide heute polnisch). 1430 wurde Frankfurt eine Hansestadt[6] und gehörte dann zur wichtigsten Organisation[7] für Kaufleute[8] und Händler[9]. Frankfurt wurde sehr wohlhabend[10] in dieser Zeit.

Aber Frankfurt war im Mittelalter nicht nur als Handelsstadt[11] wichtig, sondern auch als Universitätsstadt[12]. 1506 wurde die Universität gegründet und hatte am Anfang 950 Akademiker[13]—mehr als jede andere Universität zu der Zeit. Obwohl die historische Frankfurter Universität 1811 nach Breslau ging, war es nicht vorbei mit der Uni in Frankfurt: 1991 gründete man die neue „Europa-Universität Viadrina".

Kultur

Frankfurt hat ein großes Kulturangebot[14]: Museen, Theater[15], Konzerthallen[16], Kabarett[17] und, als Beispiel der deutsch-polnischen Freundschaft[18], die *Unithea*, ein jährliches[19] deutsch-polnisches Theaterfestival. Andere Feste sind das Brückenfest auf der Brücke über die Oder: Jedes Jahr kommen 20.000 Menschen dahin und beide Stadtteile[20]—Frankfurt und Słubice—feiern zusammen. Aber was die

die Innenstadt von Frankfurt an der Oder

---

[1]*das Bankenzentrum* banking center; [2]*gemeinsame* common; [3]*die Beziehung* relation; [4]*der Status* legal status; [5]*dominieren* to dominate; [6]*die Hansestadt* Hanseatic city; [7]*die Organisation* organization; [8]*die Kaufleute* (pl.) merchants; [9]*der Händler* trader; [10]*wohlhabend* well-to-do; [11]*die Handelsstadt* commercial city; [12]*die Universitätsstadt* university town; [13]*der Akademiker* academician; [14]*das Kulturangebot* cultural offerings; [15]*das Theater* theatre; [16]*die Konzerthalle* concert hall; [17]*das Kabarett* cabaret; [18]*die Freundschaft* friendship; [19]*jährlich* annual; [20]*der Stadtteil* city district

Frankfurter am stolzesten macht ist ihr „berühmtester Sohn", der Dichter Heinrich von Kleist: es gibt das Kleist-Theater, das Kleist-Museum, das Kleist Forum, die Kleist-Bücher-Sammlung mit 10.000 Büchern mit Literatur[21] zu Kleist und dergleichen mehr. Und jedes Jahr gibt es die Kleist Festtage[22]; seit 1999 führt die Stadt auch den Namen „Kleiststadt".

Frankfurt und Słubice sind eine europäische Doppelstadt[23], wo immer etwas los ist. Viel Theater, Musik, Kunst und Kultur aus Polen und Deutschland. Einfach toll!

---

[21] *die Literatur* literature; [22] *der Festtag* festival day; [23] *die Doppelstadt* twin city

Flash!

Ausstellung in Frankfurt (Oder): DDR Expressiv – die 80er Jahre
Malerei, Grafik, Objekte aus der Sammlung Museum Junge Kunst

Diese Ausstellung konzentriert sich auf das letzte Jahrzehnt der DDR, in der zumindest für die Kunst, vorrangig für die jungen Künstler ein existenzielles Krisenklima für spannende und ausdrucksstarke Kunst sorgte. Werke, stilistisch umschrieben mit dem Begriff des Neoexpressiven, stehen in der Ausstellung im Mittelpunkt. Aus den über 11.000 Arbeiten umfassenden Bestand wurden von 39 Künstlern bzw. Künstlerinnen rund 50 Malereien, 5 Plastiken, 20 Zeichnungen und 60 Druckgrafiken ausgewählt. Sie zusammen ergeben einen repräsentativen, aber natürlich stilistisch und namentlich nicht vollständigen Überblick auf diese Strömung.

Wo: Rathaushalle/Festsaal Marktplatz 1

Wann: 15.11. – 24.01.

7 Was verstehen Sie?

So that you can show your understanding of the reading, take turns with your partner asking questions about these four sections: *das andere Frankfurt*, *Lage*, *Geschichte* and *Kultur*.

Du bist dran! Pre AP

Persönliches Interpersonal Speaking

Du bist an einer internationalen Schule. Stell die folgenden Fragen und beantworte sie in Gruppen, um dich deinen Klassenkameraden aus aller Welt vorzustellen.

1. Wie heißt du?
2. Wo wohnst du?
3. Wer sind deine Lieblingspersonen?
4. Warum sollte man nach Deutschland fahren?

Welches Land ist das? Presentational Speaking

Sieh dir die Karte von Europa am Anfang des Buches an. Partner A wählt ein Land und notiert es auf einem Blatt Papier, ohne es Partner B zu zeigen. Partner A benutzt die Himmelsrichtungen (zum Beispiel nördlich, südlich, östlich, westlich von), das Verb "liegt" und, wenn nötig, Konjunktionen, um Partner B die Lage des Landes auf der Europakarte zu beschreiben. Dabei darf man natürlich den Namen des Landes nicht sagen!

BEISPIEL **Dieses Land liegt nördlich von Deutschland, aber im Westen von Schweden. (Dänemark)**

Partner B muss versuchen, mit der Information den Namen des Landes zu erraten (*guess*)! Partner A gibt Tipps, bis Partner B das Land erraten hat. Die Rollen werden dann getauscht.

Deutsch als Fremdsprache weltweit Interpersonal Speaking

Hier siehst du eine Grafik mit den Kontinenten und der Zahl der Personen, die Deutsch als Fremdsprache lernen. Mit einem Partner/ einer Partnerin, schreib fünf Sätze über die Grafikinformation und vergleiche sie mit euren Klassenkameraden.

BEISPIEL **In Europa lernen mehr Leute Deutsch als in Kanada.**

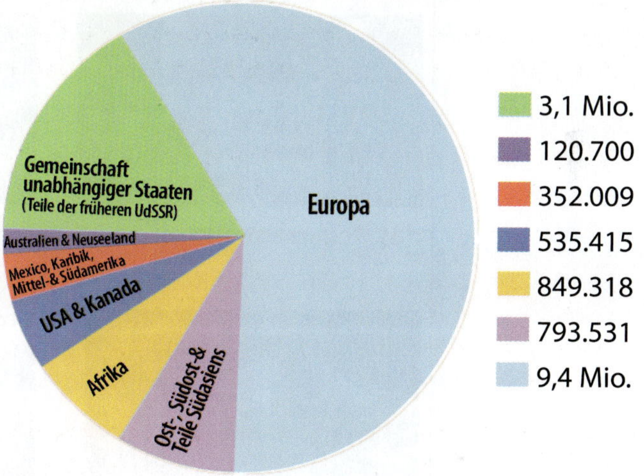

Wörter und Ausdrücke

Identifying Geographical Areas of the World

die Kontinente
- Afrika
- Antarktika
- Asien
- Australien
- Europa
- Nordamerika
- Südamerika

die Ozeane
- der Antarktische Ozean
- der Arktische Ozean
- der Atlantik
  - der Nord-Atlantik
  - der Süd-Atlantik
- der Indische Ozean
- der Pazifik
  - der Nord-Pazifik
  - der Süd-Pazifik

Himmelsrichtungen
- der Norden, Süden, Osten, Westen
- nördlich, südlich, östlich, westlich (von)
- nordöstlich
- südwestlich

Tipp: Achten Sie auf die Umlaute!
der Norden, aber *nördlich*;
der Osten, aber *östlich*

Lektion B

Vokabeln Der Bahnhof

Eisenbahnsystem | Glossar | Plan | Kontakt

am **Hauptbahnhof** Berlin

das Reisezentrum

der Bahnsteig

Gleise und Bahnsteige

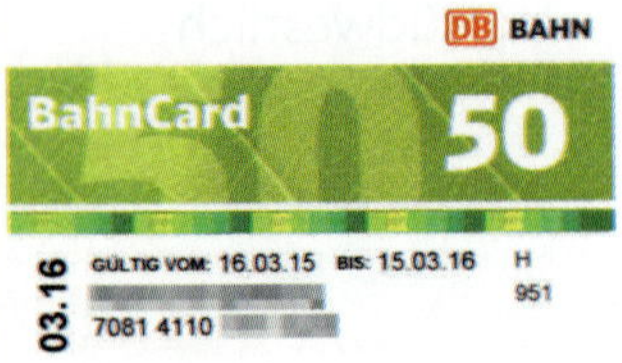

die BahnCard

DIE WAGGONS

der Großraumwagen

das Abteil

Sitz am Gang

Sitz am Fenster

der Sitzplatz

ESSEN

das Bord-Bistro

das Bord-Restaurant/ **der Speisewagen**

DIE INFOTAFELN

die Abfahrts- und Ankunftstafeln

DAS BAHNPERSONAL

Der Reisende spricht mit der **Zugbegleiterin**.

der Lokführer

- Abfahrt und Ankunft
- reservieren
- BahnCard kaufen

Am Bahnhof steigen diese Reisenden aus. Einige steigen um.

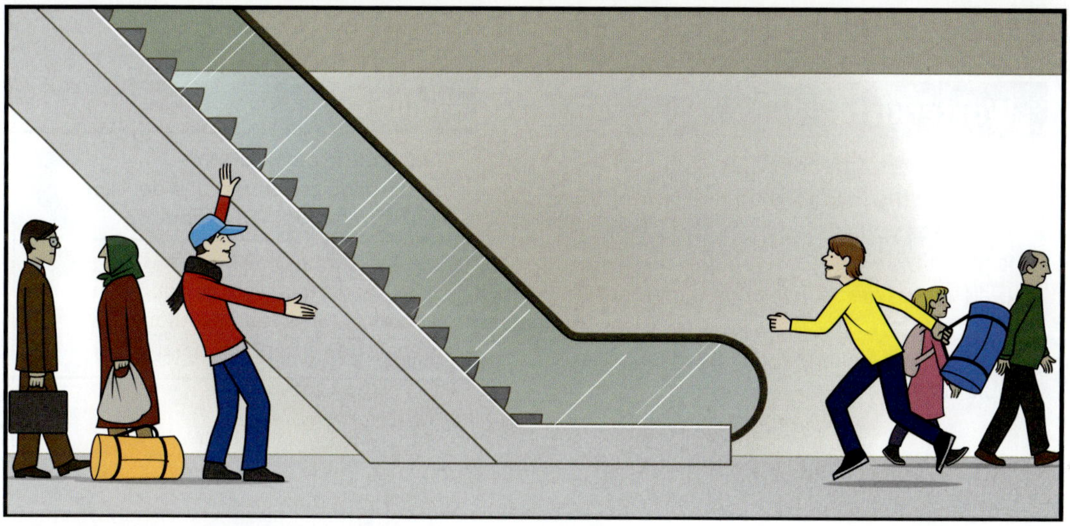

- Ist der Zug schon angekommen?
- Ja, aber er fährt gleich wieder ab.

Steigen wir ein!

Wichtige Ausdrücke

How do I ask politely for a ticket?

Ich möchte **eine Fahrkarte kaufen**.

I'd like to buy a ticket.

How do I inquire about making a train connection?

Bitte, sagen Sie mir **die schnellste Verbindung, ohne Umsteigen**.

Please tell me the fastest way to make a connection without switching trains.

How do I inquire about cost?

Wie viel kostet die Fahrt?

How much does the trip cost?

Wörterkiste

The difference between *der Zug* and *die Bahn*: the former is the equipment that takes you somewhere, the latter is the railway system itself. As for *das Gleis* versus *die Schiene*: *das Gleis* is the track platform the train departs from, whereas *die Schiene* is the physical track built for the train to run on.

Weißt du...?

Wann wurde die Deutsche Bundesbahn privatisiert und der Name auf *Deutsche Bahn AG* geändert?

Antwort: Im Januar 1994. Die Bahn wird immer weiter modernisiert und man hat WLAN und Ladestationen an Bord.

Konversationsgruppe

Fragen Sie Partner, wohin sie oder er mit der Bahn in Deutschland fahren möchte und was sie oder er am Ankunftsort sehen und machen will.

Was noch?

die Auskunft	*information booth*
der Startbahnhof	*starting station*
die Strecke	*route*
der Zielbahnhof	*destination station*
buchen	*to book*
dauern	*to take time*

Unterwegs

Wissen Sie noch, was diese Ausdrücke bedeuten? Diskutieren Sie sie mit Partnern.

Ich fahre mit der Bahn.
Ich komme aus Ingolstadt.
Du hast viel Gepäck mitgenommen.
Der Zug ist schon angekommen.
Steigen wir gleich ein!

8 Was zeigt diese Tafel an?

Die Nummer 5 zeigt, in welchem Waggon man ist. Was sind die anderen Informationen auf dieser Tafel?

9 Abfahrt: der Zug nach Saarbrücken

Beantworten Sie diese Fragen!

1. Von welcher Stadt fährt der Zug nach Saarbrücken ab?
2. Wann kommt er am Ziel an?
3. Welche Zugnummer hat er?
4. Von welchem Gleis fährt er ab?
5. An welchen Tagen fährt er nicht?
6. Kann man an Bord essen?

Tipp: Some trains go to the first destination using one train number. Beyond that destination the train continues to the final stop using a different number.

Abfahrt		*Departure*	**Leipzig**
Zeit *Time*	**Zug** *Train*	**in Richtung** *Destination*	**Gleis** *Track*
17:30 nur Sa*	**IC** 2349	Riesa 17:49 – Dresden-Neustadt 18:30 – **Dresden Hbf 18:37** ⊙ *von 20. Feb bis 12 Mär	**15**
17:33 außer Sa*	**ICE** 1594	Erfurt Hbf 18:16 ⊙ Fulda 19:42 – Frankfurt (Main) Hbf 20:36 – Frankfurt (M) ✈ Fernbf 20:57 – Mainz Hbf 21:15 – **Wiesbaden Hbf 21:33** *auch 25., 27. Mär, 15. Mai	**14**
17:33 außer Sa*	**ICE** 1594 **ICE** 1554	Erfurt Hbf 18:16 ⊙ Fulda 19:42 – Frankfurt (Main) Hbf 20:36 – **Zugteilung in Frankfurt (Main) Hbf** **ICE 1594 Zugteil hält im Abschnitt A – C** Frankfurt (M) ✈ Fernbf 20:57 – Main Hbf 21:15 – **Wiesbaden Hbf 21:33** **ICE 1554 Zugteil hält im Abschnitt C – F** Kaiserlautern Hbf 22:31 – **Saarbrücken Hb 23:16** *nicht 25., 27. Mär, 15. Mai	**14**

Dieser Zug aus der Schweiz ist in den 1940er Jahren zum Genfer See gefahren. Was konnte der Reisende aus dem Fenster sehen?

Der Hauptbahnhof in Leipzig: die meisten Bahnhöfe in Großstädten haben Einkaufspassagen für Reisende.

Dialog Kais Reise nach Ingolstadt

Interpretive Communication

Kai wird von Bochum nach Ingolstadt mit dem Zug reisen. Er geht ins Reisezentrum, um ein Ticket zu kaufen und sich über die Verbindungen zu informieren.

Kai: Guten Tag!

Mitarbeiterin: Guten Tag!

Kai: Ich möchte eine Fahrkarte kaufen.

Mitarbeiterin: Wohin?

Kai: Von Bochum nach Ingolstadt.

Mitarbeiterin: An welchem Tag?

Kai: Am 9. Mai.

Mitarbeiterin: Einfach, oder hin und zurück?

Kai: Einfach. 2. Klasse, bitte. Sagen Sie mir auch die schnellste Verbindung, ohne Umsteigen.

Mitarbeiterin: Leider müssen Sie in Kassel und Nürnberg umsteigen, aber das ist die schnellste Verbindung. Die Fahrt dauert dann nur 6 Stunden 54 Minuten. Sie fahren zuerst mit dem InterRegio, dann mit dem InterCityExpress, und von Nürnberg mit dem RegionalExpress.

Kai: Und wann fahre ich?

Mitarbeiterin: Abfahrt ist 11.22 Uhr auf Gleis 7. Ankunft 18.16 Uhr in Ingolstadt.

Kai: O.K. Und wie viel kostet die Fahrt?

Mitarbeiterin: 80 Euro.

Kai: Gut, aber ich möchte auch einen Sitzplatz reservieren.

Strategie

Vor dem Lesen bestimmen Sie, wer der/die Fragende oder der/die Anwortende ist. Dann machen Sie Notizen über die Information, die Kai für die Reise braucht.

Mitarbeiterin: Großraumwagen oder Abteil?

Kai: Großraumwagen bitte, und einen Fensterplatz, bitte.

Mitarbeiterin: Ja. Also, Wagen 51, Platz 65. Die Reservierung kostet 2 Euro.

Kai: Vielen Dank! Auf Wiedersehen!

Mitarbeiterin: Auf Wiedersehen und gute Reise!

Analyse

Warum sprechen Kai und die Mitarbeiterin miteinander? Unterhalten sie sich, brauchen sie Informationen oder gibt es einen anderen Grund dafür?

Kai verlässt Bochum mit dem Zug.

10 Was passt hier am besten?

Finden Sie die beste Definition!

1. die Abreise
2. der Großraumwagen
3. die Fahrt
4. die Fahrkarte
5. die Bahn
6. die Reservierung
7. die Ankunft
8. der Sitzplatz
9. das Ausland
10. das Zentrum

A. Man kommt am Ziel an.
B. Ein anderes Wort für „Mitte".
C. Die braucht man, um mit dem Zug zu reisen.
D. Dann fährt man ab.
E. Man fährt nicht in Deutschland, sondern in ein anderes Land.
F. Ein anderes Wort für „Reise".
G. Man braucht dafür meistens eine Reservierung.
H. Man bezahlt Geld, um einen bestimmten Sitzplatz zu bekommen.
I. Er sieht ein bisschen wie die Sitze in einem Flugzeug aus.
J. Ein anderes Wort für „Zug".

Matthias und Lori sind im Großraumwagen eingeschlafen.

11 Ergänzen Sie die Sätze!

Sie brauchen nicht alle Wörter von der Liste.

Abfahrt	**Reise**	**einfache**	**Gleis**
Fahrkarte	**2. Klasse**	**Großraumwagen**	**reservieren**
Schlafwagen	**umsteigen**	**Verbindung**	**Züge**

1. Die ___ von Kais Zug ist um 11.22 Uhr.
2. Weil Kai nicht so viel Geld hat, kauft er eine Fahrkarte ___.
3. Kai sitzt lieber im ___.
4. Weil Kai nicht nach Bochum zurückfahren will, nimmt er eine ___ Fahrkarte.
5. Die Mitarbeiterin sagt Kai, um wie viel Uhr und von welchem ___ der Zug fährt.
6. Weil Kai nicht stehen will, bezahlt er 2 Euro, um einen Sitz zu ___.
7. Kai muss zwei Mal ___.
8. Es gibt leider keine direkte ___ von Bochum nach Ingolstadt.
9. Die Mitarbeiterin wünscht Kai eine gute ___.
10. Der InterRegio, der Intercity-Express und der Regional-Express sind ___, mit denen Kai fährt.

Sprache — Expressions for Times of Day

To express when something has happened or is going to occur, you use general time expressions. You can combine adverbs with parts of the day to indicate specific times:

vorgestern		Morgen
gestern		Vormittag
heute	+	Mittag
morgen		Nachmittag
übermorgen		Abend
		Nacht

Note: The time expression *morgen Morgen* does not exist. Use *morgen früh*.

These time expressions usually occur directly after the verb in main clauses; in subordinate clauses they occur after the subject.

Ich fahre heute Abend nach Berlin, weil ich morgen früh meine Freunde zum Kaffee treffe.	I'm going to Berlin tonight, because I am meeting my friends tomorrow morning for coffee.

emcpassport.com
WB 13–14

12 Machen Sie Sätze mit den folgenden Wörtern!

1. Ich / fahre / heute Morgen / zum Bahnhof / , weil / ich / muss / ein Ticket / kaufen
2. Ich / packe / heute Nachmittag / meinen Koffer / , denn / ich / will / keinen Stress / morgen früh / haben
3. Benni und Isabel / übernachten / heute Abend / , weil / sie / fahren / morgen früh / auch / nach Berlin /
4. Wir / wollen / heute Nacht / gut schlafen/ , denn / wir / morgen früh / wollen / nicht müde / sein
5. Wir / bestellen / ein Taxi / morgen Vormittag / , denn / unser Zug / fährt / um 12.30
6. Elly und Emeka / kommen / morgen Mittag / zum Bahnhof / , weil / wir / morgen Nachmittag / ins Museum / gehen
7. wir / gehen / ins Konzert / morgen Abend / , weil / wir / vorgestern Abend / Tickets im Internet / kauften
8. wir / sagen / Elly und Emeka / morgen Abend / „Auf Wiedersehen" / , weil / wir / fahren / übermorgen Vormittag / nach Hause

13 Ihre Agenda gestern, heute, und morgen

Fragen Sie Ihren Partner oder Ihre Partnerin im Präsens oder im Perfekt/Imperfekt. Der Pfeil nach rechts bedeutet Präsens, der Pfeil nach links Vergangenheit. Dann wechseln Sie Rollen.

BEISPIELE heute Mittag essen →
Was isst du heute Mittag?

gestern Nachmittag sein ←
Wo bist du gestern Nachmittag gewesen?

1. heute Nachmittag machen →
2. gestern Abend spielen ←
3. vorgestern Morgen lernen ←
4. übermorgen Vormittag fahren →
5. heute Mittag arbeiten →

Ach so, vorgestern Abend habe ich mit meinem Vater Basketball gespielt.

Weißt du...?

Wann fuhr der erste Zug in Deutschland und zwischen welchen Städten?

Antwort: Der erste Zug in Deutschland fuhr im Jahre 1835 zwischen Nürnberg und Fürth.

Forschen Sie im Internet

Connecting to STEM

Wie schnell fährt der schnellste Zug der Deutschen Bahn, sowohl in Meilen wie auch in Kilometern?

14 Was wollen Sie alles machen?

Sie wollen wissen, was Ihre Klassenkameraden heute, morgen und übermorgen machen. Benutzen Sie die Tabelle unten und interviewen Sie mindestens fünf Leute, um diese Tabelle auszufüllen. Schreiben Sie den Namen von der Person und ihre Aktivität auf. Rita und Jana sind Beispiele.

BEISPIEL **A: Rita, was machst du heute Morgen?**
B: Ich fahre mit dem Bus.

	heute	morgen	übermorgen
Vormittag			
Morgen	Rita: mit dem Bus fahren		
Mittag			Jana: Oma besuchen
Nachmittag			
Abend			

15 Wann sind sie aktiv?

Schreiben Sie jetzt mit der Information von der Tabelle oben, was und wann Ihre Klassenkameraden aktiv sind.

BEISPIELE Rita fährt heute Morgen mit dem Bus.
Jana besucht übermorgen Mittag ihre Oma.

Noch etwas

Lesen Sie das Zitat, dann schreiben Sie Ihr eigenes über die Bahn, den Bahnhof, oder Reisen. Versuchen Sie, eine Metapher wie im Zitat zu schreiben.

„Der Zug der Zeit hat keine Haltestellen."

—*Carl Merz*

Vergleiche

What is the order of time expressions in English? Is it the same as in German?

- Ich bin gestern Abend mit dem Zug gefahren.
- Ich gehe morgen Nachmittag zum Arzt.

Antwort: No, these sentences in English would be "I took the train yesterday evening" and "I am going to the doctor's tomorrow afternoon." In German time expressions usually follow directly after the conjugated verb; in English they appear later in the sentence.

Perspektive

„Die neuen modernen Bahnhöfe wirken oft kalt und haben einen Einheitslook."

—*Johann, 34*

„Uelzen ist ein Traumbahnhof. Hat Stil, ist einmalig und auch der gastronomische Teil hebt sich sehr angenehm vom üblichen Bahnhofsimage ab."

—*Charlotte, 49*

Im Fokus

Interpretive Communication Pre AP

Karl der Große, der Vater von Europa

Er lebte vor mehr als 1200 Jahren. Er führte Kriege und herrschte[1] über ein Reich, das im Westen bis an den Atlantik reichte[2], im Süden zum Mittelmeer und im Norden bis zur Nordsee. Da die Grenzen seines Reiches fast die Grenzen von Europa heute waren, nennen ihn viele den „Vater von Europa".

Karl wurde am 2. April 742 geboren, wahrscheinlich[3] in Aachen. 768 hatte er ein Reich, das sein Vater an ihn und seinen Bruder Karlmann übergeben[4] hatte. Karlmann herrschte im Süden und Karl im Norden. Als Karlmann 771 starb, wurde Karl König von beiden Teilen. Durch verschiedene Kriege mit seinen Nachbarn machte er sein Reich immer größer, bis er am Weihnachtstag des Jahres 800 in Rom Kaiser[5] wurde und den Titel „Karl der Große" bekam. Er ließ einen großen Palast[6] und die Marienkirche in Aachen bauen, in der Mitte seines Reiches.

Karl der Große. Albrecht Dürer, 1513.

Karl wollte, dass die Leute in seinen Ländern lesen und schreiben konnten und schickte die Kinder in die Schule. Er rettete das altes Wissen für die Neuzeit[7] und ließ Manuskripte[8] aus der Antike[9] abschreiben[10]. Und damit man die Texte lesen konnte, ließ er eine neue Schriftart[11] entwickeln[12], die die Basis[13] für unsere heutige Schrift[14] ist. Mit seinen Reformen schuf[15] er die Basis für die modernen Universitäten.

Karl starb am 28. Januar 814 in Aachen. Als erster tat Kaiser Karl im Herzen Europas das, was heute die Europäische Union versucht: die Länder im Herzen Europas zu vereinigen[16].

Im Andenken[17] an Karl als Vater von Europa verleiht[18] die Stadt Aachen seit 1945 den „Internationalen Karlspreis zu Aachen" für besondere Verdienste[19] um die Einigung[20] Europas. Der Preis wird aus zwei Gründen[21] in Aachen verliehen: Karl hatte seinen Palast dort, aber auch, weil die Stadt eine der ersten Großstädte war, die 1945 am Ende des Zweiten Weltkrieges von den Alliierten[22] befreit[23] wurde. Der Karlspreis war der erste politische Preis in der neuen Bundesrepublik Deutschland und gehört heute zu den wichtigsten europäischen Auszeichnungen[24].

Analyse

Text Organization

Number these topics about Charlemagne in order in which they appear in the text:

___ accomplishments
___ legacy
___ historical importance
___ birth date
___ death date

Antwort: 3, 5, 1, 2, 4

---

[1]*herrschen* to rule over; [2]*reichen* to reach; [3]*wahrscheinlich* probably; [4]*übergeben* to hand over to; [5]*der Kaiser* emperor; [6]*der Palast* palace; [7]*die Neuzeit* modern times; [8]*das Manuskript* manuscript; [9]*die Antike* antiquity; [10]*abschreiben* to copy; [11]*die Schriftart* type of writing; [12]*entwickeln* to develop; [13]*die Basis* basis; [14]*die Schrift* writing; [15]*schaffen* to create; [16]*vereinigen* to unite; [17]*das Andenken* memory; [18]*verleihen* to confer, award; [19]*der Verdienst* contribution; [20]*die Einigung* unification; [21]*der Grund* reason; [22]*der Alliierte* ally; [23]*befreien* to liberate; [24]*die Auszeichnung* award

Analyse

Richtig oder falsch?

Ist die Aussage richtig oder falsch? Korrigieren Sie die falschen Aussagen.

A. Karl der Große lebte im 20. Jahrhundert.
B. Er war der erste europäische Herrscher.
C. Er verbesserte die Ausbildung in Europa.
D. Sein Reich war so groß wie Deutschland und Frankreich heute.

Antworten: A. falsch: Er lebte im 8. Jahrhundert.; B. richtig; C. richtig; D. falsch: Sein Reich war größer als Deutschland und Frankreich.

Lernerporträt

Leute überall in der Welt lernen Deutsch! Sie können andere Deutschlerner aus vielen verschiedenen Ländern kennen lernen, wenn Sie das Suchwort unten benutzen. Finden Sie das Porträt von dieser Woche, sehen Sie sich das Video an und beantworten Sie dann diese Frage: **Warum lernt diese Person Deutsch? Haben Sie den gleichen Grund, Deutsch zu lernen?**

Analyse

Warum stellt die Deutsche Welle diese Lernerporträts ins Netz?

Suchwörter: Deutsche Welle Lernerporträt der Woche

16 Mehr über Karl den Großen

1. **Forschen Sie im Internet**
   Make a timeline of the key events and accomplishments in Charlemagne's life, using an online presentational tool.
2. **Biografie**
   Write a short biography about an adult who won the *Karlspreis* or a young person who won the *Europäischer Jugendkarlspreis*. Be sure to mention the person's contribution to Europe and say how it will improve Europe.

Suchwörter: Karlspreis, der internationale Karlspreis zu Aachen

Wolfgang Schäuble bei der Karlspreisverleihung, für seinen Beitrag zur europäischen Integration

Perspektive

„Im Zentrum der Karlspreisidee steht somit das Ziel der Völkerverständigung."

—*www.karlspreis.de*

Wie kann Ihrer Meinung nach ein europäischer Preis das internationale Verständnis fördern?

Das Aachener Rathaus: hier wird der Karlspreis verliehen.

Aktuelles

Interpretive Communication Pre AP

Die Deutsche Bahn (DB)

Deutschland hat ein großes Netz von Gleisstrecken[1]. Aus diesem Grund ist es ganz einfach, in Deutschland mit dem Zug zu reisen. Aber Reisende beschweren sich[2] über lange Schlangen[3] an den Ticket-Schaltern; Züge, die zu spät kommen; und schmutzige[4] Waggons, usw. Hier sind einige Tipps für Reisende: kaufen Sie Ihre Fahrkarte online oder vom DB Automaten im Bahnhof, um lange Schlangen zu vermeiden[5]; reservieren Sie Ihren Sitz in den Sommermonaten, wenn viele Touristen reisen; reservieren Sie einen Liegewagen[6], wenn Sie mit dem Zug über Nacht reisen; genießen Sie die Landschaft!

Suchwörter: bahn.de, DB Automat YouTube

Der Dom zu Aachen

Der Aachener Dom ist über 1200 Jahre alt. Als Karl der Große seinen Palast in Aachen baute, fing man auch im Jahre 793 mit dem Bau[7] der Kirche an. Man baute nur 10 Jahre am Dom; er wurde schon 803 fertig. Im Dom kann man das Grab[8] von Karl dem Großen und den Karlsthron aus Marmor[9] besichtigen; auf diesem Thron krönte[10] man 600 Jahre lang deutsche Könige und Königinnen. Da man weitere Jahrhunderte an der Kirche baute, ist der Dom ein Beispiel für die vielen verschiedenen Baustile[11] vom Frühmittelalter[12] bis in die Neuzeit.

Der Dom ist aber auch einige Male beschädigt[13] worden: durch die Wikinger[14] im neunten Jahrhundert, durch Feuer im Jahre 1656 und durch Bomben im Zweiten Weltkrieg. Aber da der Aachener Dom historisch, politisch und architektonisch[15] so wichtig ist, hat ihn die UNESCO im Jahre 1978 als erstes deutsches Monument in die Liste des Weltkulturerbes[16]

[1]*die Gleisstrecke* railway track; [2]*sich beschweren* to complain; [3]*die Schlange* line, queue; [4]*schmutzig* dirty; [5]*vermeiden* to avoid; [6]*der Liegewagen* couchette; [7]*der Bau* construction; [8]*das Grab* grave; [9]*das Marmor* marble stone; [10]*krönen* to crown; [11]*der Baustil* building style; [12]*das Frühmittelalter* early Middle Ages; [13]*beschädigen* to damage; [14]*der Wikinger* Viking; [15]*architektonisch* architecturally; [16]*das Weltkulturerbe* world cultural heritage

Produkte

Die EC-Züge verbinden größere deutsche Städte wie Köln, Dresden und Berlin mit anderen europäischen Städten wie Kopenhagen (Dänemark), Warschau (Polen), Venedig (Italien), und Zürich (die Schweiz).

Forschen Sie im Internet

Machen Sie einen virtuellen Rundgang durch die Kathedrale: www.aachenerdom.de

Weißt du...?

1. Wie heißt der *Aachener Dom* auf Englisch?
2. Wie sagt man *UNESCO Weltkulturerbe* auf Englisch?

Antworten:
1. The Cathedral of Aix-la-Chapelle, after the French name for Charlemagne's city.
2. "UNESCO World Heritage"

aufgenommen[17]. Heutzutage besuchen jedes Jahr mehr als eine Million Menschen den Dom, das Wahrzeichen[18] der Kaiserstadt.

Suchwörter: Dom zu Aachen, Aachener Dom

Das neue Stadtmuseum Aachen

Im Herbst 2013 machte das neue Stadtmuseum Aachen, *Centre Charlemagne* auf. In diesem Museum kann man über die verschiedenen Zeiten der Geschichte Aachens und die Leistungen[19] von Karl dem Großen lernen. Im ersten Teil des Museums lernt man über die Zeit, in der Karl Aachen zum Zentrum seines Reiches machte. Im zweiten Teil erfährt man, wie Aachen zu einer bedeutenden europäischen Stadt wurde und die vielen deutschen Könige und Königinnen hier gekrönt wurden. Der dritte Teil zeigt, wie die Stadt Aachen um 1800 aussah, als Napoleon Bonaparte sich zum neuen „Charlemagne" erklärte[20]. Im vierten Teil sieht man, wie Aachen sich veränderte[21], als die amerikanischen Soldaten die Stadt am Ende des Zweiten Weltkrieges befreiten. Hier zeigt das Museum, wie Aachen zur „Europastadt" wurde. An diesem Museum fängt die „Route Charlemagne" an: auf der Route in Aachen sieht man die Gebäude und historische Stätten[22], die die Geschichte der Stadt und Karl des Großen erzählen.

Suchwörter: Centre Charlemagne Stadtmuseum Aachen

Das Goethe-Institut

Seit mehr als 60 Jahren hat das Goethe-Institut als wichtige Kulturinstitution[23] Deutschlands die deutsche Sprache und Kultur gefördert[24]. Es gibt 198 Goethe-Institute in 98 Ländern, davon 13 in Deutschland. Die Zentrale[25] ist in München zu Hause. Alle Altersgruppen[26] können Deutschkurse nehmen, Deutschprüfungen ablegen[27], oder an kulturellen Aktivitäten teilnehmen. Wollen Sie Deutsch in Ghana, Togo, Kamerun, Bangladesch, im Libanon, Iran, Pakistan, Indonesien, auf den Philippinen, oder in Großbritannien lernen? Kein Problem, denn es gibt dort Goethe-Institute! In den USA können Sie Kurse in Boston, Chicago, Los Angeles, New York, San Francisco und Washington, DC nehmen.

Suchwörter: Goethe Institute München

---

[17] *aufnehmen* to admit into; [18] *das Wahrzeichen* landmark, hallmark; [19] *die Leistung* accomplishment; [20] *erklären* to declare; [21] *sich verändern* to change; [22] *die Stätte* site; [23] *die Kulturinstitution* cultural institution; [24] *fördern* to promote; [25] *die Zentrale* headquarters; [26] *die Altersgruppe* age group; [27] *ablegen* to take an exam

Perspektive

Was sagen Besucher über das Museum?

„Sehr gute Informationsmöglichkeit zur Geschichte der Stadt Aachen und zu Karl dem Großen und seiner Zeit."

—*Jürgen J.*

Vergleiche

Welche historischen Museen sind in Ihrer Gegend?

Das Couven-Museum gehört zur Route Charlemagne in Aachen.

Analyse

How does the *Goethe-Institut* bring people together? What type of communities do they help develop?

Wo kann ich ein Goethe-Institut in Deutschland finden?

- Berlin
- Bonn
- Bremen
- Dresden
- Düsseldorf
- Frankfurt
- Freiburg
- Göttingen
- Hamburg
- Heidelberg
- Mannheim
- München
- Schwäbisch Hall

17 Kulturelle Aktivitäten

Complete the following activities to demonstrate your understanding of the content in the culture readings.

1. **Presentational Writing / Connecting to History and Geography.** The Oder-Neiße line (*die Oder-Neiße Grenze*) defined the borders of Germany to the East and played a role in the relations between Poland and Germany for many centuries. Using a map and plastic transparencies, show how the borders between the two countries shifted over time and what historical events led to these shifts.
2. **Presentational Writing / Connecting to Higher Education.** The Europa-Universität Viadrina in Frankfurt/Oder has a very interesting history. What can you study there and what is the history of the university? What advantages does it offer a student?
3. **Presentational Writing / Connecting to Literature.** Heinrich von Kleist was born in 1777 in Frankfurt an der Oder and was famous as a poet, dramatist, novelist and short story writer. Write a profile about this famous author.
4. **Presentational Writing / Connecting to History.** The Catholic cathedral in Aachen is the oldest cathedral in Northern Europe and the first historical monument in Germany to be listed as a UNESCO World Heritage Site. For almost 600 years, from 936 to 1531, the chapel was the site for the coronation of thirty German kings and twelve queens. Make a timeline showing the names of these kings and queens and the years of their coronations and include information about their historical importance.

Kultur Plus Interpretive Communication Pre AP

Die DB Apps

Sehen Sie sich die Logos an, die Sie in der Deutschen Bahn App aufrufen können. Dann machen Sie die folgende Aktivität, um Ihr Verständnis zu prüfen.

DB Flinkster – Mein Carsharing

Sie zahlen nur für die Zeit, in der Sie das Auto brauchen. Schon ab einer Stunde buchbar. Deutschlandweit an mehr als 800 Carsharing-Stationen über das gesamte Gebiet der jeweiligen Stadt verteilt und natürlich auch immer in der Nähe der Bahnhöfe/Flughäfen zu finden. Die Tarife richten sich nach Fahrzeugklasse und Mietdauer.

DB Rad

Mit den Mieträdern der Bahn und der passenden App bleiben Kunden in Call-a-bike-Städten mobil. Ob vor der eigenen Haustür oder am nächsten Bahnhof: Die App zeigt der GPS verfügbare Räder in der Nähe. Der Nutzer tippt lediglich auf ein Rad auf der Karte und startet so die Buchung.

Apps für DB-Reisende

Welche App wäre die beste für diese Reisenden?

1. Hannes möchte nach der langen Fahrt ein bisschen Bewegung, wenn er am Bahnhof ankommt.
2. Angela muss nur schnell in die Stadt, hat aber kein Auto.
3. Jan und Martina müssen schnell zu einem Treffen, dann sofort zurück zum Bahnhof.
4. Irene möchte ein bisschen Sport treiben, bis der nächste Zug kommt.

Du bist dran! Pre AP

Rollenspiel: Hinfahrt *Interpersonal Speaking*

Partner A arbeitet am Schalter im Hauptbahnhof. Partner B möchte zu einer Lieblingsstadt in Deutschland reisen. Partner A stellt Fragen und Partner B beantwortet sie. Ihr könnt Ideen aus dem Dialog „Kais Reise" benutzen. Partner A möchte wissen, welche Verbindungen es gibt, wie oft man umsteigen muss, wann man abfährt und ankommt, was das Ticket kostet und ob man am Bord essen kann. Partner B beantwortet diese Fragen. Bevor ihr den Dialog vorbereitet, müsst ihr Zugfahrpläne und Preise im Internet finden.

Katrina reist nach Aachen *Presentational Writing*

Katrina fährt mit dem Zug nach Aachen. Schreib eine Geschichte über ihren Tag und benutze die Bilder, um die Geschichte zu erzählen. Das Ende von der Geschichte soll beschreiben, was Katrina nach der Ankunft in Aachen macht. Du kannst die Geschichte auch schreiben, als wenn du die Reisende bist.

A.

B.
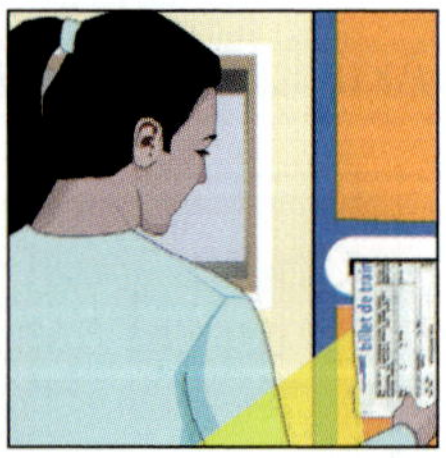

C.

D.

Tageszeiten (*Times of day*) *Presentational Speaking*

Jeder benutzt die Tabelle auf der nächsten Seite, um den Plan für die nächsten drei Tage aufzuschreiben. Dann diskutiere mit einer anderen Person und vergleicht eure Wochenpläne: macht ihr die gleichen Sachen um die gleichen Zeiten oder sind eure Pläne ganz anders? Hier sind mögliche Aktivitäten: Hausaufgaben machen; Freunde treffen; sich duschen; das Wochenende planen; zur Arbeit gehen; den Eltern helfen; Freunde abholen; mit der Lehrerin/dem Lehrer sprechen.

	heute	morgen	übermorgen
Morgen			
Mittag			
Nachmittag			
Abend			

Das Goethe-Institut Presentational Writing

In small groups, go to the website below and select "Kurzfilme" or "Werbefilme." Decide as a group who will review which film. After viewing, each person writes a review that will be posted to the class's website for students in the class and other German classes in and outside of your school.

Suchwörter: Goethe-Institut Film ab!

Wörter und Ausdrücke

Describing a Train Station and Trains

der Bahnhof train station
der Hauptbahnhof central train station
der Bahnsteig train platform
das Reisezentrum information office
das Gleis track
der Waggon rail car
der Startbahnhof starting station
der Zielbahnhof of destination station

Dining Options

das Bord-Bistro on-board bistro
das Bord-Restaurant on-board restaurant
der Speisewagen dining car

Seating Options

der Großraumwagen open-plan compartment
das Abteil train compartment
der Sitzplatz seat
der Sitz am Gang aisle seat
der Sitz am Fenster window seat

Informational Signage

die Ankunfts- und Abfahrtstafeln arrival and departure tables

Train Personnel

das Bahnpersonal train personnel
der Zugbegleiter train steward

Verbs for Train Travel

abfahren to depart
ankommen to arrive
aussteigen to get off (the train)
einsteigen to get on (the train)
umsteigen to transfer (between trains)

Über den Text

In recent years, there have been numerous complaints about the Deutsche Bundesbahn since it was privatized. Technical difficulties were common, especially with the heating and cooling systems. Customers also complained about travel delays and poor infrastructure for the train system, including tracks, food service and expensive ticket prices. In an attempt to make the service more "user-friendly" for non-German speakers, train personnel now make public service announcements in both German and English, which is not always perfect.

Leseecke

Interpretive Communication Pre AP

Kurzbiografie

Die Wise Guys: Eine deutsche A-Cappella Gruppe aus Köln

Die Wise Guys sind eine beliebte deutsche Band. Mit ihren letzten vier Studio-CD's stürmten sie die Top 3 der Charts. Ihre Musik-Genre ist coole Popmusic. Die Mitglieder der Band sind Edzard Hüneke, Daniel Dickopf, Marc Sahr (alle drei Bariton), Andrea Figallo (Bass) und Nils Olfert (Tenor). Die Wise Guys sind der wohl populärste Geheimtipp Deutschlands.

Die Wise Guys in einem alten Waggon der U-Bahn. Von links nach rechts: Sari, Nils, Andrea, Eddi, Dän

Sie lesen hier den Text ihres Hits „Deutsche Bahn".

Vor dem Lesen

1. Think about a-cappella songs: what makes them different than other musical performances? How is a song different without musical instruments?
2. Although songs often share many characteristics with poetry, they also have their own individual characteristics. What makes a text a song versus a poem? Together with a partner, scan the text to see how the lyrics are divided and what parts of the song are repeated.
3. You've read about problems with the German train system. Which problems do you anticipate the Wise Guys might include in their song?
4. Have you ever traveled by train? If so, write a short report about your experiences in your *Kulturjournal*: describe where, when, why and with whom you traveled.

Strategie

Situational irony is an outcome that turns out to be very different from what was expected, the difference between what is expected to happen and what actually does happen. There are a number of instances of situational irony in this song text. Considering the problems with the *Deutsche Bahn*, look for examples in the song text of situational irony. Include the line numbers that address these ironic situations.

Expectation	Situational irony	Line numbers
on-time service		
dining options		
comfortable travel		
reasonable prices		
modern infrastructure		
friendly service		
travel information		

Deutsche Bahn

Meine Damen und Herrn, der ICE nach Frankfurt/Main
fährt abweichend am Bahnsteig gegenüber ein.
Die Abfahrt dieses Zuges war vierzehn Uhr zwei,
Obwohl: Das war sie nicht, denn es ist ja schon halb drei.
Bei uns läuft leider oft das Meiste anders, als man denkt:
Wir haben die Waggons alle falschrum angehängt.
Die Wagenreihung ist genau das Gegenteil vom Plan…
Sssenk ju for trewweling wiss Deutsche Bahn!

1. An wen wendet sich der Sprecher?
2. Warum beginnt die Fahrt nicht gut?

Meine Damen und Herrn, es ist Ihr Zugchef, der hier spricht.
Ganz normal zu sprechen, beherrsch' ich leider nicht.
Trotzdem kriegen Sie den Service, den man von uns kennt:
Erst Deutsch und dann auf Englisch, mit heftigem Akzent.
Erstmal will ich – ohne meinen Ekel zu verhehlen –
Ihnen das Angebot aus unserm Bord-Bistro empfehlen:
Leberkäs' und Softdrink gibt's für sieben Euro zehn.
Vorher ganz viel Spaß beim in-der-Schlange-stehn.

3. Wer ist der Sprecher?
4. Was will er den Reisenden verkaufen?

Refrain
Meine Damen und Herrn, danke, dass Sie mit uns reisen
auf maroden Gleisen
zu abgefahr'nen Preisen.
Für Ihre Leidensfähigkeit danken wir spontan:
Sssenk ju for trewweling wiss Deutsche Bahn!

5. Was denkt er über die Deutsche Bahn?

Meine Damen und Herrn, dass es grad nicht weitergeht,
liegt an einer Kuh, die auf den Schienen steht.
Aber bitte bitte, behalten Sie uns lieb.
Wir war'n halt einfach viel zu lang ein Staatsbetreib.
Sollten Sie im Lauf der Fahrt mal das WC benutzen,
würden wir empfehlen, dass Sie das vorher selbst putzen.
Verwenden Sie am besten eine Flasche Sagrotan.
Sssenk ju for trewweling wiss Deutsche Bahn!

6. Warum hält der Zug an?
7. Was schlägt der Zugbegleiter den Reisenden vor?

Refrain
…

Meine Damen und Herrn, weil die meistens keiner checkt,
sind bei uns ständig alle Heizungen defekt.
Ansonsten stehn für Sie Klimaanlagen parat,
doch die funktionieren nur bis 32 Grad.
Wir ham 'ne [haben eine] Theorie, doch es fehlt noch der Beweis:
Im Winter wird es kalt und im Sommer wird- es heiß
Erleben Sie bei uns Kälteschock und Fieberwahn—
Sssenk ju for trewweling wiss Deutsche Bahn!

8. Was stimmt mit der Temperatur im Zug nicht?

Beim Lesen

Haben die Wise Guys ein positives oder ein negatives Bild von der Bahn?

Nach dem Lesen

1. Mit den Informationen von der „Strategie", schreiben Sie einen kleinen Bericht über die Probleme mit der Deutschen Bahn.
2. Was denken Sie: Was halten die Wise Guys von der Deutschen Bahn? Diskutieren Sie in einer Gruppe und finden Sie Beispiele im Text für Ihre Meinung.

Erweiterung

1. Die Wise Guys haben mehr Songs über die Deutsche Bahn. Alle Songtexte sind auf der Webseite von den Wise Guys. Hören Sie sich „Die Bahn kommt" oder „Denglisch" an und erzählen Sie der Klasse, was in den Liedern passiert.
2. Schreiben Sie Ihren eigenen Song zur „Deutschen Bahn". Sie können mit Partnern arbeiten: eine Person schreibt den Text, die andere die Musik.
3. Stellen Sie sich vor: Sie reisen mit dem ICE nach Frankfurt/Main und haben einige Probleme. Schreiben Sie eine SMS oder E-Mail an Ihre Freunde über Ihre Reise!

Machen wir weiter! Pre AP

Auf der ganzen Welt Presentational Writing

Make a graphic profile of a continent that interests you. For example, you could include the languages spoken there, its geographical location in terms of other continents and bodies of water, the business or cultural products the continent is known for, key historical dates, the sports that are practiced there, the basis of the cuisine, etc. Present your profile to other classmates who have each chosen a different continent. Be sure to tell your group why this continent interests you.

Ich werde in Deutschland studieren Presentational Writing

Choose a German city with a *Goethe-Institut* where you can take a German course. Do online research on that particular *Goethe-Institut.* Imagine you are applying for a scholarship. Convince the panel why they should choose you by writing an essay. They want to find out what interests you about Germany and its language and culture, what you hope to learn and what you plan to do with your knowledge of German language and culture in the future.

Klassenzimmerpreise

Interpersonal and Presentational Speaking / Presentational Writing

With a partner, discuss your interests and hobbies and what you're good at. Then create a "Klassenzimmerpreis" for your partner based on what he or she does well, either that your classmate told you about or that you have observed. Tell the class about this person's special talent and/or accomplishment and present him or her with a certificate in German that you have prepared. Then place a student photo with each certificate on your class website to share with other German classes.

Unser Lernplan für die Ferien

Interpersonal and Presentational Speaking

Imagine, like the students on page 1 in the Smartphone graphic, that you and the others in your group want to keep up your German skills during vacations. Discuss with your classmates ways to maintain your German that keeps you fit in all the skills areas: interpersonal speaking, reading, writing, listening and culture. Then, present real online and community resource tools to the rest of the class that can help keep everyone learning German during holidays long and short.

Frankfurt und Słubice an der Oder

Rückblick

R1 Am Bahnhof

Schreiben Sie das Wort oder den Ausdruck für das, was Sie auf dem Bild sehen.

R2 Wovon spricht man hier?

1. Dort warten viele Leute auf den Zug und steigen dann von dort ein.
2. Da sitzen die Leute in einem kleinen Raum im Zug.
3. Wenn man bequemer sitzen will und auch etwas mehr bezahlt, dann sitzt man da.
4. Da sieht man nach, wann die Züge ankommen und abfahren.
5. Dort können die Reisenden bestellen und essen.
6. Meistens findet man sie vor den Waggons.
7. Der Zug fährt darauf.
8. Er sieht sich die Tickets der Reisenden an.
9. Diese Person sitzt in der Lokomotive.

R3 Was passt hier?

Schreiben Sie die richtige Verbform! Sie brauchen nicht alle Wörter von der Liste.

abfahren	**einsteigen**	**aussteigen**	**kommen**
kaufen	**mitbringen**	**umsteigen**	**dauern**
fahren	**kosten**	**reservieren**	**bezahlen**

Ingrid plant ihre Reise zu ihrer Oma nach Spanien. Sie (1) jeden Sommer nach Barcelona und bleibt vier Wochen dort. Die Bahnfahrt nach Barcelona (2) 20 Stunden. Sie muss in Frankfurt um 10.32 Uhr (3). Leider muss sie auf der Strecke dreimal (4): zuerst in Stuttgart, in Basel, und dann in Lyon. Das bedeutet, dass sie in Basel (5) und auf dem anderen Gleis wieder (6). Der Zug aus Lyon (7) um 6.30 in Barcelona an. Heute geht Ingrid zum Bahnhof und (8) ihre Fahrkarte (2. Klasse, hin und zurück) nach Barcelona. Sie möchte auch einen Sitzplatz (9), denn sie sitzt gern im Großraumwagen am Fenster. Dort kann man gut schlafen.

R4 Wo meine Verwandten leben

Benutzen Sie die Richtungen im Feld unten, um zu beschreiben, wie man zu den verschiedenen Verwandten (*relatives*) kommt. Benutzen Sie die Karte von Deutschland am Anfang dieses Buches, um zu sehen, wo diese Städte liegen.

nördlich **nordöstlich** **nordwestlich** **südöstlich** **südwestlich**

Meine Verwandten leben in allen Himmelsrichtungen: Berlin im Osten, Saarbrücken im Westen, Ingolstadt im Süden und Lübeck im Norden. Ein paar leben auch in der Mitte, in Frankfurt am Main.

1. Wenn Tante Irma aus Ingolstadt meinen Onkel Fritz in Lübeck besuchen will, in welche Richtung muss sie dann fahren?
2. Wenn Cousin Tony aus Berlin zur Tante Irma will, welche Richtung muss er nehmen?
3. Wenn Oma Sofie aus Frankfurt erst den Tony und dann den Fritz besuchen will, wie muss sie fahren?
4. Wenn Klara aus Saarbrücken erst die Oma Sofie und dann Tante Irma besuchen will, wie muss sie fahren?
5. Wenn Onkel Fritz Geburtstag hat, kommen alle zu ihm nach Lübeck. In welche Richtung müssen alle fahren?

R5 Ergänzen Sie die Sätze mit Informationen aus dem Text!

Palona erzählt von ihrem Leben.

Ich komme aus Kamerun. Dort ist es oft sehr heiß. Das Land liegt fast direkt am Äquator. Ich freue mich, hier zu sein. Ich wollte schon immer Deutsch in Deutschland lernen. Zuerst habe ich Deutsch in Kamerun gelernt. Jetzt lerne ich Deutsch am Goethe-Institut in Freiburg. Meine Eltern können deutsch und wollen in der Familie deutsch sprechen. Meine Großeltern waren deutsche Kolonisten in Kamerun. In Kamerun sprechen noch viele Leute deutsch. Ich möchte Medizin in Deutschland studieren.

1. Es ist oft heiß in Kamerun, weil…
2. Palona freut sich, in Deutschland zu sein, denn…
3. Sie hat zuerst Deutsch in Kamerun gelernt, aber…
4. Palonas Eltern sprechen deutsch und…
5. Palonas Großeltern haben deutsch gesprochen, da…
6. Jetzt lernt Palona Deutsch nicht in Kamerun, sondern…

R6 Tageszeiten

Heute ist Mittwoch. Es ist 8.00 morgens und Kai reist heute nach Ingolstadt. Hier ist sein Plan für Dienstag bis Donnerstag. Was macht er wann? Schreiben Sie Sätze mit diesen Informationen. Folgen Sie dem Beispiel!

BEISPIEL Dienstag 10.00 seinen Koffer packen
Gestern Vormittag hat er seinen Koffer gepackt.

Dienstag		Mittwoch		Donnerstag	
10.00	seinen Koffer packen	**9.00**	ein Ticket nach Ingolstadt kaufen	**11.00**	seine Tante besuchen
12.00	sein Zimmer aufräumen	**11.00**	mit dem Zug abfahren	**18.00**	mit seiner Tante essen gehen
20.00	seine Freunde in Ingolstadt anrufen	**16.00**	in Ingolstadt ankommen		
		20.00	seine Freunde treffen		

Vokabeln

die **Abfahrtstafel,-n** departure table *1B*
der **Abreisetag,-e** day of departure *1B*
abschreiben (*schrieb ab, abgeschrieben*) to copy *1B*
das **Abteil,-e** train compartment *1B*
Afrika Africa *1A*
der **Akademiker,-** academician *1A*
der **Alliierte,-n** ally *1B*
das **Andenken,-** remembrance *1B*
die **Ankunftstafel,-n** arrival table *1B*
Antarktika Antartica *1A*
der **Antarktische Ozean** Antarctic Ocean *1A*
die **Antike** antiquity *1B*
der **Äquator** Equator *1A*
Asien Asia *1A*
der **Atlantik** Atlantic Ocean; *der Nord-Atlantik* North Atlantic Ocean; *der Süd-Atlantik* South Altantic Ocean *1A*
Australien Australia *1A*
auswandern to emigrate *1A*
die **Auszeichnung,-en** award *1B*
die **Bahn,-en** railroad, train *1B*
die **BahnCard,-s** rail pass *1B*
das **Bahnpersonal** railway staff *1B*
der **Bahnsteig,-e** train platform *1B*
das **Bankenzentrum,-tren** banking center *1A*
die **Basis,-sen** groundwork, basis *1B*
die **Bedeutung,-en** meaning *1B*
beeinflussen to influence *1B*
befreien to liberate *1B*
berühmt famous *1A*
die **Beziehung,-en** relation *1B*
das **Bord-Bistro,-s** bistro-restaurant on train *1B*
das **Bord-Restaurant,-s** train restaurant *1B*
die **Brücke,-n** bridge *1A*
die **Deutschkenntnisse** (*pl.*) German language skills *1A*
der **Dichter,-** poet, writer *1A*
dominieren to dominate *1A*
die **Doppelstadt,¨-e** twin city *1A*
eigentlich actually *1A*
einfach one-way *1B*
die **Einigung,-men** unification *1B*
entwickeln to develop *1B*
die **Exportfirma,-en** export firm *1A*
exportieren to export *1A*

das **Familiengeschäft,-e** family business *1A*
der **Festtag,-e** festival day *1A*
die **Förderation,-en** federation *1A*
die **Freundschaft,-en** friendship *1A*
geboren born *1A*
geografisch geographical *1B*
gesamt entire *1B*
die **Geschäftsleute** (*pl.*) business people *1B*
der **Großraumwagen,-** open-plan compartment *1B*
der **Grund,¨-e** reason *1A*
die **Handelsstadt,¨-e** commercial city *1A*
der **Händler,-** trader *1A*
die **Hanse** Hanseatic League *1B*
die **Hansestadt,¨-e** Hanseatic city *1A*
der **Hauptbahnhof,¨-e** main train station *1B*
das **Heimatland,¨-er** home country *1A*
die **Hemisphäre,-n** hemisphere *1A*
der **Herr,-en** master *1B*
herrschen to rule *1B*
das **Herz,-en** heart *1A*
hin und zurück round-trip *1B*
die **Infotafel,-n** information board *1B*
jährlich annual *1A*
das **Kabarett,-s** cabaret *1A*
der **Kaiser,-** emperor *1B*
Kamerun Cameroon *1A*
Kanada Canada *1A*
die **Kaufleute** (*pl.*) merchants *1A*
die **Kolonie,-n** colony *1A*
der **Kolonist,-en** colonist *1A*
der **Kontinent,-e** continent *1A*
die **Konzerthalle,-en** concert hall *1A*
kopieren to copy *1B*
das **Kulturangebot,-e** cultural offering *1A*
leben to live *1A*
die **Literatur,-en** literature *1A*
der **Lokführer,-** train engineer *1B*
die **Lokomotive,-n** locomotive *1B*
die **Macht,¨-e** might, power, force *1B*
das **Manuskript,-e** manuscript *1B*
Mexiko Mexico *1A*
die **Mitarbeiterin,-nen** staff person (female) *1A*
mittelalterlich medieval *1B*
die **Neuzeit** modern times *1B*
Nordamerika North America *1A*
nördlich (von) north (of) *1A*
der **Nordosten** Northeast *1A*

der **Nordpol** North Pole *1A*
der **Nordwesten** Northwest *1A*
die **Organisation,-en** organization *1A*
östlich (von) east (of) *1A*
der **Ozean,-e** ocean; *der Antarktische Ozean* Antarctic Ocean; *der Arktische Ozean* Arctic Ocean; *der Indische Ozean* Indian Ocean *1A*
der **Palast,¨-e** palace *1B*
der **Pazifik** Pacific Ocean; *der Nord-Pazifik* North Pacific Ocean; *der Süd-Pazifik* South Pacific Ocean *1A*
der **Polarkreis** Artic Circle *1A*
reichen to reach *1B*
der **Reisende,-n** traveler *1B*
das **Reisezentrum,-tren** travel center *1B*
renommiert prestigious *1B*
schaffen (*schuf, geschaffen*) to create *1B*
die **Schrift,-en** writing *1B*
die **Schriftart,-en** type of writing *1B*
der **Sitzplatz,¨-e** seat *1B*
der **Speisewagen,-** dining car *1B*
der **Stadtteil,-e** city disctrict *1A*
der **Status** legal status *1A*
stolz proud *1A*
südlich (von) south (of) *1A*
der **Südosten** Southeast *1A*
der **Südpol** South Pole *1A*
der **Südwesten** Southwest *1A*
die **Tat,-en** deed, action *1B*
das **Theater,-** theater *1A*
das **Theaterfestival,-s** theater festival *1B*
übergeben (*übergibt, übergab, übergeben*) to hand over *1B*
die **Universitätssstadt,¨-e** university town *1A*
verbinden (*verband, verbunden*) to connect *1B*
das **Verdienst,-e** contribution *1B*
vereinigen to unite *1B*
verleihen (*verlieh, verliehen*) to confer, to award *1B*
der **Vorfahre,-n** ancestor *1A*
der **Waggon,-s** rail car *1B*
wahrscheinlich probably *1B*
westlich (von) west (of) *1A*
wohlhabend well-to-do *1A*
die **Windrose,-n** compass rose *1A*
die **Zahl,-en** number *1B*
der **Zugbegleiter,-** train conductor *1B*

Strategie

Building Your Vocabulary with Word Families

If the word below is an adjective, write it down with the noun or nouns it's related to; if the word is a noun, list it with a modifying adjective.

Akademiker, mittelalterlich, Kolonist, geographisch, Freundschaft, befreien, Händler

Noch etwas

Was ist ein guter Grund, mit dem Zug zu reisen?

Zitat

„Je weniger Happyends das Leben uns bereitet, umso mehr brauchen wir davon im Kino."

The fewer happy ends life provides, the more of them we need at the movies.

—Walter Ludin (1945–), Schweizer Journalist, Redakteur, Aphoristiker und Buchautor

Tatsache

In den letzten zehn Jahren waren international 20% der Filme deutsche Produktionen.

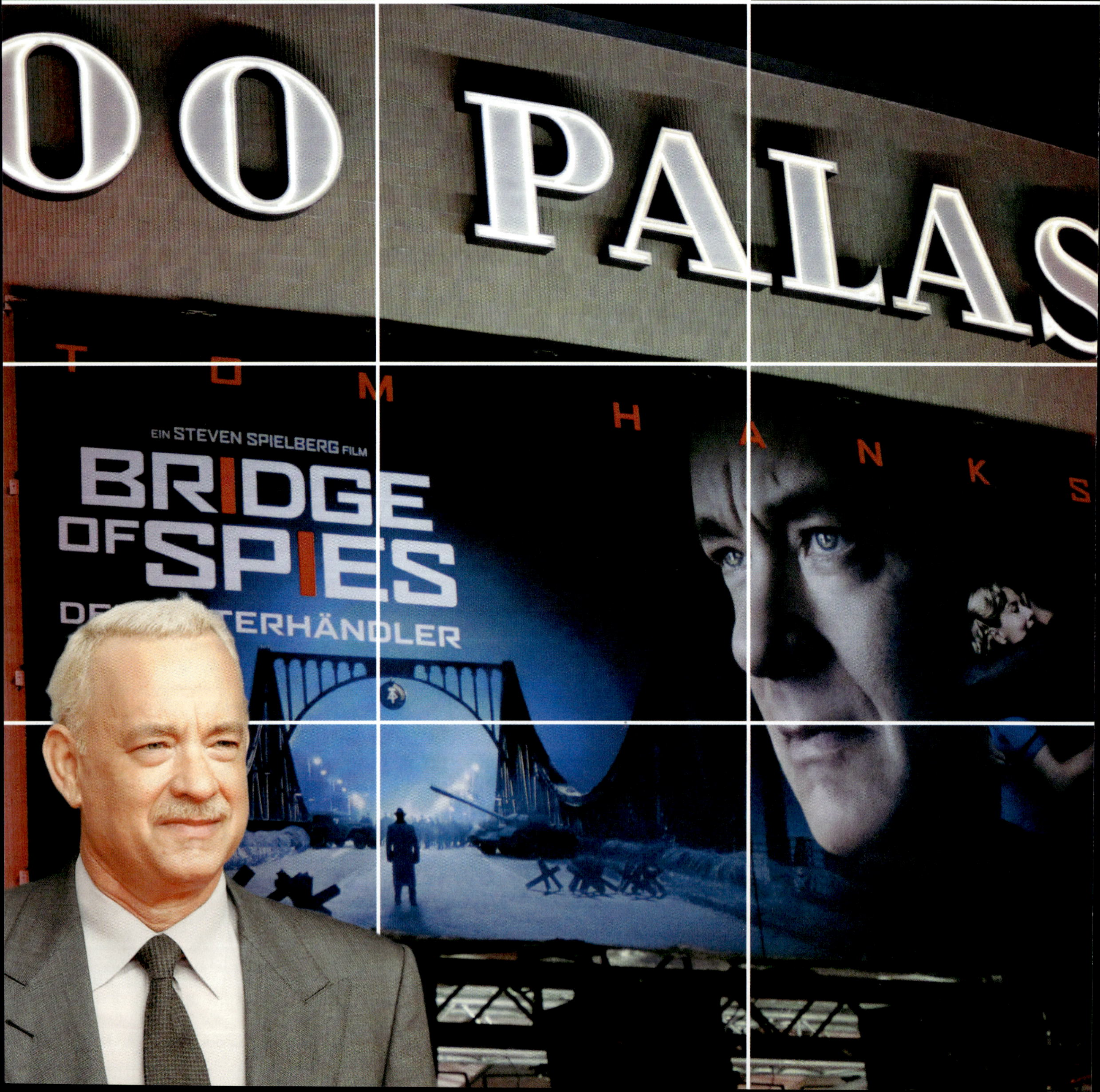

Kapitel

2 Filme gestern und heute

Leitfrage

What do movies reveal about the cultures in which they take place?

Welche von diesen Filmen sind über die deutsche Geschichte?

Wer bekommt diese Statuette?

Lernziele

Lektion A I will be able to:

- Say where someone once lived, inquire about what someone means, make a suggestion, propose an idea and tease someone about how they're talking.
- Discuss Potsdam, its historic past, its film school and sights.
- Use nouns formed from verbs, distinguish between when to use the present perfect and narrative past for both regular and irregular verbs.
- Read about the studio that made *Bridge of Spies* and how many Oscar nominations it received.

Lektion B I will be able to:

- Read about Oscar-nominated films from Potsdam's film studio.
- Express indecision and a past thought, say some movies sound good, identify a movie as having subtitles.
- Discuss life in a German city, German film festivals and filmmaking courses.
- Use relative pronouns correctly, make polite requests and express wishes.
- Read about young German filmmakers in the news and statistics about movie-going in Germany and a German animated movie.

Lektion A

Vokabeln Sehenswürdigkeiten in der Stadt

Orte in einer typischen deutschen Stadt

das Theater
Im Theater gibt es Musicals, Konzerte und Theaterstücke.

das Denkmal
Jede Stadt hat viele Denkmäler, die an die Geschichte erinnern.

der Brunnen
Auf jedem Marktplatz gab es Brunnen für die Leute.

das Museum
Im Museum bleibt die Geschichte aktuell: gute und schlechte Zeiten des Landes werden gezeigt.

die Brücke
Architektur, die verbindet.

das Rathaus
Jede Stadt hat ein Rathaus, wo der Bürgermeister sitzt.

der Park
Im Park steht diese Statue eines Mädchens.

das Schloss
Hier wohnte König Ludwig II.: Schloss Neuschwanstein.

die Fußgängerzone
In der Fußgängerzone liegen die Geschäfte. Fahrrad ok. Auto verboten.

die Kirche
In Europa wurden fast alle alten Städte rund um die Kirche gebaut.

das Tor
Jede Stadt mit Stadtmauer hat auch Stadttore. Das Brandenburger Tor ist Deutschlands bekanntestes Tor.

die Statue
Die Statue eines Pferdes mit Reiter in Dresden.

der Hafen
Einen Hafen gibt es nur in Städten, die an Flüssen oder am Meer liegen.

die Stadtmauer
Im Mittelalter hatte jede Stadt eine Stadtmauer. Heute ist eine Stadtmauer nur noch eine Sehenswürdigkeit.

der Platz
Der größte Platz einer Stadt ist immer der Marktplatz.

Wichtige Ausdrücke

How do I say who lived in a particular building?

Hier wohnte König Ludwig II.
King Ludwig II lived here.

How do I inquire what someone means?

Was meinst du?
What do you mean?

How do I make a suggestion?

Vielleicht sollen wir etwas mit Schlössern machen.
Perhaps we should do something that entails (seeing) castles.

How do I propose an idea?

Wie wäre es mit der Villenkolonie Neubabelsberg?
How about the villa colony Neubabelsberg?

How do I tease someone about how they're talking?

Du redest selbst wie ein Reiseführer!
You sound like a travel guide!

Frohe Reisende

- Vielleicht sollen wir etwas Historisches sehen?
- Wie wäre es mit dem Schloss Sanssouci?

- Toll! Wunderschön! Hier wohnte Friedrich II. und Friedrich IV.
- Du redest wie ein Reiseführer!

- Der Park gefällt mir am besten! Er ist so schön!

Konversationsgruppe

Erzählen Sie Ihrem Partner oder Ihrer Partnerin, wo eine Person, die Sie bewundern, gelebt hat.

PLZ oder Ort | Ganzer Ort | Finden | Anzeige aufgeben

Reiseführer 4€

Neuer Reiseführer, noch nie benutzt. Versand möglich.

Museumsführer 8.50€

RAR!

Museumsführer mit vielen Farb-Fotos, Beschreibungen der Objekte und einem Museumsplan. 200 Seiten. In gutem Zustand.

Was noch?

die Autoladestelle	*car charging station*
das Brückenrestaurant	*restaurant on the bridge*
die Öffnungszeit	*business hours*
der Parkplatz	*parking lot*
die Schließungszeiten	*closing hours*
die USB Ladestelle	*USB charging station*
öffentliche Toiletten	*public restrooms*
eine Tour machen	*to take a tour*
einen Spaziergang machen	*to take a stroll*

Wörterkiste

Some place words in this chapter are found in idiomatic expressions. Can you determine the meaning of these idioms?

- Hamburg ist Deutschlands *Tor zur Welt.*
- Frieda ist so intelligent, *es stehen ihr Tür und Tor offen.*
- Die Immigranten *brachen alle Brücken hinter sich ab* und segelten in die Neue Welt.
- „So können Sie das aber nicht sagen, Herr Schmitz. *Nun lassen Sie mal die Kirche im Dorf!*"

Suchwörter: Deutsche Sprichwörter, Geflügelte Worte

Bewertung

With a partner, ask each other questions about what a person might do in the city at these places, such as meeting someone, taking a photo, having lunch…

• am Brunnen • an der Stadtmauer • auf dem Platz • vor dem Tor • in der Kirche • im Theater • neben der Statue • unter der Brücke

1 Was fehlt hier?

Ergänzen Sie die Sätze!

1. Im ___ kann man Schauspieler in einem Drama sehen.
2. Über den Fluss kommt man auf einer ___.
3. Man kann Kunst in einem ___ sehen.
4. Im ___ sieht man Boote und Schiffe.
5. An einem ___ kann man im Sommer in der Stadt am Wasser sitzen.
6. In einem ___ kann man in der Sonne sitzen oder spazieren gehen.
7. Der König und die Königin wohnen in einem ___.
8. In der ___ kann man oft bunte Fenster sehen.

Der Marienplatz in München ist eine große Fußgängerzone, wo Leute Rad fahren können.

emcpassport.com
WB 3

2 Welche Wörter definieren diese Sätze?

1. Sie können es über einem Fluss finden.
2. Ein Ort in der Stadt, wo viele Menschen zusammen sein können.
3. Ein Ort, wo Autos parken können.
4. Wenn man es sieht, denkt man an eine berühmte Person oder ein historisches Ereignis.
5. Da wohnte die Königin oder der König mit ihrer/seiner Familie.
6. Da gehen die Familien in ihrer Freizeit gern hin, weil es Natur gibt.

3 Was ist sehenswert in Ihrer Stadt?

Machen Sie eine Checkliste, auf der die Sehenswürdigkeiten in Ihrer Stadt stehen. Vergleichen Sie Ihre Liste mit anderen Schülern. Was ist gleich, was ist anders?

unsere Innenstadt
das alte Rathaus
Sporthallen
mein Lieblingsfreizeitpark
unsere Schulen
der Fluss
viele Kinos
die historische Brücke
DAS NEUE KRANKENHAUS
unser Einkaufszentrum
ein Park in der Stadt
kein Schloss, aber…
die Restaurants
klasse Imbissstände
keine Burg, doch wir haben…
das Museum für Neue Kunst
SCHÖNE PARKS
keine Brunnen, aber…

Dialog Unterwegs in Potsdam

Interpretive Communication

Strategie und Analyse

Wenn man zusammenarbeitet, muss man Kompromisse schließen. Machen Sie eine Liste mit Ausdrücken, die man benutzen kann, wenn man Kompromisse schließen möchte. Lesen Sie den Dialog, dann sagen Sie, ob Maren und Annette gut zusammen gearbeitet haben oder nicht.

Annette und Maren sind unterwegs in Potsdam, der Landeshauptstadt von Brandenburg. Beide sind Schüler am Babelsberger Filmgymnasium in Babelsberg, einem Stadtteil im Osten von Potsdam. Für ihre Filmklasse müssen sie eine Reportage über die Stadt und ihre Sehenswürdigkeiten drehen. Sie diskutieren gerade ihren Plan, denn sie wollen dieses Jahr den Preis „Schüler mit Wirkung" gewinnen.

Kulturpraxis

The film school puts its students in contact with the media world through its network of film academies all over the world.

Annette: Was meinst du: sollen wir zuerst die Innenstadt von Potsdam filmen, wo es die historischen Bauwerke gibt: das Rathaus, das Comenius-Denkmal, die Stadtmauerreste und die vielen Kirchen? Und die Tore?

Weißt du…?

What other word can you use as a synonym of *historisch*?

Antwort: alt

Maren: Vielleicht sollen wir etwas mit Schlössern machen. Potsdam hat die Schlösser Sanssouci und Cecilienhof, das Neue Palais und die vielen tollen historischen Bauwerke um Sanssouci.

Annette: Die Bilder sieht man in jedem Reiseführer und man hat tausende Filme darüber gemacht. Wie wäre es mit dem Park Babelsberg vielleicht?

Maren: Den Park Babelsberg finde ich immer schön, da am See. Da gibt es auch viele historische Bauwerke und viel Natur.

Annette: Wie wäre es mit der Villenkolonie Neubabelsberg, am Ufer des Griebnitzsees? Dort sind die Villen, in denen Stalin, Truman und Churchhill während der Potsdamer Konferenz im Schloss Cecilienhof gewohnt haben.

Maren: Ach ne, nicht schon wieder der alte Kram mit der Potsdamer Konferenz! Ich will keinen historischen Film drehen! Und außerdem haben wir das letztes Jahr schon gemacht.

Annette: Die Tore? Die Museen dann? Vielleicht eine Reportage darüber. Da müssen wir uns aber entscheiden: Potsdam Museum, Naturkundemuseum, Museum Alexandrowka, das S-Bahn-Museum und noch andere.

Maren: Du redest selbst wie ein Reiseführer! OK, fangen wir endlich mal an—es wird bald dunkel! Was soll es sein?

4 Was passt hier am besten?

Kombinieren Sie die Satzteile!

1. Annette und Maren diskutieren die Sehenswürdigkeiten in Potsdam,
2. Annette will nicht Sanssouci filmen,
3. In Neubabelsberg gibt es die Villenkolonie,
4. Maren möchte Schloss Cecilienhof nicht filmen,
5. Maren sagt Annette,
6. Weil sie den Preis „Schüler mit Wirkung" gewinnen wollen,
7. Sie wollen bald filmen,
8. Wenn sie in der Innenstadt drehen,

A. weil sie eine Reportage machen.
B. diskutieren sie ihren Plan genau.
C. können sie die historischen Bauwerke filmen.
D. denn das Schloss findet man in allen Reiseführern.
E. in der Stalin, Truman und Churchill gewohnt haben.
F. weil sie keinen historischen Film drehen möchte.
G. dass sie wie ein Reiseführer redet.
H. weil es dunkel wird.

Maren und Annette besuchen gern das Neue Palais.

Sprache Verbs Used as Nouns

In German, you can use infinitive forms of verbs as nouns to indicate the activity of the verb. These nouns are always neuter nouns: *das Schwimmen* (swimming), *das Denken* (thinking), *das Arbeiten* (working).

You already know how to add *-er* to the verb stem to indicate the person doing the activity:

denken (to think) - *der Denker* the thinker
dichten (to write poetry) - *der Dichter* the poet
lehren (to teach) - *der Lehrer* the teacher

A second way of modifying a verb to indicate the person doing the verbal activity is by adding *-d* to the infinitive. With this form, the focus is more on the verbal act, rather than the person doing it.

lernen + d = ***der/die Lernende***
the person learning

studieren + d = ***der/die Studierende***
the person studying

Kulturpraxis

Recently, adding *–d* to the verb has become more popular because it creates a more gender-neutral noun, avoiding the issue of adding *-in* to make feminine nouns.

5 Kombinieren Sie!

Benutzen Sie diese Satzteile, um Ihre eigenen Sätze zu machen!

BEISPIEL **Beim Schwimmen werde ich immer müde.**

Beim Das	Tanzen Diskutieren Fahren Lesen Tennisspielen Schwimmen Reisen Lernen Schlafen	werde ich immer finde ich interessiert mich ist sehr macht mir will ich	keinen Spaß dumm schön nicht sehr toll lustig viel Spaß müde

Das Reisen finde ich immer lustig!

6 Die Person, die die Aktion macht.

Schreiben Sie, wer die Person ist.
Die Person, die…

1. reist, ist der/die ___
2. Schüler lehrt, ist der/die ___
3. Deutsch lernt, ist der/die ___
4. schläft, ist der/die ___
5. liebt, ist der/die ___
6. weint, ist der/die ___

Sprache Present Perfect and Narrative Past

When you talk or write about events that happened in the past, you need to use past tense forms. German offers you two options: narrative past and present perfect. Your choice of these verb forms depends on whether you are narrating a series of events (narrative past) or if you are in a conversational exchange (present perfect). Look at the following time line with the tenses:

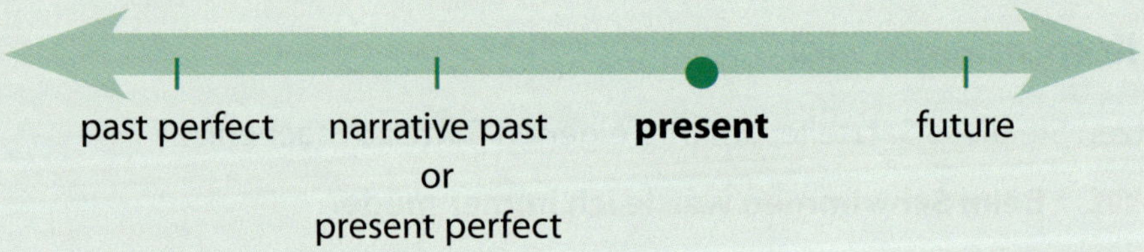

As you can see, narrative past and present perfect can occur at the same time. The present perfect tense uses a past participle with a helping verb (*haben* or *sein*). The narrative past uses a simple form: the main verb in the past tense. For separable prefix verbs, insert *ge-* between the suffix and the verb stem: *einkaufen - eingekauft*; *zuhören - zugehört*.

> *Er hat gelacht, als wir ihm gratuliert haben.*
> *Er lachte, als wir ihm gratulierten.*
> He laughed when we congratulated him.

There are both regular and irregular verbs. It is important to know to which category a verb belongs so that you can form the correct narrative past and present perfect forms.

Perspektive und Analyse

„Hochkultur ist Stadtkultur."

—*Oswald Spengler*

Teilen Sie Spenglers Meinung oder nicht? Warum?

Sprache Regular Verbs in the Past

Regular verbs also known as "weak verbs," form the narrative past and the participle for the present perfect in a very predictable way. For the narrative past, you use the infinitive root as the base form, add *-t* and then the endings: *lachen - lachte*; *kaufen - kaufte*. To form the past participle, these verbs use *ge-* and *-t*: *lachen - gelacht*; *kaufen - gekauft*.

Note: Verbs that end with *-ieren* or that begin with *be-*, *ent-*, *ge-*, *er-* and *ver-* do not add *ge-* to the past participle: *telefonieren - telefoniert*; *besuchen - besucht*.

When using regular verbs in the narrative past, you will need these endings:

SINGULAR		PLURAL		SINGULAR OR PLURAL	
ich	**e**	wir	**en**		
du	**est**	ihr	**et**	Sie	**en**
er, sie, es	**e**	sie	**en**		

Roland und Shawn lassen sich beim Brunnen fotografieren, denn hier haben sie sich letztes Jahr kennen gelernt.

7 Was haben Annette und Maren unterwegs in Potsdam gemacht?

Schreiben Sie Sätze mit diesen Ideen und benutzen Sie das Perfekt (*present perfect*).

BEISPIEL die Innenstadt filmen
Sie haben die Innenstadt gefilmt.

einen Plan machen	Ideen sammeln
eine Reportage planen	den Plan diskutieren
Sehenswürdigkeiten besuchen	einen Film drehen

8 Hand-in-Hand

Arbeiten Sie mit einem Partner oder einer Partnerin! Die andere Hälfte dieser Übung ist im Anhang am Ende des Buches. Passen Sie auf: Sie müssen für die anderen Schüler die Pluralform vom Verb benutzen.

BEISPIELE **A: Was hat Maren am Morgen gemacht?**
B: Sie hat die Kameraausrüstung gesucht.

A: Was hast du am Morgen gemacht?
B: Ich bin um 8 Uhr aufgestanden.

	Maren	Annette	die anderen Schüler	du
Was hat sie/ haben sie am Morgen gemacht?	die Kameraausrüstung suchen	Ideen für den Film sammeln		
Was hat sie/haben sie am Nachmittag gemacht?		Sehenswürdigkeiten filmen	ihre Klassen besuchen	
Was hat sie/ haben sie am Abend gemacht?	an der Reportage arbeiten			

9 Ein Bericht über die Aktivitäten von Maren, Annette und den anderen Schülern

Schreiben Sie jetzt einen Bericht darüber, was Maren, Annette und die anderen Schüler machten. Hier brauchen Sie Formen wie *telefonierte*, *besuchte*.

Hier ist der Anfang:

Am Morgen suchte Maren die Kameraausrüstung, Annette sammelte Ideen für den Film und die anderen Schüler frühstückten.

Am Nachmittag...

Am Abend...

Noch etwas

Erzählen Sie Ihrem Partner oder Ihrer Partnerin eine wilde Geschichte davon, was Ihnen auf dem Weg in die Schule passiert ist oder was Sie gesehen haben.

Als ich am Morgen aufwachte, sah ich einen großen Werwolf im Schlafzimmer!

10 Letztes Wochenende

Diskutieren Sie mit Partnern, was Sie alles am Wochenende gemacht haben!

Schritt 1: Checken Sie die Aktivitäten, die Sie am Wochenende gemacht haben.

Schritt 2: Interviewen Sie Ihren Partner oder Ihre Partnerin und notieren Sie, was er/sie am Wochenende gemacht hat.

Hast du am Wochenende…	**Schritt 1:** ich	**Schritt 2:** mein Partner/ meine Partnerin
eingekauft		
Computerspiele gespielt		
gekocht		
die Großeltern besucht		
Musik gehört		
bei Freunden übernachtet		
Facebook gecheckt		
mit Freunden getextet		

Schritt 3: Schreiben Sie einen Bericht im Imperfekt über Ihre Wochenenden.

BEISPIEL **Ich kaufte ein, aber mein Partner kaufte nicht ein. Wir spielten Computerspiele…**

- Hast du am Wochenende deine Familie besucht?
- Ich war mit meiner Tante im Einkaufszentrum und habe viele Sachen gekauft.

Perspektive und Analyse

Vergleichen Sie diese zwei Sätze:

„Die Stadt ist gut, sagte der Bauer, aber die Leute taugen nichts."

—*deutsches Sprichwort*

„Die Menschen, nicht die Häuser, machen die Stadt."

—*englisches Sprichwort*

Sprache Irregular Verbs

Irregular verbs form the narrative past and the past participle for the present perfect in a very unpredictable way. It is important that you learn these forms. For a list of all irregular verbs, see the Grammar Summary at the back of the book.

There is a small group of verbs in this category that resemble the regular verbs in their endings and the *-t* of the narrative past and present participle: *denken - dachte - gedacht*; *mitbringen - brachte mit - mitgebracht*; *wissen - wusste - gewusst*. Use the same endings in the narrative past for these verbs as for regular verbs.

Here is a list of the most important verbs in this group:

brennen	(to burn)	*brannte*	*gebrannt*
bringen	(to bring)	*brachte*	*gebracht*
denken	(to think)	*dachte*	*gedacht*
kennen	(to know [a person or place])	*kannte*	*gekannt*
rennen	(to run)	*rannte*	*ist gerannt*
wissen	(to know [a fact])	*wusste*	*gewusst*

11 Können Sie die Sätze ergänzen?

Benutzen Sie in jedem Satz ein Hilfsverb (*sein* oder *haben*) und ein Partizip. In Ihren Sätzen benutzen Sie die Verben aus der Liste.

brennen	bringen	denken	kennen
mitbringen	rennen	wissen	

BEISPIEL Ich **habe** meinen Rucksack **gebracht**.

Timo: Ich (1) nicht (2), dass wir es schaffen, vor der Anfangszeit im Kino zu sein.

Sascha: Ja, wir (3) sehr schnell (4). Meine Füße (5) nach dem Laufen richtig (6)!

Timo: (7) du (8), dass man Karten vorher im Internet kaufen kann?

Sascha: Nein, aber ich bin altmodisch: ich (9) Geld (10).

Timo: Die Namen der anderen Filme (11) ich nicht (12). Wer sieht so was wie „Doomsday Thirteen"?

Sascha: Wir bestimmt nicht! Ich mag keine Horrorfilme!

Sprache Irregular Verb Endings

The largest group of irregular verbs takes a vowel change in the stem and has a special set of endings.

SINGULAR		PLURAL		SINGULAR OR PLURAL	
ich	—	wir	**en**		
du	**(e)st**	ihr	**(e)t**	Sie	**en**
er, sie, es	—	sie	**en**		

If verbs end in *d*, *t*, *s*, *ß*, or *z*, add *-e* before the ending for *du* and *ihr* forms (*du fandest, ihr fandet*).

For the present perfect, the past participle has the prefix *ge-* and ends in *-en*: *treffen - getroffen; einladen - eingeladen; gehen - gegangen*. You will need to learn these forms.

Note: Verbs that begin with *be-*, *ent-*, *ge-*, *er-*, and *ver-* cannot take *ge-* for the past participle (*verstehen - verstanden; erfahren - erfuhren*).

12 Eine Umfrage

Sie wollen wissen, was Ihre Schulfreunde am Wochenende gemacht haben. Nehmen Sie ein Stück Papier und schreiben Sie die Aktivitäten auf! Sie müssen für jede Aktivität eine Person in der Klasse finden, die das gemacht hat. Wenn eine Person „ja" sagt, muss diese Person auf Ihrem Papier neben der Aktivität unterschreiben (*sign*).

BEISPIELE **A: Bist du am Wochenende geschwommen?**
B: Ja, ich bin am Wochenende geschwommen.
A: Gut, bitte hier unterschreiben.

Hast du/Bist du am Wochenende...?

1. in einem Restaurant gewesen
2. zu viel gegessen
3. Sport getrieben
4. lange geschlafen
5. deine Freundin/deinen Freund angerufen
6. ein Buch gelesen
7. mit Freunden ins Kino gegangen
8. mit deinen Eltern gesprochen
9. Auto gefahren
10. einen Film gesehen

Noch etwas

Testen Sie Ihr Wissen! Mit einem Partner oder einer Partnerin überlegen Sie sich, ob diese Verben regelmäßig oder unregelmäßig sind. Wenn Sie nicht sicher sind, checken Sie am Ende des Buches.

arbeiten lernen kommen
denken einladen sprechen
spielen schicken bekommen
finden anfangen gehen

13 Was machten Timo und Sascha?

Schreiben Sie Sätze mit diesen Wörtern! Wenn Sie fertig sind, wissen Sie, was Timo und Sascha letzte Woche gemacht haben. Folgen Sie dem Beispiel.

BEISPIEL mit dem Bus fahren
Sie fuhren mit dem Bus.

1. die Kinoseite in der Zeitung lesen
2. einen guten Film finden
3. fast zu spät im Kino ankommen
4. einen Sciencefiction Film sehen
5. Freunde in der Stadt treffen
6. mit ihnen im Restaurant essen
7. um 23 Uhr nach Hause fahren
8. lange fernsehen
9. um 2 Uhr schlafen

14 Sie sind dran!

Jetzt versuchen Sie, das Beispiel von Wochenendaktivitäten von der letzten Übung zu benutzen und schreiben Sie über acht Aktivitäten von Ihrem Wochenende!

15 „Rotkäppchen"

Setzen Sie die Verben im Imperfekt ein! Einige Verben brauchen Sie mehr als einmal.

denken	fressen (2x)	gehen	haben (2x)
heißen	hören (2x)	lassen	laufen
legen	packen	schneiden	sehen
sein (3x)	treffen	wohnen	schlafen

Es war einmal vor vielen, vielen Jahren ein Mädchen. Es (1) Rotkäppchen. Weil Rotkäppchens Großmutter Geburtstag (2), wollte das Kind sie besuchen. Die Großmutter (3) am anderen Ende des Ortes. Im Wald (4) Rotkäppchen den Wolf. Der Wolf zeigte Rotkäppchen Blumen für die Großmutter. Rotkäppchen pflückte (*picked*) sie und blieb lange im Wald.

Der Wolf aber (5) schnell zum Haus der Großmutter. Und weil er großen Hunger (6), (7) er die Großmutter. Als er Rotkäppchen (8), zog er das Nachthemd der Großmutter an und (9) sich ins Bett. Rotkäppchen (10), dass der Wolf die Großmutter (11). So (12) der Wolf auch das arme Rotkäppchen. Dann (13) er.

Der Wolf (14) sehr laut im Schlaf. Ein Jäger (*hunter*) (15) den Wolf. Der Mann (16) in das Haus und (17) den Wolf im Bett liegen. Er (18) den Bauch des Wolfes auf und befreite Rotkäppchen und die Großmutter. Die beiden (19) gesund. Der Jäger, Rotkäppchen und die Großmutter (20) Steine (*stones*) in den Bauch des Wolfes und (21) ihn im Brunnen ertrinken (*drown*).

Rotkäppchen, von Carl Offterdinger

Kreuz und quer

Interpretive Communication Pre AP

Potsdam an der Havel, im Bundesland Brandenburg

Potsdam im Augenblick

> „Potsdam [...]: UNESCO-Welterbe-Stadt[1], die Stadt der Schlösser und Gärten an den idyllischen[2] Havelseen, eine prachtvolle[3] historische Kulturstadt[4], ein Zentrum des Films, der Bildung[5] und Wissenschaft, geprägt[6] von mehr als 1000 Jahren Geschichte als Residenz[7] und Landeshauptstadt bei Berlin."

Wie das Zitat[8] oben klar macht: die Stadt Potsdam ist sowohl kulturell wie auch historisch hoch interessant und hat viele verschiedene Gesichter[9].

Das historische Schloss Cecilienhof in Potsdam

Die historische Kulturstadt

Potsdam war der Hauptsitz[10] der Preußischen[11] Könige; die Bauwerke aus der Zeit dominieren immer noch das Stadtbild[12]. In den 1740er Jahren verwandelte[13] Friedrich der Große Potsdam in eine repräsentative[14] Residenzstadt; aus dieser Zeit stammen viele Schlösser und herrliche[15] Parks und Gärten in und um Potsdam herum. Zwischen 1826 und 1862 ließ König Friedrich Wilhelm IV. noch mehr prächtige[16] Bau- und Garten-Anlagen[17] bauen. Für diese historischen und kulturellen Leistungen[18] der Preußischen Könige erklärte die UNESCO Potsdam 1990 zum Weltkulturerbe der Menschheit[19] und der Natur.

Das letzte Schloss in Potsdam, Cecilienhof, baute man zwischen 1914 und 1917. Dieses Schloss ist für das 20. Jahrhundert besonders wichtig: In diesem Gebäude fand am Ende des Zweiten Weltkrieges die „Potsdamer Konferenz" mit US-Präsident Harry Truman, Joseph Stalin und Winston Churchill statt. Ihre Friedensverhandlungen[20] entschieden die europäische Nachkriegsordnung[21] für die nächsten 40 Jahre und die Zukunft von Deutschland als geteiltes[22] Land mit der Bundesrepublik Deutschland und der Deutschen Demokratischen Republik. Zur Zeit des Kalten Krieges benutzte man die Glienicker Brücke über den Fluss Havel für den Austausch[23] von Spionen und anderen politischen Gefangenen[24].

Bei der Potsdamer Konferenz im Cecilienhof sitzen u. a. Clement Attlee, Ernest Bevin, Wjatscheslaw Molotow, Josef Stalin, William Daniel Leahy, James F. Byrnes und Harry S. Truman um den Verhandlungstisch.

---

[1]*das UNESCO-Welterbe* United Nations World Cultural Heritage; [2]*idyllisch* idyllic; [3]*prachtvoll* magnificent; [4]*die Kulturstadt* cultural city; [5]*die Bildung* education; [6]*prägen* to form, shape; [7]*die Residenz* residence; [8]*das Zitat* quotation; [9]*das Gesicht* face; [10]*der Hauptsitz* headquarter; [11]*preußisch* Prussian; [12]*das Stadtbild* cityscape; [13]*verwandeln* to transform; [14]*repräsentativ* representative; [15]*herrlich* marvelous, wonderful; [16]*prächtig* magnificent; [17]*die Anlage* structure; [18]*die Leistung* accomplishment; [19]*die Menschheit* humanity; [20]*die Friedensverhandlung* peace negotiation; [21]*Nachkriegsordnung* post-war order; [22]*teilen* to divide; [23]*der Austausch* exchange; [24]*der Gefangene* prisoner

Die Stadt der Wissenschaften[25]

In und um Potsdam herum gibt es drei Universitäten und mehr als 40 wissenschaftliche Einrichtungen[26]: u.a.[27] Max-Planck-Institute, Fraunhofer Institute, das Hasso-Plattner-Institut für Softwaresystemtechnik und das Institute for Advanced Sustainability Studies (IASS). In Potsdam leben fast 24.000 Studenten, das sind 15% der Einwohner.

Die Medienstadt

Der größte Stadtteil Potsdams ist Babelsberg, bekannt für seine wichtige Rolle in Film und Fernsehen. Hier gibt es seit 1912 das Babelsberger Filmgelände[28], das älteste Großatelier-Filmstudio[29] der Welt und das größte Filmstudio Europas, mit 16 Studios und dem Rundfunk Berlin-Brandenburg (RBB). Dort produzieren[30] fast 2000 Mitarbeiter Spiel, Trick- und Dokumentarfilme und auch beliebte Fernseh- und Radioprogramme. Auf dem Filmgelände des Filmmstudios Babelsberg gibt es auch die „Filmuniversität Babelsberg Konrad Wolf" und nicht weit davon entfernt, das Filmmuseum und den Filmpark.

Analyse

Woran sieht man, dass Geschichte im Leben der Potsdamer immer noch wichtig ist? Haben sie irgendwelche Webseiten oder Museen, die ihre Geschichte darstellen?

Die Filmuniversität Babelsberg Konrad Wolf

Viele Filme hat man in Babelsberg gedreht. In den ersten Jahren waren es expressionistische[31] Filme wie Fritz Langs *Metropolis* und *Der blaue Engel* mit Marlene Dietrich. Sogar Alfred Hitchcock drehte Filme in Babelsberg. Heutzutage gehen nicht nur deutsche Regisseure[32], sondern auch internationale Filmteams nach Babelsberg: in den letzten Jahren haben internationale Regisseure viele amerikanische Filme dort gefilmt und produziert, u.a. *Das Bourne Ultimatum*, *Der Ghostwriter*, *Monuments Men*, *Der Vorleser* (The Reader), *Die Tribute von Panem – Mockingjay Teil 1+2*, *Captain America* und *Der Unterhändler* (Bridge of Spies), und jedes Jahr werden es immer mehr. Ob man sich für Kultur, Geschichte, Wissenschaft oder Film interessiert, ist Potsdam einen Besuch wert. In Potsdam tanzt der Bär!

Noch etwas

Was sind die deutschen Titel von amerikanischen Filmen, die Sie kennen? Die Person, die den längsten Titel findet, gewinnt!

Suchwörter: **potsdam.de**

---

[25]*die Wissenschaft* science; [26]*die Einrichtung* organization; [27]*u.a. (unter anderem)* among others; [28]*das Filmgelände* studio lot; [29]*das Großatelier-Filmstudio* large-scale film studio; [30]*produzieren* to produce; [31]*expressionistisch* Expressionist; [32]*der Regisseur* film director

Flash!

Preise für Studio Babelsberg?

Sechs OSCAR-Nominierungen für Studio Babelsberg-Koproduktion *Bridge of Spies*! Mit diesen Nominierungen kann Studio Babelsberg insgesamt 46 Nominierungen und 14 Gewinne bei den Oscars vorweisen.

16 Was verstehen Sie?

Indicate if each statement contains a fact (F), opinion (O) or both (B).

Tipp: Facts can be proven; opinions often show judgments or generalizations.

1. Potsdam ist die Stadt der Schlösser und Gärten an den idyllischen Havelseen.
2. Friedrich der Große verwandelte Potsdam in eine repräsentative Residenzstadt.
3. Die Stadt Potsdam ist interessant, mit vielen verschiedenen Gesichtern.
4. Fritz Langs Metropolis ist ein Meisterwerk.
5. Alle Touristen genießen einen Besuch in Potsdam.
6. Potsdam ist eine Stadt der Wissenschaft.

17 Aktivitäten

1. **Presentational Writing / Connecting to History.** Potsdam ist historisch eine sehr internationale Stadt. Es kamen immer wieder Einwanderer aus den europäischen Nachbarländern; sie wollten in Potsdam leben und arbeiten. Finden Sie mehr heraus, aus welchen Ländern die meisten Einwanderer nach Potsdam kamen und warum. Interessant sind die Russische Kolonie Alexandrowka, das Holländische Viertel, das Böhmische Weberviertel und die Französische Kirche. Arbeiten Sie mit einer Gruppe und machen Sie zusammen eine Online-Präsentation mit Titeln für die Bilder.

Suchwörter: potsdam.de, Einwanderung Potsdam, Geschichte von Potsdam

2. **Interpersonal Speaking.** Mit vielen Städten in Europa und den USA ist Potsdam verbunden. Erforschen Sie, welche Städte Potsdams Partnerstädte sind. Ein Beispiel aus den USA ist die Partnerschaft mit Sioux Falls, South Dakota. Machen Sie eine Tabelle mit den Ländern, Namen der Städte und warum sie Partnerstädte mit Potsdam sind.

Suchwörter: potsdam.de, Potsdam Partnerstädte, Städtepartnerschaft Potsdam

3. **Presentational Speaking / Connecting to Tourism.** Mit einer online Karte können Sie die verschiedenen Sehenswürdigkeiten in Potsdam erforschen. Erforschen Sie die Standorte für eine halbe Stunde. Ist es ein Schloss, eine Kirche, ein historisches Bauwerk? Erzählen Sie der Klasse von den Sehenswürdigkeiten in Potsdam!

Suchwörter: potsdam.de

4. **Presentational Speaking / Connecting to Science.** Mehr als 10.000 der 164.000 Potsdamer arbeiten in den wissenschaftlichen Einrichtungen der brandenburgischen Landeshauptstadt. In kleinen Gruppen machen Sie eine Liste mit den MINT (deutsch für STEM) Berufen für das 21. Jahrhundert. Dann erforschen Sie einen von diesen Berufen und berichten Sie der Klasse darüber: was muss man in diesem Beruf machen und welches Studium braucht man?

Suchwörter: **Jobbörse Potsdam, Potsdam Wissenschaft**

5. **Presentational Writing and Speaking / Connecting to the Natural Sciences and Art.** Die Natur ist wichtig für die Menschen in Potsdam. Wenn Sie sich für die Umwelt interessieren, erforschen Sie die Initiativen in Potsdam, Pflanzen und Tiere zu schützen (*to protect*). Es gibt 57 Naturdenkmäler in Potsdam: die meisten sind Bäume und Pflanzen (*plants*). Und Sie finden auch Informationen zu den Tieren, die man mit diesen Initiativen schützt. Machen Sie ein Heft mit Bildern von 12 Pflanzen und Tieren, die Potsdam schützt. (Wenn Sie zeichnen können, zeichnen Sie Ihre eigenen Bilder!) Erzählen Sie der Klasse von den verschiedenen Naturdenkmälern und warum man sie schützen soll.

Diese bunte Ente sieht man oft in der Gegend um Potsdam.

Suchwörter: **Artenschutz Potsdam, Naturdenkmäler Potsdam, Naturschutz Potsdam**

6. **Presentational Writing / Connecting to Art.** Wenn Sie sich für Graffiti interessieren, können Sie erforschen, wo man in Potsdam legal Graffiti machen kann. Finden Sie ein Beispiel, das Ihnen besonders gut gefällt und geben Sie dem Bild einen Titel. Vielleicht möchte die Klasse die Bilder mit Titeln ins Netz stellen.

Suchwörter: **Graffiti-Flächen in Potsdam, Sprayer Potsdam, Kodex Sprayer**

Du bist dran! Pre AP

Ein Interview *Interpersonal Speaking*

Mache eine Liste von Aktivitäten, die Teenager gern machen.
Dann stellt Partner A Partner B Fragen über seine Lieblingsaktivitäten. Beim Antworten muss Partner B das Verb als Nomen (*noun*) benutzen.

BEISPIEL **A: Liest du gern?**
B: Ja, das Lesen macht mir Spaß.

Spielen wir was! Presentational Speaking

In einer Gruppe sagt die erste Person eine Idee, wie, zum Beispiel: Reisen in Deutschland. Die nächste Person bildet einen ganzen Satz damit, wie *Ich will nach Deutschland reisen*. Wenn der Satz richtig ist, bekommt die zweite Person einen Punkt.

• Ideen, die Sie benutzen können: auf dem Campingplatz schlafen • ein Gedicht schreiben • eine Sprache in der Schule lernen • im Büro arbeiten

Lieblingstag in Potsdam Presentational Speaking

Wo warst du zuletzt in den Ferien? In Potsdam! Welche Sehenswürdigkeiten gab es dort? Erzähle deinem Partner oder deiner Partnerin von deinem Tag in Potsdam!

Sehenswürdigkeiten in deiner Stadt Presentational Writing

Schreibe einen Plan (mit Fotos) für den Film, den du machst würdest, um die Sehenswürdigkeiten in deiner Stadt zu zeigen.

Am Wochenende Interpersonal Writing / Presentational Speaking

Arbeite mit einem Partner oder einer Partnerin und erzählt euch, was ihr am Wochenende gemacht habt: wo ihr wart, wen ihr gesehen oder getroffen habt, welche Aktivitäten ihr gemacht habt, und andere interessante Details vom Wochenende. Dann schreibt jede Person eine kleine Zusammenfassung (*summary*) im Imperfekt (*narrative past*) über das Wochenende des Partners oder der Partnerin.

Wörter und Ausdrücke

City Sights

die Brücke bridge
der Brunnen fountain
das Denkmal monument
der Hafen harbor
die Kirche church
der Park park

Es ist wunderschön. It's beautiful.
Du redest wie ein Reiseführer! You sound like a travel guide!
Ich habe noch nie so viele Villen gesehen. I have never seen so many villas.

Strategie

Mit den Vokabeln aus dieser Lektion entwickeln Sie ein Spiel mit den Wörtern. Ihr Partner oder Ihre Partnerin soll versuchen, das Spiel zu spielen.

Lektion B

Vokabeln Film und Kino

THALIA Kino, Potsdam

Filme
Programm | Info/Service | Kinder/Jugend | Das Kino | Kontakt

Titel des Films: **Smaragdgrün**

der Spielplan
Mo/Di/Mi/Do

die Anfangszeit
14.30 / 17.15 / 20.00

die Zusammenfassung

Gwendolyn (Maria Ehrich) fühlt sich von Gideon (Jannis Niewöhner) verraten, denn sie muss annehmen, dass sein Liebesgeständnis nur eine Lüge war.

Abschließender Teil der Fantasy-Trilogie nach dem gleichnamigen Jugendroman von Kerstin Gier.

der Trailer

Regie: Regisseur Felix Fuchssteiner, Katharina Schöde

Darsteller: Maria Ehrich, Jannis Niewöhner, Laura Berlin

Filmstudio: Lieblingsfilm

FSK (die Altersfreigabe): ab 10 Jahren

das Erscheinungsjahr/ Produktionsjahr: 2016

die Filmlänge/Dauer: 103 Min.

OmU (**Originalton** mit **Untertiteln** auf Englisch)

das Genre ▼

- **Abenteuer** ☐
- Action ☐
- **Actionkomödie** ☐
- **Animation** ☐
- **Biografie** ☐
- **Comicverfilmung** ☐
- Dokumentarfilm ☐
- **Drama** ☐
- **Experimentalfilm** ☐
- **Familienfilm** ☐
- Fantasy ☑
- **Historiendrama** ☐
- **Historienfilm** ☐
- Horror ☐
- **Horrorkomödie** ☐
- **Horrorthriller** ☐
- **Jugendfilm** ☐
- **Kinderfilm** ☐
- Komödie ☐
- Krimi ☐
- **Liebeskomödie** ☐
- **Musikfilm** ☐
- **Romanze** ☐
- Science Fiction ☐
- Thriller ☐
- **Tragikomödie** ☐
- Western ☐

Wichtige Ausdrücke

How do I express indecision?

Sie können sich nicht entscheiden, was sie sehen wollen.

They can't decide what they want to see.

How do I make a suggestion?

Gehen wir heute Abend ins Kino!

Let's go to the movies tonight!

How do I describe artistic or cultural products?

Es gibt ganz viele neue Filme, **die ganz gut sein sollen**.

There are lots of new films that are supposed to be really good.

How do I say a movie has subtitles?

Es gibt *Star Wars* **im Originalton mit Untertiteln**.

Star Wars is running in the original with subtitles.

Was noch?

die Besetzung	*cast*
das Drehbuch	*screenplay*
die Filmkritik	*movie review*
die Handlung	*plot*
der Nachwuchsdarsteller	*up-and-coming actor*
einen Film drehen	*to shoot a movie*
einen Film vermarkten	*to market a film*
auf der Premiere sein	*to attend a premier*

Konversationsgruppe

Sagen Sie einander, was Ihre Lieblingsfilme sind und warum Sie sie mögen.

Wörterkiste

FSK is a term you will see with movie listings. It stands for "Freie Selbstkontrolle" and is the German equivalent of the US film-rating system recommending viewer age. *FSK 0* is suitable for all age groups.

Vergleiche

How do the German and the US film rating systems compare?

Auf dem roten Teppich

Dieses Jahr gibt es auf der Berlinale neue Filme wie „24 Wochen" mit den deutschen Darstellern Julia Jentsch, Bjarne Mädel und Regisseurin Anne Zohra Berrached.

Amerikanischer Darsteller John Cusack und Regisseur Spike Lee überlegen sich, wie sie die Pressefragen beantworten wollen.

Die Medien werden den herzlichen Gruß zwischen Laura Linney und Guy Pearce im Fernsehen übertragen.

18 Wichtige Informationen über einen Film

Machen Sie eine Liste mit den Titeln von mindestens fünf deutschen Filmen von fünf verschiedenen Genres. Dann erforschen Sie im Internet die Filme und tragen Sie die Information für jeden Film in eine Tabelle wie unten ein.

Titel des Films: *Smaragdgrün*	
Filmgenre	
Darsteller (1–3)	
Regisseur	
Filmstudio	
Produktionsjahr	
Filmlänge	

Perspektive

„Ich mochte den ersten Film in der Trilogie am liebsten".

—*Sarah, 15*

„Das Buch ist besser als der Film".

—*Matthias, 16*

Was läuft im Kino?

19 Auf der Berlinale

(von links nach rechts) Valeska Grisebach (Regie), Anett Dornbusch, Andreas Müller und Ilka Welz für *Sehnsucht*

(von links nach rechts) Moritz Bleibtreu , Fatih Akin, Özgür Yildirim (Regie) und Denis Moschitto für *Chiko*

Arbeiten Sie mit einem Partner oder einer Partnerin. Stellen Sie sich vor, dass eine Person ein Reporter auf der Berlinale ist und die andere Person ein Schauspieler oder Filmregisseur (deutscher oder amerikanischer). Der Interviewer oder die Interviewerin stellt die berühmte Person vor und stellt mindestens fünf Fragen über den Film und die Filmrolle, für die diese Person nominiert ist.

Vergleiche

Welche Filmpreise gibt es in Ihrem Land?

20 Das Kinoprogramm

Unten finden Sie Filme im Online-Kinoprogramm. Arbeiten Sie mit Partnern und sehen Sie sich unten die Filme an. Dann finden Sie einen Film…

1. für Zuschauer unter 16.
2. mit einer Anfangszeit vor 15 Uhr.
3. mit einem amerikanischen Darsteller.
4. mit mehr als einem Darsteller.
5. über einen Musiker.
6. mit einer Länge über 90 Minuten.
7. nicht aus dem Genre Thriller oder Drama.
8. mit Originalton und Untertiteln.

Bibi & Tina – Mädchen gegen Jungs

Abenteuer, 111 Minuten, keine Altersbeschränkung, Deutschland

Sommerurlaub. Bibi besucht ihre Freundin Tina auf dem Reiterhof. Sie haben Probleme zu lösen und ein Rennen zu gewinnen…

DO	FR	SA	SO	MO	DI	HEUTE
14:00, 16:20	14:00, 16:20	14:00, 16:20	14:00, 16:20	14:00, 16:20	14:00, 16:20	14:00, 16:20

Bridge Of Spies – Der Unterhändler

Thriller, 120 Minuten, ab 12 Jahre, USA

Ein historischer Thriller, der vom Kalten Krieg handelt. James Donovan, ein Anwalt aus Brooklyn, hilft einem amerikanischen Piloten, den er aus sowjetischer Haft befreien will.

DO	FR	SA	SO	MO	DI	HEUTE
17:45	17:45	17:45	11:00		17:45	17:45

Ein Hologramm für den König

Drama, 98 Minuten, ab 6 Jahre, Deutschland/USA

Drama um einen strauchelnden Geschäftsmann, der in einer saudiarabischen Stadt neu anfängt. Alan Clay (Tom Hanks) ist ein 54-jähriger Geschäftsmann aus Amerika. Er trifft auf die attraktive, arabische Zahnärztin Zahra (Sarita Choudhury), die sich ihrerseits gegen die strengen Konventionen ihres Heimatlandes stellt…

DO	FR	SA	SO	MO	DI	HEUTE
16:30	16:30	16:30		16:30	16:30	16:30

Hello, I am David – Eine Reise mit David Helfgott (OmU)

Dokumentation, 90 Minuten, keine Altersbeschränkung, Deutschland

Die Pianisten-Legende David Helfgott ist eine der außergewöhnlichsten Künstlerpersönlichkeiten unserer Zeit: Als Wunderkind gefeiert, bestätigt David Helfgott als junger Mann seinen Ruf als Meisterschüler am Royal College of…

DO	FR	SA	SO	MO	DI	HEUTE
14:15				14:15	14:15	14:15

Dialog Gehen wir heute Abend ins Kino!

Interpretive Communication

Claudia und Timo, die in Potsdam leben, wollen heute Abend ins Kino, aber sie können sich nicht entscheiden, was sie sehen wollen.

Timo: Gehen wir heute Abend ins Kino! Es gibt ganz viele neue Filme, die ganz gut sein sollen.

Claudia: Was willst du denn sehen?

Timo: Ich dachte einen Krimi oder einen Thriller.

Claudia: Ach, nee. Ich finde Krimis langweilig und wenn ich einen Thriller sehe, kann ich nicht mehr schlafen. Vielleicht einen Sciencefiction Film?

Timo: Hmm, Sciencefiction ist nicht mein Lieblingsgenre, aber wenn du keinen Thriller sehen möchtest. Wann willst du gehen?

Claudia: Was steht im Programm? Es gibt *Star Wars* im Originalton mit Untertiteln.

Timo: Und wo?

Claudia: Im Thalia. Da können wir hinlaufen.

Timo: Dann müssen wir uns aber beeilen. Der Film fängt in 20 Minuten an!

Claudia: Dann los!

Weißt du…?

What is the infinitive of **dachte**?

Antwort: It is *denken*, an irregular verb.

Kulturpraxis

Remember: German uses the 24-hour clock for official times and sometimes a period instead of a colon: 8:15 P.M. = 20.15 (or 20:15).

Analyse

Which film genres mentioned in the dialogue are cognates or English words?

emcpassport.com

WB 12–13

21 Was stimmt hier nicht?

Korrigieren Sie die Sätze.

Wie viele Leute wie Claudia und Timo gehen heute Abend ins Kino?

1. Es gibt ganz wenige Filme, die gut sein sollen.
2. Timo möchte gern mit Claudia Videospiele spielen.
3. Wenn Claudia einen Krimi sieht, dann kann sie danach nicht mehr schlafen.
4. Timo findet Sciencefiction ganz toll.
5. Claudia und Timo gehen vor dem Mittagessen ins Kino.
6. Die beiden wollen im Kino ein Rockkonzert besuchen.
7. Sie haben noch Zeit, da der Film in einer Stunde anfängt.
8. Das Thalia ist ein Schnellrestaurant neben dem Kino.
9. Claudia weiß nicht, in welchem Kino der Sciencefiction Film läuft.
10. Der Film *Star Wars* wird auf Deutsch gezeigt.

Im Fokus

Interpretive Communication Pre AP

Filmemacher

Die jungen Nachwuchsregisseure[1] sind die große Hoffnung[2] für die Filmindustrie. In den letzten Jahren haben viele deutschsprachige Filmemacher[3] tolle Filme gemacht und internationale Preise für ihre Werke erhalten. Hier lernen Sie vier kennen—Sie sehen, es gibt junge Talente aus allen Ecken der deutschsprachigen Welt.

Vielversprechende Filmemacher

İlker Çatak, deutscher Filmemacher

Maren Ade (links), deutsche Filmregisseurin

Patrick Vollrath, deutscher Drehbuchautor

Umut Dağ (rechts), österreichischer Filmregisseur

İlker Çatak (1984–) ist ein deutscher Filmemacher. Geboren in Berlin als Sohn türkischer Einwanderer[4], zog er mit zwölf Jahren nach Istanbul und ging dort in die Botschaftsschule[5]. Nach dem Abitur kehrte[6] er nach Deutschland zurück und arbeitete vier Jahre für deutsche und internationale Kinoproduktionen[7].

---

[1]*der Nachwuchsregisseur* up-and-coming film director; [2]*die Hoffnung* hope; [3]*der Filmemacher* filmmaker; [4]*der Einwanderer* immigrant; [5]*die Botschaftsschule* diplomatic school; [6]*zurückkehren* to return

An der Dekra Medienhochschule Berlin machte Çatak 2009 einen Bachelor in Film- und Fernsehregie[8] und einen Masters an der Hamburg Media School. Sein Kurzfilm *Wo wir sind* (2014) und sein Abschlussfilm *Sadakat* (2014) gewannen 2014 und 2015 den Kurzfilmwettbewerb[9] des Max-Ophüls-Festivals. *Wo wir sind* gewann 2015 den Student Academy Award in Gold in der Kategorie „Kurz- und Animationsfilm".

Maren Ade (1976–), 12. Dezember 1976 in Karlsruhe, ist eine deutsche Filmregisseurin[10], Drehbuchautorin[11] und Filmproduzentin[12]. Ihre Eltern waren Lehrer. Schon als Jugendliche experimentierte[13] Ade mit der Videokamera und drehte ihre ersten Kurzfilme[14]. Sie studierte zwischen 1998 und 2004 Produktion und Medienwirtschaft[15], später Film und Fernsehspiel[16] an der Hochschule für Fernsehen und Film München. Das Jahr 2003 erhielt ihr Abschlussfilm[17] *Der Wald vor lauter Bäumen* den Special Jury Award beim Sundance Film Festival und wurde für den Deutschen Filmpreis nominiert[18]. Ihr Spielfilm[19] *Alle anderen* bekam 2009 auf der Berlinale den Großen Preis der Jury (Silbernen Bär). Zurzeit[20] ist Ade Dozentin[21] an der Filmakademie Baden-Württemberg in Ludwigsburg.

Patrick Vollrath, 1985, geboren in Eisdorf am Harz, ist ein deutscher Drehbuchautor und Filmregisseur. Er ging aufs Gymnasium in Osterode am Harz. In München erhielt er zwischen 2005 und 2008 eine Ausbildung als Film- und Videoeditor. Im Jahr 2015 schloss er sein Studium (Regie[22]) an der Filmakademie Wien ab. Vollrath erhielt mit seiner Abschlussarbeit, dem Kurzfilm *Alles wird gut*, mehrere Auszeichnungen: 2015 „neues Talent" in der Kategorie „Kurzfilme"; 2015 für den besten mittellangen[23] Film; 2015 den Studentenoscar (Student Academy Awards) in Bronze; 2016 Nominierung für den Oscar in der Kategorie „Bester Kurzfilm" und den Österreichischen Filmpreis.

Umut Dağ (1982–), ist ein österreichischer Filmregisseur und Drehbuchautor. Er wuchs[24] als ältestes Kind einer kurdischen[25] Einwandererfamilie[26] im Wiener Bezirk Brigittenau auf. An der Vienna Business School studierte er Internationale Entwicklung, Religionswissenschaften[27] und Pädagogik[28]. Ab 2006 studierte er an der Filmakademie Wien. Mit seinem ersten Langspielfilm[29] *Kuma* feierte er mehrere Erfolge: der Film war 2012 Eröffnungsfilm[30] in der Berlinale-Sektion „Panorama" und gewann 2013 den „Thomas-Pluch-Drehbuchpreis" auf dem Diagonale Festival, 2012 den „Audience Award" und „Best Feature Film" auf dem Filmfestival Del Cinema Europeo, „Best Feature Film" auf dem SKIP City Tokio Filmfestival und „Best Director" auf dem Prisine Filmfestival. Seit 2008 ist Dağ ist auch im Fernsehen tätig[31].

---

[7]*die Kinoproduktion* film production; [8]*die Fernsehregie* TV direction; [9]*der Kurzfilmwettbewerb* short film competition; [10]*die Filmregisseurin* film director; [11]*die Drehbuchautorin* screenplay writer; [12]*die Filmproduzentin* film producer; [13]*experimentieren* to experiment; [14]*die ertsten Kurzfilme drehen* to make the first short films; [15]*die Medienwirtschaft* media economics; [16]*das Fernsehspiel* made-for-TV movie; [17]*der Abschlussfilm* final film project for graduation; [18]*nominieren* to nominate; [19]*der Spielfilm* feature-length film; [20]*zurzeit* at this time; [21]*die Dozentin* lecturer; [22]*die Regie* artistic direction; [23]*mittellang* medium length; [24]*aufwachsen* to grow up; [25]*kurdisch* Kurdish; [26]*die Einwandererfamilie* immigrant family; [27]*die Religionswissenschaft* religious studies;; [28]*die Pädagogik* pedagogy; [29]*der Langspielfilm* feature-length film; [30]*der Eröffnungsfilm* opening film; [31]*tätig sein* to work in an area

Analyse

Haben diese jungen Filmemacher einen traditionellen akademischen Weg verfolgt oder haben sie das alleine ohne formelles Training gemacht? Was sind die Vorteile von der Wahl dieser Filmemacher?

Weißt du…?

Welche Schauspieler und Regisseure sind im Zweiten Weltkrieg nach Amerika ausgewandert?

Antwort: Marlene Dietrich, Ernst Lubitsch, Erich Pommer und Fritz Lang.

Analyse

1. **Authors' Intent**

   Where do you think these biographies might appear? (Be prepared to defend your choice!)

2. **Text Organization**

   A. All of these paragraphs appeared together. Are they organized chronologically or alphabetically?

   B. Look at the biographies and order these elements according to how they appear.

   - schooling
   - childhood
   - personal life
   - family
   - occupation
   - titles of their films

3. **Writing Mechanics**

   Look at the format of the texts: there are several typesetting conventions that include things such as quotation marks, italicizing, boldfacing, underlining and so forth. For example, are film titles put in quotes or italics? Make a short list.

22 Aktivitäten

1. **Awards**

   Compare the different awards that each of these film-makers received. Who was the most successful and why?

2. **The Making of a Filmmaker**

   Choose one of the filmmakers and create a sequence chart or a timeline to relate what happened in their life and career.

3. **Mini-Biography**

   Write your own short bio of a person in the film industry you admire, for example: an actor, a director, a costume designer. This person can be of any nationality.

Forschen Sie im Internet

Find out more about one of the filmmakers and explain in your *Kulturjournal* why you would follow this filmmaker's career.

Sprache Time Expressions with the Dative

You can create time expressions that answer the question *wann* with the prepositions *an* (on), *in* (in) and *vor* (ago). These time expressions require the dative case.

Use *am* (*an* + *dem*) in combination with days of the week and times of day: *am Sonntag* (on Sunday), *am Montag* (on Monday). You can also combine days and their parts: *am Sonntagmorgen* (on Sunday morning), *am Montagnachmittag* (on Monday afternoon). In addition, you can indicate dates using *am*: *am 14.* (*vierzehnten*) *April* (on the fourteenth of April), *am 31. Dezember* (on the thirty-first of December).

Use *in* for time expressions including numbers and days (*in fünf Tagen*), weeks (*in zwei Wochen*), or months (*in drei Monaten*). Use *im* with seasons and months (*im Herbst, im Mai*).

When you use *vor*, you need a number plus *Tag*(*e*), *Woche*(*n*), *Monat*(*e*) or *Jahr*(*e*): *vor zwei Tagen* (two days ago); *vor sieben Jahren* (seven years ago).

Remember: These prepositions work with the dative case. You need an *-n* on plurals!

23 In, im, am?

Ergänzen Sie diesen Text mit *in*, *im* oder *am*!

Heute ist Samstag, der 20. Oktober. (1) zehn Tagen hat Claudia Geburtstag, (2) 30. Oktober. (3) Nachmittag feiert die Familie eine Party mit Freunden und Verwandten. (4) Abend gehen sie dann in ein Restaurant. Claudia ist glücklich, dass ihr Geburtstag (5) Herbst ist. Dann ist das Wetter nicht so warm wie (6) Sommer, aber nicht so kalt wie (7) Winter und die Gäste können auch im Garten sein. Ihr Bruder Christian hat seinen Geburtstag (8) drei Monaten, (9) Januar, (10) 27. Aber dann sitzen die Gäste nicht im Garten!

24 Sie haben Sommerferien und wollen die folgenden Sachen machen.

Wann wollen Sie alles machen? Schreiben Sie acht Sätze mit Ihren Plänen und ob Sie es am Vormittag, Nachmittag oder Abend machen wollen!

Frau Berger will im Kino einen Film sehen.

BEISPIEL Zimmer aufräumen
Ich räume mein Zimmer am Samstagvormittag auf.

1. Rasen mähen
2. staubsaugen
3. Freunde besuchen
4. E-Mails senden
5. ins Kino gehen
6. zum Einkaufszentrum gehen
7. mit den Eltern Verwandte besuchen
8. die Garage aufräumen

25 Zum ersten Mal, zum letzten Mal, noch nie: ein Interview

Stellen Sie einem Partner oder einer Partnerin die folgenden Fragen! Sie können Rollen tauschen.

BEISPIELE **A: Wann bist du zum ersten Mal Fahrrad gefahren?**
B: Vor zehn Jahren.

B: Wann hast du zum letzten Mal Tennis gespielt?
A: Vor drei Stunden.

A: Wann bist du zum letzten Mal ohne deine Schuhe gelaufen?
B: Ich bin noch nie ohne meine Schuhe gelaufen.

Wann bist/hast du zum ersten Mal...?

1. einen Job gehabt
2. bei einer Freundin/einem Freund übernachtet
3. nach Mitternacht nach Hause gekommen
4. ohne Eltern ins Kino gegangen
5. im Zelt geschlafen

Wann hast du zum letzten Mal...?

6. dein Zimmer aufgeräumt
7. den Rasen gemäht
8. Sport getrieben
9. ein Buch gelesen
10. dich geduscht

26 Lustige Sachen

Schreiben Sie sechs der lustigsten (*funniest*) Sachen, die Ihr Partner/Ihre Partnerin gesagt hat!

BEISPIELE **Mein Partner hat gesagt, dass er noch nie ein Buch gelesen hat. Meine Partnerin hat gesagt, dass sie ihr Zimmer zum letzten Mal vor drei Monaten aufgeräumt hat.**

Mein Partner hat gesagt, dass die Lehrer wie die Typen in in dem Rosenmontagszug aussehen!

Noch etwas

Use an appropriate time expression (*am*, *in*, *im*) to describe what you're doing or will be doing, according to the illustration.

Aktuelles

Interpretive Communication Pre AP

Legale Graffiti-Flächen in Potsdam

Graffiti bei einer Baustelle am Potsdamer Stadtschloss

Viele deutsche Städte kämpfen[1] ohne Erfolg gegen die Sprayer[2]: Denkmäler, historische Gebäude, U-Bahnstationen, Brücken und Stadtmauern sind illegal mit Graffiti besprüht[3], was viele Bürger nicht schön finden. Im Jahre 2009 registrierte die Stadt Potsdam 14 000 Fälle[4] von illegal besprüht Flächen[5]. Jetzt stellt[6] die Stadt 500 Quadratmeter freie Spraywände[7] für Sprayer bereit; an 13 Orten in der Stadt kann man legal sprayen, und man plant auch mehr Flächen zu entwickeln. Nicht nur Sprayer benutzen diese Flächen, sondern alle Künstler, die gern mal eine Spraydose[8] in die Hand nehmen. Potsdam erkennt Graffiti als farbenfrohes[9] Kunstwerk und Ausdrucksform[10] der Jugendkultur, die man unterstützen soll. Zurzeit hat Potsdam die längste Liste von legalen Spraywänden in ganz Deutschland.

Inzwischen führen die Sprayer auch Listen im Internet mit „Legal Walls." Da kann man sehen, wo man sonst in Deutschland legal sprayen kann.

---

[1]*kämpfen* to fight; [2]*der Sprayer* spray can artist; [3]*besprühen* to spray; [4]*der Fall* incident; [5]*die Fläche* area, surface; [6]*bereitstellen* to make available; [7]*die Spraywand* wall for spraying; [8]*die Spraydose* spray can; [9]*farbenfroh* colorful [10]*die Ausdrucksform* form of expression

Forschen Sie im Internet

- Graffiti-Szene in Potsdam
- legale Graffiti-Flächen in Potsdam
- IloveGraffiti.de
- Graffiti aus Potsdam

Zusammenhänge

Stadtplanung (*Urban Planning*) Wo darf man in Deutschland Graffiti sprühen und wo nicht? Forschen Sie im Internet und machen Sie eine Liste, in welchen Städten Graffiti verboten sind und in welchen anderen sie erlaubt sind.

Suchwörter: legale Grafitti-Flächen; Hall of Fame deutschlandweit

Perspektive

„Das ist ein tolles Zeichen für die Sub-und Jugendkultur. Mit unserem Wandgemälde können wir beweisen, welches Potenzial die Potsdamer Graffiti-Szene hat. Wir haben ein hohes Level."

— *Sirius*

Nachdem Sie die Perspektive gelesen haben, glauben Sie, dass Graffiti eine gültige Kunstform ist und dass sie gesetzlich erlaubt sein sollte? Warum? Warum nicht?

Die Berlinale im Zoo Palast in der Mitte von Berlin

Filmfeste in Deutschland

Die Berlinale ist das älteste Filmfest in Deutschland und gehört international zu den wichtigsten der Welt. Seit 1951 kommen Filmemacher, Filmstars, Produzenten, Prominente („die Promis") der Filmindustrie, Filmkomponisten[11] und alle anderen, die mit Film zu tun haben, nach Berlin und feiern 10 Tage lang die Kunst des Filmemachens. Die Berlinale präsentiert[12] circa 400 Filme aller Genres, Längen und Formate. Auszeichnungen gibt es in verschiedenen Kategorien: für Kurzfilme, für den besten Erstlingsfilm[13] (50.000 €), für ein „herausragendes[14] künstlerisches[15] Lebenswerk[16]", und viele mehr. Aber die Berlinale ist nicht das einzige Filmfestival in Deutschland: zurzeit gibt es über 50, oft mit gewissem[17] Fokus, wie das „Internationale low & no budget Kurzfilmfestival" in Stuttgart, Mainz und Heilbronn oder das älteste internationale Frauenfilm-Festival, die „Feminale", in Köln. Jedes Jahr werden neue Festivals gegründet—in fast jedem Monat kann man irgendwo in Deutschland auf ein Filmfestival gehen.

Suchwörter: **die Berlinale; Fakten zur Berlinale, Filmfestivals in Deutschland, Liste der internationalen Filmfestivals**

[11]*der Filmkomponist* film score composer; [12]*präsentieren* to present; [13]*der Erstlingsfilm* first movie; [14]*herausragend* outstanding; [15]*künstlerisch* artistic; [16]*das Lebenswerk* lifetime work; [17]*gewiss* specific

Forschen Sie im Internet

- Berlinale.de
- Die internationalen Filmfestspiele Berlin

Vergleiche

Vergleichen Sie die Oscars mit der Berlinale. Was sind die Unterschiede?

Produkte

Der Berlinale Bär

Regisseur Lav Diaz bekommt einen Silbernen Bären.

Die Hochschule für Fernsehen und Film (HFF) in München

Studiengang[18] Film

Sie möchten Filmemacher werden oder beruflich in der Filmbranche[19] arbeiten? Sie haben die besten Chancen, wenn Sie eine Berufsausbildung[20] machen. In Deutschland gibt es verschiedene Wege zum Ziel. Zurzeit gibt es über 150 Möglichkeiten an verschiedenen Ausbildungseinrichtungen[21]: es gibt Studiengänge in Fernseh-Journalismus, Kreation/Editing/Animation; Media Acting und Moderation; Fertigungstechnik[22] und Produktionsmanagement, Film- und Fernsehproduktion, Film- und Fernsehregie, Filmmusik und Filmwissenschaft. Je nachdem[23], wofür Sie sich interessieren, können Sie an einer Fachhochschule[24], einer Berufsakademie[25], Kunst- und Musikhochschule oder einer Universität Ihren Abschluss[26] machen. Der üblichste[27] Abschluss ist ein Bachelor, aber man findet auch ein paar Masters Programme. Die Hochschulen, die sich auf den Film- und Fernsehbereich spezialisiert haben, befinden sich in Berlin, Ludwigsburg, Hamburg, München, Potsdam-Babelsberg, Köln und Karlsruhe. Verglichen mit Deutschland haben Österreich und die Schweiz ein dünnes[28] Angebot: nur in Wien und Zürich kann man ein Filmstudium abschließen.

Suchwörter: studieren im Netz, Studium Film und Fernsehen, Hochschule Film Deutschland

[18] *der Studiengang* course of study; [19] *die Filmbranche* film industry; [20] *die Berufsausbildung* career education; [21] *die Ausbildungseinrichtung* educational institution; [22] *die Fertigungstechnik* post-production; [23] *je nachdem* depending on; [24] *die Fachhochschule* university of applied arts and sciences; [25] *die Berufsakademie* professional academy; [26] *der Abschluss* degree; [27] *üblich* common; [28] *dünn* thin, slim

Weißt du…?

1. What are the names of the departments at the *HFF*?
2. Wer sind einige der berühmtesten deutschen Regisseure?

Antwort:
1. They include Abteilung Kino- und Fernsehfilm, Abteilung Produktion und Medienwirtschaft und Abteilung Technik.
2. Fritz Lang, Wimm Wenders, Werner Herzog, Michael Haneke

Forschen Sie im Internet

Was sind die beliebtesten deutschen Filme aller Zeiten? Machen Sie eine Liste der Top-Ten. Was meinen Sie: was für Filme finden Deutsche gut?

Vergleiche

Wohin können Sie in Ihrer Gegend gehen, um Schauspieler/Schauspielerin oder Filmemacher/Filmemacherin zu werden?

27 Kulturelle Aktivitäten

Complete the following activities to demonstrate your understanding of the content in the culture readings.

1. **Interpersonal Writing / Connecting to Art.** You have volunteered to take a youth group to paint graffiti in Potsdam for a day. The first step in your planning is to find out where this activity is legal. Make a list of three locations where you can safely take the group. Then, using a map, determine in which order you will go to each place, and make a schedule that includes other activities you may do in between spraying, such as visiting a park, going to a restaurant, or shopping.

Suchwörter: **legale graffiti-Flächen in Potsdam; Hall of Fame deutschlandweit**

2. **Interpretive Communication / Presentational Writing / Connecting to Cinema.** Sehen Sie nach, wer die Gewinner der letzten Berlinale waren. Füllen Sie die Tabelle aus, wie unten gezeigt, indem Sie die Fragen beantworten.

Wann fand die Berlinale statt?	
Wer gewann den Goldenen Bären für den besten Film?	
Wer gewann den Silbernen Bären Großer Preis der Jury?	
Wer gewann den Silbernen Bären für die beste Regie?	
Wer gewann den Silbernen Bären für die beste Darstellerin?	
Wer gewann den Silbernen Bären für den besten Schauspieler?	

3. **Presentational Writing / Connecting to Statistics.** Imagine you are working for a German online movie site. Look at the box office for the week. Create a chart like the one below and calculate the percentage of the movie genres for the week, based on the movies being showcased.

Suchwörter: **Thalia.de; kino.de; cinema.de**

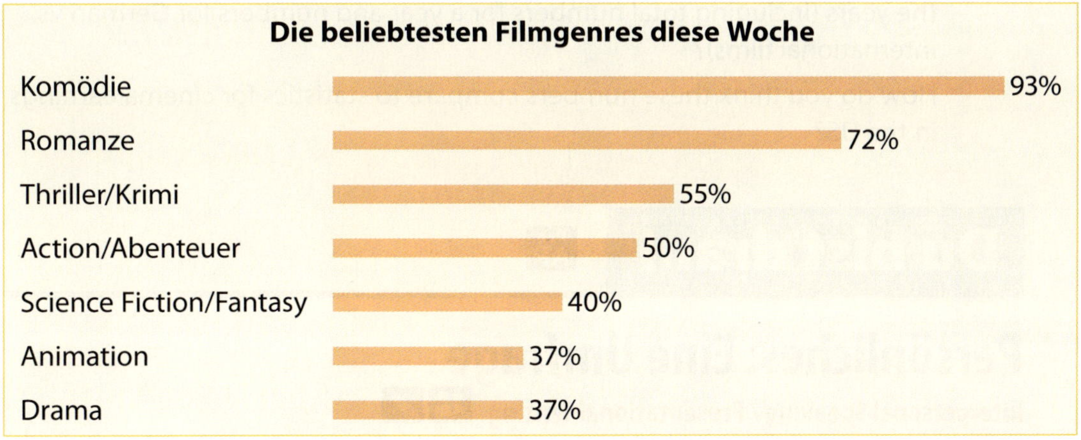

Kultur Plus Interpretive Communication Pre AP

Die Zahl der Kinobesucher in Deutschland

Kinoumsätze[1] in Deutschland
2007–2015, in Mio. Euro

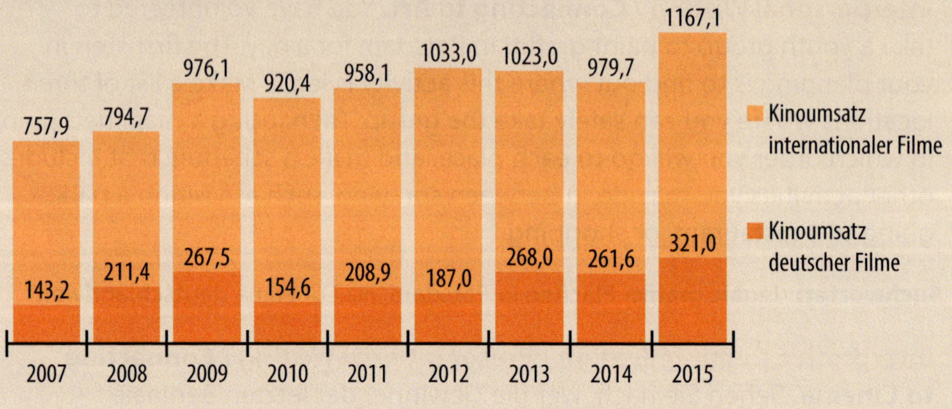

Die Zahl der Kinobesucher ist im Jahr 2015 ebenfalls deutlich gestiegen und liegt bei 139,2 Millionen (Vorjahr 121,7 Mio.). Der Marktanteil der deutschen Filme auf Basis der Besucherzahlen blieb dabei nahezu konstant. Er lag bei 27,5 Prozent (Vorjahr: 26,7%)

[1] *der Kinoumsatz* movie theater earnings, revenue

Aktivität

In this graph, you have information about movie theater earnings in Germany over a nine-year period, based on the number of movie tickets sold. Working with a partner, answer the following questions:

- What could be the reason for the percentage of international films in German cinemas? What countries do you think are screening films in Germany?
- What factors might contribute to changes you see in the numbers over the years (including total numbers for a year and numbers for German vs. international films)?
- How do you think these numbers compare to statistics for cinema earnings in the US?

Du bist dran! Pre AP

Persönliches: Eine Umfrage

Interpersonal Speaking / Presentational Writing

Mache eine Tabelle und dann frage deine Klassenkameraden: *Was ist dein Lieblingsfilmgenre?* Schreibe die Genres auf, die deine Klassenkameraden sagen. Diskutiere dann deine Ergebnisse in der Klasse: welches Genre ist am beliebtesten?

Filmgenre	Wie viele Personen
Thriller	𝍸
Science-Fiction	𝍸 II

Ausreden: Warum kann ich nicht ins Kino gehen?

Interpersonal Speaking

Partner A stellt Partner B eine Frage und Partner B muss vier Ausreden (*excuses*) sagen, warum er/sie nicht ins Kino gehen kann. Die Rollen werden dann getauscht.

BEISPIEL **A: Kannst du am Samstagabend ins Kino gehen?**
B: Nein, ich muss an Samstagabend babysitten!

Wir müssen uns entscheiden! Interpersonal Speaking

Besprich mit einem Partner, welchen Film ihr sehen wollt.

Jeder von euch will einen anderen Film von einem anderen Filmgenre sehen. Überzeuge deinen Partner oder deine Partnerin, deinen Film zu sehen. Wenn ihr nicht einer Meinung seid, findet zusammen ein Filmgenre, das ihr beide sehen möchtet.

Geh heute Abend mit mir ins Kino!

Du bist ein Star! Presentational Speaking

Du bist Nachwuchsschauspieler(in) und weltweit bekannt! Die Zeitschrift *Gala* möchte dich interviewen und will wissen:

- Wie alt warst du, als du wusstest, dass du Schauspieler werden wolltest?
- Was waren deine Lieblingsfilme?
- Wo hast du studiert?
- Wie kamst du auf die Idee, Schauspieler zu werden?

Wörter und Ausdrücke

Ins Kino gehen

die Altersfreigabe age rating
der Darsteller actor
das Erscheinungsjahr release year
die Filmlänge movie length
das Filmstudio movie company
die Handlung plot
der Originalton original sound track
das Programm movie times
der Regisseur film director
der Spielplan screening schedule
der Titel title
der Trailer trailer
die Vorschau preview

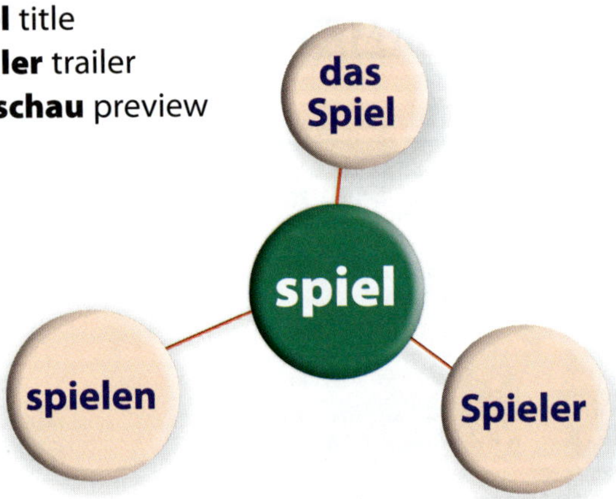

Film Genres

der Abenteurfilm adventure movie
die Actionkomödie action comedy
die Biografie biography
die Comicverfilmung comic adaptation
das Drama drama
der Experimentalfilm experimental film
der Familienfilm family movie
die Fantasy fantasy
der Historienfilm historical movie
die Horrorkomödie horror comedy
der Horrorthriller horror thriller
der Kinderfilm kids movie
die Liebeskomödie romantic comedy
der Musikfilm music film
die Tragikomödie tragic comedy
der Western Western

Strategie

Pull out "roots" of words you have seen before and make a cluster chart for each one.

Leseecke

Interpretive Communication — Pre AP

Über den Text

Dieser Text ist eine Zusammenfassung und auch eine Kritik des Films. Der Kritiker erzählt nur so viel über den Film, dass ein Kinobesucher selber den Film sehen möchte.

Kurzbiografie

Johannes Weiland (1977–)

Johannes Weiland wurde in Freiburg/Breslau geboren. Von 1998 bis 2003 studierte er Animation an der Filmakademie Baden-Württemberg. Er unterrichtete an der Babelsberger Universität in Potsdam, der Filmakademie Baden-Württemberg, der German Film School in Elstal und der Truemax in Dänemark. Seine Filme haben verschiedene Auszeichnungen bekommen. Seit 2004 ist er Regisseur und Animator für Studio Soi in Ludwigsburg und Studio aka, London.

Vor dem Lesen

1. Wie alle Filme braucht „Annie & Boo" nicht nur ein Drehbuch, sondern auch Bilder. Sehen Sie sich die Bilder an und überlegen Sie sich, wer die Figuren sind und wie sie auf einander reagieren.
2. Ein Film hat auch einen Soundtrack. „Annie & Boo" findet in einem Bahnhof statt. Welche Geräusche hört man dort?

Strategie

Benutzen Sie Ihre Vorkenntnisse (*previous knowledge*)**!**

Schritt 1: Sie haben schon viele Zusammenfassungen für Filme gelesen. Was werden Sie in dieser Zusammenfassung finden? Kreuzen Sie an (ankreuzen *to check*), was Sie beim Lesen erwarten.

	Schritt 1	**Schritt 2:** Details aus dem Text	**Schritt 3:** Wo im Text: am Anfang, in der Mitte, am Ende
✔	die Namen der Figuren		
	der Ort des Geschehens (*location*)		
	die Handlung		
	das Ende vom Film		
	Informationen über den Regisseur oder die Regisseurin		
	die Atmosphäre im Film		
	die Bilder im Film		
	eine Spoilerwarnung		
	die Musik		
	die Schauspieler		
	der Soundtrack		
	Andere Informationen/Ideen		

Schritt 2: Scannen Sie den Text und schreiben Sie Details zu den verschiedenen Kategorien in der Tabelle auf.

Schritt 3: Lesen Sie den Text und ergänzen Sie die Tabelle mit mehr Informationen (wichtige Wörter, Geräusche, Informationen zu den Figuren, u.s.w.). Schreiben Sie, wo Sie diese Information im Text finden: Am Anfang, in der Mitte, am Ende.

Tipp: Eine Figur im Film ist ein *Zufallswesen*: *der Zufall* – coincidence; *das Wesen* creature. Was könnte ein „Zufallswesen" sein?

Annie & Boo

Beim Lesen
Warum ist der Bahnhof der perfekte Ort für das Treffen zwischen Annie und Boo?

Eine Bahnstation. Hochgewölbt sind die gläsernen Bogendächer über der Stille zwischen den leeren Gleisen. Falls Züge kommen sollten, sind sie noch weit weg. Annie ist elf und erkundet einzelgängerisch das perfekte Konstrukt aus Eisen und Glas aus dem 19. Jahrhundert, gebaut für das Stampfen und Pfeifen, Zischen und Donnern durchfahrender und haltender Züge. Plötzlich fällt Lärm in die Stille. Ein Signal klappt scheppernd auf Durchfahrt und aufgescheucht flattert ein Taubenschwarm in die obersten Regionen des hochgewölbten Daches. Die turbulente Freundschaft zwischen Annie und Boo, dem fantastischen Zufallswesen, kann beginnen. Annie fühlt sich für alle und jeden verantwortlich. Boo, das Zufallswesen, liebt die Ruhe, das Faulenzen und den Schlaf in den Ecken des Bahnhofs. Aber immer wenn Boo gähnt, tritt ein überraschender Zufall ein, der Annies Ordnung und Zeitplan durcheinander bringt.

1. Wo findet die Geschichte statt
2. Wie alt ist der Bahnhof?
3. Wer reagiert auf den durchfahrenden Zug?
4. Wie fühlt sich Annie?

Autor: *Johannes Weiland*
Drehbuch: *Dirk Stoppe*
Entstehungsjahr: *2003*
Länge: *15.00 Min.*
Technik: *3D-Computeranimation*
Animation: *Johannes Weiland*
Musik: *Andy Groll*
Sprecher: *Elisabeth Richters, Alexander O. Miller, Tom Zahner*
Regie: *Johannes Weiland*
Produktionsfirma: *Filmakademie Baden-Württemberg, Ludwigsburg*

Analyse
Welche Wörter bestimmen „Annies und Boos" Verhältnis? Sind sie positiv oder negativ? Welche Wörter würden Sie benutzen, um eine Freundschaft zwischen zwei Personen zu beschreiben?

emcpassport.com
WB 18

Nach dem Lesen

Mit einem Partner oder einer Partnerin diskutieren Sie, was Sie einer anderen Person über „Annie & Boo" erzählen können. Benutzen Sie Ihre Tabelle von Seite 73, um Ihre Ideen zu formulieren.

Erweiterung

Schreiben Sie Ihre eigene Zusammenfassung von einem Film, den Sie kennen. Sie müssen einige Informationen im Internet suchen, um Informationen über Regisseur, Schauspieler, Handlungsort, Erscheinungsjahr, usw. zu finden.

Machen wir weiter! Pre AP

Spiel: Film-Quiz Presentational Speaking

Machen Sie ein Film-Quiz! Arbeiten Sie in einer Gruppe mit fünf Personen. Am Anfang bekommt jede Person fünf Karten, auf die sie Fragen zum Thema Film schreiben (Genre, Darsteller, Regisseur, usw.). Legen Sie die Karten zugedeckt (*right side down*) auf den Tisch. Eine Person nimmt eine Karte und liest sie vor. Dann versucht die Person, die Frage zu beantworten. Wenn die Antwort richtig ist, darf die Person die Karte behalten. Die zweite Person nimmt eine Karte und versucht, die Frage zu beantworten. Spielen Sie, bis alle Fragen beantwortet sind. Wer am Ende die meisten Karten hat, ist der Gewinner.

BEISPIEL **„Wer ist der Darsteller in *Bridge of Spies*?"**
Tom Hanks. Ich behalte die Karte!

Drehen wir einen Film! Presentational Speaking

In einer Gruppe mit drei Personen schreiben Sie ein kurzes Drehbuch für Ihren eigenen Kurzfilm. Eine Person aus der Gruppe dreht den Film. Wenn Sie mehr Schauspieler brauchen, bitten Sie andere Klassenkameraden, in Ihrem Film aufzutreten (*appear*). Zeigen Sie der Klasse Ihren Film und die Klasse stimmt ab (*votes*): Wer ist der beste Schauspieler?

Ich möchte Moritz Bleibtreu sein!

Deutsche Filmregisseure

Machen Sie eine Tabelle wie unten. Schreiben Sie die Lebensdaten (*birth/death dates*) der Regisseure und die Titel von ihren berühmtesten Filmen. Bereiten Sie dann ein Referat (*presentation*) vor: Erzählen Sie der Klasse von einem der Filme. Ideen: das Genre, die Handlung und die Schauspieler im Film.

Name	Lebensdaten	seine / ihre besten Filme
Akin, Fatih		
Deterle, William		
Dörrie, Doris		
Herzog, Werner		
Lang, Fritz		
Lubitsch, Ernst		
Riefenstahl, Leni		
Fassbinder, Rainer Werner		
von Trotta, Margarethe		

Sehenswürdigkeiten in Potsdam

Interpretive Communication / Presentational Speaking

Entscheiden Sie in Ihrer Gruppe, welche Sehenswürdigkeiten in Potsdam Sie sehen wollen. Jeder Schüler erforscht ein Museum, einen Park, ein Theater, usw. im Internet und schreibt eine kurze Beschreibung davon, was dort zu sehen und zu tun ist. Während die Schüler mit der Klasse sprechen, werden hinter ihm oder ihr Fotos gezeigt.

Noch etwas

Look at the image and imagine a short dialogue between these two persons watching a movie trailer.

Kino Kaffee

Interpretive Communication

Das ist eine tolle Actionkomödie mit Horror!

Ihr Lehrer gibt der Klasse eine Liste der zugelassenen (*approved*) deutschen Filme, die Ihre Klasse sehen kann. Die Schüler erforschen die Filme und stimmen dann für ihren Lieblingsfilm, den sie im Klassenzimmer sehen wollen. Während sie den Film sehen, werden sie deutsches Essen essen und eine Limonade trinken. Sie können einige Gäste zum Film einladen. Der Film sollte auch englische Untertitel haben. Die Klasse bereitet das Essen zu und lädt Gäste ein. Einige Schüler können Kellner oder Kellnerinnen sein.

Rückblick

R1 Was passt?

Die Mauer gehört zu den bekanntesten Denkmälern Berlins.

1. Im ___ kann man Bilder, Gemälde oder Statuen sehen.
2. Ein ___ erinnert an eine berühmte Person oder ein historisches Ereignis.
3. In der ___ darf man zu Fuß gehen, aber man darf da nicht mit dem Auto fahren.
4. Im ___ sieht man Schiffe und Boote.
5. Über den Fluss kommt man auf einer ___.
6. In einem ___ kann man Shakespeare oder ein Musical sehen.
7. Der König und die Königin wohnten in einem ___.
8. In einer ___ sitzen die Menschen ruhig auf Bänken.

R2 Timo will nichts machen, was Simon vorschlägt!

Ergänzen Sie diesen Dialog.

BEISPIEL **Claudia:** Komm, Timo, laufen wir zum Kino.
Timo: **Nein, das Laufen macht mich müde.**

Claudia: OK, willst du fahren?
Timo: (1)
Claudia: Was können wir sonst machen? Willst du vielleicht am Imbiss essen?
Timo: Nein, beim (2)
Claudia: Oh, kochen wir zu Hause?
Timo: (3)
Claudia: Du bist heute kompliziert. Sollen wir fernsehen?
Timo: (4)
Claudia: Was macht dir denn Spaß?
Timo: (5)
Claudia: Dann schlaf mal schön!

Der Film ist zum Lachen!

R3 Was machte Timo?

Schreiben Sie einen Bericht über Timos Tag. Benutzen Sie Imperfekt.

BEISPIEL: um 12 Uhr mit Claudia telefonieren
Um 12 Uhr telefonierte er mit Claudia.

1. um 12.30 ein Wurstbrot essen
2. um 13.00 mit Claudia texten
3. um 14.00 Claudia in der Stadt treffen
4. um 14.15 im Café sitzen und Kaffee trinken
5. um 15.00 mit Claudia Hausaufgaben machen
6. um 17.00 Sport treiben
7. um 18.30 kochen
8. um 20.00 fernsehen
9. um 23.00 ins Bett gehen

Heute sehen die Filmreklamen anders aus als in den 30er Jahren. Was sind die Unterschiede?

R4 Welches Wort ist richtig?

Ergänzen Sie die Sätze mit *in*, *im* oder *am*.

1. ___ vierzehn Tagen beginnt die Berlinale.
2. ___ 14. Februar kommen die ersten Filme.
3. Die Berlinale ist immer ___ Februar.
4. ___ Sonntag bekommen die Regisseure ihre Preise.
5. ___ Winter gehen die Zuschauer gern zur Berlinale.
6. ___ 25. Februar ist die Berlinale zu Ende.
7. ___ zehn Tagen sehen die Zuschauer über 400 Filme.

R5 Welches Wort fehlt?

der Darsteller	**die Filmlänge**	**der Trailer**	**der Spielplan**
die Anfangszeit	**die Regisseurin**	**das Genre**	**die Zusammenfassung**

1. Die spielende Person im Film ist ___.
2. Der Film dauert über zwei Stunden. ___ ist 150 Minuten.
3. Westerns sind ein ___ von Filmen.
4. Die Person, die sagt, was die Schauspieler und Kamerateams machen soll, ist ___.
5. Wenn man wissen will, was im Film passiert, kann man ___ lesen.
6. ___ zeigt, wann und an welchen Tagen ein Film läuft.
7. Im Kino zeigen sie oft ___ für viele Filme.
8. Wenn der Film um 20.15 beginnt, ist das ___.

Vokabeln

das **Abenteuer,-** adventure *2B*
abschließen (*schloss ab, abgeschlossen*) to conclude *2B*
der **Abschlussfilm,-e** final film project for graduation *2B*
die **Actionkomödie,-n** action comedy *2B*
die **Altersfreigabe,-n** age rating *2B*
die **Anfangszeit,-en** starting time *2B*
die **Animation,-en** animation *2B*
die **Anlage,-n** complex, grounds *2A*
aufwachsen (*wächst auf, wuchs auf, ist aufgewachsen*) to grow up *2B*
der **Austausch,-̈e** exchange *2A*
das **Bauwerk,-e** building *2A*
die **Bildung,-en** education *2A*
die **Biografie,-n** biography *2B*
die **Botschaftsschule,-n** diplomatic school *2B*
der **Brunnen,-** fountain *2A*
die **Comicverfilmung,-en** comic adaptation *2B*
der **Darsteller,-** actor *2B*
die **Dauer** length, duration *2B*
das **Denkmal,-̈er** monument *2A*
diskutieren to discuss *2A*
die **Dozentin,-nen** lecturer (female) *2B*
das **Drama,-men** drama *2B*
die **Drehbuchautorin,-nen** (female) screenplay writer *2B*
drehen: einen Film drehen to make a film *2A*
die **Einrichtung,-en** organization *2A*
der **Einwanderer,-** immigrant *2B*
die **Einwandererfamilie,-n** immigrant family *2B*
sich **entscheiden** (*entschied, entschieden*) to decide *2A*
der **Eröffnungsfilm,-e** opening film *2B*
das **Erscheinungsjahr,-e** release year *2B*
der **Experimentalfilm,-e** experimental film *2B*
experimentieren to experiment *2B*
expressionistisch Expressionist *2A*
der **Familienfilm,-e** family movie *2B*
die **Fernsehregie** TV directing *2B*
das **Fernsehspiel,-e** made-for-TV movie *2B*
der **Filmemacher,-** film maker *2B*
filmen to film *2A*
das **Filmgelände,-** studio lot *2A*
die **Filmlänge** movie length *2A*
die **Filmproduzentin,-nen** film producer (female) *2B*
die **Filmregisseurin,-nen** film director (female) *2B*
das **Filmstudio,-s** movie company *2B*
die **Friedensverhandlung,-en** peace negotiations *2A*
FSK (Freie Selbstkontrolle) voluntary self-censorship *2B*
die **Fußgängerzone,-n** pedestrian zone *2A*
der **Gefangene,-n** prisoner *2A*
das **Gelände,-** grounds *2A*
das **Genre,-s** genre *2B*
das **Gesicht,-er** face *2A*
das **Gewürz,-e** spice *2A*
das **Großatelier-Filmstudio** large-scale film studio *2A*
der **Hafen,-̈** harbor *2A*
der **Hauptsitz,-e** headquarters *2A*
herrlich marvelous, wonderful *2A*
das **Historiendrama,-men** historical drama *2B*
historisch historical *2A*
die **Hoffnung,-en** hope *2B*
die **Horrorkomödie,-n** horror comedy *2B*
der **Horrorthriller,-n** horror thriller *2B*
idyllisch idyllic *2A*
der **Jugendfilm,-e** youth film *2B*
der **Kinderfilm,-e** kids movie *2B*
die **Kinoproduktion,-en** film production *2B*
die **Kirche,-n** church *2A*
das **Kleingeld** small change *2A*
der **Kram: der alte Kram** that old stuff *2A*
die **Kulturstadt,-̈e** cultural city *2A*
kurdisch Kurdish *2B*
der **Kurzfilm,-e** short film *2B*
der **Kurzfilmwettbewerb,-e** short film contest *2B*
die **Landeshauptstadt,-̈e** capital of a federal state *2A*
der **Langspielfilm,-e** feature-length film *2B*
die **Leistung,-en** accomplishment *2A*
die **Liebeskomödie,-n** romantic comedy *2B*
die **Medienwirtschaft** media economics *2B*
die **Menschheit** humanity *2A*
mittellang medium length *2B*
der **Musikfilm,-e** music film *2B*
die **Nachkriegsordnung** post-war order *2A*
der **Nachwuchsregisseur,-e** up-and-coming film director *2B*
nominieren to nominate *2B*
der **Originalton** original sound track; *OmU* (*Originalton mit Untertiteln*) original sound track with subtitles *2B*
die **Pädagogik** pedagogy *2B*
der **Park,-s** park *2A*
der **Parkplatz,-̈e** parking lot *2A*
der **Platz,-̈e** place, town square *2A*
prächtig magnificent *2A*
prachtvoll magnificent *2A*
prägen to characterize, to shape, to mint *2A*
preußisch Prussian *2A*
das **Produktionsjahr,-e** production year *2B*
produzieren to produce *2A*
das **Programm-e** movie times *2B*
reden to speak *2A*
die **Regie,-n** artistic direction *2B*
der **Regisseur,-e** film director *2A*
der **Reiseführer,-** travel guide *2A*
die **Religionswissenschaft** religious studies *2B*
die **Reportage,-n** report, feature *2A*
repräsentativ representative *2A*
die **Residenz,-en** residence *2A*
die **Romanze,-n** romance *2B*
die **Sciencefiction** science-fiction *2B*
sehenswert worth seeing *2A*
der **Spielfilm,-e** feature-length film *2B*
der **Spielplan,-̈e** screening schedule *2B*
der **Spion,-e** spy, secret agent *2A*
das **Stadtbild,-er** cityscape *2A*
die **Stadtmauer,-n** city wall *2A*
der **Stadtmauerrest,-e** remains of city wall *2A*
die **Statue,-n** statue *2A*
tätig sein to work in an area *2B*
teilen to divide *2A*
testen to test *2A*
der **Titel,-** title *2B*
die **Tragikomödie,-n** tragicomedy *2B*
u.a. (unter anderem) among others *2A*
das **UNESCO-Welterbe** United Nations World Cultural Heritage *2A*
der **Untertitel,-** subtitle *2B*
verwandeln to transform *2A*
die **Villenkolonie,-n** villa colony *2A*
vorbeikommen (*kam vorbei, ist vorbeigekommen*) to come by *2B*
die **Vorschau** preview *2B*
wäre: wie wäre es how would it be *2B*
der **Western,-** Western *2B*
die **Wirkung,-en** effect *2A*
die **Wissenschaft,-en** science *2A*
wunderschön beautiful, wonderful *2A*
das **Zitat,-e** quotation *2A*
zurückkehren to return *2B*
die **Zusammenfassung,-en** plot summary *2B*
zurzeit at this time *2B*

Zitat

„Man muß jung sein, um große Dinge zu tun."

One must be young to accomplish great things.

—Johann Wolfgang von Goethe (1749–1832), deutscher Dichter der Klassik, Naturwissenschaftler und Staatsmann

Tatsache

Im Durchschnitt verbringen deutsche Jugendliche pro Woche 18,4 Stunden online.

Kapitel

3 Was ist dir wichtig?

Leitfrage

?

What is important to young people in other cultures?

Zu welcher Gruppe, die das Internet benutzt, gehören Sie?

Welche UNESCO Weltkulturerbestätte ist das?

Lernziele

Lektion A I will be able to:

- Express my social priorities and what is/isn't important to me, say who my role models are and how often I do something.
- Learn about Regensburg and its surrounding area.
- Use the subordinate conjunctions *als*, *wenn*, and *wann*.
- Read about hot air balloon rides in the Regensburg area.

Lektion B I will be able to:

- Say I use the Internet to find information, download music and videos, participate in chatrooms and upload photos.
- Talk about Regensburg as a World Cultural Heritage site, popular social media platforms and blogs in Germany and students' use of the Internet in school.
- Use relative pronouns and the present subjunctive to make polite requests and express wishes and analyze and create compound nouns.
- Read about a young blogger, and an excerpt from the young adult novel *Erebos*.

Lektion A

Vokabeln Werte in Deutschland

A. **Werte** von Jugendlichen

Wie wichtig sind die folgenden Werte?

vor 5 Jahren dieses Jahr

Gutes **Familienleben** führen		**Gesetz** und Ordnung respektieren		Sich um die Umwelt kümmern		Sozial **Benachteiligten** helfen	
92%	90%	81%	84%	59%	66%	58%	60%
Sich politisch **engagieren**		**Fleißig** und **ehrgeizig** sein		An **Gott** glauben		Am **Traditionellen festhalten**	
23%	32%	83%	82%	36%	33%	21%	25%

B. Eltern als Vorbild

Das Verhältnis zu den eigenen Eltern ist …

gut 52%, bestens 40%

Die Erziehung durch die Eltern ist ein Vorbild für die Erziehung der eigenen Kinder.

ja 74%

C. Eigene Familie weniger wichtig

vor 10 Jahren
vor 5 Jahren
dieses Jahr

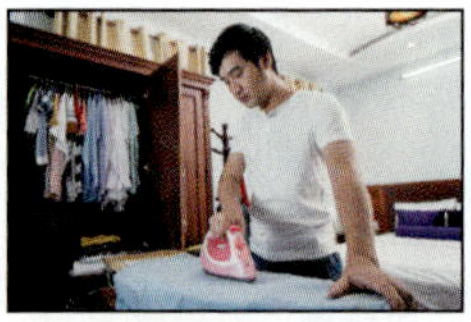

Man braucht eine eigene Familie.

Männer 69% 71% 57%

Frauen 76% 81% 70%

Man kann ohne Familie genauso glücklich sein.

Männer 20% 16% 28%

Frauen 15% 10% 16%

D. **Kinderwunsch geht zurück**

Wie viele Jugendliche sich Kinder wünschen

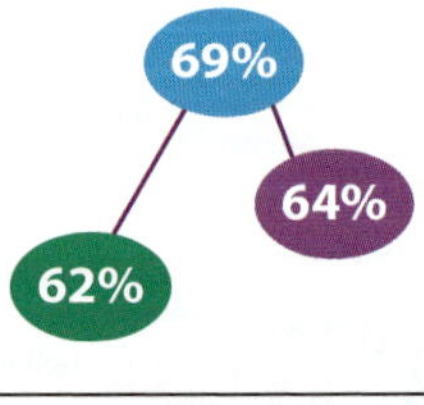

E. **Optimistischer Blick** in die Zukunft

vor 10 Jahren vor 5 Jahren
dieses Jahr

61% der Jugendlichen sehen optimistisch in die Zukunft.

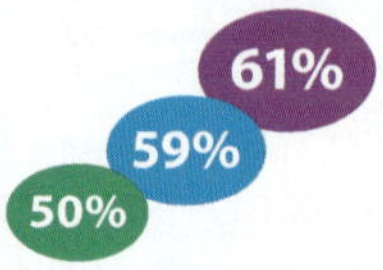

F. **Arbeitsmarkt** weniger wichtig

Wichtigste **gesellschaftliche Prioritäten**

vor 10 Jahren vor 5 Jahren dieses Jahr

Kinder und Familie	Bildung	Arbeitsmarkt	Umwelt und Natur
53% 51% 55%	40% 42% 46%	65% 80% 37%	21% 10% 34%

emcpassport.com
WB 1–2

Wichtige Ausdrücke

How do I talk about my social priorities?

Meine wichtigste gesellschaftliche Priorität ist die Bildung.
My most important social priority is education.

How do I talk about my role models?

Meine Eltern sind **für mich ein Vorbild**.
My parents are role models for me.

How do I express what is/isn't important to me?

Ich halte nicht so sehr am Traditionellen **fest**.
I'm not too much into traditions.

How do I describe frequency?

Mehr als früher auf jeden Fall.
More than before in any case.

Wörterkiste

Multikulti ist eine Kurzform von „Multikulturalismus". Das Wort benutzt man seit den 1990er Jahren, um die multikulturelle Bevölkerung in Deutschland zu beschreiben.

Was noch?

ehrgeizig sein	*to be ambitious*
fleißig sein	*to be hard-working*
froh sein	*to be happy*
heiraten	*to get married*
Kinder haben	*to have children*
pessimistisch sein	*to be pessimistic*
viel Geld verdienen	*to earn a lot of money*
eine Veränderung in der Welt bewirken	*to make a difference in the world*

Was ist mir wichtig?

Wissen Sie noch, was diese Ausdrücke bedeuten? Wenn nicht, arbeiten Sie mit einem Partner oder einer Partnerin und finden Sie zusammen die Antworten.

Ich will mein Leben genießen.
Ich habe Angst vor der Zukunft.
Wir haben Sorgen und Probleme.
Geld ist mir im Leben am wichtigsten.
Ich will Kinder haben.
Mein Traum ist es, anderen zu helfen.

Konversationsgruppe

Fragen Sie zwei Klassenkameraden, wer ihre Vorbilder sind. Jeder nennt mindestens zwei Personen.

Sind Sie optimistisch oder pessimistisch?

1 Was mir wichtig ist

Mit Partnern sehen Sie sich die Grafik an.

1. **Grafik A:** Machen Sie eine Tabelle wie hier unten und machen Sie ein X in den richtigen Feldern. Machen Sie ein X, wenn es Ihnen auch wichtig ist.

der Wert	in den letzten fünf Jahren wichtiger geworden	in den letzten fünf Jahren weniger wichtig geworden	Ist Ihnen das wichtig?
Gutes Familienleben führen			
Gesetz und Ordnung respektieren			
Sich um die Umwelt kümmern			
Sozial Benachteiligten helfen			
Sich politisch engagieren			
Fleißig und ehrgeizig sein			
An Gott glauben			
Am Traditionellen festhalten			

2. Welche Werte sind Ihnen dieses Jahr wichtiger als vor fünf Jahren, welche weniger wichtig? Dann fragen Sie Ihren Partner/Ihre Partnerin, ob es ihm oder ihr wichtig ist.
3. **Grafik C:** Wann fanden die meisten Jungs und Mädchen, dass eine eigene Familie wichtig ist? Ist die Zahl dieses Jahr zurückgegangen, oder hat sie zugenommen?
4. **Grafik E:** Sieht die deutsche Jugend dieses Jahr optimistischer in die Zukunft als vor zehn Jahren? Um wie viel Prozent?
5. **Grafik F:** Was sind dieses Jahr die wichtigsten gesellschaftlichen Prioritäten?

Priorität	in den letzten fünf Jahren wichtiger geworden	in den letzten fünf Jahren weniger wichtig geworden
Kinder und Familie		
Bildung		
Arbeitsmarkt		
Umwelt- und Naturschutz		

6. Werden diese gesellschaftlichen Prioritäten in fünf Jahren wichtiger oder weniger wichtig? In Gruppenarbeit schreiben Sie eine Vorhersage (*prediction*).
7. Schreiben Sie über Ihr Leben. Beantworten Sie die folgenden Fragen in Ihrem Kulturjournal. Welche Werte sind Ihnen am wichtigsten? Was sind Ihre gesellschaftlichen Prioritäten? Schreiben Sie über Ihre Zukunft (Ihre Arbeit, Ihre Familie, Ihre gesellschaftlichen Prioritäten, usw.).

Frau Moens Schüler diskutieren ihre gesellschaftlichen Prioritäten.

Dialog Was denkt die Jugend?

Interpretive Communication

Ein Interviewer trifft Jugendliche auf der Straße. Er stellt ihnen Fragen zu ihren Werten und Gedanken. Hier sind seine Fragen und ihre Antworten.

Interviewer: Was denkst du über Familie?

Laura: Ich bin mit meiner Familie sehr zufrieden. Meine Eltern sind für mich ein Vorbild.

Daniel: Eine eigene Familie ist mir nicht so wichtig. Ich wünsche mir keine Kinder, denn ich glaube nicht, dass eine eigene Familie unbedingt zum Glück führt.

Timo: Mein Verhältnis zu meinen Eltern ist bestens, aber ich halte nicht so sehr am Traditionellen fest. Ich glaube, dass man ohne Kinder genauso glücklich sein kann wie mit ihnen.

Interviewer: Was denkst du über einen Beruf und den Arbeitsmarkt?

Jessica: Geld spielt für mich nicht so die große Rolle. An erster Stelle steht die Familie und dass man glücklich und gesund ist.

Julian: Ich bin eigentlich sehr ehrgeizig. Ich hoffe, mehr Geld zu verdienen als meine Eltern verdient haben.

Interviewer: Was sind für dich die wichtigsten gesellschaftlichen Prioritäten?

Jana: Ich weiß es nicht—für mich ist es wichtig, sich um die Umwelt zu kümmern.

Felix: Ich hoffe, dass jeder, der eine Ausbildung hat, auch einen Job finden kann.

Strategie

Was erwarten Sie: Was für Fragen wird der Interviewer den Jugendlichen stellen?

Kulturpraxis

Germans call an interview conducted on the street *ein Straßeninterview.*

Christoph und Jasmin: Toleranz! Es ist heutzutage besonders wichtig, gegenüber anderen Menschen tolerant zu sein.

Interviewer: Seht ihr optimistisch in die Zukunft?

Nina: Ja, ich engagiere mich politisch und hoffe auf eine gute Zukunft für alle.

Timo: Teils-teils. Mehr als früher auf jeden Fall.

Interviewer: Ich danke euch!

2 Wer sagt das?

Lesen Sie die Sätze über den Dialog und korrigieren Sie die falschen Informationen!

BEISPIEL Laura stellt den Jugendlichen Fragen.
der Interviewer

1. Daniel ist mit seiner Familie sehr zufrieden.
2. Jessica und Julian finden, dass Kinder und eine Familie nicht wichtig sind.
3. Geld ist sehr wichtig für Jessica.
4. Daniel und Julian sagen, sie verstehen sich sehr gut mit ihren Eltern.
5. Die gesellschaftliche Priorität für Felix ist es, sich um die Umwelt zu kümmern.
6. Janas gesellschaftliche Priorität ist mehr Toleranz.
7. Christoph und Jasmin sind politisch engagiert.
8. Felix sieht nicht ganz optimistisch in die Zukunft.

3 Das Interview und ich

Überlegen Sie sich, mit welchen Jugendlichen Sie sich am meisten identifizieren, dann schreiben Sie einen Absatz (*paragraph*) und geben Sie Gründe für Ihre Meinung.

Sprache *als, wenn, wann*

Three different words can be used for "when," depending on the context and the time frame.

Wann is a question word used for situations in which you are asking about a time when something occurs. You can use *wann* for questions in any tense, present or past.

Wann kam der Interviewer?	When did the interviewer come?
Wann beginnt das Interview?	When does the interview start?

Wann functions as a subordinating conjunction when it introduces an embedded question with *wann*. These kinds of phrases often start like „Weißt du, …" or „Hast du gehört, …?"

Weißt du, wann der Interviewer kommt?	Do you know when the interviewer is coming?
Hast du gehört, wann wir die Studie lesen können?	Have you heard when we can read the study?

Als is not a question word, but rather a subordinating conjunction that indicates when some past events occurred. These sentences will use either present perfect or narrative past.

Die Lehrerin hat sich gefreut, als ihre Schüler am Interview teilgenommen haben.	The teacher was happy when her students participated in the interview.
Wir waren sehr glücklich, als sie uns zum Interview einluden.	We were all very happy when they invited us to the interview.

Wenn is used for present and future events.

Ich bin immer ein bisschen nervös, wenn ich ein Interview mache.	I am always a bit nervous when I do an interview.
Wenn ich mit dem Interviewer spreche, werde ich meine Meinung sagen.	When I talk to the interviewer, I will give my opinion.

Wenn is also used for past and present events that occurred or occur repeatedly.

In meiner Kindheit war ich immer nervös, wenn die Lehrer mit mir sprachen.	In my childhood I was always nervous when the teachers talked with me.
Ich sage immer meine Meinung, wenn wir in der Klasse diskutieren.	I always say my opinion when we discuss in class.

Watch out! If the subordinate clause starts the sentence, the conjugated verb of the main clause follows immediately thereafter.

Wenn ein Interviewer Fragen ***stellt, passe*** *ich gut auf.*	When an interviewer asks questions, I pay close attention.

4 *Wann* oder *wenn*?

Schreiben Sie das richtige Wort!

1. ___ kommen die Schüler zum Interview?
2. ___ die Schüler das Interview machen, müssen sie viele Fragen beantworten.
3. Ich weiß nicht, ___ die nächsten Schüler am Interview teilnehmen.
4. Jedes Jahr arbeiteten viele Wissenschaftler an der Studie, ___ sie die Studie planen.

Wann kommt die Polizei? Wenn die Leute die Ordnung nicht respektieren.

5 *als* oder *wenn*?

Schreiben Sie das richtige Wort!

1. Der Interviewer sagte „Guten Tag!", ___ ich ins Zimmer kam.
2. Der Interviewer schrieb jedes Mal meine Antwort auf, ___ er mir eine Frage stellte.
3. ___ das Interview vorbei war, gab er mir die Hand.
4. ___ ich nächstes Jahr Zeit habe, möchte ich wieder an der Studie teilnehmen.

6 Was sagen die Schüler?

Kombinieren Sie diese Satzteile nach dem Beispiel.

BEISPIEL *wenn*: ich schreibe meinen Blog, / ich habe viele Nutzer
Wenn ich meinen Blog schreibe, habe ich viele Nutzer.

1. *als*: ich habe mein neues Handy bekommen, / ich war total glücklich
2. *wenn*: die Technologie entwickelt sich so schnell, / ich brauche bald wieder ein neues Handy
3. *wenn*: es gibt neue Smartphones, / ich werde meinen Computer immer weniger benutzen
4. *wenn*: die ganze Familie ist online, / das Surfen im Internet geht viel zu langsam
5. *wenn*: 70% der jungen Frauen wollen eine eigene Familie, / junge Männer liegen mit 57% weit dahinter
6. *als*: ich habe die neue Studie im Netz gelesen, / ich habe sie sehr interessant gefunden
7. *wann*: man kann die nächste Studie sehen, / ich weiß nicht

emcpassport.com

WB 8

Kreuz und quer

Interpretive Communication Pre AP

Regensburg an der Donau

Geschichte der Stadt

In Ostbayern liegt Regensburg an der Donau. In dieser Stadt leben 150.000 Menschen.

Regensburg war schon ein kleines Handelszentrum[1], als die Römer[2] in Europa regierten[3]. 70 nach Christus[4] bauten sie im Stadtteil Kumpfmühl ein Kastell[5] für die römischen[6] Soldaten. Es leben also schon seit fast 2.000 Jahren Menschen auf dem Stadtgebiet[7] von Regensburg, das darum zu den ältesten Zentren[8] Deutschlands gehört.

Das Stadttor Regensburgs wurde um 1300 gebaut.

Regensburg war auch im Mittelalter ein Handelszentrum. Hier lebten und arbeiten viele Juden[9], die den Handel[10] führten. So war Regensburg die Stadt in Bayern, wo die erste solide Gemeinde[11] jüdischer[12] Händler wohnte.

ein Geschlechterturm

Eine Welterbestätte[13]

Die UNESCO hat den kulturellen Wert dieser Stadt gesehen, als sie Regensburg den Status „UNESCO Welterbestätte" gegeben hat. In Regensburg gibt es über 1.000 Baudenkmäler aus verschiedenen Jahrhunderten, bis ins frühe Mittelalter. Etwas Besonderes, das es nur in Regensburg gibt, sind die vielen „Geschlechtertürme"[14] in der Innenstadt. Die reichen Bürger[15] bauten sich diese Türme mitten in der Stadt, da sie zeigen wollten, dass sie Erfolg im Leben hatten.

Die Frau kocht Würstchen.

Spezialitäten aus Regensburg

Regensburg hat auch seine eigene Esskultur[16]. Wenn Touristen mit einem Donauschiff[17] nach Regensburg kommen, sehen sie am Ufer sofort die historische Wurstküche[18] „Wurstkuchl". Viele sagen, dass es die erste Wurstküche in Deutschland war. Wer gern gut isst, der findet noch etwas Besonderes in Regensburg. Das sind die Dampfnudeln[19], weiche Brötchen mit Vanillesoße[20].

---

[1]*das Handelszentrum* trade center; [2]*der Römer* Roman; [3]*regieren* to govern; [4]*nach Christus* A.D.; [5]*das Kastell* fort; [6]*römisch* Roman; [7]*das Stadtgebiet* urban area, within city limits; [8]*das Zentrum* center; [9]*der Jude* person of the Jewish faith; [10]*der Handel* trade; [11]*die Gemeinde* community; [12]*jüdisch* Jewish; [13]*die Welterbestätte* world heritage site; [14]*der Geschlechterturm* dynastic tower; [15]*der Bürger* citizen; [16]*die Esskultur* food customs; [17]*das Donauschiff* ship on the Danube; [18]*die Wurstküche* sausage kitchen; [19]*die Dampfnudel* steamed dumpling; [20]*die Vanillesoße* vanilla sauce

Der Regensburger Dom ist ein Meisterwerk der gotischen Architektur in Süddeutschland.

Regensburg und die Donau

Wenn das Wasser der Donau steigt, wird es gefährlich[21] in Regensburg und viele Geschäfte und Häuser stehen unter Wasser. Aber das passiert nur alle zehn Jahre.

Analyse

Artifacts of what eras and communities would you expect to find in the *Historisches Museum* in Regensburg?

Eine tolle Stadt für alle

Regensburg macht seinen Einwohnern viel Spaß. Die Qualität des Lebens ist hoch, wenn nicht das Wasser der Donau bis in die Stadt steigt. Touristen lieben Regensburg, denn es gibt viele kleine Attraktionen in jeder Straße, und dann noch einen kleinen Imbiss hier und da.

---

[21] *gefährlich* dangerous

Flash!

Ballonfahrt Regensburg

Möchten Sie Regensburg, die Donau und die Umgebung von oben sehen? Kein Problem für den, der 199 Euro in der Tasche hat. Lassen Sie sich vom Wind treiben! Ballon fahren in Regensburg ist ein einmaliges Erlebnis, das Sie bezaubern wird. Der Charme der Heißluftballonfahrt wird Sie für sich gewinnen. Die Ruhe, die frische Luft, der wunderbare Fernblick lässt Ihr Herz höher schlagen. Lassen Sie die ganzen Eindrücke auf sich wirken und Ihre Gedanken werden schweifen.

7 Was verstehen Sie?

Verbessern Sie den falschen Teil!

1. Regensburg liegt im Süden von Bayern.
2. In Regensburg gibt es Geschlechtertürme, die die Bürger sich gebaut haben, um sicherer zu leben.
3. Für eine Übernachtung soll man zum Wurstkuchl gehen.
4. Es gibt heute ein paar römische Soldaten, die in Kumpfmühl wohnen.
5. Wenn das Wasser der Donau alle zehn Jahre besonders hoch steigt, ist das eine besonders schöne Zeit in der Stadt.

8 Aktivitäten

1. **Presentational Writing and Speaking / Connecting to Tourism.** Forschen Sie im Internet nach neuen Informationen über Regensburg. Suchen Sie ein Thema, das Sie interessiert (sehen Sie sich die Vorschläge unten an) und schreiben Sie einen kurzen Bericht für die Klasse. Präsentieren Sie Ihren Bericht.

Suchwörter: **Geschlechtertürme in Regensburg; Baudenkmäler in Regensburg; die „Wurstkuchl" in Regensburg; Regensburg Salzhandel; Handelswege in Regensburg im Mittelalter**

2. **Interpersonal Communication / Connecting to Cooking and Drawing.** Ein typisches Essen in Regensburg ist Dampfnudeln mit Vanillesoße. Lesen Sie ein paar Rezepte und erklären Sie Ihren Klassenkameraden, wie man Dampfnudeln und Vanillesoße selber machen kann.

Suchwörter: **Rezepte Dampfnudeln, Vanillesoße selber machen**

Du bist dran! Pre AP

Persönliches Presentational Writing

Schreibe eine Liste mit fünf Sachen, die dir sehr wichtig sind. Vergleiche deine Liste mit der von deinem Partner oder deiner Partnerin und benutzt zusammen ein „Venn-Diagramm", um eure Gemeinsamkeiten (*similarities*) und Unterschiede (*differences*) deutlich zu machen. Dann erklärt einer anderen Gruppe euer gemeinsames Diagramm.

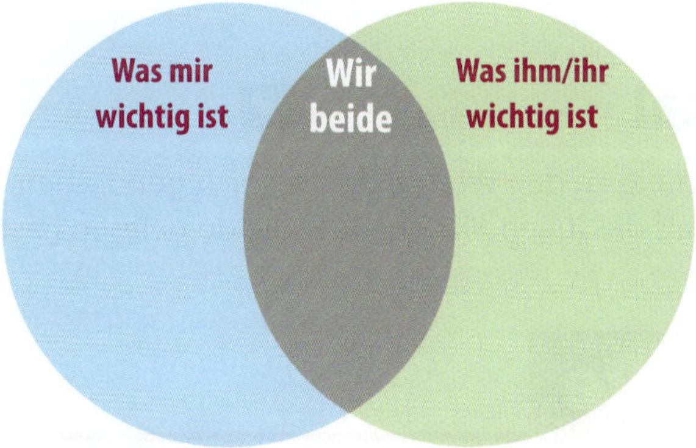

Ein Interview Interpersonal and Presentational Speaking

Partner A und Partner B stellen sich die folgenden Fragen. Erzählt dann einer anderen Gruppe, was ihr gesagt habt.

BEISPIEL **Ich war das letzte Mal glücklich, als ich mit meinen Eltern in den Ferien war.**

1. Wann warst du das letzte Mal glücklich? (*als*)
2. Was macht dich nervös? (*wenn*)
3. Wann bist du ehrgeizig? (*wenn*)
4. Wann bist zu zufrieden? (*wenn*)
5. Wann warst du das letzte Mal krank? (*als*)

Deutsches Engagement

Interpretive Communication / Presentational Writing

Erforsche im Internet, wie deutsche Jugendliche sich engagieren. Es gibt freiwillige Arbeit, ehrenamtliche Jobs und andere Möglichkeiten, sich zu engagieren. Such dir eine Aktivität aus und schreib darüber, für welche Aktivität du dich entschieden hast: warum interessiert du dich dafür, warum willst du diese Arbeit machen und wem wirst du mit deiner Arbeit helfen?

Suchwörter: **jugendnetz-berlin mitmachen**

Ich fahre bald nach Regensburg

Interpretive Communication / Interpersonal Writing

Deine Freundin hat dich nach Regensburg eingeladen. Schreib eine E-Mail an sie mit den Informationen über deinen Plan: mit welchem Zug du aus München ankommst, wann die Ankunft ist, was du sehen und machen möchtest (vielleicht eine Ballonfahrt?) und in welchem Restaurant du essen möchtest.

Suchwörter: **Deutsche Bahn, Regensburger Restaurants, Sehenswürdigkeiten Regensburg**

Kulturjournal **Presentational Writing**

Schreibe deine Meinung zu den Werten deutscher Jugendlichen. Hast du dieselben oder andere Werte als die Jugendlichen, über die du gelesen hast?

Wörter und Ausdrücke

Social Values

Gesetz und Ordnung respektieren to respect law and order
sich um die Umwelt kümmern to care about the environment
sozial Benachteiligten helfen to help disadvantaged people

Personal Values

die Bildung education
die Erziehung upbringing
der Kinderwunsch desire to have children
das Verhältnis relationship
sich politisch engagieren to be involved in politics
fest an etwas glauben to believe firmly in something
am Traditionellen festhalten to hold on to traditions
gesellschaftliche Prioritäten social priorities

Personal Character

fleißig hard-working
ehrgeizig ambitious
optimistisch optimistic
pessimistisch pessimistic
tolerant tolerant

Ist diese junge Geschäftsfrau ehrgeizig?

emcpassport.com

WB 9–10

Lektion B

Vokabeln Online sein

90% BENUTZEN SOCIAL MEDIA

Wofür Jugendliche das Internet benutzen TOP TEN

1. Auf soziale Netzwerke zugreifen

57% aller Jugendlichen machen das mindestens einmal am Tag and 19% mindestens einmal pro Woche. Meistens sind es **Zugriffe** auf soziale Netzwerke oder Einkäufe.

2. Nach Informationen suchen, die man gerade braucht

42% aller Jugendlichen machen das mindestens einmal am Tag und 44% mindestens einmal pro Woche. Nur 2% aller Jugendlichen haben das Internet noch nie zu diesem **Zweck** benutzt.

3. An Chats teilnehmen

Etwa 37% aller Jugendlichen beteiligen sich jeden Tag an online Chats und 21% mindestens einmal pro Woche.

4. Musik hören oder herunterladen

Überraschend ist, dass nur etwa 27% aller Jugendlichen täglich über das Internet Musik hören, und 31% der Jugendlichen machen das weniger als einmal pro Woche.

5. Spielen und Gamen

Nur 31% der Jugendlichen spielen weniger als einmal pro Woche online.

6. Sich über Politik und Gesellschaft informieren

Ungefähr 13% der Jugendlichen informieren sich täglich über politische und **gesellschaftliche** Themen.

7. Banking (Internet oder Apps)

Weniger als 35% benutzen das Internet für Bankgeschäfte.

8. Produkte online kaufen

61% aller Jugendlichen kaufen weniger als einmal pro Woche im Internet ein.

9. Einen Blog schreiben

Nur 2% der Jugendlichen bloggen mindestens einmal pro Tag, und 79% haben noch nie einen persönlichen Blog geschrieben.

10. Bewertungen zu Produkten schreiben

Fast 29% aller Jugendlichen schreiben einmal pro Woche eine **Kundenrezension**. 63% haben das noch nie gemacht.

Wichtige Ausdrücke

How do I say I use the Internet to find information?

Ich **suche** im Internet **nach** Informationen.

I look for information on the Internet.

How do I say I download music and videos from the Internet?

Ich **lade** Musik und Videos **herunter**.

I download music and videos.

How do I say I participate in chats?

Ich **nehme an** Chats **teil**.

I participate in chats.

How do I say I upload things on the Internet?

Ich **stelle** Musik, Fotos und Videos **ins Netz**.

I upload music, photos and videos onto the Web.

Weißt du…?

Do you know what the *Zertifikat Deutsch (ZD)* is?

Antwort: The *ZD* is an internationally recognized exam of German language ability on which the word *bloggen* appears.

Konversationsgruppe

Fragen Sie Ihren Partner oder Ihre Partnerin, was er/sie sehr oft mit einem Mobilgerät macht.

Welche Apps und Plattformen benutzen Sie?

Computerbegriffe: ich weiß das schon

Wissen Sie noch, was diese Ausdrücke bedeuten? Wenn nicht, dann sprechen Sie darüber mit Ihren Klassenkameraden.

auf dem Smartphone spielen
ein Internetnutzer
eine SMS senden
im Internet surfen
Ich kann Bilder posten und bearbeiten.
Ich möchte Videos hochladen und teilen.
Ich muss diese App installieren.

Was noch?

die Anlage	*attachment*
der Avatar	*avatar*
Cybermobbing	*cyberbullying*
die Datei	*file, data*
das Passwort	*password*
der Programmierfehler	*programming error, bug*
auf dem neuesten Stand	*up-to-date, latest release*
markieren	*to bookmark*
neu starten	*to reboot*
einen Podcast anhören	*to listen to a podcast*

Wörterkiste

Hier ist ein neues Wort aus der Jugendsprache, das noch nicht in deutschen Wörterbüchern steht: **autocorrecten: sich auf die Auto-Korrektur des Smartphones verlassen** (*to rely on the smartphone's autocorrect feature*).

9 Wie oft machen Sie das?

Machen Sie eine Tabelle wie diese unten. In Partnerarbeit sehen Sie sich die Information auf Seite 93 an und checken Sie die passenden Kästchen.

	mindestens einmal am Tag	mindestens einmal pro Woche	weniger als einmal pro Woche	noch nie
1. Wie oft kaufen 61% der Jugendlichen Produkte online?			BEISPIEL ✔	
2. Wie oft greifen 19% der Jugendlichen auf soziale Netzwerke zu?				
3. Wie oft hören 27% Musik?				
4. Wie oft informieren sich 13% über Politik und Gesellschaft?				
5. Wie oft suchen 44% nach Informationen?				
6. Wie oft gamen 31%?				
7. Wie oft nehmen 21% an Chats teil?				
8. Wie oft schreiben 79% einen Blog online?				

10 Wie oft sind Sie in der digitalen Welt?

Benutzen Sie die Ideen oben, um Ihre Antwort zu schreiben. Was machen Sie…

- mindestens einmal pro Stunde?
- mindestens einmal am Tag?
- mindestens einmal pro Woche?
- weniger als einmal pro Woche?

Sie suchen Informationen für ihr Projekt.

Noch etwas

Mit einem Partner oder einer Partnerin machen Sie eine Umfrage, wie oft die Schüler in Ihrer oder in einer anderen Klasse soziale Medien benutzen. Zeigen Sie die Resultate mit einem Online Präsentationsprogramm. Vergessen Sie nicht Unterschiede und Gemeinsamkeiten zwischen beiden Gruppen zu vergleichen.

Dialog Was machst du im Internet?

Interpretive Communication

Die Interviewer von der Shell Jugendstudie wissen schon, dass typische Schüler 18 Stunden pro Woche online sind. Jetzt möchten sie wissen, was die Schüler im Internet machen.

Interviewer: Hallo! Heute wollen wir von euch wissen, was ihr so im Internet macht. Was sind euere Online-Aktivitäten?

Anna: Ich blogge über meine Katze! Es gibt viele Katzenfreaks und Katzenvideos im Internet.

Lukas: In meiner Freizeit hänge ich so rum, oder ich game. Es gibt so viele tolle Games, die ich mit meinen Freunden im Internet spielen kann. Und so kann man auch neue Leute kennen lernen.

Finn: Ich finde Games nicht so interessant, aber wenn ich online bin, lade ich Musik und Videos rauf. Und ich nehme an ein paar Chats teil, so über die neuen Videotrends.

Hannah: Ich höre viel Musik online, aber ich texte auch meine eigenen Lieder. In den letzten Monaten habe ich zwölf Lieder ins Netz gestellt.

Leonie: Ich verdiene Geld im Internet. Ich bewerte Produkte und schreibe dann kleine Artikel darüber in meinem Blog, „Was du kaufen sollst". Ich habe neulich eine Bewertung für ein neues Shampoo geschrieben. Du verdienst zwar nicht so viel, aber du bekommst tolle Produkte.

Analyse

Welche Wörter im Dialog kommen aus der englischen Sprache? Mit welchem Thema scheinen sie etwas Gemeinsames zu haben (Kochen, IT, Sport, usw.)?

emcpassport.com
WB 11

Philipp: Wir haben nur einen Computer zu Hause; leider muss ich meine Zeit online mit der Familie teilen. Wenn ich online bin, suche ich Informationen, die ich für Hausaufgaben brauche.

Interviewer: Herzlichen Dank für eure Antworten.

Noch etwas

Who in the *Dialog* uses the Internet most like you, your best friend, your classmates, or your siblings?

11 Was machen die Klassenkameraden im Internet?

Benutzen Sie diese Fragen, um Ihre Klassenkameraden zu interviewen. Wenn eine Person „ja" sagt, schreiben Sie den Namen auf. Wenn die Person „nein" sagt, müssen Sie weiter suchen.

1. Bist du wöchentlich mehr als 20 Stunden im Internet?
2. Lädst du Videos aus dem Internet rauf?
3. Suchst du online nach Informationen für Hausaufgaben?
4. Spielst du Games online?
5. Schreibst du Bewertungen zu Produkten?
6. Schreibst du einen Blog?
7. Kaufst du Produkte online?
8. Informierst du dich im Netz über Politik?
9. Nimmst du an Chats teil?
10. Hörst du Musik online?

12 Und wer macht was?

Schreiben Sie jetzt auf, wer was macht.

BEISPIELE **Miranda ist wöchentlich mehr als 20 Stunden im Internet.**
Kevin lädt Videos aus dem Internet rauf.
Lukas stellt seine Textlieder ins Netz.

Noch etwas

Erzählen Sie Ihrer Gruppe, was Sie von den anderen Klassenkameraden gehört haben.

Tom hat sich im Internet über sein Thema informiert.

Sprache Relative Pronouns

Relative clauses are a kind of subordinate clause. Like subordinating conjunctions, relative pronouns push the main verb to the end of the clause. Like other pronouns, relative pronouns replace a noun. Usually they directly follow the noun they describe.

Relative pronouns can appear in the nominative, accusative, dative and genitive cases. You use relative clauses to provide more information about a noun in the main clause. To determine the case of the relative pronoun, check the following: (1) the gender of the noun it refers to—masculine, feminine, neuter; (2) the number (singular or plural) and (3) the role of the relative pronoun in the subordinate clause—subject, direct object or indirect object. The redundant noun is deleted in the relative clause.

A relative pronoun can be the subject (nominative) of the relative clause. Note that the verb goes to the end of the relative clause, as in other subordinate clauses.

main clause	Der Interviewer	+	kommt am Montag.
subordinate clause		**der** (Interviewer) interviewt Schüler	
sentence with relative clause embedded	Der Interviewer,	**der** Schüler interviewt,	kommt am Montag.

The interviewer, who is interviewing students, is coming on Monday.

A relative pronoun may be the direct object (accusative) of the relative clause or follow an accusative preposition (*durch, für, gegen, ohne, um*):

main clause	Der Interviewer	+	kommt am Montag.
subordinate clause		ich treffe **den** (Interviewer)	
sentence with relative clause embedded	Der Interviewer,	**den** ich treffe,	kommt am Montag.

The interviewer, whom I am meeting, is coming on Monday.

A relative pronoun may be the indirect object (dative) of the relative clause or follow a dative preposition (*aus, außer, bei, mit, nach, seit, von, zu*).

main clause	Der Interviewer	+	kommt am Montag.
subordinate clause		ich spreche mit **dem** (Interviewer)	
sentence with relative clause embedded	Der Interviewer,	mit **dem** ich spreche,	kommt am Montag.

The interviewer, with whom I am speaking, is coming on Monday.

The relative pronouns are identical to the definite articles except for the dative plural form.

	masculine	**feminine**	**neuter**	**plural**
nominative	der	die	das	die
accusative	den	die	das	die
dative	dem	der	dem	**denen**

emcpassport.com
WB 12–13

13 Wer macht was?

Identifizieren Sie, ob das Pronomen im Nominativ, Akkusativ oder Dativ ist.

	N	A	D
1. Die Schüler, *die* am Interview teilnehmen, sind zwischen 12 und 18 Jahre alt.			
2. Der Interviewer, *der* am Montag kommt, hat viele Fragen.			
3. Der Interviewer, mit *dem* die Schüler sprechen, ist sehr freundlich.			
4. Die Schüler warten auf den Interviewer, *den* sie noch nicht kennen.			
5. Der Interviewer spricht mit den Schülern, *die* er noch nicht kennt.			
6. Am Montag spricht die Lehrerin, *die* die Schüler in der Klasse hat, mit dem Interviewer.			

14 Die neueste Technologie!

Benutzen Sie diese Satzteile, um Ihre eigenen Sätze zu machen!

BEISPIEL **Das Handy, das auf dem neuesten Stand ist, schenken mir meine Eltern.**

Der Computer	der	auf dem neuesten Stand ist	hat einen englischen Text.
Das Video	die	über Schülerprobleme geht	lesen viele junge Leute.
Das Handy	das	ich runterlade	ist ein deutscher Film.
Die Musik		die neueste Software hat	wollte ich schon immer zum Geburtstag.
Das Chat		sehr populär ist	schenken mir meine Eltern.

Noch etwas

Connecting to Language Arts

Write a story about this scene, using relative pronouns. You can write about the setting, the people, the activities and other details.

Im Fokus

Interpretive Communication Pre AP

„Jules Blog—Aus dem Leben einer Stinkesocke"

> **Analyse**
>
> Why do you think Jules' blog was awarded the prize? What does this say about current German society?

Jedes Jahr verleiht Deutsche Welle die BOBS, Preise für die besten Blogs des Jahres. Es gibt verschiedene Kategorien, unter anderem „Best of online activism". Bester Deutscher Blog 2012 ging mit 1687 Stimmen[1] von der Jury[2] an „Jules Blog". Die Bloggerin bekam 2012 noch eine zweite Auszeichnung, als „Mutmacher[3] 2012". Aber wie kam sie dazu, diese Auszeichnungen zu bekommen?

Julia Gothe ist querschnittgelähmt[4]. Sie sitzt seit acht Jahren im Rollstuhl[5]. Im Alter von 15 Jahren wurde sie von einem Autofahrer angefahren[6], als sie auf dem Weg von der Schule nach Hause war. Da sie so stark verletzt war, versetzten[7] sie die Rettungshelfer[8] in ein künstliches Koma[9] und brachten sie mit einem Hubschrauber[10] ins Krankenhaus. Als sie nach fast zwei Monaten wieder aufwachte, konnte sie sich nicht bewegen. Ihre Eltern waren verzweifelt[11] und wussten nicht, wie sie ihrer Tochter helfen konnten. Der Vater wurde Alkoholiker[12], die Mutter psychisch[13] krank. Auch Jules alte Freunde wollten keinen Kontakt mehr zu ihr, weil sie nicht mit der Situation zurechtkamen[14]. Jule blieb ein Jahr im Krankenhaus.

Jule war eine Zeitlang[15] unglücklich. Aber dann lernte sie neue Freunde, andere Rollstuhlfahrer, kennen, und nahm sich vor[16], mit ihrer Situation so gut wie möglich ein normales Leben zu führen. Sie machte ihren Führerschein, begann Rollstuhlsport zu treiben. Ihre Psychologin[17] meinte, sie sollte ein Online-Tagebuch schreiben. So begann ein Internetblog über ihr Leben.

In ihrem Blog schreibt sie über ihr Leben und die dummen Witze, die sie jeden Tag hört, wie „Sie haben bestimmt starke Armmuskeln!" Aber sie beschreibt auch, wie sie als junge Frau ihren Alltag[18] meistert[19]. Jule ist ein Vorbild für viele – und nicht nur Behinderte[20].

Jules Blog hat mehr als 65.000 Nutzer und über 5 Millionen Seitenaufrufe[21].

---

[1]*die Stimme* vote; [2]*die Jury* jury; [3]*der Mutmacher* person who inspires courage; [4]*querschnittgelähmt* paraplegic; [5]*der Rollstuhl* wheelchair; [6]*anfahren* to hit (with a vehicle); [7]*versetzen* to put into; [8]*der Rettungshelfer* emergency medical aide; [9]*das künstliche Koma* medically-induced coma; [10]*der Hubschrauber* helicopter; [11]*verzweifelt* desperate; [12]*der Alkoholiker* alcoholic; [13]*psychisch* psychological; [14]*zurechtkommen* to come to terms with; [15]*eine Zeitlang* for a period of time; [16]*sich vornehmen* to get to work on; [17]*die Psychologin* female psychologist; [18]*der Alltag* everyday life; [19]*meistern* to master; [20]*der Behinderte* handicapped person; [21]*der Seitenaufruf* clicks on a blog

emcpassport.com
WB 14

Analyse

Text Organization

After reading the article, number the elements from 1–4 in the order in which they appear in the biography.

___ information about how the blog got started

___ information about awards the blog has received

___ information about what is in the blog

___ information about the blog's author

Is the first paragraph the beginning of the story or the outcome?

Antworten: 3, 1, 4, 2; The outcome

15 Aktivitäten

1. **Presentational Writing.** Schreiben Sie einen kurzen Lebenslauf von Julia. Was macht Julia heute? Wie geht ihr Leben weiter? Forschen Sie im Internet!

Suchwörter: **Stinkesocke, Jules Blog**

2. **Presentational Speaking.** Gehen Sie zu Jules Blog und lesen Sie einige von ihren Einträgen (*entries*). Dann erzählen Sie der Klasse, worüber Julia geschrieben hat.

Noch etwas

Suchen Sie deutsche Blogs für Jugendliche? Hier ist ein Anfang—finden Sie mehr. Versuchen Sie, Blogs aus verschiedenen Kategorien zu finden (z.B. Reisen, Gamen, Ratgeber, Schule, usw.). Machen Sie eine Liste für Ihre Klassenkameraden!

Suchwörter: **Musikland, ITSRAP (Musik), CRRL-Blog.de (Videospiele), journelles.de (Life-style Inspirationen)**

Lernerporträt

Leute überall in der Welt lernen Deutsch! Sie können andere Deutschlerner aus vielen verschiedenen Ländern kennen lernen, wenn Sie das Suchwort unten benutzen. Finden Sie das Porträt von dieser Woche, sehen Sie sich das Video an und beantworten Sie dann diese Frage: **Was ist für diese Person typisch deutsch? Was finden Sie typisch Deutsch?**

Suchwörter: **Deutsche Welle Lernerporträt der Woche**

Sprache — Present Subjunctive II: Polite Requests and Wishes

When you make polite requests and suggestions in German, you use a special form of the verb called "subjunctive II." The endings for these verbs are identical to the narrative past endings of regular verbs (see *Kapitel 2*).

The present subjunctive forms of *werden - würde; haben - hätte* and *sein - wäre* work much the same way in German as "would" does in English:

Würdest du bitte nicht so laut reden?	Would you please not talk so loudly?
Hätten Sie vielleicht den neuen Roman?	Would you happen to have the new novel?
Wärest du bitte leiser?	Would you please be quieter?

You can also express wishes with these verb forms and *wenn… nur.* In English these kinds of statements usually begin with "if only."

Wenn du nur dein Zimmer aufräumen würdest!	If only you would clean up your room!
Wenn wir nur weniger Arbeit hätten!	If only we had less work!
Wenn ich nur nicht krank wäre!	If only I weren't sick!

16 Was würden Sie sich wünschen?

Sie kommen mit Ihrer Familie gut zurecht, aber sie verbringen viel Zeit am Computer. Leider ist nicht viel Zeit für Sie am Computer. Was sollten Ihre Familienmitglieder lieber nicht machen?

BEISPIELE Meine Schwester: Sie spielt den ganzen Tag am Computer.
Wenn sie nur nicht den ganzen Tag am Computer spielen würde!

Meine Eltern: Sie suchen den ganzen Tag Produkte im Internet.
Wenn sie nur nicht den ganzen Tag Produkte im Internet suchen würden!

1. Meine Geschwister: Sie bloggen so viel.
2. Mein Bruder: Er lädt viele Videos herunter.
3. Meine Schwestern: Sie nehmen an vielen Chats teil.
4. Mein Bruder: Er benutzt den Computer so oft.
5. Meine Eltern: Sie stellen so viele Fotos ins Internet.
6. Meine Schwester Anna: Sie checkt jede Stunde ihre E-Mails.
7. Die Familie: Sie gamt den ganzen Abend.
8. Meine Eltern: Sie kaufen Produkte online.

Wenn der Lehrer nur nicht so langweilig wäre!

emcpassport.com
WB 15–18

17 Im Restaurant

Sie sind in einem Restaurant und wollen etwas bestellen. Bitten Sie den Kellner um verschiedene Dinge! Vergessen Sie nicht, „bitte" zu sagen!

BEISPIELE uns einen Tisch im Garten geben
Würden Sie uns bitte einen Tisch im Garten geben?

1. uns die Speisekarte bringen
2. die Spezialität des Hauses erklären
3. uns sagen, was heute gut ist
4. ein besonders gutes Getränk vorschlagen
5. uns die Rechnung bringen

Was würden Sie in diesem Geschäft kaufen?

Sprache Compound Nouns

German has many compound nouns. An example from this chapter is *Stadtgebiet*. You could also say *Gebiet von der Stadt*, but the compound noun *Stadtgebiet* is shorter and more efficient. Sometimes two nouns are connected with an -s: *Rettung-s-helfer*. And sometimes the first part of the compound is not a noun at all, as in *Vor-bild*. The last part of the compound determines the gender. Knowing one part of the noun will sometimes allow you to guess what the whole word means.

Vergleiche

Take apart the compounds below, and indicate the part of speech (noun, verb, preposition, adjective) of the individual components. For example, for "football", you would write *noun + noun*.

blackboard	without	overrate
underworld	wallpaper	highway
takeout	downtown	forthwith

Possible Categories:
noun + noun; verb + preposition; preposition + verb; preposition + noun; preposition + preposition; adjective + noun

Antworten: noun + noun: wallpaper; **verb + preposition:** takeout; **preposition + verb:** overrate; **preposition + noun:** underworld, downtown; **adjective + noun:** blackboard, highway; **preposition + preposition:** forthwith, without

18 Wortsalat

Hier haben Sie zwei Schüsseln mit zusammengesetzten Wörtern aus diesem Kapitel. Die Wörter sind nicht mehr zusammen. Setzen Sie sie wieder zusammen und geben Sie den Artikel für jedes Wort an!

Zusammengesetzte Wörter

Here are some words you learned that are more than two-part compounds:

Abenteuerspielplatz
außergewöhnlich
Dreiländereck
Fotozeitschrift
Freiwilligenarbeit
Frühstückstisch

1. Add other multiple compound words to the list.
2. Ask your partner to break down the compounds on your list, for example, *Früh + stück(s) + tisch*
3. Review with your partner what each word means.

Wer ist wirklich der Rettungshelfer in dieser Stadt?

Aktuelles

Interpretive Communication

Pre AP

Regensburg auf der Liste der UNESCO Weltkulturerbestätten[1]

Viele Städte auf der Welt möchten gern eine Welterbestätte sein, aber nur wenige schaffen das. Um auf die Liste zu kommen, muss eine Stadt zum Beispiel die Geschichte der Stadt in ihrer Architektur oder ihren historischen Wert dokumentieren[2]. Das tut Regensburg, denn die Stadt an der Donau zeigt dem Besucher heute noch ganz genau, wie eine mittelalterliche Stadt um 1320 aussah. Aber es gibt noch sehr viele andere Gründe, warum Regensburg den Titel „Weltkulturerbestätte" verdient.

Suchwörter: **Kriterien Welterbestätte, Regensburg Weltkulturerbe**

[1] *die Weltkulturerbestätte* World Cultural Heritage Site; [2] *dokumentieren* to document

Produkte

Regensburg.de Gruppenreisen

Regensburg bietet Reiseangebote für Gruppen an—mit ganzen Reisen einschließlich Unterkunft, Ausflügen und Sehenswürdigkeiten.

der Goldene Turm

Vergleiche

Gibt es Städte in Ihrem Land, die UNESCO Weltkulturerbestätten sind?

StudiVZ ist ein populäres deutsches Netzwerk, das alle nutzen.

Die beliebtesten sozialen Plattformen in Deutschland

Jedes Jahr gibt es neue soziale Plattformen und es ist schwer einzuschätzen[3], welche in den nächsten Jahren verschwinden[4] und welche hinzukommen[5] werden. In Deutschland war Facebook die beliebteste Plattform, aber WhatsApp ist fast genau so populär[6]. Man unterscheidet[7] zwischen Sozialen Netzwerken und Chat Apps. WhatsApp ist heutzutage besonders beliebt unter jungen Leuten, weil es leicht zu benutzen ist und für SMS (*Short Message Service*) besonders gut ist. Viele Leute finden, dass Facebook Messenger nicht so einfach wie WhatsApp ist; Skype, Twitter, Google +, Instagram, LinkedIn und Tumblr sind nicht so wichtig wie Facebook und WhatsApp. Aber in den nächsten Jahren kann und wird die Landschaft ganz anders aussehen. Und Frauen nutzen soziale Plattformen zu 77,3 Prozent pro Tag , Männer zu 70,9 Prozent.

Suchwörter: **beliebte soziale Plattformen; social media Plattformen; chat apps**

---

[3]*einschätzen* to estimate; [4]*verschwinden* to disappear; [5]*hinzukommen* to be added; [6]*populär* popular; [7]*unterscheiden* to distinguish

Produkte

Die deutsche Marketingfirma Bitkom berichtet immer über Social Media und die Nutzer in Deutschland.

Zusammenhänge

Suchen Sie im Internet Webseiten für Schüler und schreiben Sie eine kurze Beschreibung, was man da finden kann. Benutzen Sie verschiedene Suchwörter.

Suchwörter: **Schülerchat, Klassenarbeiten**

Link	Beschreibung	Ich mag

Forschen Sie im Internet

Für aktuelle Informationen zur Mediennnutzung von Jugendlichen in Deutschland benutzen Sie diese Suchwörter.

Suchwörter: **Grunddaten Jugend und Medien (+ Jahre)**

Warum benutzen Schüler das Internet?

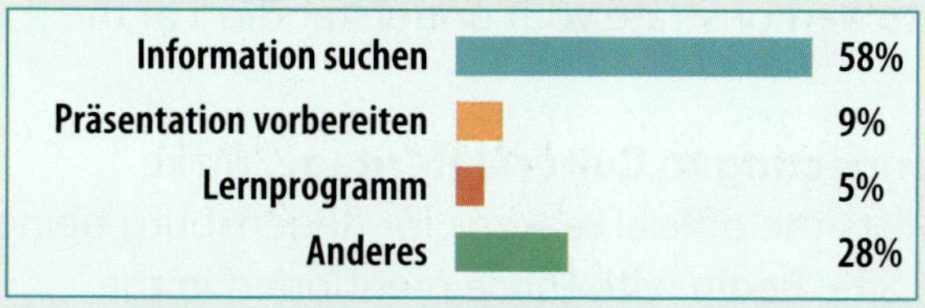

Für die Altersgruppe[8] der 16–19 Jährigen[9] ist die häufigste Tätigkeit[10] im Internet Information suchen—fast 58% der Nutzer suchen solche Information im Netz. Viele Schüler arbeiten aber auch zusammen, wenn sie Hausaufgaben haben, fast 53%. Viel weniger (etwa 9%) benutzen das Internet, um eine Präsentation vorzubereiten und eine kleine Zahl[11] (5%) benutzt ein Lernprogramm.

Suchwörter: Schüler und Internet

Blogs in Deutschland

Im Mai 2011 lag international die Zahl der Blogs weltweit[12] bei 17,5 Millionen. Im Dezember 2015 lag die Zahl der Blogs bei 266,7 Millionen. In Deutschland gibt es heute eine sehr bunte Landschaft mit Blogs zu ganz verschiedenen Themen. Mindestens 200.000 Blogs sind in Deutschland zu finden, mit 2.000.000 Blog-Posts auf Deutsch pro Monat. Und man glaubt, dass es jedes Jahr mehr wird.

Suchwörter: Blogs in Deutschland, die besten Blogs, Anzahl Blogs weltweit

[8]*die Altersgruppe* age group; [9]*der 16 Jährige* 16-year-old; [10]*die Tätigkeit* activity; [11]*die Zahl* number; [12]*weltweit* world-wide

Reiseblogs sind immer sehr beliebt.

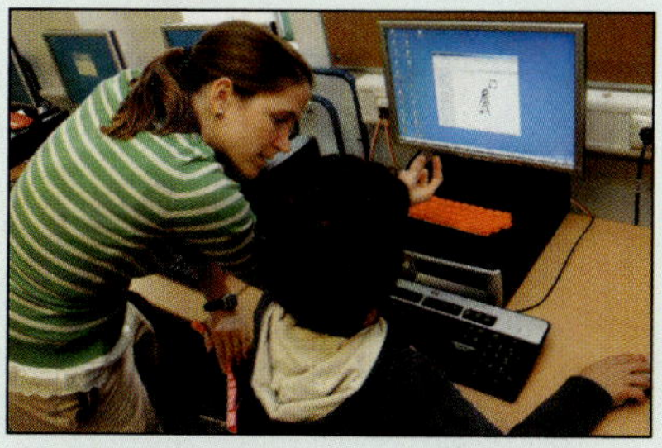

Das deutsche Bildungsministerium fördert mehr Computerkenntnisse in den Schulen.

Forschen Sie im Internet

Was sind die Top-Themen der Blogs in Deutschland? In den Vereinigten Staaten?

Vergleiche

Forschen Sie im Internet und sehen Sie sich verschiedene Reiseblogs über Deutschland an. Was finden die Blogger wichtig und worüber berichten sie?

Suchwörter: Reiseblogs Deutschland; beste Reiseblogs für Deutschland

19 Kulturelle Aktivitäten

Complete the following activities to demonstrate your understanding of the content in the culture readings.

1. **Presentational Writing / Connecting to Cultural Heritage.** Make a medieval paper scroll that lists the official reasons for Regensburg being selected as a World Heritage Site. Begin with those mentioned in the culture reading, then add more by doing additional research.

Suchwörter: **UNESCO Kriterien Welterbestätte Regensburg**

2. **Interpersonal Writing / Connecting to Technology.** In an e-mail to your German e-pal, compare the use of social media platforms in Germany with those in your country or community.

   Note: Uses of technology change from year to year, so do some research prior to completing this activity to see if any of the German results in the textbook have changed substantially.

3. **Presentational Writing / Connecting to Education.** Using a presentational tool, make a graphic that shows how German and American teens use the Internet for school. Show the similarities and differences.

4. **Presentational Speaking / Connecting to Technology.** Your task is to persuade a group of your peers to check out a German blog. Use what you know about the teens in your class and community to make a winning argument. Your classmates will vote for the five best blogs for the class to check out, based on your presentations.

Suchwörter: **die besten Blogs in Deutschland**

5. **Presentational Writing / Connecting to Art.** Make a collage showing the technology landscape in Germany, based on the last three culture paragraphs. Include images, statistics, words and expressions to describe the images you have selected. Your teacher will tell you if the collage should be made online or with paper and glue. To accompany the collage, make statements that compare your use of technology with that of Germans.

BEISPIELE **Wie viele Deutsche benutze ich auch Facebook. In der Schule benutze ich das Internet, um Präsentationen zu machen. Deutsche Schüler machen das nicht so oft wie ich.**

Kultur Plus Interpretive Communication Pre AP

Nutzung von WhatsApp Inc. in Beziehungen nach Altersgruppen in Deutschland

Diese Statistik zeigt das Ergebnis einer Umfrage zur Nutzung von WhatsApp in Beziehungen in Deutschland.

	18–29 Jahre	30–39 Jahre	40–49 Jahre	50–65 Jahre
1. Ich finde es sehr praktisch.	36%	31%	28%	23%
2. Ich finde es romantisch, wenn mir mein Partner Liebesgrüße schickt.	28%	17%	19%	16%
3. Es bietet uns mit Videos, Bildern und Smileys mehr Möglichkeiten, Gefühle zu zeigen als das Telefon.	21%	23%	14%	8%
4. Wir schreiben uns, aber ich finde es zu unpersönlich und würde lieber telefonieren.	14%	14%	16%	9%
5. Ich finde es nervig, wenn mein Partner mir ständig schreibt und dann sofort eine Antwort erwartet.	14%	12%	13%	10%
6. Ich bin oft verunsichert/verärgert, wenn mein Partner nicht sofort antwortet, deshalb bin ich wenig begeistert.	10%	6%	5%	4%
7. Ich bin begeistert, weil ich Gefühle und Wünsche mitteilen kann, die mir sonst schwer fallen.	7%	9%	5%	3%
8. Dank GPS weiß ich immer, wo mein Partner ist und ob er meine Nachricht gelesen hat.	4%	4%	0%	1%

Aktivitäten

1. Interpretieren Sie die Informationen: Welche Altersgruppe findet WhatsApp gut, welche Gruppe findet die App weniger gut? Gibt es verschiedene Kategorien, die bestimmte Altersgruppen positiver als andere finden? Diskutieren Sie mit einem Partner oder einer Partnerin.
2. Arbeiten Sie in Gruppen. Jede Person in der Gruppe bearbeitet die Statistiken für eine Aussage (1–8) und macht eine Grafik daraus. Sammeln Sie die Grafiken und stellen Sie sie für andere Deutschklassen ins Netz.
3. Vergleichen Sie mit Partnern die Statistiken für Ihre Altersgruppe: welche Statistiken hätten Sie erwartet, welche sind für Sie eine Überraschung?

Sie interviewen ihn zu seiner Nutzung von WhatsApp.

Du bist dran! Pre AP

Persönliches Presentational Writing

Schreibe in deinem Kulturjournal und beantworte diese Fragen. Wie sehr hängt dein Leben vom Internet ab? Wie oft benutzt du es im Privatleben? In der Schule? Ist dein Leben besser oder schlechter mit dem Internet?

Pro und Kontra Interpersonal Speaking

In Partnerarbeit besprecht diese Themen.

BEISPIEL **Meiner Meinung nach ist Autocorrecten gut, weil man schneller schreiben kann.**

• Autocorrecten • Online-Einkaufen • Soziale Netzwerke benutzen (Facebook, Twitter, usw.) • Sachen herunterladen (Musik, Videos, Programme, usw.) • Informationen suchen

Eine Reise nach Regensburg Interpersonal Speaking

In Partnerarbeit spielt die folgenden Szenen: Partner A ist Tourist in Regensburg, Partner B ist ein Regensburger.

BEISPIEL im Restaurant: die Rechnung bringen
A: Würden Sie mir bitte die Rechnung bringen?
B: Ja, natürlich. Das mache ich gleich.

1. im Theater: eine Karte für die Vorstellung um 20.30 Uhr geben
2. im Souvenirshop: die Postkarten zeigen
3. im Touristenbüro: einen Stadtplan geben
4. auf der Straße: den Weg zum Kaufhaus beschreiben
5. im Hotel: ein Taxi rufen
6. im Café: eine Tasse Kaffee bringen

Wörter und Ausdrücke

Using Social Media

Ich nehme an Chats teil. I participate in chats.
Ich stelle Fotos ins Netz. I upload photos to the Internet.
Ich informiere mich über Politik. I keep informed about politics.
Ich schreibe einen Blog. I blog.
Ich benutze das Internet mindestens einmal am Tag. I use the Internet at least once a day.
Ich lerne neue Freunde im Internet kennen. I meet new people on the Internet.
Ich bewerte neue Produkte und blogge darüber. I evaluate new products and blog about them.

Leseecke

Interpretive Communication Pre AP

Kurzbiografie

Ursula Poznanski (1968–)

Ursula Poznanski studierte verschiedene Fächer (Japanologie, Publizistik, Rechtswissenschaften und Theaterwissenschaften) an der Universität in Wien. Nach 10 Jahren verließ sie die Universität und arbeitete eine Zeitlang als Medizinjournalistin. Im Jahre 2010 veröffentlichte Poznanski ihr erstes Jugendbuch „Erebos", das 2011 den Deutschen Jugendliteraturpreis gewann und Poznanski international bekannt machte. Das Buch kann man in 23 Sprachen lesen. Inzwischen ist Poznanski eine der erfolgreichsten Jugendbuchautoren Deutschlands. Sie schreibt auch Bestseller für Erwachsene und All-Age Romane. Poznanski wohnt mit ihrer Familie im Süden von Wien.

Über den Text

In der Schule wird ein Computerspiel herumgereicht- *Erebos*. Wer das Spiel startet, kann nicht mehr aufhören. Die Regeln sind sehr streng: 1) Jeder hat nur eine Chance; 2) Ein Spieler darf mit niemandem über das Spiel sprechen; 3) Jeder muss allein spielen. Wenn der Spieler diesen Regeln nicht befolgt (*follow*), dann stoppt das Spiel und der Spieler kann nicht weiter. Nick, die Hauptfigur im Roman, spielt *Erebos*, bis das Spiel ihm die Aufgabe gibt, eine echte Person umzubringen (*to kill*).

In diesem Abschnitt aus Kapitel 3 installiert Nick das Computerspiel. Er folgt den Regeln und spielt allein.

Vor dem Lesen

Book titles are important clues to their content, especially when they are names. In Greek mythology, *Erebus/Erebos* (Greek for "deep darkness, shadow") was considered one of the first five beings in existence and the personification of darkness. In Greek literature, the name *Erebus* is also used as a region of the Greek underworld where the dead pass immediately after dying. Using the title of the book, **Erebos**, and the rules of the game as outlined in the plot summary above, what do you think might happen in this novel?

Strategie

Personification is a figure of speech in which an animal, a thing, a force of nature, or an idea is described as if it were human or is given human characteristics.

As AI characters in computer and video games are becoming more human-like, they take on human characteristics. Note in this organizer examples of human characteristics in *Erebos*. These could include actions, physical characteristics, behaviors, reactions, or anything else that personifies being human.

line number	human characteristic of game figures or the game itself	kind (abilities, behaviors, emotions, actions)
24	The computer character can speak	ability

Beim Lesen

Wie reagiert Nick auf das Computerspiel?

Erebos

[…]

Nick klappte die Hülle auf, […] schob die DVD ins Laufwerk. Es dauerte einige Sekunden, bis sich ein Fenster öffnete.

1. Weiß Nick am Anfang, was Erebos ist?

Kein Film, keine Musik. Ein Spiel.

[…] Rote Buchstaben schälten sich aus dem Dunkeln, Worte, die pulsierten, als würde ein verborgenes Herz sie mit Blut und Leben versorgen.

2. Kann ein Spiel ein Herz und Blut haben?

„Tritt ein.

Oder kehr um.

Dies ist Erebos."

Na endlich! Voll prickelnder Vorfreude wählte Nick ‚Tritt ein'. […]

Allmählich hellte der Bildschirm sich auf und Nick sah eine sehr realistisch wirkende Waldlichtung, über der der Mond stand. In ihrer Mitte hockte eine Figur mit zerrissenem Hemd und fadenscheiniger Hose. Ohne Waffe, nur mit einem Stock in der Hand. Das sollte vermutlich seine Spielfigur sein. […] Probeweise klickte er direkt auf seine Figur. Schriftzug ‚Namenloser' erschien über ihrem Kopf.

3. Wie sieht Nicks Spielfigur aus?

„Auch gut", murmelte Nick. „Der geheimnisvolle Namenlose." Er ließ seinen zerlumpten Charakter erst ein Stück geradeaus laufen, dann nach links, schließlich nach rechts. Alle Richtungen schienen falsch zu sein und es tauchte niemand auf, den man fragen konnte.

4. In den Regeln steht, man muss Erebos alleine spielen lassen; stimmt das auch im Spiel?

[…] Nick beschloss, seinen Spielcharakter geradeaus laufen zu lassen. Das Gleiche, dachte er, würde er selbst tun, wenn er sich verirrt hätte. Eine Richtung beibehalten. Auf irgendetwas würde er stoßen und jeder Wald hatte ein Ende.

5. Wie identifiziert sich Nick mit seiner Spielfigur?

[…] Irgendwo hier musste ein Bach sein. Er schickte den Namenlosen ein Stück nach rechts, wo er tatsächlich einen kleinen Wasserlauf entdeckte. Immer noch keuchend blieb sein Spielcharakter davor stehen.

„Na komm, trink schon", sagte Nick. Er drückte die Abwärts-Pfeiltaste auf seinem Keyboard und war entzückt, als der Namenlose sich tatsächlich bückte, mit der Hand Wasser aus dem Bach trank.

6. Wer kontrolliert seine Spielfigur: Nick oder das Spiel?

[…]

Mal sehen, vielleicht konnte sich sein virtuelles Ich nicht nur bücken, sondern auch klettern! Er wählte einen mächtigen Baum mit tief liegenden Ästen aus, stellte die Figur davor und drückte die Aufwärts-Pfeiltaste.

Sorgsam legte der Namenlose seinen Stock beiseite und zog sich an den Ästen hoch. Er hielt inne, sobald Nick die Pfeiltaste losließ, und kletterte weiter, wenn sie erneut gedrückt wurde. Nick schickte ihn so hoch hinauf wie möglich, bis die Äste zu schwach wurden und die Figur beinahe abgerutscht wäre. Erst als sie einen sicheren Stand hatte, wagte Nick einen Rundumblick. Die Aussicht war fantastisch.

7. Wer sieht hier etwas: die Spielfigur oder Nick?

Er hatte seinen Finger bereits über der Abwärts-Pfeiltaste, als ihm ein warmgelber Lichtschein zwischen den Bäumen auffiel, ganz nah. Das sieht gut aus. Wenn er seinen Weg ein kleines Stück nach links korrigierte, müsste er in wenigen Minuten auf die Lichtquelle stoßen. Ein Haus vielleicht? […]

Die Space-Taste war der Schlüssel zum Erfolg. Der Lichtschein war jetzt stärker. Direkt vor Nick lag eine winzige Waldschneise, in deren Mitte ein Feuer brannte. Ein einzelner Mann saß davor und starrte in die Flammen. Nick nahm den Finger von der Maustaste, woraufhin der Namenlose sofort stehen blieb.

Der Mann am Feuer rührte sich nicht. Er trug keine sichtbare Waffe, aber das hatte nichts zu bedeuten. Er konnte ein Magier sein, dafür sprach sein langer schwarzer Mantel. Vielleicht erfuhr man Näheres, wenn man die Figur anklickte. Kaum hatte Nicks Mauszeiger den Mann berührt, hob er den Kopf und zeigte ein schmales Gesicht mit einem sehr kleinen Mund. Im selben Moment öffnete sich am unteren Bildschirmrand ein Dialogfenster.

8. Weiß Nick sofort, wer diese Figur sein könnte?

„Sei gegrüßt, Namenloser. […] Du warst schnell."

Nick führte seine Figur näher an ihn heran, doch der Mann reagierte nicht, er schob nur mit einem langen Ast die brennenden Holzstücke seines Lagerfeuers zusammen. Nick war enttäuscht; endlich traf er in diesem verlassenen Wald auf jemanden und der brachte nur eine dürre Begrüßung heraus.

9. Spricht der Mann mit Nick oder mit seiner Spielfigur?

Erst als Nick den blinkenden Cursor in der nächsten Zeile des Fensters entdeckte, begriff er, dass eine Antwort von ihm erwartet wurde. „Gruß zurück", tippte er.

Der Mann im schwarzen Mantel nickte. „Auf den Baum zu steigen, war eine gute Idee. Nicht viele namenlose Wanderer waren so einfallsreich. Du bist eine große Hoffnung für Erebos."

„Danke", gab Nick ein.

„Denkst du, du möchtest weitergehen?" Der kleine Mund des Mannes verzog sich zu einem erwartungsvollen Lächeln.

Nick wollte „Sicher!" tippen, doch sein Gegenüber war noch nicht fertig.

„Nur wenn du dich mit Erebos verbündest, kannst du es mit ihm aufnehmen. Das solltest du wissen."

„In Ordnung“, antwortete Nick.

Neugierig, ob er reagieren würde, wenn man ihn von sich aus ansprach, tippte Nick „p# 434 < 3xxq0jolk-< fi0e8r“ in das Textfeld. Das schien seinen virtuellen Gesprächspartner zu amüsieren. Er hob kurz den Kopf und lächelte Nick an.

Er sieht mir direkt in die Augen, dachte Nick und unterdrückte sein Unbehagen. Er sieht mich an, als könne er durch den Bildschirm schauen.

10. Ist das typisch für ein Computerprogramm?

Schließlich wandte der Mann sich wieder seinem Feuer zu.

[...]

„Wer bist du?“, tippte er in sein Textfeld.

Natürlich kam keine Antwort. Der Mann legte nur seinen Kopf schief, als müsse er nachdenken. Doch einige Sekunden später erschienen zu Nicks Verblüffung Worte im Dialogfenster.

„Ich bin ein Toter.“ Wieder sah er Nick an, als wolle er die Wirkung des Gesagten prüfen. „Nur ein Toter. Du hingegen bist ein Lebender. Zwar ein Namenloser, doch nicht mehr lange. Bald darfst du einen Namen wählen, eine Berufung und ein ganz neues Leben.“

Nicks Finger glitten von der Tastatur. Das war ungewöhnlich, nein beängstigend.

11. Warum ist Nick überrascht?

Das Spiel hatte auf eine beliebige Frage eine sinnvolle Antwort gegeben.

Vielleicht ein Zufall.

„Tote sprechen für gewöhnlich nicht,“ gab er ein und lehnte sich in seinem Stuhl zurück. Das war keine Frage gewesen. [...] Dazu würde der Mann am Feuer keine passende Entgegnung einprogrammiert haben.

„Da hast du recht. Das ist die Macht von Erebos.“

Nach dem Lesen

Look back at your list of human characteristics in the story. In the age of AI, how do these creations think and interact with us in the “real world”? Where is the boundary between the “real world” and AI? What issues with AI does the author want us to think about? Discuss with a partner or in a group.

Erweiterung

1. Write a description of Erebos in a paragraph, using the examples in your graphic organizer.
2. How do you think the story continues? Write a dialogue between Nick and Erebos that occurs following what you have already read, as Nick becomes more and more nervous about the reality of this game.

3. Research gaming and AI. This is a burgeoning field and some of the most interesting programming work is happening in the development of AI games. Make an oral presentation of what you learned by describing one of these games.

Machen wir weiter! Pre AP

Meine Ballonfahrt über Regensburg

Presentational Writing and Speaking

Connecting to Language Arts

Erforschen Sie die Wahrzeichen von Regensburg. Sie könnten zum Beispiel Fotos finden oder diese auf Googlekarten sehen. Schreiben Sie in Gedichtsform, was Sie auf einer Ballonfahrt von Regenburg sehen. Wenn Sie wollen, können Sie dem Muster unten folgen. Dann lesen Sie Ihr Gedicht in einer kleinen Gruppe vor.

BEISPIEL

Meine Ballonfahrt	(1 noun)
abenteuerlich und gefährlich	(2 adjectives)
in der Luft zu schweben	(1 prepositional phrase and 1 verb with *zu*)
durch die Wolken zu fliegen	(1 prepositional phrase and 1 verb with *zu*)
rote Dächer und senffarbene Häuser	(description of two images)
Ich will nie landen.	(1 wish)

Deutsche Webseiten für Jugendliche

Presentational Writing

Connecting to Technology

In groups, make a list of things you search for on the Internet, such as *Mode, Musik, Romane, Hilfe bei den Hausaufgaben, Chatrooms*. Then find at least one good German website for each topic. Make a page on your school website with this information to share with other German students and German teens. If you can, reach out to German teens to get their recommendations.

Mein Computerspiel

Presentational Writing

Connecting to Technology

Create your own computer game by yourself or with a partner! Give it a name and outline who the characters are, how they interact, and what the goal of the game is. One option might be to take a German board game and make it digital.

Tiny Wings ist ein deutsches Videospiel vom Entwickler Andreas Illiger.

Die Invasion—Englische Wörter im Deutschen

Presentational Writing

Connecting to Linguistics

Einige englische Wörter wurden bereits in die deutsche Sprache aufgenommen, wie z.B. *autocorrecten* und *bloggen*. Es gibt aber viel mehr Anglizismen in der deutschen Sprache! In Partnerarbeit sehen Sie im Internet nach! Schreiben Sie die Wörter in Kategorien wie Technologie, Wirtschaft, Mode, Wissenschaft, Verkehr, usw.

Suchwörter: Anglizismen

Unsere Social Media-Kampagne

Interpersonal and Presentational Speaking

Connecting to Social Justice

In a group or as a class, make a list of your social priorities, or the changes you want to see in your community to ensure social justice. Then plan the steps needed to make a media campaign for the social cause most of you embrace. Take turns writing down your decisions. Elect a group member to present your cause and media campaign to the rest of the class.

Ein Interview **Interpersonal Speaking / Presentational Writing**

Interviewen Sie eine ältere Person, die Sie kennen. Es kann ein Verwandter / eine Verwandte, ein Familienfreund oder ein Lehrer / eine Lehrerin sein. Stellen Sie der Person diese Fragen, dann vergleichen Sie ihre Antworten mit Ihren eigenen Antworten auf diese Fragen.

1. Wie sind Sie früher ohne Internet mit Freunden in Kontakt geblieben?
2. Was war die größte Sorge Ihrer Jugend?
3. Waren Sie als Jugendliche / Jugendlicher sozial engagiert? Wofür engagierte sich die Mehrheit der Jugendlichen zu Ihrer Zeit?
4. Was ist Ihrer Meinung nach besser für die Jugend von heute verglichen mit der Jugend damals?
5. Was ist Ihrer Meinung nach schlechter für die Jugend von heute verglichen mit der Jugend damals?

Meine größte Sorge als Kind war, dass ich keinen Freund finden würde.

Rückblick

R1 Ein optimistischer Blick in die Zukunft

Um diesen Text zu ergänzen, sehen Sie sich die Vokabeln für Lektion A an.

Viele Jugendliche sind optimistisch. Eine wichtige gesellschaftliche Pr (1) für sie ist die Familie. Sehr viele sind mit ihrem Ver (2) zu ihren Eltern zufrieden. Ihre Er (3) durch ihre Eltern ist für sie ein Vorbild. Sie finden es wichtig, ein gutes Fa (4) zu führen, aber der Ki (5) geht zurück. Der Ar (6) spielt für sie eine kleinere Ro (7). Viele sind auch sozial und politisch engagiert: sie wollen sozial Be (8) helfen, sich um die Um (9) kümmern und mehr To (10) gegenüber anderen Menschen.

R2 Die Shell Jugendstudie und das Interview

Lesen Sie diesen Text und ergänzen Sie die Lücken mit *als*, *wenn* oder *wann*.

(1) die Wissenschaftler (*scientists*) die Shell Jugendstudie 1953 zum ersten Mal machten, wollten sie die Meinungen der deutschen Jugend hören. Jedes Jahr stellten sie die gleichen Fragen, (2) sie die Studie durchführten. (3) die Interviewer 1953 die ersten Fragen stellten, sagten die Jugendlichen ihre Meinung. 50 Jahre später stellen sie die gleichen Fragen, (4) sie Jugendliche interviewen. (5) sie im Frühling 2014 die Studie für 2015 planten, interviewten sie 2558 Jugendliche zwischen 12–25 Jahren aus allen 16 Bundesländern. Natürlich fragten die Schüler, (6) man die Studie lesen kann. Die Schüler wollen die Studie sehen, (7) sie erscheint. (8) die Studie erscheint, wollen Wissenschaftler und normale Bürger wissen, wie optimistisch die junge Generation ist und was ihnen wichtig ist. Und (9) kommt die nächste Studie? Nächstes Jahr im Frühling.

R3 Sie und das Internet

Welches Wort passt?

kennen lernen	bewerten	gamen	teilnehmen
herunterladen	informieren	zugreifen	raufladen

1. Wenn ich neue Musik haben möchte, kann ich etwas aus dem Netz ___.
2. Wenn ich mit vielen anderen Leuten im Netz kommunizieren möchte, kann ich an Chats ___.
3. Wenn ich mehr über Politik wissen will, kann ich mich im Netz ___.
4. Wenn ich mehr Freunde haben möchte, kann ich Leute im Netz ___.
5. Wenn ich mehr Kontakt zu anderen Jugendlichen haben möchte, kann ich auf soziale Netzwerke ___.
6. Wenn ich neue Produkte testen will, kann ich sie im Netz ___.
7. Wenn ich mich für Spiele interessiere, kann ich am Computer ___.
8. Wenn ich meine eigenen Fotos im Netz haben will, kann ich sie ___.

R4 Sätze bilden

Wie viele Sätze können Sie bilden?

Die Tante Der Onkel Die Cousine Die Eltern Der Cousin Das Enkelkind	der die das	meine Oma sehr gern hat alleinstehend ist wir besuchen geschieden ist zwei Töchter haben keine Geschwister hat	ist unverheiratet war früher verheiratet heißt Franz sieht gern Fußball wohnt in Berlin heißen Silvia und Bernd

R5 Eine Tour durch Regensburg

Welche Relativpronomen passen hier?

Regensburg ist eine Stadt, (1) in Bayern liegt. Bayern ist das Bundesland, (2) im Süden von Deutschland ist. Die Dame, (3) ich dort besuchte, heißt Ludmilla Przytula. Sie kennt die Stadt und sie weiß viel über alte Sachen und Antiquitäten. Frau Przytula zeigte mir die Sehenswürdigkeiten, (4) jeder Tourist fotografieren möchte. Wir fuhren mit den Fahrrädern, (5) sie mitgebracht hatte. Auf den Fahrrädern kamen wir schnell zu den Sehenswürdigkeiten, (6) an allen Ecken der Stadt zu finden sind. Am besten fand ich den Goldenen Turm, der aus dem 13. Jahrhundert stammt. Der Turm steht 50 Meter über der mittelalterlichen Stadt, (7) nicht weniger als 34 Türme hat. Unten im Baumburgerturm ist der Dampfnudel Uli mit seinem kleinen Restaurant zu finden, von (8) wir schon gehört haben. Ludmilla Przytula zeigte mir auch sehr schöne Antiquitätengeschäfte, von (9) leider nur eins offen war. Dort habe ich den Tisch gekauft, (10) jetzt in meiner Küche steht.

R6 Diese Nachbarn!

Sie haben nette Nachbarn, aber manchmal können sie Sie richtig ärgern. Was sollten Ihre Nachbarn *nicht* machen? Benutzen Sie *nur nicht* in Ihren Antworten.

BEISPIEL Sie mähen am frühen Morgen den Rasen.
Wenn sie nur nicht am frühen Morgen den Rasen mähen würden.

1. Sie spielen immer laute Musik.
2. Sie schreien so viel.
3. Sie parken vor unserem Haus.
4. Sie verlieren so oft unser Werkzeug.
5. Sie stellen den Müll vor die Haustür.
6. Sie feiern jeden Freitag eine Party.
7. Sie machen so viel Lärm im Garten.
8. Sie reparieren am Samstagmorgen um sechs Uhr ihr Auto.

Vokabeln

emcpassport.com

WB 20

der **Alkoholiker,-** alcoholic *3B*
der **Alltag** everyday life *3B*
anfahren (*fährt an, fuhr an, angefahren*) to hit (with a vehicle) *3B*
der **Arbeitsmarkt,¨-e** job market *3A*
das **Banking** banking *3B*
der **Behinderte,-n** handicapped person *3B*
der **Benachteiligte,-n** disadvantaged person *3A*
bewerten to evaluate *3B*
die **Bewertung,-en** evaluation *3B*
der **Blick,-e** view *3A*
bloggen to blog *3A*
der **Bürger,-** citizen *3A*
der **Chat,-s** chat *3B*
die **Dampfnudel,-n** steamed dumpling *3A*
das **Donauschiff,-e** ship on the Danube *3A*
ehrgeizig ambitious *3A*
sich **engagieren** to be involved *3A*
die **Erziehung** upbringing *3A*
die **Esskultur,-en** food customs *3A*
das **Familienleben** family life *3A*
festhalten an (*hält fest, hielt fest, festgehalten*) to hang on to *3A*
fleißig hard-working *3A*
das **Gamen** (electronic) gaming *3B*
gamen to play (electronic) games *3B*
der **Gedanke,-n** thought *3A*
gefährlich dangerous *3A*
die **Gemeinde,-n** congregation *3A*
der **Geschlechterturm,¨-e** dynastic tower *3A*
die **Gesellschaft,-en** society *3B*
gesellschaftlich societal *3A*
das **Gesetz,-e** law *3A*
Gott God *3A*
der **Handel** trade *3A*
das **Handelszentrum,-ren** trade center *3A*
herunterladen (*lädt herunter, lud herunter, heruntergeladen*) to download *3B*
der **Hubschrauber,-** helicopter *3B*
sich **informieren** to inform oneself *3B*
der **Interviewer,-** interviewer *3A*
der **Jude,-n** person of Jewish faith *3A*
jüdisch Jewish *3A*
die **Jury,-s** jury *3B*
das **Kastell,-e** fort, castle *3A*
der **Kinderwunsch,¨-e** desire for children *3A*
die **Kundenrezension,-en** customer review *3B*
das **künstliche Koma,-s** medically-induced coma *3B*
meistern to master *3B*
der **Mutmacher,-** person who inspires courage *3B*
nach Christus A.D. *3A*
neulich recently *3B*
optimistisch optimistic *3A*
die **Priorität,-en** priority *3A*
das **Produkt,-e** product *3B*
psychisch psychological *3B*
die **Psychologin,-nen** psychologist (female) *3B*
querschnittgelähmt paraplegic *3B*
raufladen (*lädt rauf, lud rauf, raufgeladen*) to upload *3B*
regieren to govern *3A*
respektieren to respect *3A*
der **Rettungshelfer,-** emergency medical aide *3B*
der **Rollstuhl,¨-e** wheelchair *3B*
der **Römer,-** Roman *3A*
römisch Roman *3A*
rumhängen (*hing rum, ist rumgehangen*) to hang around *3B*
der **Seitenaufruf,-e** clicks on a website *3B*
das **Stadtgebiet,-e** municipal area *3A*
die **Stimme,-n** vote *3B*
teilnehmen (*nimmt teil, nahm teil, teilgenommen*) to participate *3B*
teils-teils yes and no *3A*
die **Toleranz** tolerance *3A*
traditionell traditional *3A*
der **Turm,¨-e** tower *3A*
die **Urkunde,-n** official document *3A*
die **Vanillesoße,-n** vanilla sauce *3A*
verdienen to earn *3B*
das **Verhältnis,-se** relationship *3A*
versetzen to put into *3B*
verzweifelt desperate *3B*
der **Videotrend,-s** video trend *3B*
sich **vornehmen** (*nimmt vor, nahm vor, vorgenommen*) to get to work on *3B*
die **Welterbestätte,-n** world heritage site *3A*
der **Wert,-e** value *3A*
die **Wurstküche,-n** sausage kitchen *3A*
die **Zeitlang** period of time *3B*
das **Zentrum,-ren** center *3A*
zufrieden content *3A*
zugreifen (*griff zu, zugegriffen*) to access *3B*
der **Zugriff,-e** access *3B*
zurechtkommen (*kam zurecht, ist zurechtgekommen*) to come to terms with *3B*
zurückgehen (*ging zurück, ist zurückgegangen*) to decline *3A*
zwar… aber it is true… but *3B*
der **Zweck,-e** purpose *3B*

Noch etwas

Write sentences about digital devices and other technology, following the model below, to show your understanding of the chapter vocabulary.

Ein Computer ist eine Maschine, mit der man Texte schreiben kann.

Postkarte (20. Jahrhundert): Reise auf der Donau

Zitat

„Das Spiel zeigt den Charakter."

How you play reveals your character.

—Deutsches Sprichwort

Tatsache

In den letzten Jahren sind in Deutschland jährlich 1.500 neue Spiele erschienen, oder jeden Tag vier Stück.

Kapitel

4

Spaß muss sein

Leitfrage

How do people use their time in other cultures?

Worauf klicken Sie, wenn Sie diese Information suchen: Eine Ausstellerliste? Die Namen der Gewinner? Die E-Mail Adresse der Messe?

Wissen Sie, wie diese Stadt heißt und was da los ist?

Lernziele

Lektion A **I will be able to:**

- Announce that the game has started, say who's going first, express that it's been a while, tell someone to make a move.
- Talk about board games in Germany and visit Ravensburg.
- Give commands (the imperative form).
- Read about the big gaming conference in Essen.

Lektion B **I will be able to:**

- Instruct a new driver and explain automotive functions.
- Talk about places in the community to play games, the top prize for new games, Nürnberg's gaming conference and car innovations.
- Use verb-preposition combinations, relative pronouns after prepositions and if/then clauses in the present tense.
- Read about a game developer and an excerpt from the novel *Man kann ruhig darüber sprechen* by Heinrich Spoerl.

Lektion A

Vokabeln Gesellschaftsspiele

Spielen.de suchen

Startseite ➤ Denken ➤ Spiele

das Brettspiel

die Spielanleitung

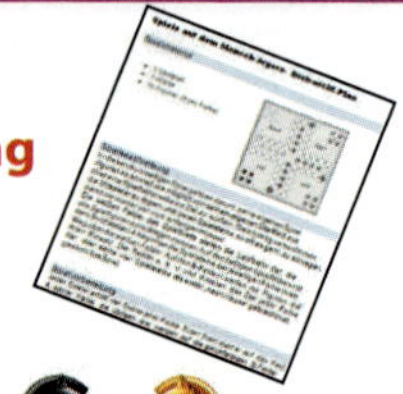

der Würfel/**würfeln**

die Spielfigur

der Stein

der Spielplan

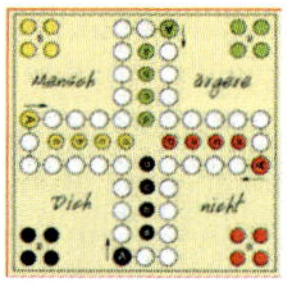

das Puzzle/**das Puzzleteil**/ **zusammensetzen**

Karten/**mischen**/**austeilen**

Mensch ärgere Dich nicht

2–4 Spieler
Spielregeln

Der Gewinner ist die Person, die zuerst die vier Spielfiguren ins Ziel bringt

Der Verlierer ist der letzte, der seine Figuren ins Ziel bringt.

Der erste Spieler würfelt und **macht einen Zug**.

mehr

Spieler 1: Ich bin Rot. **Ich komme raus**.

Spieler 2: Ich spiele Grün. Gib mir den Würfel! Ich bin jetzt dran.

Spieler 3: Ich bin dran. **Du schummelst**!

Spieler 4: Ich **kriege** heute keine Sechser!

Wichtige Ausdrücke

How do I say to get the game started?
Misch die Karten und **teile** sie **aus**!
Shuffle the cards and deal!

How do I announce I'm going first?
Ich **komme raus**.
I start.

How do I express it's been a while?
Das ist schon einige Jahre **her**.
That's a few years ago.

How do I tell someone how to move in a game?
Würfele und **mach einen Zug**!
Roll the dice and move your piece!

Was spielen sie?

Was noch?

Kartenspiele	
die Farbe	*suit*
Herz, Karo	*hearts, diamonds*
Kreuz, Pik	*clubs, spades*
Internet/Computerspiele	
ein Avatar	*Avatar*
das Rollenspiel	*role-playing game*
Videospiele	
das Arcade-Spiel	*arcade game*
das E-Game	*electronic game*
das Konsolenspiel	*console game*

Noch etwas

Hier ist eine Liste mit Brett- und Kartenspielen, die jedes deutsche Kind mal gespielt hat:

- Mühle
- Dame
- Halma
- Pachisi
- Wolf und Schafe
- Scrabble
- Doppelkopf (Kartenspiel)
- Schwarzer Peter (Kartenspiel)

Wie sieht Ihre Liste aus? Welche Brett- und Kartenspiele kennt jedes amerikanische Kind?

Wörterkiste

Die Ludothek: von lateinisch *ludus* = Spiel. In einer Ludothek kann man Brettspiele ansehen, ausprobieren und eine Zeitlang nach Hause nehmen.

der König, die Dame, der Bube, das Ass (Karo /Herz/ Kreuz/ Pik)

Konversationsgruppe

Erzählen Sie Ihrem Partner/Ihrer Partnerin, was und mit wem Sie als Kind gern gespielt haben.

1 Was brauchen Sie, um diese Spiele zu spielen?

Identifizieren Sie, was man für diese Spiele braucht! Ein paar Antworten stehen schon da.

	Trivial Pursuit	Go Fish	Monopoly	Schach	Dame	Scrabble
Zahl der Spieler	2+		2–4			
Würfel				nein		
Steine/Figuren	ja					ja
Brett						
Karten					nein	

2 Spielen wir was!

Zusammen mit Partnern schreiben Sie Wörter, die mit diesen Bildern zu tun haben.

1. 

2. 

3. 

4. 

Dialog Komm, spielen wir!

Interpretive Communication

Kulturpraxis

Familien in Deutschland spielen im Durchschnitt eine Stunde pro Woche Brettspiele.

Es regnet schon seit fünf Tagen und niemand kann draußen spielen. Es ist Samstagnachmittag und die zwei Brüder Thomas und Bernd sitzen am Küchentisch und überlegen sich, was sie machen sollen.

Bernd: Dieses Regenwetter macht mich wild! Und das Computerspiel wird nach vier Stunden doch etwas langweilig. Was können wir sonst machen? Können wir nicht zusammen etwas spielen?

Thomas: Wie wäre es mit Memory?

Bernd: Was? Das alte Spiel? Langweilig! Ich weiß noch, wie du als Kind immer geschummelt hast. Deshalb hast du auch immer gewonnen.

Thomas: Na ja, das ist schon einige Jahre her, Bernd. Jetzt kann ich nicht mehr schummeln. Vielleicht gewinnst du zum ersten Mal.

Bernd: Ja, schon möglich, aber ich möchte etwas Anderes spielen. Dame vielleicht?

Thomas: Dame finde ich zu doof. Nur herumspringen und deine Steine fangen. Was soll das?

Bernd: Aber mir macht das Spaß, weil ich oft gewinne.

Thomas: Spielen wir doch etwas, wo wir beide eine Chance haben! Wie wäre es mit Schach?

Bernd: O je, mein Kopf tut mir jetzt schon weh. Ich muss beim Schach immer so viel denken.

Thomas: Denken kann dir doch nicht schaden, mein Lieber. Komm, wir holen die Figuren und das Brett und dann geht's los! Willst du Schwarz oder Weiß spielen?

Bernd: Lieber Weiß. Dann komme ich als Erster raus.

Thomas: Aber ich gewinne trotzdem.

Bernd: Wie immer. Nun los!

Weißt du...?

Was bedeutet **„Wie wäre es mit..."**?

Antwort: How about...?

Weißt du...?

Wie heißt das weltweit beliebteste deutsche Brettspiel?

Antwort: „Die Siedler von Catan". Dieses Spiel ist leicht zu lernen, weil die Spielregeln einfach sind. Man braucht Glück und auch Strategie, um dieses Spiel zu gewinnen. Ein Spiel dauert zwischen 60–90 Minuten.

Analyse

Ist Bernd oder Thomas öfter der Gewinner?

3 Von wem spricht man hier?

Wer...

1. hat heute lange Computerspiele gespielt?
2. möchte Memory spielen?
3. hat als Kind beim Spielen geschummelt?
4. hat als Kind beim Spielen immer verloren?
5. möchte Dame spielen?
6. gewinnt oft beim Dame spielen?
7. möchte Schach spielen?
8. kommt raus beim Schach spielen?

4 Beantworten Sie diese Fragen!

1. Warum spielen die beiden Brüder nicht draußen?
2. Was machen sie in der Küche?
3. Warum will Bernd nicht Memory spielen?
4. Was hat Thomas als Kind gemacht?
5. Wie findet Thomas Dame?
6. Warum spielt Bernd gern Dame?
7. Was für ein Spiel schlägt Thomas zuletzt vor?
8. Welche Farbe beginnt beim Schachspiel?

Sprache Imperative

When you want to give commands in German, you use imperative forms. Since you can give commands only to people to whom you are speaking, there are command forms for *du, ihr, wir* and *Sie*.

To form commands, use the stem of the infinitive and add the appropriate endings.

du	geh	—
ihr	geh	**t**
wir	geh	**en**
Sie	geh	**en**

When making commands, the pronouns *du* and *ihr* are deleted; *wir* and *Sie* appear in the command. Remember to use an exclamation mark at the end of an imperative sentence.

Komm raus!	*Take your turn!*
Lest die Spielanleitungen!	*Read the game instructions!*
Spielen wir was!	*Let's play something!*
Geben Sie mir bitte „Die Siedler von Catan"!	*Please give me "The Settlers of Catan."*

Note: When using *du*-commands with verbs that change their stem vowel from *e* to *i* or *e* to *ie*, use the verb stem with the vowel change *(Lies! Gib! Sieh!)*. Use *-e* on *du*-commands with verb stems that end in *-d*, *-t* and *-ig (Entscheide! Beantworte! Entschuldige!)* or clusters of consonants *(Frühstücke! Erkenne!)*. The *ihr* command form for *sein* takes a *-d* instead of *-t*. (*Seid pünktlich!*).

Vergleiche

The imperative can be used in different situations in English: (1) to give a direct order; (2) to give instructions; (3) to extend an invitation; (4) to post rules; (5) to give friendly, informal advice. Come up with an example of each with your partner.

Examples: (1) Close your books. (2) Then put the cake in the oven. (3) Come in and have a seat. (4) No smoking! (5) Just talk to him.

5 Wer ist gemeint?

Schreiben Sie, wer gemeint ist: *du*, *wir*, *ihr* oder *Sie*?

1. Such die Würfel!
2. Spielen wir „Mensch ärgere Dich nicht"!
3. Kaufen Sie mehr Würfel für das Spiel!
4. Legt das Spielbrett auf den Tisch!
5. Findet die Spielfiguren!
6. Sei nicht so wild!
7. Komm raus!
8. Mischen Sie bitte die Karten!

6 Wer soll was machen?

Sagen Sie der Person oder den Personen, was sie machen sollen.

BEISPIEL Emma: rauskommen
Komm raus!

1. Moritz: die Spielanleitung lesen
2. Moritz und Florian: würfeln
3. Alexandra: die Karten mischen
4. Leon: die Karten austeilen
5. Jan und Lukas: das Kartenspiel holen
6. Sofie und Annika: die Würfel finden
7. Frau Schulz: nicht schummeln
8. wir: im Internet spielen
9. Fabian: mir den Würfel geben

Kreuz und quer

Interpretive Communication Pre AP

Ravensburg

Lage

Ravensburg, eine der besonders gut erhaltenen[1] historischen Städte Süddeutschlands, liegt im Bundesland Baden-Württemberg, in der Vierländerregion[2] um den Bodensee herum. Von Regensburg aus ist man schnell in Österreich, der Schweiz oder in Liechtenstein.

Der Mehlsackturm ist der bekannteste Turm in Ravensburg.

Eine historische Stadt

Die ersten Siedler[3] in dieser Gegend lebten dort schon 2000 Jahre vor Christus[4]. Aus dem Jahr 1088 stammt die erste Urkunde für die Stadt Ravensburg. Im 13. und 14. Jahrhundert war Ravensburg wirtschaftlich sehr stark; dort gründete man die „Große Ravensburger Handelsgesellschaft", die damals wichtigste deutsche Handelsorganisation[5] im Spätmittelalter[6]. Die Stadt führte Handel mit ganz Europa und wurde durch den Verkauf von Leinenstoff[7] und Papier reich. Ravensburg

---

[1]*gut erhalten* well-preserved; [2]*die Vierländerregion* four-country region; [3]*der Siedler* settler; [4]*vor Christus* B.C.; [5]*die Handelsorganisation* trade organization; [6]*das Spätmittelalter* late Middle Ages; [7]*der Leinenstoff* linen cloth

nennt sich „die Stadt der Türme und Tore", denn es stehen noch 17 Bauwerke aus dieser Zeit. Man baute sie in die Stadtmauer und Befestigungsanlagen[8] hinein und so bekamen sie ihre unterschiedlichen[9] Formen[10]: manche sind kantig[11], andere halbrund[12].

Ravensburg: Stadt der Spiele

Die Spielkultur[13] in Ravensburg reicht[14] ins Mittelalter zurück. Schon im 11. Jahrhundert spielten Deutschlands Herrscher Schach; 1400 kamen Kartenspiele in Mode; die Händler vertrieben ihre Freizeit mit Kartenspielen und im 18. Jahrhundert wurde Ravensburg ein wichtiger Hersteller[15] von Spielkarten. Im 19. Jahrhundert interessierten sich die Menschen mehr für Brettspiele und da fing die deutsche Leidenschaft[16] für solche Gesellschaftsspiele an.

Jeder in Deutschland kennt heutzutage das kleine blaue Dreieck[17] auf dem Deckel[18] von Brettspielen, das Markenzeichen[19] von dem Spielehersteller[20] und Buchverlag[21] Ravensburger AG. Schon seit 1883 produziert die Firma Brettspiele und besonders Puzzles, die man überall in der Welt kaufen kann. Jedes Jahr feiert man am letzten Sommerferien-Wochenende ein großes Fest in Ravensburg: über 25.000 Besucher und Einwohner spielen zwei Tage lang auf einer Spielemeile[22] in der Altstadt. Man puzzelt, spielt und feiert.

Dieses Puzzle setzten 10.000 Puzzler in Ravensburg zusammen.

Im Jahre 2008 war ein großes Ereignis in der Puzzlewelt von Ravensburg und es verlieh der Stadt einen Platz im *Guinness Book of World Records*: über 10.000 Puzzler bauten in fünf Stunden Arbeit ein Ravensburger Puzzle mit 1.141.800 Teilen zusammen. Das Puzzle erreichte eine Größe von 600 m² und lag mitten auf dem Marktplatz in der Altstadt. In Sachen Puzzles stellt sich die Firma Ravensburger jedoch immer neue Herausforderungen[23]: Puzzle Nr. 17838 hält (im Moment!) den Weltrekord[24] für das größte Puzzle mit 32.256 Teilen, einem Gewicht von 17 Kilo und einer Größe von zwei Garagentoren[25].

---

[8]*die Befestigungsanlage* fortification; [9]*unterschiedlich* different; [10]*die Form* shape; [11]*kantig* angular; [12]*halbrund* semicircular; [13]*die Spielkultur* game culture; [14]*zurückreichen* to reach back; [15]*der Hersteller* manufacturer; [16]*die Leidenschaft* passion; [17]*das Dreieck* triangle; [18]*der Deckel* cover; [19]*das Markenzeichen* trademark; [20]*der Spielehersteller* game manufacturer; [21]*der Buchverlag* publishing house; [22]*die Spielemeile* game mile; [23]*die Herausforderung* challenge; [24]*der Weltrekord* world record; [25]*das Garagentor* garage door

Flash!

Spieler kamen wieder nach Essen

„Die Welt spielt—und sie spielt in Essen". Es kamen 162.000 Spielefans, Lizenznehmer und Einkäufer zur weltweit größten Messe für Gesellschaftsspiele und knackten so die letztjährige Rekordmarke von 160.000 Besuchern. Ganz gegen jeden Online-Trend sind Brett- und Kartenspiele so beliebt wie nie zuvor. Seit 1983 findet die Messe vier Tage lang in Essen statt. Mehr als 70 neue Brettspiele stellten die 910 Aussteller aus 41 Ländern aus.

7 Was verstehen Sie? Presentational Writing

Ergänzen Sie diese Tabelle mit Information aus dem Text.

Kategorien	**Informationen**
Lage	
Wichtige historische Daten	
Architektur	
Spielkultur	
Guiness Book of World Records	

8 Museen in Ravensburg Presentational Writing

In Ravensburg stehen vier Museen im Museumsviertel: das Kunstmuseum, das Wirtschaftsmuseum Ravensburg, das Museum Ravensburger und das Museum Humpis-Quartier. Lesen Sie über die Museen und schreiben Sie über eins. In Ihrem Bericht beantworten Sie die folgenden Fragen:

• Wer hat das Museum gebaut? • Warum ist das ein wichtiges Museum für Ravensburg? • Was kann man da sehen?

Ravensburg Foto-Galerie

Ravensburg am Tag

Theater- und Konzertgebäude

Ravensburger Fahnen

Ravensburg bei Nacht

Du bist dran! Pre AP

Persönliches Interpersonal and Presentational Speaking

Erzähle einem Partner oder einer Partnerin, welche Spiele du gern spielst. Tauscht eure Ideen aus.

Umfrage Interpersonal Speaking / Presentational Writing

Was spielt man am meisten heutzutage? Mach eine Umfrage in der Klasse: Welche Spiele spielst du: *Candy Crush, die Siedler von Catan* oder *Mortal Combat*? Nach der Umfrage schreib einen Kommentar dazu: Warum, meinst du, ist dieses Spiel in deiner Altersgruppe momentan so populär? Beim Interview deiner Klassenkameraden fülle eine Tabelle wie unten aus. Zuletzt berichtet in kleinen Gruppen, was die Ergebnisse sind und was ihr gelernt habt.

Was ist dein Lieblingsspiel?	
1. Amber	Monopoly, ein Brettspiel
2. Justin	Grand Theft Auto, ein Videospiel
3.	

Perspektiven

Lies die Meinungen von Brettspielern in Deutschland. Dann mach die folgende Aktivität.

A. „Brettspiele sind ein wichtiger Teil der deutschen Kultur. So wichtig sind sie, dass ich mich noch erinnere, wie ich in meiner Jugend Brettspiele in öffentlichen Bibliotheken gespielt habe. Während ich das jetzt schreibe, sitze ich gegenüber von unserem Fernseher, wo mehr als 20 neue und alte Brettspiele im Regal stehen."

—Dieter, 45

B. „Die beliebtesten Brettspiele sind Strategiespiele, bei denen man mehr Gebiete erobert oder Ziele erreicht. Deutsche spielen, um zu gewinnen. Die einfache Erklärung ist, dass die Deutschen gern eine Herausforderung haben und das ist auch so beim Spielen. Ich weiß von mir selbst, dass ich auch unbedingt gewinnen will."

—Florian, 22

Welche Perspektive zeigt:

1. den deutschen Charakter
2. Erinnerungen an die Jugend
3. eigenes Verhalten
4. eine Beschreibung eines Zimmers in einem Haus oder einer Wohnung
5. ein Grund für die Popularität von Brettspielen

Mensch ärgere Dich nicht! und andere Brettspiele

Interpretive Communication / Presentational Writing

Geh ins Internet und finde eine Liste von den beliebtesten Brettspielen in Deutschland. Lies die Beschreibungen von einigen, dann schreib in deinem Kulturjournal: Welches hört sich am interessantesten an und warum? Schreib auch, wo man dieses Spiel online kaufen kann und was es kostet.

Wörter und Ausdrücke

Playing Games

Ich komme raus. I start.
Gib mir den Würfel! Give me the die!
Ich kriege keine Sechser. I'm not getting any sixes.
Du schummelst! You're cheating!
Das finde ich doof. I find that stupid (dumb).
Wie wäre es? How about it?
Du hast keine Chance! You don't have a chance!
Wir setzen das Puzzle zusammen. We're doing a puzzle.
Stell das Schachbrett auf! Set up the chess board!

das Brett board
das Brettspiel board game
Dame checkers (game)
die Figur game piece
das Gesellschaftsspiel parlor game
der Gewinner winner
das Puzzleteil puzzle piece
die Schachfigur chess piece
das Spielgeld play money
die Spielregel game rule
der Start start
der Stein checker piece
der Verlierer loser
der Würfel die

Konversationsgruppe

Mit einem Partner oder einer Partnerin machen Sie einen Dialog über den Start eines Spieles. Spielen Sie den Dialog für eine andere Gruppe. Dann müssen sie erraten, welches Spiel Sie spielen.

Noch etwas

Memory Spiel!

Schreiben Sie zwei Karten für jedes neue Wort aus diesem Kapitel: auf einer Karte steht das deutsche Wort, auf der anderen das englische Wort. Legen Sie die Karten mit der beschrifteten (*written on*) Seite nach unten und spielen Sie dann *Memory*. Wer bekommt die meisten richtigen Kombinationen?

Lektion B

Vokabeln Das Armaturenbrett

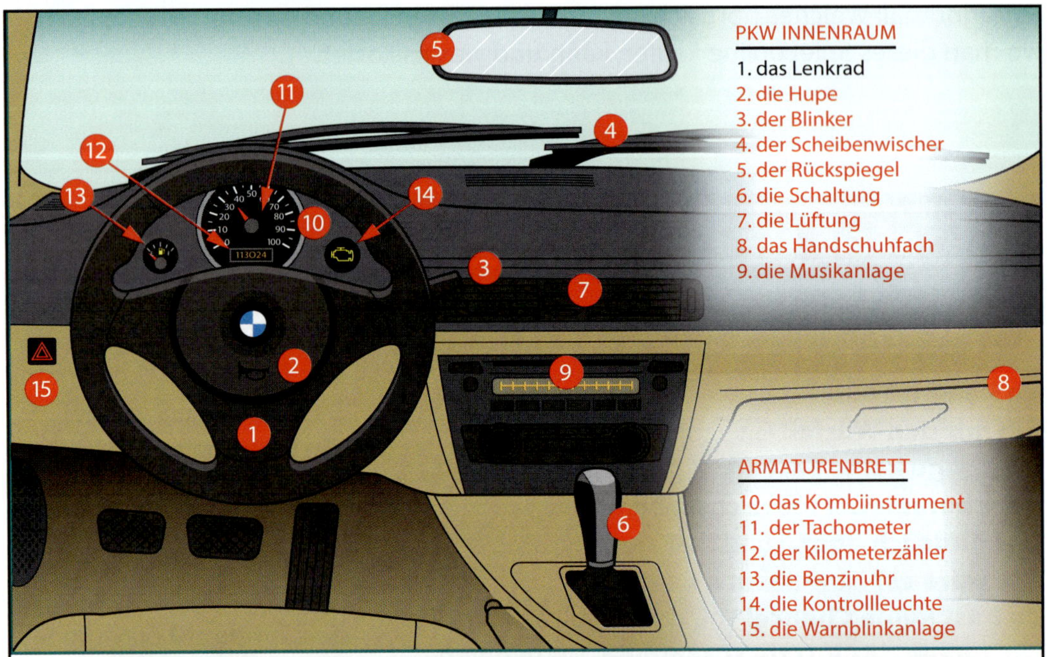

Wichtige Ausdrücke

How do I instruct a new driver?

Stellen Sie den rechten **Fuß auf** die Bremse!
Put your right foot on the brake!

Drücken Sie mit dem linken **Fuß auf** die Kupplung!
Push in the clutch with your left foot.

How do I direct where the car goes?

Schalten Sie die Gänge, **um** vorwärts und rückwärts **zu fahren**!
Shift gears to go forward or backward!

How do I explain what something does?

Der Tachometer **zeigt dir, wie** schnell du fährst.
The speedometer tells you how fast you are going.

Erik hat den Führerschein gemacht.

Wörterkiste

„Das Navi" steht für das *Navigationsgerät* oder das *Navigationssystem*. Dieses Wort gibt es erst seit 2006 im Deutschen.

Konversationsgruppe

Fragen Sie andere in der Klasse, ob sie einen Automatik- oder einen Schaltwagen fahren.

Was noch?

der Automatikwagen	*automatic car*
die Autovermietung	*car rental*
die Ölstandanzeige	*engine oil indicator*
der Tempomat/die Tempomatik	*cruise control*
Was ist hier die Höchstgeschwindigkeit?	*What's the speed limit here?*
Wie bediene ich das Navi?	*How do I operate the navigation system?*
Wo finde ich die nächste Tankstelle?	*Where can I find the nearest gas station?*

9 Das Armaturenbrett

Was ist das?

1. Damit kann man hupen.
2. Da sieht man, wie schnell das Auto fährt.
3. Damit kann man sehen, wenn es regnet.
4. Dort sieht man, wer hinter dem Auto fährt.
5. Damit sieht man, was im Moment am Auto nicht in Ordnung ist.
6. Damit kann man Musik hören.
7. Dort hat man Papiere für das Auto, Landkarten und andere Sachen.
8. Damit zeigt man, dass man rechts oder links abbiegen will.
9. Damit kommt Luft in das Auto.
10. Das benutzt man, um vom ersten zum zweiten Gang zu schalten.

Dialog Am Montag geht's in die Fahrschule

Interpretive Communication

Analyse

Welche Rolle spielt der Vater in dieser Situation?

Vater: Am Montag fängt die Fahrschule für dich an, Anke.

Anke: Zuerst haben wir theoretischen Unterricht. Der dauert ein paar Wochen.

Vater: Dann wirst du natürlich die einzelnen Teile des Autos wissen müssen.

Anke: Vielleicht kannst du mir schon jetzt ein paar Sachen erklären. Das Armaturenbrett sieht ja so kompliziert aus.

Vergleiche

In Deutschland muss man 18 sein, bevor man den Führerschein machen kann. Wie alt muss man in den USA sein, um den Führerschein zu machen? Finden Sie das deutsche oder amerikanische System besser?

Vater: Na gut. Also, hier ist natürlich der Tachometer. Der zeigt dir, wie schnell du fährst. Daneben ist die Benzinuhr—sehr wichtig, denn ohne Benzin fährt auch das beste Auto nicht.

Anke: Am besten setze ich mich ins Auto. Dann kann ich alles besser sehen.

Vater: Bevor du den Schlüssel drehst und den Motor startest, solltest du dich bequem hinsetzen. Bitte halte das Lenkrad mit beiden Händen!

Anke: Jetzt läuft der Motor.

Vater: Bitte stell das Radio ab! Dein rechter Fuß sollte auf der Bremse sein und mit dem linken Fuß drückst du auf die Kupplung. Dann kannst du die Gänge schalten. Aber das machen wir jetzt nicht, denn du darfst natürlich nicht auf die Straße.

Anke: Hoppla! Jetzt habe ich den Scheibenwischer angemacht.

Vater: Hier im Handschuhfach sind alle Anweisungen. Lies die Seite über das Armaturenbrett! Ich werde dir später ein paar Fragen stellen.

Anke: Warum warte ich nicht bis Montag? Prüfungen habe ich in der Schule genug.

Vater: Es ist gut, wenn du schon vorher etwas weißt.

Kulturpraxis

In Deutschland sind 80% der Autos Schaltwagen. Europa weit sind es 70%.

Analyse

Welchen Rat gibt Ankes Vater seiner Tochter? Würden Sie ihr den gleichen Rat geben?

10 Beantworten Sie die Fragen!

Beantworten Sie die Fragen!

1. Was für einen Unterricht wird Anke zuerst in der Fahrschule haben?
2. Was soll Ankes Vater tun?
3. Was zeigt der Tachometer?
4. Was soll man machen, bevor man den Schlüssel dreht?
5. Worauf drückt man mit dem linken Fuß?
6. Schaltet Anke die Gänge?
7. Was liegt im Handschuhfach?
8. Warum soll Anke über das Armaturenbrett lesen?

Lieblingswagen

Was für ein Auto möchten Sie fahren?
einen Kompaktwagen
einen Geländewagen
einen Minivan
einen Sportwagen
einen Lkw

Sprache Verb-Preposition Combinations

In both German and English, verbs often work in combination with prepositions to create special meanings. These meanings and combinations often produce something that is not the sum of the parts. Take the English verb-preposition combination *to look through* and consider these combinations:

I looked through the window and saw…

I looked through your papers last night.

I looked right through her!

To look through means something very different in each of these sentences. If you change the preposition, you change the meaning. If you say *I'm waiting <u>for</u> someone*, it is very different than saying *I'm waiting <u>on</u> someone.*

The same thing happens in German when verbs work together with prepositions. These verb-preposition combinations create special meanings. So far, you have learned these verb-preposition combinations that work with the accusative.

sich	*beklagen über*	to complain about
sich	*bewerben um*	to apply for
	bitten um	to ask for, request
	danken für	to thank for
	denken an	to think of
sich	*erinnern an*	to remember about
sich	*freuen auf*	to look forward to
	grenzen an	to border on
sich	*interessieren für*	to be interested in
sich	*kümmern um*	to look after, take care of
	lachen über	to laugh about
	schreiben über	to write about
	sprechen über	to speak about
sich	*vorbereiten auf*	to prepare for
	warten auf	to wait for

There are also verb-preposition combinations that work with the dative. Here are some of the most useful ones:

arbeiten an	to work on
erzählen von	to tell about
helfen bei	to help with
sprechen mit	to speak with
suchen nach	to search for
teilnehmen an	to participate in
träumen von	to dream about

Since many verb-preposition combinations are idiomatic, you will have to learn what case goes after the preposition if it is not always an accusative or dative preposition.

11 Welche Präposition für diese Verben?

Machen Sie eine Tabelle wie unten. Ergänzen Sie die Tabelle mit den folgenden Verben: **denken**, **sich interessieren**, **sich beklagen**, **schreiben**, **grenzen**, **sich freuen**, **sich erinnern**, **sich kümmern**, **bitten**, **lachen**, **sich vorbereiten**, **warten**, **sich bewerben**, **sprechen**, **danken**.

an	auf	für	um	über

12 Ergänzen Sie die fehlenden Präpositionen!

Anke bereitet sich (1) die Fahrprüfung vor und wartet (2) ihre Schulfreunde, die ihr (3) dem Lernen helfen wollen. Sie sprechen (4) die verschiedenen Themen im theoretischen Teil und sie alle beklagen sich (5) die schwere Prüfung. Jede Nacht träumen (*to dream*) sie (6) dem Armaturenbrett und den vielen Teilen. In Ankes schlimmstem Traum drückt sie auf viele Knöpfe, aber es passiert nichts. Der Prüfer lacht (7) sie und hilft ihr nicht (8) den Antworten. Alex, ein Schulfreund in der Gruppe, erzählt (9) seinem Traum. Er sucht (10) dem Lenkrad, kann es aber nicht finden. Im Traum sagt der Prüfer, Alex muss (11) das Lenkrad schreiben, aber er hat kein Papier und keine Stifte zum Schreiben. Er bittet Anke (12) ein Stück Papier aus ihrem Heft. Sie gibt es ihm und er dankt ihr (13) die Hilfe. Aber er denkt nicht (14) die Zeit und bevor er schreiben kann, sagt der Prüfer, die Prüfung ist vorbei! Alex darf nicht mehr schreiben. Anke, Alex und die anderen freuen sich (15) die Zeit, wenn sie keine Prüfungen mehr haben.

13 Ein Gruppeninterview Interpersonal Speaking

Zuerst beantworten Sie die Fragen für sich. Dann sprechen Sie in einer Gruppe. Jede Person sagt ihren Satz zu 1 bis 8. Diskutieren Sie dann die verschiedenen Antworten.

BEISPIEL **A: Ich freue mich auf die Sommerferien.**
B: Ich freue mich auf die Fahrschule.

	Sie	Partner 1	Partner 2	Partner 3	Partner 4
1.	Ich freue mich auf...				
2.	Ich denke oft an...				
3.	Ich träume oft von...				
4.	Am Wochenende arbeite ich an...				
5.	Ich kümmere mich um...				
6.	Ich beklage mich oft über...				
7.	Meine Freunde und ich lachen über...				
8.	Mit meiner Familie spreche ich über...				

14 Ein Bericht über das Gruppeninterview Interpersonal Writing

Mit Ihrer Gruppe schreiben Sie einen Bericht über das Gespräch und erzählen der Klasse von Ihren Antworten.

BEISPIEL **Ich freue mich über meinen neuen Computer, Melissa freut sich über ihre Katze und Joe freut sich über sein neues iPhone.**

Im Fokus

Interpretive Communication Pre AP

Klaus Teuber, der Spieleentwickler[1] von „Die Siedler von Catan"

Klaus Teuber mit seinem Spiel „Die Siedler von Catan"

Klaus Teuber wusste 1990 noch nicht, dass er das meistverkaufte[2] und weltweit[3] berühmteste Brettspiel „Die Siedler von Catan" entwickeln würde. Damals arbeitete er als Zahntechniker[4] in Darmstadt im Dentallabor[5] von seinem Vater, aber er war nicht sehr glücklich mit seinem Beruf. In seiner Freizeit entwickelte er Brettspiele.

Brettspiele interessierten ihn nicht so sehr als Kind, bis er mit 11 Jahren das Spiel „Römer gegen Karthager" als Geschenk bekam. Er fing an, das Spiel weiterzuentwickeln, erfand neue Regeln; heutzutage sieht er diese Beschäftigung[6] mit den Römern und Karthagern als den Anfang seiner Karriere als Spieleentwickler.

Analyse

Welche anderen Produkte wie das deutsche Brettspiel „Siedler" oder das amerikanische iPhone kennen Sie? Warum werden solche Produkte weltweit gekauft?

Als Spieleentwickler hat Klaus Teuber großen Erfolg. Sein erstes Spiel „Barbarossa und die Rätselmeister" gewann im Jahre 1988 den Preis „Spiel des Jahres", den Oscar für Brettspiele. Weitere Auszeichnungen gewannen seine Spiele „Adel verpflichtet" (1990) und „Drunter und Drüber" (1991). Aber sein berühmtestes und erfolgreichstes[7] Spiel ist bestimmt „Die Siedler von Catan", 1995 Spiel des Jahres. Inzwischen ist „Catan" fast ein Imperium[8] für sich: das Spiel kann man in über 30 Sprachen kaufen und hat sich weltweit schon 22 Millionen Mal verkauft. Sogar die Herstellung[9] ist international: die Würfel produziert man in Dänemark; Spielfiguren aus Holz in Deutschland und Ohio; die Karten kommen aus Dallas, Texas; die Kisten[10] aus Illinois; die Pappe[11] aus Indiana und die Plastikteile[12] aus Wisconsin.

Heute ist die ganze Familie Teuber als Familienunternehmen[13] aktiv: der Sohn Benjamin Teuber arbeitet zusammen mit seinem Vater und ist auch Spieleentwickler und für den internationalen Vertrieb[14] verantwortlich[15]; der Sohn Guido führt die amerikanischen Geschäfte und Frau Claudia macht die Bücher[16]. Das Testen von Spielen ist immer noch Sache der ganzen Familie.

---

[1]*der Spieleentwickler* game developer; [2]*meistverkauft* most sold; [3]*weltweit* around the world; [4]*der Zahntechniker* dental technician; [5]*das Dentallabor* dental lab; [6]*die Beschäftigung* occupation; [7]*erfolgreich* successful; [8]*das Imperium* empire; [9]*die Herstellung* production, manufacturing; [10]*die Kiste* box; [11]*die Pappe* cardboard; [12]*das Plastikteil* plastic part; [13]*das Familienunternehmen* family business; [14]*der Vertrieb* distribution, marketing; [15]*verantwortlich* responsible; [16]*die Bücher machen* to do the accounting

Flash!

„Die Siedler von Catan“ knackt Rekorde

Die Beliebtheit von „Die Siedler von Catan“ lässt nicht nach. Weltweit wollen Catan-Spieler Rekorde knacken. Das passierte im August 2013, als 922 Spieler an einem einzigen Spiel von „Siedler von Catan“ teilnahmen; sie kamen dafür in das *Guiness Book of World Records*. Aber dieser Rekord steht nicht mehr: im Oktober 2015 knackten Fans den alten Weltrekord von 2013: beim „Big Game auf der Spiel '15: Messe“ in Essen spielten 1040 Spieler und stellten einen neuen Weltrekord auf.

Analyse

A. Wie ist dieser Text organisiert? Ordnen Sie die Paragrafen mit den Nummern 1–4:

___ A. was die Familie mit der Entwicklung vom Spiel und der Firma zu tun hat
___ B. die Auszeichnungen für Klaus' Spiele
___ C. wie Klaus dazu kam, Spiele zu entwickeln
___ D. Klaus' Leben vor der Entwicklung der Spiele

Antworten: A. 4, B. 3, C. 2, D. 1

B. Was steht *nicht* im Text über Klaus Teuber? Checken Sie alle.

___ sein Geburtstag ___ sein Geburtsort ___ sein Studium
___ seine Familie ___ seine Spiele

Antworten: sein Geburtstag, sein Geburtsort, sein Studium

Forschen Sie im Internet

Steht dieser Rekord noch, oder hat man ihn schon wieder geknackt?

15 Aktivitäten

1. **Presentational Speaking.** Klaus Teuber und seine Familie haben eine große Firma mit vielen verschiedenen Spielen. Besuchen Sie ihre Webseite und erzählen Sie der Klasse von einem anderen Spiel, das von den Teubers kommt.
2. **Interpretive Communication / Presentational Speaking.** Warum ist die Auszeichnung für ein Spiel als „Spiel des Jahres“ so wichtig? Was meinen Sie: was passiert, wenn ein Spiel den Preis bekommt? Schreiben Sie eine Hypothese (*hypothesis*) wie: „Nach der Preisverleihung kaufen mehr Leute das Spiel“. Dann diskutieren Sie Ihre Ideen in einer Gruppe.

Meine Hypothese

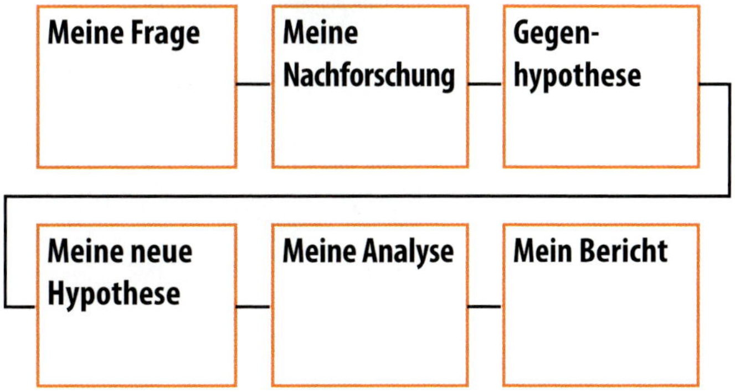

Zusammenhänge

Wissenschaft

- eine Hypothese formulieren
- die Hypothese untermauern (*to support*)
- die Hypothese hinterfragen (*to question*)
- die Hypothese annehmen oder ablehnen
- die Ergebnisse mitteilen

Sprache — Relative Pronouns after Prepositions

You have already been introduced to relative pronouns as subjects, direct objects, and indirect objects in relative clauses. Relative pronouns can also be used after prepositions.

Ist das das Spiel, von dem wir gesprochen haben?	Is that the game we were talking about?
Der Spieleentwickler, über den wir oft sprechen, ist Klaus Teuber.	The game developer we talk about frequently is Klaus Teuber.

The relative pronouns are identical to the definite articles except for the dative plural form.

	Masculine	Feminine	Neuter	Plural
Nominative	der	die	das	die
Accusative	den	die	das	die
Dative	dem	der	dem	**denen**

Note: The translation of the sentences above sounds somewhat odd in English because English does not always require a relative pronoun, whereas they are mandatory in German.

Vergleiche

For formal English, like writing a composition, you should use more formal language than in conversation. What is a less formal way to express these sentences?

1. Do you know the gamer with whom Julia arrived?
2. It's a club to which many gamers belong.

Antworten: More informal sentences would be: (1) Do you know the gamer Julia arrived with? (2) It's a club many gamers belong to.

Die Spielanleitungen, mit denen sie spielen, stimmen nicht!

16 Was passt zusammen?

Wählen Sie das richtige Pronomen!

1. Wann kommt der Bus, auf ___ wir eine Stunde warten? den/dem
2. Da kommt die Frau, mit ___ wir zum Spielefest gehen wollen. die/der
3. Erinnerst du dich an das Spiel, über ___ wir immer gelacht haben? das/dem
4. Wann ist die Prüfung, auf ___ du dich vorbereitest? die/der
5. Sind das die Leute, über ___ du dich den ganzen Tag beklagst. die/denen
6. Der Traum heute Nacht war furchtbar! Es ist immer die Fahrprüfung, von ___ ich träume! die/der
7. Das ist der gute Spieler, von ___ wir gesprochen haben. den/dem

17 Wer oder was kann das sein?

Ergänzen Sie die Sätze!

1. Das ist der Spieleentwickler, für ___ sich alle interessieren.
2. Das sind die Spielanleitungen, mit ___ wir das Spiel spielen.
3. Das ist das neue Spiel, an ___ der Spieleentwickler lange gearbeitet hat.
4. Das ist das neue Spiel, von ___ wir alle geträumt haben.
5. Das sind die Würfel, nach ___ wir immer suchen müssen.
6. Das ist der alte Witz, über ___ wir immer lachen.
7. Das sind alte Karten, über ___ unsere Freunde sich immer beklagen.
8. Das ist der Preis, über ___ viele Zeitungen schreiben.

Sprache If/Then Clauses, Present Tense

You have learned how to make polite requests and wishes using the subjunctive. You can also use the subjunctive to express unreal conditions—things that might be true under other circumstances, but that are not true now.

Wenn ich mehr Zeit hätte, (dann) würde ich meine Freunde öfter besuchen.	If I had more time, (then) I would visit my friends more often.
Wenn wir reich wären, (dann) würden wir oft reisen und weniger arbeiten.	If we were rich, (then) we would travel often and work less.

As with polite requests, the present subjunctive forms of *werden – würde, haben – hätte* and *sein – wäre* work much the same way in German as "would" does in English. The *wenn* clause ("if-clause") uses *hätte* or *wäre*; the *dann*-clause ("then-clause") uses *würde* plus the infinitive of the main verb. As always, *wenn* functions as a subordinating conjunction and pushes the verb to the end of the clause. Note that *dann* is often omitted. Remember: the *wenn*-clause uses *hätte* or *wäre*; the *dann*-clause uses *würde* plus infinitive.

Note: If *haben* or *sein* is the main verb in a *dann*-clause, you can simply use their subjunctive forms: *Wenn ich reich wäre, hätte ich immer noch Probleme.* If I were rich, I would still have problems.

18 Wie wäre Ihr Leben, wenn Sie...?

Schreiben Sie eine Antwort auf diese Frage!

BEISPIEL jeden Tag zwölf Stunden im Bett wären (nicht so müde sein).
Ich würde nicht so müde sein. (Ich wäre nicht so müde.)

1. nicht in der Schule wären (mehr Freizeit haben)
2. ein eigenes Haus hätten (viele Zimmer für Hobbys haben)
3. einen Job hätten (jeden Tag arbeiten)
4. eine bekannte Person wären (oft mit vielen Leuten sprechen)
5. ein teures Auto hätten (viel Geld ausgeben)
6. 10 000 Dollar hätten (viele Sachen kaufen)
7. keine Freunde hätten (allein sein)
8. jetzt in Deutschland leben würden (sehr gut Deutsch sprechen)

19 Kombinieren Sie!

Wenn Sie Wenn sie Wenn er Wenn ich Wenn du	keine Arbeit eine nette Person viele Freunde mehr Zeit mehr Ruhe	hättest wären wärest hätte hätten wäre	würden wir würden Sie würde er würden sie würde ich	mehr zu Hause sein mir bei den Hausaufgaben helfen oft zu Besuch kommen uns helfen Zeit zum Lesen haben

20 Das Leben eines Millionärs

Beschreiben Sie einen typischen Tag, wenn Sie Millionär wären! Die Fotos könnten Ihnen bei der Beschreibung helfen.

Aktuelles

Interpretive Communication Pre AP

Ludotheken

In der Schweiz, Österreich und Deutschland gibt es Spielcafés, sogenannte „Ludotheken" oder „Spielotheken". Sie leihen[1] Spiele und Spielsachen aus (wie Bibliotheken Bücher). Die ersten Ludotheken gab es in der Schweiz. Inzwischen gibt es Cafés und andere Lokale in deutschsprachigen Ländern, wo man hingehen und bis zu 2000 Karten- und Brettspiele spielen kann. Manchmal kostet es nichts, manchmal muss man einen kleinen Preis bezahlen (einen Euro pro Stunde, zum Beispiel), aber man kann dann den ganzen Tag neue und auch alte bekannte Spiele mit Freunden und Familie spielen. Ludotheken wollen die Spielkultur fördern und ein Ort sein, wo alle—Jung und Alt, sozial Benachteiligte und Wohlhabende[2]—zusammenkommen und spielen.

Merkur-Spielothek in Mannheim

Suchwörter: Ludotheken; Spielcafés; Spielotheken

[1]*ausleihen* to loan out; [2]*der Wohlhabende* well-to-do person

Perspektive

„Ich bin Taxifahrer. Wenn ich irgendwo warte, vertreibe ich mir die Zeit, indem ich Spielregeln lese."

—*Bernd Gebauer*

„Wie viel gebe ich im Monat für Brettspiele aus? In den letzten Monaten waren es so um die 300 Euro."

—*Sascha Kaplan*

Vergleiche

Wo und warum kommen die Leute in Ihrer Stadt zusammen?

Produkte

Forschen Sie im Internet nach den drei meistverkauften Brettspielen in Deutschland, Österreich oder der Schweiz. Dann vergleichen Sie sie in Form eines „Venn-Diagramms".

Diese Jugendlichen spielen am Spielautomaten.

„Das Spiel des Jahres"

Seit 1978 trifft sich eine Jury von zehn Personen in Deutschland, um jedes Jahr das „Spiel des Jahres" zu wählen[3]. Der erste Preis ging 1979 in Essen an David Parlett für sein Spiel „Hase und Igel". Die Jury stellt[4] jedes Jahr eine Liste der besten Spiele zusammen, aus der sie die Preisträger[5] bestimmen. Der Titel ist von großem Wert für den Spieleentwickler und den Verlag, der das Spiel produziert. Ein Gewinnerspiel verkauft zehn Mal so viele Spiele im Jahr als alle anderen.

Gewinner Spiel des Jahres

Jahr	Produkt	Verlag
2015	Colt Express	Ludonaute
2014	Camel Up	Pegasus Spiele
2013	Hanabi	Abacusspiele
2012	Kingdom Builder	Queen Games
2011	Qwirkle	Schmidt Spiele
2010	Dixit	Asmodee

Es gibt außer dem Spiel des Jahres auch noch andere Preise in Deutschland. Dazu gehört der „Deutsche Spiele Preis". Hier kann jeder über das Internet mitmachen und wählen. Der Merz Verlag aus Bonn verleiht diesen Preis jedes Jahr. Die Spieler selbst sind die Jury. Dies ist also ein Publikumspreis[6]. Den hat Klaus Teuber zwölf Mal gewonnen, und dann zwei Mal noch den Deutschen Kinderspiele Preis.

Suchwörter: Spiel des Jahres (Empfehlungsliste), Deutscher Spiele Preis

Essen und die internationalen Spieltage

Weltweit ist die Messe „Spiel Essen" die größte Publikumsmesse[7] für Gesellschaftsspiele. Die Messe findet jedes Jahr in Essen statt und hat mehr all 900 nationale und internationale Aussteller[8], die im Oktober ihre neuen Spiele zeigen. Es gibt jede Form vom Brettspiel: Kinderspiele, Gesellschaftsspiele, Erwachsenenspiele[9], Abenteuerspiele[10], Sciencespiele, Computerspiele, Strategiespiele und auch Kartenspiele. Auf der Messe finden auch die internationalen Spieltage statt: Wettbewerbe[11] und Turniere[12] für jeden, der gerne Spiele spielt. Der Deutsche Spiele Preis wird auch jedes Jahr am Abend vor dem Messebeginn[13] verliehen.

Suchwörter: Suchwörter: internationale Spieltage; Spiel Essen; Deutscher Spielepreis

[3]*wählen* to vote; [4]*zusammenstellen* to put together; [5]*der Preisträger* award winner; [6]*der Publikumspreis* user award; [7]*die Publikumsmesse* fair open to the public; [8]*der Aussteller* exhibitor; [9]*das Erwachsenenspiel* game for adults; [10]*das Abenteuerspiel* adventure game; [11]*der Wettbewerb* competition; [12]*das Turnier* tournament; [13]*der Messebeginn* start of the fair

Zusammenhänge

Technologie

Was denken Sie: was ist positiv und was ist negativ beim on-line Spielen? Wie ist das on-line Spielen anders als mit Personen, die am selben Tisch sitzen?

Die Legenden von Andor ist ein Spiel vom deutschen Spielentwickler Michael Menzel. Es hat 2013 den Preis *Kennerspiel des Jahres* gewonnen.

Weißt du…?

Seit wann gibt es den Preis „Kinderspiel des Jahres"?

Antwort: Seit 1992.

„Spiel Essen" ist die größte Spielemesse der Welt.

Analyse

Wie verändert sich die Spielwelt? Früher gab es nur Brettspiele. Überlegen Sie sich: wie sind die neuen Formen von Spielen ein Beispiel dafür, wie die moderne Gesellschaft sich entwickelt?

Die neue Autotechnik aus Deutschland

Seit es Autos gibt war das Lenkrad in der Hand des Fahrers. Mit ihm kann der Fahrer bestimmen[14], wohin die Reise geht. Schon heute kommen neue Assistenzsysteme[15] in die Autos: sie übernehmen[16] die Bremse in Notsituationen[17]; sie lenken[18], wenn man zu nah an einen anderen Wagen kommt und die Systeme wie GPS zeigen die Richtung an[19]. In wenigen Jahren werden diese Systeme in Robotautos zusammen arbeiten, wo der Fahrer nur noch Fahrgast[20] ist. Die Firma Google macht den Autokonzernen[21] richtig Druck[22]. Alle großen deutschen Autofirmen basteln[23] am Autonomen[24] Fahren. Die Zeitung *Die Welt* druckte bereits die Schlagzeile[25]: „Schon 2020 fahren wir automatisch auf der Autobahn." Die Zeitung meint, „Auto ohne Fahrer ist ein Segen[26] für VW, Daimler, Porsche & Co." Warum ein Segen? Das ist der Markt der Zukunft für Autofirmen! Brauchen wir dann noch einen Führerschein zum Autofahren?

Suchwörter: Autonomes Fahren, Selbstfahrende Autos

---

[14]*bestimmen* to determine; [15]*das Assistenzsystem* assist system; [16]*übernehmen* take over; [17]*die Notsituation* emergency situation; [18]*lenken* to direct, to steer; [19]*anzeigen* to indicate, show; [20]*der Fahrgast* passenger; [21]*der Autokonzern* car manufacturer; [22]*der Druck* pressure; [23]*basteln* to tinker; [24]*autonom* autonomous; [25]*die Schlagzeile* headline; [26]*der Segen* blessing

Markenzeichen dreier Autofirmen. Was bedeuten diese Logos für Sie? Kennen Sie diese Marken? Wenn nicht, forschen Sie im Internet!

Zusammenhänge Verkehrsmittel

Wie sehen Fahrzeuge in Science Fiction Filmen oder im Fernsehen aus? Haben Sie schon ein selbstfahrendes Auto gesehen?

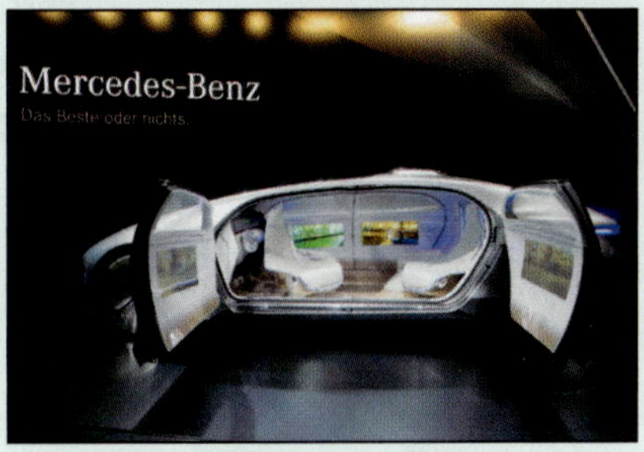

Futuristischer Mercedes IAA15

Der Porsche 911 ist ein Sportwagen von der Firma Porsche, die das sogenannte „Urmodell" im September 1963 auf den Markt brachte.

Der Trabant 601 wurde von 1964 bis 1991 in der DDR gebaut.

21 Kulturelle Aktivitäten

Complete the following activities to demonstrate your understanding of the content in the culture readings.

1. **Presentational Speaking and Writing.** In a group of four, find a *Ludothek* or *Spielothek* in one of the cities you have learned about so far: Ravensburg, Potsdam, Frankfurt an der Oder or Regensburg. Describe the place to the class: location, available games, cost, rules, etc. Then individually imagine your own *Ludothek*. Write in your *Kulturjournal* what it would be like. Be sure to include the categories you used for describing the places you visited in your group.
2. **Interpretive Communication / Interpersonal Speaking.** Find the names of the games that have won the *„Spiel des Jahres"* or the *„Deutscher Spiele Preis"* since 2000. Conduct a survey: how many of your classmates (1) have heard about them and (2) have played them.
3. **Presentational Writing.** Order the types of games at Essen's big game fair in one of these orders: oldest to newest, personal taste (your favorites), most popular or revenues earned. You may also come up with an original idea. Show your results using a presentational tool and include images of the games.
4. **Interpersonal Speaking / Connecting to Social Problems.** Make a Think Tank with some classmates that works on one of these issues about driverless cars. What are the problems with cars that drive themselves? How could driverless cars help certain people in the community? What would replace today's driver's training?

Kultur Plus Interpretive Communication Pre AP

Analyse

How is this game different than the board game?

Süddeutsche Zeitung

CATAN

Um die richtige „Siedler von Catan" App zu finden, muss man im App-Store gut aufpassen, denn dort gibt es viele ähnlich klingende Titel. Seit seinem 20. Geburtstag heißt das erfolgreichste moderne Brettspiel nur noch „Catan". Ansonsten bleibt alles beim Alten: Spieler versuchen auf einer Insel die Rohstoffe Lehm, Holz, Erz, Getreide und Schafe zu sammeln, zu tauschen und daraus Siedlungen, Straßen und Städte zu bauen. Einige Erweiterung sind als In-App-Kauf verfügbar. Highlight der Umsetzung sind acht unterschiedliche Computergegner, die mit ganz verschiedenen Strategien gewinnen wollen. Guido Teuber, der Sohn des Erfinders Klaus Teuber, hat aus dem Brettspiel-Hersteller ein Unternehmen gemacht, das auch mit digitalen Produkten erfolgreich ist.

Bewertung: 8 von 10 Punkten
Preis: IOS 4,99 Euro; iOS HD 6,99 Euro; Android 3,99 Euro
Für: 1–4 Spieler ab 10 Jahren

Aktivität

„Die Siedler von Catan" kann man auch als App kaufen. Beantworten Sie diese Fragen.

1. Wie gut finden die User die App?

   nicht gut gut sehr gut
2. Mit welchen Geräten kann man diese App benutzen?
3. Für wen ist diese App gut?
4. Von welchem Teuber ist diese App?
5. Was denken Sie? Wird das Spielen an Handhelds die Spielatmosphäre verändern?

Du bist dran! Pre AP

Persönliches Interpersonal and Presentational Speaking

Sprich mit einem Partner oder einer Partnerin und frag, ob er oder sie Auto fährt und wohin. Wenn die Person nicht Auto fährt, frag welche öffentlichen oder privaten Verkehrsmitteln er oder sie benutzt und wohin er oder sie fährt. Diskutiert in der Klasse, wo sich junge Leute in eurer Stadt am liebsten treffen und wie sie dorthin kommen.

Mein Auto der Zukunft Presentational Writing

Mach dein eigenes Design: wie sieht dein Auto der Zukunft aus? Bitte von innen und außen zeigen! Markiere alle Teile des Autos und gib dem Fahrzeug einen Namen.

Beschreib ein Auto. Presentational Writing

Hast du ein eigenes Auto? Oder hat ein Familienmitglied oder Freund ein eigenes Auto? Beschreib es deinem Partner/deiner Partnerin! Was für eine Marke ist es? Welche Farbe hat es? Fährt es mit Kupplung oder Automatik? Dann höre die Beschreibung deines Partners oder deiner Partnerin. Was sind die Gemeinsamkeiten, was sind die Unterschiede?

der Audi A4 allroad quattro

Die Fahrschule

Presentational Speaking / Interpretive Communication

Mit einem Partner oder eine Partnerin spiel die Rolle eines Teenagers, wie er oder sie das Fahren mit einem Fahrlehrer lernt. Der Teenager zeigt, dass er oder sie die Anweisungen des Fahrlehrers versteht. Stell zwei Stühle nebeneiander, um der Klasse den Fahrunterricht zu zeigen.

Wenn... , dann... Interpersonal Speaking / Presentational Writing

Wähle unten vier Satzanfänge (*sentence starts*) und schreib sie zu Ende. Sprich dann mit anderen Schülern, bis du jemanden findest, der auch diese Idee geschrieben hat. Zum Schluss schreib eine Zusammenfassung für deine Lehrerin oder deinen Lehrer.

BEISPIEL **A: Wenn ich gestresst bin, dann wandere ich in den Bergen. Was machst du?**
B: Wenn ich gestresst bin, dann treibe ich Sport.

Zusammenfassung: Wenn ich gestresst bin, wandere ich gern, aber Tom treibt gern Sport.

Wenn ich gelangweilt bin, ...
Wenn ich müde bin, ...
Wenn ich traurig bin, ...
Wenn es draußen regnet, ...
Wenn das Wetter schön ist ...
Wenn ich krank bin, ...
Wenn ich gestresst bin, ...
Wenn ich Ruhe haben will, ...

Wörter und Ausdrücke

Interior Parts of a Car

das Armaturenbrett dashboard
das Handschuhfach glove compartment
die Warnblinkanlage hazard warning flasher
das Kombiinstrument instrument cluster
die Benzinuhr fuel gauge
die Kontrollleuchte warning light

Working with the Car's Systems

Drehen Sie den Schüssel herum! Turn the keys (in the ignition)!
Schalten Sie die Gänge! Shift gears!
Wie bediene ich das Navi? How do I operate the navigation system?
Vergessen Sie nicht zu tanken! Don't forget to fill the tank!

Taking the Driver's Test

in die Fahrschule gehen to go to a driving school
theoretischen Unterricht haben to have driver's ed instruction

Ich muss hier tanken, denn die Benzinuhr steht schon fast auf null.

Leseecke

Interpretive Communication Pre AP

Kurzbiografie

Heinrich Spoerl (1887–1955)

Heinrich Spoerl begann sein Leben in Düsseldorf, wo er als Rechtsanwalt arbeitete. In seiner Freizeit schrieb er humoristische Geschichten, vor allem über seine Schulzeit. Sein bekanntestes Buch *Die Feuerzangenbowle* wurde auch zu einem Film gemacht, den man heute in manchen Städten in Deutschland jeden Tag sehen kann, wie *The Rocky Horror Picture Show* in Großbritannien und den USA.

Über den Text

Dieser Text ist eine literarische Anekdote aus der Sammlung *Man kann ruhig darüber sprechen*. Solche Texte sind meistens durch ihre Kürze und Form charakterisiert.

Vor dem Lesen

1. The title of this story is *Der Stift*. This story is about a prank that schoolchildren play on their teacher. Speculate on what the joke in this story might be, based on the title, the drawing and the fact that this is a school prank.
2. What are some typical pranks played at your school?

Strategie

This text is a literary anecdote. Such texts are often characterized by their brevity and are accounts of interesting, amusing, or biographical incidents. They often have a little lesson at the end. As you read the story, note the answers to the following questions.

Question	Answer
1. What happens at the beginning?	
2. How does the teacher react?	
3. How do the students react?	
4. What time does the story begin and when does it end?	
5. What is the "lesson" of the story?	

Beim Lesen

Wer erzählt die Geschichte: der Lehrer, oder einer der Schüler?

Der Stift

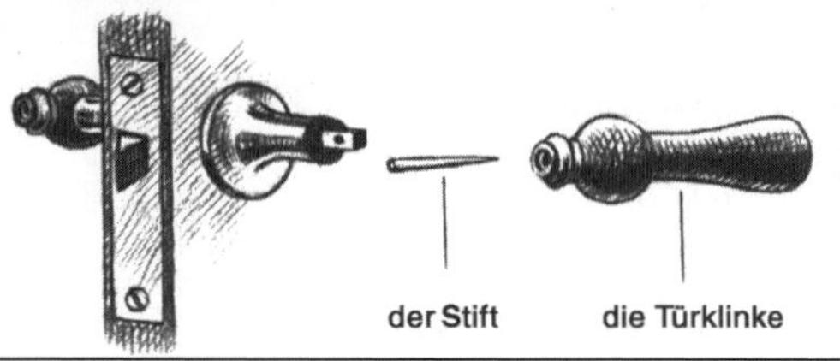

Eine Türklinke hat zwei Teile, einen positiven und einen negativen Teil. Diese Teile stecken ineinander, der kleine wichtige Stift hält sie zusammen. Ohne den Stift fällt alles auseinander. Auch die Türklinke in der Obertertia ist nach diesem Prinzip konstruiert.

Als der Englischlehrer um zwölf Uhr in die Klasse kam und wie immer mit Energie die Tür hinter sich zumachte, hatte er den negativen Teil der Klinke in der Hand. Der positive Teil flog draußen auf den Korridor.

Mit dem negativen Teil kann man eine Tür nicht aufmachen. Die Tür hat dann nur ein viereckiges Loch. Der negative Teil auch.

Die Klasse hatte die Luft angehalten und nun war sie in großer Freude. Die Klasse wusste, was nun kam. Nämlich:

1. Was erwarten die Schüler?

Erstens: Eine genaue Untersuchung, welcher Schüler den Stift herausgezogen hatte und zweitens: Technische Versuche, wie man die Tür ohne Klinke aufmachen konnte. Damit ging die Stunde vorbei.

Es kam aber nichts. Nicht „erstens" und nicht „zweitens". Professor Heimbach war ein viel zu kluger Lehrer, um mit seiner Klasse über kriminalistische Untersuchungen und technische Probleme zu sprechen. Er wusste, worauf die Jungen warteten und tat genau das Gegenteil.

„Wir werden hier schon einmal herauskommen", sagte er kurz. „Matthiesen, fang bitte an! Kapitel siebzehn, Linie zwei."

Matthiesen fing an und bekam eine Drei minus. Dann ging es weiter. Die Stunde war wie jede andere. Die Sache mit dem Stift war vergessen. Aber die Jungen waren doch etwas klüger. Wenigstens einer von ihnen. Plötzlich stand der lange Klostermann auf und sagte, er musste rausgehen.

„Wir gehen später alle."

Er musste aber trotzdem rausgehen.

„Setz dich auf deinen Platz!"

Der lange Klostermann stand immer noch. Er sagte, er hatte Pflaumenkuchen gegessen und so weiter.

2. Warum ist es problematisch, dass Klostermann Pflaumenkuchen gegessen hat?

Professor Heimbach stand vor einem Problem. Gegen Pflaumenkuchen kann man nichts machen. Aber wer will die Folgen auf sich nehmen? Der Professor ging zur Tür und machte einen Versuch mit der Türklinke. Er stocherte mit seinem Hausschlüssel in dem viereckigen Loch herum. Aber kein Schlüssel ließ sich hineinstecken.

3. Warum versucht Professor Heimbach, die Tür aufzumachen?

„Gebt mir einmal eure Schlüssel her!"

Merkwürdig! Kein Schüler hatte einen Schlüssel. Sie suchten in ihren Hosentaschen und feixten. Der Pflaumenkuchenmann feixte auch. Professor Heimbach war Menschenkenner. Wer Pflaumenkuchen gegessen hat, der feixt nicht.

„Klostermann, ich kann dir nicht helfen. Setz dich ruhig wieder hin! Die Rechnung kannst du dem geben, der den Stift herausgenommen hat. Klebben, lass das Feixen sein und lies weiter!"

Also wieder nichts. Langsam, viel zu langsam wurde es ein Uhr. Dann schellte es. Die Schüler aus den anderen Klassen liefen auf die Straße. Aber die Obertertia konnte nicht gehen. Sie lag im dritten Stock am toten Ende eines langen Korridors.

4. Was soll um ein Uhr passieren?

Professor Heimbach machte mit dem Unterricht Schluss und blieb an seinem Pult sitzen. Die Jungen packten ihre Bücher ein.

„Wann können wir gehen?"

„Ich weiß es nicht, wir müssen warten."

Warten war nichts für die Jungen. Außerdem hatten sie Hunger. Der dicke Schrader hatte noch ein Butterbrot und kaute es laut. Die anderen Jungen kauten an ihren Federhaltern.

„Können wir nicht vielleicht unsere Hausarbeiten machen?"

„Nein! Erstens werden Hausarbeiten, wie der Name sagt, zu Hause gemacht. Und zweitens habt ihr fünf Stunden hinter euch und müsst eure junge Gesundheit schonen. Ruht euch aus. Meinetwegen könnt ihr schlafen."

Schlafen in den Bänken haben die Schüler genug versucht. Es ist wundervoll. Aber es geht nur, wenn es nicht erlaubt ist. Jetzt, wo es erlaubt war, machte es keine Freude und funktionierte nicht. Eine schreckliche Langeweile ging durch das Zimmer. Die Jungen versuchten zu schlafen. Der Professor hatte es besser: er korrigierte die Hefte für die nächste Stunde.

5. Warum können die Schüler nicht schlafen?

Kurz nach zwei Uhr kamen die Putzfrauen. Die Obertertia konnte nach Hause gehen. Und der lange Klostermann, der den Stift herausgenommen hatte und sehr stolz darauf war, bekam Klassenschläge.

Nach dem Lesen

1. Welche Elemente machen diese Geschichte lustig? Wer lacht zuerst und wer lacht am Ende?
2. Warum kann ein Streich so wie ein Spiel sein? Was haben sie gemeinsam?
3. Gibt es Ihrer Meinung nach mehr negative oder positive Konsequenzen eines Streichs? Geben Sie Gründe für Ihre Meinung an!

Erweiterung

1. Erfinden Sie eine neue Komplikation für die Schüler der Obertertia! Was wäre mit ihnen passiert, wenn zum Beispiel die Putzfrauen nicht gekommen wären?
2. Schreiben Sie Ihre eigene Anekdote über einen Tag in Ihrer Schule!
3. Sind Klassenzimmer und Schüler heutzutage genau so, wie die Schüler in dieser Geschichte? Schreiben Sie in Ihrem Kulturjournal über eins dieser Themen:
   - das Verhalten des Lehrers
   - das Verhalten der Schüler

   Machen Sie ein „Venn-Diagramm" mit Ihren Ideen. Das Diagramm hilft Ihnen, Ihren Absatz zu schreiben.

Machen wir weiter! Pre AP

Ruth macht Carsharing Interpretive Communication

Hören Sie sich den Dialog an und beantworten Sie die Fragen dazu.

1. Wohin möchte Ruth fahren?
   A. nach Ravensburg
   B. nach Essen
2. Wann möchte sie fahren?
   A. am 20. Dezember
   B. am 7. Januar
3. Welche Informationen braucht der Mitarbeiter?
   A. ihr Name und ihre Adresse
   B. ihr Name und Alter
4. Was kostet die Fahrt?
   A. 22 Euro
   B. 42 Euro
5. Welche Informationen bekommt Ruth von der Mitfahrzentrale?
   A. den Namen und die Telefonnummer vom Fahrer
   B. den Treffpunkt und die Uhrzeit der Abfahrt

„Und der Preis geht an…" Presentational Writing

Sie sind dieses Jahr Jury-Mitglied und dürfen einen Gewinner für „das Spiel des Jahres" vorschlagen! Erforschen Sie zwei deutsche Brettspiele, die heutzutage beliebt sind. Machen Sie eine Liste von den besten Aspekten von einem dieser Spiele. Dann schreiben Sie, warum Sie dieses Spiel vorschlagen.

Nützliche Vokabeln

Meiner Meinung nach…
Ich bin der Meinung, dass…
Ich finde, dass…

Ein Ausflug mit der Familie

Presentational Writing

Schreiben Sie eine Geschichte über diesen Ausflug mit der Familie im Cabrio. Benutzen Sie Dialoge in Ihrer Geschichte.

Eine Familie macht einen Ausflug mit dem Cabrio. Kurt Schraudenbach, 1960.

Unsere Lieblingsspiele

Interpersonal Speaking / Presentational Writing

Machen Sie als Klasse eine Liste mit den beliebtesten Spielen von der Klasse. Es kann jede Art von Spiel sein: Kartenspiel, Brettspiel, Computerspiel oder sonst was. Jede Person schreibt mindesten eine Aussage zu jedem Spiel. Stellen Sie Ihre Perspektiven ins Netz. Helfen Sie anderen Deutschlernenden, Spiele zu finden, die sie vielleicht auch gern spielen möchten.

Ein Klassenturnier

Hold a game tournament in your class and play *Schiffe versenken!* (Battleship). Divide the class into two teams and create a grid like the one below, with a topic ("imperative", "present perfect", etc.), five different infinitives as categories and all or only a few subject pronouns.

The first student in one team attempts to use a verb form correctly in a sentence. If the subject and verb are used correctly, the opposite team crosses out the square on their grid. If a ship is on it, they lose it.

BEISPIEL: **A: Hört zu!** (ihr + zuhören).
B: Verfehlt! *(Missed!)*
A: OK, jetzt seid ihr dran!
B: *Mischen Sie die Karten!* (Sie + Karten mischen)
A: Ah! Treffer! *(Hit!)*

Imperativ	gehen	zuhören	lesen	essen	Karten mischen
du					
Sie					
ihr					
wir					

 = Kriegsschiff,  = Frachter,  = Boot

Rückblick

R1 Was fehlt hier?

Ergänzen Sie den Text mit den fehlenden Wörtern und den richtigen Verbformen! Sie dürfen jedes Wort nur ein Mal benutzen.

Brettspiel	**Spielplan**	**Spielanleitung**	**Würfel**
Spielfiguren	**mischen**	**teilen**	**Puzzleteil**
Stein	**Karten**	**Puzzle**	**Verlierer**
setzen	**Spieler**	**gewinnen**	

Am Montag gibt es keine Schule und Annika und Finn wollen ein Br (1) spielen. Finn findet eins, aber die Sp (2) können sie nicht finden. In der Kiste finden sie nur den Sp (3), einen Wü (4) und einen St (5). Annika liest die Sp (6) und sieht, dass sie vier Sp (7) brauchen und sie sind nur zwei, Finn und Anika.

„Dumm", sagt Annika, „dieses Spiel können wir leider nicht spielen. Vielleicht sollen wir Ka (8) spielen. Hol sie mal! Ich mi (9) sie und du te (10) sie aus,"

„Nein", sagt Finn. „Se (11) wir ein Pu (12) zusammen. Ich hoffe, wir haben jedes Pu (13)."

„Und das ist sowieso besser", sagt Annika. „Du ge (14) immer beim Spielen und ich bin immer der Ve (15)."

R2 Wer soll etwas machen?

Die Familie möchte einen schönen Abend zusammen verbringen. Annas und Hannes Bruder Tom sagt ihnen, was sie machen sollen.

BEISPIEL Anna: nicht schlafen
Schlaf nicht!

1. Hannes: den Aufsatz schreiben
2. Anna: den Tisch sauber machen
3. Hannes und Anna: die Stühle um den Tisch stellen
4. Anna: das Puzzle holen
5. die Eltern: die Puzzleteile aus der Kiste nehmen
6. Anna: die blauen Puzzleteile finden
7. Hannes und Papa: die roten und gelben Puzzleteile suchen
8. alle: das Puzzle zusammensetzen

Wer wird das Puzzle holen?

R3 Welches Wort fehlt hier?

Hier ist ein Bild vom Armaturenbrett. Identifizieren Sie die Teile und schreiben Sie sie unten in die Tabelle.

1. das L	2. die H	3. der B
4. der S	5. die S	6. die L
7. das H	8. die M	9. die W

R4 Beantworten Sie diese Fragen!

BEISPIEL Über wen lacht die Klasse? (der Lehrer)
Die Klasse lacht über den Lehrer.

1. Mit wem spricht Hannes jeden Morgen? (sein Vater)
2. Bei wem hilft Renate oft? (die Nachbarin)
3. An wen denkt Gisela am meisten? (ihr Freund)
4. Auf wen muss Roland oft warten? (seine Schulfreunde)
5. Über wen sprechen die Lehrer nicht gern? (schlechte Schüler)
6. Nach wem suchen wir? (die Katze)
7. Um wen kümmern sich Eltern? (ihre Kinder)
8. Für wen interessieren sich viele Schüler? (bekannte Popstars)

R5 Wer kann das sein?

Ergänzen Sie die Sätze!

1. Das ist der Mann, auf ___ alle warten.
2. Das sind die Spieleentwickler, von ___ alle sprechen.
3. Das ist die Gruppe, über ___ alle diskutieren.
4. Das ist der Clown, über ___ alle lachen.
5. Das ist die Schauspielerin, von ___ alle träumen.
6. Das ist der nette Nachbar, bei ___ alle helfen.
7. Das sind die Probleme, an ___ alle denken.
8. Das ist die alte Oma, um ___ sich alle sorgen.

R6 Was würden Sie tun?

BEISPIEL viel Geld haben / viele Apps kaufen
Wenn ich Geld hätte, würde ich viele Apps kaufen.

1. keine Schule haben / den ganzen Tag Puzzles zusammensetzen
2. mehr Freizeit haben / mehr im Internet spielen
3. Klaus Teuber sein / viele Spiele entwickeln
4. Spieleentwickler sein / einen interessanten Job haben
5. in Ravensburg im Museum sein / viele interessante Sachen sehen
6. den Preis „Spiel des Jahres" haben / mehr Spiele verkaufen
7. den Weltrekord haben / stolz sein
8. der beste Spieler von „Die Siedler von Catan" sein / sehr glücklich sein

Vokabeln

abstellen to turn off *4B*
anmachen to start (motor) *4B*
das **Armaturenbrett,-er** dashboard *4B*
austeilen to deal (cards) *4A*
die **Befestigungsanlage,-n** fortification *4A*
die **Benzinuhr,-en** fuel gauge *4B*
bequem comfortable *4B*
die **Beschäftigung,-en** occupation *4B*
der **Blinker,-** blinker *4B*
die **Bremse,-n** brake *4B*
das **Brettspiel,-e** board game *4A*
das **Buch: die Bücher machen** to do the accounting *4B*
der **Buchverlag,-e** publishing house *4A*
die **Chance,-n** chance *4A*
Dame checkers (game) *4A*
der **Deckel,-** cover *4A*
das **Dentallabor,-e** dental lab *4B*
drehen to turn *4B*
das **Dreieck,-e** triangle *4A*
erfolgreich successful *4B*
erhalten: gut erhalten well-preserved *4A*
das **Familienunternehmen,-** family business *4B*
fangen (*fängt, fing, gefangen*) to catch *4A*
der **Feind,-e** enemy *4A*
die **Form,-en** shape *4A*
der **Gang,¨-e** gear *4B*
der **Ganganzeiger,-** gear indicator *4B*
das **Garagentor,-e** garage door *4A*
das **Gesellschaftsspiel,-e** parlor game *4A*
der **Gewinner,-** winner *4A*
halbrund semicircular *4A*
die **Handelsorganisation,-en** trade organization *4A*
das **Handschuhfach,¨-er** glove compartment *4B*
die **Herausforderung,-en** challenge *4A*
der **Hersteller,-** manufacturer *4A*
die **Herstellung,-en** production, manufacturing *4B*
herumspringen (sprang herum, ist herumgesprungen) to jump around *4A*
das **Horn,¨-er** horn, trumpet *4A*
die **Hupe,-n** horn *4B*
das **Imperium,-rien** empire *4B*
kantig angular *4A*
Karte: die Karten austeilen to deal cards; *Karten mischen* to shuffle cards *4A*
der **Kilometerzähler,-** odometer *4B*
die **Kiste,-n** box *4B*
das **Kombiinstrument,-e** instrument cluster *4B*
die **Kontrollleuchte,-n** indicator light *4B*
kriegen to get *4A*
die **Kupplung,-en** clutch *4B*
die **Leidenschaft,-en** passion *4A*
der **Leinenstoff,-e** linen cloth *4A*
loslassen (*lässt los, ließ los, losgelassen*) to let go *4B*
die **Lüftung** ventilation, air vent *4B*
das **Markenzeichen,-** trademark *4A*
meistverkauft most sold *4B*
die **Musikanlage,-n** stereo system *4B*
die **Pappe,-n** cardboard *4B*
das **Plastikteil,-e** plastic part *4B*
das **Puzzle,-s** puzzle *4A*
das **Puzzleteil,-e** puzzle piece *4A*
rauskommen (*kam raus, ist rausgekommen*) to start as the first player *4A*
das **Regenwetter** rainy weather *4A*
der **Rückspiegel,-** rear-view mirror *4B*
rückwärts backwards *4B*
schaden to harm *4A*
schalten to shift; *die Gänge schalten* to shift gears *4B*
die **Schaltung** stick shift *4B*
der **Scheibenwischer,-** windshield wiper *4B*
schummeln to cheat *4A*
der **Siedler,-** settler *4A*
das **Spätmittelalter** late Middle Ages *4A*
die **Spielanleitung,-en** game instructions *4A*
der **Spieleentwickler,-** game developer *4B*
der **Spielehersteller,-** game manufacturer *4A*
die **Spielemeile,-n** game mile *4A*
die **Spielfigur,-en** playing piece *4A*
die **Spielkultur,-en** game culture *4A*
die **Spielregel,-n** game rule *4A*
der **Spielplan,¨-e** game board *4A*
die **Stadtbefestigung,-en** city fortification *4A*
starten to start *4B*
der **Stein,-e** checker, typical game piece *4A*
der **Tachometer,-** tachometer *4B*
theoretisch theoretical *4B*
trotzdem nonetheless *4A*
umdrehen to turn around *4B*
unterschiedlich different *4A*
verantwortlich responsible *4B*
der **Verlierer,-** loser *4A*
der **Vertrieb,-e** distribution, marketing *4B*
die **Vierländerregion,-en** four-country region *4A*
vor Christus B.C. *4A*
vorwärts forward *4B*
die **Warnblinkanlage,-n** hazard warning flasher *4B*
der **Weltrekord,-e** world record *4A*
weltweit worldwide *4B*
der **Würfel,-** die *4A*
würfeln to roll the dice *4A*
der **Zahntechniker,-** dental technician *4B*
Zug: einen Zug machen moving a piece on the board *4A*
zurückreichen to reach back *4A*
zusammensetzen to put together *4A*

Noch etwas

Here are some German suffixes with their English equivalents. How many words with these suffixes can you find on this page or in this book?

-fach	*-fold*
-reich	*-ful, full of*
-schaft	*-ship, -hood*
-ung	*noun made from a verb*

Write in the left-hand column how Germans like to use their time to show what you learned in this and earlier chapters. Your partner will comment on each of your entries in the right-hand column. For example: making a comparison, talking about personal practices, hypothesizing about the significance of German practices, etc.

Wie vertreiben Deutsche am liebsten ihre Zeit?

Deutsche spielen mehr Brettspiele als Amerikaner. (Seite 124)	Vielleicht verbringen die Deutschen mehr Zeit mit ihren Familien als die Amerikaner.
Viele Deutsche gehen auf Messen für Gesellschaftsspiele.	

Zitat

„Am Ziele deiner Wünsche wirst du jedenfalls eines vermissen: dein Wandern zum Ziel."

Once all your dreams come true, you will surely miss one thing: the meandering path along the way.

—Marie von Ebner-Eschenbach (1830–1916), österreichische Schriftstellerin

Tatsache

Jedes Jahr besuchen fast 40 Millionen Touristen Österreich.

Kapitel

5

Auf nach Österreich!

Leitfrage

?

How are social norms changing in other cultures?

Wohin reist die Familie, die sich diese Webseite ansieht?

Was machen diese Leute?

Lernziele

Lektion A I will be able to:

- Use formal and informal forms of address, express impossibility and say what's typical.
- Talk about Austria's Tyrol region, including its sustainable and inclusive tourism.
- Use comparatives and superlatives with adjectives and adverbs, state preferences with the comparative and the superlative.
- Read about an important prize awarded to the Tyrol region.

Lektion B I will be able to:

- Express that someone is an optimist or a pessimist, describe weather conditions, and ask directions.
- Talk about social etiquette, discover a nature park in Tyrol, and understand Alpine rescue.
- Use if/then clauses in the past tense and *da*-compounds.
- Read about a female mountain climber and poems with various rhythmic patterns.

Lektion A

Vokabeln Anredeformen „du“ und „Sie“

Wann benutze ich „du“? Wann benutze ich „Sie“?

Wen kann ich **duzen**? Wen muss ich **siezen**?

Wie redet man jemanden im öffentlichen Leben an?

Erwachsener - Erwachsener

Sie + Nachnamen

- Guten Tag, Frau Müller. Ich freue mich, Sie zu sehen!
- Ich grüße Sie, Herr Schmaizl!

Erwachsener – Kind oder Teen

du - Sie

- Hallo Tina. Wie geht's dir?
- Herr Möcke, können Sie mir helfen?

In der Familie / unter Freunden

du - du

- Opa, grillst du für uns?
- Ihr wisst doch, dass ich gern grille. Heute gibt's Hähnchen.

Mischformen

Im Norden: **das „Hamburger-Sie“**

Sie + Vornamen

- Karsten, wann kommen Sie morgen?

Im Süden: **das „Kassiererin-Du“**

Du + Nachnamen

- Frau Specht, das hast du gut gemacht.

- Dürfen wir uns duzen? (das Du **anbieten**)
- Gerne, duzen wir uns! (das Du **akzeptieren**)
- Danke, aber ich möchte Sie besser kennen lernen, bis wir uns duzen. (das Du **ablehnen**)

Wichtige Ausdrücke

How do I say someone used "du" with me?

Der Verkäufer **hat mich geduzt!**

The salesperson used the "du" form with me!

How do I express impossibility?

Das ist unmöglich!

That's impossible!

How do I talk about what's typical?

Das ist heutzutage **ganz normal**.

That's completely normal nowadays.

Noch etwas

Ask two or more classmates these questions in the plural:

1. Wie heißt du?
2. Wie alt bist du?
3. Wie geht es dir?
4. Wohin gehst du dieses Wochenende?

Noch etwas

Stellen Sie sich vor: Sie und Ihr Partner oder Ihre Partnerin sind 75 Jahre alt. Beschweren Sie sich (*complain*) über etwas, das Sie „unmöglich" finden.

Wörterkiste

Das „Kassiererinnen-du" ist die Anredeform, bei der man *du* + Familiennamen benutzt, um Kollegen anzureden. „**Frau Triens**, weißt **du**, was die Tomaten kosten?" hört man in Süddeutschland und Österreich.

Konversationsgruppe

Arbeiten Sie mit verschiedenen Partnern. Eine Person bietet jemandem das Du an. Die andere Person kann das Du akzeptieren oder auch ablehnen. Sprechen Sie mit mindestens fünf Personen.

Was noch?

höflich	*polite*
respektvoll	*respectful*
veraltet	*outdated*

1 Wer sagt was?

Entscheiden Sie, ob man in diesen Situationen *du*, *ihr* oder *Sie* braucht.
Was sagen…

Was meinst du dazu, Kat?

1. zwei Kinder zueinander?
2. drei Schüler zueinander?
3. ein Schüler zu drei Mitschülern?
4. ein Herr zu seinem Hund?
5. Frau Schmidt zu Frau Hansen?
6. ein Boss zu seiner Sekretärin?
7. ein 12-jähriges Mädchen zu einer fremden 60-jährigen Frau?
8. ein 18-jähriger Junge zu seiner Tante?
9. zwei 16-jährige Mädchen zu einer Lehrerin?
10. eine Mutter zu ihren vier Kindern?
11. ein Junge zu seinen Großeltern?

Dialog Was sagt man… *du* oder *Sie*?

Interpretive Communication

Elly lebt seit fünf Jahren in Wien und spricht mit ihrer Mutter, einer Deutschlehrerin aus Amerika. Ihre Mutter kommt gerade vom Apple-Store in der Wiedner Hauptstraße.

Mutter: Unglaublich! Der Verkäufer hat mich geduzt! Das ist doch kein Benehmen! Ich bin die Ältere! Ich kenne den Mann nicht! Das finde ich unhöflich, sogar respektlos!

Analyse
Warum würde ein Mitarbeiter im Apple-Store den Kunden duzen? Wer sind die Mitarbeiter im Apple-Store? Wäre es anders in anderen Geschäften, wie zum Beispiel in der Bäckerei?

Elly: Aber, Mama, das ist heutzutage ganz normal, besonders in Geschäften mit jungen Mitarbeitern. Du bist so altmodisch! Man hält sich nicht mehr so an die alten Regeln mit dem Duzen und Siezen!

Mutter: Aber Elly, das ist unmöglich! Wie geht das denn im Geschäftsleben?

Elly: Da gibt es nur noch ein paar Regeln: unter Kollegen bietet der Ältere dem Jüngeren das „Du" an; der Boss dem Mitarbeiter; zwischen Männern und Frauen ist es aber weniger klar.

Mutter: Ich weiß noch, wie ich vor vielen Jahren einen älteren Herrn gefragt habe, wie es mit dem Duzen ist. Er sagte mir: der Ältere dem Jüngeren, aber nie der Mann der Frau! Er hat gewartet, dass ich ihm das Du anbiete–wir blieben beim „Sie".

Elly: Es ist auch geografisch unterschiedlich: Im Norden gibt es das „Hamburger Sie", den Vornamen mit Sie: „*Klaus*, wann kommen *Sie* morgen?" Im Süden gibt es das „Kassiererin-Du": den Nachnamen mit du, wie „*Frau Müller*, weißt *du*, was die Tomaten kosten?" Und im Osten Deutschlands siezen sie mehr als im Westen: das machen sie extra so, weil man in der DDR das Du unter „Parteigenossen" benutzen *musste*. Sonst hätte es politische Probleme gegeben.

Kulturpraxis

Though the rules for "du" and "Sie" are not always clear-cut in Austria or Germany, if you address a German police officer with the "du" form, you will get a fine.

Mutter: Es gibt doch einige Situationen, wo das Duzen ganz klar ist. Unter Bergsteigern gibt es die 1.000 Meter Höhe Regel: ab 1.000 Meter duzt man sich. In Oberösterreich steht sogar der „Du-Stein", genau auf 1.000 Meter Höhe! Da duzt sich jeder.

Elly: Willkommen im 21. Jahrhundert, Mama!

2 Was meint Elly, was meint ihre Mutter?

Diskutieren Sie in einer Gruppe: Spricht Elly oder ihre Mutter? Geben Sie einen Grund für Ihre Antwort. Zum Beispiel: **Es klingt ganz altmodisch und passt zu Ellys Mutter.**

1. Ich finde die Regeln schon ganz gut.
2. Ich denke, die junge Generation hat keinen Respekt für diese Regeln. Ich finde junge Leute manchmal sehr unhöflich.
3. Viele von diesen Regeln finde ich zu altmodisch. Die Welt ist heute anders als vor 50 Jahren.
4. Seit 30 Jahren hat man mich im öffentlichen Leben gesiezt und das ist mir heute auch recht.
5. Ich finde, ein Mann kann genauso gut einer Frau das Du anbieten.
6. Ich finde es sehr unhöflich, wenn eine jüngere Person, die ich nicht kenne, mich duzt.
7. Ich bleibe bei der Regel, der Mann muss warten, bis die Frau ihm das Du anbietet.
8. Die Regeln für „du" und „Sie" sind in der modernen Gesellschaft anders.

3 Welche Regeln kennen Sie?

In Partnerarbeit diskutieren Sie: welche sozialen Regeln kennen Sie? Nennen Sie vier Situationen, in denen man solche Regeln benutzt. Beispiele wären: Sie sprechen mit dem Schuldirektor; mit Ihrem besten Freund, u.s.w.

4 Was ist Ihre Meinung?

In einer Gruppe diskutieren Sie diese Situationen. Finden Sie die Ideen gut oder nicht? Wenn Sie sie gut finden, alles klar. Wenn Sie etwas ändern wollen, entscheiden Sie als Gruppe.

BEISPIEL Schüler sollen Lehrer und Lehrerinnen nur mit dem Familiennamen anreden.
Ja, das machen wir so und es funktioniert.
Nein, in unserer Schule benutzen wir den Vornamen der Lehrer.

1. Lehrer sollen die Schüler mit Nachnamen anreden.
2. Wenn Lehrer mit anderen Lehrern sprechen, sollen sie die Nachnamen der Lehrer benutzen, wie „Guten Morgen, Frau Johnson".
3. Lehrer sollen den Schuldirektor/die Schuldirektorin mit Nachnamen anreden.
4. Ihre Meinung, bitte!
5. In der Schule soll man jeden mit Nachnamen anreden.

Sprache Comparative and Superlative

When you use the comparative and superlative forms of adjectives and adverbs, you add suffixes to the positive, or base form. To form the comparative, add *-er (schön - schöner-; schnell - schneller-)*. For the superlative, add *-st* to the base *(schön - schönst-; schnell - schnellst-)*. These forms can precede a noun and modify it; therefore they need adjective endings. See the chart in the appendix of this book to review adjective endings.

Comparative of adjectives:

positive	*Die freundliche Lehrerin unterrichtet Geschichte.* The friendly teacher teaches history.
comparative	*Die freundlich**er**e Lehrerin unterrichtet Mathe.* The friendlier teacher teaches math.
superlative	*Die freundlich**st**e Lehrerin unterrichtet Deutsch.* The friendliest teacher teaches German.

When the adjectives or adverbs end in *d, s, ß, sch, st, t, x* or *z*, the superlative adds an *-e-* before the ending *-st (heiß - heißest-; charmant - charmantest-)*.

Note exception: *groß-, größt-*

Vergleiche

Which of these sentences is wrong according to English grammar rules?

My friend eats the biggest sandwiches. / My friend eats the most big sandwiches.

Antwort: The second sentence. Instead say: „biggest sandwiches."

emcpassport.com
WB 4

Most one-syllable adjectives or adverbs with *a*, *o* and *u* add an umlaut in the comparative and superlative. Occasionally, other adjectives and adverbs also take umlauts *(gesund - gesünder)*.

groß	*größer-*	*größt-*
warm	*wärmer-*	*wärmst-*

As you have already learned, there are also adjectives and adverbs that have irregular forms. These are the most important ones:

gern	*lieber*	*liebst-*
gut	*besser-*	*best-*
hoch	*höher-*	*höchst-*
nahe	*näher-*	*nächst-*
viel	*mehr*	*meist-*

Note: There are no adjective endings for *lieber* and *mehr.*

Adjektive

Kennen Sie diese Adjektive noch?

klein	**toll**
klug	**neu**
nett	**schnell**
schön	**warm**

Vergleiche

What are the English rules for comparative adjectives in English? Is it similar to adding a suffix in German?

Antwort: The English rule is similar when you add the suffix *-er* to short words, such as *taller* or *happier*, but longer words require using the adverb *more*, such as *more interesting* or *more careful.*

Wien ist die schönste Stadt der Welt!

5 Ergänzen Sie die Endungen!

1. Ein schneller___ Mountainbike ist oft das besser__ Mountainbike.
2. Deutsche Autos sind oft die tollst___ Autos.
3. Die schönst___ Sachen im Leben sind nicht immer teuer.
4. Wenn ich ein kleiner___ Zimmer hätte, würde ich trotzdem die meist___ Sachen drin haben.
5. Wenn ich mit meiner ältest___ Schwester hier wäre, hätte ich keine Angst.
6. Möchten Sie den teurer___ oder den billiger___ Roller kaufen?
7. Wir brauchen eine länger___ Pause.
8. Ich habe wenig Geld und mache nur die wichtigst___ Reparaturen an meinem Motorrad.

6 Man kann nicht alles haben

Ergänzen Sie die fehlenden Wörter! Benutzen Sie den Komparativ und vergessen Sie die Adjektivendungen nicht!

BEISPIEL Ich möchte ___ Prüfungen haben, aber dafür ___ Hausaufgaben. (leicht, schwer)
Ich möchte leichtere Prüfungen haben, aber dafür schwerere Hausaufgaben.

1. Ich möchte ein ___ Zimmer haben und ein ___ Bett. (klein, groß)
2. Uwe möchte einen ___ Computer haben und dafür ein __ Fahrrad. (teuer, billig)
3. Jens und Barbara möchten einen ___ Urlaub haben, aber dafür einen ___ Job. (kurz, gut)
4. Renate möchte ___ Sachen essen und dafür ___ Zeit zum Kochen haben. (gesund, viel)
5. Hannes möchte ___ Hosen haben und ___ Hemden. (eng, weit)
6. Kinos, die ___ Filme zeigen, bieten meistens ___ Preise an. (alt, günstig)
7. Ich möchte ___ Tage haben, aber dafür ___ Nächte. (warm, kühl)
8. Viele Musiker möchten ___ Lieder haben, aber dafür ___ Musik. (einfach, schön)

7 Ihre Meinung, bitte!

Was meinen Sie? Benutzen Sie den Superlativ dazu!

BEISPIEL Welches Verkehrsmittel ist das schnellste: das Fahrrad, das Flugzeug, das Motorrad?
Das Flugzeug ist das schnellste Verkehrsmittel.

1. Welche Stadt ist die größte: Berlin, Wien, New York?
2. Welcher Platz ist der schönste zum Sitzen: eine Bank, der Rasen, ein Park?
3. Welche Ferien im Sommer finden Sie die interessantesten: am Strand, in den Bergen oder in der Stadt?
4. Welche Sportart ist für Sie die beste: Laufen, Schwimmen, Fußball?
5. Welcher Tanz ist der einfachste: der Foxtrott, der Walzer, die Polka?
6. Welches Zimmer ist das kleinste in Ihrem Haus oder Ihrer Wohnung: die Küche, das Wohnzimmer, das Badezimmer?
7. Welche Hausarbeit ist für Sie die schwerste: Staubsaugen, Wäsche waschen, Geschirr spülen?
8. Welche Kunstform finden Sie die schönste: das Malen, das Singen, das Schreiben?

Sprache Comparison of Adjectives and Adverbs

Adjectives and adverbs that appear after verbs in the sentence do not have adjective endings. When you compare them, add *-er* to the base form in the comparative and *-st* to the base form in the superlative. Notice that *am* precedes the superlative form, which ends in *-en*.

positive *Die Englischlehrerin ist freundlich.* The English teacher is friendly.

comparative *Die Französischlehrerin ist freundlicher als die Englischlehrerin.* The French teacher is friendlier than the English teacher.

superlative *Die Biologielehrerin ist am freundlichsten.* The biology teacher is the friendliest.

When you compare two things that are equal, use *so... wie*.

Melanie ist so intelligent wie Ingrid. Melanie is as intelligent as Ingrid.

Das Rathaus ist so alt wie das Stadttor. The city hall is as old as the city gate.

When you compare two unequal things, use the comparative form and *als*.

Rudolf ist glücklicher als Herr Schwarz. Rudolf is happier than Mr. Schwarz.

Frau Bauer ist jünger als Herr Teubner. Mrs. Bauer is younger than Mr. Teubner.

Die Statue ist moderner als die Kirche.

8 Vergleichen Sie diese Sachen!

Vergleichen Sie diese Sachen und benutzen Sie Adjektive aus der Liste oder andere, die Sie möchten.

groß	**interessant**	**glücklich**	**langweilig**
schnell	**gefährlich**	**jung**	**sicher**
ruhig	**laut**	**gut**	**klein**

1. Deutschland / die Schweiz
2. der Gewinner / der Verlierer
3. ein Kind / ein Erwachsener
4. ein Bus / ein Flugzeug
5. ein Rockkonzert / ein klassisches Konzert
6. ein Brettspiel / ein Videospiel
7. Ausdauertraining / Wandern
8. Auto fahren / Fahrrad fahren

9 Vergleichen Sie sie!

In Partnerarbeit machen Sie zehn Vergleiche mit diesen Informationen.

BEISPIELE **Jan ist jünger als Dennis.**
Sabrina ist so intelligent wie Max.
Dennis ist der älteste Schüler.

Informationen über die Personen

	Alter **alt/jung**	Intelligenz (IQ) **intelligent**	Größe **groß/klein**
Dennis	18	97	1,80
Jan	17	115	1,75
Sabrina	16	100	1,60
Lisa	17	105	1,75
Max	15	100	1,90
Jennifer	16	125	1,55

Sprache: Expressing Preferences with Comparative and Superlative

The comparative and superlative will be helpful when you want to express your preferences for things or people. The following are a few expressions that will help you:

Ich finde… als…
Ich mag… gern, aber… lieber.
Ich habe… lieber als…
Ich habe… gern, aber… gefällt/gefallen mir besser.

Ich finde Dokumentarfilme langweiliger als Horrorfilme.	I find documentary films more boring than horror films.
Johannes mag Stuttgart lieber als Ludwigsburg.	Johannes likes Stuttgart better than Ludwigsburg.
Dirk hat München gern, aber Berlin gefällt ihm besser.	Dirk likes Munich, but he prefers Berlin (but he likes Berlin more).

Konversationsgruppe

Use one of the constructions above to find our what your partner prefers in:

1. Sport
2. Filme
3. Essen
4. Sänger
5. Fächer
6. Haustiere
7. Eis
8. Autos

10 Kombinieren Sie!

Auto fahren	den Winter	besser als	den Sommer
Ich finde	Deutsch	so gern wie	Fahrrad fahren
Ich habe	finde ich	so gut wie	Fernsehen
Ich mag	gefällt mir	lieber als	Französisch
Lesen	mag ich	schöner als	meinen Job
Samstag	meine Schule		Sonntag
			Ski laufen

Kreuz und quer

Interpretive Communication Pre AP

Tirol

Lage[1] und Geschichte

Mitten in den Alpen und umgeben[2] von drei Ländern liegt Tirol, eines der neun österreichischen Bundesländer. Schon zu römischen Zeiten war Tirol ein zentraler Ort für den Verkehr. Vor 2000 Jahren bauten die Römer die Via Claudia Augusta, die Nord-Süd Straße durch die Alpen. Die römische Via Raetia führte zum Westen hin; diese Strecke wurde über die Jahrhunderte erweitert[3] und ist das Fundament[4] für die moderne Inntalautobahn, die heute den Verkehr von Westen nach Osten über den Brenner Pass führt.

Die Hauptstadt

ein typisches Dorf im Bundesland Tirol

Die Hauptstadt von Tirol ist Innsbruck. Die Stadt heißt so, weil dort eine Brücke über den Inn führt. Sie ist die fünftgrößte Stadt in Österreich und das Kulturzentrum dieses Bundeslandes. Hier wurde das erste Opern- und Theaterhaus im deutschen Sprachraum[5] 1629–30 gebaut, heute das Kongress- und Konzerthaus Innsbruck. Jedes Jahr übernachten eine Million Besucher in der Stadt. Ihr Wahrzeichen[6] ist das Goldene Dachl aus dem Jahre 1420. Aber wenn man Innsbruck hört, denken viele an große Veranstaltungen in der Sportwelt: 1964 und '76 fanden hier die Olympischen Winterspiele statt, '84 und '88 die Winter Paralympischen Spiele, und 2012 die ersten Olympischen Winterspiele der Jugend.

Weißt du…?

Wie hoch ist der Lebensstandard in Österreich?

Antwort: Der österreichische Lebensstandard gehört zu den höchsten in der Welt.

---

[1] *die Lage* location; [2] *umgeben* to be surrounded by; [3] *erweitern* to expand; [4] *das Fundament* foundation; [5] *der Sprachraum* language area; [6] *das Wahrzeichen* hallmark, landmark

Freizeitaktivitäten in Tirol

Berghütte in Tirol

Vor allem ist Tirol für die Berglandschaft[7] und Natur bekannt. Viele Menschen reisen nach Tirol, um sich in dieser schönen Gegend zu erholen[8]. Schon die österreichischen Kaiser und ihre Familien fuhren nach Tirol, um Urlaub[9] zu machen. Im Sommer kann man wandern, Rad fahren, Golf und Tennis spielen, klettern, reiten und schwimmen. Aber wegen der Alpen und den fünf Gletschergebieten[10] ist der Wintersport hier besonders beliebt: jede Wintersportart, alles was man auf Schnee und Eis machen kann, findet man in Tirol im Angebot. Aus diesem Grund verdient Tirol mehr Geld mit Tourismus als jedes andere Bundesland Österreichs.

Tirol hat fast 10.000 Kilometer von Wanderwegen. Der österreichische Alpenverein[11] organisiert Wanderurlaube mit Übernachtungen in Berghütten[12], die man meistens zu Fuß erreichen kann.

Analyse

What are the new norms for taking care of natural places? What are the new norms of accessibility for the disabled?

Flash!

EDEN-Preis für Tirol

Die Jury für den EDEN-Preis lobt Tirol für herausragendes Engagement für soziale, kulturelle und ökologische Nachhaltigkeit. Tirol hat vor, über die nächsten Jahrhunderte ein beliebtes Ziel für alle Menschen zu bleiben.

Tirol heute

Wenn man den Sport ansieht, so ist Tirol ein Vorbild bei der Nachhaltigkeit[13] und dem barrierefreien Zugang[14]. 2013 gewann die Naturparkregion[15] Kaunertal den EDEN-Preis („European Destinations of Excellence") für „Accessible Tourism". In Tirol legt man großen Wert auf „Tourismus für alle": im Kaunertal kann jeder – auch Gäste mit Handicap– Sport treiben, eine Unterkunft[16] buchen, mit der barrierefreien Seilbahn[17] zur Bergspitze fahren und öffentliche Verkehrsmittel „barrierefrei" benutzen. Hier findet man ein großes Angebot an Handbikes[18], barrierefreien Liften[19], Wanderwegen für Rollstuhlfahrer, und Helfern, die die Gäste unterstützen.

---

[7]*die Berglandschaft* alpine landscape; [8]*sich erholen* to relax; [9]*der Urlaub* vacation; [10]*das Gletschergebiet* glacial area; [11]*der* Alpenverein Alpine Association; [12]*die Berghütte* mountain cabin; [13]*die Nachhaltigkeit* sustainability; [14]*barrierefreier Zugang* full accessibility for the disabled; [15]*die Naturparkregion* nature park area; [16]*die Unterkunft* accommodation; [17]*die Seilbahn* cable car; [18]*das Handbike* hand-pedaled bike; [19]*der Lift* ski lift

11 Was verstehen Sie?

Schreiben Sie für jeden Paragraphen die Hauptidee (*main idea*): Lage und Geschichte, Die Hauptstadt, Freizeitaktivitäten in Tirol, Tirol heute. Dann diskutieren Sie mit einem Partner oder einer Partnerin und vergleichen Sie Ihre Antworten.

12 Aktivitäten

1. **Presentational Writing / Connecting to Cultural History.** Die Tiroler haben ihre eigene Geschichte, Feste und Traditionen. Man kann viel über ein Volk lernen, wenn man die Feste und Traditionen kennen lernt. Erforschen Sie ein Fest oder eine Tradition aus Tirol. Machen Sie ein Poster mit Bildern und Informationen über Ihr Thema.

Suchwörter: Tiroler Bräuche, Tiroler Brauchtum, Brauchtum und Kultur Tirol

2. **Presentational Writing / Connecting to Advertising.** Finden Sie eine Berghütte vom Alpenverein und machen Sie eine Reklame für die Hütte. In Ihrer Reklame sollten Sie notieren: wie hoch die Hütte liegt, auf welcher Strecke, wie viele Leute dort übernachten können, warum diese Hütte so toll ist, und ein Bild von der Hütte. Hier sind einige Namen von Hütten, die Sie besuchen können.

   • Ackerlhütte • Anton Karg Haus • Badener Hütte • Bettelwurfhütte
   • Bonn-Matreier-Hütte • Edmund-Graf-Hütte

Suchwörter: Hütten Österreichischer Alpenverein

Du bist dran! Pre AP

Siezen oder duzen?

Die ganze Klasse arbeitet zusammen. Eine Liste wird auf die Tafel geschrieben mit Orten wie *in der Bäckerei, in der Apotheke, im Kino, im Supermarkt, auf der Straße,* usw. Dann schreibt man in Gruppen auf Karten Identitäten von Personen, wie *Anita, 36, Mutter; Frau Merz, 66, Seniorin; Herr Gabbert, 40, Apotheker; Bettina, 10, Schülerin,* usw. Die Karten werden gemischt, dann auf den Tisch mit der Schrift nach unter gelegt. Jetzt gehen zwei Leute nach vorne: jede Person nimmt eine Karte und hat so eine Identität, die man der Klasse sagt. Dann ruft die Klasse, wo diese Leute sich treffen (z.B. „in der Apotheke") und dann müssen die zwei Leute einen Dialog führen. Man muss darauf achten, dass man die richtige Anredeform benutzt (*du* oder *Sie*). Wenn das Gespräch zu Ende ist, kommt das nächste Paar nach vorne und ein neuer Dialog fängt an.

Wie ist deine Meinung dazu?

Interpersonal and Presentational Speaking / Presentational Writing

Frage deinen Partner, wer unten der/die beste in der Kategorie ist. Dann macht eine Liste mit allen Namen und die Klasse entscheidet, wer der Gewinner in jeder Kategorie ist.

• Sänger(in) • Darsteller(in) • Autor(in) • Musiker(in) • Maler(in) • Dichter(in)
• Tänzer(in) • Unternehmer(in) • Fußballspieler (in)

Die Talkshow Interpersonal Speaking

Partner A und Partner B sind zu einer Talkshow eingeladen. Der Showmaster, Person C, sagt ein Thema, wie Sport, das Wetter, die Sehenswürdigkeiten, usw. Dann diskutieren Partner A und B und vergleichen die Vorteile von Tirol oder die Vorteile ihres Heimatortes.

Tiroler Leben Presentational Speaking

Vergleiche die Geschichte, die Landschaft, die Urlauberaktivitäten von Tirol mit deiner eigenen Kultur. Hier kannst du zeigen, wie viel du von der deutschsprachigen Welt schon weißt.

Dialoge Interpersonal Speaking

Mit einem Partner oder einer Partnerin mach verschiedene Dialoge mit diesen Sätzen und Themen. Überlegt euch, ob ihr „du" oder „Sie" braucht.

1. Guten Tag, Herr Frasch! (deutsch lernen)
2. Grüß dich, Analiese! (Ferien in Tirol)
3. Wie geht es Ihnen, Frau Kraft? (einkaufen)
4. Hallo, Gerd! (vor dem Kino)
5. Tag, Sarah! (am Bahnhof)
6. Wie geht's, Sven? (in der Schule)

In einem Buchgeschäft

Diskutiere mit einem Partner oder einer Partnerin, warum man „du" oder „Sie" in diesen Dialogen benutzt.

1. VERKÄUFER: Kann ich Ihnen helfen?
   ANITA: Nein, ich möchte zuerst sehen, was Sie hier haben.
   VERKÄUFER: Gern, wenn Sie eine Frage haben, lassen Sie es mich wissen.
   ANITA: Danke.

2. ANITA: Marion! Hallo! Wie geht es dir? Ich habe dich lange nicht gesehen.
   MARION: Anita. Das ist ja toll. Was machst du denn hier?
   ANITA: Na, was schon? Bücher kaufen, natürlich. Ich suche ein Geschenk für meinen Bruder.

Wörter und Ausdrücke

Anredeformen

das Duzen the use of the *du* form in address
das Siezen the use of the *Sie* form in address

Man hält sich nicht mehr an die alten Regeln.
People don't stick to the old rules anymore.

Das ist heutzutage ganz normal.
That's completely normal nowadays.

Die Frau bietet dem Mann das Du an.
The woman suggests to the man they use "du."

Lektion B

Vokabeln Wandern

Packliste für Wandertouren

DIE KLEIDUNG

der Anorak

die Wanderschuhe

DER PROVIANT

die Brotzeit

die Wasserflasche

DIE AUSRÜSTUNG

der Rucksack

die Sonnenbrille

der Sonnenhut

der Regenschutz

der AV-Ausweis (Alpenverein)

ZUM WANDERN

die Wanderkarte und der Kompass

der Wanderstock

der Wanderweg

FÜR DEN NOTFALL

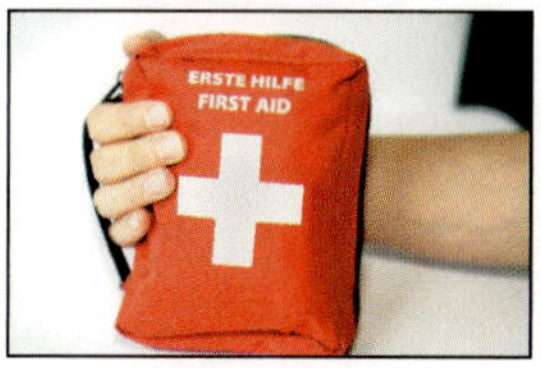

Erste Hilfe

Wichtige Ausdrücke

How do I tell someone they're a pessimist/optimist?

Du bist wirklich **ein Pessimist/Optimist**.

You are really a pessimist/optimist.

How do I describe weather conditions?

Bei dem schönen Wetter hast du deinen Regenschutz **mitgebracht**.

In this beautiful weather you've brought along your rain gear.

How do I inquire about direction?

Wie geht's jetzt hier **weiter?**

Where do we go from here?

Beim kalten Wetter ziehen sie sich warm an.

Noch etwas

Survivaltraining

Wie heißen diese Wörter auf Deutsch? Arbeiten Sie mit einem Partner oder einer Partnerin.

equipment
stream
mountain
compass
nature
We're building a fire.
We're having a picnic.

Wörterkiste

Wie in vielen verschiedenen Bereichen gibt es in der Bergsteigerwelt eigene Wörter. Ein solches Wort ist „der Achttausender". Das sind Berge, die über 8 000 Meter hoch sind.

Konversationsgruppe

Sagen Sie Ihrem Partner oder Ihrer Partnerin, wo Sie gerne wandern möchten: im Park, in den Bergen, am Strand?

Was noch?

das Energie-Getränk	*energy drink*
das Fernglas	*binoculars*
der Lippenschutz	*lip balm*
der Schrittzähler	*pedometer*
die Rettungsdecke	*emergency blanket*
die Jacke ausziehen	*to take off a jacket*
einen Kompass lesen	*to read a compass*
die Route nehmen	*to take the route*
Schuhe wechseln	*to change shoes*

13 Was gehört zusammen?

Kombinieren Sie!

Berg	Brot	Pack	Regen	Ruck	Sonnen
Wander	Wasser	Hütte	Flasche	Karte	Sack
Schutz	Brille	Liste	Zeit		

14 Was brauchen Sie für die Wanderung?

Mit den kombinierten Wörtern von oben bilden Sie drei Sätze über das, was Sie auf der Wanderung brauchen und warum Sie das mitnehmen möchten.

Dialog Viel Spaß im Gschnitztal!

Interpretive Communication

Das Gschnitztal ist eine der beliebtesten Wandergegenden in Tirol. Während der Sommermonate kommen die Leute von überall her, um hier zu wandern. Heiko, Sven und Karsten sind auf eine Woche nach Steinach gekommen. Sie sind schon früh am Morgen von der Jugendherberge losgegangen und haben vor, bis zum späten Nachmittag zu wandern.

Heiko: Sven, du bist wirklich ein Pessimist.

Sven: Warum denn?

Heiko: Bei dem schönen Wetter hast du deinen Regenschutz mitgebracht.

Sven: Man weiß nie, wie schnell sich alles ändern kann. Trotzdem habe ich aber meine Sonnenbrille auf und Karsten hat sogar einen Sonnenhut und Sonnenschutzcreme in seinem Rucksack mitgebracht.

Strategie

At the beginning of the dialogue, Heiko calls Sven a pessimist. As you read, try to assess if this is an accurate depiction of him or not.

Analyse

Based on the way these three young people talk to each other, decide if they are good friends or just acquaintances. Use your prior knowledge of teens to make a determination.

Karsten: Die brauche ich bestimmt bald, denn es wird jetzt schon viel wärmer und die Sonne scheint auch ganz toll. Moment mal! Wie geht's jetzt hier weiter?

Sven: Nach der Wanderkarte sollten wir rechts abbiegen und dann direkt am Gschnitzbach entlang wandern.

Die drei wandern und genießen die Gegend. Sie ist wirklich sehr schön. Nach zwei Stunden brauchen sie eine kurze Pause. Sie sehen die Zeisspitze, einen 2219 Meter hohen Berg.

Heiko: Ich glaube, wir machen jetzt erst einmal Brotzeit. Dort ist ja schon eine Bank, direkt am Wanderweg zur Zeisspitze.

Karsten: Ich bin froh, dass wir nicht durch die Berge wandern, sondern hier unten bleiben!

Weißt du...?

Weißt du, warum so viele Menschen in Österreich wandern?

Antwort: Es gibt viele Berge und Seen, die Lanschaft ist schön und man kann auch preiswert in Pensionen oder Jugendherbergen übernachten.

15 Beantworten Sie die Fragen!

1. Warum kommen Leute nach Tirol?
2. In welchem Ort übernachten die drei Jugendlichen?
3. Warum ist Sven ein Pessimist?
4. Wie ist das Wetter heute in Tirol?
5. Was hat Karsten dabei?
6. Wie wissen sie, wohin sie wandern werden?
7. Was machen sie, nachdem sie zwei Stunden gewandert sind?
8. Welcher Berg ist 2219 Meter hoch?

Sprache If/Then Clauses, Past Tense

You have learned how to use the subjunctive to express unreal conditions—things that might be true under other circumstances, but that are not true now. These unreal conditions can also have occurred in the past and appear in the past subjunctive.

Wenn ich mehr Zeit gehabt hätte, (dann) hätte ich meine Freunde öfter besucht.	If I had had more time, (then) I would have visited my friends more often.
Wenn wir reich gewesen wären, (dann) wären wir mehr gereist.	If we had been rich, (then) we would have traveled more.

In the past subjunctive, use *hätte* or *wäre* plus the past participle of the verb in both the *wenn*-clause and the *dann*-clause.

Note: Although English uses "would" for both the present and past unreal conditions, German cannot use *würde* for past subjunctive sentences.

Wenn sie keinen Hunger gehabt hätten, hätten sie den Kuchen nicht gegessen.

emcpassport.com
WB 13–15

16 Was wäre dann passiert?

Schreiben Sie ganze Sätze!

BEISPIEL ich / fahren / nach Österreich // ich / besuchen / Tirol
Wenn ich nach Österreich gefahren wäre, hätte ich Tirol besucht.

1. Maythe / haben / zwei Wochen Urlaub // wir / sehen / mehr / von Österreich
2. wir / fahren / nach Wien // wir / besichtigen / Schloss Schönbrunn
3. wir / packen / eine Wanderausrüstung // wir / wandern / in Tirol
4. Maythe / mitbringen / die Karte von Österreich // wir / finden / alle Sehenswürdigkeiten
5. ihr / mitkommen / nach Österreich // wir / reisen / zusammen
6. wir / verbringen / mehrere Tage / in Wien // wir / Kaffee / trinken / im Wiener Café
7. ich / planen / besser // wir / brauchen / weniger Gepäck
8. wir / schreiben / Ansichtskarten // wir / schicken / sie / an unsere Freunde

17 Was wäre, wenn…?

Was hätten Adrian und Maythe anders machen können, damit die Wanderung nicht schief gegangen wäre? Schreiben Sie, was die beiden hätten anders machen können, um die Wanderung zu retten. Seien Sie kreativ!

BEISPIEL Wenn Adrian eine Brotzeit mitgebracht hätte, …
hätte er keinen Hunger gehabt.

1. Wenn Maythe eine Wanderkarte mitgebracht hätte, …
2. Wenn Adrian seinen AV-Ausweis dabei gehabt hätte, …
3. Wenn Maythe die Sonnenschutzcreme nicht vergessen hätte, …
4. Wenn Adrian einen Sonnenhut getragen hätte, …
5. Wenn Adrian eine kürzere Strecke genommen hätte, …
6. Wenn Maythe eine Berghütte reserviert hätte, …
7. Wenn Maythe in Wanderschuhen gelaufen wäre, …
8. Wenn Adrian Geld mitgebracht hätte, …

Noch etwas

Eine Reise nach Österreich

Was hätten Sie gesehen und gemacht, wenn Sie nach Österreich gereist wären?

Im Fokus **Interpretive Communication** Pre AP

Profi-Bergsteigerin[1] Gerlinde Kaltenbrunner

> 1998 Cho Oyu; 2001 Makalu; 2002 Manaslu; 2003 Nanga Parbat; 2004 Annapurna 1, Gasherbrum 1; 2005 Shisha Pangma; 2005 Gasherbrum II; 2006 Kangchenjunga; 2007 Broad Peak; 2008 Dhualagiri; 2009 Lhotse; 2010 Mount Everest; 2011 K^2; 2012 Nuptse; 2013 McKinley; 2014 Monte Sarmiento.

All diese Berge hat Profi-Bergsteigerin Gerlinde Kaltenbrunner bestiegen[2]. Sie ist die erste Frau, die ohne zusätzlichen[3] Sauerstoff[4] alle vierzehn Achttausendergipfel[5] bestiegen hat.

Kaltenbrunner wurde am 13. Dezember 1970 in Kirchdorf an der Krems in Österreich geboren. Schon als Kleinkind interessierte sie sich fürs Bergsteigen[6]; ihr Gemeindepfarrer[7] war dafür verantwortlich. Am Sonntag nahm er sie auf zahlreiche Bergtouren[8] mit. Nach den Touren hatte sie große Lust auf Klettern und Bergsteigen. Mit 13 machte sie ihre erste Klettertour ganz in der Nähe von zu Hause. Ihre Interessen wurden bald noch mehr: Ski-, Eis-und Klettertouren, die sie in ihrer Freizeit von ihrem Beruf als Krankenschwester machte.

Kaltenbrunner hatte einen großen Traum: sie wollte einen Achttausender besteigen – einen Berg mit einer Höhe von über 8000 Metern. Mit 23 ging dieser Traum für Kaltenbrunner in Erfüllung[9], als sie den „Broad Peak Vorgipfel" (8027 m) in Pakistan erfolgreich bestieg. Nach diesem Erfolg wollte sie weitere Berge besteigen und hatte dann verschiedene Expeditionen[10] im Himalajagebiet[11] und Karakorum unternommen[12]. Im Jahre 2003 bestieg sie ihren fünften Achttausender (den Nanga Parbat), danach entschied sie sich, Profi-Bergsteigerin zu werden.

die Nordwand des Dhalagiri, Nepal

Seit sie nach sechs Fehlversuchen[13] den K^2 in China (mit 8611 Metern der zweithöchste Berg der Erde) bestiegen hat, wurde sie die erste Frau, die alle 14 Achttausendergipfel geschafft hat—und das ohne die Hilfe von mitgebrachtem Sauerstoff oder Hochgebirgsträgern[14], den Sherpas.

Für ihre Leistungen auf den Bergen bekam sie verschiedene Auszeichnungen, unter anderem das „Goldene Ehrenzeichen[15] der Republik Österreich" und den „Explorer of the Year 2012" Preis von der National Geographic Society.

---

[1]*die Profi-Bergsteigerin* female professional mountain climber; [2]*besteigen* to climb; [3]*zusätzlich* additional; [4]*der Sauerstoff* oxygen; [5]*der Achttausendergipfel* mountain peak over 8.000 meters; [6]*das Bergsteigen* mountain climbing; [7]*der Gemeindepfarrer* local pastor; [8]*die Bergtour* mountain tour; [9]*in Erfüllung gehen* to be fulfilled, realized; [10]*die Expedition* expedition; [11]*das Himalajagebiet* area around the Himalayan mountains; [12]*unternehmen* to undertake; [13]*der Fehlversuch* failed attempt; [14]*der Hochgebirgsträger* high altitude porter, Sherpa; [15]*das Ehrenzeichen* medal of distinction

Aber ihre Aktivitäten in verschiedenen Berggegenden[16] haben nicht nur mit Klettern zu tun. Kaltenbrunner arbeitet mit der „Nepalhilfe Beilngries" zusammen. Dieses Hilfsprojekt beschäftigt sich mit den verschiedenen Regionen Nepals, baut Dorfschulen[17], unterhält[18] mehrere Krankenstationen, ein Kinderhaus für Waisen[19] der Sherpas, eine Lehrwerkstatt[20] für Näherinnen[21], fünf Krankenwagen und eine Berufsschule. Und die Arbeit geht weiter. Die Nepalhilfe Beilngries sammelt immer noch—jeder kann die Arbeit mit Spenden[22] unterstützen.

Unterricht an der neu eröffneten „LOWA-Schule"

Gelinde Kaltenbrunners Leitwort[23]: „Unterschätze[24] niemals nie die Kraft deiner Träume".

Analyse

Der Text beginnt mit einer Liste von sehr interessanten, aber fremden Namen. Wollten Sie weiterlesen, um herauszufinden, was diese Namen bedeuten?

---

[16]*die Berggegend* area around a mountain range; [17]*die Dorfschule* village school; [18]*unterhalten* to maintain; [19]*der Waise* orphan; [20]*die Lehrwerkstatt* training workshop; [21]*die Näherin* seamstress; [22]*die Spende* donation; [23]*das Leitwort* motto; [24]*unterschätzen* to underestimate

Analyse

Ergänzen Sie die Tabelle mit Informationen aus dem Text.

Gerlinde Kaltenbrunner	
1. ihr Alter	
2. ihr Kindheitstraum	
3. ihre Leistungen	
4. ihre Auszeichnungen	
5. ihre freiwillige Arbeit	

Lernerporträt

Leute überall in der Welt lernen Deutsch! Sie können andere Deutschlerner aus vielen verschiedenen Ländern kennen lernen, wenn Sie das Suchwort unten benutzen. Finden Sie das Porträt von dieser Woche, sehen Sie sich das Video an und beantworten Sie dann diese Frage: **Was ist das deutsche Lieblingswort dieser Person? Was ist Ihr deutsches Lieblingswort?**

Suchwörter: Deutsche Welle Lernerporträt der Woche

18 Aktivitäten

1. **Presentational Speaking / Connecting to Volunteer Work.** Gerlinde Kaltbrunner arbeitet zusammen mit Nepalhilfe Beilngries. Kennen Sie andere Sportler, die wie Kaltenbrunner freiwillige Arbeit leisten? Wer sind sie und was haben sie gemacht?
2. **Presentational Writing / Connecting to Athletic Champions.** Kennen Sie andere deutschsprechende Sportler, die für ihre Leistungen berühmt geworden sind? Gibt es heute mehr oder weniger solcher Sportler als vor 50 oder 100 Jahren? Wie ist das ein Beispiel für eine Wandlung (*change*) in der modernen Gesellschaft?

Sprache *Da*-Compounds

When you use pronouns after prepositions in German, the pronoun must refer to a person or animal.

Hast du den Hund gesehen? *Nein, ich sorge mich aber um ihn.*	Have you seen the dog? No, but I'm worried about him.
Telefonieren Sie heute mit Frau Schwarz? *Ja, ich telefoniere mit ihr.*	Are you calling Mrs. Schwarz today? Yes, I'm going to call her.

If the pronoun refers to a thing or abstract concept, German uses the preposition preceded by *da-* (or *dar-* for prepositions beginning with vowels: *auf, an, in,* and so forth).

Wartet ihr auf den Bus? *Ja, wir warten schon seit zehn Minuten darauf.*	Are you waiting for the bus? Yes, we've been waiting for it for ten minutes.
Erzählst du oft von deinen Ferien? *Ja, ich erzähle oft davon.*	Do you talk a lot about your vacation? Yes, I talk about it often.

Note: The prepositions *ohne, außer* and *seit* cannot form *da*-compounds.

You can also use *da*-compounds to introduce subordinate clauses when the verb in the main sentence requires a verb/preposition combination.

Ich schrieb darüber, was ich auf meiner Reise machte.	I wrote about what I did on my trip.

Noch etwas

Fragen Sie einen Partner oder eine Partnerin und beanworten Sie die Fragen. Freust du dich auf...?

1. die Sommerferien
2. die Party
3. deinen Geburtstag
4. die Hausarbeit
5. das Wochenende

emcpassport.com

WB 17

19 Sabine schreibt an die Jugendzeitschrift *Stafette*.

Lesen Sie den folgenden Text und beantworten Sie die Fragen dazu!

> Ich schreibe an euch, da ich mit niemandem darüber sprechen kann. Weil alle denken, dass mein Problem kindisch ist, schreibe ich an euch. Wenn ich fernsehe oder an etwas Schönes denke (kann auch traurig sein), kommen mir immer die Tränen. Manchmal kämpfe ich damit, so dass man es nicht sieht, aber die Tränen sind stärker als ich. Was soll ich nur tun?

1. Worüber kann Sabine nicht sprechen?
2. Mit wem spricht Sabine über ihr Problem?
3. Woran denkt Sabine, wenn ihr die Tränen kommen?
4. Womit kämpft Sabine?

20 Wenn es nur mein eigenes Zimmer wäre!

Ergänzen Sie die Sätze mit den richtigen Wörtern aus der Liste!

daran   darauf   darunter   daneben   darüber   dazwischen

Wenn ich nur nicht mit meinem Bruder in einem Zimmer leben würde! Ich erinnere mich (1), wie wir zum ersten Mal in dem Zimmer schliefen. Das Bett von Frank steht in der Ecke. (2) hatte er all seine Kleidung und (3) lagen ein alter Tennisschläger, seine Schuhe, Bücher und mehr. Und das war nur der erste Tag! Mein Nachttisch war neben meinem Bett. Am zweiten Tag stellte er sein Radio und seinen Wecker (4). Am dritten Tag hing er seine Kleidung nicht in den Schrank, sondern warf sie (5). Am vierten Tag war es noch schlimmer! Nichts war am richtigen Platz, sondern alles lag überall: seine Schulbücher auf dem Boden, seine Kleidung (6), seine Schuhe (7), und meine Sachen überall! Ach, wenn ich nur allein ein Zimmer hätte! Wenn ich wenigstens mit Frank (8) sprechen könnte, dass wir ein Problem haben.

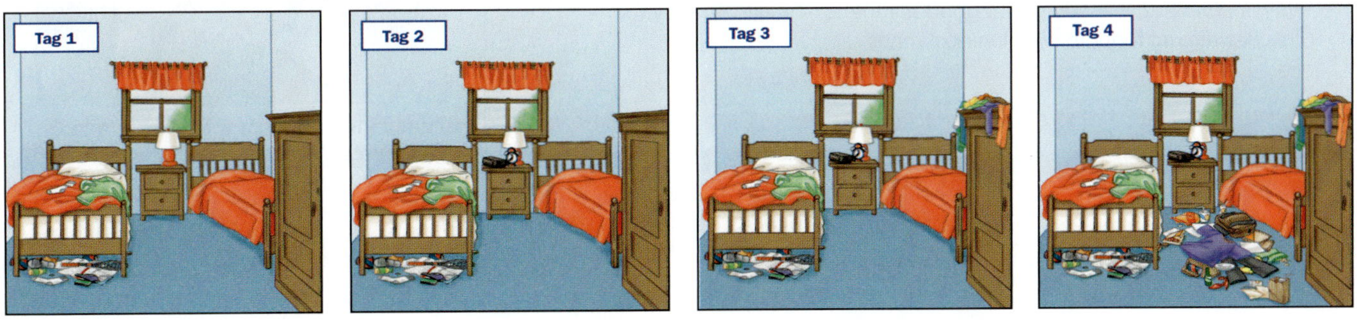

Aktuelles

Interpretive Communication Pre AP

Für's gute Benehmen: der Knigge!

Wenn man wissen will, wem man das Du anbieten darf und was man zu einer Party tragen soll, dann liest man den Knigge. Der Knigge ist ein Benimmratgeber[1]: darin kann man alles darüber lesen, wie der Mensch sich korrekt[2] benimmt: auf Partys, Beerdigungen[3], Hochzeiten und vieles mehr. Jedes Jahr bringt man die Regeln auf den neuesten Stand. Es gibt auch Benimm-Seminare, wo man die Regeln lernen und üben kann. Wenn Sie alles über Manieren[4], Anredeformen, und mehr lernen wollen, besuchen Sie mal Knigge.de.

Suchwörter: **Knigge; Business-Knigge; Regeln für guten Stil; Manieren per Mausklick; knigge online**

---

[1]*der Benimmratgeber* advisor on good manners; [2]*korrekt* correctly; [3]*die Beerdigung* funeral; [4]*die Manier* manner

Forschen Sie im Internet

- Job-Etikette
- Manieren in anderen Ländern
- Beziehungs-Knigge-Quiz

Suchwörter: **Regeln für guten Stil-Brigitte**

Wie würden Sie Julias Stil am Arbeitsplatz bewerten?

Zum feinen Essen zu spät gekommen. Was tun Sie? Was sagt der Knigge?

Wer nicht wandern will, kann klettern und rutschen[5]. Willkommen in den Hochseilgärten[6] in Tirol!

Wer Lust zum Klettern hat, der muss nicht in die Berge fahren. Man kann auch einen Hochseilgarten besuchen. Dort gibt es Strecken in den Bäumen, wo man sich sichern[7] kann und dann auf verschiedenen Seilen oder Baumstämmen[8] zum Ziel der Strecke klettern oder rutschen kann. So testet man Mut[9], Ausdauer[10], Konzentration und Vertrauen[11]. Die Strecken sind zwischen 12 und 20 Meter hoch und immer gut gesichert. Auf den Kletterstrecken gibt es viele Stationen, wo man eine Pause machen kann. Der weltweit höchste Hochseilgarten ist Tirols AREA 47, 27 m über dem Ötztal.

Suchwörter: **Hochseilgärten Österreich; Hochseilpark Österreich; Klettergarten Österreich**

Was macht ein Bergretter[12] und wie kann ich mich ausbilden[13] lassen?

In den Bergen wandern und klettern kann eine gefährliche Aktivität werden. In Tirol helfen 4.000 ehrenamtliche[14] Tiroler Bergretter/innen jährlich[15] 5.000 Menschen in Bergnot[16]; 120 Bergretter werden jedes Jahr in Tirol ausgebildet. Die Retter suchen Opfer[17] bei Lawinenunfällen[18] mit Hunden und Spezialtrupps[19] werden für Canyoning-Unfälle und Spaltenbergungen[20] auf Gletscher[21] geschickt. Viele Orte haben ein eigenes Ausbildungszentrum für die Bergrettung. Bezahlt wird man als Bergretter nicht.

Suchwörter: **Bergrettungsdienst; Bergretter werden; wie wird man Bergretter?; Ausbildung Bergretter**

---

[5]*rutschen* to slide; [6]*der Hochseilgarten* highwire adventure park challenge course; [7]*sich sichern* to secure oneself, clip in; [8]*der Baumstamm* tree trunk; [9]*der Mut* courage, daring; [10]*die Ausdauer* endurance; [11]*das Vertrauen* trust; [12]*der Bergretter* alpine rescuer; [13]*ausbilden* to train; [14]*ehrenamtlich* voluntary; [15]*jährlich* annually; [16]*die Bergnot* alpine emergency; [17]*das Opfer* victim; [18]*der Lawinenunfall* avalanche accident; [19]*die Spezialtrupp* specially trained troop; [20]*die Spaltenbergung* rescue from a crevasse; [21]*der Gletscher* glacier

In Hochseilgärten Tirol

Zusammenhänge

Mathematik

The routes in these adventure parks are between 12 and 20 meters high. How much is that in feet?

Kulturpraxis

Although it is a dangerous job and one that requires extensive training, people in Alpine rescue work serve on a voluntary basis and receive no payment for their work.

Vergleiche

When there is an emergency outside the city, whom do you call where you live? In Austria, you dial 140 for emergency calls in the Alpine region.

21 Kulturelle Aktivitäten

Complete the following activities to demonstrate your understanding of the culture readings.

1. **Presentational Writing / Building Online Communities.** Research Knigge, then write a manners test for your partner with six to eight social situations. You will take his/her test, and he/she will take yours. (Be sure you know the answers!) Finally, as a class, pick the best questions and put a self-test online for other German students to take. For example:

    At a restaurant, you approach a table where you know someone, but not everyone in your group knows everyone in the other group. What should you do?

    A. I first greet my acquaintances, then introduce myself to the others.

    B. I first greet the women, then the men, whether I know them or not.

    C. I first greet the people I don't know, then introduce myself to them.

2. **Presentational Writing / Connecting to Language Arts.** Find images of a high-wire adventure park in Austria that shows what the sport is like from the ground to the top. Then, after looking at visuals of this sport, write your personal opinion of it in your *Kulturjournal*. Would you try it? Why, or why not? Whom do you know who would try it? What characteristics do they possess that you might not?

3. **Presentational Speaking / Connecting to Emergency Preparedness.** With a partner, decide which number would you call to help tourists in Austria in the following situations.

    1. skiing in the Austrian Alps and breaking a leg
    2. falling from a rock face while rope-climbing
    3. starting a campfire and a tree catches fire

144 Krankenwagen
140 Bergrettung
122 Feuer

Tirol ist eine der Top-Regionen zum Klettern.

Kultur Plus Interpretive Communication Pre AP

Noch etwas

Was trägt man heutzutage, wenn man Sport treibt?

Funktionskleidung
Synthetik, die es in sich hat

Von Stephanie Kowalewski

Joggen, Wandern, Radfahren - wer Sport treibt oder sich viel in der Natur bewegt, der kommt an ihr eigentlich kaum noch vorbei: Funktionskleidung soll uns den Schweiß vom Leib halten und uns vor Wind und Regen schützen. Wie funktioniert diese funktionelle Kleidung eigentlich?

Fast alle Shirts, Hosen und Jacken sind aus synthetischen Textilien gemacht, also aus Nylon, Polyester, Polyamid, Mikrofaser usw. Dadurch sind sie sehr leicht und trocknen sehr schnell. Das ist wichtig für Sportler - und der entscheidende Vorteil gegenüber Baumwolle. Denn ein vollgeschwitztes Baumwoll-T-Shirt klebt und die Hauttemperatur sinkt bis zu zehn Grad. Ein Funktions-Shirt saugt sich nicht voll, sondern transportiert den verdampfenden Schweiß durch spezielle Membranen weg vom Körper an die Außenseite des Shirts, wo es trocknen kann. Der Sportler kühlt nicht aus. Das nennt die Branche dann „atmungsaktiv". Aber wie hat man in der Zeit vor diesen synthetischen Textilien draußen Sport getrieben?

In den 70er Jahren gab es die „Trimm-Dich-Fit-Bewegung". Damals hat man einen „Trainingsanzug" getragen: ein komplettes Outfit.

In den 80er griff man zum „Jogging-Anzug". Der Stoff war nicht mehr Baumwolle, sondern Synthetik, Ballonseide. Man konnte den Jogging-Anzug für viele Aktivitäten benutzen.

In den 90er Jahren kam die Aerobicwelle und das Joggingdress. Die Teile waren bunt.

Anfang des neuen Jahrhunderts war auf einmal Baumwolle wieder in: kurze Hosen, Baumwollsocken und einfache T-Shirts trug man zum Sport.

Aber dann entwickelte die Wissenschaft die Funktionsfasern und die Sportbranche die Funktionskleidung. Heute ist es egal, welche Temperatur oder Wetterlage—der Sportler ist durch die Funktionskleidung geschützt.

Funktionskleider gibt es für jede Situation: eine Funktionsjacke kann wasserdicht, atmungsaktiv, wärmend, Wasser abweisend, winddurchlässig, winddicht sein. Für alles gibt es das passende Stück.

Früher war das einfacher: Man ging nur bei schönem Wetter hinaus und die Damen wanderten noch in Kleidern.

Ich verstehe den Artikel

1. Say if each statement is a main idea or supporting detail in the article. Then write some similar sentences for your partner to label as a main idea or supporting detail.

1. Sportler brauchen Kleidung, die leicht und schnell trocken ist.
2. Kleidung für Sportler gibt es aus Polyester und Mikrofasern.
3. Sportkleidung ist funktionell.
4. Die besten Stoffe für Sportler sind atmungsaktiv.
5. Wenn man ein vollgeschwitztes Baumwoll-T-Shirt trägt, sinkt die Hauttemperatur bis zu zehn Grad.

2. Before this article was written, the author had to pitch it to an editor at an online site. Write the short e-mail in which Stephanie Kowalewski pitched her idea. Try to put it in a social context, add some statistics, then explain the outline of your piece.

Du bist dran! Pre AP

Ein Gruppenspiel Presentational Speaking

Spielt „Wir machen eine Wanderung und ich nehme… mit". Die nächste Person muss die Sache sagen und noch eine zweite Sache dazu nennen. Macht dieses Spiel in einer oder mehreren Gruppen. Wer gewinnt?

Was schlägst du vor? Interpersonal Speaking

Szenario 1

Partner A ist Mitarbeiter eines Geschäfts in Tirol, das auf Wanderausrüstung spezialisiert ist. Partner B ist ein Herr/eine Dame mittleren Alters und möchte zum ersten Mal in den Bergen Tirols wandern gehen. Partner A muss Partner B bestimmte Kleidung und Ausrüstung vorschlagen (siehe Seite 173). Partner A muss Partner B siezen!

Szenario 2

Partner B ist Mitarbeiter dieses Geschäfts. Partner B ist der beste Freund/die beste Freundin von Partner A. Partner A geht zum ersten Mal wandern. Partner B muss jetzt Partner A Rat geben und dabei duzen, da sie sich sehr gut kennen!

Was wäre dann passiert? Presentational Writing

Schreib einen Absatz mit den Satzanfängen unten. Dann sieh dir die Sätze deines Partners oder deiner Partnerin an und korrigiert zusammen euere Fehler.

- Wenn ich das Lotto für 100 Millionen gewonnen hätte, …
- Wenn ich Johnny Depp bei der Premiere getroffen hätte, …
- Wenn ich nach Österreich umgezogen wäre, …

Nützliche Vokabeln

aber	*but*
dann	*for, because*
deshalb	*therefore*
endlich	*finally*
nächst-	*next*
zuerst	*first*
zuletzt	*finally*
zum Beispiel	*for example*

Worüber meine Klassenkameraden sprechen

Interpersonal Speaking

Arbeite mit einem Partner oder einer Partnerin und sagt, worüber einige Leute, die ihr kennt, oft sprechen.

1. Politik
2. Mode
3. Sport
4. Musik
5. Geschichte
6. Partys
7. Autos
8. Kunst
9. Familie
10. Technologie

BEISPIEL A: **Anike spricht oft über Politik.**
B: **Ja, sie spricht oft darüber.**
Nein, sie spricht nicht oft darüber.

Das ist aber extrem! Presentational Writing

Was ist die extremste Sportart, die du kennst? Beschreibe diesen Extremsport und die Ausrüstung/Kleidung, die man dafür braucht. Was würdest du jemandem empfehlen, der diese Sportart treiben will? Wie sollte er/sie dafür trainieren? Was sollte er/sie am Tag davor machen? Was sollte er/sie essen oder trinken?

Eine E-Mail aus Österreich Interpersonal Speaking

Stell dir vor, du verbringst deinen Urlaub in Österreich. Du besuchst Wien, du kletterst im Hochseilpark, du verbringst Tage in einer Berghütte. Schreib nun drei E-Mails: an deinen besten Freund (der Sport liebt), deine Eltern (die immer Sorge um deine Sicherheit haben), und deine Großmutter, die gern von neuen Dingen hört. Was schreibst du an wen?

Wörter und Ausdrücke

Talking about Hiking

Wie geht's jetzt hier weiter? Where do we go from here?

Bei dem schönen Wetter… In this beautiful weather…

Du bist wirklich ein Pessimist/Optimist. You are really a pessimist/optimist.

Sie hat einen Sonnenhut und Sonnenschutzcreme in ihrem Rucksack. She has sunscreen and a sunhat in her backpack.

Nach der Wanderkarte sollten wir rechts abbiegen. According to the hiking map, we're supposed to turn right.

Sie brauchen eine kurze Pause. They need a short break.

Machen wir eine Brotzeit! Let's have a snack!

Hiking Gear

der Anorak wind breaker
die Wanderschuhe hiking boots
der Regenschutz rain gear
die Wanderkarte hiking map
der Wanderstock walking stick

Die Wanderer machen eine Pause.

Leseecke

Interpretive Communication Pre AP

Kurzbiografie

Christian Morgenstern (1871–1914)

Christian Morgenstern wurde in München geboren. Er war ein bekannter Lyriker und Journalist. Er experimentierte mit konkreter Poesie, aber seine Nonsensgedichte machten ihn am berühmtesten. Viele von diesen Texten konnte man erst nach seinem Tod im Jahre 1914 kaufen.

Über den Text

Diese Gedichte sind einige der besten Beispiele für die Kunst Morgensterns und seinen Sinn für Humor. Da diese Texte für junge Leser geschrieben sind, benutzt Morgenstern einfache Reime und alltägliche Wörter. Seine Themen kommen aus dem Alltag und zeigen ganz normale Dinge in einem neuen Licht.

Vor dem Lesen

1. Preview the poems by looking at Lisbeth Zwerger's illustrations and write down some assumptions about what the characters in the poems are doing or what they are like. Also, how would you characterize her art—realistic, whimsical, fantastical?
2. Tap out the rhythm of a poem as your teacher reads it aloud. What feeling do you get?

Strategie

Meter is a regular rhythmic pattern in poetry The pattern is determined by the number of beats or stresses in each line. **Iambic** is an unstressed syllable followed by a stressed syllable; a **trochaic** pattern is a stressed syllable followed by an unstressed syllable.

As you read the poems, record the meter, beats per line and rhyme scheme in a table like the one below. Some information is already included for you.

„Klein Irmchen"		
Meter:	**Beats per line:**	**Rhyme scheme:**
Trochaic	**Strophe 1 + 2:** 7/7 **Strophe 3:** 7/6 **Strophe 4:** usw.	**Strophes 1, 2, 3, 4:** aa **Strophe 5:** bb **Strophe 6:** cc **Strophe 7:** cc usw.
„Die beiden Esel"		
Meter:	**Beats per line:**	**Rhyme scheme:**
	Strophe 1: 8/8 **Strophe 2:** **Strophe 3:**	**Strophe 1:** aa **Strophe 2:** **Strophe 3:**
„Der Frühling kommt bald"		
Meter:	**Beats per line:**	**Rhyme scheme:**
	Strophe 1: 3, 3, 5, 6, 6, 5 **Strophe 2:**	**Strophe 1:** aabccb **Strophe 2:**

Beim Lesen

Für wen wurden diese Gedichte geschrieben?

Klein Irmchen

Spann dein kleines Schirmchen auf;
denn es möchte regnen drauf.

Denn es möchte regnen drauf,
halt nur fest den Schirmchen-Knauf.

Halt nur fest den Schirmchen-Knauf –
und jetzt lauf! und jetzt lauf!

Und jetzt lauf! und jetzt lauf!
Lauf zum Kaufmann hin und kauf!

Lauf zum Kaufmann hin und sag:
Guten Tag! guten Tag!

Guten Tag, Herr Kaufmann Klein,
gib mir doch ein Stückchen Sonnenschein.

Gib mir doch ein Stückchen Sonnenschein;
denn ich will mein Schirmchen trocknen fein.

Denn ich will mein Schirmchen trocknen fein.
Und der Kaufmann geht ins Haus hinein.

Und der Kaufmann geht hinein ins Haus,
und er bringt ein Stückchen Sonne heraus.

Und er bringt ein Stückchen Sonne heraus
Sieht es nicht wie gelber Honig aus?

Sieht es nicht wie gelber Honig schier?
Und er tut es sorgsam in Papier.

Und er tut es sorgsam in Papier.
Und dies Päckchen dann, das bringst du mir.

Und zu Haus, da packen wir es aus –
sieht es nicht wie gelber Honig aus?

Und die Hälfte kriegst dann du, mein Irmchen,
und die andere Hälfte kriegt das Schirmchen.

Und jetzt spann dein Schirmchen auf –
und lauf! und lauf!

1. Was hält Irmchen in der Hand?

2. Wohin soll Irmchen gehen und was soll sie dort tun?

3. Was will Irmchen bekommen und warum?

4. Hat der Kaufmann das, was Irmchen haben möchte?

5. Was soll Irmchen mit dem Päckchen machen?

6. Was soll Irmchen mit dem Stückchen Sonne machen?

Die beiden Esel

Ein finstrer Esel sprach einmal
zu seinem ehlichen Gemahl:

„Ich bin so dumm, du bist so dumm,
wir wollen sterben gehen, kumm!“

Doch wie es kommt so öfter eben:
Die beiden blieben fröhlich leben.

7. Mit wem spricht der Esel?

8. Wie fühlen sie sich am Ende?

Der Frühling kommt bald

Herr Winter
geh hinter,
der Frühling kommt bald!
Das Eis ist geschwommen,
die Blümlein sind kommen
und grün wird der Wald.

Herr Winter
geh hinter,
dein Reich ist vorbei.
Die Vögelein alle,
mit jubelndem Schalle,
verkünden den Mai!

9. Woher weiß man, dass der Frühling beginnt?

10. Was passiert dem Winter?

Nach dem Lesen

- Were your initial ideas about the poems' content correct?
- How do different meters affect the "feel" of these poems?

1. **Klein Irmchen**
   - After the first 7 stanzas, describe how you feel. Can you hear what Irmchen is doing?
   - What happens in the seventh stanza and going forward?
   - How do the meter, the beats per line, and the rhyme pattern work together to create the atmosphere of this poem?
2. **Die beiden Esel** is a wonderful example of *Lautmalerei* (painting with sounds).
   - Read the first two stanzas aloud and listen for the melody. Do you hear a progression like a musical scale?
   - What kind of feeling do they produce?
   - What makes the donkeys seem heavy?
   - What happens in the last stanza?
   - What changes in the third strophe?
3. **Der Frühling kommt bald**
   - How does the shortened end rhyme in the first two lines get the reader's attention?
   - What signs of spring are mentioned?

Erweiterung

1. Use the information in the *Strategie* chart and the questions above to explain how meter, the beats and the rhyme scheme contribute to the meaning and effect of the poems.
2. Write your own nonsense poem! You now have a number of different models to work with. Here are some possible beginning lines for your poem:

   Zwei Teller lagen auf dem Tisch…
   oder
   Tassen fühlen sich allein…

Machen wir weiter! Pre AP

Der Knigge Presentational Writing

„Der Knigge" ist ein Benimmratgeber, in dem steht, wie man sich bei bestimmten Gelegenheiten „korrekt" benimmt! Gehen Sie auf Knigge.de und wählen Sie ein bestimmtes Ereignis (z.B. Hochzeit, Verlobungsfeier, Beerdigung). Wie verhält man sich am besten? Welche Anredeform verwendet man? Ziehen Sie dann Vergleiche mit Ihrer Kultur. Wie würde man sich bei demselben Ereignis in Ihrem Heimatland verhalten?

Machen wir Tirol Konkurrenz! Presentational Writing

Tirol hat Touristen einiges an Freizeitaktivitäten zu bieten und zwar zu jeder Jahreszeit, unter anderem Radfahren, Klettern, Reiten, Schwimmen, Skilaufen, Eisklettern, Snowboarden und noch viel mehr! In Partnerarbeit machen Sie Tirol Konkurrenz: machen Sie eine Broschüre für Freizeitaktivitäten in Ihrer Gegend und benutzen Sie Bilder und Texte.

Schreiben Sie einen Artikel für das Web!

Presentational Writing

Schreiben Sie einen Artikel für das Web mit Tipps für Touristen, die in Tirol Urlaub machen wollen. Einige Ideen: was soll man für verschiedene Aktivitäten packen und wichtige Telefonnummer, die man dabei haben soll. Arbeiten Sie mit einem Partner oder einer Partnerin und posten Sie Ihren Artikel auf der Webseite der Klasse.

Ein Videoclip für Touristen Presentational Writing and Speaking

Machen Sie in kleinen Gruppen ein Werbevideo für einen Besuch in Österreich für eine der folgenden Zielgruppen: Extremsportler, Naturfreunde, Leute, die sich für Kultur interessieren. Wählen Sie eine Kategorie und jede Person in der Gruppe bekommt eine Rolle: Wer führt Regie, wer schreibt die Rollen, wer ist für Musik, Kostüm, Design und Kamera verantwortlich? Verleihen Sie Preise für die besten Mitarbeiter.

Noch etwas

Caspar David Friedrich was influenced by the Romantic movement, which revered nature, so landscapes were popular. He said a work of art is "a voice from within." Choose one of these topics to examine and write about: (1) What do you see in this painting? (2) What do you think might have been characteristics of German landscape paintings during the Romantic period? (3) What did the "voice within" tell the artist when he made this painting? (4) How have artistic norms changed since this landscape was painted?

Wanderer über dem Nebelmeer.
Caspar David Friedrich, 1818.

Zurückblicken!

Fill in a chart like the one below to answer the question: How are social norms changing in other cultures?

Lektion A: **Dialog:** Was sagt man… *du* oder *Sie*?	Example: Some retail employees address their customers informally.
Lektion A: **Kreuz und quer:** Tirol Heute	
Lektion B: **Im Fokus** heutige Sportlerinnen	
Lektion B: **Aktuelles:** der Knigge Hochseilgärten in Tirol	
Lektion B: **Kultur Plus:** Funktionskleidung	

Selbstüberprüfung

Rate how well you did on the following skills. If you feel you didn't do as well as you could have in a certain area, work with your partner to come up with a better plan for the next chapter.

Fähigkeiten	+++	++	+
Speaking to one or more people			
Speaking to a group			
Writing			
Listening			
Reading			
Vocabulary			
Grammar			
Culture			
Working cooperatively			
Working independently			
Following spoken directions			
Following written directions			

Rückblick

R1 Was sagt er zu wem?

Ein junger Mann, 17 Jahre alt, geht ins Geschäft. Dort trifft er verschiedene Personen. Welche Anredeform benutzt er mit ihnen?

	du	ihr	Sie
A. seine Mutter			
B. seine Schulfreunde			
C. seine Schuldirektorin			
D. die Verkäuferin			
E. zwei unbekannte ältere Personen			
F. drei Kinder			
G. eine Person, die auch 17 ist			

R2 Machen Sie Vergleiche!

Hier haben Sie Wörter, die man vergleichen kann. Schreiben Sie acht Sätze mit diesen Wörtern.

BEISPIELE **Deutsch lernen ist lustiger als Gamen.**
Reisen ist so interessant wie Auto fahren.

Brettspiele spielen		billig
Auto fahren		einfach
Musik hören		interessant
Rad fahren		schwer
Reisen		langsam
On-line sein	so…wie	langweilig
Wandern	< > -er als	komisch
Lesen		gesund
Deutsch lernen		schwer
Gamen		sicher
Produkte bewerten		teuer
?		?

R3 Was brauchen wir alles für die Wanderung?

Ergänzen Sie den Text mit passenden Wörtern. Sehen Sie sich die Wörter auf Seite 173 an.

Kim und Sebastian planen eine Wanderung in Tirol. Sie wollen am Wochenende wandern, aber das Wetter soll schlecht werden. Da es vielleicht regnet, packt Sebastian Re (1) und Kim packt einen An (2) in ihren Ru (3). Sie glauben, sie brauchen wahrscheinlich keine So (4), weil die Sonne beim Regen nicht scheinen wird. Auch eine So (5) brauchen sie nicht. Den Wa (6) kennen sie schon. Sie haben auch etwas zu trinken in einer Wa (7) mitgenommen. Sie wollen vier Stunden wandern und checken die Wa (8) oder ihren Ko (9). Nun hoffen sie doch auf gutes Wetter am Samstag und packen auch einen So (10), denn vielleicht scheint die Sonne doch noch.

R4 Wenn wir das nur anders gemacht hätten!

Schreiben Sie Sätze mit diesen Ideen. Beginnen Sie jeden Satz mit "Wenn…"!

BEISPIEL **Wenn wir nur unsere Rucksäcke mitgebracht hätten!**

wir	hätten	mehr Zeit	gehabt
ich	hätte	Sehenswürdigkeiten	gesehen
er	hättest	länger	besucht
du	wären	weniger Stress	gewesen
	wäre	nicht so müde	gewandert
	wärest	eine kürzere Strecke	genommen
		besser	geplant
		?	?

R5 Mit wem oder damit?

Ergänzen Sie die Sätze mit **da + Präposition** oder **Präposition + Pronomen**.

BEISPIELE Wir denken an unsere Freunde.
Wir denken an sie.

Wir denken an unsere Probleme.
Wir denken daran.

1. Er lacht über den Clown. Er lacht ___.
2. Wir telefonieren mit unseren Eltern. Wir telefonieren ___.
3. Sie sprechen über ihre Kinder. Sie sprechen ___.
4. Renate erzählt von ihren Problemen. Renate erzählt ___.
5. Wir warten auf den Bus. Wir warten ___.
6. Sie schreiben über Gerlinde Kaltenbrunner. Sie schreiben ___.
7. Ich schreibe an meine Tante. Ich schreibe ___.
8. In der Klasse sprechen wir über die Umwelt. In der Klasse sprechen wir ___.
9. Sie denkt oft an die Wanderwege in Tirol. Sie denkt oft ___.
10. Sie wandert am liebsten mit ihrer Verwandten. Sie wandert am liebsten ___.

Vokabeln

ablehnen to reject *5A*
der **Achttausendergipfel,-** mountain peak over 8000 meters *5B*
akzeptieren to accept *5A*
der **Alpenverein** Alpine Association *5A*
der **Ältere,-n** senior *5A*
altmodisch old-fashioned *5A*
der **Anorak,-s** wind breaker *5B*
anreden to address a person *5A*
die **Anredeform,-en** form of address *5A*
der **AV-Ausweis,-e** (*Alpenverein*) identity card as member of the hiking club *5B*
barrierefrei handicap accessible *5A*
das **Benehmen,-** behavior *5A*
die **Berggegend,-en** area around a mountain range *5B*
die **Berghütte,-n** mountain cabin *5A*
die **Berglandschaft,-en** alpine landscape *5A*
das **Bergsteigen** mountain climbing *5B*
der **Bergsteiger,-** mountain climber *5A*
die **Bergtour,-en** mountain tour *5B*
besteigen (*bestieg, bestiegen*) to climb *5B*
der **Boss,-e** boss *5A*
die **Brotzeit,-en** snack *5B*
die **Dorfschule,-n** village school *5B*
das **Duzen** use of the informal "du" *5A*
sich **duzen** to use the informal "du" *5A*
das **Ehrenzeichen,-** medal of distinction *5B*
entlang along, beside *5B*
die **Erfüllung: in Erfüllung gehen to** be fulfilled, realized *5B*
sich **erholen** to relax *5A*
die **Erste Hilfe** first-aid kit *5B*
erweitern to expand *5A*
die **Expedition,-en** expedition *5B*
der **Fehlversuch,-e** failed attempt *5B*
das **Fundament,-e** foundation *5A*
der **Gemeindepfarrer,-** local pastor *5B*
das **Geschäftsleben,-** business life *5A*
das **Gletschergebiet,-e** glacial area *5A*
sich **halten an** to stick to *5A*
das **Handbike,-s** hand-pedaled bike *5A*
das **Himalajagebiet,-e** area around the Himalayan mountains *5B*
der **Hochgebirgsträger,-** high altitude porter, Sherpa *5B*
höflich polite *5A*
die **Höhe,-n** height *5A*
der **Jüngere,-n** junior *5A*
die **Kassiererin,-nen** cashier (female) *5A*
der **Kollege,-n** colleague *5A*
die **Lage,-n** location *5A*
die **Lehrwerkstatt,¨-e** vocational training workshop *5B*
das **Leitwort,-e** motto *5B*
der **Lift,-e** ski lift *5A*
die **Manier,-en** manner *5A*
die **Mischform,-en** hybrid form *5A*
der **Mitarbeiter,-** co-worker *5A*
die **Nachhaltigkeit** sustainability *5A*
die **Näherin,-nen** seamstress *5B*
die **Naturparkregion,-en** nature park area *5A*
normal typical, normal *5A*
öffentlich public *5A*
der **Optimist,-en** optimist *5B*
der **Parteigenosse,-n** party member *5A*
politisch political *5A*
die **Profi-Bergsteigerin,-nen** professional mountain climber (female) *5B*
der **Proviant** provisions, food supplies *5B*
der **Regenschutz** rain gear *5B*
respektlos disrespectful *5A*
der **Sauerstoff** oxygen *5B*
die **Seilbahn,-en** cable car *5A*
das **Siezen** use of the formal "Sie" *5A*
sich **siezen** to use the formal "Sie" *5A*
die **Sonnenbrille,-n** sunglasses *5B*
der **Sonnenhut,¨-e** sun hat *5B*
die **Sonnenschutzcreme,-s** sun screen *5B*
die **Spende,-n** donation *5B*
der **Sprachraum,¨-e** language area *5A*
umgeben von surrounded by *5A*
unhöflich impolite *5A*
unmöglich impossible *5A*
unterhalten (*unterhält, unterhielt, unterhalten*) to maintain *5B*
die **Unterkunft,¨-e** accommodation *5A*
unternehmen (*unternimmt, unternahm, unternommen*) to undertake *5B*
unterschätzen to underestimate *5B*
der **Urlaub,-e** vacation; *Urlaub machen* to take a vacation *5A*
der **Vorgesetzte,-n** supervisor *5A*
das **Wahrzeichen,-** hallmark, landmark *5A*
der **Waise,-n** orphan *5B*
die **Wandergegend,-e** hiking area *5B*
die **Wanderkarte,-n** hiking map *5B*
der **Wanderschuh,-e** hiking boot *5B*
der **Wanderstock,¨-e** hiking stick *5B*
der **Wanderweg,-e** hiking trail *5B*
die **Wasserflasche,-n** water bottle *5B*
weitergehen (*ging weiter, ist weitergegangen*) to continue *5B*
der **Zugang,¨-e** access *5A*
zusätzlich additional *5B*

Noch etwas

1. Play the game "Interview the Word." In small groups, each student chooses a word they have trouble remembering or like very much. The first student plays the role of the word and the other students ask the word questions until the word is identified.
2. Your partner will give you a list of 12 words from the vocabulary list. Your task is to write a story with 8–9 of those words. Your story can be fanciful, impossible, serious or ironic.

Zitat

„Wirklich gute Freunde sind Menschen, die uns ganz genau kennen, und trotzdem zu uns halten."

Really true friends are the people who know everything about us and still stand by us.

—Marie von Ebner-Eschenbach (1830–1916), österreichische Schriftstellerin

Tatsache

Das wichtigste Lebensziel junger Deutscher ist gute Freunde zu haben; an zweiter Stelle steht Gesundheit.

Kapitel

6

Was ist aus ihnen geworden?

Leitfrage

What events make memories for people in other cultures?

Lernziele

Lektion A I will be able to:

- Greet someone I haven't seen in a while, say I've gained weight and what keeps me busy, inquire about someone's line of work and comment on their earning power, ask what's happened to an old acquaintance.
- Talk about the *Hansestadt* Lübeck and its cultural highlights.
- Use modals in the present perfect, including with double infinitives.
- Read about a current event related to Lübeck.

Lektion B I will be able to:

- Ask about skills required for a job, explain to a prospective employer what I'm sending, say I have an interview lined up, describe the application process, ask oneself questions about it and wish someone good luck.
- Talk about the Hanseatic League, these cities today and government-regulated wages in Germany.
- Use modals in the narrative past, present and past subjunctive.
- Read about a famous pirate and the poem "*Der Erlkönig*" by Goethe.

Was für einen Job sucht diese Person?

Wo kann man diese Schiffe sehen und wie alt sind sie?

Lektion A

Vokabeln Das Klassentreffen

Unser **Klassentreffen**

Fotos	Gästebuch
Tom und Claudia 	- Hallo, ihr zwei! Was habt ihr seit der Schule gemacht? - Wir haben direkt nach der Schule **geheiratet**. Drei Kinder haben wir schon und wir wollen ein viertes. **25 Kommentare**
Nora und Reiner 	- Na, Reiner, schön dich zu sehen. Du hast dich **überhaupt** nicht **verändert**! - Du bist ja süß – oder **blind**? Ich wiege 20 Kilo mehr als früher! **27 Kommentare**
Heidi und Regina 	- Gut siehst du aus! Ganz wie in alten Zeiten. - Danke, Regina. Ich treibe viel Sport und die Kinder **halten mich auf Trab**. **7 Kommentare**
Jan und Mirko 	- Hast du gehört, was aus Roland geworden ist? Hat er studiert? - Ja, nach der Schule ist er an die Uni in Lübeck gegangen. Er ist jetzt Arzt! **8 Kommentare**
Milan und Diana 	- Und was machst du **beruflich**? - Ich bin seit 5 Jahren **Übersetzer**. Ich verdiene nicht so viel, aber die Arbeit macht mir Spaß. **15 Kommentare**
Anna und Christoph 	- Bist du noch mit Moni zusammen? Ihr habt doch geheiratet, oder? - Nein, wir sind seit 5 Jahren **geschieden**. **57 Kommentare**

Alle Themenseiten

Wichtige Ausdrücke

How do I express pleasure at seeing someone?

Schön dich **zu sehen.**
It's great to see you.

How do I say I've put on weight?

Ich **wiege** 20 **Kilo mehr** als früher!
I weigh 20 kilos more than before!

How do I say what keeps me busy?

Die Kinder **halten mich auf Trab**.
The kids keep me busy.

How do I ask what someone does for a living?

Was machst du **beruflich**?
What line of work are you in?

How do I say someone makes a good living?

Klaus **verdient** jetzt **gutes Geld**.
Klaus earns good money now.

How can I find out what's happened to an old friend?

Was ist aus Max **geworden**?
What has become of Max?

Was noch?

der Absolvent, die Absolventin	*school graduate*
alleinerziehend	*single parent*
getrennt	*separated*
lebenslange Freunde	*friends for life*
die Patchworkfamilie	*blended family*
an einem Klassentreffen teilnehmen	*to attend a class reunion*
alte Bekanntschaften auffrischen	*to renew old friendships*
sich mit anderen vergleichen	*to compare oneself to others*

Wörterkiste

Auf Deutsch gibt es verschiedene Wörter für ein Klassentreffen: wenn man ein Gymnasium besucht hat, heißt das Treffen auch „Abitreffen" oder „Maturatreffen". In der Schweiz heißt ein Klassentreffen eine „Klassenzämekunft".

Konversationsgruppe

Stellen Sie sich vor, es ist 10 Jahre später und Sie haben Ihr erstes Klassentreffen. Erzählen Sie Ihrem Partner oder Ihrer Parterin, was in den letzten 10 Jahren passiert ist!

1 Stellen Sie sich vor, dass Sie auf Ihrem Klassentreffen sind.

Alte Klassenkameraden stellen Ihnen ein paar Fragen. Beantworten Sie sie!

1. Was machst du jetzt?
2. Warum habe ich so lange nichts von dir gehört?
3. Wie geht's deiner Familie?
4. Bist du verheiratet?
5. Wie hast du deinen Partner/deine Partnerin kennen gelernt?
6. Warum warst du nicht auf dem letzten Klassentreffen?
7. Was für einen Job hast du?

Dialog Was ist aus ihnen geworden?

Interpretive Communication

Angelika und Sandra reden über ihr Klassentreffen und wen sie dort gesehen haben.

Angelika: Ich kann's gar nicht glauben, dass wir vor 10 Jahren mit der Schule fertig geworden sind. Es war wirklich interessant zu sehen, was alle so machen.

Sandra: Tja, besonders alle die Leute, die in der Schule nichts gelernt haben!

Angelika: Aber, Sandra, das kannst du nicht behaupten! Wir haben in Französisch viel für Frau Giscard gemacht. Aber Französischlehrerin wollte ich nie werden, nur nach Frankreich reisen und einen französischen Freund finden.

Sandra: Ja, ich habe viel in Physik bei Herrn Wolf gelernt, aber was hat's gebracht? Ich bin heute nicht nicht Physikerin, sondern Biologin.

Angelika: Sag mal, hast du auf dem Klassentreffen Klaus-Bernd gesehen? Er behauptet, er hat eine Computerfirma mit 16 Angestellten! Dass er Informatiker werden würde, hätte ich nie gedacht, weil er in Mathe immer so schlecht war.

Sandra: Ja, Herr Schmitz war wirklich schlecht. Aber Klaus-Bernd hat's überstanden und verdient jetzt gutes Geld.

Angelika: Geld ist nicht alles, meine Liebe. Hast du Regina gesehen? Sie hat toll ausgesehen und singt jetzt in einer Rockband. Sie verdient nicht so gut, aber die Arbeit macht ihr Spaß.

Sandra: Das erzählt sie so, aber wer glaubt's? Reginas Mann ist Apotheker. Deshalb braucht sie nicht so gut zu verdienen und kann jeden Tag ihre Lieder üben.

Angelika: Ich würde sie aber gern einmal auf der Bühne sehen.

Sandra: Ich auch. Sollten wir unsere alte Clique an ihren Arbeitsstellen besuchen? Christian in seiner Praxis, Annette im Reisebüro, Paul bei der Zeitung und Klaus-Bernd in seiner Firma? Das könnten wir in zwei Tagen schaffen!

Angelika: Und wer arbeitet für uns?

Sandra: Leider keiner! Dann müssen wir bis zum nächsten Klassentreffen warten, um unsere alten Freunde zu sehen!

2 Von wem spricht man hier?

Diese Person/diese Personen…

1. war die Französischlehrerin.
2. wollte einen französischen Freund.
3. war Sandras Lehrer, bei dem sie viel gelernt hat.
4. ist jetzt Informatiker.
5. war ein schlechter Lehrer.
6. sah auf dem Klassentreffen sehr gut aus.
7. hat einen Apotheker geheiratet.
8. möchte ihre alten Schulkameraden an ihren Arbeitsstellen besuchen.

Sprache Modals: Present Perfect

Modals use *haben* as their helping verb when forming the present perfect. Form the participles by adding *ge-* to the front of the stem and *-t* to the end. *Note that the participles of modals are all without umlauts.*

dürfen: *Bist du gestern Abend ins Kino gegangen?* *Nein, ich habe das nicht gedurft.*	Did you go to the movies last night? No, I wasn't allowed to (go).
können: *Wann hast du Klavier gelernt?* *Oh, das habe ich nie gekonnt.*	When did you learn to play the piano? Oh, I've never been able to (do that).
mögen: *Habt ihr gestern den Film gesehen?* *Ja, aber wir haben ihn nicht gemocht.*	Did you see the movie yesterday? Yes, but we didn't like it.
müssen: *Hans, hast du als Kind Geschirr gespült?* *Ja, das habe ich immer gemusst.*	Hans, did you wash the dishes as a kid? Yes, I always had to (do it).
sollen: *Martin, hast du Mutti angerufen?* *Oh, habe ich das gesollt?*	Martin, did you call Mom? Oh, was I supposed to?
wollen: *Wir haben Christian eine Uhr geschenkt, aber er hat sie nicht gewollt.*	We gave Christian a watch, but he didn't want it.

Bewertung

How would you say these sentences in German?

- She had to.
- She did have to.

Antwort: *Sie hat gemusst.* German only uses the helping verb *haben* and the past participle, where English has two options.

Warum treibt Tanja Kampfsport? Sie hat es gewollt.

3 Der Klassenclown

Ergänzen Sie die fehlenden Wörter! Benutzen Sie das Perfekt!

Lehrerin: Oliver! Du hast schon wieder was Dummes gemacht.

Oliver: Natürlich (1) ich es nicht (2) (dürfen), aber es macht Spaß!

Lehrerin: Oliver! Kannst du dich nicht einmal richtig benehmen?

Oliver: Das (3) ich nie (4) (können), Frau Braun.

Lehrerin: Das geht nicht! Wenn ich immer machen würde, was mir Spaß macht, wo wären wir dann?

Oliver: Ich weiß es nicht, Frau Braun. Aber wenn ich nie gemacht hätte, was ich nicht (5) (sollen) hätte, wo wäre ich?

Lehrerin: Du wärest nicht beim Schuldirektor! Zu ihm sollst du aber jetzt! Nun, marsch!

Oliver: Aber, Frau Braun! Ich habe nur etwas Kleines, nichts Schlimmes gemacht. Nur einen dummen Witz gemacht. Ich (6) noch nie zum Direktor (7) (müssen).

Lehrerin: Aber jetzt!

Oliver: Bitte, Frau Braun! Ich werde so etwas nicht wieder machen. Letzte Woche, als Herr Schmidt in Mathe auf mich sauer war, saß ich eine Stunde auf dem Flur. Das (8) ich nicht (9) (mögen), aber so schlimm war es auch wieder nicht. Vielleicht gehe ich jetzt ein bisschen auf den Flur?

Lehrerin: Geh jetzt! Sonst werde auch ich sauer.

Oliver: Oh, Frau Braun! Das (10) ich nicht (11) (wollen).

Sprache — Modals: Double Infinitives

When you use modals in the present perfect, you use a special construction called the "double infinitive." That means the modal and what is called the "dependent infinitive" appear together in the infinitive at the end of the clause.

Wir haben das Kind beruhigen müssen.	We had to calm the child.
Warum hast du das machen wollen?	Why did you want to do that?

In subordinate clauses, *haben* appears before the double infinitive.

Meine Mutter hat gesagt, dass sie das nie hat machen dürfen.	My mother said that she was never allowed to do that.

Vergleiche

Infinitives

The double infinitive structure in German requires putting the conjugated verb as the second element in the sentence, together with its subject, then the double infinitive at the end of the clause. There is no double infinitives structure in English. Where is the infinitive placed in relation to the conjugated verb in English? (Looking at the examples in the explanation above should help you answer this question.)

Antwort: "To" is inserted before the infinitive and infinitives appear directly after the conjugated verb.

4 Was haben Ihre Eltern als Kind alles machen müssen?

Was haben sie gesagt? Glauben Sie ihnen? Beginnen Sie jeden Satz mit „Sie haben gesagt, dass…".

BEISPIEL Sie sind fünf Kilometer zur Schule gelaufen. (müssen)
Sie haben gesagt, dass sie fünf Kilometer zur Schule haben laufen müssen.

1. Sie haben nur einen Dollar fürs Kino bezahlt. (müssen)
2. Sie sind immer früh ins Bett gegangen. (wollen)
3. Sie haben ihre Zimmer immer gern aufgeräumt. (mögen)
4. Sie haben immer nur gesund gegessen. (dürfen)
5. Sie sind zu den Großeltern immer höflich gewesen. (müssen)
6. Sie sind am Wochenende immer früh aufgestanden. (wollen)
7. Meine Mutter hat immer gute Noten bekommen. (mögen)
8. Mein Vater hat gar nicht mit Freunden telefoniert. (wollen)
9. Meine Mutter hat in einem Zimmer mit vier Geschwistern geschlafen. (müssen)
10. Ihre Eltern haben sich nie um sie gesorgt. (müssen)

Kreuz und quer

Interpretive Communication Pre AP

Die Hansestadt Lübeck

Anfänge

Lübeck hat eine lange Geschichte. Die erste Siedlung[1] gab es schon vor mehr als 850 Jahren, als man Lübeck 1143 an der Ostseeküste[2] gründete. Im Mittelalter war Lübeck eine große Macht und nach Köln die zweitgrößte Stadt Deutschlands. Heute hat sie den größten Ostseehafen[3] Deutschlands.

---

[1]*die Siedlung* settlement; [2]*die Ostseeküste* Baltic Sea coast; [3]*der Ostseehafen* Baltic Sea harbor

Panorama von Lübeck an einem bewölkten Tag

das Holstentor

Lübeck und die Hanse

Wegen ihrer Lage an der Ostsee war Lübeck an der Trave 300 Jahre lang das Zentrum des Welthandels[4], denn dort entwickelte sich ab 1356 die Hanse. Ihre Handelsrouten[5] verbanden den Westen mit dem Norden und Osten Europas und öffneten[6] einen Weg zum Mittelmeer[7] im Süden. Sie reichten von Portugal bis nach Nordwestrussland. Zum Höhepunkt der Hanse gehörten 200 Städte dazu: einige der Städte in Deutschland waren direkt an der Nord- und Ostsee; andere, wie Köln, Bremen, Dortmund und Frankfurt an der Oder, lagen an Flüssen. Das Netzwerk der Hanse war größer und bestand[8] länger als jede andere Gruppe von Städten in der europäischen Geschichte.

Die Altstadt von Lübeck

Gerade die Geschichte der Hanse prägt das historische Stadtbild Lübecks. 1987 erklärte die UNESCO die ganze Altstadt zum Weltkulturerbe. Sie besteht aus 1.800 Baudenkmälern[9] der Hansezeit. Das Burgkloster[10] und das Burgtor[11] sind die bedeutendste mittelalterliche Klosteranlage[12] Norddeutschlands. Der „Koberg" im Norden der Altstadt ist ein komplettes Viertel aus dem späten 13. Jahrhundert, mit der Schiffergesellschaft (einem Treffpunkt[13] für Seeleute[14]) und dem Heiligen-Geist-Hospital. Das Hospital (1286 gebaut) ist eines der ältesten Krankenhäuser in ganz Europa. Wahrzeichen der Stadt ist das Holstentor, das zur Zeit der Hanse Macht wie auch Reichtum[15] zeigte. Durch den Handel war Lübeck eine reiche Stadt – die Salzspeicher[16] am linken Trave Ufer stehen noch als Beweisstück[17] dafür: Salz, das „weiße Gold" war eine der wichtigsten Exportwaren[18] im Mittelalter.

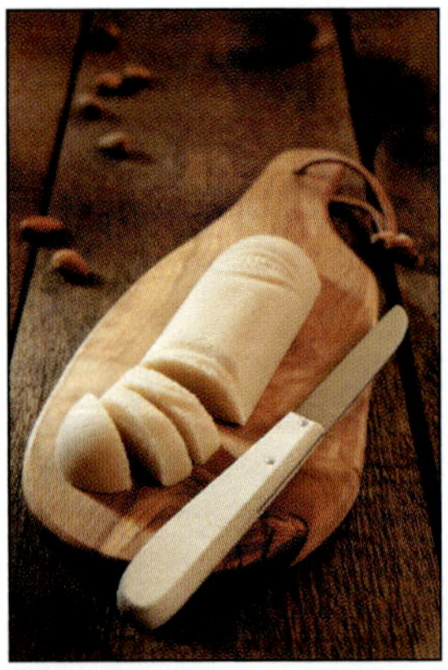

Marzipan Brot

Lübecker Marzipan

Wenn Deutsche „Lübeck" hören, denken sie nicht sofort an die Hanse, sondern an Lübecks wichtigste Exportware von heute: das Marzipan. Jeden Tag wird tonnenweise[19] Lübecker Marzipan in alle Welt geschickt. Der Legende[20] nach begann die Herstellung von Marzipan 1407 in einer Zeit der Hungersnot[21]. Es gab nur noch Mandeln[22] und Zucker in der Stadt. Ein paar erfinderische[23] Leute machten kleine „Brote" daraus und verteilte sie an die Armen. Heute kann man noch Marzipan Brote bei den Zuckerbäckern[24] in Lübeck kaufen.

Berühmte Söhne Lübecks

In neuerer Zeit machte Lübeck wieder Geschichte. Drei Nobelpreisträger[25] erklärten Lübeck zu ihrer Heimat[26]: der Schriftsteller Thomas Mann (Literaturnobelpreis 1929); der Bundeskanzler Willy Brandt (Friedensnobelpreis 1971); und der Schriftsteller Günter Grass, ein Wahl-Lübecker[27] (Literaturnobelpreis 1999). In Lübeck kann man ihre Häuser besuchen.

---

[4]*der Welthandel* international trade; [5]*die Handelsroute* trade route; [6]*öffnen* to open; [7]*das Mittelmeer* Mediterranean Sea; [8]*bestehen* to exist; [9]*das Baudenkmal* historic building; [10]*das Burgkloster* fortified cloister; [11]*das Burgtor* gateway to the citadel; [12]*die Klosteranlage* cloister grounds; [13]*der Treffpunkt* meeting place; [14]*die Seeleute* sailors; [15]*der Reichtum* wealth; [16]*der Salzspeicher* salt warehouse; [17]*das Beweisstück* evidence; [18]*die Exportware* export article; [19]*tonnenweise* by the ton; [20]*die Legende* legend; [21]*die Hungersnot* famine; [22]*die Mandel* almond; [23]*erfinderisch* inventive; [24]*der Zuckerbäcker* confectioner; [25]*der Nobelpreisträger* Nobel laureate; [26]*die Heimat* hometown; [27]*der Wahl-Lübecker* Lübecker by choice

Flash!

Große Eröffnungsparty für das neue Niederegger-Stammhaus in Lübeck

Lübeck. Mit viel Prominenz und in edlem Ambiente hat Niederegger die große Wiedereröffnung seines Stammhauses nach zwei Monaten des Umbaus gefeiert. 350 geladene Gäste sind Donnerstagabend in die Breite Straße gekommen. „Schön, dass der gediegene Charakter beibehalten wurde", urteilte Olivia Kempke vom Lübeck Management. Den kompletten Januar und Februar haben die Handwerker geschuftet, um das Stammhaus vom Keller bis zum Dach rundzuerneuern.

58 Tage waren für den Umbau veranschlagt. Am Ende dauerte alles exakt 57 Tage, 18 Stunden und 23 Minuten.

Perspektive

„Meine Familie geht schon seit Generationen zu Niederegger. Auch ich bin 2 mal im Jahr dort und es gibt für mich nichts Besseres. Es ist jedes Mal wie ein Feiertag ❤! Danke für so viele schöne Begegnungen und natürlich für meine Marzipantorte – die ist ein Traum!"

—Sabine, Bad Herzfeld

Nachdem Sie diese Perspektive gelesen haben, haben Sie nun Lust, Lübeck zu besuchen? Warum?

5 Was verstehen Sie?

Ergänzen Sie die Tabelle unten mit den Informationen vom Text.

Erste Siedlungen	
Lage	
Größe der Stadt	
Einfluss der Hanse	
Altstadt	
Marzipan	
Berühmte Personen	
Handel gestern und heute	

eine Marzipantorte

6 Aktivitäten

1. **Interpersonal Speaking / Connecting to International Communities.** Erforschen Sie zusammen mit einem Partner oder einer Partnerin die Ziele und Projekte der Organisation **youthHansa**. Stellen Sie sich vor, Sie sind zwei Teilnehmer aus Frankfurt an der Oder und haben sich seit Ihrer Zusammenarbeit an einem Projekt nicht gesehen. Erzählen Sie einander, was Sie in den letzten Jahren gemacht haben und was Sie für das nächste Projekt planen.

Suchwörter: **youthHansa, hanse.org**

2. **Presentational Speaking / Connecting to Art and History.** Im Jahre 2015 eröffnete das Europäische Hansemuseum in Lübeck. Es ist weltweit das größte Museum, das über die Geschichte der Hanse informiert. Besuchen Sie das Museum virtuell, dann machen Sie eine Werbebroschüre für Ihre Klasse, die bald das Museum besuchen wird. Wann ist es offen, was kostet der Eintritt und was kann man da sehen?

Suchwörter: **hansemuseum.eu, europäisches hansemuseum**

3. **Interpersonal Speaking / Connecting to Tourism.** Neben dem Holstentor ist das Café Niederegger das zweitbekannteste Wahrzeichen der Stadt Lübeck. Erforschen Sie die verschiedenen Angebote bei Niederegger (der Marzipan-Salon, die Marzipanerie, das Café). Planen Sie einen Besuch bei Niederegger und machen Sie zusammen mit einem Partner oder einer Partnerin einen Dialog darüber: was werden Sie essen, sehen und kaufen?

Suchwörter: **Cafe Niederegger, Marzipan-Salon Niederegger, Marzipanerie Niederegger**

4. **Presentational Speaking / Connecting to Biography.** Erforschen Sie einen Nobelpreisträger aus Lübeck. Sie können sich über Thomas Mann (Schriftsteller), Willy Brandt (Politiker), oder Günther Grass (Schriftsteller und Künstler) informieren. Machen Sie eine Zeittafel über sein Leben, sammeln Sie Bilder von der Person und stellen Sie der Klasse die Person vor!

1929 erhielt Thomas Mann den Nobelpreis für Literatur.

Suchwörter: **Nobelpreisträger Thomas Mann/Willy Brandt/Günther Grass**

Du bist dran! Pre AP

Beim Klassentreffen *Interpersonal Speaking*

Partner A und Partner B treffen sich zum ersten Mal nach zehn Jahren beim gemeinsamen Klassentreffen. Partner A ist erfolgreich und glücklich verliebt. Partner B ist wieder single und hat auch nicht viel Glück im Beruf.

Beide stellen sich die folgenden Fragen: Was hast du nach der Schule gemacht? Hast du studiert? Was machst du beruflich?

Nützliche Vokabeln

getrennt
geschieden
alleinerziehend
verheiratet
Patchworkfamilie
verändert

Auf der Straße Interpersonal Speaking

With a partner, play the roles of two former classmates who meet by accident in the city. You both want to impress each other and so exaggerate about your lives. Begin with a greeting, ask how your former classmate is, then each of you makes an exaggeration to brag about your success to impress your former classmate. You can use the following modals in your exaggerations: *können, wollen, dürfen, sollen, müssen.*

BEISPIEL **A: Guten Abend, Sandra! Ich kann's gar nicht glauben, dass wir vor 10 Jahren mit der Schule fertig geworden sind. Wie geht's?**

B: Sehr gut. Ich habe einen Mercedes kaufen können, denn ich habe gestern im Lotto gewonnen!

Erfolgreiche Bekannte Interpersonal Speaking / Presentational Writing

Frage drei oder vier deiner Klassenkameraden, wen sie kennen (Freunde oder Bekannte), der oder die erfolgreich gewesen sind. Dann tauscht eure Rollen!

Mögliche Fragen:

- Woher kennst du diese Person?
- Wie ist er/sie so erfolgreich geworden?
- Was macht er/sie heutzutage?

Ich schlage vor... Presentational Speaking

In einer Gruppe mit drei Personen erforscht die Werke von den zwei Nobelpreisträgern Thomas Mann oder Günter Grass. Jeder in der Gruppe nimmt das Werk eines Preisträgers und erzählt den anderen Mitgliedern der Gruppe davon und gibt zwei Gründe, warum auch sie das Werk lesen sollten. Vergesst nicht, biografische Informationen über die Person zu sagen.

Wörter und Ausdrücke

Making Remarks at a Reunion

Gut siehst du aus. You're looking good.

Du hast dich nicht verändert. You haven't changed at all.

Hast du gehört, was aus Silvia geworden ist? Have you heard what Silvia's doing?

Das hätte ich nie gedacht. I would never have thought that.

Bist du verheiratet? Are you married?

Ich bin geschieden. I'm divorced.

Die Arbeit macht mir Spaß. I enjoy the work.

Ich verdiene nicht so viel. I don't earn very much.

Ich bin Lehrerin geworden. I became a teacher.

Lektion B

Vokabeln — Eine Stelle suchen und sich bewerben

Wie ich einen Job finde... — Marias Blog

SCHRITT 1: die Suche

Ich heiße Maria. Ich bin eine Job-**Bewerberin** aus Berlin. Zuerst benutze ich das **Jobportal**! Wenn ich mich für ein **Stellenangebot** interessiere, informiere ich mich über den **Arbeitgeber**.

SCHRITT 2: die Bewerbungsunterlagen zusammenstellen und abschicken

1

2

Bewerbung als Grafikerin — A

Maria Mayer
Waldallee 18
14199 Berlin
Tel: 0179 / 5810932
E-Mail: mmayer@yahoo.de — B

Anlagen
- Bewerbungsbrief
- Lebenslauf
- Zeugnisse — C

3

4

1. Ich stelle meine **Bewerbungsmappe** zusammen (in dieser **Reihenfolge**):
2. **Deckblatt** mit:
   (A) **Bezeichnung** der **Stelle**, (B) **Kontaktdaten** und (C) **Auflistung** der **Anlagen**
3. Lebenslauf und **Bewerbungsbrief** (persönliche **Stärken** angeben und den richtigen **Ansprechpartner anschreiben**!)
4. **Zeugnisse**

SCHRITT 3: das Bewerbungsgespräch

Ich habe einen Termin **festgelegt** (heute, 17. Juni!)

Beim Termin muss ich mich vorstellen, **Fragen** stellen und beantworten. Am Ende ist es wichtig, sich für das Gespräch zu bedanken.

Habe ich die Stelle bekommen? Ich weiß noch nicht! Ich muss auf die Entscheidung warten!

Was noch?

ehrenamtliche Tätigkeit	*volunteer activity*
der Ferienjob	*holiday job*
der Nebenjob	*second job*
der Praktikant/ die Praktikantin	*trainee, intern*
das Praktikum	*internship*
der Teilzeitjob	*part-time job*
der Vollzeitjob	*full-time job*
der Wochenendjob	*weekend job*
jemanden einstellen	*to hire someone*
einen Arbeitnehmer entlassen	*to fire an employee*
Ich glaube, ich kann viel beitragen.	*I believe I can contribute a lot.*

Wörterkiste

„Boreout" ist ein neues Wort in Deutsch. Es ist das Gegenteil von „Burnout". Die Arbeit ist nicht stressig, sondern langweilig. Die Person mit „Boreout" ist mit dem Job unzufrieden.

Wichtige Ausdrücke

How do I find out about skills required for a job?

Welche Fähigkeiten erwarten Sie?

What skills are you seeking?

How do I say I'm assembling my application?

Ich stelle meine Bewerbungsunterlagen **zusammen**.

I'm putting together my application materials.

How do I say I've set an interview date?

Ich habe **einen Termin festgelegt.**

I've set a date.

How do I indicate what should be included in the letter?

Es ist wichtig, persönliche Stärken **zu identifizieren.**

It is important to identify your personal strengths.

When job-seeking, what must I ask myself about the employer?

Fragen Sie sich: Welche Fähigkeiten erwarten sie, was suchen sie, und was können Sie **beitragen**?

Ask yourself: What do they expect, what skills are they looking for and what can you contribute?

How do I wish someone good luck?

Ich drücke Ihnen **die Daumen**.

I'm crossing my fingers for you.

Konversationsgruppe

Sprechen Sie mit verschiedenen Personen und stellen Sie sich vor: Sie bewerben sich um einen Ferienjob. Sagen Sie, warum Sie diesen Job bekommen möchten.

Was willst du werden?

Wenn Sie vergessen haben, was diese Wörter heißen, arbeiten Sie mit einem Partner oder einer Partnerin. Vergessen Sie nicht: bei Berufen benutzt man den Artikel nicht: *Er ist Lehrer. Sie ist Ärztin.*

der Apotheker/die Apothekerin
der App-Entwickler/ die App-Entwicklerin
der Arzt/die Ärztin
der Elektriker/die Elektrikerin
der Krankenpfleger/ die Krankenschwester
der Marktforscher/die Marktforscherin
der Rechtsanwalt/die Rechtsanwältin
der Unternehmer/die Unternehmerin

7 Eine Stellensuche

Welches Wort passt nicht?

1. die Stelle
   A. festlegen B. bekommen C. zeichnen
2. die Stellenangebote
   A. festlegen B. lesen C. finden
3. sich informieren
   A. über die Stelle B. über die Nachbarn C. über die Firma
4. die Bewerbung
   A. sich bewerben B. sich schneiden C. sich informieren
5. das Vorstellungsgespräch
   A. einen Termin festlegen B. sich vorstellen C. das Jobportal benutzen
6. die Bewerbungsunterlagen
   A. ein Brief B. ein Lebenslauf C. ein Interview
7. beim Interview
   A. sprechen B. schlafen C. zuhören
8. die Stelle bekommen
   A. traurig sein B. sich freuen C. Glück haben

Dialog — Emilie bereitet sich auf ein Vorstellungsgespräch vor

Interpretive Communication

Emilie hat nächste Woche in einer Firma ein Vorstellungsgespräch. Sie geht zum Bundesamt für Arbeit und spricht dort mit einer Beraterin.

Emilie: Guten Tag! Ich habe nächste Woche ein Vorstellungsgespräch und bin mir nicht sicher, wie ich mich verhalten soll.

Beraterin: Herzlichen Glückwunsch! Haben Sie sich schon über die Firma informiert?

Emilie: Wie macht man das am besten?

Beraterin: Im Internet können Sie Informationen über die Firma und über die Stelle sammeln. Fragen Sie sich: Welche Fähigkeiten erwarten sie, was suchen sie, und was können *Sie* beitragen?

Emilie: Ich haben schon ein paar Ideen. Aber ich bin immer noch ein bisschen nervös. Was ist die Kleiderordnung für so was?

Beraterin: Einfach etwas Professionelles. Aber tragen Sie etwas Bequemes.

Emilie: Der Termin ist Montag um 11.00. Wann soll ich ankommen?

Beraterin: Lieber ein paar Minuten zu früh. Dann haben Sie Zeit, sich hinzusetzen und sich zu entspannen. Wenn Sie zu spät kommen, macht das einen schlechten Eindruck.

Emilie: Gibt man sich die Hand? Und soll ich dem Interviewer auch Fragen stellen?

Beraterin: Ja, klar. Man gibt sich die Hand, wie immer. Und natürlich können Sie Fragen stellen. Das zeigt doch, dass Sie Initiative haben.

Emilie: Das ist ok? Man kann nicht alles wissen!

Beraterin: Na, klar. Und vergessen Sie nicht am Ende des Interviews, sich für das Interview zu bedanken. Sie könnten auch fragen, wann und wie Sie von der Entscheidung des Interviewers hören werden.

Emilie: Danke für Ihre Hilfe! Ich freue mich schon auf das Vorstellungsgespräch. Ich glaube, es wird gut gehen.

Beraterin: Ganz bestimmt! Ich drücke Ihnen die Daumen.

8 Wie bereitet man sich auf das Gespräch vor?

Ergänzen Sie die Sätze mit den fehlenden Wörtern.

Stärken HAND Eindruck Initiative Firma
Entscheidung Fähigkeiten Vorstellungsgespräch

1. Wenn man sich vor dem Interview informiert, soll man viel über die ___ lernen.
2. Wenn man den Bewerbungsbrief schreibt, soll man seine ___ angeben.
3. Die Firma will wissen, welche ___ der Bewerber hat.
4. Wenn man zu spät kommt, macht das keinen guten ___.
5. Wenn man im Interview Fragen stellt, zeigt das ___.
6. Am Anfang des Interviews gibt man sich die ___.
7. Am Ende des Interviews kann man fragen, wann man die ___ des Interviewers bekommen wird.
8. Am Ende soll man nicht vergessen, sich für das ___ zu bedanken.

9 Ihr Traumberuf

Schreiben Sie jetzt über Ihren Traumberuf: Was möchten Sie werden und warum? Schreiben Sie auch, wie Sie sich noch vorbereiten können.

Sprache Modals: Narrative Past

The modals are in the group of high-frequency verbs, along with *haben*, *sein*, *werden* and *wissen*, that regularly appear in the narrative past.

Modals are irregular verbs, so you will need to learn their forms for the narrative past. Note that the narrative past forms do not have umlauts.

dürfen	*durfte*
können	*konnte*
mögen	*mochte*
müssen	*musste*
sollen	*sollte*
wollen	*wollte*

Here is *dürfen* as an example, but all the modals use the same endings for the narrative past.

ich	durft**e**	wir	durft**en**
du	durft**est**	ihr	durft**et**
er, sie, es	durft**e**	sie	durft**en**
Sie (sg. & pl.)	durft**en**		

10 Emilie geht zum Arbeitsamt.

Ergänzen Sie diesen Text mit den richtigen Verbformen im Imperfekt (*narrative past*).

Emilie (1) (müssen) sich auf ein Vorstellungsgespräch vorbereiten und machte einen Termin beim Arbeitsamt. Dort (2) (können) sie mit einer Beraterin sprechen. Sie (3) (wollen) wissen, was man tragen (4) (sollen) und ob man Fragen stellen (5) (dürfen). Die Beraterin half ihr und wünschte ihr viel Glück!

11 Schnitzeljagd!

Können Sie herausfinden, wer in diesem Buch diese Sachen gemacht hat? Wer die meisten Antworten am schnellsten finden kann, gewinnt!

BEISPIEL den Zug nicht nehmen können
Annie konnte den Zug nicht nehmen.

1. als Kind Brettspiele spielen wollen
2. seit dem 13. Lebensjahr klettern wollen
3. ein Jahr im Krankenhaus bleiben müssen
4. sich politisch engagieren mögen
5. über Produkte im Blog schreiben können
6. Dampfnudeln kochen können
7. die Bildung reformieren wollen
8. ein Päckchen Sonnenschein mitnehmen sollen

Im Fokus

Interpretive Communication Pre AP

Deutschlands berühmtester Pirat: Klaus Störtebeker

Bevor der Henker[1] ihm den Kopf abschlägt[2], verspricht[3] ihm der Bürgermeister von Hamburg etwas: die Piraten, an denen er ohne seinen Kopf vorbeigehen kann, behalten[4] ihr Leben. Er schafft 11 Schritte, bevor der Henker ihm ein Bein stellt[5]. Seinen Kopf nagelt[6] man auf eine Stange im Hamburger Hafen, zusammen mit vielen anderen Piraten-Köpfen. So endet 1401 das Leben von Klaus Störtebeker, dem wohl berühmtesten Piraten der Nord- und Ostsee.

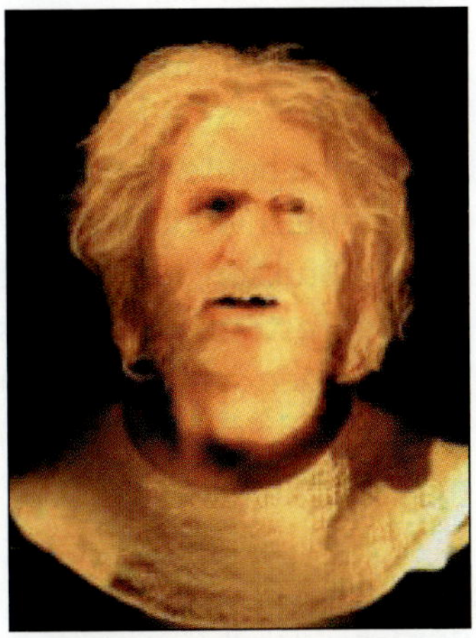

Rekonstruktion von Klaus Störtebekers Schädel

Es gibt keine Bilder von ihm und sein Geburtsort ist nicht sicher. Einige sagen Rotenburg, andere meinen er kommt aus Wismar. Sein Geburtstag ist auch unsicher, aber es muss um das Jahr 1360 gewesen sein, denn als er hingerichtet[7] wurde, war er wahrscheinlich 40 Jahre alt.

Am Anfang war Störtebeker kein Pirat, sondern *Freibeuter*: ein privater Seefahrer[8], der per *Kaperbrief*[9] feindliche[10] Schiffe kapern[11] und ihre Waren konfiszieren[12] durfte. Für Schweden überfiel[13] Störtebeker mit seiner Mannschaft Hanseschiffe in der Ost- und Nordsee. Sie hießen zuerst die *Vitalienbrüder*, weil sie der schwedischen[14] Stadt Stockholm Lebensmittel brachten, als die dänische[15] Königin Margarete I. 1389 die Stadt belagerte[16]. Im Hafen von Wismar durfte Störtebeker mit seinen Piraten die Beute[17] verkaufen, die sie der Hanse und den Engländern weggenommen hatten. Zehn Jahre lang waren die Piraten die Herren der Ostsee und hatten ihr Hauptquartier[18] auf der Insel Gotland. Sie nannten sich nach 1390 *Likedeelers*, was soviel heißt wie „gleich teilen" und segelten auf ihrem Schiff *Roter Teufel*.

Im Jahre 1400 verloren die Friesen[19], die Schützer[20] von den Piraten, einen Krieg gegen die Hanse und konnten die Piraten nicht mehr schützen. Noch ein Jahr lang segelten die Likedeelers in der Nordsee, aber die Hanse wollte der Piraterie[21] ein Ende machen. 1401 gewann die Hanse eine Seeschlacht[22] gegen die Piraten und nahm sie fest[23].

Weißkopfseeadler im Vorprogramm „Könige der Lüfte" bei den Störtebeker-Festspielen in Ralswiek auf der Insel Rügen

---

[1]*der Henker* executioner; [2]*abschlagen* to chop off; [3]*versprechen* to promise; [4]*behalten* to keep; [5]*ein Bein stellen* to trip; [6]*nageln* to nail; [7]*hinrichten* to execute; [8]*der Seefahrer* sailor; [9]*der Kaperbrief* official government document allowing the seizure of ships; [10]*feindlich* enemy; [11]*kapern* to seize; [12]*konfiszieren* to confiscate; [13]*überfallen* to raid; [14]*schwedisch* Swedish; [15]*dänisch* Danish; [16]*belagern* to lay siege to; [17]*die Beute* booty; [18]*das Hauptquartier* headquarters; [19]*der Friese* Frisian; [20]*der Schützer* protector; [21]*die Piraterie* piracy; [22]*die Seeschlacht* sea battle; [23]*festnehmen* to arrest

Man brachte sie auf dem berühmten Schiff *Bunte Kuh* nach Hamburg. Dort fand Störtebeker mit 30 seiner Männer sein Ende.

Aber Klaus Störtebeker lebt heute weiter: Sein Name findet sich heute überall in Norddeutschland: Häuser, Türme, Brücken, Restaurants, Schiffe, Festivals, und vieles mehr tragen seinen Namen. Und seinen Schädel[24] findet man im Hamburger Museum.

Analyse

Some of the paragraphs in this text are in the present tense, others in the simple past. Look at each paragraph, determine what tense it is in, and then explain the reasons for each tense and why the tense changes occur. Fill in a chart like the one below.

Absatz	Zeitform	Warum? (Gründe)
1. *Er schafft 11 Schritte, bevor der Henker ihm ein Bein stellt.*	present tense	Writing in the present tense (the historical present) makes the reader feel "in the moment."
2. usw.		

[24] *der Schädel* skull

12 Ich verstehe das Lesestück! Presentational Writing

Show your understanding of the reading by making an online timeline that shows each important event and its context for each of these dates: 1389, 1390, 1400, 1401. Explain what was going on for each date and any needed background information. Also include Klaus Störtebeker's birthdate; some of the ships he pirated and the nationalities of those ships; and what was happening with *die Hanse* in 1356 and from 1361–1370—all which will take some research. Select an online presentational tool that allows you to insert some images of places named after the pirate. Be sure to give your timeline a title.

13 Aktivitäten

1. **Interpretive Communication / Interpersonal Speaking / Connecting to Maritime Culture.** Moderne Piraterie: Eine Diskussion. Nicht nur im Mittelalter, sondern auch im 21. Jahrhundert gibt es immer noch Piraten. In Somalia zum Beispiel, sind rund 1500 professionelle Piraten aktiv. Erforschen Sie die moderne Piraterie. Dann diskutieren Sie in einer Gruppe: Warum wird jemand Pirat und was könnte man machen, um die Piraterie zu verhindern? Als Klasse schreiben Sie eine Liste mit Gründen für die Piraterie und Lösungen.

   Suchwörter: **moderne Piraterie, Piraterie heute, Piraten der Neuzeit**

Nützliche Vokabeln

arm	*poor*
wenig Gelegenheit haben	*to have little opportunity*
der Krieg	*war*
eine Familie unterstützen	*to support a family*
verzweifelt sein	*to be desperate*

2. Presentational Speaking / Connecting to Historical Shipbuilding. Die Hanse hatte ihr eigenes Schiff, *die Kogge*. Sie war besonders praktisch für die Handelsleute, weil man sie schnell bauen konnte. Erforschen Sie die Geschichte der Kogge und bereiten Sie einen kurzen Bericht darüber vor. Informationen, die Sie für Ihren Bericht brauchen: Wie groß war die Kogge, wie schnell konnte sie segeln, wie viel konnte sie transportieren, wie groß musste die Mannschaft sein, um eine Kogge zu segeln. Vergessen Sie nicht, auch ein Bild davon zu zeigen.

Eine Kogge wird in Lübeck restauriert.

Suchwörter: die Kogge, Kogge Lübeck

3. Presentational Writing / Connecting to Cultural Events. Jedes Jahr gibt es in Ralswiek auf der Insel Rügen die Störtebeker Festspiele. Sie sind Deutschlands erfolgreichstes Open-Air-Theater. Machen Sie eine Broschüre für die Festspiele, die nächstes Jahr stattfinden. Was kann man machen, sehen, hören, erleben?

Suchwörter: Störtebeker Festspiele, Störtebeker Fest

Sprache — Modals: Present Subjunctive

The modal verbs are important for expressing wishes in German. Like *würde*, the modals can work with another verb in the infinitive to form the present subjunctive. The forms are based on the narrative past of the modals, plus an umlaut for all verbs except *wollen* and *sollen*.

Wenn ich nur nicht das Geschirr spülen müsste!	If only I didn't have to wash the dishes!
Wenn wir nur öfter ins Kino gehen dürften!	If only we were allowed to go to the movies more often!

infinitive	narrative past	present subjunctive
dürfen	durfte	dürfte
können	konnte	könnte
mögen	mochte	möchte
müssen	musste	müsste
sollen	sollte	sollte
wollen	wollte	wollte

Note: Modals that have an umlaut in the infinitive will also have an umlaut in the present subjunctive.

Vergleiche

How can you tell if "Wir wollten das machen" is in the narrative past or the present subjunctive?

Antwort: Since the forms are identical, you will have to pay attention to the context to make your decision.

14 Wie könnte mein Leben schöner und noch besser sein?

Was würden Sie sich wünschen? Beginnen Sie Ihre Sätze mit *Wenn ich nur…*

BEISPIEL in Potsdam Film studieren können
Wenn ich nur in Potsdam Film studieren könnte!

1. den ganzen Tag im Internet surfen dürfen
2. Geige nicht üben müssen
3. lange schlafen können
4. zu jeder Zeit telefonieren können
5. weniger Hausarbeit machen müssen
6. meine Verwandten nicht so oft besuchen sollen
7. mit Freunden ausgehen dürfen
8. nicht so viel auf meine Geschwister aufpassen müssen

15 Wie wären Sie als Eltern?

Was dürften Ihre Kinder machen? Beginnen Sie jeden Satz mit *Wenn sie wollten…*

BEISPIEL keine Hausaufgaben machen müssen
Wenn sie wollten, müssten sie keine Hausaufgaben machen.

1. jede Nacht erst um zwölf Uhr ins Bett gehen dürfen
2. zu jeder Zeit Freunde einladen können
3. den Rasen nicht mähen müssen
4. mehr Taschengeld bekommen können
5. jeden Tag Fastfood essen dürfen
6. ihr eigenes Auto kaufen sollen

Wenn die Damen den Bus genommen hätten, hätten sie nicht im Regen stehen müssen.

Sprache Modals: Past Subjunctive

For the past subjunctive with modals, you use *hätte* as the helping verb and the double infinitive construction.

Wenn ich mich besser auf das Vorstellungsgespräch vorbereitet hätte, hätte ich die Stelle bekommen können.	If I had prepared better for the job interview, I could have gotten the job.

16 Hand-in-Hand

Frank und Jürgen sind Brüder und haben bisher ein Zimmer geteilt. Jetzt haben sie beide ein eigenes Zimmer bekommen, aber sie wissen nicht, ob sie das jetzt so gut finden. Versuchen Sie herauszufinden, was Jürgen und Frank alles anders hätten machen sollen! Eine Person arbeitet auf dieser Seite, die andere am Ende des Buches im Anhang.

BEISPIEL **A:** Was sagt Jürgen über das Zimmer?
B: Jürgen sagt, Frank hätte ordentlicher sein können.

	Jürgen sagt:	Frank sagt:
Was sagt Jürgen/Frank über das Zimmer?	Frank/ordentlicher sein können	
Was sagt Jürgen/Frank über die Hausaufgaben?		Jürgen/sie immer in der Küche machen können
Was sagt Jürgen/Frank über das Essen im Zimmer?	Frank/in der Küche essen sollen	
Was sagt Jürgen/Frank über den Lärm im Zimmer?	Frank/nicht so laute Musik spielen dürfen	
Wie hätte Frank/Jürgen sich verändern können?		Jürgen/nicht alles so eng sehen dürfen

Sprache *wann* and *ob*

Wann (when) and *ob* (if) are both subordinating conjunctions that introduce questions. *Wann* introduces information questions in subordinate clauses.

Wann kommt der Zug?	When is the train arriving?
Wissen Sie, wann der Zug kommt?	Do you know when the train is arriving?

When you use a yes/no question in a subordinate clause, you use *ob* (the equivalent of English "if").

Kommt der Zug um zehn?	Is the train coming at 10:00?
Wissen Sie, ob der Zug um zehn kommt?	Do you know if the train is coming at 10:00?

Perspektive

„Ich kann mich irgendwie nicht entscheiden, ob ich zum Klassentreffen gehe oder nicht. Ich möchte mich nicht für die letzten zehn Jahre entschuldigen müssen!"

—*Sonja*

Was halten Sie von diesem Zitat?

17 *Wann* oder *ob*?

1. Weißt du, ___ Emilie das Bewerbungsgespräch hat?
   Ja, das Gespräch ist am Donnerstag.
2. Weißt du, ___ sie Angst davor hat?
   Ja, ich glaube schon.
3. Weißt du, ___ sie hören wird, ___ sie die Stelle bekommen hat?
   Ja, in zwei Wochen, meinte sie.
4. Weißt du, ___ sie sich entscheiden muss, ___ sie die Stelle annimmt?
   Ja, in zwei Wochen, meinte sie.
5. Weißt du, ___ sie eine Party danach macht?
   Ja, und sie lädt uns alle ein.
6. Weißt du, ___ die Party ist?
   Ich glaube am Freitag.

18 Hast du gehört?

Sie sind auf dem Klassentreffen, aber es ist sehr laut und Sie können nicht gut hören. Fragen Sie noch einmal! Beginnen Sie mit „Hast du gehört,…"

BEISPIEL Wann haben Heidi und Herbert geheiratet?
Hast du gehört, wann Heidi und Herbert geheiratet haben?

1. Hat Regina geheiratet?
2. Ist Oliver Arzt geworden?
3. Wann hat Julian seine Stelle bekommen?
4. Wann ist Silvia Rechtsanwältin geworden?
5. Haben Heidi und Herbert schon Kinder?
6. Wann fährt Linda wieder nach England?
7. Kommt Herr Ernst zum Klassentreffen?
8. Wann treffen wir uns wieder?

Große Momente in einer Beziehung

Wann fragte Jan Stefanie, ob sie ihn heiraten wollte? Am 12. Oktober!

Als sie ihr erstes Kind bekamen, wussten sie nicht, ob es ein Junge oder ein Mädchen werden würde.

Nachdem sie zwei Jungen bekommen haben, wussten sie nicht, ob sie jemals ein Mädchen bekommen würden.

Aktuelles

Interpretive Communication Pre AP

Die Hansetage

Der Hansetag ist das jährliche Treffen der Hansestädte. Im Mittelalter kamen die Hansestädte fast immer nach Lübeck und besprachen ihre Aktivitäten und Regelungen[1]. Die Hansetage fanden von 1356 bis 1669 statt. Diese Tradition beleben die früheren Hansestädte wieder[2]: seit 1980 treffen sich die Bürger aus 11 Ländern (Estland, Finnland, Lettland, Litauen, Niederlande, Belgien, Norwegen, Schweden, Polen, Russland und Deutschland) in verschiedenen Hansestädten: ihr Ziel ist, zusammen zu arbeiten und die Geschichte der Hanse zu pflegen[3]. 2014 fand das Fest in Lübeck statt. *Die Neue Hanse* ist weltweit die größte Städtegemeinschaft[4] von Städten, die aus historischen Gründen zusammenkommen.

Die Schiffe kommen von der Seeschlacht.

Suchwörter: **Hansetag der Neuzeit, Hansetag, die Kogge, die Hansekogge, Lübecker Kogge**

Die Hansestädte heute

Zum Höhepunkt[5] der Hanse gehörten über 200 Städte in 11 Ländern dazu. Am Ende der Hanse waren nur noch Lübeck, Bremen und Hamburg die Städte in Deutschland, die sich „Hansestadt" nannten. Im 18. Jahrhundert wurde dieser Beiname[6] offiziell[7]. Ab 1906 konnte man die Hansestädte an dem Nummernschild erkennen: HL für Lübeck, HH für Hamburg und HB für Bremen. Nach der Wiedervereinigung[8] Deutschlands gab es immer mehr deutsche Städte, die diesen

[1]*die Regelung* regulation; [2]*wiederbeleben* to revive; [3]*pflegen* maintain; [4]*die Städtegemeinschaft* community of cities; [5]*der Höhepunkt* high point; [6]*der Beiname* byname; [7]*offiziell* officially; [8]*die Wiedervereinigung* reunification

Zusammenhänge

Erdkunde

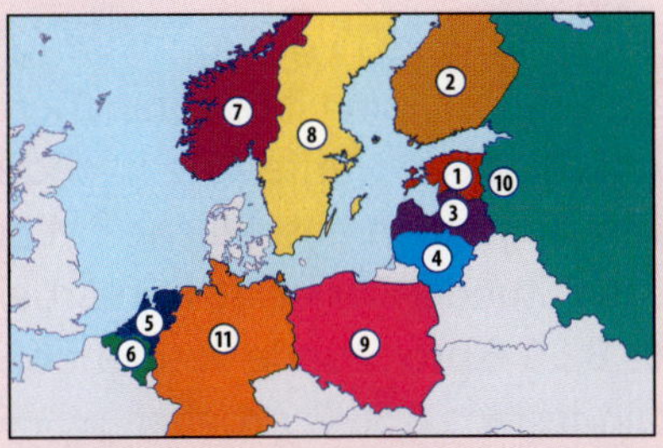

1. Estland
2. Finnland
3. Lettland
4. Litauen
5. die Niederlande
6. Belgien
7. Norwegen
8. Schweden
9. Polen
10. Russland
11. Deutschland

Analyse

What do members of Hanseatic cities recall about their shared past?

die Hansestadt Hamburg

Beinamen führen[9] wollten. Seit 2016 haben 25 deutsche Städte offiziell die Bezeichnung „Hansestadt" und zeigen das stolz auf ihren Ortsschildern[10] und Nummernschildern.

Suchwörter: **Hansestadt heute, Hansestadt Deutschland, Hansestadt Kennzeichen**

Der Mindestlohn[11] in Deutschland

Seit Anfang 2015 gibt es neue Arbeitsregelungen[12]. Der Mindestlohn erhöhte[13] sich in vielen Branchen[14]. In Deutschland gibt es viele verschiedene „Tarife"[15], je nachdem, in welchem Beruf man arbeitet. Der „allgemein gesetzliche[16] Mindestlohn" in ganz Deutschland ist 8,50 € pro Stunde. Das heißt, kein Arbeiter und keine Arbeiterin darf weniger als 8,50 € pro Stunde verdienen. Friseure, zum Beispiel, verdienen mindestens 8,50 €; Arbeiter in der Abfallwirtschaft[17] bekommen 9,10 €. Die Tarife können geografisch anders sein. Diese Tarife haben historische wie auch politische Hintergründe ein Fensterputzer[18] im Westen verdient 13,25 €, aber im Osten nur 11,53 €. Sind die Fenster dreckiger[19] im Westen als im Osten?

Mindestlohn in Europa

Gesetzliche Mindestlöhne in Europa pro Stunde in Euro

Luxemburg	11,12	Spanien	3,93
Frankreich	9,61	Griechenland	3,35
Niederlande	9,21	Portugal	3,04
Belgien	9,10	Polen	2,42
Irland	8,65	Slowakei	2,18
Deutschland	**8,50**	Tschechien	2,00
Großbritannien	8,06	Ungarn	1,96
Slowenien	4,75	Rumänien	1,30

DIE WELT Quelle: Statistita

Suchwörter: **Mindestlohngesetz, Mindestlohn Deutschland Tabelle, Mindestlohn Deutschland Branchen**

Arbeitssuche

In Deutschland gibt es viele verschiedene Möglichkeiten, Stellenangebote zu finden. Im Internet findet man Links für Stellenmärkte, Arbeitsagenturen, Jobbörsen, Jobmessen, Stellenanzeigen, Stellenangebote und Jobs. Bei einigen kann man sich direkt im Internet auf eine Stelle bewerben, bei anderen muss man zur Webseite des Unternehmens gehen.

Suchwörter: **horizontjobs.de, Xing, Jobpilot, monster.de, Job-Suchmaschine, JobRobot, online Jobmessen**

---

[9] *führen* to go by; [10] *der Ortsschild* city sign; [11] *der Mindestlohn* minimum wage; [12] *die Arbeitsregelung* work regulation; [13] *sich erhöhen* to increase; [14] *die Branche* work sector; [15] *der Tarif* pay scale; [16] *gesetzlich* legal; [17] *die Abfallwirtschaft* waste management; [18] *der Fensterputzer* window washer; [19] *dreckig* dirty

Vergleiche

What is distinctive about the license plates in your state? How are the numbers and letters configured? What are the license plates in your surrounding states like?

Ortsschild für eine Hansestadt

Vergleiche

Using an online currency converter, convert the lowest wage in Germany for an eight-hour day to the minimum wage where you live. Which is higher? Research how the minimum wage is changing in America. Discuss: Is this a good thing?

Perspektive

„Eine Analyse der Boston Consulting Group bewertet die Lebensqualität in 150 Ländern. Deutschland schneidet überraschend gut ab. Die Bundesrepublik gehört zu den Ländern mit dem höchsten Wohlfahrtsniveau weltweit."

—*Manager Magazin*

Lebenslauf

Wie schreibe ich einen Lebenslauf?

1. Persönliche Angaben
2. Ausbildung
3. Berufliche Erfahrung

19 Kulturelle Aktivitäten

Complete the following activities to show your understanding of the content in the culture readings.

1. **Presentational Writing / Connecting to Geography and Products.** The *Hanse* was the most important European trade organization in the Middle Ages. Until it lost its influence in the mid-17th century, there were almost 200 Hanse cities in 16 countries. Make a map or other graphic with information about the Hanse cities:

   Where: in which countries and which cities

   What: what products these cities traded

2. **Presentational Speaking / Connecting to History.** Compare *die Hanse* of the past and present by talking about one of the topics below in groups of four; make comparisons using the correct verb tenses.
   - when the Hanseatic League first started meeting in the 15th century/when the Hanse cities first started meeting in the 20th century
   - where the Hanseatic League met and what they did at meetings in the Middle Ages/where the new Hanse meets today and what they do at meetings
   - what the goals were of the Hanseatic League in the Middle Ages/what the goals are of the modern Hanse.

3. **Presentational Writing / Connecting to Marketing and Contemporary Society.** Research what has happened at the *Hansetage* since 2010 and make a brochure with pictures and text for one of the festivals. Be sure to include what you can see, do, and learn there.

4. **Presentational Writing / Connecting to Art.** The first one to three letters of a German license plate are for the Region and City. Next are the state or city seals, followed by random letters or numbers. Look up what cities are represented by these letters: B, F, FF, M, AC, CUX, HD, N, KO, RÜD. Draw a license plate for the German city of your choice, or make one online.

5. **Interpersonal Speaking / Connecting to Career Education.** Start thinking about working in Germany. Find a description of a job you'd like, then write up a checklist with the following information:
   - job title
   - location
   - education and qualifications required

   Now work with a partner, who will interview you for this job. Describe to him or her your education, experience and strengths you bring to this position. If your partner has also prepared such a sheet, reverse roles and interview him or her for that dream job!

Welche Stärken wollen Sie auflisten?

Kultur Plus Interpretive Communication Pre AP

Ein Festtag für alle Hansestädte

Eine wichtige Aufgabe für die Mitgliedsstädte der HANSE ist es, ihr Bewusstsein als Hansestadt zu pflegen oder neu zu entdecken. Dazu hat der Städtebund einen „Tag der internationalen Hanse" ins Leben gerufen. An einem festgelegten Tag im Jahr, soweit machbar, begeht jede Hansestadt für sich und doch alle Mitgliedsstädte gemeinsam diesen Festtag. Ausstellungen, Stadtführungen und Aktionen rund um das Thema Handel sollen den Geist der Hanse wieder lebendig machen - damit sich die Menschen an die Hansegeschichte ihrer Stadt erinnern und zugleich ein Gefühl dafür entwickeln, in einer Stadt zu leben, die auch heute noch Handelsstadt in einem europäischen Netzwerk ist.

Auch im kommenden Jahr, am Sonnabend, dem 21. Mai, findet wieder ein Tag der HANSE statt. Verbunden mit der Überzeugung, dass diese Veranstaltung einen festen Programmpunkt im städtischen Marketing erobern wird, ist es das Ziel, die Zahl der teilnehmenden Städte nochmals deutlich zu erhöhen.

Impressionen von bisherigen Hansetagen

Essen

Besucher

Kostüme

Vorträge

Musik

Unterhaltung

Der Hansetag

Answer the essential questions about the *Hansetag*. Then write two questions about the reading for your partner. Exchange papers and answer your partner's questions.

Was ist ein Hansetag?	
Wo wird er gefeiert?	
Wann ist der Festtag?	

Bilder vom Festtag

Imagine it is *Hansetag* and you are there. Describe what you see and do, and what others do.

Analyse

Was meinen Sie: Woran erinnern sich Leute gern nach einem Fest?

Du bist dran! Pre AP

Rollenspiel Interpersonal Speaking

Arbeite mit einer anderen Person! Einer von euch bewirbt sich um einen Ferienjob in einem Geschäft oder in einer Firma (entscheidet zusammen, welches Geschäft oder welche Firma). Die zweite Person stellt die Fragen und entscheidet, ob sie der anderen Person den Job für den Sommer geben will.

Als Kind habe ich... Presentational Writing

Erzähle ein bisschen von deiner Kindheit! Was konntest du gut? Was durftest du tun? Was wolltest du tun? Was musstest du machen? Gibt es Sachen, die du nicht durftest? (Passe hier darauf auf, dass die Modalverben im Imperfekt sind.)

BEISPIEL **Als Kind musste ich jeden Morgen mein Bett machen.**

Ratschläge geben Interpersonal Speaking

Partner A schreibt drei Sachen auf, die er/sie machen sollte und benutzt dabei den Konjunktiv im Präsens. Diese drei Sachen können aus allen Lebensbereichen kommen (Schule, Gesundheit, Freunde, Geld, usw.). Partner B gibt zu jeder Sache einen Ratschlag und benutzt dabei den Konjunktiv im Präsens. Dann werden die Rollen getauscht.

BEISPIEL **A: Ich sollte weniger wiegen.**
B: Dann müsstest du gesünder essen und mehr Sport treiben!

Wörter und Ausdrücke

Getting Ready for a Job Interview

Ich muss meine Bewerbungsunterlagen zusammenstellen. I have to put together my application materials.

Ich glaube, ich kann viel beitragen. I think I can contribute a lot.

Ich möchte einen Termin festlegen. I'd like to schedule an appointment.

At the Interview

Dürfte ich fragen, wann ich Ihre Entscheidung erwarten darf? Might I ask when I can expect to hear from you?

Ich bedanke mich für das Interview. I'd like to thank you for the interview.

The Résumé

die persönlichen Stärken personal strengths

Leseecke

Interpretive Communication Pre AP

Über den Text

„Der Erlkönig" ist eine Ballade über den König der Elfen, eine Figur, die durch Goethes Gedicht in allen deutschsprachigen Ländern bekannt wurde.

Kurzbiografie

Johann Wolfgang von Goethe (1749–1832)

Johann Wolfgang von Goethe ist berühmt als einer der wichtigsten Dichter der deutschen Sprache. Er war ein Universalgenie, da er sich für alles und jedes interessierte. Er schrieb Gedichte, Romane, Dramen, philosophische und naturwissenschaftliche Texte. Sein berühmtestes Werk ist die Tragödie *Faust*.

Vor dem Lesen

1. Goethe's poem uses tempo and rhythm in order to create mood. Read the first stanza aloud and explain how Goethe attempts to create an eerie atmosphere. What images does the rhythm conjure up to you?
2. Have you heard any of these, or other ballads, in English: "John Henry," "Annabel Lee," "The Ballad of the Landlord"? What do they have in common?

Strategie

This text is a ballad, a kind of poetry that often includes mysterious or mythical characters or events. A ballad tells a story and is usually written in four- to six-line stanzas

There are four voices in the poem that you will identify in the graphic below. How does Goethe identify each speaker?

Die Sprecher	Wie der Autor die Sprecher identifiziert
1. the narrator	There is no special punctuation.
2. the Erlkönig	quotation marks
3. the father	
4. the son	

Beim Lesen

Was passiert mit dem Jungen?

Der Erlkönig

Wer reitet so spät durch Nacht und Wind?
Es ist der Vater mit seinem Kind;
Er hat den Knaben wohl in dem Arm,
Er fasst ihn sicher, er hält ihn warm.

1. Wo sind der Vater und der Sohn?

Mein Sohn, was birgst du so bang dein Gesicht?—
Siehst Vater, du den Erlkönig nicht?
Den Erlenkönig mit Kron und Schweif?—
Mein Sohn, es ist ein Nebelstreif.—

2. Wie erklärt der Vater das, was der Sohn sieht?

„Du liebes Kind, komm geh mit mir!
Gar schöne Spiele spiel ich mit dir;
Manch bunte Blumen sind an dem Strand;
Meine Mutter hat manch gülden Gewand."

Mein Vater, mein Vater, und hörest du nicht,
Was Erlenkönig mir leise verspricht?—
Sei ruhig, bleibe ruhig, mein Kind!
In dürren Blättern säuselt der Wind.—

„Willst, feiner Knabe, du mit mir gehn?
Meine Töchter sollen dich warten schön;
Meine Töchter führen den nächtlichen Reihn
Und wiegen und tanzen und singen dich ein."

3. Wer hilft dem Erlkönig?

Mein Vater, mein Vater, und siehst du nicht dort
Erlkönigs Töchter am düstern Ort?—
Mein Sohn, mein Sohn, ich seh es genau;
Es scheinen die alten Weiden so grau.—

„Ich liebe dich, mich reizt deine schöne Gestalt;
Und bist du nicht willig, so brauch ich Gewalt."—
Mein Vater, mein Vater, jetzt fasst er mich an!
Erlkönig hat mir ein Leids getan!—

4. Was plant der Erlkönig?

Dem Vater grauset's, er reitet geschwind,
Er hält in den Armen das ächzende Kind,
Erreicht den Hof mit Mühe und Not;
In seinen Armen das Kind war tot.

Nach dem Lesen

1. Was meinen Sie: Was ist passiert, bevor das Gedicht beginnt? Warum reiten Vater und Sohn so spät bei Nacht?
2. Warum sieht der Sohn den Erlkönig, aber der Vater sieht ihn nicht?

Erweiterung

1. Write the sequence of events, or plot, in an online sequence chart or timeline.
2. Other German poets and writers wrote before and after Goethe about the Erlkönig. Research what other interpretations there are and prepare a short presentation.
3. You already know that rhythm and sound are very important for this poem. Imagine it is performed on the radio with sound effects. Try to reproduce the atmosphere of the poem with sounds! You need a horse, the wind, trees, a sick child, the daughters of Erlkönig and perhaps the Erlkönig himself.

Schiller und Goethe

Machen wir weiter! Pre AP

Ein Dialog Interpretive Communication

Hören Sie sich den Dialog an und beantworten Sie die Fragen.

1. Wo ist Willi?
   A. im Klassenzimmer B. in einem Büro C. im Kino
2. Zu Beginn des Dialogs…
   A. sitzt Willi nicht. B. erzählt Willi dem Interviewer, warum er da ist. C. gibt Willi dem Interviewer seinen Lebenslauf.
3. Was fragt der Interviewer Willi?
   A. wie er heißt B. wie alt er ist C. A und B

Ihr Lebenslauf Presentational Writing

Ein Lebenslauf (auch CV genannt) sieht in jedem Land anders aus. Wie sieht ein typischer Lebenslauf in Deutschland aus? Wie sieht er in Ihrem Heimatland aus? Gibt es Unterschiede und/oder Gemeinsamkeiten? Schreiben Sie Ihren eigenen Lebenslauf nach deutscher Art für einen Ferienjob.

Eine Jobmesse Interpersonal Speaking

Es gibt eine große Jobmesse! Die Hälfte der Klasse spielt die Rolle des Interviewers. Die andere Hälfte der Klasse spielt die Rolle des Bewerbers. Arbeiten Sie in Paaren. Eine Person ist der Interviewer, die andere der Bewerber. Der Interviewer fragt den Bewerber, was er oder sie tun kann, zum Beispiel: kochen, Rad fahren, programmieren, usw. Dann schlägt der Interviewer mögliche Jobs für ihn oder sie vor, zum Beispiel: Koch im Restaurant, Trainer im Fitness-Club, usw.

Ihr Klassentreffen Interpersonal Speaking

Zusammen mit Ihren Klassenkameraden erzählen Sie von einem Klassentreffen. Was ist in den letzten Jahren passiert? Woran erinnern Sie sich? Was machen Sie jetzt?

Time Capsule Presentational Writing

Using an online presentational tool, show the 15 objects you would put in a time capsule for students at your school in 2068 to open that show what teen life was like in your era… school, pastimes, dances at school, etc. Show images and label them. Say what memory each object is attached to; these can be personal notes included in the time capsule.

Rückblick

R1 Was sagen sie auf dem Klassentreffen?

Hier sind einige Konversationen vom letzten Klassentreffen. Was ist eine gute Antwort auf die Frage?

1. Was machst du beruflich?

   A. Ich habe 10 Kilo zugenommen. B. Ich bin Ärztin. C. Du bist lieb!

2. Bist du verheiratet?

   A. Ja, du hast dich nicht verändert. B. Nein, ich bin geschieden. C. Nein, ich weiß nicht, was aus ihr geworden ist.

3. Was hast du seit der Schule gemacht?

   A. Wir hoffen auf ein viertes Kind. B. Gut siehst du aus! C. Ich habe studiert.

4. Was ist aus Max geworden?

   A. Er treibt viel Sport. B. Er hat keine Kinder. C. Er wohnt jetzt in Lübeck.

R2 Wenn es 10 Jahre später wäre…

Jetzt beantworten Sie selbst die Fragen. Stellen Sie sich vor, dass Sie zehn Jahre älter sind.

1. Was machen Sie beruflich?
2. Sind Sie verheiratet?
3. Was haben Sie seit der Schule gemacht?
4. Was ist aus Ihnen geworden?

R3 Was haben wir alles gemusst?

Schreiben Sie diese Sätze zu Ende.

BEISPIEL In der Englischklasse musste ich viel schreiben, aber ich / mögen / das / nicht
In der Englischklasse musste ich viel schreiben, aber ich habe das nicht gemocht.

1. In der Matheklasse wollten wir immer unsere Taschenrechner benutzen, aber wir / dürfen / das / nicht
2. Beim Sport wollten wir immer schnell rennen, aber wir / sollen / das / nicht
3. In der Cafeteria sollten wir alles essen, aber wir / wollen / das / nicht
4. Im Biologieunterricht mussten wir Frösche untersuchen, aber ich / können / das / nicht
5. Im Musikunterricht sollten wir laut singen und ich / mögen / das
6. Nach der Schule mussten die schlechten Schüler bleiben, aber ich / müssen / das / nie

R4 Was ich alles auf dem Klassentreffen habe machen wollen.

Schreiben Sie Sätze.

BEISPIEL Ich habe mit den Lehrern geredet. (sollen)
Ich habe mit den Lehrern reden sollen.

1. Ich habe länger mit Renate gesprochen. (wollen)
2. Ich habe mit alten Freunden getanzt. (sollen)
3. Ich habe Hannes begrüßt. (müssen)
4. Meine Freunde sind früher gegangen. (wollen)
5. Unsere alten Lehrer haben auf uns aufgepasst. (müssen)
6. Wir sind nicht bis 12 Uhr geblieben. (dürfen)
7. Ich habe keinen dummen Witz erzählt. (sollen)
8. Ich habe meinen alten Freund nicht gefunden. (können)

R5 Was ist das?

Wählen Sie das richtige Wort aus der Liste.

das Vorstellungsgespräch	**der Bewerber**	**der Lebenslauf**
die Bewerbungsunterlagen	**das Zeugnis**	**der Termin**
der Arbeitgeber	**das Stellenangebot**	

1. Das ist die Person, die die Jobs hat.
2. Das sind die Papiere, die man an den Arbeitgeber schickt.
3. Das ist das Dokument, auf dem Kontaktdaten, Schulbildung und Informationen über den Bewerber stehen.
4. Das ist eine Beschreibung des Jobs.
5. Das ist der Zeitpunkt für ein Treffen mit dem Interviewer.
6. Das zeigt die Noten und Kurse, die man in der Schule hatte.
7. Das ist eine Diskussion mit dem Arbeitgeber.
8. Das ist die Person, die einen Job bekommen möchte.

R6 Lena suchte einen Job für die Schulferien.

Schreiben Sie die richtige Form vom Verb. Benutzen Sie das Imperfekt (*narrative past*).

Lena (1) (wollen) einen guten Job finden. In den Schulferien (2) (können) sie jeden Tag arbeiten, aber ihre Mutter meinte, sie und ihr Bruder (3) (müssen) auch zu Hause helfen. Lena (4) (mögen) lieber einen Vollzeitjob haben, denn sie (5) (sollen) Geld sparen. Nächstes Jahr will sie nach Deutschland reisen.

R7 Aus der Perspektive des Interviewers!

Schreiben Sie, was der Interviewer sich wünschen würde!

BEISPIEL nicht so viele Bewerbungsbriefe lesen müssen
Wenn ich nur nicht so viele Bewerbungsbriefe lesen müsste!

1. weniger Bewerber interviewen müssen
2. nicht so viele Stellenangebote ins Netz stellen sollen
3. die Interviews am Telefon machen dürfen
4. die Entscheidung sofort sagen können
5. die Interviews machen mögen

R8 Was hätten Sie gemacht?

Beantworten Sie diese Fragen!

1. Was hätten Sie gesehen, wenn Sie nach Lübeck hätten reisen können?
2. Welche Sehenswürdigkeit hätten Sie besucht, wenn Sie in der Altstadt hätten gehen können?
3. Was hätten Sie gekauft, wenn Sie bei Niederegger hätten einkaufen können?
4. Was hätten Sie gemacht, wenn Sie ins Museen hätten gehen wollen?

R9 *wann* oder *ob*?

Schreiben Sie diese Sätze mit *wann* oder *ob*.

Julia: Ich weiß nicht, (1) wir ein Vorstellungsgespräch festlegen können. Ich habe diese Woche so viel zu tun.

Katharina: Hat der Interviewer gesagt, (2) er diese Woche Zeit hat?

Julia: Ja, er hat Donnerstag gesagt, aber an dem Tag kann ich nicht.

Katharina: (3) kannst du denn?

Julia: Mittwoch könnte ich. Aber (4), weiß ich nicht.

Katharina: (5) soll das Interview beginnen?

Julia: Um 3.00, hat er gesagt.

Katharina: Dann sag ihm, du möchtest den Termin für Mittwoch festlegen und frag ihn, (6) es ihm recht ist.

Noch etwas

Schreiben Sie eine Geschichte über diese Bilder.

Vokabeln

abschicken to send off *6B*
abschlagen *(schlägt ab, schlug ab, abgeschlagen)* to chop off *6B*
die **Anlage,-n** attachment *6B*
anschreiben *(schrieb an, angeschrieben)* to write to *6B*
der **Ansprechpartner,-** contact person *6B*
der **Arbeitgeber,-** employer *6B*
die **Arbeitsstelle,-n** place of employment *6A*
die **Auflistung,-en** list *6B*
das **Baudenkmal,¨-er** historic building *6A*
behalten *(behält, behielt, behalten)* to keep *6B*
behaupten to claim *6A*
das **Bein: ein Bein stellen** to trip somebody *6B*
beitragen *(trägt bei, trug bei, beigetragen)* to contribute *6B*
belagern to lay siege to *6B*
bequem comfortable *6B*
die **Beraterin,-nen** counselor (female) *6B*
beruflich professional *6A*
bestehen *(bestand, bestanden)* to exist *6A*
die **Beute,-n** booty, loot *6B*
das **Beweisstück,-e** evidence *6A*
der **Bewerber,-** applicant *6B*
die **Bewerbung,-en** application *6B*
der **Bewerbungsbrief,-e** letter of application *6B*
das **Bewerbungsgespräch,-e** job interview *6B*
die **Bewerbungsmappe,-n** application folder *6B*
die **Bewerbungsunterlage,-n** application material *6B*
die **Bezeichnung,-en** title *6B*
blind blind *6A*
die **Bühne,-n** stage *6A*
das **Burgkloster,¨-** fortified cloister *6A*
das **Burgtor,-e** gateway to the citadel *6A*
dänisch Danish *6B*
die **Daumen: die Daumen drücken** to keep fingers crossed *6B*
das **Deckblatt,¨-er** cover sheet *6B*
der **Eindruck,¨-e** impression *6B*
sich **entspannen** to relax *6B*
erfinderisch inventive *6A*
die **Exportware,-n** export article *6A*
die **Fähigkeit,-en** skill *6B*
feindlich enemy *6B*
festlegen to set, fix *6B*
festnehmen *(nimmt fest, nahm fest, festgenommen)* to arrest *6B*
die **Frage:** Fragen stellen to ask questions *6B*
der **Friese,-n** Frisian *6B*
geschieden divorced *6A*
die **Handelsroute,-n** trade route *6A*
das **Hauptquartier,-e** headquarters *6B*
die **Heimat,-en** homeland *6A*
heiraten to marry *6A*
der **Henker,-** executioner *6B*
die **Hilfe,-n** help *6B*
hinrichten to execute *6B*
sich **hinsetzen** to sit down *6B*
die **Hungersnot,¨-e** famine *6A*
das **Jobportal,-e** online portal for jobs *6B*
der **Kaperbrief,-e** official government document to seize ships *6B*
kapern to seize (a ship) *6B*
das **Klassentreffen,-** class reunion *6A*
die **Kleiderordnung,-en** dress code *6B*
die **Klosteranlage,-n** cloister grounds *6A*
konfiszieren to confiscate *6B*
die **Kontaktdaten** *(pl.)* contact information *6B*
der **Lebenslauf,¨-e** résumé *6B*
die **Legende,-n** legend *6A*
die **Mandel,-n** almond *6A*
das **Mittelmeer** Mediterranean Sea *6A*
nageln to nail *6B*
der **Nobelpreisträger,-** Nobel laureate *6A*
öffnen to open *6A*
der **Ostseehafen,¨-** Baltic Sea harbor *6A*
die **Ostseeküste,-n** Baltic Sea coast *6A*
die **Piraterie** piracy *6B*
die **Praxis,-xen** practice, doctor's office *6A*
professionell professional *6B*
der **Reichtum,¨-er** wealth *6A*
die **Reihenfolge,-n** sequence *6B*
der **Salzspeicher,-** salt warehouse *6A*
der **Schädel,-** skull *6B*
der **Schützer,-** protector *6B*
schwedisch Swedish *6B*
der **Seefahrer,-** sailor *6B*
die **Seeleute** *(pl.)* sailors *6A*
die **Seeschlacht,-en** sea battle *6B*
die **Siedlung,-en** settlement *6A*
die **Stärke,-n** strength *6B*
die **Stelle,-n** position *6B*
das **Stellenangebot,-e** job opening *6B*
tonnenweise by the ton *6A*
der **Trab: auf Trab halten** to keep busy, be on the go *6A*
der **Treffpunkt,-e** meeting place *6A*
überfallen *(überfällt, überfiel, überfallen)* to raid, attack *6B*
überhaupt actually, really *6A*
der **Übersetzer,-** translator *6A*
sich **verändern** to change *6A*
versprechen *(verspricht, versprach, versprochen)* to promise *6B*
das **Vorstellungsgespräch,-e** job interview *6B*
der **Wahl-Lübecker,-** Lübecker by choice *6A*
der **Welthandel** international trade *6A*
das **Zeugnis,-se** report card, transcript *6B*
der **Zuckerbäcker,-** confectioner *6A*
zusammenstellen to put together *6B*

Strategie

Many words can be derived from the noun *Bewerber*, such as: *Bewerbung, Bewerbungsbrief, Bewerbungsgespräch, Bewerbungsmappe, Bewerbungsunterlage.*

What words can you find for *Kleiderordnung*? *Jobportal*?

Noch etwas

Tell the story of a woman who went to her class reunion to see if a young man she had a crush on in high school is still single. You could write it as a narrative or play.

Zitat

„Die eine Generation baut die Straße, auf der die nächste fährt."

The previous generation builds the road upon which the next generation will travel.

—deutsches Sprichwort

Tatsache

In Deutschland sind 25% der Bewölkerung unter 24 Jahre alt; 21% sind über 65.

Kapitel

7 Generationen

Leitfrage

How do the views of young people in other cultures compare to those of their elders?

Welche Verkehrsmöglichkeiten gibt es in Köln?

In welcher Stadt findet man diese Leckerbissen?

Lernziele

Lektion A I will be able to:

- Say someone is keeping a secret from me, inquire if someone is demanding, express that someone isn't getting along with someone else, explain that I am easy going and acknowledge someone's mood.
- Talk about *Köln's* history and its people, its most famous landmark, why it's considered Germany's cultural capital, and what's been found under the city.
- Use *wo*-compounds and the passive voice in the present tense.
- Read about go-cart rentals in *Köln*.

Lektion B I will be able to:

- Say I have an internship, explain how I plan to get around, say what type of ticket I need and how long it is valid.
- Talk about the *Nationalpark Harz*, the annual Paracelsus health conference and opportunities to participate in extreme sports in *der Harz*.
- Use modals with the passive in the present tense, as well as infinitive clauses with *zu* and *um… zu*.
- Read about a *Kurpark* in *der Harz* and a famous poem about the region by Heinrich Heine.

Lektion A

Vokabeln — Krieg der Generationen oder Harmonie?

Online Zeitung

1. Gemeinsame Mahlzeiten

Sind gemeinsame Mahlzeiten wichtig für die Familie?

Gemeinsame Mahlzeiten finden alle Generationen wichtig.

„Ja!"

2. Umgang mit der Technologie

Ist es gut für unsere Kinder, wenn sie früh das Internet benutzen?

„Ich bin mit dem Internet aufgewachsen. Aber ich bin skeptisch, ob das so gut ist."

„Ich glaube, die Kinder müssen wissen, wie sie mit den modernen Medien umgehen."

Alle Altersgruppen glauben, dass junge Kinder in der Zukunft sehr früh das Internet benutzen werden.

3. Kindern ihre Geheimnisse lassen

Ist es o.k., wenn Kinder Geheimnisse haben?

„Ich bin sehr **offen** mit meinen Kindern und mag es nicht, wenn sie Geheimnisse vor mir haben."

„Oh, das sehe ich etwas **lockerer**. Jeder hat Geheimnisse, warum nicht die Kinder?"

Großeltern sind bei diesem Thema **entspannter** als die Eltern.

4. Die junge Generation

Was will die junge Generation?

„Sie wollen flexible **Arbeitszeiten** haben. Sie sind **anspruchsvoll** und **angepasst**."

„Stimmt nicht!"

Zusammenfassung: Zwischen den Generationen gibt es kaum Unterschiede darin, was ihnen wichtig ist und wie sie die Zukunft sehen.

Konversationsgruppe

Was wollen Sie in der Zukunft? Diskutieren Sie mit Ihrem Partner.

Vergleiche

Wie würde Ihre Familie diese Fragen beantworten?

Wichtige Ausdrücke

How do I say someone is keeping a secret from me?

Sie **haben ein Geheimnis vor mir**.

They're keeping a secret from me.

How do I inquire if someone's demanding?

Ist er **anspruchsvoll**?

Is he demanding?

How do I say one of my friends isn't getting along with his parents?

Julian **versteht sich nicht mit** seinen Eltern.

Julian isn't getting along with his parents.

How do I suggest I'm easy-going about something?

Ich sehe das etwas **lockerer**.

I'm not so strict about that.

How do I acknowledge my friend's mood?

Du klingst heute etwas **niedergeschlagen**.

You seem a bit depressed today.

Familie

Wissen Sie noch, was diese Wörter bedeuten? Diskutieren Sie mit Partnern.

der Bruder
die Schwester
der Stiefbruder
die Stiefschwester
der Großvater/Opa
die Großmutter/Oma
der Onkel
die Tante
der Cousin
die Cousine

Was noch?

der Nachwuchs	*offspring, children*
der Best Ager	*middle age person (40+)*
die Rentnergeneration	*retirees*
Das sehe ich nicht so eng.	*I don't have a narrow view on that.*
Ich bin der Ansicht, dass…	*I take the view that…*
Ich sehe das etwas lockerer.	*I'm a bit more casual about that.*
In der Zukunft wird das wichtiger.	*That will be more important in the future.*

Wörterkiste

Die Ypsiloner ist das Wort für Generation „Y". Ein anderes Wort auf Deutsch für diese Generation ist *Millennials*. Die Ypsiloner sind die erste Generation der *Digital Natives*.

Konversationsgruppe

Fragen Sie Ihre Klassenkameraden, ob sie es gut finden, dass Kinder sehr früh im Internet sind. Warum oder warum nicht?

1 Wer sagt was?

Was meinen Sie: wer sagt das: *die Jugend*, *die Eltern* oder *die Großeltern*, oder alle drei Generationen? Begründen Sie Ihre Meinung!

1. Es ist nicht so schlimm, wenn Kinder Geheimnisse haben.
2. Ich finde, dass die ganze Familie jeden Tag eine Mahlzeit zusammen essen soll.
3. Ich kaufe selten Bio. Das ist mir nicht wichtig und zu teuer.
4. Meine Generation ist nicht so angepasst, wie viele denken.
5. Die Jugend heute ist anspruchsvoll.
6. Jeder hat Geheimnisse und ich muss sie nicht alle wissen.
7. Ich sehe es nicht so locker: das Internet ist wichtig, aber Kinder sollten nicht zu früh damit anfangen.

Dialog Es hat gestern Abend bei Julian gekracht!

Interpretive Comunication

Julian ist gestern Abend zu spät nach Hause gekommen und jetzt versteht er sich nicht mit seinen Eltern. Er telefoniert gerade mit seiner Freundin Martina.

Martina: Du klingst heute etwas niedergeschlagen.

Julian: Ich habe mich gestern Abend mit meinen Eltern gestritten. Jetzt habe ich Stubenarrest.

Martina: Stubenarrest! Ich dachte, das existiert nicht mehr. Verbrechen gegen die Menschheit oder so was.

Analyse

With what tone does Martina say „Verbrechen gegen die Menscheit oder so was"?

Julian: Nee, bei uns gibt's immer noch Stubenarrest. Altmodisch, aber wahr.

Martina: Was ist passiert?

Julian: Ich bin gestern Abend zu spät nach Hause gekommen, meinten sie. Aber es war erst 1.00 morgens! Und es war Freitagabend und ich musste nicht am nächsten Morgen für die Schule aufstehen.

Martina: Warum war das ein Problem?

Julian: Eigentlich ist meine Sperrstunde Mitternacht, aber ich war mit Kurt und Hannes unterwegs. Meine Eltern mögen sie nicht. Aber die beiden sind voll in Ordnung.

Martina: Ja, meine Eltern sind mit der Sperrstunde auch etwas pingelig. Bei uns kracht es immer, wenn ich nicht sofort anrufe, sobald ich irgendwo ankomme. Sie wollen immer, dass ich sie informiere, wo ich bin, wann ich ankomme, wann ich nach Hause fahre, mit wem ich zusammen bin, und und und. Die ganze lange Liste! Und jetzt, wo jeder ein Handy hat, denken sie, ist es super leicht, mal schnell durchzuklingeln.

Julian: Ja, der Fluch der Handys! Früher konnte man einfach sagen, es gab keine Telefonkabinen in der Nähe oder sie waren alle defekt. Heute findest du immer jemanden, der sein Handy dabei hat.

Martina: Fluch der Technologie! Man kann uns immer erreichen!

Analyse

Which is the best synonym for "informieren"?

erklären, sagen, Rat geben

Analyse

What struggles do these two teens have with their parents as they strive for more independence?

2 Wer ist es? Martina oder Julian?

Identifizieren Sie die richtige Person!

Martina

Julian

Diese Person…

1. kracht mit den Eltern.
2. ist gestern zu spät nach Hause gekommen.
3. klingt niedergeschlagen.
4. hat Stubenarrest.
5. wusste nicht, dass es noch Stubenarrest gibt.
6. kracht mit den Eltern, wenn die Sperrstunde nicht respektiert wird.
7. hat Freunde, die die Eltern nicht mögen.
8. soll immer sofort anrufen und sagen, wo die Party ist.

3 Wie sieht es in Ihrem Leben aus?

Beantworten Sie diese Fragen!

1. Wann und warum kracht es manchmal in Ihrer Familie?
2. Warum mögen Ihre Eltern manchmal Ihre Freunde nicht?
3. Was müssen Sie machen, wenn Sie mit Freunden unterwegs sind?
4. Wann gibt es in Ihrem Haus Stubenarrest?
5. Wann und warum rufen Sie Ihre Eltern an?

Noch etwas

Interviewen Sie Ihre Klassenkameraden und -kameradinnen. Benutzen Sie eins dieser Themen für das Interview:

A. Die Sperrstunde an Schultagen
B. Die Sperrstunde am Wochenende
C. Die Nachteile, wenn man immer ein Handy dabei hat.

Sprache *wo*-compounds

You have already learned how to use *da*-compounds. In order to ask questions with verb/preposition combinations, you will need to use *wo*-compounds. Like *da*-compounds, *wo*-compounds refer to inanimate objects, whereas questions about people and animals are formed with a preposition plus a pronoun.

Worauf warten Sie?	What are you waiting for?
Auf den Bus.	For the bus.
Auf wen warten Sie?	Whom are you waiting for?
Auf meinen Bruder.	For my brother.

Vergleiche

Which question would be grammatically correct in English?

1. Whom did you see last night?
2. Who did you see last night?

Antwort: Although it may sound strange, 1 is the grammatically correct sentence in English. *Whom* is the question word for asking about the direct object.

4 Was wäre eine Lösung?

Lesen Sie den folgenden Text und beantworten Sie die Fragen dazu!

Julia H. (14 Jahre) schreibt an eine Jugendzeitschrift:

Ich verstehe mich mit meinem 12jährigen Bruder überhaupt nicht. Immer gibt es Streit. Sobald wir uns sehen, fängt der Streit an. Aber er benimmt sich auch bei meinen Freundinnen oft so doof—z.B. kritisiert er sie oder erzählt ihnen darüber, was ich über sie und die Schule gesagt habe. Ich ärgere mich dann furchtbar darüber, dass er ihnen so etwas erzählt. In der Schule ist er besser als ich und sagt oft bei unseren Verwandten, wie viel besser er ist. Ich würde gern mal mit ihm darüber sprechen, aber er fängt dann immer an zu schreien. Können Sie mir einen Tipp geben, wie wir besser miteinander auskommen können?

1. Worüber schreibt diese Person?
2. Mit wem versteht sie sich nicht?
3. Bei wem benimmt sich ihr Bruder oft doof?
4. Worüber erzählt er ihren Freundinnen?
5. Wem erzählt er, dass er besser in der Schule ist?
6. Was für einen Tipp möchte Julia bekommen?

Worauf fährt dieser Junge?

emcpassport.com
WB 6–8

5 Ergänzen Sie jeden Satz mit dem fehlenden *wo*-Wort!

1. ___ denkst du? An die Prüfung am Freitagnachmittag.
2. ___ interessierst du dich? Für die neuen Notebooks.
3. ___ hast du oft Probleme? Mit meinem Computer.
4. ___ sorgst du dich? Um die Umwelt.
5. ___ lacht ihr? Über den Witz, den Hans gerade erzählt hat.
6. ___ suchst du? Nach einer Antwort auf diese Frage.
7. ___ nimmst du teil? An einer Wanderung in der Schweiz.
8. ___ bereitest du dich vor? Auf meine Prüfung.
9. ___ grenzt euer Garten? An einen Wald.
10. ___ erinnerst du dich? An meine Jugend.

6 Beantworten Sie die Fragen!

Beantworten Sie die Fragen für sich und diskutieren Sie Ihre Antworten dann mit einer anderen Person in der Klasse!

1. Worauf hoffen Sie?
2. Womit haben Sie die meisten Probleme?
3. Worauf freuen Sie sich am meisten?
4. Worüber müssen Sie oft schreiben?
5. Wovon träumen Sie manchmal?
6. Wofür interessieren Sie sich im Sommer?
7. Woran nehmen Sie nicht gern teil?
8. Worum sorgen Sie sich?

Kreuz und quer

Interpretive Communication Pre AP

Köln, die Domstadt am Rhein, im Bundesland Nordrhein-Westfalen

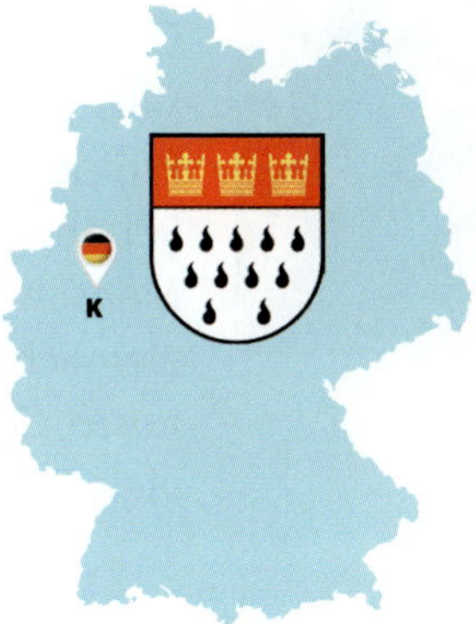

Gestern und heute

Die Stadt Köln hat eine sehr interessante Geschichte. Sie ist eine der ältesten deutschen Städte, über 1200 Jahre alt. Die Römer hatten „Colonia" schon 50 nach Christus als Stadt gegründet und Spuren[1] der Römer sind immer noch in der Stadt zu finden. Im Mittelalter war Köln die größte Stadt in Deutschland. Heute ist Köln mit mehr als einer Million Einwohnern die viertgrößte Stadt Deutschlands und weltweit bekannt als ein wichtiger Standort[2] für die Medien, Fernsehsender[3], Musikproduzenten[4], Buchverlage und den internationalen Kunsthandel[5].

[1]*die Spur* trace; [2]*der Standort* site; [3]*der Fernsehsender* TV station; [4]*der Musikproduzent* music producer; [5]*der Kunsthandel* art trade

Kölner Wahrzeichen

Das Wahrzeichen der Stadt ist der Kölner Dom[6], der zweithöchste Dom in Europa und der dritthöchste der Welt. Der Bau[7] am Dom begann zwar im 13. Jahrhundert, aber der Dom wurde erst im 19. Jahrhundert fertig. Und warum ist der Dom so wichtig für die Stadt? Weil die Million Kölner sich mit ihrer Religion und dem katholischen[8] Dom sehr identifizieren[9]. Auch derer Karneval[10] in Köln bis zur Fastenzeit[11] ist besonders berühmt.

Timo Horn, beim Training des 1. FC Köln

Kulturhauptstadt Deutschlands

Die Kölner sehen ihre Stadt als die eigentliche Kulturhauptstadt[12] Deutschlands an. In Kultur, Musik, Karneval und Lebensfreude[13] sind die Kölner Weltmeister. Im Fußball klappt[14] es nicht ganz so gut, denn der 1. FC Köln steigt[15] immer wieder aus der Ersten Liga ab in die Zweite Bundesliga, steigt dann aber immer wieder auf in die Erste Bundesliga.

Unter der Stadt

Im Zweiten Weltkrieg wurde die Altstadt von Köln zu 80 Prozent zerstört. Auch wenn das eine große Katastrophe[16] für die Stadt war, fand man in den Ruinen[17] viele Reste[18] der Geschichte von Köln: römische und jüdische Bäder[19] und Häuser, Strecken von alten römischen Straßen und sogar Graffiti aus römischer Zeit. Unter den vielen Museen in Köln ist das wichtigste das Römisch-Germanische Museum, direkt am Dom, wo man viele Exponate[20] aus Kölns 1200-jähriger Geschichte besichtigen kann.

Tünnes und Schäl stehen vor dem Puppentheater in der Kölner Innenstadt.

Die lebenslustigen Menschen in Köln

Die Kölner haben viel Humor und feiern gerne Feste. Sie lieben den Witz und sie haben Tünnes und Schäl. Tünnes ist seit 1803 eine Puppe[21] im „Hänneschen-Theater". Er hat eine dicke Nase, einen lieben Charakter und Bauernschläue[22]. Er repräsentiert[23] den guten Menschen. Sein Partner Schäl ist dünn, lang, und vom Charakter her ziemlich schlecht. *Schäl* heißt im Kölner Dialekt ja auch *schlecht* oder *falsch*. Die beiden Figuren repräsentieren heute die Kölner und es gibt viele Theaterstücke, Karnevalsfeste und Witze mit den beiden.

---

[6]*der Dom* cathedral; [7]*der Bau* building phase; [8]*katholisch* Catholic; [9]*identifizieren* to identify; [10]*der Karneval* carnival season; [11]*die Fastenzeit* Lent; [12]*die Kulturhauptstadt* cultural capital; [13]*die Lebensfreude* joy of life; [14]*klappen* to work out; [15]*absteigen* to be relegated to; [16]*die Katastrophe* catastrophe; [17]*die Ruine* ruins; [18]*der Rest* remnant; [19]*das Bad* bath; [20]*das Exponat* exhibit; [21]*die Puppe* puppet, marionette; [22]*die Bauernschläue* street smarts; [23]*repräsentieren* to represent

Flash!

Neue Kartbahn in Köln

Kartbahnen in Köln: Sonderangebot zum Start der Osterferien

Möchten Sie der nächste Timo Schneider oder Nico Erik Rosberg werden? Oder einfach einen schönen Tag mit Familie und Freunden verbringen? Unsere Kartbahnen stehen jedem zur Verfügung. Genießen Sie ein wildes Wettrennen oder einfach eine gemütliche Tour bei uns.

Indoor und Outdoor Kartbahnen

7 Was verstehen Sie?

Show your understanding of the reading by creating a graphic organizer like the one below and write what Köln is known for. Then include a detail for each category.

8 Aktivitäten

1. **Presentational Writing / Connecting to Music.** Jeder, der sich für Musik interessiert, findet etwas nach seinem Geschmack in Köln. Berühmte Komponisten wie Jacques Offenbach kamen aus Köln, zwei international bedeutende Orchester spielen in der Stadt (das Gürzenich-Orchester und das WDR-Sinfonieorchesster) und der WDR (Westdeutscher Rundfunk) hat hier das berühmte Studio für elektronische Musik. Pop- und Rock-Musik spielen auch eine große Rolle in Köln und das Megaevent „c/o pop—Cologne on Pop" findet jedes Jahr im August statt: dort stellt man die neuesten Trends und Entwicklungen in der Musik vor. Erforschen Sie das Programm für das c/o pop Festival und machen Sie ein Poster dafür.

Suchwörter: c/o pop Festival

2. **Presentational Speaking / Connecting to Popular Culture.** Der Kölner Karneval ist weit über die deutschen Grenzen bekannt und gehört zu den größten Volksfesten der Welt. Im Kölner Dialekt nennt man den Karneval „Fastelovend" oder „Fasteleer". Das Fest geht ins Mittelalter zurück und hat heutzutage seine eigenen Traditionen, wie das Rufen von „Alaaf". Der Karneval beginnt am 11.11. um 11 Uhr 11 und die Hauptaktivitäten dauern eine Woche lang. Jeder Wochentag hat seine besonderen Aktivitäten. Arbeiten Sie in einer Gruppe: jede Person erforscht und beschreibt für die Klasse, was man an seinem oder ihrem Tag zum Karneval macht.

Suchwörter: Köln Karneval, Karneval Köln

3. **Presentational Writing / Connecting to Sports.** Köln ist begeistert vom Fußball, auch wenn die Profi-Mannschaft nicht immer erfolgreich ist. 80% der Kölner interessieren sich für ihre Teams und ihre Spiele und der Club hat über 70.000 Fans weltweit. In Köln gibt es nicht nur die Profi-Spieler, sondern auch noch 15 andere FC Teams: die U17 (die Jugendspieler), 11 Nachwuchsteams, zwei Frauenteams und eine Mädchenmannschaft. Besuchen Sie die FC-Köln Webseite und schreiben Sie eine Biografie von einem der Spieler. Sie können über einen Jugendspieler (männlich oder weiblich), oder einen Profispieler schreiben. Woher kommt er/sie; wie lange spielt er/sie beim Club; welche Position spielt er/sie und andere Informationen zur Person.

Suchwörter: 1.FC Köln, Kölner FC

Sprache — Passive Voice, Present Tense

Woraus wird Sauerkraut gemacht?

The passive voice means that the subject of the sentence is not doing the action of the verb, but rather the action of the verb is being done to the subject of the sentence. The passive shifts the focus in the sentence from the doer of the action to the receiver of the action. That is one reason the passive voice is often used to describe a process. English uses *is/are being* + past participle to form passive sentences. Take, for example, the following sentence:

A new house is being built on our street.

In this sentence it is not important who is doing the building, but rather that a house is being built.

To form the passive voice in German, you use forms of *werden* plus the past participle of the verb.

Das Auto wird gewaschen.	The car is being washed.
Die Bücher werden gelesen.	The books are being read.

Although passive sentences do not need to indicate who performs the action of the verb, some passive sentences include an "agent." When there is an agent in the sentence, German uses the preposition *von* before it. Remember that *von* is followed by the dative case.

Das Auto wird von meinen Nachbarn repariert.	The car is being repaired by my neighbors.

Vergleiche

Which introduction to a composition would most English teachers prefer?

A: Cologne's early settlement was built by the Romans.

B: The Romans built a settlement where Cologne stands today.

Antwort: Most English teachers prefer students avoid the passive voice, so they would generally pick B.

9 Planen Sie!

Was wird alles gemacht? Hier haben Sie drei Prozesse und verschiedene Sätze, die zu diesen Prozessen gehören. Bringen Sie die Sätze mit ihren Prozessen zusammen und schreiben Sie sie dann in der richtige Reihenfolge! Hier sind die drei Kategorien für Sie: (A) Party vorbereiten, (B) Aufsatz schreiben, (C) ein neues Auto suchen.

1. Das beste Auto wird gekauft.
2. Das Essen wird gekocht.
3. Der Tisch wird gedeckt.
4. Die Sätze werden noch einmal gelesen.
5. Die Autos werden angesehen.
6. Die Gäste werden eingeladen.
7. Die Anzeigen in der Zeitung werden gelesen.
8. Die Verkäufer werden angerufen.
9. Die Kerzen werden auf den Tisch gestellt.
10. Ein Plan wird gemacht.
11. Informationen werden gesammelt.
12. Die Arbeit wird geschrieben.

10 Wie wird die Reise geplant?

Ergänzen Sie die Formen von *werden* und die Partizipien!

bitten	**mähen**	**schicken**	**anrufen**
packen	**bringen**	**fragen**	**waschen**

BEISPIEL Am Anfang ___ über die Reise ___.
Am Anfang wird über die Reise gesprochen.

1. Zuerst ___ jeder in der Familie ___, wohin er fahren will.
2. Ein Reisebüro ___ danach ___.
3. Broschüren von ein paar Pensionen ___ an die Familie ___.
4. Der Rasen ___ noch am Tag vor der Abreise ___.
5. Das Auto ___ auch schnell ___.
6. Die Nachbarn ___ ___, auf das Haus aufzupassen.
7. Die Koffer ___ am Abend vor der Abreise ___.
8. Die Koffer ___ schon früh am Morgen zum Auto ___.

Ein Spiel wird gespielt.

11 Wie geht das?

Schreiben Sie jetzt, wie ein Prozess funktioniert. Es kann eine Idee aus der folgenden Liste benutzt werden, oder Sie können Ihre eigene Idee benutzen. Benutzen Sie das Passiv!

- ein Konzert mit der Band planen
- ein Geburtstagsgeschenk kaufen
- eine Reise vorbereiten
- ein Abendessen zubereiten
- einen Aufsatz schreiben

Du bist dran! Pre AP

Mama, darf ich...? Interpersonal Speaking

Mit Partnern, macht einen Dialog zwischen einem Teenager und den Eltern. Der Teen möchte ins Konzert in Köln gehen, aber die Eltern machen sich Sorgen, dass das gefährlich sein könnte. Der/die Jugendliche sagt, dass er/sie weiß, wie man in der Stadt sicher sein kann und dass Freunde mitgehen.

Lustiger Stubenarrest Presentational Writing

Make a list in groups of funny reasons parents ground their young and adolescent children. Then make the funniest class list you can by taking at least one item from each group's list. Rank the examples from the funniest to the least funny and post the final list in the classroom.

Was will die junge Generation?

Interpersonal Speaking / Presentational Writing

Frag zehn Klassenkameraden: Was will die junge Generation? Jede Person soll drei Antworten auf diese Frage geben. Mach eine Präsentation mit den Ergebnissen und diskutiere sie in der Klasse.

Julias Geschichte Interpersonal Speaking

Erzähl die Geschichte von Julias Samstagabend. Sie wollte auf eine Party gehen. Hat das geklappt?

Was wird gemacht? Presentational Writing

Hier sind zwei Bilder mit Prozessen. Schreib eine Geschichte über eins der Bilder. Hier ist Passiv das Richtige! Ihre Geschichte kann mit dem Titel des Bildes anfangen.

Christinas Zimmer wird aufgeräumt.

Das Essen wird zubereitet.

Wörter und Ausdrücke

Talking About Family Interactions

Es hat gestern Abend gekracht. There was an argument last night.

Du klingst heute niedergeschlagen. You sound down in the dumps today.

Das ist aber wirklich altmodisch. That's so old-fashioned.

Lieblich in der Bräute Locken, Hans Kaufmann (1862–1949).

Expressing Opinions and Attitudes

Sei nicht so pingelig! Don't be so picky!

Ich glaube, das ändert sich mit der Zeit. I think that will change over time.

Die beiden sind voll in Ordnung. There's nothing wrong with those two. (Those two are fine.)

Meine Eltern sind nicht streng. My parents aren't strict.

Das sehe ich etwas lockerer. I view that a bit more casually.

Other Expressions

die Sperrstunde curfew

Stubenarrest haben to be grounded

mal schnell durchklingeln to give a quick jingle

Noch etwas

This image is based on a line out of Schiller's poem, "Das Lied von der Glocke". It depicts a bride on her wedding day surrounded by her family. How are the generations portrayed and how do they interact?

Lektion B

Vokabeln Welche Fahrkarte brauche ich?

Kölner Verkehrsbetriebe

1. Tickets und Preise

Tickets	K	1b	2a	2b	3	4	5	6
Einzel- und 4erTickets	Kurz-strecke	Köln/ Bonn						
EinzelTicket Erwachsene	1,90	2,80	2,80	3,80	5,00	7,70	11,30	14,30
Einzelticket Kinder*	1,00	1,60	1,70	2,00	2,50	3,70	5,10	6,90
4erTicket Erwachsene	7,30	10,70	6,40	14,50	19,00	29,30	43,00	51,40
4erTicket Kinder		6,40	1,60	8,00	10,00	14,80	20,40	27,60
TagesTickets								
TagesTicket 1 Person		8,50	8,50	10,60	13,40	18,40	24,90	26,60
TagesTicket 5 Personen		12,90	12,90	16,30	19,40	26,10	35,90	39,80
ZeitTickets Erwachsene								
WochenTicket		24,70	24,70	31,00	37,60	55,60	67,90	79,80
ZeitTickets Schüler/Azubis								
MonatsTicket		69,60	69,60	87,90	106,30	158,30	191,40	206,90

* **Kindertarif:**
Kinder bis einschließlich 5 Jahre fahren kostenlos, 6- bis 14 Jahre zum Kindertarif. Hunde dürfen kostenlos mitgenommen werden.

2. Die Preisstufen

K	1a/b	2a/b	3	4	5	6
Einstiegs-haltestelle + 4 Stationen	Innerhalb einer Stadt	Zwischen zwei **benach-barten** Städten	← Mehrere Städte - **je nach** Entfernung und Strecke →			

3. Die Gültigkeitsdauer

Gültigkeit von Einzel- und 4erTickets gelten ab **Entwertung** für eine **Fahrtrichtung**

K	1	2	3	4	5	6
20 Min.	90 Min.	120 Min.	180 Min.	180 Min.	360 Min.	360 Min.

TagesTicket 1 Person:	ab Entwertung bis 3:00 Uhr des Folgetages.
TagesTicket 5 Personen:	Mo-Fr 9:00 Uhr bist 3:00 Uhr des Folgetages, Sa-So und Feiertage ganztägig bis 3:00 Uhr des Folgetages.
Wochen- und MonatsTicket:	Gelten für die eingetragene Kalenderwoche bzw. Kalendermonat bis 3:00 Uhr des ersten Werktages der folgenden Woche bzw. des folgenden Monats.

Wichtige Ausdrücke

How do I tell people I have an internship?

Dies ist meine **erste Praktikumsstelle**.

This is my first internship.

How do I describe how I plan to get around?

Ich **will die öffentlichen Verkehrsmittel benutzen**.

I want to use public transportation.

How do I say what type of ticket I'll need ?

Ich brauche eine Fahrkarte für die U-Bahn.

I need a ticket for the subway.

How do I state where to find how long the ticket is valid?

Die Gültigkeitsdauer steht auf dem Ticket.

The validity period is on the ticket.

Wörterkiste

Wenn man eine neue Entwicklung in der deutschen Sprache, besonders bei Fremdwörtern und Modewörtern, hört, sagt man ironisch dazu „Neudeutsch". Neudeutsch sind oft Wörter oder Ausdrücke, die in der Sprache nicht notwendig sind, weil ein gutes deutsches Wort schon existiert. Ein Beispiel: Wir wollen heute Abend *chillen*.

Konversationsgruppe

In einer kleinen Gruppe diskutieren Sie, welches Ticket Sie in den folgenden Situationen brauchen: eine tägliche Fahrt zur Arbeit; einen Familienausflug am Sonntag zum Zoo; als Student zur Universität; eine Stadttour am Wochenende.

Was noch?

das Anschlussticket	*ticket for a connection*
der PKW (Personenkraftwagen)	*passenger vehicle*
Welche Preisstufe brauche ich?	*Which price bracket do I need?*
Welches Ticket ist das Richtige?	*Which ticket is the right one?*
Wie lange ist das Ticket gültig?	*How long is this ticket valid for?*

Mit dem Zug fahren

Wissen Sie noch, was diese Wörter und Ausdrücke bedeuten? Diskutieren Sie sie mit Partnern.

die Abfahrt
die Ankunft
die Fahrkarte
der Fahrplan
das Gleis

Ich fahre mit dem Zug.
Wann fährt denn der Zug ab?
Wir müssen in Köln umsteigen.

Perspektiven zur Arbeit—zwei Generationen

„Ich messe einfach Erfolg nicht an Karriereschritten oder einem hohen Jahresgehalt. Mir ist es wichtiger, jeden Tag dazuzulernen und selbst etwas zu gestalten. Ich möchte etwas bewegen—und zugleich Gutes für die Gesellschaft tun."

—Veronika, Schülerin

„Wir haben Monatslohn bekommen, und dann musste eben gearbeitet werden, bis alles erledigt war."

—Thomas, Rentner

12 Was kostet das Ticket?

Benutzen Sie die Tabellen auf Seite 248 für diese und die nächste Übung und finden Sie heraus, wie viel Geld diese Leute ausgeben müssen.

1. Monika ist 7 Jahre alt und fährt eine Kurzstrecke zu ihrer Tante.
2. Kevin ist Azubi und fährt jeden Tag zur Arbeitsstelle. Er kauft ein Monatsticket und fährt zu Zone 3.
3. Frau Koehler ist 45 und hat ihr Fahrrad dabei. Sie möchte ein EinzelTicket zu Zone 2a.
4. Zwei Touristen wollen alle Sehenswürdigkeiten innerhalb Kölns besuchen. Beide kaufen ein TagesTicket.
5. Herr Straub will ein WochenTicket kaufen und seinen Hund mitnehmen. Er fährt in Zone 1b.

Sie überlegen sich, welche Fahrkarten sie kaufen sollen.

13 Was ist die Gültigkeitsdauer meines Tickets?

1. Ich habe ein 4erTicket und mache nur eine Kurzfahrt.
2. Ich fahre zur Zone 2 und habe ein 4er Ticket.
3. Ich habe ein TagesTicket für eine Person.
4. Ich fahre um 13.00 mit einem EinzelTicket zur Zone 6. Wann ist mein Ticket nicht mehr gültig: um 17.00 um 18.30 oder um 19.00?

Dialog Eine Fahrkarte, bitte!

Interpretive Communication

Finn kommt aus Mainz und ist Azubi bei der Lufthansa in Köln. Dies ist seine erste Praktikumsstelle und er kennt die Stadt noch nicht so gut. Er will die öffentlichen Verkehrsmittel benutzen, um zur Arbeit zu fahren. Es gibt eine U-Bahn Station ganz in der Nähe vom Lufthansa Gebäude. Er will heute Fahrkarten an einem Kiosk in der Innenstadt kaufen.

Verkäuferin: Tag! Was darf's sein?

Finn: Tag! Ich brauche eine Fahrkarte für die U-Bahn.

Verkäuferin: Brauchen Sie ein EinzelTicket, oder hin und zurück?

Finn: Ich werde jeden Tag in die Firma fahren.

Verkäuferin: Dann ist das MonatsTicket am besten. Damit können Sie mit allen öffentlichen Verkehrsmitteln fahren: U-Bahn, S-Bahn und Bus. Ich muss mal checken: wo müssen Sie denn hin?

> **Analyse**
> In welchen anderen Situationen würde man „Was darf's sein?" sagen?

Finn:	Ich würde vom Hauptbahnhof zur Von-Gablenz-Straße fahren, wo die Lufthansa ist.
Verkäuferin:	Die Strecke ist Preisstufe 1b. Eine Einzelfahrt kostet 2,80. Aber wenn Sie jeden Tag fahren, ist das ZeitTicket für Azubis am preiswertesten: Es ist ein MonatsTicket. Für Zone 1B bezahlen Sie dann nur 69,60 € für den ganzen Monat.
Finn:	Toll! Kann ich das MonatsTicket für Azubis hier kaufen?
Verkäuferin:	Leider nicht. Hier habe ich nur EinzelTickets, 4erTickets und TagesTickets. Für die ZeitTickets müssen Sie zum Verkehrszentrum gehen. Aber das ist gleich hier um die Ecke.
Finn:	Das ist nicht weiter schlimm. Danke für die Informationen.
Verkäuferin:	Viel Glück beim Praktikum!
Finn:	Oh, ich hätte noch eine Frage: muss man ein MonatsTicket entwerten?
Verkäuferin:	Nein, die Gültigkeitsdauer steht auf dem Ticket. Entwerten muss man nur die 4erTickets und EinzelTickets.
Finn:	Danke sehr! Schönen Tag noch.
Verkäuferin:	Gleichfalls.

14 Eine Fahrkarte, bitte!

Beenden Sie die folgenden Sätze mit den Wörtern aus der Liste! Sie brauchen nicht alle Wörter.

Entwerter	**Kiosk**	**Verkehrsmittel**	**Verkehrszentrum**
Gültigskeitsdauer	**Preisstufen**	**MonatsTicket**	**ZeitTicket**

1. Finn will die öffentlichen ___ benutzen.
2. Er fragt die Verkäuferin am ___, welche Fahrkarte die richtige ist.
3. Sie erklärt ihm die verschiedenen ___.
4. Da er jeden Tag zur Arbeit fahren muss, empfiehlt ihm die Verkäuferin das ___.
5. Finn kann das Ticket nicht am Kiosk kaufen, sondern nur im ___.
6. Finn muss das Ticket nicht entwerten, weil die ___ direkt auf dem Ticket steht.

Sprache Modals with the Passive, Present Tense

When you use the passive voice, you can also use modals to express when things should, must, and can happen.

Wann wird der Müll abgeholt?	When is the garbage getting picked up?
Er soll Montagvormittag abgeholt werden.	It's supposed to get picked up on Monday morning.

Modals in passive sentences move *werden* to the end of the sentence in its infinitive form. You will have to make the modal forms match the subject.

15 Hand-in-Hand

Besuch kommt! Die Familie muss das Haus in Ordnung bringen und sie hat nur zwei Tage. Was muss alles an den beiden Tagen passieren? Eine Person arbeitet auf dieser Seite, die andere im Anhang.

BEISPIEL **Person 1: Was passiert am Freitag im Bad?**
Person 2: Der Spiegel muss geputzt werden.

Was passiert im/in der…	Bad	Kinderzimmer	Wohnzimmer	Küche	Garten
am Freitag	den Spiegel putzen	die Spielwaren aufräumen	staubsaugen		
am Samstag-vormittag	die Badewanne sauber machen		Blumen auf den Tisch stellen		Stühle reparieren
am Samstag-nachmittag		die Betten machen			Gäste begrüßen

16 Beantworten Sie die Fragen!

BEISPIEL Wann wird die neue Brücke gebaut?
(im Januar / sollen)
Die neue Brücke soll im Januar gebaut werden.

1. Wann wird die Reise geplant? (im März / sollen)
2. Wo wird das Fest des Kaisers gefeiert? (in Mainz / sollen)
3. Wann wird die älteste Kirche der Stadt reparieren? (diesen Sommer / müssen)
4. Wann werden wir von der Party abgeholt? (um elf / müssen)
5. Wann werden die Zimmer aufgeräumt? (am Montag / können)
6. Von wem wird der Computer benutzt? (von allen / dürfen)
7. Wann werden die Noten gegeben? (nach der Prüfung / sollen)
8. Wann werden die CDs gespielt? (erst nach dem Abendessen / dürfen)

17 Was muss gemacht werden?

Es ist das Ende des Schuljahres. Was muss im Klassenzimmer passieren, bevor die Schüler für den Sommer nach Hause gehen? Schreiben Sie, was alles passieren muss! Benutzen Sie das Passiv! Zum Beispiel: Schreibtische müssen sauber gemacht werden.

Im Fokus

Interpretive Communication Pre AP

Johannes Gutenberg

(um 1395 – 1469)

Billige Bücher, Poster, Druckmedien[1] überall: so kennen wir unsere Welt der Medien. All das ist möglich, weil der deutsche Erfinder[2] Johannes Gutenberg um 1440 die erste Buchpresse[3] mit Metall-Buchstaben[4] erfand, die man wieder für andere Texte gebrauchen konnte. Damit wurde Gutenbergs Technik[5] zum Vorbild für die modernen Druckmedien und so auch für Texte auf unseren Smartphones und Computern.

Seit dem 12. Jahrhundert konnte man in Deutschland Papier machen, eine Kunst, die aus China nach Europa gekommen war. Alles, was man las, musste von Menschen mit der Hand geschrieben oder in Holz[6] geschnitten werden, was sehr lange dauerte. Die meisten Texte wurden von Mönchen[7] für die Kirche geschrieben. Im 15. Jahrhundert aber begann eine Revolution[8] in der Medienwelt, als andere Druckereien[9] Gutenbergs Erfindung kopierten.

Nur wenige Leute hatten in den Klosterschulen[10] Lesen und Schreiben gelernt, aber die wollten doch etwas zu lesen haben. Andere, die mit der Hanse und dem Handel in deutschen Ländern und Europa zu tun hatten, brauchten viele Dokumente[11].

eine Buchpresse

Gutenberg verbesserte die Technik seiner Zeit für die Herstellung von Textilien[12], Papier und Weinpressen[13] und schuf daraus die Buchpresse. Um einen Text zu drucken, stellte er Buchstaben aus Metall in eine Reihe, legte das Papier unter eine Walze[14] und rollte Farbe über die Buchstaben. Dann druckte die Walze die Buchstaben auf das Papier und so entstand[15] der gedruckte Text. Nach dem Drucken konnte man dieselben Buchstaben für einen anderen Text benutzen.

Die europäischen Länder hatten in diesen Jahren der Renaissance[16] viel mehr Kontakt miteinander. Das förderte Handel und Buchdruck[17] und eine Zeit neuer Erfindungen und neuer Weltbilder[18] begann, in der sich das Denken der Menschen sehr modernisierte[19]. Weil Gutenbergs Zeit noch sehr religiös war, war sein wichtigstes Buch die Bibel auf Latein. Gutenberg druckte 300 davon. Die Gutenberg-Bibel ist weltweit als deutsches Produkt bekannt.

---

[1]*die Druckmedien (pl.)* print media; [2]*der Erfinder* inventor; [3]*die Buchpresse* printing press; [4]*der Buchstabe* type character, letter; [5]*die Technik* technology; [6]*das Holz* wood; [7]*der Mönch* monk; [8]*die Revolution* revolution; [9]*die Druckerei* print shop; [10]*die Klosterschule* convent school; [11]*das Dokument* document; [12]*das Textil* garment, textile; [13]*die Weinpresse* wine press; [14]*die Walze* roller, drum; [15]*entstehen* to emerge; [16]*die Renaissance* Renaissance; [17]*der Buchdruck* book printing; [18]*das Weltbild* view of the world; [19]*modernisieren* to modernize

Analyse

1. Wie ist dieser Text organisiert? Ordnen Sie die Paragrafen mit den Nummern 1–5.

___ neue Entwicklungen in der Medienwelt

___ wie und warum Gutenberg die Buchpresse entwickelte

___ Entwicklungen in der Drucktechnik, die auf Gutenbergs Entwicklung basieren

___ Gutenbergs wichtigster Buchdruck

___ Drucken vor Gutenberg

2. Wie würden Sie diesen Text beschreiben?
   - Es ist eine Biografie von Gutenberg.
   - Es ist eine Beschreibung der Zeit von Gutenberg.
   - Es ist eine Erklärung, wie die Buchpresse funktioniert.

Antworten:
1. 1, 3, 5, 4, 2
2. Es ist eine Beschreibung der Zeit von Gutenberg.

Die Gutenberg-Technik für das Drucken veränderte[20] sich bis in das 19. Jahrhundert fast gar nicht. Dann kamen noch viele neue Erfindungen (Linotype, die Schreibmaschine;[21] die Kopiermaschine; der Computer, Desktop-Publishing und Word-Processing). Alle diese Methoden, Texte herzustellen, gehen auf die Erfindung Johannes Gutenbergs von mehr als 500 Jahren zurück.

Gutenbergs Bibel

[20]*sich verändern* to change; [21]*die Schreibmaschine* typewriter

Lernerporträt

Leute überall in der Welt lernen Deutsch! Sie können andere Deutschlerner aus vielen verschiedenen Ländern kennen lernen, wenn Sie das Suchwort unten benutzen. Finden Sie das Porträt von dieser Woche, sehen Sie sich das Video an und beantworten Sie dann diese Frage: **Aus welchem Land kommt diese Person? Woher kommen Sie?**

Suchwörter: **Deutsche Welle Lernerporträt der Woche**

18 Aktivitäten

1. **Interpretive Communication.** Bringen Sie die Sätze in die richtige Reihenfolge!

   A. ___ Die Buchpresse wird aus der Technik der Zeit entwickelt.

   B. ___ Die Bibel wird gedruckt.

   C. ___ Die „Linotype" wird erfunden.

   D. ___ Papier wird nach Europa gebracht.

   E. ___ Texte werden mit der Hand geschrieben.

2. **Presentational Writing.** Show your understanding of the reading by completing a chart like the one below. On the left add a a title for that theme, and on the right place the main ideas.

BEISPIELE

Themen	Ihr Titel dafür
billige Bücher, Poster, Druckmedien, Texte auf unseren Smartphones und Computern	„Das Erbe von Gutenbergs Presse"
Buchpresse mit Metall-Buchstaben, die Bibel	„Produkte, die Gutenberg erfunden hat"

3. **Presentational Writing and Speaking / Connecting to Literature.** Seit Johannes Gutenberg den Buchdruck erfunden hat, lebt sein Name weiter in der Welt des Buches. 1971 gründete der Amerikaner Michael S. Hartmann „Project Gutenberg", eine digitale Bibliothek. Auf der Webseite gibt es mehr als 50.000 Bücher (sehr viele auf Englisch). Man kann sie auf der Webseite lesen und auch herunterladen. Inzwischen gibt es auch Projekt-Gutenberg.de, eine digitale Bibliothek mit deutschen Büchern. Erforschen Sie die amerikanische Webseite Project Gutenberg oder die deutsche Webseite und finden Sie fünf Bücher, die Sie gerne lesen möchten. Erzählen Sie Ihren Klassenkameraden, was sie in diesen digitalen Bibliotheken finden können.

Suchwörter: **Project Gutenberg, gutenberg.org, projekt.gutenberg.de**

4. **Interpretive Communication / Presentational Writing / Connecting to Museums.** 1900 gründete die Stadt Mainz das Gutenberg Museum mit einer rekonstruierten (*reconstructed*) Gutenberg-Werkstatt. Dort kann man Druckpressen aus vielen Jahrhunderten sehen und viel über die Entwicklung der Buchkunst (*art of making books*) lernen. Ein neues „Museum der Zukunft" ist jetzt in der Planungsphase. Besuchen Sie die Webseite mit Informationen zum neuen Museum und schreiben Sie einen kurzen Bericht darüber: was plant man für das Museum und wie wird das Museum ein „Museum der Zukunft" sein?

das Gutenberg Museum

Suchwörter: **Mainz Museum der Zukunft: Gutenberg Museum**

5. **Presentational Writing and Speaking / Connecting to Typography.** Drei Museen in Deutschland zeigen die Geschichte der Druckkunst: Leipzig, München und Mainz. Und seit Menschen auf die Idee gekommen sind, etwas für die Ewigkeit (*eternity*) zu schaffen, gibt es die Schrift. Die Schriftbilder, die wir aus der Computerwelt kennen, haben ihren Anfang teilweise im 15. und 18. Jahrhundert und stammen von berühmten Schriftentwerfern (*typeset designers*) wie Bodoni, Garamond und Walbaum. Erforschen Sie die Geschichte der Typografie und wählen Sie ein Thema, das Sie besonders interessiert. Dann machen Sie ein Poster mit den wichtigsten Daten und Beispielen von den verschiedenen Schriftbildern und erklären Sie sie der Klasse.

Suchwörter: **Geschichte der Typografie, Schriftgeschichte**

Sprache — Infinitive Clauses with *zu* and *um… zu*

German has one type of dependent clause that uses an infinitive form of the verb. These clauses are like clauses in English in which "to" appears in front of the verb. An infinitive clause must have the same subject as the main clause; that means the same person or thing needs to be doing both actions.

German uses *zu* in front of the verb in these clauses, or between the separable prefix and the main verb.

Es wäre schön, lange im Bett zu bleiben.	It would be nice to stay in bed a long time.
Es ist langweilig, ein Zimmer aufzuräumen.	It is boring to clean up a room.

German also uses *um* (in order to) to introduce infinitive clauses. Clauses with *um… zu* explain why a person is doing a certain action.

Er kaufte den Computer, um E-Mails zu schicken.	He bought the computer in order to send e-mails.
Sie setzte sich hin, um einen Brief zu schreiben.	She sat down in order to write a letter.

German uses a comma before these clauses.

Vergleiche

In English, is it always necessary to use the equivalent of *um… zu*?

Finn bought a monthly pass *in order to save money.*

Antwort: In the examples above, it would be all right to omit "in order to." But it's necessary to express purpose in a negative sentence: "In order not to waste money, Finn bought a monthly ticket."

19 Ergänzen Sie die Sätze!

Benutzen Sie *zu*!

Es macht Spaß, mit dir zu arbeiten!

Gisela: Ich habe doch keine Zeit, (1) (mich mit dir streiten). Warum versuchst du immer, (2) (einen Streit anfangen)? Es ist jetzt genug.

Frank: Das ist aber kein Grund, (3) (so schreien)! Immer mit der Ruhe!

Gisela: Wie kann ich ruhig sein, wenn du dich so furchtbar benimmst? Es wäre schön, (4) (endlich etwas Ruhe haben).

Frank: Ruhe haben? Ha! Ich habe keine Lust, (5) (noch weiter darüber reden). Sieh zu, dass du früh ins Bett kommst, wenn du Ruhe brauchst!

Gisela: Das würde ich ja tun, wenn du versprechen würdest, (6) (mich in Ruhe lassen).

Frank: Ich verspreche, (7) (aufhören). Es wäre unfair, (8) (weitermachen).

20 Wie veränderte Gutenberg die Welt?

Formulieren Sie Gründe, um diese Fragen zu beantworten. Benutzen Sie *um… zu* dabei!

BEISPIEL Warum erfand Gutenberg die Buchpresse?
Er wollte Bücher billiger machen.
Um Bücher billiger zu machen.

1. Warum baute Gutenberg die Buchpresse? Er wollte schneller und einfacher drucken.
2. Warum kopierten andere Druckereien Gutenbergs Erfindung? Sie wollten auch Texte und Dokumente produzieren.
3. Warum brauchten die Handelsleute Dokumente? Sie wollten ihre Waren im Ausland verkaufen.
4. Warum stellte man Buchstaben aus Metall in eine Reihe? So konnte man einen Text drucken.
5. Warum rollte man Farbe über die Buchstaben? Man wollte den Text auf Papier haben.

21 Kombinieren Sie!

Benutzen Sie *zu*-Sätze!

Das ist kein Grund,	**mit mir**	**tanzen gehen**
Es ist unhöflich,	**mit offenem Mund**	**sich ärgern**
Es wäre langweilig,	**kein Wort davon**	**spazieren gehen**
Es wäre schön,	**heute Nachmittag**	**essen**
Ich habe keine Lust,	**ohne dich**	**sagen**
Wir versprechen,	**ganz allein**	**ins Konzert gehen**

Wie Hannes eine Stelle bekam!

1. Hannes stellte seinen Lebenslauf und seine Bewerbungsmappe zusammen, um sich für ein Praktikum beim WDR zu bewerben.

2. Hannes bekam einen Termin für ein Interview beim Mediendirektor vom WDR.

3. Hannes trug einen Anzug und eine Krawatte zum Interview, um einen guten Eindruck zu machen.

Aktuelles

Interpretive Communication Pre AP

Besuchen Sie das Kölner Schokoladenmuseum!

Ein Laden aus dem 19. Jahrhundert, nur für Schokolade

Im Kölner Schokoladenmuseum kann man 5.000 Jahre Kulturgeschichte der Schokolade erleben. Auf 4.000 Quadratmetern zeigt das Museum Exponate aus der Schokoladengeschichte, vom präkolumbischen[1] Mesoamerika und den Olmeken, Maya und Azteken über den Einzug[2] der Schokolade in Europa im 17. und 18. Jahrhundert, bis hin zu der modernen Schokoladeherstellung. Man kann viel über die Schokolade lernen: wussten Sie, dass man im 16. Jahrhundert Kakaobohnen[3] als Geld benutzen konnte? Das und viel mehr entdecken Sie im Museum.

Suchwörter: **Schokoladenmuseum Köln, Kölner Schokoladenmuseum**

---

[1]*präkolumbisch* pre-Columbian; [2]*der Einzug* entry;
[3]*die Kakaobohne* cocoa bean

ein leckeres Dessert im Schokoladenmuseum Köln

Vergleiche

Viele Europäer kaufen *Lindt* Schokolade. Welche Schokoladenmarke ist die bekannteste in Amerika?

Forschen Sie im Internet

Gehen Sie zu der Webseite vom Kölner Schokoladenmuseum und finden Sie einen Kurs, den Sie interessiert. Sagen Sie, welche Art von Schokolade Sie machen werden und auch die Uhrzeit und Preis vom Kurs.

Suchwörter: **Schokoladenmuseum Köln**

Weißt du...?

Wie viel Schokolade isst ein typischer Deutscher jedes Jahr?

Antworten: Ein typischer Deutscher isst 11,1 Pfund Schokolade pro Jahr.

Mitmachen bei Radio- und Fernsehsendungen in Köln

Jedes Jahr bietet die *sk stiftung jugend und medien* der Sparkasse Köln/Bonn, zusammen mit dem Fernseh- und Radiosender WDR (Westdeutscher Rundfunk) Workshops für Jugendliche an, die sich für einen Beruf in den Medien interessieren. Im Sommer bieten sie den Workshop „Ab ins Studio: Fernsehen" an: im WDR STUDIO ZWEI machen die Teilnehmer mit und lernen, wie man eine eigene Sendung[4] entwickelt und wie man Interviews oder Korrespondenten-Beiträge aufzeichnet[5]. Für Leute, die sich eher für Radio interessieren, gibt es das „Ab ins Studio: Radio": da machen Teilnehmer-Teams eigene Radiosendungen und der WDR stellt Musik, Nachrichtentexte, Jingles und mehr zur Verfügung[6]. Andere Workshops gibt es für GIF-Animationen selber machen; Spiele programmieren; Android-Apps programmieren, Trickfilm, LEGO Mindstorms und vieles mehr. Die Erfolge der Workshops stellen sie ins Netz auf ihren YouTube-Kanal, damit alle sehen können, was das junge Talent produziert.

Suchwörter: sk stiftung jugend und medien

Der Gutenberg-Preis

Elizabeth Lewisohn Eisenstein, amerikanische Historikerin, bekam 2002 den Gutenberg-Preis.

Da Gutenberg so wichtig für die Entwicklung des Buches und des Buchdruckes ist, verleihen zwei deutsche Städte im jährlichen Wechsel[7] „den Gutenberg-Preis". Den internationalen Preis bekommt eine Person für eine hervorragende[8] technische, künstlerische[9], oder wissenschaftliche[10] Leistung auf dem Gebiet[11] der Druckkunst[12]. Seit 1959 verleiht Leipzig, ein historisches Zentrum für den Buchdruck, seinen Preis. Die Stadt Mainz, wo Gutenberg seine Bibel druckte, fing 1968 mit ihrer Gutenberg-Preisverleihung an. Die Liste der Preisträger[13] ist voll von Typografen[14], Schriftkünstlern[15], Buchhistorikern[16] bis hin zu Paul Brainerd, dem Begründer des Desktop-Publishing und Joseph M. Jacobson, dem Erfinder der E-Ink. Der Preisträger bekommt 10.000 €.

Suchwörter: Gutenberg-Preis der Stadt Mainz, Gutenberg-Preis der Stadt Leipzig

---

[4]*die Sendung* program for broadcast; [5]*aufzeichnen* to record; [6]*zur Verfügung stellen* to make available; [7]*im jährlichen Wechsel* trading off yearly; [8]*hervorragend* outstanding; [9]*künstlerisch* artistic; [10]*wissenschaftlich* scholarly; [11]*das Gebiet* area; [12]*die Druckkunst* art of printing; [13]*der Preisträger* award winner; [14]*der Typograf* typographer; [15]*der Schriftkünstler* typography artist; [16]*der Buchhistoriker* book historian

WDR-Archivhaus Köln

Produkte

sk stiftung produces a newsletter for young people. Look it up online: *Junge Medien-News*. Pick a topic that interests you to read about.

Zusammenhänge

Praktikumsstellen

How do the workshops in TV, radio and computers for young people reflect Germany's attitude and investment in apprenticeships in general? What apprenticeship programs are available in your area for young people? Which one might interest you?

Perspektive

„Können wir uns unsere Welt ohne Gedrucktes vorstellen: ohne Zeitungen, Bücher, Drucksachen, Kalender, Eintrittskarten, Plakate, Tickets, Dokumente usw.? Wohl kaum. Das alles verdanken wir Johannes Gutenberg, dem Erfinder des Buchdrucks."

—*Der Weg*

Analyse

Why is it important to honor these people with a monetary prize? How could a prize in this amount fuel more creativity in this area? What does it free up the winners to do?

22 Kulturelle Aktivitäten

Complete the following activities to demonstrate your understanding of the content in the culture readings.

1. **Presentational Writing / Connecting to Food.** Go to the Chocolate Museum in Köln. With a partner, make a brochure of a tour experience for children visiting the museum. Show what they can see, do and eat there.

Suchwörter: Schokoladenmuseum Köln, Kölner Schokoladenmuseum

2. **Presentational Speaking and Writing / Connecting to Nutrition.** Dark chocolate has been proven to have health benefits. In groups, come up with ways to use dark chocolate in nutrious combinations with other foods. Present your best idea to the class. You may want to post all the best ideas of the class on a web page for other German students to see and comment on.
3. **Presentational Writing / Connecting to Career Planning.** Select one of the internships at WDR and write about what you think you will learn in your *Kulturjournal*, and how it will benefit you in the future.
4. **Presentational Speaking / Connecting to Career Planning.** Building a knowledge of fonts and typography could lead to what sorts of careers? Present the tasks of one of these careers in small groups. The city of Weimar hosts the annual *Walbaum-Wochenenden* with different topics, all about developments in typography and printing, bookmaking; researching that topic might lead you to some ideas.
5. **Presentational Speaking and Writing / Connecting to Printing.** Divide the class into two groups. Group 1 finds out how many print museums there are in Germany and what you can do/learn there. Group 2 goes to the Römisch-Germanisches Museum in *Köln* online and makes a presentation about it. Then each group presents to the other group.

Römisch-Germanisches Museum Köln

Kultur Plus Interpretive Communication Pre AP

Futura

„Futura" ist eine Schriftart und der Prototyp einer Familie von „geometrischen" oder „konstruierten" serifenlosen Linear-Antiquas. Sie wurde 1927 von Paul Renner im Umfeld des Neuen Frankfurt geschaffen und beeinflusste die Bauhaus-Bewegung. Das Staatliche Bauhaus wurde 1919 von Walter Gropius in Weimar als Kunstschule gegründet.

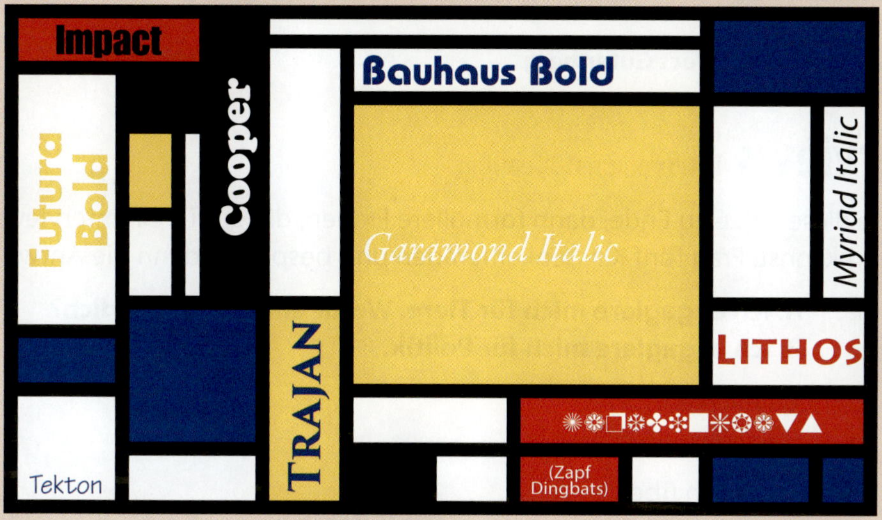

Aktivitäten

1. Answer these questions!
   A. Which font do you use for your school essays? Why?
   B. What is your favorite font?
   C. Which Bauhaus font above do you prefer? Why?
2. Which featured Bauhaus fonts are available on your computer?
3. Design a sign advertisement for a real German restaurant or store in Köln using a Bauhaus font. You can find and download them online.

Die Schrift der Liebe…

Du bist dran! Pre AP

Rollenspiel Interpersonal Speaking

Schreibt in Partnerarbeit einen Dialog zu dem folgenden Szenario.

Partner B arbeitet in einem Kiosk in der Stadt und Partner A

- ist Renter/in
- ist nur für einen Tag in Köln und möchte die Stadt besichtigen
- möchte alle Verkehrsmittel benutzen

Welche Fahrkarte und Preisstufe empfiehlt Partner B und warum?

Top 100—Project Gutenberg Presentational Writing

Suche deine zehn Lieblingsbücher aus den Top 100 auf der Gutenberg-Liste. Nenne auch die Namen der Autoren. Schreibe auch einen Kommentar zu jedem Buch. Dann vergleiche deine Liste mit der Liste einer anderen Person.

Titel	Autor	Kommentar
BEISPIEL 1. *David Copperfield*	Charles Dickens	interessante Handlung (*plot*)

Suchwörter: Project Gutenberg

Interviews Interpersonal Speaking

Schreibe diese Sätze zu Ende, dann formuliere Fragen, die du für ein Interview benutzen kannst. Frag fünf Klassenkameraden und besprecht dann die Antworten.

BEISPIEL **A: Ich engagiere mich für Tiere. Wofür engagierst du dich?**
B: Ich engagiere mich für Politik.

1. Ich freue mich auf…
2. Ich beschäftige mich mit…
3. Ich ärgere mich über…
4. Ich interessiere mich für…
5. Ich gebe viel Geld aus für…

Noch etwas

Desserts mit Schokolade

Find a recipe for a German dessert made with chocolate. Write out the ingredients and their quantities, changing the metric amounts to ounces and cups.

Wörter und Ausdrücke

Buying Tickets for Public Transportation

die Gültigkeitsdauer validity period
die Preisstufe price bracket
die Einzelfahrt single trip
die Kurzstrecke short trip (a limited number of stations)
öffentliche Verkehrsmittel public transportation
Wie viele Zonen ist das von hier? How many zones is it from here?
Welche Preisstufe ist das? Which price bracket is that?
Wo ist das Verkehrszentrum? Where is the transportation center?

Verkehrszentrum in Hamm

Leseecke

Interpretive Communication Pre AP

Kurzbiografie

Michael Ende (1929–1995)

Michael Ende war der Sohn des surrealistischen Malers Edgar Ende. Für seine Bücher und Geschichten bekam er viele Preise in Deutschland und auch in anderen Ländern. Seine Bücher kann man in 30 verschiedenen Sprachen kaufen. Insgesamt hat man bis jetzt mehr als 5 Millionen seiner Bücher auf der ganzen Welt verkauft. Aus zwei seiner Romane, *Die unendliche Geschichte* und *Momo*, hat man Filme gemacht.

Über den Text

Lenchen ist ein typischer Teenager und wie die meisten Teenager hat sie Probleme mit ihren Eltern. Ihr Vater und ihre Mutter tun nämlich nicht immer, was Lenchen will. Wenn Lenchen ihren Vater zum Beispiel um Geld bittet, weil sie ein Eis kaufen will, sagt er: „Nein, du hast schon drei Eis gegessen und zu viel Eis ist nicht gut für dich." Um ihre Eltern zu kontrollieren, fährt Lenchen zu der Fee Franziska Fragezeichen. Zusammen machen die beiden einen Plan, wie Lenchen ihre Eltern besser kontrollieren kann. Der Teil, den Sie jetzt lesen, beginnt, als Lenchen und Franziska miteinander sprechen.

Vor dem Lesen

Think about the following questions before reading this selection:

1. If you had supernatural powers that enabled you to control the behavior of others, whom would you want to control, and why?
2. How would you describe the worst possible parent or teenager?

Strategie

Lenchens Geheimnis is a fairy tale. Usually fairy tales involve magical characters and supernatural events. They also start out with a conflict, often with parents or siblings. Here's a chart for a typical fairy tale:

„Schneewittchen" ("Snow White")

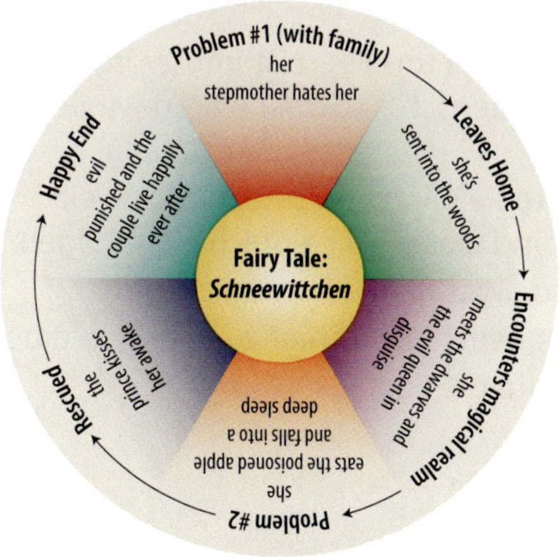

As you read, make a chart like the one above for *Lenchens Geheimnis*. (Since this is an excerpt from a longer text, you may have to make some assumptions about certain stages in her story.)

Beim Lesen

Was wünscht sich Lenchen?

Lenchens Geheimnis

Wenige Minuten später kam der Zauberkahn schon an der Insel an, und das kleine Mädchen sprang an Land. Da war das Land plötzlich ein Zimmerboden mit einem Teppich darauf, und in diesem Zimmer saß an einem runden dreibeinigen Tischchen eine Frau, die gerade Kaffee trank. Es war ziemlich dunkel im Raum, weil er nur von ein paar brennenden Kerzen hell wurde, die an den Wänden festgemacht waren. Zum Fenster schien der volle Mond herein. Eine Kuckucksuhr schlug zwölfmal, nur dass der Kuckuck, der aus der Uhr kam, kein Kuckuck war, sondern ein Uhu, der zwölfmal „uhu!" rief.

1. Wohin geht Lenchen?

2. Wie sieht das Haus von der Fee aus?

„Setz dich zu mir, mein Kind", sagte die Fee, „und sprich!"

„Wieso ist es denn schon so spät?" fragte Lenchen.

„Es ist Mitternacht", antwortete die Fee, „weil hier immer Mitternacht ist. Es gibt gar keine andere Zeit."

Tatsächlich zeigte die Uhr anstelle der anderen Zahlen nur zwölfmal eine Zwölf.

„Das ist sehr praktisch", erklärte die Fee, „denn man kann, wie du weißt, nur um Mitternacht richtig zaubern. Das verstehst du doch?"

3. Warum ist es immer Mitternacht auf der Insel?

Lenchen wusste nicht richtig, die Sache war ihr gar nicht klar.

„Also, worum geht's?" fragte Franziska Fragezeichen.

Lenchen setzte sich der Fee gegenüber auf den freien Stuhl an das Tischchen und sah sie sich genau an. Eigentlich sah die Frau ganz normal aus—wie irgendeine Frau, die man auf der Straße sieht. Trotzdem war etwas Besonderes an ihr, nur merkte Lenchen nicht gleich, was es war. Doch dann sah sie es: Die Fee hatte sechs Finger an jeder Hand.

4. Sieht die Fee wie eine typische Frau aus?

„Das macht nichts", sagte Franziska Fragezeichen, „bei uns Feen ist immer irgend etwas ein bisschen anders als bei gewöhnlichen Menschen. Sonst wären wir ja keine Feen. Das versteht sich doch?"

Lenchen nickte. „Es geht um meine Eltern", erklärte sie dann und seufzte. „Ich weiß nicht, was ich mit ihnen machen soll. Sie wollen und wollen mir einfach nicht folgen..."

5. Was für ein Problem hat Lenchen?

„Das ist ja allerhand", meinte die Fee mitfühlend. „Was kann ich für dich tun?"

„... Weil sie nämlich in der Überzahl sind", sagte Lenchen, „immer zwei gegen einen."

„Dagegen ist schwer etwas zu machen", murmelte die Fee.

„Außerdem sind sie größer als ich", sagte Lenchen.

„Das ist bei Eltern meistens so", sagte die Fee.

6. Was denkt Lenchen: warum hat sie dieses Problem?

„Wenn sie kleiner wären als ich", sagte Lenchen laut, „wäre die Sache mit der Überzahl vielleicht nicht mehr so wichtig."

„Sicher!" sagte die Fee.

Franziska Fragezeichen faltete ihre zwölf Finger, machte die Augen zu und dachte eine Weile nach. Lenchen wartete.

„Ich hab's!" rief die Fee schließlich. „Ich gebe dir hier zwei Zuckerstückchen. Sie sind natürlich verzaubert. Die tust du deinen Eltern heimlich und unbemerkt in die Tee- oder Kaffeetassen. Es wird ihnen nichts passieren. Nur werden sie, sobald sie erst mal den Zucker gegessen haben, **jedesmal** wenn sie dir nicht folgen, halb so groß werden, wie sie vorher waren. **Jedesmal** immer wieder halb so groß. Das verstehst du doch?"

7. Was will die Fee Lenchen geben, um ihr Problem zu lösen?

Und sie schob dem Kind zwei ganz normale weiße Zuckerstücke über den Tisch, die sie aus einer besonderen Büchse genommen hatte.

„Danke sehr", sagte Lenchen, „was kosten sie?"

„Nichts, mein Kind", antwortete die Fee. „Die erste Beratung ist immer gratis. Die zweite wird dann allerdings schrecklich teuer."

8 Hat die Fee Konditionen?

„Das macht mir nichts", sagte Lenchen, „weil ich ja keine zweite Beratung brauche. Also dann, schönen Dank."

„Auf Wiedersehen", sagte Franziska Fragezeichen und lächelte.

Dann gab es ein Geräusch— „flopp!" —als ob man den Korken aus einer Flasche zieht, und Lenchen stand plötzlich im Wohnzimmer bei sich zu Hause. Die Eltern waren da und hatten noch nicht einmal bemerkt, dass ihre Tochter weg gewesen war. Aber Lenchen hielt die beiden Zuckerstückchen in der Hand. Daran erkannte sie mit Sicherheit, dass das ganze kein Traum gewesen war.

9. Wissen Lenchens Eltern, dass sie nicht zu Hause war?

10 Woher weiß Lenchen, dass ihr Treffen mit der Fee wirklich stattgefunden hat?

Die Mutter brachte gerade die Teekanne herein und ging noch einmal in die Küche, um den Teller mit den Plätzchen zu holen. Der Vater zog sich im Schlafzimmer seine bequeme Hausjacke an. Als Lenchen allein war, tat sie die beiden Zuckerstückchen in die Teetassen ihrer Eltern. Einen kurzen Augenblick lang hatte sie ein schlechtes Gewissen, aber das ging schnell vorüber. Sie haben selber Schuld, dachte sie.

11. Wie fühlt sich Lenchen jetzt?

Nach dem Lesen

1. Discuss with a partner and compare your chart of "Snow White" with that of Lenchen's: is *Lenchens Geheimnis* a typical fairy tale? Defend your position with examples from the text.
2. Is Lenchen a typical fairy tale heroine? Why or why not? Use examples from the text to support your position.

Analyse
What is the conflict between Lenchen and her parents? What advice would you give Lenchen at the beginning of the story so she could avoid all the trouble she encounters?

Erweiterung

1. Schreiben Sie das Ende zu dieser Geschichte: was wird passieren?
2. Schreiben Sie Ihr eigenes Märchen! Sie können Ihre Grafiken für *Schneewittchen* und *Lenchens Geheimnis* benutzen, um sicher zu sein, dass Sie alle wichtigen Elemente eines klassischen oder modernen Märchens haben.

Machen wir weiter! Pre AP

Eine Tour durch Köln Presentational Speaking

Sie arbeiten für eine Kölner Tour-Agentur (*tour agency*) und machen eine Tour mit deutschsprachigen Touristen. Erzählen Sie Ihrer Gruppe von den Sehenswürdigkeiten, die sie besichtigen.

• Römisch-Germanisches Museum am Kölner Dom • Tünnes im Hänneschen-Theater • Fußballstadion • Schokoladenmuseum • SK Stiftung im Mediapark

Profil von Gutenberg Presentational Writing

Stellen Sie Informationen über das Leben und die Leistungen von Johannes Gutenberg zusammen. Benutzen Sie die Informationen, um einen kurzen Bericht über ihn zu schreiben.

Name:	
Geburtstag:	
Todestag:	
Beruf:	
Erfindung:	
wichtigstes Buch:	
Vermächtnis (*legacy*):	

Eine Klassenumfrage Interpersonal and Presentational Speaking

Your class is traveling to Germany next summer. You will spend two days in Köln. Prepare a questionnaire with your group on one of these topics: (1) the top six things your classmates want to see and do in Köln; (2) a restaurant you want to visit that serves local specialties; (3) the top six ideas on what to do in the evening to relax and have fun. Then pass out the questionnaire to the class. Each group will tell the class about the results of their questionnaire.

Wissen Sie, wie Schwarzwälder Kirschtorte gemacht wird?

Finns erster Tag im Büro Interpersonal Speaking

Play the roles of Finn on his first day at Lufthansa and his boss. The boss will greet him, ask how he is and what he's seen in Köln so far, show him where the cafeteria is and where he can eat lunch and finally his workspace. Finn responds politely to everything his boss says.

Forum für Eltern Interpersonal Speaking

Zwei Leute spielen diese Rollen: Partner A ist der Vater oder die Mutter, Partner B ist der Psychologe/die Psychologin. Partner A möchte wissen: Wie kann man sich mit den Kindern besser verstehen? Und was kann man machen, damit es zu Hause nicht kracht? Partner B schlägt verschiedene Ideen vor, wie man solche Probleme lösen (*solve*) kann.

Ideen: Sperrstunde; Freunde; Hilfe im Haus; Musik; online Aktivitäten; Geheimnisse; das Auto benutzen, gemeinsame Mahlzeiten, usw.

BEISPIELE

Vater/Mutter: Mein Sohn will nie mit uns essen! Er macht immer sein eigenes Essen und spült dann nicht das Geschirr!

Psychologe/Psychologin: Vielleicht könnten Sie Ihren Sohn fragen, was eine gute Zeit für ihn ist, gemeinsam zu essen. Oder vielleicht kochen Sie zusammen.

Zurückblicken!

Fill in a chart like the one below to answer the question: How do the views of young people in other cultures compare to those of their elders?

Vokabeln Mahlzeiten Technologie	→	Vokabeln Jugendliche und ihre Eltern essen Mahlzeiten zusammen und finden es wichtig. Technologie ist wichtiger für Teenager als für ihre Eltern.
Dialog usw.	→	

Rückblick

R1 Kracht es bei dir zu Hause?

Beantworten Sie diese Fragen für sich. Wenn keine Antwort passt, schreiben Sie Ihre eigene (C)!

1. Wann kracht es bei dir zu Hause?
   A. Wenn ich früh zu Hause bin. B. Wenn ich nach Mitternacht nach Hause komme. C. ___.
2. Wer ist offen mit dir?
   A. Meine Katze. B. Meine Freunde. C.___.
3. Ich bekomme Stubenarrest, wenn
   A. ich meine Hausaufgaben nicht gemacht habe. B. ich schlechte Noten bekommen habe. C.___.
4. Was ist deine Sperrstunde an Wochentagen?
   A. Um 18.00. B. Um 22.00. C. Um___.
5. Wann ist deine Sperrstunde am Wochenende?
   A. Um 22.00 Uhr. B. Um Mitternacht. C. Um___.
6. Was sehen deine Eltern locker?
   A. Wenn ich viel im Internet bin. B. Wenn ich keine guten Note bekomme. C.___.
7. Welche Geheimnisse hast du vor deinen Eltern?
   A. Über meine Freunde. B. Über die Lehrer. C.___.
8. Isst du gemeinsam mit deiner Familie?
   A. Ja, wenn ich Zeit habe. B. Nein, weil ich das nicht will. C.___.

R2 Lernen Sie sich selbst kennen!

Schreiben Sie Fragen für einen Psychologietest! Benutzen Sie Verben von der Liste!

sich freuen auf	**sich sorgen um**	**sich interessieren für**	**lachen über**
träumen von	**arbeiten an**	**sich erinnern an**	**warten auf**

BEISPIEL **Worüber lachen Sie oft?**

R3 So viel Neues

Sie waren schon lange nicht in Köln. Als Sie wieder dahin reisen, sehen Sie, dass vieles dort anders ist. Schreiben Sie ganze Sätze im Passiv!

BEISPIEL mehr Parkplätze / schaffen
Neue Parkplätze werden geschaffen.

1. Reparaturen am Dom / machen
2. ein neues Verkehrszentrum / bauen
3. eine U-Bahn Station / aufmachen
4. ein neuer Park / planen
5. ein schöner Sportplatz / eröffnen
6. die Brücke / reparieren
7. neue Exponate für das Museum / kaufen
8. neue Broschüren / drucken

Die Kölner entspannen sich im Park.

R4 Mit öffentlichen Verkehrsmitteln unterwegs

Ergänzen Sie den Text mit den passenden Wörtern. Sie müssen nicht alle Wörter benutzen.

Zonen	**Preisstufen**	**Entwertung**
Fahrtrichtung	**Kindertarif**	**Gültigkeit**
Einzelfahrt	**Kurzstrecke**	**Verkehrsmittel**

1. Wenn man nicht selber fahren kann, kann man öffentliche ___ benutzen.
2. Wenn ein Fahrgast unter 6 Jahre alt ist, gilt der ___.
3. Wenn man in die U-Bahn steigt, muss man auf die ___ achten.
4. Wenn man nicht weiß, was das Ticket kostet, muss man die Tabelle mit den ___ lesen.
5. Wenn man nur zwei oder drei Stationen fahren möchte, kauft man ein Ticket für eine ___.
6. Wenn man nur in eine Richtung fahren möchte, aber nicht zurück, kann man eine ___ kaufen.
7. Wenn man über mehrere ___ fährt, kostet das Ticket am meisten.

R5 Was muss alles gemacht werden?

Max plant ein gemeinsames Essen mit der ganzen Familie. Was muss alles gemacht werden?

BEISPIEL die Küche aufräumen
Die Küche muss aufgeräumt werden.

1. das Spülbecken putzen
2. Lebensmittel einkaufen
3. die Tanten und Onkel anrufen
4. die Großelten einladen
5. das Essen zubereiten
6. das Gemüse klein schneiden
7. die Speisen kochen
8. die Mahlzeit essen

R6 Was machen sie?

Schreiben Sie, warum diese Leute verschiedene Sachen tun oder nicht tun. Benutzen Sie dazu Sätze mit *zu*…!

BEISPIEL Gisela sollte ihre Freundin anrufen, aber sie hatte keine Zeit.
Gisela hatte keine Zeit, ihre Freundin anzurufen.

1. Laura wollte eine neue CD kaufen, aber sie hatte zu wenig Geld.
2. Julia sollte einkaufen, aber sie hatte keine Lust.
3. Tim und Alex mussten ein Projekt planen, aber sie interessieren sich nicht dafür.
4. Jan mochte den neuen Film sehen, aber er hatte keine Zeit.
5. Phillip und Oliver sollten die neuen Exponate im Museum sehen, aber sie verpassten es.
6. Marvin wollte aus einem Flugzeug springen, aber er hatte Angst.
7. Johanna sollte ihre Hausaufgaben machen, aber sie fand das langweilig.
8. Annika wollte eine bessere Person werden, aber sie hat es nicht versprochen.

R7 Petras Party

Petra war gestern Abend spät weg. Schreiben Sie warum!

BEISPIEL Warum rief Petra ihre Freundin an?
(die Telefonnummer von Annika bekommen)
Um die Telefonnummer von Annika zu bekommen.

1. Warum musste sie mit ihrer Freundin telefonieren? (über die Party sprechen)
2. Warum ging sie zu ihren Freunden? (die Geburtstagparty feiern)
3. Warum wollte sie länger bleiben? (mit ihrem Freund fernsehen)
4. Warum wollte Petra nicht so spät nach Hause? (ihre Eltern nicht warten lassen)
5. Warum ging sie endlich nach Hause? (ins Bett gehen)

Vokabeln

absteigen (*stieg ab, ist abgestiegen*) to be relegated to *7A*
angepasst conformist *7A*
anspruchsvoll demanding *7A*
die **Arbeitszeit,-en** work schedule *7A*
aufsteigen (*stieg auf, ist aufgestiegen*) to move up *7A*
das **Bad,¨er** bath *7A*
der **Bau,-ten** building phase *7A*
die **Bauernschläue** street smarts *7A*
benachbart adjacent, neighboring *7B*
der **Buchhistoriker,-** book historian *7B*
die **Buchpresse,-n** printing press *7B*
der **Buchstabe,-n** letter (of the alphabet) *7B*
checken to check *7B*
defekt defective, broken *7A*
das **Dokument,-e** document *7B*
der **Dom,-e** cathedral *7A*
die **Druckerei,-en** print shop *7B*
die **Druckmedien** (*pl.*) print media *7B*
durchklingeln to give a jingle *7A*
die **Einzelfahrt,-en** single trip *7B*
entspannt relaxed *7A*
entstehen (*entstand, entstanden*) to arise, emerge *7B*
entwerten to validate *7B*
die **Entwertung,-en** stamping of ticket *7B*
der **Erfinder,-** inventor *7B*
das **Exponat,-e** exhibit *7A*
die **Fahrtrichtung,-en** direction of travel *7B*
die **Fastenzeit** Lent (religious season) *7A*
der **Fernsehsender,-** TV station *7A*
der **Fluch,¨e** curse *7A*
das **Gebäude,-** building *7A*
das **Geheimnis,-se** secret *7A*
gemeinsam together *7A*
die **Generation,-en** generation *7A*
gleichfalls same to you *7B*
die **Gültigkeit,-en** validity *7B*
die **Gültigkeitsdauer** period of validity *7B*
das **Holz,¨er** wood *7B*
identifizieren to identify *7A*
je nach depending on *7B*
der **Karneval** carneval season *7A*
die **Katastrophe,-n** catastrophe *7A*
katholisch Catholic *7A*
der **Kindertarif,-e** child's fare *7B*
der **Kiosk,-e** kiosk *7B*
klappen to work out *7A*
die **Klosterschule,-n** convent school *7B*
krachen to have a disagreement *7A*
die **Kulturhauptstadt,¨e** cultural capital *7A*
der **Kunsthandel** art trade *7A*
die **Kurzstrecke,-n** short trip *7B*
die **Lebensfreude** love of life *7A*
locker casual, laid-back *7A*
die **Mitternacht,¨e** midnight *7A*
modernisieren to modernize *7B*
der **Mönch,-e** monk *7B*
der **Musikproduzent,-en** music producer *7A*
niedergeschlagen glum, down in the dumps *7A*
offen open *7A*
pingelig picky *7A*
das **Praktikum,-ka** practical training, internship *7B*
die **Preisstufe,-n** price bracket *7B*
die **Puppe,-n** puppet, marionette *7A*
die **Renaissance** Renaissance *7B*
repräsentieren to represent *7A*
der **Rest,-e** remnant *7A*
die **Revolution,-en** revolution *7B*
die **Ruine,-n** ruins *7A*
die **Schreibmaschine,-n** typewriter *7B*
der **Schriftkünstler,-** typography artist *7B*
die **Sperrstunde,-n** curfew *7A*
die **Spur,-en** trace *7A*
der **Standort,-e** location, site *7A*
streiten (*stritt, gestritten*) to quarrel, argue *7A*
der **Stubenarrest,-e** being grounded *7A*
die **Technik,-en** technology, technique *7B*
die **Telefonkabine,-n** phone booth *7A*
das **Textil,-ien** textile *7B*
unterwegs underway *7A*
das **Verbrechen,-** crime *7A*
das **Verkehrszentrum,-tren** transportation center *7B*
wahr true *7A*
die **Walze,-n** roller, drum *7B*
die **Weinpresse,-n** wine press *7B*
das **Weltbild,-er** world view *7B*

Kölner Stadtteil

Werbung für Schokolade der Firma Sprengel: „Köstlich und nahrhaft zugleich," Richard Rump.1924.

Analyse

For how many years had this company been in business when this ad for chocolate was made? Is chocolate portrayed as an everyday item or a luxury item? Explain.

Zitat

„Die Natur ist die beste Apotheke."

Nature is the best medicine.

—Sebastian Kneipp (1821–1897), Hydrotherapeut

Tatsache

Jedes Jahr besuchen über 22 Millionen Deutsche ein Heilbad oder einen Kurort. Davon gibt es über 350 in Deutschland.

Kapitel

8 Gesundes Leben

Leitfrage

What are some ways people in other cultures stay healthy?

Welche Therapien bietet man hier an?

Lernziele

Lektion A **I will be able to:**

- Describe what's good for my health and a plan I'm working on, discuss my awareness of healthy practices, say I'm over- or underweight and express excitement.
- Talk about the region in Germany called *der Harz*.
- Use the passive voice, including modals, with the narrative past tense.
- Read about the range of events scheduled for the *KulturWinter* celebration in the Harz region.

Lektion B **I will be able to:**

- Say what annoys someone, ask for a recommendation and make a complaint.
- Talk about activities in the *Nationalpark Harz* and at a famous medical conference.
- Use the relative pronouns *was* and *wo* and the genitive.
- Read about the Swiss-German physician Paracelsus, and an excerpt from Heinrich Heine's „Die Harzreise."

Lektion A

Vokabeln Gesundheit und Ernährung

Vital.de

Gesundheit	Tipps	Schönheit	Vitale Welt

Gesundheit und Ernährung

1. Die allgemeine Gesundheit

Wenn man oft krank ist, stimmt etwas nicht. Lesen Sie die Tipps, wie man **sich entspannt** und dann gesund leben kann. mehr

2. Trainieren

Wie kann man **in Form sein** und fit bleiben? **Regelmäßiges** Training **stärkt** Muskeln und **Knochen**. mehr

3. Die Ernährung

Am wichtigsten ist, **sich** gesund zu **ernähren**. **Bewusste** Ernährung ist mehr als eine **Diät**. Das bedeutet, jeden Tag viel Obst und Gemüse, **fettarme** statt **fettreicher Proteine**, **Getreide** und **Nüsse** zu essen so wie viel frisches Wasser zu trinken.

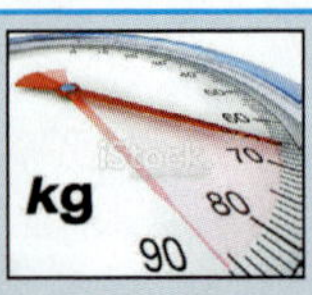

Haben Sie **Untergewicht** oder **Übergewicht**?

Hier klicken!

ARTIKEL

Körpertyp

dünn

fit

stark

dick

Gesunde Ernährung

Die **Nahrungsmittelsgruppen**/ der Ernährungskreis

1. Getreide, Getreideprodukte, Kartoffeln
2. Gemüse, Salat (**vitaminreich**)
3. Obst (vitaminreich)
4. **Milchprodukte**
5. Fleisch, Fisch und **Eier**
6. **Öle** und **Fette**
7. Getränke
8. Süßigkeiten (**vitaminarm**)

Wichtige Ausdrücke

How do I describe what's good for my health?

Am wichtigsten ist, **sich gesund zu ernähren**.
The most important thing is to eat healthy.

Ich **berücksichtige** alle fünf Nahrungsmittelgruppen.
I take all five food groups into consideration.

How do I talk about my weight?

Ich habe **Untergewicht**/**Übergewicht.**
I am underweight/overweight.

How do I say I'm planning something?

Ich **arbeite an einem Plan**.
I'm working on a plan.

How do I say I'm very interested in what you find out?

Ich bin gespannt, was du herausfindest.
I'm curious to hear what you will find out.

Unser Wohlbefinden

Stellen Sie einem Partner oder einer Partnerin diese Fragen.

Wie fühlst du dich?
Hast du dich erkältet?
Hast du Kopfschmerzen?
Was tut denn weh?
Gehst du gern ins Fitnessstudio?
Welche Sportart treibst du?
Machst du oft Pausen?
Was machst du in deiner Freizeit?

Wörterkiste

Was für eine Katze ist eine *Naschkatze? Naschen* heißt ein bisschen von etwas essen. Eine Person, die gerne isst, besonders Süßigkeiten, nennt man eine *Naschkatze*. Meinen Sie, eine Naschkatze ernährt sich bewusst?

Konversationsgruppe

Fragen Sie andere Klassenkameraden, was sie essen: was ist besonders gesund, was nicht?

Was noch?

gelenkig	*flexible*
kalorienarm	*low-calorie*
kalorienreich	*high-calorie*
kräftig	*strong*
makrobiotisch	*macrobiotic*
muskulös	*muscular*
nahrhaft	*nutritious*
schlank	*slender*
vollwertig	*nutritious*
einen Marathon laufen	*to run a marathon*
ein Triathlet sein	*to be a triathlete*

Ich entspanne mich, wenn ich von der Brücke den Fluss sehe.

Noch etwas

Arbeiten Sie an einem Fitnessplan, wo Sie an folgendes denken: was Sie essen, wie Sie trainieren und andere Aktivitäten, die zu Ihrem Wohlbefinden führen.

1 Welches Adjektiv passt *nicht* zu dem Wort?

1. Ernährung: fett, hoch, gesund, gut
2. Körper: stark, fit, erfolgreich, dünn
3. Übergewicht: dick, reich, fett, groß
4. Obst: höflich, frisch, gesund, vitaminreich
5. Fastfood: fett, schnell, vitaminreich, ungesund

2 Welche Dialogteile gehören zusammen?

1. Hans, hast du heute schon gefrühstückt?
2. Ich laufe jeden Tag eine Stunde.
3. Ich habe nicht gewusst, dass du Vegetarierin bist.
4. Du siehst sehr gesund aus.
5. Ich möchte heute Fastfood essen.

A. Ist das nicht für deine Knochen sehr schlecht?

B. Ja, ich esse bewusster und treibe mehr Sport.

C. Das ist aber nicht gut für dich, zu viel Fett und zu wenig Vitamine.

D. Nein, ich habe heute Morgen keinen Hunger.

E. Ich esse schon seit drei Jahren kein Fleisch mehr.

Dialog Mit Ketschup in die Schule

Interpretive Communication

Simone ist in der Küche und packt Essen in ihre Schultasche, als ihre Mutter ins Zimmer kommt.

Mutter: Simone, ich weiß, dass es früh am Morgen ist, aber warum nimmst du heute Ketschup mit in die Schule?

Simone: Mutti, wir machen doch gerade im Biologieunterricht dieses Projekt über gesundes Leben—wie wir uns fit halten können und was eine gesunde Ernährung ist. Da sollen wir alle unser Lieblingsessen mitbringen, damit wir es dann analysieren können.

Mutter: Was bringen denn die anderen mit?

Simone: Ich weiß nur, dass Anita eine Currywurst untersuchen wollte und Heiko sich sehr dafür interessiert, was eigentlich in Hamburgern drin ist. Er analysiert Hamburger, weil sein Freund Christian glaubt, dass viel Fleisch ihn stark macht.

Mutter: Was für ein tolles Projekt! Möchtest du etwas an deinen Essgewohnheiten ändern?

Simone: Ja, ich arbeite schon an einem Plan, in dem ich alle fünf Nahrungsmittelgruppen berücksichtige.

Mutter: Und wie ist es mit Fleisch, das du als Vegetarierin nicht isst?

Simone: Diese Nahrungsmittelgruppe ist ein bisschen komplizierter in meinem Plan. Aber die Biologielehrerin hat gesagt, dass Fisch auch zählt.

Mutter: Ich bin gespannt, was du heute alles herausfindest.

Simone: O je, es ist halb acht. Ich muss mich beeilen, Mutti. Ich sage dir heute Abend, was wirklich im Ketschup drin ist.

Analyse

How will today's biology lesson help Simone make healthier food choices?

Weißt du...?

1. When the mother mentions "die anderen," whom does she mean?
2. What change do you make to *die Biologielehrerin* to indicate a male teacher?

Antworten:

1. Simone's friends (Anita, Heiko and Christian).
2. Delete *in* at the end of the word and change the gender to *der*.

Analyse

Warum muss Simone an ihrem Essensplan arbeiten?

3 Kombinieren Sie diese Satzteile!

1. Simone packt Essen in ihre Schultasche
2. Ihre Mutter fragt,
3. Heiko möchte Hamburger untersuchen,
4. Christian glaubt,
5. Simone isst kein Fleisch,

A. denn sein Freund Christian isst viel Fleisch.
B. weil sie Vegetarierin ist.
C. weil sie Ketschup untersuchen will.
D. dass viel Fleisch ihn stark macht.
E. warum Simone Ketschup in die Schule mitnimmt.

Noch etwas

Erforschen Sie die Zutaten (*ingredients*) in Ketschup und überlegen Sie sich, ob Sie Ketschup auf die Liste der gesunden oder ungesunden Lebensmittel stellen würden. Was würden Sie Simone empfehlen: mehr oder weniger Ketschup zu essen?

Sprache Passive Voice, Narrative Past

In the last chapter you learned how to use the passive voice in the present tense. You can also use the passive in the narrative past. This is a form you will encounter often in reading.

To form the narrative past of the passive, use *werden* in the narrative past plus the past participle of the main verb.

ich	*wurde gefragt*	wir	*wurden gefragt*
du	*wurdest gefragt*	ihr	*wurdet gefragt*
er, sie, es	*wurde gefragt*	sie	*wurden gefragt*
Sie (sg. and pl.)	*wurden gefragt*		

Wurden Sie nicht gefragt?	Weren't you asked?
Das Haus wurde in drei Monaten gebaut.	The house was built in three months.

Vergleiche

How would this sentence best be expressed in English? What detail does the speaker not indicate?

Du wurdest in der Stadt gesehen.

Antwort: A good translation is „You were seen in town." The speaker does not indicate *by whom* you were seen.

Das Auto wurde abgeschleppt.

4 Vervollständigen Sie die Sätze!

Benutzen Sie das Passiv mit den Verben aus der Liste.

drucken	**gründen**	**anfahren**	**abschlagen**
entwickeln	**interviewen**	**besteigen**	**verleihen**

BEISPIEL Karl der Große ___ zum Kaiser ___.
Karl der Große wurde zum Kaiser gekrönt.

1. Die Hanse ___ 1356 ___.
2. Die erste Bibel ___ von Gutenberg ___.
3. Klaus Störtebekers Kopf ___ im Jahre 1402 ___.
4. Jule ___ von einem Auto ___.
5. „Die Siedler von Catan“ ___ von Klaus Teuber ___.
6. Alle Achttausender ___ von Gerlinde Kaltenbrunner ___.
7. Die Schüler ___ für die Studie ___.
8. Der Karlspreis ___ dem Politiker ___.

5 Die Geschichte des Aspirins

Beantworten Sie diese Fragen! Sie brauchen nicht jedes Wort zu verstehen, aber ein Wort wird Ihnen helfen: „herstellen“ heißt „produzieren“ oder „machen“.

Aspirin, oder besser die Acetylsalicylsäure, war die erste Medizin, die durch Synthese im Labor hergestellt werden konnte. Das Mittel wurde 1853 von dem Franzosen Charles Gerhardt von der Universität Montpellier entdeckt, aber keine praktische Anwendung konnte gefunden werden. 1893 wurde das Mittel von Felix Hoffmann, einem Chemiker bei Bayer, wiederentdeckt. 1899 wurde das Mittel im Labor der Firma Bayer hergestellt und unter dem Namen „Aspirin“ verkauft. Nach dem Ersten Weltkrieg wurde die Marke „Aspirin“ an die Gewinner Frankreich, England und die USA abgegeben. Deshalb gibt es in Amerika „Aspirin“ oder „Bayer Aspirin“.

1. Von wem wurde Acetylsalicylsäure entdeckt?
2. Wie konnte Aspirin im Labor hergestellt werden?
3. Von wem wurde das Mittel wiederentdeckt?
4. In welchem Labor wurde „Aspirin“ zuerst hergestellt?
5. Wann kam „Aspirin“ nach Frankreich, England und in die USA?
6. Unter welchem Namen wird die Medizin in Amerika verkauft?

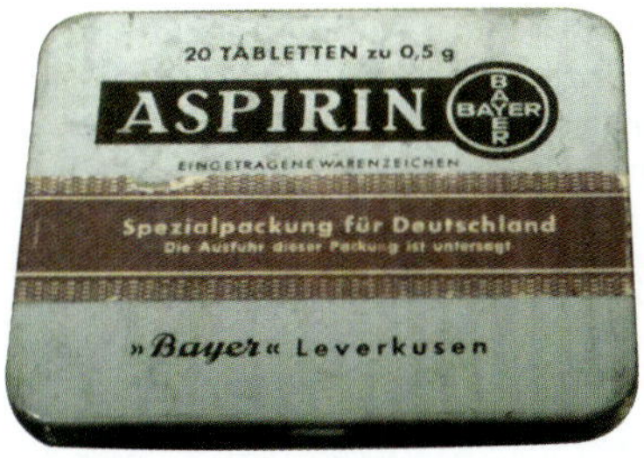

Weißt du...?

Welcher deutsche Chemiker erhielt 1905 den Nobelpreis für Chemie?

Antwort: Adolf von Baeyer, der Gründer der Chemie-Firma Bayer.

Kreuz und quer

Interpretive Communication Pre AP

Der Harz

Ein Urlaubsziel für Naturliebhaber[1]

Möchten Sie eine Fahrt im Kajak auf einer Wildwasserstrecke machen? Oder würden Sie lieber als Drachenflieger[2] über Tälern[3], Seen, Flüssen und Wasserfällen[4] segeln? Interessieren Sie sich für die schönsten Wanderwege Deutschlands? Oder möchten Sie vielleicht die Berge auf 62 Mountainbike-Strecken (mit Lift[5]!) rauf und runter fahren? All das und mehr können Sie im Harz machen und dies ist der Grund, warum der Harz zu den beliebtesten Zielen für den Urlaub in Deutschland gehört.

Quedlinburg im Harz

Wer lebte hier zuerst?

Der Harz ist das größte Mittelgebirge[6] Norddeutschlands und liegt im Dreiländereck Niedersachsen, Sachsen-Anhalt und Thüringen. Archäologische[7] Funde[8] machen klar, dass Neandertaler vor 250.000 Jahren in dieser Gegend lebten und dass Siedlungen aus der Bronzezeit[9] hier existierten[10]. Hier gruben[11] Bergmänner[12] Silber[13], Eisen[14], und Kupfer[15] aus der Erde.

Die Himmelsscheibe von Nebra, einer der wichtigsten archäologischen Funde in der Nähe der Stadt Nebra in Sachsen-Anhalt

Ein Zentrum für Kurorte

Obwohl die Natur im Harz viele Freizeit- und Sportaktivitäten bietet, kommen viele Gäste wegen der Gesundheit hierher. Sie besuchen im Harz die Kurorte[16], wie die Moorheilbäder[17] in Bad Gandersheim, salzhaltige Quellen[18] in Bad Harzburg oder die „Kneipp"-Heilbäder in Bad Lauterbach. Menschen mit kranken Atemwegen[19] besuchen Städte wie Bad Sachsa, einer von vielen heilklimatischen[20] Kurorten im Harz.

---

[1]*der Naturliebhaber* nature lover; [2]*der Drachenflieger* hang-glider; [3]*das Tal* valley; [4]*der Wasserfall* waterfall; [5]*der Lift* elevator; [6]*das Mittelgebirge* low mountain range; [7]*archäologisch* archeological; [8]*der Fund* finding; [9]*die Bronzezeit* Bronze Age; [10]*existieren* to exist; [11]*graben* to dig, mine; [12]*der Bergmann* miner; [13]*das Silber* silver; [14]*das Eisen* iron; [15]*das Kupfer* copper; [16]*der Kurort* spa; [17]*das Moorheilbad* spa with mud baths; [18]*salzhaltige Quellen* salty springs; [19]*der Atemweg* respiratory tract; [20]*heilklimatisch* climate promoting health

Aktivitäten und Geschichten

mit der Brockenbahn unterwegs durch den Harz

Der berühmteste Ort im ganzen Harz ist der Brocken, der höchste Berg im Norden Deutschlands und mitten im Nationalpark Harz. Hierhin kann man mit der Harzer Schmalspurbahn[19] fahren. Von hier aus hat man einen tollen Blick bis 210 km weit weg, obwohl man nicht jeden Tag so weit sehen kann: der Brocken steht im Durchschnitt 300 Tage im Jahr im Nebel[20]. Schon in der Bronzezeit war der Brocken wichtig für die Astronomie[21]: mit der Himmelsscheibe[22] von Nebra hat man Phänomene[23] wie die Sonnenwenden[24] im Winter und Sommer feststellen[25] können. Aber heutzutage ist der Brocken eher für die vielen Legenden und Geschichten bekannt, besonders die Geschichte von der Walpurgisnacht vom 30. April zum 1. Mai, genannt nach der Heiligen[26] Walburga. Der Legende nach trafen sich hier um große Feuer herum die Hexen[27] zum Tanzen und Singen und vertrieben[28] damit den Winter. Die Einwohner in vielen Städten des Harzes veranstalten[29] jedes Jahr am 30. April ein großes Fest mit Feuer und Tanz für Gäste aus aller Welt.

---

[19]*die Schmalspurbahn* narrow gauge railroad; [20]*der Nebel* fog; [21]*die Astronomie* astronomy; [22]*die Himmelsscheibe* sky disk; [23]*das Phänomen* phenomenon; [24]*die Sonnenwende* solstice; [25]*feststellen* to determine; [26]*die Heilige* female saint; [27]*die Hexe* witch; [28]*vertreiben* to chase away; [29]*veranstalten* to put on an event

Flash!

Harzer KulturWinter beginnt bald

Vom 30. Januar bis 15. Februar findet der Harzer KulturWinter statt. Ihr Besuch im Harz wird durch das vielfältige Veranstaltungsprogramm in Schlössern, Museen, Theatern, Handwerksbetrieben, Bergwerken und Klöstern der Region mit besonderen Führungen und außergewöhnlichen Events zu einem abwechslungsreichen Erlebnis.

Ob eine Familienführung im UNESCO-Weltkulturerbe Bergwerk Rammelsberg mit anschließendem Bummel durch die Altstadt von Goslar, ein Schokoladenseminar in der UNESCO-Stadt Quedlinburg oder eine Märchenstunde auf Schloss Wernigerode, hier ist für jeden das Passende dabei!

Der KulturWinter macht den Jugendlichen Spaß.

6 Was verstehen Sie?

Show your understanding of the reading by writing in the right column in which paragraph the detail belongs; use the subheads rather than numbering the paragraphs. Then make a similar chart for your partner to fill out and feature different details in a table like the one below.

ein Netzwerk von Kulturangeboten	
Alternative Heilmethoden	
Archäologische Entdeckungen	
Möglichkeiten, die Natur zu genießen	
Legenden und Geschichten	

7 Aktivitäten

1. **Presentational Writing and Speaking / Connecting to Landscape and Planning.** Der Harzer-Hexen-Stieg ist ein berühmter Wanderweg im Harz, der von der Stadt Osterode nach Thale führt. Erforschen Sie diese Strecke: wie weit ist der Weg, durch welche Städte geht er, was sieht man auf dem Weg und warum ist er berühmt? Machen Sie eine Grafik mit einem Bild von der Strecke und den Städten und schreiben Sie Informationen zu den verschiedenen Orten. Dann benutzen Sie dieses Poster, um der Klasse von dem Harzer-Hexen-Stieg zu erzählen.

Suchwörter: **Harzer-Hexen-Stieg, Hexenstieg.de**

2. **Interpersonal Speaking and Presentational Writing / Connecting to Cultural Media.** Eine Person ist im Planungskomitee für das Fest für die Walpurgisnacht in Thale oder Wernigerode im Harz und die andere Person ein Reporter für die Zeitung. Interviewen Sie die Person, die das Fest plant und fragen Sie, was man da sehen kann und was für das Fest geplant ist. Nach dem Interview schreiben Sie zusammen einen Zeitungsbericht über das Fest: wie viele Gäste, Aktivitäten, usw.

Suchwörter: **Walpurgisnacht Thale, Walpurgisnacht Wernigerode**

3. **Presentational Writing and Speaking / Connecting to Transportation.** Seit 1896 gibt es die Harzer Schmalspurbahn. Heute fährt sie mit 25 Dampflokomotiven auf einem Netzwerk von 140,4 Kilometern. Man kann verschiedene Strecken fahren: Harzquer-, Selketal- und Brockenbahn. Erforschen Sie die Geschichte der Harzer Schmalspurbahn und schreiben Sie eine kurze Geschichte darüber. Sie können die Geschichte als einen Radiobericht schreiben und aufnehmen.

Suchwörter: **Harzer Schmalspurbahn**

4. **Presentational Writing / Connecting to Historic Preservation.** Die Straße der Romanik ist Teil der *Transromanica*, einer Strecke, die durch Sachsen-Anhalt, Thüringen, Italien, Österreich und Slowenien führt. Die Idee für diese Ferienstraße entstand 1991 und seitdem besuchen jährlich eine Millionen Menschen die Orte auf der Strecke. Die Straße verbindet die Dome, Burgen, Klöster und Kirchen, die in der Zeit vom 10. bis Mitte des 13. Jahrhunderts gebaut wurden und Beispiele der Christianisierung (*Christianization*) Europas repräsentieren. Forschen Sie im Internet und schreiben Sie ein Tagebuch über eine der Städte, die Sie auf der Straße besucht haben.

Suchwörter: **Straße der Romanik**

Sprache Passive Voice with Modals, Narrative Past

In the last chapter you learned how to form the passive voice with modals in the present tense. When you describe processes that happened in the past, you will need to use the modals in the narrative past.

Neue Medikamente mussten entwickelt werden.	New medicines had to be developed.
Letztes Jahr sollte unsere neue Schule gebaut werden.	Last year our new school was supposed to be built.

In subordinate clauses, the modal will appear as the last element.

Er meinte, dass der alte Wagen repariert werden musste.	He thought that the old car had to be repaired.

8 Interview mit der Bürgermeisterin einer Bio-Stadt

Ergänzen Sie die Sätze mit Modalverben (im Imperfekt), Partizipien und *werden*! Ein paar Wörter werden Sie nicht kennen, aber im Kontext wird Ihnen bestimmt alles klar.

BEISPIEL Wie ___ das ___ ___ (sollen / machen)?
Wie sollte das gemacht werden?

Interviewerin: Sehr geehrte Frau Bürgermeisterin, wie hat Ihre Stadt den ersten Preis als Bio-Stadt der Bundesrepublik gewonnen?

Bürgermeisterin: Ah, das war gar nicht so schwer. Es ___ nur ___ ___ (1. müssen / diskutieren), was wir wollten und dann haben wir es gemacht.

Interviewerin: Und was wollten Sie eigentlich?

Bürgermeisterin: Es ___ gesünder ___ ___ (2. sollen / leben)! Weniger Autos ___ ___ ___ (3. dürfen / fahren). Um das zu schaffen, ___ mehr mit dem Fahrrad ___ ___ (4. müssen / entwickeln). Und deshalb ___ neue Radwege ___ ___ (5. müssen / planen). So ___ etwas für

	die Umwelt ___ ___ (6. können / machen) und neue, moderne Verkehrsmittel wurden entwickelt, damit die Menschen schnell und bequem zur Arbeit kommen konnten. Und das haben wir geschafft!
Interviewerin:	War das alles?
Bürgermeisterin:	Natürlich nicht. Dann musste etwas mit dem Müll passieren. Weniger Müll ___ ___ ___ (7. sollen / produzieren). Nur Mehrwegflaschen (*returnable bottles*) ___ ___ ___ (8. dürfen / verkaufen). Und in jeder Familie ___ eine Biotonne (*compost bin*) ___ ___ (9. müssen / benutzen). Recyceln ___ freiwillig ___ ___ (10. sollen / machen). Aber manchmal musste die Stadt auch ein bisschen aufpassen, dass die Bürger auch alles wirklich machen!
Interviewerin:	Und gibt es etwas Anderes, was Sie noch wollten?
Bürgermeisterin:	Ich wollte, dass die Bürger und Bürgerinnen unserer Stadt auf ihre Stadt stolz sind. Und dabei waren wir auch erfolgreich, weil jede Person in der Stadt an diesem Plan mitgearbeitet hat.
Interviewerin:	Herzlichen Glückwunsch zu Ihrem großen Erfolg! Meinen die Bürger, dass weitere Phasen ___ ___ ___ (11. sollen / diskutieren)?
Bürgermeisterin:	Ja, selbstverständlich. Aber wir wollen erst diesen Erfolg genießen. Ich hoffe, Ihre Leser und Leserinnen bekommen selbst Ideen und machen auch so etwas in ihrer Stadt.
Interviewerin:	Ja, das hoffe ich auch. Vielen Dank für das Gespräch!
Bürgermeisterin:	Bitte. Und auf Wiedersehen!

9 Eine Reise in den Harz!

Was musste vor der Abreise alles getan werden? Benutzen Sie das Imperfekt!

BEISPIEL Die Reise / planen
Die Reise musste geplant werden.

1. Die Koffer / packen
2. Die Katze / bringen / zu den Nachbarn
3. Der Schlüssel / geben / der Tante
4. Ein Regenmantel / kaufen
5. Die Sonnenbrillen / finden
6. Ein Buch über den Harz / lesen
7. Ein paar E-Mails / senden
8. Das Auto / reparieren

Die Katze musste gefüttert werden.

Du bist dran! Pre AP

Persönliches Interpersonal Speaking / Presentational Writing

Mach ein Interview mit einem Partner oder einer Partnerin und finde heraus, was er oder sie in diesen Kategorien am liebsten isst: Obst, Gemüse, Milchprodukte, Eiweiß (Huhn, Fisch, Schinken, usw.) Schreib dann einen kurzen Bericht über die Essgewohnheiten deines Partners oder deiner Partnerin und vergleiche sie mit deinen eigenen Essgewohnheiten.

BEISPIEL **A: Welches Obst isst du am liebsten?**
B: Ich esse gern Weintrauben, Bananen und Erdbeeren.

Gesund oder ungesund?

Interpersonal Communication / Presentational Writing

Jede Person schreibt auf einem Zettel (*slip of paper*) sechs Snacks auf, die er oder sie gern isst. Auf der Rückseite des Zettels (*back of the slip of paper*) schreibt man einen Codenamen, damit man nicht sofort erkannt wird. Dann werden alle Zettel in eine Kiste getan. Jede Person bekommt einen Zettel und muss erforschen, wie gesund oder ungesund die Snacks der anderen Person sind. Finde heraus, wie viel Fett sie enthalten (*contain*). Benutze das folgende Vokabular, um sie zu beschreiben: gesund/ungesund; vitaminarm/vitaminreich; fettarm/fettreich. Schreib 6 Sätze über die Snacks und gib der Lehrerin oder dem Lehrer deine Kommentare zu den Essgewohnheiten der anderen Person. Die Lehrerin oder der Lehrer gibt das Papier an die richtige Person zurück.

BEISPIEL **Honig ist gesund, denn er hilft gegen Erkältungen.**
Er ist fettarm, aber er hat viel Zucker.

Spielen wir! Presentational Speaking

Spielt in kleinen Gruppen ein Spiel. Man versucht zu erraten, welche berühmte Persönlichkeit beschrieben wird. Jeder Spieler sagt bis zu vier Sätzen, um eine berühmte Person zu beschreiben. Die anderen Spieler bekommen Punkte, wenn sie die Person erraten. So werden die Punkte verteilt: nach dem ersten Satz bekommt man vier Punkte, nach dem zweiten Satz drei Punkte, nach dem dritten zwei Punkte und nach dem vierten einen Punkt. Der erste Hinweis (clue) soll etwas Allgemeines über die Person sein, dann werden die Hinweise immer genauer. Vergesst nicht, einen Hinweis über das Aussehen der Person zu geben. Der Gewinner ist die Person mit den meisten Punkten.

BEISPIEL
1. **Diese Person ist ein Schauspieler.**
2. **Er ist stark und fit.**
3. **Er ist in verschiedenen Action-Filmen.**
4. **Sein Vorname ist Dwayne.**

Nützliche Vokabeln

alt	*old*
groß	*tall*
jung	*young*
klein	*short*
langweilig	*boring*
mutig	*brave*
nervös	*nervous*
nett	*nice*
schnell	*fast*
schön	*beautiful*
sportlich	*athletic*

Du bist Detektiv! Presentational Writing

Ein Detektiv beobachtet (*observes*) Leute sehr genau, um ein Geheimnis zu lüften (*solve*). Schreib mehrere Sätze mit dem Passiv darüber, was den Klassenkameraden und anderen in der Schule oder in der Stadt passiert ist. Keine richtigen Namen benutzen!

BEISPIEL **Ein Junge wurde von einem Mädchen auf Twitter zum Tanz eingeladen.**

Wörter und Ausdrücke

Health and Nutrition

die Diät diet
die Essgewohnheit eating habit
die Gesundheit health
der Knochen bone
die Krankheit sickness
die Nahrungsmittelgruppe food group
das Übergewicht overweight
das Untergewicht underweight
dick fat, heavy
dünn thin
sich ernähren to nourish, to eat
gesunde/bewusste Ernährung healthy/conscious nutrition, eating
vitaminarm vitamin-poor
vitaminreich vitamin-rich

Noch etwas

Benutzen Sie das Imperativ und schreiben Sie Vorschläge, wie eine Person:

- fit werden kann
- bewusster essen kann
- gesünder leben kann
- das Wohlbefinden erhöhen kann.

Weißt du...?

Why do Americans say "Gesundheit" when someone sneezes?

Antworten: Some Americans say this after someone sneezes, as in Germany. A possible explanation comes from the superstition that one's body was vulnerable while sneezing and this blessing kept the Devil away.

Marinas gesunde Entscheidungen

Marina ernährt sich bewusst.

Sie trainiert oft, um in Form zu bleiben.

Marina entspannt sich jeden Tag.

emcpassport.com
WB 12–13

Lektion B

Vokabeln Schutz für den Sport

SCHUTZ FÜR DEN SPORT			
	der Helm	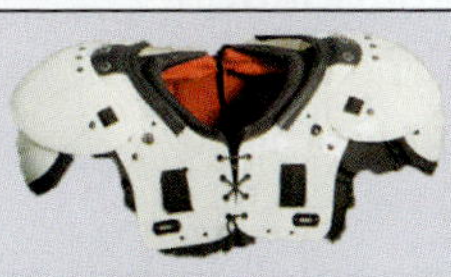	**das Polster** (mehr Schutz für Football)
	**die Schutzmaske**	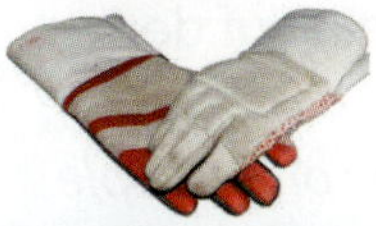	die Handschuhe (mehr Schutz für Fechten)
	**der Gesichtsschutz**		**der Mundschutz** (mehr Schutz für Boxen)
	**der Ellenbogenschutz**	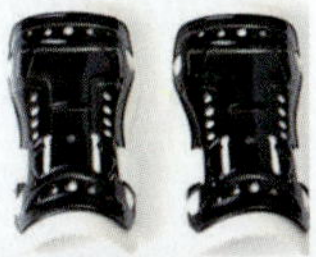	**der Schienbeinschutz** (mehr Schutz für Eishockey)
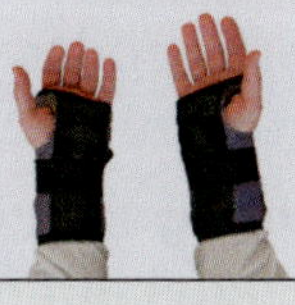	**der Handgelenkschutz**		**der Knieschutz** (mehr Schutz für Inline Skating)

Wichtige Ausdrücke

How do I ask what annoys someone?

Was ärgert Sie?

What annoys/irritates you?

How do I request a recommendation?

Was empfehlen Sie **mir**?

What do you recommend for me?

How do I complain about people's behavior?

Sie tun so, als ob sie allein auf der Welt wären.

They act as if they were the only people in the world.

Was ärgert mich? Schüler, die ihre Hausaufgaben nicht machen!

Noch etwas

Sagen Sie, was Ihre Lehrer ärgert!

Was noch?

Was Sportler tragen	
der Klettergurt	*climbing harness*
der Nackenschutz	*neck brace*
der Oberkörperschutz	*upper body protection*
der Rückenprotektor	*back protector*
die Schutzbrille	*goggles*
Verletzungen beim Sport	
der Bänderriss	*torn ligament*
die Gehirnerschütterung	*concussion*
der Knochenbruch	*broken bone*
die Muskelzerrung	*torn muscle*
die Prellung	*bruise*
die Schürfwunde	*scrape*
die Verstauchung	*sprain*

Sportarten

Wissen Sie noch, was diese Wörter bedeuten? Diskutieren Sie mit einem Partner oder einer Partnerin.

Krafttraining
Schlittschuh laufen
trainieren
Ich fahre gern Rad.
Ich jogge.
Ich spiele Eishockey.

Konversationsgruppe

Erzählen Sie Ihren Klassenkameraden, welche Art Sport Sie treiben und welchen Schutz Sie dafür benutzen.

Wörterkiste

Das Wort *Sport* kommt aus dem Lateinischen, *disportare = sich zerstreuen* ("to amuse oneself"). Aus dem Wort machten die Engländer *disport*, was später dann *sport* wurde. In Deutschland gab es dagegen *das Turnen* oder *die Leibeserziehung*. *Profisport*—Sport als Beruf—ist eine Erfindung des 20. Jahrhunderts.

emcpassport.com
WB 14

10 Welcher Schutz ist für diese Sportart wichtig?

BEISPIEL Eishockey
der Mundschutz, die Schutzmaske, der Schienbeinschutz, die Polster, die Handschuhe

1. Basketball
2. Fußball
3. amerikanischer Fußball
4. Volleyball
5. Inline Skating
6. Skateboarding

11 Welche Sportart ist am gefährlichsten für den Körper?

Warum? Schreiben Sie in Ihrem Kulturjournal darüber!

Dialog Frank Kramer erzählt

Interpretive Communication

Wir haben mit Frank Kramer gesprochen, der in Innsbruck eine Schule für Inline Skating hat.

Reporterin: Herr Kramer, wie alt sind die meisten Ihrer Schüler und Schülerinnen?

Frank Kramer: Die Leute in meinen Kursen sind vielleicht so zwischen 15 und 25 Jahre alt. Aber es kommen auch immer mehr ältere Leute, die sich für diesen Sport interessieren.

Reporterin: Was machen die Leute denn in Ihren Kursen?

Frank Kramer: Zuerst füllen sie einen Fragebogen aus, damit ich einige Informationen über sie habe. Zum Beispiel, wie lange sie schon fahren, ob sie sich beim Fahren schon einmal wehgetan haben, wo sie am liebsten fahren und so weiter.

Analyse

For what reasons does Frank Kramer require his students to fill out a questionnaire? Discuss with a classmate.

Reporterin: Welche Verletzungen sehen Sie am öftesten?

Frank Kramer: Vor allem Verletzungen an den Knien, Händen und am Kopf.

Reporterin: Können diese Unfälle vermieden werden?

Frank Kramer: Oft nicht, aber man kann etwas tun, damit sie nicht so schlimm sind. Man sollte zum Beispiel immer Protektoren tragen.

Reporterin: Was ärgert Sie am meisten an manchen Inline Skatern?

Frank Kramer: Dass sie so tun, als ob sie allein auf der Welt wären.

Reporterin: Was empfehlen Sie einem Inline Skater, der gerade angefangen hat?

Frank Kramer: Keine Angst und den Helm nicht vergessen!

Reporterin: Vielen Dank für das Gespräch, Herr Kramer.

Frank Kramer: Bitte.

12 Was passt zusammen?

Kombinieren Sie!

1. Franz Kramer ist die Person,
2. In Franz Kramers Kurse kommen Leute,
3. Die Leute, die in die Kurse kommen,
4. Man sieht beim Inline Skating oft
5. Wenn man Protektoren benutzt,

A. die eine Schule für Inline Skating hat.
B. die sich für Inline Skating interessieren.
C. kann man manchmal Verletzungen vermeiden.
D. Verletzungen an den Knien, Händen und am Kopf.
E. müssen einen Fragebogen ausfüllen.

Noch etwas

Benutzen Sie den Dialog oben und schreiben Sie einen neuen Dialog mit einer anderen Sportart zwischen einem Trainer und einem Interviewer/einer Interviewerin, der/die wissen möchte, was die typischen Verletzungen bei diesem Sport sind und wie man sie vermeiden kann.

Einer meiner Spieler musste einen rosa Helm tragen, weil er seinen eigenen Helm nicht mitgebracht hatte.

13 Fragebogen

Arbeiten Sie in Gruppen! Einer von Ihnen bekommt den Fragebogen, den Frank Kramer benutzt. Die anderen Schüler spielen die Rolle von Teilnehmern am Kurs. Stellen Sie den anderen Leuten in Ihrer Gruppe die Fragen über Inline Skating! Machen Sie sich Notizen über die Information, die Sie bekommen! Am Ende können Sie dann alle zusammen dem Rest der Klasse erzählen, wie Ihre Gruppe den Fragebogen ausgefüllt hat.

FRAGEBOGEN ÜBER INLINE SKATING

Wie viele Stunden Sport treiben Sie während der Woche?

____ Stunden

Wie viele Stunden fahren Sie Inline Skating während der Woche? (April-Oktober)

____ Stunden

Seit wann fahren Sie Inline?

____ Monate

Wie haben Sie etwas über diesen Sport erfahren?
- ❑ Freunde
- ❑ Bekannte
- ❑ Schule
- ❑ Medien
- ❑ Straße
- ❑ Urlaub
- ❑ Sonstiges

Wie gut fahren Sie?
- ❑ Anfänger
- ❑ Fortgeschrittener
- ❑ Profi

Wo fahren Sie am meisten?
- ❑ Straße
- ❑ Parkplatz
- ❑ Schulhof
- ❑ Skate-Park
- ❑ Fußgängerzone
- ❑ Sonstiges

Wie viel haben Sie für Ihre Inline Skates ausgegeben?

____ Euro

Wie viel haben Sie für die Protektoren ausgegeben?

____ Euro

Wo haben Sie Ihre Skates gekauft?
- ❑ Sportgeschäft
- ❑ Kaufhaus
- ❑ Online
- ❑ Sonstiges

Hat man Ihnen beim Kauf Rat gegeben?
- ❑ Ja
- ❑ Nein

Haben Sie die Skates vor dem Kauf ausprobiert?
- ❑ Ja
- ❑ Nein

Wie oft sind Sie bisher gefallen?
- ❑ 0 mal
- ❑ 1-4 mal
- ❑ 5-10 mal
- ❑ 11-20 mal
- ❑ über 20 mal

Haben Sie sich dabei verletzt?
- ❑ Ja
- ❑ Nein

Denken Sie über mögliche Verletzungen nach?
- ❑ Ja
- ❑ Nein

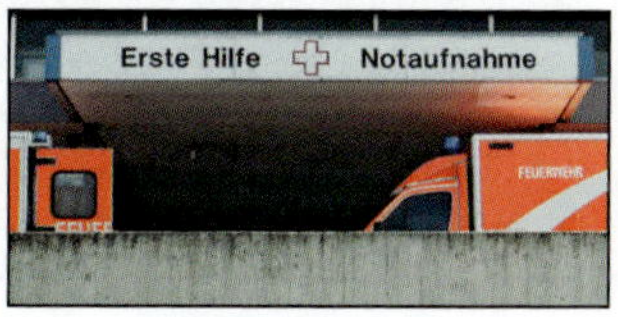

Wie hoch, meinen Sie, ist das Risiko einer Verletzung?
- ❑ sehr hoch
- ❑ hoch
- ❑ weniger hoch
- ❑ nicht hoch
- ❑ gar nicht hoch

Sprache Relative Pronouns *was* and *wo*

So far you have learned how to use relative pronouns that refer back to specific nouns. To refer back to something that is indefinite (*alles, etwas, nichts, viel[es], wenig[es]*), or superlatives like *das Beste, das Schönste*, you use the relative pronoun *was*. This relative pronoun is also used to refer back to an entire clause.

Das ist etwas, was ich nie verstehen werde.	That's something (that) I'll never understand.
Das war das Schönste, was ich im Leben gesehen habe.	That was the most beautiful thing (that) I've seen in my life.
Sie würde gern mitgehen, was mich glücklich macht.	She would like to go along, which makes me happy.

The relative pronoun *wo* can be used to refer to a place or location.

Das ist der Ort, wo ich deinen Vater kennen lernte.	That's the place where I met your father.

Vergleiche

When are relative pronouns used in English? Look at these examples.

1. The friend *who* introduced me to yoga said she had found a good class.
2. The instructor, *who* was born in India, was very flexible.
3. I made fast progress, *which* surprised me.

Antwort: 1. To clarify who is being discussed. 2. To provide more information. 3. To connect two ideas. Other relative pronouns include *that, whom* and *whose.*

14 Ergänzen Sie die Dialoge mit den Relativpronomen *was* oder *wo*!

1. A: Was ist das Schlimmste, ___ du erlebt hast?
   B: Oh, ich weiß nicht. Ich müsste mir zuerst überlegen, ___ das sein könnte.
2. A: Weißt du etwas, ___ wir heute machen könnten?
   B: Wie wäre es mit dem Café, ___ wir uns das letzte Mal getroffen haben?
3. A: Es gibt nichts, ___ ich heute machen will.
   B: Ich weiß viel, ___ dir Spaß machen würde.
4. A: Sollen wir zu dem Haus fahren, ___ Fritz früher gewohnt hat?
   B: Warum sollten wir dahinfahren? Das wäre das Langweiligste, ___ wir machen könnten.
5. A: Ist das Alles, ___ du haben willst?
   B: Ja, aber leider gibt es vieles, ___ ich nie bekommen werde.

emcpassport.com
WB 15–17

15 Abspecken (*Dieting*)

Welches Relativpronomen wäre das Beste? Ergänzen Sie die Sätze! Hier müssen Sie alle Relativpronomen benutzen, nicht nur *was* und *wo*!

Tipp: *die Pommesbude* is a fast-food stand that sells french fries and usually *Currywurst*.

BEISPIEL Ich muss abspecken, ___. (mir / nicht / gefallen)
Ich muss abspecken, was mir nicht gefällt.

1. Abspecken ist eine Aktion, ___. (viel Arbeit / machen)
2. Gesund essen ist aber etwas Gutes, ___. (Spaß machen / können)
3. Zu viel Fett essen ist etwas, ___. (ich / vermeiden / wollen)
4. Leider esse ich viele Pommes frites, ___. (nicht so gesund / sein)
5. Vielleicht kennst du ein Restaurant, ___. (wir / gesund / essen / können)
6. Ungesund ist auch die Currywurst, ___. (ich / immer / an der Pommesbude / bestellen)
7. Es gibt eine neue Pommesbude, ___. (wir / gern / kaufen / Pommes frites und Currywurst)
8. Morgen muss ich anfangen, gesünder zu essen, ___. (ich / nicht gern / wollen)

Im Fokus

Interpretive Communication Pre AP

Paracelsus und die moderne Medizin

Paracelsus (1493–1541)

„Tod der Quacksalberei[1]! Es lebe die neue Medizin!" rief der Professor, als er mit seinen Studenten die alten medizinischen[2] Texte ins Feuer warf. Woraufhin[3] ein anderer Professor schrie: „Jetzt hat auch die Medizin ihren [Martin] Luther. Dieser Paracelsus hat vor 19 Tagen am Schwarzen Brett[4] in der Universität die Thesen[5] seiner neuen Lehre[6] angeschlagen[7], genau wie Luther es in Wittenberg tat. Jetzt wirft er auch die medizinischen Lehrbücher[8] ins Feuer. Es ist ein Skandal[9]." Mit dieser Tat begann eine Revolution in der Medizin: wie Martin Luther, der die lateinische[10] Bibel für das Volk ins Deutsche übersetzte und die Kirche reformieren[11] wollte, so hielt dieser Professor seine Vorträge[12] und schrieb seine 200 Bücher nicht auf Latein, sondern auf Deutsch. Er lehnte[13] das alte Wissen der Antike über Krankheiten und ihre Heilung[14] ab. Er wollte die Medizin reformieren.

Weißt du...?

Why is this person compared to Martin Luther?

Antwort: Martin Luther, who began the Protestant Reformation in the 1500s, nailed a sheet with 95 theses of protest on a church door to explain what he wanted to change in the Catholic Church. At the time, this was considered scandalous and sacrilegious.

---

[1]*die Quacksalberei* medical quackery; [2]*medizinisch* medical; [3]*woraufhin* whereupon; [4]*das Schwarze Brett* bulletin board; [5]*die These* thesis; [6]*die Lehre* teaching; [7]*anschlagen* to put up; [8]*das Lehrbuch* textbook; [9]*der Skandal* scandal; [10]*lateinisch* Latin; [11]*reformieren* to reform; [12]*der Vortrag* lecture; [13]*ablehnen* to reject; [14]*die Heilung* healing, cure

Theophrastus Bombastus von Hohenheim, bekannt als „Paracelsus", kam 1493 auf die Welt. Zu seinen Zeitgenossen[15] gehörten der Künstler Leonardo da Vinci, der Astronom[16] Nikolas Kopernikus, und der Kirchenreformer[17] Martin Luther. Als Arzt arbeitete er in Salzburg, Straßburg und zuletzt in Basel, wo er auch an der Universität tätig war. Und er reiste durch ganz Europa: von England bis Russland, von Schweden bis Italien, wo er viel über Heilmethoden[18] und Heilpflanzen[19] lernte.

Paracelsus kannte Heilpflanzen sehr gut und machte daraus sehr wirksame[20] Medikamente; er analysierte das Wasser der Heilbäder und stellte fest, warum sie heilten[21]. Er interessierte sich für die Volksmedizin[22] und beschrieb in seinen Büchern, wie man gesund mit der Natur leben kann. Er untersuchte, was eine gesunde Ernährung ausmacht: er riet zu weniger Zucker. Er war auch der erste, der eine Berufskrankheit[23] identifizierte: „die Bergsucht" der Bergmänner. Immer glaubte er an die Natur und sagte, es gibt keine giftigen[24] und ungiftigen Stoffe[25], sondern „allein die Dosis[26] macht das Gift[27]". Deshalb nennen ihn viele den „Gründer der Toxikologie[28]" und den „Vater der modernen Medizin".

Paracelsus wird heutzutage genauso von Schulmedizinern[29] wie auch von Anhängern[30] alternativer Behandlungsmethoden[31] verehrt[32]. Beide Gruppen sehen in ihm ein großes Vorbild. Jedes Jahr gibt es die Paracelsus Messe für alternative Behandlungsmethoden wie auch die „Paracelsus Medaille" von der Schulmedizin. „Wenn in der Heilkunde[33] etwas Neues entdeckt oder entwickelt wird, stellt sich stets heraus: Paracelsus hat das auch schon gewusst" (Kurt Allgeier).

---

[15]*der Zeitgenosse* contemporary; [16]*der Astronom* astronomer; [17]*der Kirchenreformer* church reformer; [18]*die Heilmethode* method of healing; [19]*die Heilpflanze* medicinal plant; [20]*wirksam* effective; [21]*heilen* to cure, heal; [22]*die Volksmedizin* folk medicine; [23]*die Berufskrankheit* occupational illness; [24]*giftig* poisonous; [25]*der Stoff* material; [26]*die Dosis* dosage; [27]*das Gift* poison; [28]*die Toxikologie* toxicology; [29]*der Schulmediziner* orthodox medical practitioner; [30]*der Anhänger* follower; [31]*die Behandlungsmethode* treatment method; [32]*verehren* to admire, revere; [33]*die Heilkunde* medical science

Analyse

1. How is this text organized? Put the paragraph topics in order.
   - ___ Awards given from various organizations in honor of Paracelsus
   - ___ Contemporaries of Paracelsus
   - ___ Historical events surrounding Paracelsus
   - ___ Paracelsus' discoveries
2. The text begins and ends with quotes. How do they set the tone for the reading, and what is the tone? (Tone is the emotional attitude toward the reader or toward the subject, for example, playful, serious, sincere.)

Antwort: 1. 4, 2, 1, 3

die Parcelsus Schule in Jena

16 Aktivitäten

1. **Interpretive Communciation / Connecting to Medicine.** Briefly explain Paracelsus' connection to each phrase about medicine, then add some of your own from the reading in a chart like the one below.

das alte Wissen der Antike über Krankheiten	
die Heilmethode	
die Heilung	
seine Medikamente	
das Wasser der Heilbäder	

2. **Interpersonal Speaking / Connecting to Art.** Der Bildhauer (*sculptor*) Dr. Guido Friedl entwickelte dieses Denkmal für Paracelsus. Er wollte Paracelsus als Arzt, Pharmazeuten (*pharmacist*), Philosophen und Chemiker darstellen. Wie hat der Bildhauer diese Ideen in seiner Skulptur realisiert (*interpreted*)? Diskutieren Sie mit einem Partner oder einer Partnerin. Zuerst sagen Sie, was Sie sehen, dann interpretieren Sie die verschiedenen Komponenten. Überlegen Sie zuletzt: Warum sieht man Paracelsus ohne Körper?

Denkmal für Paracelsus bei der Nikolauskirche in Bad Gastein

3. **Presentational Speaking / Connecting to Medical Studies.** 2002 bekam die Private Medizinische Universität Salzburg den neuen Namen *Paracelsus Medizinische Privatuniversität Salzburg (PMU)*. Es gibt einen zweiten Sitz (*location*) in Nürnberg. Die Partner-Universität und Vorbild ist The Mayo Medical School in Rochester, Minnesota. Die PMU bietet regelmäßig Veranstaltungen an. Sehen Sie auf der Webseite nach, was im Moment im Angebot ist, suchen Sie eine Veranstaltung aus und erzählen Sie einem Partner oder einer Partnerin, warum sie mitgehen sollen!

Suchwörter: Paracelsus Medizinische Privatuniversität, pmu.ac.at

4. **Presentational Writing / Connecting to Medicine.** Die Paracelsus-Medaille der deutschen Ärzte ist die höchste Auszeichnung für deutsche Ärzte. Sie wird seit 1952 jedes Jahr auf dem Deutschen Ärztetag an zwei bis sechs Ärzte verliehen. Mit der Medaille werden Ärzte für ihre Verdienste im Sinne Paracelsus' geehrt. Schreiben Sie die Biografie eines Arztes/einer Ärztin, der/die diese Auszeichung bekommen hat: wie hat diese Person zur Medizin beigetragen?

Suchwörter: Paracelsus-Medaille

5. **Presentational Writing / Connecting to Career Planning.** Die Paracelsus Heilpraktiker-Schulen bilden seit 40 Jahren Leute aus, die sich für Naturheilkunde, Psychotherapie, Tierheilkunde, Präventive Medizin und Wellness interessieren. Es gibt 54 Institute in Deutschland und der Schweiz und jedes Jahr bieten sie über 14.000 Fachseminare, Fortbildungskurse und Workshops an. Stellen Sie sich vor: Sie sind unentschieden; Sie wollen eine Fachausbildung in einer Paracelsus Heilpraktiker-Schule machen, aber Sie wissen nicht genau, was Sie machen wollen. Sehen Sie sich verschiedene Fachausbildungen an (Tierheilpraktiker oder Ernährungsberater) und entscheiden Sie sich. Schreiben Sie in Ihrem Kulturjournal, warum Sie diese Entscheidung getroffen haben.

Suchwörter: **paracelsus.de, Paracelsus Schule**

Flash!

Paracelsus Messe eröffnet

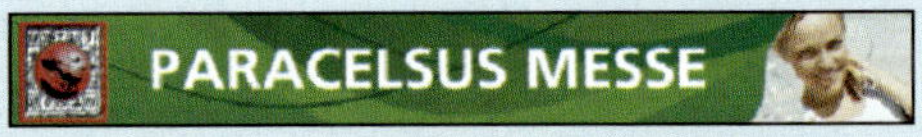

Am Freitag, den 26. Februar öffnet das Messecenter Rhein-Main in Hofheim-Wallau für drei Tage die Pforten zur Welt der Gesundheit. Bereits zum 24. Mal ist die PARACELSUS MESSE, Deutschlands älteste Gesundheitsmesse. Rund 150 Unternehmen und Verbände stellen ihre Produkte und Dienstleistungen rund um eine gesunde Lebensführung vor und informieren die über 18.000 Besucher.

Gesund werden und vor allem gesund bleiben sind die zwei Schwerpunkte der PARACELSUS MESSE, die den Besuchern ein breites Spektrum von alternativen Heilmethoden, über Ayurveda und Feng Shui, medizinische Geräte, Naturheilkunde, Naturheilmitteln, Prävention, bis hin zu Naturkosmetik, und Zahnmedizin bietet.

Sprache The Genitive

The genitive is a case used to show possession. There are two ways to show possession. One way is to add *-s* to a proper noun *(Uwes Lehrer, Maythes Bruder, Manuels Freunde).* Nouns that end with *-s, -ß, -x* or *-z* add only an apostrophe (Fritz' Pommes frites, Marx' Ideen, Kolumbus' Schifffahrt).

Another way to form the genitive is to use special forms of definite and indefinite articles in front of the noun. This method is equivalent to English expressions with "of."

Das ist die Erfindung des Goldschmieds Gutenberg.	That is the invention of the goldsmith Gutenberg.
Das sind die neusten Ideen der Erfinder.	Those are the newest ideas of the inventors.

emcpassport.com
WB 18–19

Generally, an *-es* is added to one-syllable masculine and neuter nouns, while an *-s* is added to masculine and neuter nouns with two or more syllables. No ending is added to feminine and plural nouns.

Note: When one-syllable masculine or neuter nouns are part of compound nouns, *-es* is often added *(Berggeist - Berggeistes)*.

If you want to ask questions about who owns an item, use the question word *wessen* (whose).

Wessen Buch ist das?	Whose book is that?
Das ist das Buch meines Biologielehrers.	That's the book of my biology teacher.

Vergleiche

In the English sentences below, which one is similar to the genitive in German?

- **Whose** house is this?
- It's Mrs. Campbell **who's** living there.

Antwort: The first sentence is similar to the German genitive because it shows possession. The second sentence is a contraction of *who is*, a subject-verb construction.

17 Wem gehört was?

BEISPIEL Wem gehört der Hut? (die Dame)
Das ist der Hut der Dame.

1. Wem gehört die Tasche? (die Austauschschülerin)
2. Wem gehört die Sonnenbrille? (der Gast)
3. Wem gehören die Bücher? (der Erfinder)
4. Wem gehört das Mountainbike? (die Österreicherin)
5. Wem gehört das Motorrad? (der Lehrer)
6. Wem gehört der Helm? (die Fahrerin)
7. Wem gehören die Protektoren? (die Fußballer)
8. Wem gehört das Schloss? (der König)

18 Kombinieren Sie!

Der Stress	meiner Mutter	finde ich	ganz toll
Die Ideen	meiner Freundin	sind	jedes Jahr statt
Die Feste	der Schüler	finden	sehr lustig
Die Kleider	der Klasse	ist	revolutionär
Das Projekt	der Einwohner		sehr groß

Aktuelles

Interpretive Communication Pre AP

neuer Baumwipfelpfad Bad Harzburg

Neuer Baumwipfelpfad[1] Bad Harzburg

Harzer kommen immer wieder auf neue Ideen, wie man die schöne Natur in ihrer Gegend genießen kann. Seit Sommer 2015 gibt es den neuen Baumwipfelpfad in Bad Harzburg. Der Pfad grenzt direkt an den Nationalpark Harz an. Der Blick von hier ist besonders schön, weil man 22m über dem Boden steht und ein tolles Panorama hat. Auf der Strecke gibt es 33 Erlebnisstationen[2], wo man darüber lernen kann, wie das Ökosystem[3] im Wald funktioniert and welche Tierarten[4] und Pflanzen im Naturpark leben. Der Baumwipfelpfad ist auch barrierefrei: Kinderwagen und Rollstuhlfahrer können genauso gut auf den Pfad kommen wie alle anderen Besucher. Wer gern den Nationalpark von oben sehen möchte, sollte zum Baumwipfelpfad fahren.

Suchwörter: nationalpark-harz.de, Sehenswürdigkeiten im Nationalpark Harz

---

[1] *der Baumwipfelpfad* tree-top path; [2] *die Erlebnisstation* adventure station; [3] *das Ökosystem* ecosystem; [4] *die Tierart* kind of animal

Forschen Sie im Internet

Es gibt andere Baumwipfelpfade in Deutschland: der Baumwipfelpfad im Bayrischen Wald; im Schwarzwald und auch im Steigerwald. Wie hoch sind sie, was kann man da sehen und was ist Besonderes dadran? Gibt es noch mehr Pfade?

Weißt du…?

How many city and town names begin with Bad?

Antworten: Over 90 cities and towns have names that begin with *Bad*.

Forschen Sie im Internet

Go online to find out where the cities and towns whose names beginning with *Bad* are located. Are they in one general area, or are they spread out around Germany?

Zusammenhänge

Mathematik

Convert 22 meters, the height from the ground to the tree top path, to feet.

Produkte

Harzer Käse—fettarm und gesund

Mit der Regionalmarke „Typisch Harz" werden original Harzer Produkte ausgezeichnet. Regionale Identität, Qualität und Nachhaltigkeit sind die tragenden Säulen des Labels. Bekannt ist der Harz zum Beispiel für den Harzer Käse. Dieser kleine Käse aus Quark ist besonders proteinreich, fettarm und äußerst gesund.

Die Paracelsus-Messe

„Bewusst sein, gesund leben"—das ist das Motto der ältesten Gesundheitsmesse[5] Deutschlands. Auf Initiative der Paracelsus Medizinischen Universität fand 1989 die erste „Paracelsus-Messe" in Salzburg statt. Seitdem werden solche Messen auch in verschiedenen anderen Städten in Deutschland angeboten. Auf den Messen kann man an Seminaren, Workshops und Vorträgen teilnehmen, die von Heilpraktikern[6], Ärzten und Therapeuten[7] angeboten werden. Zu den Themen gehören Naturheilkunde[8], Alternativmedizin und Heilmethoden, Alternatives Reisen, Kuren, Ayurveda, Feng Shui, Gesundes Leben und Wohnen, Pharmazie[9], Naturprodukte, Prävention[10], Rehabilitation, und Entspannung. Seit 1989 gehört die Paracelsus Messe zu den führenden Gesundheitsmessen in Deutschland. Wer sich für die Heilkunde von Paracelsus interessiert, sollte auf eine Messe gehen.

Suchwörter: paracelsus-messe.de

Die Parcelsus Messe ist nur 9 km von Wiesbaden entfernt.

[5]*die Gesundheitsmesse* health fair; [6]*der Heilpraktiker* practitioner of alternative medicine; [7]*der Therapeut* therapist; [8]*die Naturheilunde* natural healing; [9]*die Pharmazie* pharmaceutics; [10]*die Prävention* prevention

Paracelsus. Kupferstich von Augustin Hirschvogel, 1540.

PARACELSUS MESSE

Rhein-Main

Produkte

Naturprodukte

Klicken Sie auf „Aussteller & Produkte" unter dem Suchwort „Paracelsus Messe Rhein-Main". Dann finden Sie einen Aussteller, der Sie interessiert. Was für Produkte bietet diese Firma an?

Kulturjournal

Go to **Paracelsus Messe Rhein Main** by using those words as search words. Click on "Vorträge" using the search words "paracelsus messe programm". Find a lecture or presentation that interests you, then explain why in your *Kulturjournal*.

Analyse

Welche Gesundheitspraktiken sind eine Folge (*result*) der Globalisierung?

Wallrunning und Megaziplining im Harz

Wer etwas ganz Neues erfahren und die Natur „hautnah[5]" erleben[6] möchte, sich aber nicht für die „normalen" Sportarten wie Wandern, Rad fahren oder Schilaufen interessiert, der kann im Harz ganz was Besonderes erleben: Wallrunning oder Megaziplining.

Megaziplining im Harz

Wallrunning kann man jeden Tag an der Staumauer Wendefurth bei Thale im Harz machen. Zuerst gibt es eine gründliche[7] Einweisung[8] zum Wallrunning, dann bekommt man eine Spezialausrüstung zum Herablaufen. Dann beginnt der Spaß – 43 Meter „pures Glücksgefühl und Adrenalin," sagen die Veranstalter. Daneben es gibt auch die Möglichkeit, die Megazipline im Harz zu erleben: Europas größte Doppelseilrutsche[9]. Die Rutsche ist 1km lang und überspannt[10] das Sportbecken der Wendefurthtalsperre. Nach einer Einweisung und dem Anlegen[11] des Sicherheitsgeschirrs[12] am Startturm, stürzt man aus einer Höhe von 120 Metern und bei einer Geschwindigkeit von bis zu 85 km/h in das Bodetal. Am Ende der Rutsche wird man von den freundlichen Mitarbeitern begrüßt. Wer den besonderen „Kick" sucht, der fährt dahin.

---

[5]*hautnah* close up; [6]*erleben* experience; [7]*gründlich* thorough; [8]*die Einweisung* introduction; [9]*die Doppelseilrutsche* two-cable zipline; [10]*überspannen* to span; [11]*das Anlegen* putting on; [12]*das Sicherheitsgeschirr* safety harness

Vergleiche

45% aller Deutschen treiben Sport. Was ist die Statistik für Ihr Land? Welche Extremsportarten gibt es bei Ihnen?

Perspektive

Wallrunning im Harz

„Ab sofort kann jeder James Bond sein. Laufen? Ok, kein Problem! Auf Beton? Warum nicht! Dabei nach vorne schauen? Wie denn sonst!..."

—*harzinfo.de*

Forschen Sie im Internet

Welche Extremsportarten würden Sie gerne probieren? Sehen Sie sich online Fotos dieser Sportarten in Deutschland an. Wo kann man diese Sportarten treiben?

- das Bungeespringen
- das Canyoning
- das Motocross
- das Paragliding
- das Base-Jumping
- die Trickski-Buckelpiste
- das Felsklettern

Produkte

Deutsche Sagen und Mythen

Der Harz ist für seine vielen Legenden bekannt. Viele Legenden haben mit der Berglandschaft und der Natur zu tun. Kennen Sie „Die Quelle der Wahrheit", „Das Ungeheuer vom Teufelsberg" oder „Hexentanzplatz"?

Suchwörter:
Legenden aus dem Harz

im Harz

19 Kulturelle Aktivitäten

Complete the following activities to demonstrate your understanding of the content in the culture readings.

1. **Interpersonal Speaking / Connecting to Negotiation.** Play the roles of two friends who meet by accident in Bad Harzburg. One is there for spa treatments, the other to visit the *Nationalpark*. Share your experiences from your first day in a dialog. Then, agree on a time and place to meet to do an activity together that you mutually decide upon. You may need to compromise as you are both so different!

2. **Presentational Speaking / Connecting to Health.** Using a presentational tool, make a visual presentation about one of the types of wellness mentioned in the reading: *Naturheilkunde, Alternativmedizin und Heilmethoden, Alternatives Reisen, Ayurveda, Gesundes Leben und Wohnen, Pharmazie, Naturprodukte, Prävention, Rehabilitation* or *Entspannung*. Present what you learned to your group members, using only your visuals with key words on them as prompts to help you speak.

3. **Presentational Writing / Connecting to Technical Writing.** Write the steps to prepare for and stay safe doing one of these activities:
   • *Wallrunning* • *Megaziplining*

   Look at photos, websites and forums to learn how to stay safe.

4. **Presentational Writing / Connecting to Marketing.** Imagine you are a photojournalist who visited one or more features of one of these places:
   • *Bad Harzburg* • *Nationalpark Harz* • *Paracelsus-Messe*
   Prepare a promotional piece, such as an e-mail blast or an online ad to convince people to come. Think of an appropriate marketing strategy, such as band wagon or celebrity endorsement, to persuade your targeted audience, perhaps German-speaking tourists, amateur athletes, students going on a field trip or retired people.

Kultur Plus Interpretive Communication Pre AP

Wasser, Bewegung, aber auch Ruhe. Die Parkflächen sind rund um die Uhr für Sie geöffnet.

Der Bad Harzburger Kurpark hat nach seiner Umgestaltung mehr als je zuvor zu bieten. Der freigelegte Bachlauf und das Wassertretbecken laden zum Verweilen am und im erfrischenden Nass ein. Fünf Barfußstationen zum Sensibilisieren der Tastsinne der Füße und ein Mehrgenerationen-Spielplatz mit dreizehn Stationen reizen zum Aktivsein. Und zum Entspannen kann auf zahlreichen Bänken und Liegen eine Ruhepause eingelegt werden.

Im Kurpark finden Sie:
- Bad Harzburger-Sole-Therme mit Sauna-Erlebniswelt
- Haus der Natur
- Burgberg-Seilbahn
- Tourist-Information
- Mehrgenerationen-Spielplatz
- Luchsbrunnen
- Herzog-Julius-Klinik
- Kursaal
- Wassertretbecken
- Barfußstationen
- Frei-Schach
- Minigolf

...in unmittelbarer Nähe zum Kurpark:
- Wohnmobil-Stellplatz an der Sole-Therme
- Frei-Eisbahn (Wintersaison)

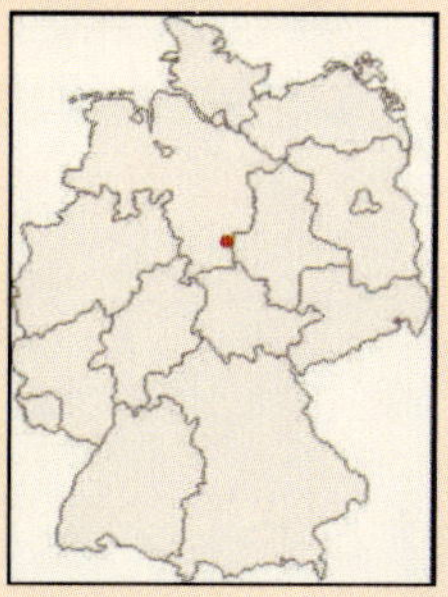

Fitness und Gesundheit im Kurpark Bad Hazburg

1. Listen Sie die Aktivitäten, die man im Kurpark machen kann…
   - im Wasser.
   - auf dem Boden.
   - mit Großeltern, Eltern und Kindern.
2. Für welche Attraktionen interessierten Sie sich und welche finden Sie weniger interessant?

Du bist dran! Pre AP

Interview Interpersonal Speaking

Ergänze diese Fragen mit den fehlenden Wörtern. Dann stell deinem Partner oder deiner Partnerin die Fragen. Berichte (*report*) in kleinen Gruppen, was der Partner oder die Partnerin gesagt hat. Dein Partner oder deine Partnerin wird auch von deinen Antworten berichten.

1. Weißt du schon, ____du dieses Wochenende machst?
2. Kennst du einen guten Park, ____ man Sport treiben kann?

Wie man beim Sport Verletzungen vermeiden kann Presentational Writing

Stell dir vor, du bist Coach. Mach ein Poster für dein Sportsteam mit Tipps, wie sie sich beim Trainieren und beim Spielen schützen können. Die Wahl der Spielart steht dir frei.

Umfrage Interpersonal Speaking and Presentational Writing

Frag 10 Personen in der Klasse, ob sie gerne Rad fahren, Inline Skating machen, Skateboard fahren, oder Fußball spielen. Wenn sie diese Sportarten spielen, frag sie, welche Art Protektoren sie benutzen. Schreib einen Bericht über die Ergebnisse des Interviews. Du kannst auch vorschlagen, wie sie sich beim Sport besser schützen können.

BEISPIEL
A: Welche Sportarten treibst du?
B: Ich mache Inline Skating und ich spiele Fußball.
A: Welche Protektoren benutzt du für diese Sportarten?
B: Ich trage…

Ich besuchte die Paracelsus Messe Presentational Speaking

Imagine you attended this year's Paracelsus Messe. Look at the *Fotogalerie* to see the exhibits and activities. Then tell your partner about your experience. Say what you saw and did at the conference and in the city where it was held. If your partner also attended the fair, compare your experiences using a Venn diagram.

Suchwörter: **paracelsus-messe.de**

Wörter und Ausdrücke

Protective Sports Gear

der Knieschutz kneepads
der Ellenbogenschutz elbow pads
der Handgelenkschutz wrist guard
die Schutzmaske face protector
der Schienbeinschutz shin guards
der Mundschutz mouth guard
der Gesichtsschutz face guard
das Polster pad

Sports Related Items

die Geschwindigkeit speed
Protektoren tragen to wear protective gear
Verletzungen vermeiden to avoid injuries
Unfälle vermeiden to avoid accidents
die Verletzung injury

Noch etwas

Sport-Quiz

Was könnten diese Wörter bedeuten?

A. die Sportskanone
B. der Sportgeist
C. der Sportmuffel
D. der Sportbegeisterte
E. der Frühsport

Antworten: A. a person who is accomplished in a sport or very fit; B. sportsmanship; C. a person who dislikes sports; D. sports fan; E. morning exercise

Noch etwas

Welchen Schutz tragen sie? Schreiben Sie Sätze.

Leseecke

Interpretive Communication Pre AP

Über den Text

Dieser Text ist ein *Reisebericht*, den Heine über seine Reise als Student durch den Harz über den Brocken bis nach Ilsenburg schrieb.

Kurzbiografie

Heinrich Heine (1797–1856)

Heinrich Heine war Dichter, Schriftsteller und Journalist. 1835 wurden seine Schriften in Deutschland verboten und er zog nach Paris, wo er am 17.2.1856 starb. Viele seiner Texte hat man als Liedertexte benutzt und Musik dazu komponiert.

Vor dem Lesen

1. If you were out walking and were hungry, how would you feel about the only person who offered you food and drink?
2. Share with your partner your experiences in and feelings about nature. (A park or farm counts as nature.)
3. What do you expect to find in a *Reisebericht*? Make a list. Some examples have been filled in for you.

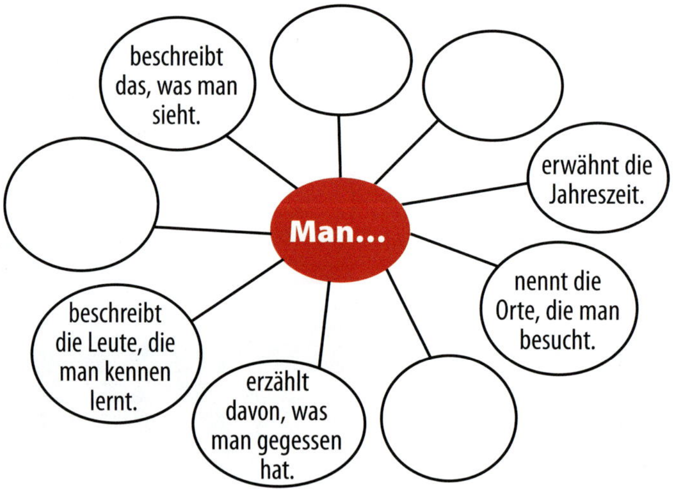

4. Using what you have learned about the Harz region, what information do you think would appear in a *Reisebericht* for each of the categories below? Write your ideas.

Natur	
Landschaft	
Essen	
andere Details	

Strategie

An **extended metaphor** is a point-by-point comparison of one thing as though it were another. The description is meant as an implied comparison, inviting the reader to associate the thing being described as something that is quite different from it. Reading Heine's poem, chart the metaphors in each stanza.

Tip: There may be more than one metaphor in each stanza, and you may not find a metaphor in every one.

Strophe 1	Strophe 2	Strophe 3	usw.
Hirtenknabe: König Hügel: sein Thron Sonne: Krone	Schafe: Schmeichler Kälber: Kavaliere		

Auszug aus *Die Harzreise* (1824)

Nach dem Stande der Sonne war es Mittag, als ich auf eine solche Herde stieß, und der Hirt, ein freundlich blonder junger Mensch, sagte mir, der große Berg, an dessen Fuß ich stände, sei der alte, weltberühmte Brocken. Viele Stunden ringsum liegt kein Haus, und ich war froh genug, dass mich der junge Mensch einlud, mit ihm zu essen. Wir setzten uns nieder zu einem „Dejeuner dinatoire", das aus Käse und Brot bestand; die Schäfchen erhaschten die Krumen, die lieben blanken Kühlein sprangen um uns herum, und klingelten schelmisch mit ihren Glöckchen, und lachten uns an mit ihren großen, vergnügten Augen. Wir tafelten recht königlich; überhaupt schien mir mein Wirt ein echter König, und weil er bis jetzt der einzige König ist, der mir Brot gegeben hat, so will ich ihn auch königlich besingen.

König ist der Hirtenknabe,
Grüner Hügel ist sein Thron,
Über seinem Haupt die Sonne
Ist die schwere, goldne Kron'.

Ihm zu Füßen liegen Schafe,
Weiche Schmeichler, rotbekreuzt!
Kavaliere sind die Kälber,
Und sie wandeln stolz gespreizt.

1. Wen trifft der Erzähler?

2. Was macht der junge Mensch?

3. Wer wird als König beschrieben?

4. Was für einen Thron hat dieser König?

5. Wer sind die Untertanen (*subjects*) von diesem König?

Beim Lesen

Warum beschreibt Heine den jungen Mann als „König"?

Hofschauspieler sind die Böcklein;
Und die Vögel und die Küh',
Mit den Flöten, mit den Glöcklein,
Sind die Kammermusici.

6. Wer sind die Musiker und was für Musik spielen sie?

Und das klingt und singt so lieblich,
Und so lieblich rauschen drein
Wasserfall und Tannenbäume,
Und der König schlummert ein.

7. Wie reagiert der König auf diese Musik?

Unterdessen muss regieren
Der Minister, jener Hund,
Dessen knurriges Gebelle
Wiederhallet in der Rund'.

8. Welche Aufgabe hat der Hund?

Schläfrig lallt der junge König:
„Das Regieren ist so schwer,
Ach, ich wollt', dass ich zu Hause
Schon bei meiner Kön'gin wär'!"

9. Wo möchte der König sein?

„In den Armen meiner Kön'gin
Ruht mein Königshaupt so weich,
Und in ihren lieben Augen
Liegt mein unermesslich Reich!"

10. Wo liegt das Reich dieses Königs?

Nach dem Lesen

1. Wie viele von den Themen, die Sie in diesem Text erwartet haben, haben Sie auch gefunden?
2. Was will Heine über den Harz und seinen Gastgeber (*host*) sagen?
3. Warum ist der Minister ein Hund?

Erweiterung

1. Mit der Information aus der Grafik, besprechen Sie das Gedicht und die Metaphern.
2. Benutzen Sie die „Cluster Chart" in dieser Lektion und sagen Sie, welche Ideen Sie in Heines Reisebericht gefunden haben.
3. Warum ist es wichtig, dass Heine von dem Hirtenjungen sagt: „Er ist bis jetzt der einzige König, der mir Brot gegeben hat, so will ich ihn auch königlich besingen"?
4. Forschen Sie im Internet und finden Sie Information über die Zeit, in der Heine lebte. Was war in den Jahren 1820–30 in Deutschland los?

Machen wir weiter! Pre AP

Lernerporträt Interpersonal Speaking and Presentational Writing

Interviewen Sie eine Person in der Schule, die deutsch spricht (es kann ein Schüler/eine Schülerin aus der Klasse oder ein deutscher Austauschschüler/eine deutsche Austauschschülerin) sein. Fragen Sie die Person, welchen Sport er/sie treibt und wie er oder sie sich schützt. Fragen Sie die Person, was sie für die Gesundheit tut. Nach dem Interview schreiben Sie das Lernerporträt mit einem Pseudonym, damit nicht alle sofort wissen, wer das ist. Posten Sie das Porträt und die Klassenkameraden schreiben ihre Ideen auf, wer im Porträt beschrieben wird.

Ein Wettbewerb Presentational Writing

Arbeiten Sie mit einem Partner oder einer Partnerin. Zuerst forschen Sie im Internet nach Straßen und anderen Sachen wie Denkmälern oder Kliniken mit dem Namen „Paracelsus". Dann schreiben Sie auf, wo diese Sachen sind (z.B. in Köln). Versuchen Sie, ein Bild von der Straße oder dem Ort zu finden.

Vergleichen Sie Ihre Liste mit einer anderen Gruppe. Sie bekommen einen Punkt für Straße, Denkmal, Schule, usw. und einen Punkt pro Bild. Wer hat am Ende die meisten Punkte? Zum Schluss diskutieren Sie zusammen, wie diese Liste zeigt, welche Rolle Paracelsus in der deutschen Geschichte und der Geschichte der Medizin spielte.

Kurkultur Presentational Speaking

Kaum zu glauben, dass es über 350 Kurorte und Heilbäder in Deutschland gibt! Und jeder Kurort bietet natürlich verschiedene Kurformen an, wie zum Beispiel Vorsorgekuren (*preventative treatment*) oder Kuren zur Rehabilitation. Sehen Sie sich eine Karte an und finden Sie einige Kurorte, die Sie gerne besuchen möchten. Schreiben Sie, warum Sie oder ein Familienmitglied dahin gehen soll und was der Kurort im Angebot hat.

Suchwörter: Kurorte und Heibäder in Deutschland, die-neue-kur.de

Der Nationalpark Harz Interpersonal Speaking

Der Nationalpark Harz ist ein bezaubernder Ort, an dem man vieles unternehmen kann! In Partnerarbeit schauen Sie auf der Website nach, was es dort für Aktivitäten gibt (Parter A konzentriert sich auf *Aktuelles* und *Veranstaltungen* und Partner B konzentriert sich auf *Für Kinder* und *Kunst und Kultur*). Erzählen Sie sich gegenseitig, was Sie entdeckt haben. Planen Sie als Klasse, was Sie zwei Tage lang im Park machen möchten.

Suchwörter: Nationalpark Harz Startseite

Essen in einer Kiste **Presentational Writing**

You believe in the farm to table movement and have a local farmer drop off a box of food every week for your family of four and a guest. This week this is what is in your box: *Äpfel, Kirschen, Kartoffeln, Broccoli, Salat, Tomaten, Huhn und Fleisch*. Find at least three recipes: one each for soup or salad, a main dish and a dessert that use some of these ingredients. Use as much of the "food in the box" as you can. Make a list of the amount of ingredients you need and change the metric measurements to the American system of ounces and cups. Write an invitation to your teacher to attend and include the menu.

Suchwörter: **Rezepte Abendessen, eatsmarter.de**

Mein Reisebericht **Presentational Writing**

Connecting to Language Arts

Imagine you are traveling through the landscape pictured below. Write a short prose piece or poem to describe what you are experiencing. Begin by filling out a sensory details chart in German to help you. Use your imagination!

Was ich erfahre	
Ich sehe…	Ich fühle…
Ich höre…	Ich schmecke…
Ich rieche…	Ich empfinde… (Glück, etc.)

Osterseen. Georg Schrimpf (1889–1938).

Rückblick

R1 Was passt hier?

Welche Wörter passen in diese Kategorien: Süßigkeiten, Fastfood, Gemüse/Obst, Milchprodukte? Ein paar Wörter passen in zwei Kategorien.

Schokolade	**Currywurst**	**Pommes frites**	**Hamburger**	**Käse**
Apfel	**Tomate**	**Keks**	**Salat**	**Broccoli**
Schlagsahne	**Milch**	**Zucker**	**Eis**	

R2 Wann wurden verschiedene Medikamente entdeckt, erfunden, isoliert?

Schreiben Sie diese Sätze und dann wissen Sie es! Benutzen Sie das Passiv im Imperfekt!

BEISPIEL Aspirin / 1853 / Charles Gerhardt / entdecken
Aspirin wurde 1853 von Charles Gerhardt entdeckt.

1. Das Insulin / 1921 / Paulesco / entdecken
2. Vitamine (*pl.*) / 1910 / Funk / isolieren
3. Das Penizillin / 1928 / Sir Alexander Fleming / entdecken
4. Das Kokain / 1844 / Merck / isolieren
5. Die Endorphine (*pl.*) / 1975 / J. Jughes / entdecken
6. Tabletten (*pl.*) / 1850 / Louis Mialhe / erfinden
7. Die Anti-Baby Pille / 1954 / Gregory Pincus und John Rock / erfinden
8. Das Morphin / 1804 / Derosne, Sequin und Sertürner / isolieren

R3 Zurück aus der Kur im Harz! Was musste alles bei der Kur getan werden?

Schreiben Sie Sätze mit diesen Ideen.

BEISPIEL viele Pläne vorher machen
Viele Pläne mussten vorher gemacht werden.

1. frisches Obst und Gemüse essen
2. die Natur genießen
3. Wanderungen machen
4. viel Wasser trinken
5. Medikamente und Vitamine nehmen
6. Sport treiben
7. Diskussionen mit dem Arzt führen

R4 Was tragen diese Sportler?

R5 Wie geht's weiter?

Ergänzen Sie die Sätze mit *was* oder *wo*.

1. Inline Skating ist etwas, ___ ich noch nicht ausprobiert habe.
2. Ich weiß nicht, ___ ich in eine Inline Skating Schule gehen kann.
3. Viele Leute sagen, Inline Skating ist das Beste, ___ es als Sport gibt.
4. In meiner Stadt gibt es einen Sportplatz, ___ man Inline Skating machen kann.
5. Das ist der Ort, ___ viele Jugendliche am Wochenende hingehen.
6. Das ist nicht der Ort, ___ ich am Wochenende hingehen möchte.
7. Meine Mutter meint, dass Inline Skating das Dümmste ist, ___ sie im Leben gesehen hat.
8. Ich möchte gern wissen, ___ meine Mutter als Mädchen Sport getrieben hat.

R6 Wem gehört das?

BEISPIEL Paul / Problem
Pauls Problem

1. Hans / Haus
2. Rainer / Knieschutz
3. Heinz / Rad
4. Harald / Werkzeug
5. Kai / Kuchen
6. Franz / Fehler
7. Dora / Drachen
8. Petra / Plan

Vokabeln

analysieren to analyze *8A*
der **Anhänger,-** follower *8B*
anschlagen (*schlägt an, schlug an, angeschlagen*) to put up *8B*
archäologisch archeological *8A*
ärgern to annoy *8B*
der **Astronom,-e** astronomer *8B*
die **Astronomie** astronomy *8A*
der **Atemweg,-e** respiratory tract *8A*
die **Behandlungsmethode,-n** treatment method *8B*
der **Bergmann,¨-er** miner *8B*
das **Bergwerk,-e** mine *8A*
berücksichtigen to consider *8A*
die **Berufskrankheit,-en** occupational illness *8B*
bewusst conscious *8A*
die **Bronzezeit,-en** Bronze Age *8A*
die **Currywurst,¨-e** curry sausage *8A*
die **Diät,-en** diet *8A*
dick fat, heavy *8A*
die **Dosis,-sen** dose *8B*
der **Drachenflieger,-** hang-glider *8A*
drin sein to be inside *8A*
dünn thin *8A*
das **Ei,-er** egg *8A*
das **Eisen** iron (metal) *8A*
der **Ellenbogenschutz** elbow protection *8B*
empfehlen (*empfiehlt, empfahl, empfohlen*) to recommend *8B*
sich **entspannen** to relax *8A*
sich **ernähren** to eat *8A*
die **Ernährung,-en** nutrition *8A*
die **Essgewohnheit,-en** eating habit *8A*
existieren to exist *8A*
feststellen determine *8A*
das **Fett,-e** fat *8A*
fettarm low in fat *8A*
fettreich rich in fat *8A*
fit fit *8A*
die **Form: in Form sein** to be fit *8B*
der **Fragebogen,¨-** questionnaire *8B*
der **Fund,-e** find *8A*
die **Gesundheit** health *8A*
das **Getreide,-** grain *8A*
das **Gift,-e** poison *8A*
giftig poisonous *8B*
graben (*gräbt, grub, gegraben*) to dig *8B*
das **Handgelenk,-e** wrist *8B*
der **Handgelenkschutz,¨-e** wrist guard *8B*
heilen to cure, heal *8B*
die **Heilige** saint (female) *8A*
heilklimatisch climate promoting health *8A*
die **Heilkunde,-n** medical science *8B*
die **Heilmethode,-n** method of healing *8B*
die **Heilpflanze,-n** medicinal plant *8B*
die **Heilung,-en** healing, cure *8B*
herausfinden (*fand heraus, herausgefunden*) to find out *8A*
die **Hexe,-n** witch *8A*
die **Himmelsscheibe,-n** sky disk *8A*
das **Inline Skating** in-line skating *8B*
der **Kirchenreformer,-** church reformer *8B*
der **Körpertyp,-en** body type *8A*
das **Kneipp-Heilbad,¨-er** spa using Kneipp therapy *8A*
der **Knieschutz** knee protection *8B*
der **Knochen,-** bone *8A*
kompliziert complicated *8A*
die **Krankheit,-en** illness *8A*
das **Kupfer** copper *8A*
der **Kurort,-e** spa *8A*
der **Kurs,-e** course *8B*
lateinisch Latin *8B*
das **Lehrbuch,¨-er** textbook *8B*
die **Lehre,-n** teaching *8B*
der **Lift,-e** elevator *8A*
medizinisch medical *8B*
das **Milchprodukt,-e** dairy product *8A*
das **Mittelgebirge,-** low mountain range *8A*
das **Moorheilbad,¨-er** mud spa *8A*
die **Nahrungsmittelgruppe,-n** food group *8A*
die **Naturheilkunde** natural healing *8B*
der **Naturliebhaber,-** nature lover *8A*
der **Nebel,-** fog *8A*
die **Nuss,¨-e** nut *8A*
das **Ökosystem** ecosystem*8B*
das **Öl,-e** oil *8A*
das **Phänomen,-e** phenomenon *8A*
die **Pharmazie** pharmaceutics *8B*
der **Plan,¨-** plan *8A*
das **Polster,-** padding *8B*
die **Prävention** prevention *8B*
das **Projekt,-e** project *8A*
das **Protein,-e** protein *8A*
der **Protektor,-en** protection *8B*
die **Quacksalberei** medical quackery *8B*
reformieren to reform *8B*
regelmäßig regularly *8A*
salzhaltig containing salt *8A*
das **Schienbein,-e** shin *8B*
der **Schienbeinschutz,¨-e** shin guard *8B*
die **Schmalspurbahn,-en** narrow gauge railroad *8A*
der **Schulmediziner,-** orthodox medical practitioner *8B*
der **Schutz** protection, protector *8B*
die **Schutzmaske,-n** face mask *8B*
das **Schwarze Brett,-er** bulletin board *8B*
das **Silber** silver *8A*
der **Skandal,-e** scandal *8B*
die **Sonnenwende,-n** solstice *8A*
stärken to strengthen *8A*
der **Stoff,-e** material *8B*
das **Tal,¨-er** valley *8A*
der **Therapeut,-en** therapist *8B*
die **Therapie,-n** therapy *8A*
die **These,-n** thesis *8B*
die **Toxikologie** toxicology *8B*
das **Übergewicht,-e** overweight *8A*
das **Untergewicht,-e** underweight *8A*
die **Vegetarierin,-nen** vegetarian (female) *8A*
veranstalten to put on an event *8A*
verehren to admire *8B*
vergessen (*vergisst, vergaß, vergessen*) to forget *8B*
die **Verletzung,-en** injury *8B*
vermeiden (*vermied, vermieden*) to avoid *8B*
vitaminarm poor in vitamins *8A*
vitaminreich rich in vitamins *8A*
die **Volksmedizin,-** folk medicine *8B*
vor: vor allem particularly *8B*
der **Vortrag,¨-e** lecture *8B*
der **Wasserfall,¨-e** waterfall *8A*
wirksam effective *8B*
woraufhin whereupon *8B*
der **Zeitgenosse,-n** contemporary *8B*

Strategie

Building Vocabulary

Enlarge your vocabulary by finding other nouns that begin with these prefixes:

- *Beruf-*
- *Lehr-*
- *Milch-*
- *Sonnen-*
- *Wasser-*
- *Zeit-*

Produkte

1931 erfand die schwäbische Firma Ritter „Sportschokolade". Was hat Schokolade mit Sport zu tun? Die Packung Schokolade passte in die Jackentasche der Männer, die samstags zum Fußballspiel gingen. „Ritter Sport" klingt fit, aktiv und gesund!

Zitat

„Europa ist unsere Zukunft, sonst haben wir keine."

Europe is our future; without it we have none.

—Hans-Dietrich Genscher (1927–2016) deutscher Politiker und Bundesaußenminister 1974–1992

Tatsache

Deutschland hat neun Nachbarn, so viele wie kein anderes europäisches Land.

Kapitel

9 Die Nachbarn in Europa

Leitfrage

What brings geographical neighbors together?

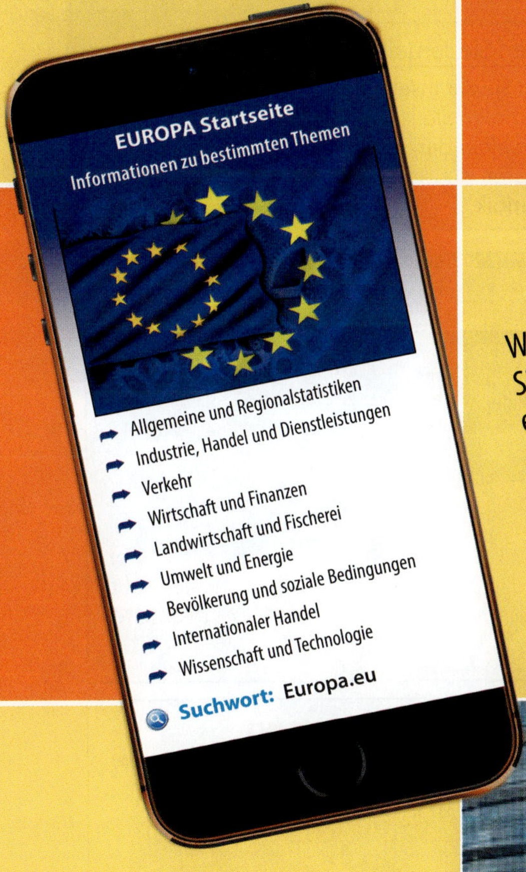

Was würde Sie interessieren, wenn Sie eine Bäuerin aus Bayern wären; eine Import-Export-Firma hätten; ein Mitarbeiter bei der Bahn wären; ein Entwickler von Computer-Software wären?

Welches Ereignis für Jugendliche ist das?

Lernziele

Lektion A **I will be able to:**

- Describe landscapes and climate, express agreement with someone, say with whom I can communicate, express what I just thought of, talk about a lapse of memory, say what I'll take care of.
- Talk about the Franco-German city of Strasbourg and its role in the European Union.
- Use *werden* in different contexts and correct word order with adverbials.
- Read about a day when the European Parliament is open to the public, and the types of activities that are available to choose from.

Lektion B **I will be able to:**

- Express what I've lost, ask where someone came from, express something you won't forget, inquire how long something normally takes, tell someone not to worry.
- Talk about German and European exploration, German accomplishments in aviation and the European Youth Event (EYE).
- Use the passive voice with the subject *es* and *–ung* nouns made from verbs.
- Read about EU president Jean-Claude Juncker and an excerpt from a book about two Iranian youth fleeing to Germany due to war in their home country.

Lektion A

Vokabeln Landschaften und Klima

Tims Reiseblog

Landschaften

Erleben Sie Norwegen

Wandern Sie vom **Gipfel** ins Tal Hjelle, mitten im Hurrungane **Gebirge**.

Erleben Sie Deutschland

Gehen Sie durch schöne **Wälder** im Schwarzwald spazieren.

Erleben Sie Thailand

Besuchen Sie thailändische **Wiesen** und **Ebenen**.

Erleben Sie Brasilien

Sehen Sie **die Sümpfe** am **Ufer** des Flusses Paraguay.

Erleben Sie Schottland

Genießen Sie das ruhige Leben in den **Hochmooren**!

Erleben Sie Jamaika

Reisen Sie zur Insel und erholen Sie sich an einer der schönsten **Küsten** in der Karibik.

das Klima

1. Tropen

Klima: sehr **feucht** und heiß, keine Jahrezeiten, Temperaturen bleiben gleich. Brasilien hat ein **tropisches** Klima.

2. Polarzone

Klima: **rau**, sehr kalt; keine Jahrezeiten; Temperaturen fast immer unter 0°, meist Schnee. Landschaft aus Eis. Norwegen hat ein **arktisches** Klima.

3. Gemäßigte Zone

Klima: **mild**, vier Jahreszeiten, gemäßigte Temperaturen, **Niederschläge** im ganzen Jahr möglich. Deutschland hat ein gemäßigtes Klima.

4. Subtropen

Klima: hohe Temperaturen, zwei Jahreszeiten; mit heißen Sommern und kühlen Wintern. Hier ist oft **die Wüste**. Große Unterschiede zwischen Temperaturen Tag und Nacht. Florida hat ein **subtropisches** Klima.

Wichtige Ausdrücke

How do I describe climate?

In Italien **ist es** im April schon **oft warm**.

In Italy it's often warm in April.

How do I say I'm of the same mind as someone else?

Mir geht es so wie Franz.

I feel like Franz.

How do I say we'll be able to make ourselves understood?

Wir können uns verständigen.

We can communicate with each other.

How do I say I just thought of something?

Da fällt mir ein, dass…

It just occurs to me, that…

How do I express a lapse of memory?

An den Namen **erinnere ich mich** im Moment **nicht**.

I don't remember the name right now.

How do I say I'll take care of something?

Lass mich das machen!

Let me do it!

Was noch?

angenehm	*pleasant*
böig	*gusty*
feucht	*humid*
frisch	*crisp*
regnerisch	*rainy*
schwül	*humid*
sonnig	*sunny*

Konversationsgruppe

Erzählen Sie einer anderen Person, welche Zone Sie gern besuchen möchten und warum: die Tropen, die Polarzonen; eine gemäßigte Zone oder die Subtropen?

Kulturpraxis

Remember that Germans use Celsius to describe temperature. *24 Grad* sounds cold, but it is actually over 75 degrees Fahrenheit!

Wörterkiste

1. Eine Klimaanlage ist „eine moderne Anlage zur Lüftung, Erwärmung und Feuchtigkeitsregelung eines Raumes". In dieser Definition sehen Sie viele Wörter, die mit Klima zu tun haben. Eine Klimaanlage sorgt für ein angenehmes Klima in einem Raum oder Haus.
2. Das Wort „Klima" kann mit vielen anderen Wörtern kombiniert werden.

Arbeiten Sie mit einem Partner oder einer Partnerin und raten Sie zusammen, was diese Wörter bedeuten könnten. Haben alle mit Wetter und Temperaturen zu tun?

- **das Heilklima** • **das Arbeitsklima**
- **das Wirtschaftsklima** • **das Gebirgsklima**
- **das Großklima** • **das Machtklima**
- **das Meeresklima** • **das Mikroklima**
- **das Tropenklima** • **das Äquatorialklima**
- **der Klimawechsel**

Das Wetter

Wissen Sie noch, was diese Wörter und Ausdrücke bedeuten?

bewölkt	**heiter**
im Herbst	**24 Grad**
im Frühling	**die Wettervorhersage**
das Gewitter	**der Wetterbericht**
Es ist heiß.	**Die Sonne scheint.**
Es ist schön.	**Es regnet.**

1 In jedem Satz fehlt ein Nomen!

Ergänzen Sie die Sätze!

Gebirge	**Wiese**	**Wald**	**Gipfel**
Insel	**Küste**	**Tal**	**Ufer**

1. Da, wo es viele Berge gibt, ist das ___.
2. Rostock liegt an der ___ der Ostsee.
3. Ein breites ___ liegt zwischen den Bergen.
4. Am ___ eines Flusses kann man oft Fische sehen.
5. Eine ___ liegt im Meer.
6. Im ___ stehen viele Bäume.
7. Der ___ ist der höchste Teil eines Berges.
8. Auf der ___ stehen viele Blumen.

die Küste der Insel Rügen

2 Was gehört nicht dazu?

Sagen Sie, welches Wort nicht passt.

BEISPIEL	die Wiese	das Wasser	der Rasen	**das Wasser**

1.	der Fluss	das Ufer	die Wüste
2.	die Ebene	der Regen	das Gewitter
3.	der Baum	das Ufer	der Wald
4.	die Insel	der Gipfel	das Meer
5.	die Wüste	der Schnee	die Niederschläge
6.	der Sumpf	der Gipfel	das Gebirge
7.	der See	das Meer	der Berg
8.	das Gebirge	der Sumpf	das Tal
9.	kühl	flach	kalt
10.	rau	heiß	warm

3 Klimazonen

Machen Sie ein Diagramm mit den verschiedenen Klimazonen. Wo überschneiden sie sich (*intersect*)?

Dialog Die Klassenfahrt

Interpretive Communication

Die vier Klassensprecher der 10a müssen ihre Klassenfahrt im April planen. Sie können eines von den folgenden vier Ländern aussuchen: Dänemark, Italien, England oder Frankreich.

Andrea: Also, ich bin für Italien. Da ist es auch im April schon oft warm und vielleicht können wir sogar schwimmen gehen.

Franz: Ach nein. Auf Italien habe ich keine Lust. Da fahre ich im Sommer immer mit meinen Eltern hin, so dass ich das langsam langweilig finde.

Christoph: Mir geht es so wie Franz. Könnten wir nicht nach England fahren? Da können wir uns auch alle verständigen, weil wir schon seit Jahren Englisch lernen.

Pauline: Nein, ich denke, England geht nicht. Das Land ist sehr teuer und wenn wir dann auch noch Euro in Pfund umtauschen müssen, dann verlieren wir noch mehr. Wenn wir in einem EU-Land bleiben, sparen wir vielleicht ein paar Euro und können dann um so mehr ausgeben. Wie wäre es mit Frankreich oder Dänemark?

Franz: Ich bin für Südfrankreich, denn im April könnte Dänemark noch sehr kalt sein. Und ich würde wirklich gern in der Sonne liegen.

Christoph: Gute Idee! Da fällt mir ein, ich habe gestern im Internet etwas über einen tollen Ort in den Pyrenäen gelesen. An den Namen erinnere ich mich im Moment leider nicht. Wir könnten dort campen und dann am Tag ganz viel in der Natur machen. Zum Beispiel kann man da klettern und auch wandern. Und am Abend sitzen wir um ein Feuer und erzählen uns Gruselgeschichten.

Andrea: Das klingt ganz toll. Christoph, kannst du für das Treffen morgen diese Web-Seite finden, so dass wir den anderen in der Klasse zeigen können, was du dir vorstellst?

Franz: Lass mich das nur machen! Bis morgen finde ich die Web-Seite bestimmt wieder.

Andrea: Dann können wir unseren Plan morgen mit der ganzen Klasse diskutieren.

Pauline: Klingt gut. Machen wir das so!

Analyse
Welche Kriterien überlegen sich die Schüler, bevor sie sich für einen Ort entscheiden?

4 Wer sagt was?

Diese Person/Diese Personen…

1. schlägt Dänemark für die Klassenfahrt vor.
2. denkt, dass England zu teuer ist.
3. waren schon oft in Italien.
4. sucht bis morgen eine Web-Seite.
5. würde auf der Klassenfahrt gern schwimmen gehen.
6. findet Dänemark zu kalt im April.
7. schlägt England vor.
8. fragt, ob jemand etwas im Internet nachsehen kann.

Sprache — Uses of *werden*

Werden is an extremely important verb in German. In previous chapters you used *werden* to form the passive. This use requires *werden* (in present or narrative past) and a past participle.

Eine Lösung wird gefunden.	A solution is being found.
Die Verwandten wurden besucht.	The relatives were visited.

You have also learned how to use *werden* to form the future tense. This use requires *werden* in the present tense and an infinitive.

Ich werde bald mit diesem Projekt fertig sein.	I will soon be finished with this project.

As you know, the future tense is used in German only when there is no specific mention of when an event will occur. In cases where a time adverb is used, German usually prefers the present tense.

Ich fahre nächsten Sommer nach Österreich.	I'll travel to Austria next summer.
Wir kommen am Dienstag.	We'll come on Tuesday.

Finally, *werden* is used as what is called a "full verb." That means it is not used to indicate a voice (passive) or a tense (future), but as "to become." As a full verb, *werden* can be used in all the tenses.

Ich werde immer müde, wenn ich zu viel arbeite.	I always become (get) tired when I work too much.
Sie wurde Politikerin.	She became a politician.
Bist du krank geworden?	Did you become (get) sick?

Bewertung

- *werden* + infinitive = future
  Wir werden unsere Großeltern besuchen.
- *werden* + past participle = passive
  Wann wird das Essen gekocht?
- *werden* alone = to become, get
  Bestimmt wird Monika Ärztin.

Vergleiche

In what way are these two sentences similar? Dissimilar?

Ich werde in ein subtropisches Klima reisen.

I will travel to a subtropical climate.

Antwort: Both sentences express the future, but in the German sentence the infinitive is not next to the conjugated verb, but rather at the end of the sentence.

5 Die Zukunft Europas

Bevor der Euro im Jahr 2002 kam, wussten die Europäer wirklich nicht richtig, wie sich das Leben mit dieser neuen Währung ändern würde. Damals sprach man oft über die Zukunft. Benutzen Sie das Futur! (Die *DM* heißt „Deutsche Mark", das Geld in Deutschland vor dem Euro).

BEISPIEL Man / benutzen / keine DM
Man wird keine DM benutzen.

1. Viele Europäer / brauchen / im Urlaub / nur eine Währung
2. Die DM / kommen / ins Museum
3. Europa / haben / wirtschaftlichen Erfolg
4. Die Firmen / zusammenarbeiten / leichter
5. Die Preise / werden / einfacher
6. Die Banken / umtauschen / alle DM in Euros
7. Die Leute / bekommen / neues Geld
8. Die Regierung / drucken / neue Euros

6 Was wird auf einer Wanderung gemacht?

Benutzen Sie Passiv!

BEISPIEL eine Wanderkarte ansehen
Eine Wanderkarte wird angesehen.

1. Wege beschreiben
2. Vögel sehen
3. Kräuter (*herbs*) sammeln
4. eine Jacke tragen
5. Fotos machen
6. Sonnenschutzcreme benutzen
7. ein Picknick essen
8. alles aufräumen

Ein Stadtplan wird angesehen.

Noch etwas

With a partner, take turns saying what each famous German-speaking person became.

BEISPIEL **Angela Merkel wurde Kanzlerin** (*chancellor*).

1. Gerlinde Kaltenbrunner
2. Wolfgang Amadeus Mozart
3. Klaus Teuber
4. Johann Wolfgang von Goethe
5. Maren Ade
6. Klaus Störtebeker

7 Kevin erzählt Harry von seinem Urlaub im Herbst.

Setzen Sie die richtige Form von *werden* ein! In dieser Übung brauchen Sie Passiv, Futur und *werden* als Vollverb.

Also, wir (1) im Herbst nach Italien (2) (fahren). Zuerst aber müssen wir noch unsere Koffer packen. Sie (3) mit dem Zug (4) (transportieren). Dann müssen wir sie nicht tragen. Wenn wir alles, was wir mitnehmen wollen, einpacken, dann (5) sie sicher schwer (6) (werden). Sobald wir in Rom ankommen, gehen wir ins Hotel. Ein Zimmer (7) für uns (8) (vorbereiten). Unsere schweren Koffer (9) hoffentlich ins Zimmer (10) (bringen). Wir (11) in Rom viele alte Gebäude (12) (besichtigen). Wir (13) auch viele Pizzas (14) (essen), denn das (15) mehr Spaß (16) (machen). Ich (17) dir bestimmt auch eine Ansichtskarte (18) (schreiben)!

Kreuz und quer

Interpretive Communication Pre AP

Straßburg: Die Hauptstadt Europas

Stadt der zwei Länder

Sehen Sie sich eine Europakarte[1] an: 466 km von der Atlantikküste im Südwesten Frankreichs und 469 km von Berlin im Nordosten Deutschlands liegt die Stadt Straßburg (französisch *Strasbourg*) genau in der Mitte. In dieser Stadt war 842 die Geburtsstunde[2] der Länder Frankreich und Deutschland, als zwei Enkel[3] von Karl dem Großen sich sein großes Reich in Zwei teilten. Leider herrschte danach kaum Frieden[4] zwischen den Nachbarn: über die nächsten 1100 Jahre wechselte[5] Straßburg in verschiedenen Kriegen mindestens sechsmal zwischen deutscher und französischer Herrschaft[6]. Erst 1945 wurde Straßburg endgültig[7] eine französische Stadt. Am 5. Mai 1949 wurde der Europarat, eine zwischenstaatliche[8] Organisation, gegründet; man erklärte[9] Straßburg zum Sitz[10] dieser neuen Organisation—es sollte die deutsch-französische Annäherung[11] und den Frieden nach den vielen Kriegen symbolisieren[12].

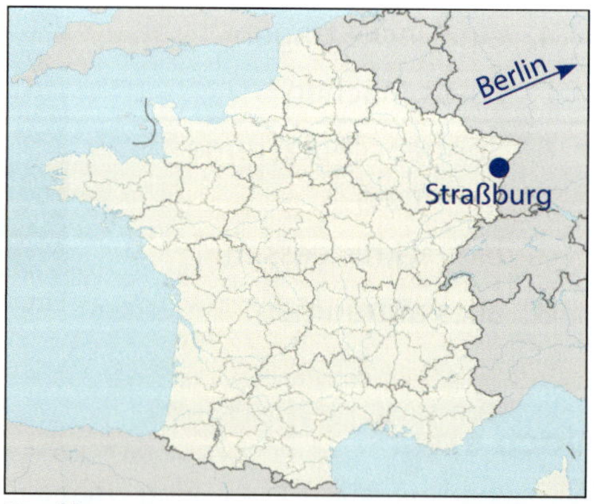

Straßburg

[1]*die Europakarte* map of Europe; [2]*die Geburtsstunde* birth; [3]*der Enkel* grandchild; [4]*der Frieden* peace; [5]*wechseln* to change, to shift; [6]*die Herrschaft* reign; [7]*endgültig* finally; [8]*zwischenstaatlich* multi-lateral, interstate; [9]*erklären* to declare; [10]*der Sitz* seat; [11]*die Annäherung* reconciliation; [12]*symbolisieren* to symbolize

Straßburg, seit 1949 „die Hauptstadt Europas“

Heute heißt Straßburg „die Hauptstadt Europas“, weil sie eine Hauptrolle[13] in der Europäischen Union spielt. Seit 1949 ist Straßburg Sitz nicht nur für den Europarat, sondern auch für viele andere europäische Institutionen[14], wie das Europäische Parlament, den Europäischen Gerichtshof[15] für Menschenrechte[16], und das Europäische Jugendzentrum. All diese Institutionen haben ihre Zentralen[17] im „Europaviertel“. 2007 erhielt das Viertel die Auszeichnung „Europäisches Kulturerbe“, dank seiner führenden Rolle in der Geschichte und Kultur Europas.

EUROPÄISCHES KULTURERBE
EUROPEAN HERITAGE
PATRIMOINE EUROPÉEN

Analyse

Warum ist Straßburg ein optimaler Ort für die vielen europäischen Institutionen, die dort ihren Sitz haben? Denken Sie an die geographische und historische Geschichte der Stadt.

Berühmte Straßburger

Straßburg hat nicht nur mit der europäischen Politik zu tun. Über die Jahrhunderte lebten hier viele berühmte Persönlichkeiten[18]. Um 1200 schrieb Gottfried von Straßburg eines der wichtigsten literarischen Werke des Mittelalters, die Liebesgeschichte[19] „Tristan und Isolde“; 75 Jahre später entwarf Erwin von Steinbach, einer der wichtigsten Architekten seiner Zeit, die Pläne für den Dom, das Liebfrauenmünster zu Straßburg, das bis 1874 das höchste Gebäude auf der Welt war. Wahrscheinlich entwickelte Johannes Gutenberg während seines Aufenthaltes[20] 1431–1444 die Buchpresse in Straßburg; daraufhin wurde Straßburg ein wichtiges Zentrum für den Buchdruck und im Jahre 1605 wurde hier die allererste[21] Zeitung in der Welt gedruckt. Johann Wolfgang von Goethe brachte in Straßburg sein Jurastudium[22] zu Ende und schrieb begeistert[23] über den Dom; durch seine Schriften über diese Architektur begann man sich dafür zu interessieren. Und der Arzt und Friedensnobelpreisträger Albert Schweitzer kam aus dem Elsass und spielte viele Orgelkonzerte im Liebfrauenmünster zu Straßburg.

Straßburg heute

Trotz seiner turbulenten[24] Geschichte, oder vielleicht gerade deshalb, ist Straßburg heute eine der wichtigsten Städte in Europa, die für den Frieden und die Zukunft Europas steht.

[13]*die Hauptrolle* leading role; [14]*die Institution* institution; [15]*der Gerichtshof* court; [16]*das Menschenrecht* human right; [17]*die Zentrale* headquarters; [18]*die Persönlichkeit* personality; [19]*die Liebesgeschichte* love story; [20]*der Aufenthalt* stay; [21]*allererst* very first; [22]*das Jurastudium* law studies; [23]*begeistert* enthusiastic; [24]*turbulent* turbulent

Flash!

Europatag: Besuch beim Europäischen Parlament in Straßburg

Am 8. Mai öffnet das Europaparlament in Straßburg seine Türen für die Öffentlichkeit. Besucher können das Gebäude besichtigen, an verschiedenen Veranstaltungen teilnehmen und sich über die Europäische Union, das Parlament und dessen Arbeit informieren.

Die Eröffnungsfeier beginnt um 9.30 Uhr. Ab 10 Uhr können Besucher die Informationsstände besuchen, an Spielen und Wettbewerben teilnehmen, künstlerische Veranstaltungen erleben und bei Konferenzen und Debatten zuhören.

eine Plenarsitzung im Europäischen Parlament in Straßburg

8 Was verstehen Sie?

To show your understanding of the reading, put its main ideas in your own words; this is called "paraphrasing." Then place each statement in a graphic like the one below, under the correct category that refers to each paragraph you read.

Stadt der zwei Länder	Straßburg als Hauptstadt Europas	Berühmte Straßburger
BEISPIEL Straßburg wechselt in verschiedenen Kriegen mindestens sechsmal zwischen deutscher und französischer Herrschaft. **Kriege verändern oft die Nationalität von Straßburg.**		

9 Aktivitäten

1. **Presentational Writing / Connecting to Government.** Erforschen Sie den Europarat, den Gerichtshof für Menschenrechte oder das Europäische Jugendzentrum. Wie lange existieren sie, was machen sie, wer sind die Mitglieder, welche Veranstaltungen organisieren sie, und an wen sollte man schreiben, wenn man dahin will? Schreiben Sie einen Bericht und geben Sie einen Grund an, warum Sie sich für diese Institution interessieren.

Suchwörter: Gerichtshof für Menschenrechte, Europarat, Europäisches Jugendzentrum

2. **Presentational Speaking / Connecting to European Heritage.** Erforschen Sie, welche anderen Städte in Europa die Auszeichnung „Europäisches Kulturerbe" bekommen haben und was die Kriterien sind. Sie sind im Kommittee und wollen eine andere Stadt vorschlagen. Zusammen mit einem Partner oder einer Partnerin schreiben Sie den Antrag für die Stadt. Welche Kriterien erfüllt die Stadt? Warum sollte sie auf die Liste kommen?

Suchwörter: European Heritage Label, Europäisches Kulturerbe

3. **Presentational Writing and Speaking / Connecting to Tourism.** Planen Sie eine Tour für eine Schulklasse, die das Europaviertel besuchen will. Sie sind Tourleiter/in. Zuerst schreiben Sie einen Plan mit den Attraktionen im Viertel, den Sie den Schülern vor der Tour geben. Dann bereiten Sie einen kleinen Vortrag darüber vor, was Sie den Schülern zeigen wollen. Nehmen Sie dann Ihre Klassenkameraden auf die Tour und vergessen Sie nicht, ihnen Bilder zu zeigen!

Suchwörter: Europaviertel Straßburg

Sprache Word Order of Adverbials

When you include adverbials in a sentence, they occur in a special order. Consider this sentence in English: *I went shopping with my mother yesterday.* If, however, you said *With my mother I went yesterday shopping*, the sentence would sound very odd indeed. That is because we have word order rules that prescribe where elements go in a sentence. German also has word order rules for such elements. Unlike English, time elements come before place elements in German.

Ich fahre am Montag in die Stadt.	I'm going downtown on Monday.
Wir treffen uns um neun vor dem Theater.	We're meeting in front of the theater at nine.
Willst du mich dann dort treffen?	Do you want to meet me there then?

Notice that these adverbial elements are often more than one word and can be phrases with prepositions. If you have two time expressions (*um neun, am Dienstag*), the more general precedes the more specific.

Ich muss am Dienstag um neun arbeiten.	I have to work at nine on Tuesday.
Es wäre schön, wenn ich diesen Monat jede Woche Urlaub hätte.	It would be nice if I had vacation every week this month.

Noch etwas

Your partner will ask you what your after-school plans are for this week. Respond following the model.

BEISPIEL **Am Montagabend koche ich mit meinem Vater.**

Was machst du am Montagabend?

10 Was? Wann? Wo?

Bilden Sie Sätze mit den einzelnen Wörtern. Sie müssen die Wörter in die richtige Reihenfolge bringen. Fangen Sie mit dem Subjekt des Satzes an!

BEISPIEL um halb zwei / abfliegen / Familie Richter / nach Zürich
Familie Richter fliegt um halb zwei nach Zürich ab.

1. zu Hause / lernen / Katja / am Dienstagvormittag
2. abfahren / vom Bahnhof / Hannes / um drei Uhr
3. Alex / treiben / am Wochenende / morgens / Sport
4. in seinem Zimmer / jeden Tag / fernsehen / Kevin
5. im Internet / Patrick / sich informieren / einmal im Monat
6. bei ihrer Oma / jeden Sonntagnachmittag / sich langweilen / Martina
7. losfahren / Antje / auf ihrem Motorrad / am Abend
8. Sophie / im Konzert / singen / um 20 Uhr

11 Was machen Sie wann?

Benutzen Sie die folgende Information und bilden Sie Sätze! Benutzen Sie verschiedene Zeitelemente!

BEISPIEL mit dem Rad fahren
Ich fahre jeden Morgen um halb acht mit meinem Rad in die Schule.

1. sich mit Freunden treffen
2. Hausaufgaben machen
3. Sport treiben
4. in die Ferien fahren
5. Geburtstag feiern
6. ins Kino gehen
7. Freunde besuchen
8. etwas Geld verdienen

Ich hänge jeden Samstag um halb drei in der Stadt rum.

12 Kombinieren Sie!

ich	fahren	heute	in der Stadt	Blumen
unser Nachbar	brauchen	vor einer Woche	im Wohnzimmer	eine Brille
Frau Kumber	suchen	gestern	in der Schule	meine Mutter
du	einkaufen	letztes Jahr	nach Berlin	die Kinder

Du bist dran! Pre AP

Wetterbericht Presentational Speaking

Präsentiere einen Wetterbericht für die Hauptstadt eines Nachbarlandes Deutschlands im Sommer, im Herbst, im Winter oder im Frühling. Beschreibe das Klima, sag die Temperatur und ob es regnet, schneit, usw. Du musst vielleicht im Internet forschen, um herauszufinden, in welcher Klimazone die Hauptstadt liegt.

Welche Zone ist das? Presentational Writing and Speaking

In einer kleinen Gruppe von drei oder vier Leuten schreibt zehn Sätze über die verschiedenen Klimazonen. Jeder Satz soll nur einen Hinweis haben, welche Zone gemeint ist. Dann macht alle Bücher zu! Ihr lest eure Sätze vor: die andere Gruppe hat nur eine Chance, die richtige Antwort zu geben. Für jede richtige Antwort bekommt die ratende (*guessing*) Gruppe einen Punkt. Ihr versucht auch die Antworten von der anderen Gruppe zu raten. Am Ende gewinnt die Gruppe mit den meisten Punkten.

BEISPIEL **Gruppe 1: In dieser Zone gibt es keine Jahreszeiten.**
Gruppe 2: die Tropen

Beschreib die Landschaft! Presentational Speaking

Such im Internet fünf Bilder von Landschaften und druck sie aus (*print them out*). Dann arbeite mit einem Partner oder einer Partnerin. Entscheide, welches Bild dein Lieblingsbild ist, aber sag es der anderen Person nicht! Leg alle fünf Bilder auf einen Tisch. Jetzt muss die andere Person Fragen über die Landschaft stellen und versuchen zu raten, welches dein Lieblingsbild ist. Dann zeigt die andere Person ihre Bilder und jetzt du musst raten, welches Bild die Lieblingslandschaft ist.

Pläne für das Wochenende Interpersonal and Presentational Speaking

Frag deinen Partner oder deine Partnerin, was er oder sie am Freitagabend, Samstag und Sonntag vorhat. Erzähle dann einer anderen Gruppe, was dein Partner oder deine Partnerin am Wochenende tun wird.

BEISPIEL **A: Was hast du am Freitagabend / Samstag / Sonntag vor?**
B: Am Freitagabend gehe ich mit Freunden ins Kino. Und du?
A: Ich…

Straßburg Presentational Writing

Mach eine Präsentation mit Informationen über den Einfluss Deutschlands auf die französische Stadt Straßburg. Mögliche Themen sind die Architektur, die Küche (*cuisine*), Kunst oder Sprache. Du brauchst Bilder und Text für dieses Projekt. Erzähl dann der Klasse von Straßburg und dem Einfluss der Deutschen auf diese Stadt.

Ein Tag in Straßburg **Interpersonal Writing**

Stell dir vor, du studierst in Zürich und dein Freund oder deine Freundin studiert in London. Ihr wolltet zusammen zwei Tage in Straßburg verbringen. Schreib eine E-Mail an deinen Freund oder deine Freundin und sag, wo und um wie viel Uhr ihr euch treffen sollt, wo ihr übernachten könnt, welche Sehenswürdigkeiten ihr besuchen solltet, welche Spezialitäten ihr essen werdet und andere Details über euren Aufenthalt in Straßburg.

Suchwörter: **Sehenswürdigkeiten in Straßburg, Restaurants in Straßburg, Jugendherbergen in Straßburg**

Wörter und Ausdrücke

Interacting with Others

Wir können uns verständigen. We can communicate with each other.
Da fällt mir ein, dass... It just occurred to me that...
Lass mich das machen. Let me do that.
Ich finde das langsam langweilig. I'm starting to get bored with that.

Climate

arktisch arctic
gemäßigt temperate
subtropisch subtropic
tropisch tropical

Landscapes

die Ebene plains
das Gebirge mountains
das Hochmoor highland moor
die Küste coastal area
der Sumpf swamp
das Tal valley
die Wüste desert

Das Europäische Raumflugkontrollzentrum (*ESOC*) in Darmstadt. Zu der ESA (*European Space Agency*) gehören 22 Mitgliedstaaten.

Noch etwas

Schreiben Sie eine kleine Beschreibung eines Ortes, aber nennen Sie den Namen nicht. Es kann eine Landschaft aus Ihrer Region sein, oder eine, die Sie auf einer Reise, im Fernsehen oder im Film gesehen haben. Geben Sie dem Leser kleine Hinweise wie Denkmäler, Essen, Wetter, wo diese Landschaft ist. Ihr Partner oder Ihre Partnerin soll Ihre Beschreibung lesen und versuchen, den Ort zu erraten.

Lektion B

Vokabeln Der Abflug und die Ankunft

Düsseldorf Flughafen **DUS**

Flüge	Parken	**An-/Abreise**	Services	Erlebnis DUS

Vor dem Abflug

DER FLUGSCHEIN

Kaufen Sie Ihren Flugschein online. Dle Bordkarte können Sie zu Hause oder am Flughafen drucken.

DER CHECK-IN

Checken Sie am Schalter ein, wenn Sie Gepäck haben. Es könnte **eine Warteschlange** geben!

DIE SICHERHEITSKONTROLLE

Klicken Sie die folgenden Links an und **erfahren** Sie über:

die Gepäckkontrolle

die Passprüfung

die Personenkontrolle

der Scanner

DIE WARTEHALLE

Wenn Sie durch die Sicherheitskontrolle sind, können Sie essen und shoppen, bevor das Flugzeug **abhebt**.

Bei der Ankunft

Klicken Sie die folgenden Links an und erfahren Sie, was man nach **der Landung** macht.

der Zoll

die Passkontrolle

die Gepäckausgabe

I	Informationen
	Start- und Landebahn
	Haustiere

Wichtige Ausdrücke

How do I express that I've lost something?

Ich habe mein Gepäck **verloren**.

I've lost my luggage.

How do I ask where someone's come from?

Woher sind Sie **gekommen**?

From where did you come?

How do I say I'll remember something?

Das **vergesse** ich **bestimmt nicht wieder**!

I'll never forget that again!

How do I inquire about how long something normally takes?

Wie lange dauert es normalerweise, bis Sie Gepäck finden?

How long does it normally take for you to locate luggage?

How do I tell someone not to worry?

Machen Sie sich keine Sorgen!

Don't worry about it at all!

Was noch?

das Bodenpersonal	*ground personnel*
die Einwanderungsbehörde	*immigration authority*
das Gepäckband	*baggage carousel*
der Passagier	*passenger*
das Sicherheitspersonal	*security personnel*
der Terminal	*terminal*
digitale Geräte an Bord benutzen	*to use digital devices on board*

Auf dem Flughafen

Wissen Sie noch, was diese Wörter bedeuten? Arbeiten Sie mit einem Partner oder einer Partnerin, um zu checken!

der Angestellte
die Bordkarte
der Check-in Automat
der Flugbegleiter
der Flugsteig
das Gepäck
der Koffer
der Pilot
der Reisepass
die Reisetasche
Ich sitze lieber am Fenster.
Fliegt das Flugzeug pünktlich ab?

Wörterkiste

„Läuft bei dir" war das Jugendwort des Jahres 2014. Das heißt so viel wie: „Du bist cool!"

Konversationsgruppe

Fragen Sie einen Partner oder eine Partnerin, wohin er oder sie fliegen möchte. Stellen Sie Fragen über die Wunschreise und dann erzählen Sie einer anderen Gruppe von der Wunschreise Ihres Partners oder Ihrer Partnerin.

13 Wovon spricht man hier?

Geben Sie das Wort und seinen Artikel an!

BEISPIEL Da sitzen viele Leute vor dem Flug.
die Wartehalle

1. Den braucht man, wenn man ins Ausland fliegen will.
2. Nach der Ankunft holt man dort die Koffer ab.
3. Da muss man bei der Personenkontrolle durchgehen.
4. Von da fliegt ein Flugzeug ab, nachdem es den Flugsteig verlassen hat.
5. Dort muss man den Reisepass zeigen, um ins Land zu kommen.
6. Dort zeigt man den Flugschein und die Bordkarte, bevor man ins Flugzeug einsteigt.
7. Dort checken die Angestellten, ob man die richtigen Papiere dabei hat.

14 Ergänzen Sie das fehlende Verb!

abholen	**aufmachen**	**fliegen**	**gehen**
reisen	**schlafen**	**zeigen**	**verlassen**

1. Für viele Leute ist es heutzutage möglich, mit dem Flugzeug oder dem Zug in andere Länder zu ___.
2. Wenn man schnell von Amerika nach Europa will, muss man ___.
3. Im Flugzeug kann man nur sitzen, essen, trinken und ___.
4. Wenn man durch die Personenkontrolle geht, muss man vielleicht den Koffer ___.
5. Wenn man angekommen ist, muss man durch die Passkontrolle ___.
6. Bei der Passkontrolle muss man den Reisepass ___.
7. Nach der Passkontrolle muss man das Gepäck ___.
8. Wenn man alles dabei hat, kann man den Flughafen ___.

Das Flugzeug hebt ab.

Die größten Flughäfen in Deutschland

1. Frankfurt (Am Main)
2. München
3. Düsseldorf
4. Berlin Tegel
5. Hamburg
6. Stuttgart
7. Köln/Bonn
8. Berlin Schönefeld

Dialog Beim Gepäckdienst

Interpretive Communication

Angestellte: Guten Tag! Kann ich Ihnen helfen?

Fluggast: Guten Tag! Ich habe meinen Koffer verloren.

Angestellte: Ja, da sind Sie an der richtigen Stelle. Ich brauche einige Informationen von Ihnen. Wie heißen Sie?

Fluggast: Dieter Hildebrandt.

Angestellte: Woher sind Sie gekommen?

Fluggast: Ich komme direkt aus Frankfurt am Main.

Angestellte: Mit welchem Flug?

Fluggast: Lufthansa, Flugnummer 32.

Angestellte: Wie sieht Ihr Koffer denn aus?

Fluggast: Mein Koffer ist braun, dunkelbraun und mittelgroß.

Angestellte: Steht Ihr Name auf dem Koffer?

Fluggast: Nein, das habe ich ganz vergessen.

Angestellte: Daran sollten Sie aber nächstes Mal denken, denn Ihr Name auf dem Koffer macht eine Suche viel leichter.

Fluggast: Nach dieser Reise vergesse ich es bestimmt nicht wieder!

Angestellte: Gut. Können Sie mir Ihre Adresse in Berlin geben? Dann kann Ihr Koffer dorthin gebracht werden, wenn wir ihn finden. Und wenn es Probleme geben sollte, kann ich Sie dort anrufen.

Fluggast: Meine Anschrift ist Rathenauplatz 2. Telefonnummer 56 78 64. Wie lange dauert es normalerweise, bis Sie Gepäck finden?

Angestellte: Machen Sie sich keine Sorgen! Sie haben Ihren Koffer sicher heute Abend wieder.

Fluggast: Hoffentlich! Sonst muss ich morgen erst einmal einkaufen gehen.

Angestellte: Ich werde tun, was ich kann. Auf Wiedersehen!

Fluggast: Gut. Auf Wiedersehen!

Analyse

Talking around a subject using the words you do know is called "circumlocution." If the *Fluggast* couldn't think of the word *mittelgroß* to describe his suitcase, how else could he get that idea across?

15 Stimmt's oder stimmt's nicht?

Schreiben Sie richtig oder falsch und verbessern Sie die falschen Sätze.

1. Der Fluggast heißt Dieter Hilfinger.
2. Er kommt direkt aus Berlin.
3. Er ist mit der Lufthansa geflogen.
4. Er ist mit dem Flug 32 aus Frankfurt geflogen.
5. Er hat einen schwarzen Koffer verloren.
6. Sein Name steht auf dem Koffer.
7. Er ist jetzt in Berlin.
8. Sie finden seinen Koffer bis morgen.

Sprache Passive Voice with the Subject *es*

So far, you have learned how to form passive sentences with grammatical subjects. There is also a special type of passive sentence that uses what is called an "impersonal subject," the pronoun *es*. You will encounter these passive sentences frequently on signs, in instructions and other impersonal situations. These passives are often equivalent to the English expression "They say…." There is, of course, no real "they." The sentence simply means you heard this information somewhere. The same thing happens in impersonal passives in German. These types of passive use the singular pronoun *es*, *werden* and the past participle.

Es wird gesagt, dass es heute Abend regnet.	They say it will rain tonight.
Es wurde gesagt, dass er krank ist.	It was mentioned that he is ill.

These kinds of passive sentences are also used for impersonal sentences when an activity is stressed, but not the people doing it, as in these sentences:

Es wird heute Abend getanzt.	There will be dancing tonight.
Es wird in letzter Zeit viel über gesundes Essen diskutiert.	There has been a lot of discussion about healthy eating lately.

16 Was wird heute Abend auf der Party gemacht?

BEISPIEL eine Geschichte erzählen
Es wird heute Abend eine Geschichte erzählt.

1. Musik hören
2. singen
3. Gitarre spielen
4. viel essen
5. Monopoly spielen
6. über Freunde und Bekannte diskutieren
7. ein Fotoalbum ansehen
8. spät nach Hause gehen

Es wird heute gelacht.

17 Jetzt sind Sie an der Reihe!

Was wird alles in der Schule gemacht? Hier sind ein paar Verben und Ausdrücke zur Auswahl. Schreiben Sie mindestens fünf Sätze!

lernen — einen Roman lesen — lachen — eine Pause machen — Freunde treffen — Witze erzählen — Sport treiben — viel lernen — diskutieren — nach Hause fahren — eine Fremdsprache sprechen — einen Aufsatz schreiben

Im Fokus

Interpretive Communication Pre AP

Ein europäisches Sprachgenie[1] als EU Kommissionspräsident

Die mächtigste[2] Person in der Europäischen Union (EU) ist der Präsident der EU Kommission. Diesen wichtigen Job macht Jean-Claude Juncker mit seinem persönlichen Team von internationalen Mitarbeitern und Repräsentanten[3] aller EU Mitgliedsstaaten[4]. Um zu verstehen, wie wichtig die Rolle des Präsidenten ist, muss man wissen, was die EU Kommission ist und was sie mit dem Europäischen Parlament zu tun hat.

Jean-Claude Juncker (1954–)

Das Europäische Parlament trifft sich in Straßburg, Brüssel und Luxemburg. Alle Mitgliedsstaaten senden ihre Repräsentanten ins Europäische Parlament; da sitzen vie die Repräsentanten und ein Präsident. Die Aufgaben[5] des Parlaments stehen in Artikel 14 des EU-Vertrags[6]:

- die EU Gesetze für alle Mitgliedsstaaten machen
- das EU Budget festlegen, das alle Mitgliedsstaaten bezahlen müssen
- die EU Kommission und ihren Präsidenten wählen
- die parlamentarische[7] Kontrolle über die EU Kommission ausüben[8]

Jeder Mitgliedsstaat hat einen Repräsentanten in der EU Kommission.

Die EU Kommission ist die Exekutive[9] der EU, ihre Regierung[10]. Sie macht das, was im Parlament entschieden worden ist, handelt[11] aber auch selbstständig[12].

Jean-Claude Juncker ist Präsident dieser Kommission. Sein Job ist also wie die Arbeit der deutschen Kanzlerin, oder des US-amerikanischen Präsidenten. Als Präsident der EU Kommission handelt er für mehr als 25 Mitgliedsstaaten und über 500 Millionen Bürger in der EU. Das sind mehr Bürger als der amerikanische Präsident repräsentiert. Jean-Claude Juncker ist also der wichtigste Politiker in Europa.

---

[1]*das Sprachgenie* genius at languages; [2]*mächtig* powerful; [3]*der Repräsentant* representative; [4]*der Mitgliedsstaat* member country; [5]*die Aufgabe* task, assignment; [6]*der Vertrag* contract, agreement; [7]*parlamentarisch* parliamentary; [8]*ausüben* to exercise; [9]*die Exekutive* executive branch; [10]*die Regierung* government; [11]*handeln* to act; [12]*selbstständig* independently

Was ist die Stärke dieses Politikers, der aus Luxemburg kommt und schon Finanzminister[13] und Premierminister[14] seines Landes war? Er ist ein Sprachgenie: Er spricht und schreibt fließend[15] Französisch, Englisch und Deutsch und seine Muttersprache[16] Luxemburgisch und benutzt alle seine Sprachkenntnisse[17], wenn er Gesetze und Verträge diskutiert und Verhandlungen[18] führt. Aber die Arbeit in der EU ist nicht leicht. Immer wieder fragen sich einzelne Mitglieder, ob sie in der EU bleiben wollen, oder ob sie lieber wieder allein agieren[19] sollten. Das macht dem Präsidenten der Kommission jedes Mal viel Arbeit und zwingt[20] ihn dazu, die Vorteile einer Mitgliedschaft[21] immer wieder zu kommunizieren und die Bürger jedes Mitgliedsstaates zu überzeugen. Da hilft es sehr, dass Präsident Juncker die Engländer, Iren, Schotten, Franzosen, Luxemburger, Belgier, Österreicher und Deutschen in ihrer Muttersprache ansprechen[22] kann. Und die anderen Mitgliedsstaaten benutzen alle Englisch als offizielle Sprache der EU. Jean-Claude Juncker kann etwa 50% aller EU Bürger in ihrer Muttersprache erreichen. Das macht ihm die Arbeit sehr viel leichter, denn er kann sich mit allen verständigen.

Analyse

1. Ordnen Sie die Paragrafen mit 1–4. In welcher Reihenfolge erscheinen sie?
   ___ wie die Mehrsprachigkeit Juncker hilft
   ___ Vergleiche zwischen Juncker und anderen wichtigen Politikern
   ___ Juncker und sein Team
   ___ was die Europäische Kommission macht
2. Dieser Text hat mit Politik und Sprachen/Sprachkenntnissen zu tun. Welche Wörter aus der Politik können Sie identifizieren? Welche Wörter haben mit Sprachen und Sprachkenntnissen zu tun?

Antworten: Activity 1: 4, 3, 1, 2

---

[13]*der Finanzminister* treasury secretary; [14]*der Premierminister* prime minister; [15]*fließend* fluently; [16]*die Muttersprache* native language; [17]*die Sprachkenntnis* language skill; [18]*die Verhandlung* negotiation; [19]*agieren* to act; [20]*zwingen* to force; [21]*die Mitgliedschaft* membership; [22]*ansprechen* to address, to speak to

Lernerporträt

Leute überall in der Welt lernen Deutsch! Sie können andere Deutschlerner aus vielen verschiedenen Ländern kennen lernen, wenn Sie das Suchwort unten benutzen. Finden Sie das Porträt von dieser Woche, sehen Sie sich das Video an und beantworten Sie dann diese Frage: **Was für einen Tipp hat diese Person für andere Deutschlerner? Was ist Ihr Tipp für andere Deutschlerner?**

Suchwörter: Deutsche Welle Lernerporträt der Woche

18 Aktivitäten

1. **Interpretive / Interpersonal Writing / Connecting to Study Skills.** Schreiben Sie für jeden Paragrafen eine Überschrift, die die Information dadrin zusammenfasst. Dann geben Sie einem Partner oder einer Partnerin Ihr Papier und die Person listet Details zu den Themen auf. Rechts ist ein Beispiel.

I. Der Präsident der EU Kommission
  A. Jean-Claude Juncker ist seit 2014 Präsident.
  B. Er arbeitet mit internationalen Mitarbeitern und Repräsentanten aller EU Mitgliedsstaaten.
II.
  A.
  usw.

2. **Presentational Speaking / Connecting to Politics.** Suchen Sie im Internet nach dem Lebenslauf von Jean-Claude Juncker. Finden Sie mindestens drei verschiedene Versionen, dann schreiben Sie einen neuen Lebenslauf über ihn. Suchen Sie auch Bilder von ihm, von denen es viele im Netz gibt. Vergleichen Sie die Lebensläufe und entscheiden Sie, welche Elemente Sie für Ihren eigenen Lebenslauf über Jean-Claude Juncker benutzen wollen. Machen Sie einen neuen Lebenslauf mit den wichtigsten Stationen seines Lebens und erzählen Sie in Ihrer Klasse über diesen wichtigen Politiker.

Suchwörter: Jean-Claude Juncker Lebenslauf, Jean-Claude Juncker CV

3. **Presentational Writing / Connecting to Social Studies.** Suchen Sie im Netz nach den Aufgaben und Funktionen des US Präsidenten und des EU Kommissionspräsidenten. Welche Aufgaben sind gleich, welche sind verschieden? Vergleichen Sie diese beiden wichtigen politischen Posten (*posts*)!

Suchwörter: Aufgaben EU Kommissionspräsident, Aufgaben US-Präsident

4. **Presentational Writing / Connecting to Linguistics.** Wie viele verschiedene Sprachen werden in den Mitgliedsländern der EU gesprochen? Zeichnen Sie eine Karte von Europa, die diese Sprachgebiete repräsentiert.

Suchwörter: Mehrsprachigkeit im Europäischen Parlament, EU Amtssprachen

Sprache *-ung* Nouns from Verbs

If you add *-ung* to the base form of a verb, you create a feminine noun that means the outcome or product of the verbal action (*retten* to save, *die Rettung* salvation; *isolieren* to isolate, *die Isolierung* isolation). This kind of word formation is very useful to understand because it can expand your vocabulary immensely and improve your reading ability.

Note: Occasionally an additional consonant is added to the infinitive, as *hoffen - Hoffnung*.

Eine Aufführung von Mozart in Wien

Vergleiche

In English, a verb can change to a noun by adding *–ing*, as in the first sentence below. What other parts of speech end in *–ing*?

Traveling abroad is fun and educational.

Julian was met at the Frankfurt airport by a *welcoming* committee from his new school.

Do you like *making* new friends through German?

Antworten: In the second sentence, *welcoming* is used as an adjective. In the third, *making* is a verb.

emcpassport.com
WB 18

19 Was fehlt?

Ergänzen Sie die fehlenden Formen und raten Sie, was das Substantiv bedeutet!

	Verb	Substantiv	Was bedeutet das Substantiv?
1.	___	Ernährung	nutrition
2.	lüften	___	___
3.	verbreiten	___	___
4.	warnen	___	___
5.	___	Bewegung	___
6.	___	Erholung	___
7.	spezialisieren	___	___
8.	___	Gründung	___

20 Ergänzen Sie jeden Satz mit dem passenden Substantiv!

BEISPIEL Die Bewegung der Planeten wurde entdeckt. Das war eine wichtige ___.
Entdeckung

1. Das Flugzeug landete. Das war eine tolle ___!
2. Der Vertrag wurde verhandelt. Es war eine lange ___.
3. Das Spiel wurde von Klaus Teuber entwickelt. Das Spiel ist eine tolle ___ für Spieler.
4. Er soll sich etwas beruhigen. Seine ___ dauerte nicht lange.
5. Es wurde uns erklärt. Es war eine gute ___.
6. Die Geschichte handelt von einer Liebesgeschichte. Die ___ war interessant.
7. Wir reservierten den Tisch im Restaurant. Die ___ war für sieben Uhr.
8. Die Touristen übernachten nur eine Nacht. Die ___ war nicht teuer.

Noch etwas

With a partner, figure out the verb each noun comes from. Then list six other nouns you have learned and give them to your partner, who will list the related verb.

die Annäherung
die Anweisung
die Aufführung
die Ausrüstung
die Auszeichnung
die Bedeutung
die Regierung

Was machen die Schüler?

Aktuelles

Interpretive Communication Pre AP

Deutsche Expeditionen in die Arktis

Carl Koldeweys zweite deutsche Nordpolarexpedition 1869–70

Die erste deutsche Expedition in die Arktis fand in der Mitte des 19. Jahrhunderts statt. Im Sommer 1868 leitete der Forscher Carl Koldewey auf seinem Schiff *Grönland* die Expedition; Paul Hegemann leitete die zweite erfolgreiche Expedition auf dem Schiff „Hansa". Die Russen, Skandinavier und Engländer schickten auch Forscher in die Arktis. Heutzutage arbeiten europäische Forscher zusammen und erforschen die Geheimnisse der Ozeane und des Weltraums[1].

Suchwörter: Deutsche Expeditionen in der Arktis, ESA

Geschichte der Luftfahrt[2] in Deutschland

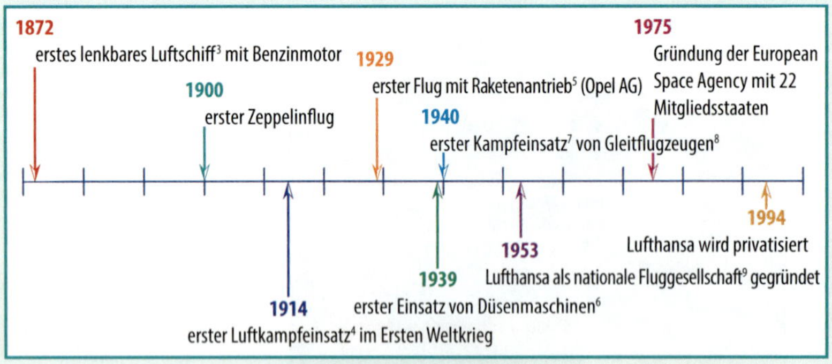

[1]*der Weltraum* outer space; [2]*die Luftfahrt* aviation; [3]*das Luftschiff* dirigible; [4]*der Luftkampfeinsatz* deployment in aerial combat; [5]*der Raketenantrieb* rocket propulsion; [6]*die Düsenmaschine* turbo jet; [7]*der Kampfeinsatz* military use in battle; [8]*das Gleitflugzeug* glider; [9]*die Fluggesellschaft* air carrier

Vergleiche

Wer sind die berühmten Forscher in Ihrem Land? Gibt es berühmte Forscher oder Abendteurer aus Ihrem Land? Was haben sie gemacht? Ein Beispiel aus Österreich ist Gerlinde Kaltenbrunner, „National Geographic Adventurer of the Year."

Suchwörter: National Geographic Adventurers des Jahres

Zusammenhänge

Career Planning

Wenn Sie sich für die Forschung der Ozeane interessieren, möchten Sie vielleicht Meeresbiologe/in, Meeresforscher/in oder Ozeanograf/in werden. Es gibt noch mehr Berufe, die mit Ozeanen zu tun haben.

Suchwörter: oceancareers.com

Analyse

Wie arbeiten die Deutschen mit anderen europäischen Wissenschaftlern zusammen, um neue Forschungen zu unternehmen?

Weißt du…?

Wer war der deutsche Pilot, den man als „the Red Baron" kennt?

Antwort: Manfred von Richthofen (1892–1918), der Top-Pilot im Ersten Weltkrieg.

Produkte

Im Ersten Weltkrieg benutzte Deutschland 60 verschiedene Flugzeugtypen, darunter die berühmte Fokker-Serie.

Das EYE (European Youth Event)

Das Europäische Jugend-Event ist ein alljährliches Fest, das in Straßburg von dem Europäischen Parlament veranstaltet wird. In einem typischen Jahr kommen über 7.000 Teilnehmer zwischen 16 und 30 Jahren aus allen europäischen Ländern zusammen, um Zukunftsfragen[10] zu diskutieren und innovative[11] Lösungen[12] vorzuschlagen. Auf dem Event treffen die Teilnehmer auch europäische Politiker und andere Menschen, die über die Gegenwart[13] und Zukunft[14] Europas entscheiden. Nach dem Treffen wird ein Bericht[15] über die Ideen der Jugendlichen geschrieben und an die Mitglieder des Europäischen Parlaments geschickt. Frühere EYE-Teilnehmer stellen die besten Ideen vom Event verschiedenen parlamentarischen Kommitteen vor und vertreten so die Probleme und Interessen der Jugend im Parlament. Nicht nur gesellschaftliche und politische Themen machen das EYE Angebot aus, sondern auch kulturelle[16] und künstlerische[17] Shows sind auch dabei. Die Stiftung Internationaler Karlspreis zu Aachen und der Europäische Verband professioneller Zirkusschulen[18] veranstalten künstlerische Auftritte. Für ein typisches Event werden mehr als 150 Aktivitäten in Straßburg organisiert—über 50 Jugendgruppen helfen bei fast 50% der Aktivitäten. Ein Highlight vom EYE ist das YO! Fest und das YO!Village vom Europäischen Jugendforum, wo Politik, Kultur, Bildung und Spaß zusammenkommen. Es gibt auch Workshops zu großen Herausforderungen für Jugendliche: die Ausbildung und die Arbeitslosigkeit[19]. Der Europäische Rat ist auch mit Diskussionen zu Menschenrechten, Demokratie und kultureller Pluralismus[20] vertreten. Und der Spaß kommt auch nicht zu kurz: *Games for Change Europe* versetzt Teilnehmer durch digitale Spiele für sozialen Wandel[21] in verschiedene Rollenspiele. Und auch wenn man nicht dabei sein kann, kann man an der Veranstaltung über Facebook oder die EYE App teilnehmen.

[10]*die Zukunftsfrage* question about the future; [11]*innovativ* innovative; [12]*die Lösung* solution; [13]*die Gegenwart* present; [14]*die Zukunft* future; [15]*der Bericht* report; [16]*kulturell* cultural; [17]*künstlerisch* artistic; [18]*die Zirkusschule* circus school; [19]*die Arbeitslosigkeit* unemployment; [20]*der Pluralismus* pluralism; [21]*der Wandel* change

Weißt du…?

What is the EU policy about the languages of its member states?

Antwort: The European Commission allows all EU citizens to access all EU documents in the official language(s) of the Commission. When they write to the Commission, they are entitled to receive a response in their own language. In high-level meetings between Member States, the participants are able to use their own language when they take the floor. Many interpreters are hired to simultaneously translate these communications.

„Offizielle Sprachen" in der EU in der Reihenfolge nach Beitritt (*joining*)

Können Sie alle der folgenden Sprachen identifizieren?

1958	Holländisch, Deutsch, Französisch, Italienisch
1973	Dänisch, Englisch
1981	Griechisch
1986	Portugiesisch; Spanisch
1995	Finnisch, Schwedisch
2004	Tschechisch, Estnisch, Ungarisch, Lettisch, Litauisch, Maltesisch, Polnisch, Slowakisch, Slowenisch
2007	Bulgarisch, Irisch, Rumänisch
2014	Kroatisch…

Analyse

Welche Informationen in den Lesestücken beweisen Zusammenarbeit zwischen geografischen Nachbarn?

21 Kulturelle Aktivitäten

Complete the following activities to demonstrate your understanding of the content in the culture readings.

1. **Interpretive Communication / Connecting to Collaborative Learning.** Write a quiz about the main ideas in *Aktuelles*. Exchange papers with your partner and take his or her quiz.
2. **Presentational Writing / Connecting to Science.** Write a short biography about an explorer. Explain what the expedition was aiming to accomplish and what its outcome was.
3. **Presentational Writing / Connecting to Aviation.** Use an online presentational tool to recreate the aviation timeline with images and small tidbits of related information that enriches the timeline in novel, creative ways.
4. **Interpersonal and Presentational Speaking.** Look online at this year's announcement about the EYE. Imagine you and your partner are attending. Decide together which events you will attend, then tell your group. Give reasons for your choices.
5. **Presentational Writing / Connecting to Geography.** Find a photo with the flag for each EU member country. Then, write a caption for each photo using an online presentational tool, giving as much detail as possible.

Kultur Plus Interpretive Communication Pre AP

Auseinanderdriften Europas

Griechenlandhilfen sowie Euro-, Wirtschafts- und Finanzkrise – all das hat in den letzten Jahren zu einer zunehmenden Anti-Europa-Haltung und Konzentration auf nationale Interessen geführt. Durch die Flüchtlingssituation verschärft sich diese Lage noch einmal deutlich. In der Konsequenz erwarten mehr als zwei Drittel der Bundesbürger, dass Europa weiter auseinanderdriften wird.

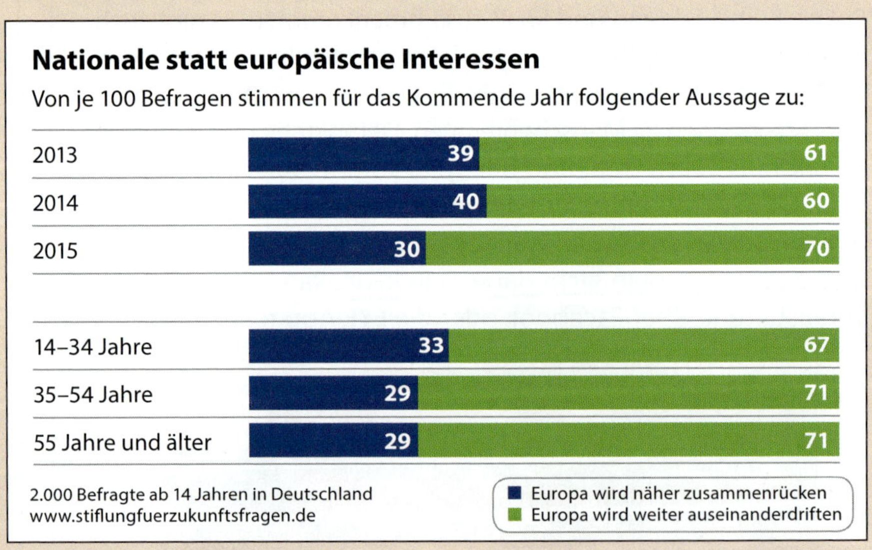

Antworten Sie!

1. Was heißt „Auseinanderdriften"?
2. Wer ist optimistischer über die Zukunft Europas? Die Befragten A. zwischen 14–34; B. zwischen 35–54; C. 55 Jahre und älter
3. In welchem Jahr sind die Befragten pessimistischer über das Zusammenrücken in Europa? A. 2013; B. 2014; C. 2015
4. Was könnten die Gründe für die Meinung der Befragten sein?

Du bist dran! Pre AP

Am Flughafen Interpersonal and Presentational Speaking

Reisen macht Spaß, aber der Flughafen kann ein lästiger (*troublesome*) Ort sein! Was ärgert dich am meisten? Warum? Wähle eine Kategorie. Dann arbeite mit anderen Klassenkameraden zusammen, die die gleiche Kategorie gewählt haben. Macht eine Präsentation in der Klasse darüber, warum dieser Teil des Flughafens so viele ärgert.

• der Check-in • die Passkontrolle/Personenkontrolle • die Gepäckkontrolle
• die Sicherheitskontrolle • die Warteschlangen

Beim Gepäckdienst

Presentational Writing and Interpretive Communication

Arbeite mit einem Partner oder einer Partnerin. Eine Person ist Fluggast und hat den Koffer verloren, die zweite Person arbeitet am Gepäckdienst. Die Person vom Gepäckdienst fragt nach den wichtigen Informationen und der Fluggast erzählt, wie der Koffer aussieht und wie man den Fluggast erreichen kann.

Was wurde auf der Klassenfahrt gemacht?

Presentational Writing

Einer von deinen Freunden konnte nicht an der Klassenfahrt teilnehmen und fragt dich, was alles gemacht wurde. Schreib ihm eine detaillierte E-Mail über die komischen Ereignisse!

BEISPIEL **Gruselgeschichten wurden erzählt.**

Was wird über sie erzählt? Interpersonal Speaking

In kleinen Gruppen sagt man, was über eine berühmte Person gesagt worden ist, aber sagt nicht den Namen der Person. Die anderen Spieler müssen erraten, wer gemeint ist. Die Person, die den Namen errät, bekommt einen Punkt. Die Person mit den meisten Punkten ist der Gewinner!

BEISPIEL **A: Es wird erzählt, dass er in Cannes ist.**
B: Ist es Johnny Depp?
A: Stimmt! Du kriegst einen Punkt.

Das EYE Interpersonal Speaking and Presentational Writing

Du und dein Partner sind im kommenden Jahr Teilnehmer an dem EYE. Das Problem, das diskutiert wird, ist der Klimawandel (*climate change*). Überlegt euch innovative Lösungen, dann schreibt einen Bericht über das Problem und eure Lösungen.

Wörter und Ausdrücke

Departure and Arrival at Airport

der Check-in check-in
die Gepäckausgabe baggage claim
der Gepäckdienst baggage service
die Passkontrolle passport control
die Startbahn runway
die Wartehalle waiting room
der Zoll customs
ein Formular ausfüllen to fill out a form
Gepäck verlieren to lose baggage

Über den Text

In diesem Auszug aus dem Buch *Flucht ins fremde Paradies* wird ein sozialer Konflikt aus der Perspektive eines Kindes erzählt. Die beiden Geschwister Farideh und Freydoun kommen aus dem Iran nach Deutschland, während es in ihrem Land einen Krieg gibt. Ihre Eltern schicken sie nach Deutschland, damit die Kinder in Sicherheit sind. Das Buch beschreibt ihre Schwierigkeiten am Anfang, bis sie mit Hilfe von Freunden ihr Paradies entdecken.

Leseecke

Interpretive Communication Pre AP

Kurzbiografie

Angelika Mechtel (1943–2000)

Angelika Mechtel wurde 1943 in Dresden geboren und starb im Februar 2000 in Köln. Das erste Buch von Angelika Mechtel *Gegen Eis und Flut* wurde 1963 veröffentlicht. Sie schrieb für Erwachsene, aber auch für Kinder. In den Büchern für junge Leser und Leserinnen geht es um Themen wie erste Beziehungen, aber auch Drogen und Ausländerfeindlichkeit. Und weil sie gern und viel gereist ist, kommen in ihren Büchern auch oft andere Kulturen vor. In *Flucht ins fremde Paradies* erzählt Mechtel über iranische Jugendliche in Deutschland und bringt jungen Leuten wichtige politische und soziale Ereignisse näher.

Vor dem Lesen

1. Finden Sie heraus, was im Iran in den 1980er Jahren passierte. Wie war die Situation für Bürger des Landes?
2. Stellen Sie sich vor: Sie leben in einem Land, wo Krieg herrscht. Ihre Eltern entscheiden sich, Sie und Ihre Geschwister ins Ausland zu schicken, weil es in Ihrem Land zu gefährlich ist. Sie sollen bei Verwandten wohnen. Welche Gefühle haben Sie? Was erwarten Sie im neuen Land und in einer neuen Familie?

Strategie

Chronological order is when the writer unfolds events in the order in which they occur in a story; a flashback, on the other hand, interrupts the chronological sequence of a literary work, presenting an event that occurred earlier. Writers often use flashbacks to provide background information about characters or situations. Using a graphic organizer like the one on the next page, chart the chronology of Farideh's and Freydoun's travels. Make notes about the places on their route—what happens there, whom do they interact with, how do they feel at various points along the trip.

emcpassport.com

WB 20

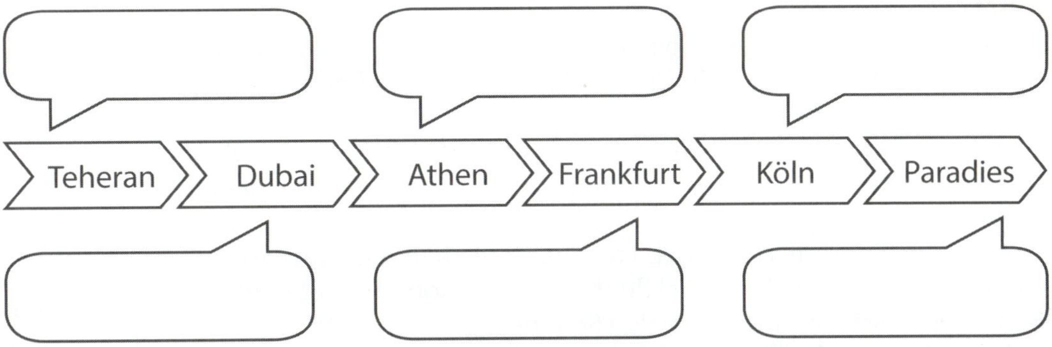

Flucht ins fremde Paradies

Beim Lesen
Wovor fliehen die Kinder?

Von Teheran nach Dubai. Von Dubai nach Athen. Von Athen nach Frankfurt. Aber sie landeten nicht in Frankfurt. Die Maschine wurde wegen Nebel umgeleitet.

„Wo liegt Köln eigentlich?"

„Weiß ich nicht", antwortete Freydoun.

„In Deutschland?"

„Glaube ich schon."

Hoffentlich nicht zu weit von Frankfurt entfernt! In Frankfurt wartete Onkel Hossein auf sie.

Eigentlich wollte sie nach Freydouns Hand greifen und sich festhalten. Aber dazu war sie zu stolz. Er hätte ihre Angst bemerkt.

Vielleicht geschieht ein Wunder? Vielleicht steht Onkel Hossein gar nicht in Frankfurt, sondern in Köln auf dem Flughafen und holt sie ab? Was geschieht überhaupt, wenn sie in Deutschland angekommen sind?

Eine Nacht, einen Tag und noch einmal einen Teil der Nacht war sie mit Freydoun in Flugzeugen und auf Flughäfen. Von Teheran nach Dubai. Von Dubai nach Athen. Von Athen nach Frankfurt. Nein. Von Athen nach Köln.

Wäre es nach ihr gegangen, sie wäre bei den Eltern in Teheran geblieben. Aber es ging nicht nach ihr.

Es geht darum, dass dort, wo sie herkommt, Krieg ist, und hier in Deutschland das Paradies sein soll. Oder so etwas Ähnliches.

Beim Abschied auf dem Flughafen in Teheran weinte sie. Mama nahm Farideh fest in die Arme. „Farideh", sagte sie, „du bist zwar noch klein. Aber nicht mehr so klein. Du wirst es schon schaffen! Pass auf Freydoun auf, ja?" Das flüsterte Mama so leise, dass weder Freydoun noch Papa es hören konnten.

Nein so klein bin ich wirklich nicht.

Papa sprach beim Abschied sehr leise und blickte sich immer wieder um, ärgerlich, als könnte ihnen jemand zuhören. „Du hast Freydoun dabei", sagte er, „er ist dein großer Bruder. Solange **ich** nicht bei dir bin, musst du tun, war **er** sagt, hörst du?"

1. Haben die Geschwister ihr Ziel erreicht?
2. Wen hoffen sie zu treffen?
3. Wie lange sind die Geschwister schon unterwegs?
4. Warum fliegen sie nach Deutschland?
5. Welche Anweisungen gibt die Mutter ihrem Sohn?
6. Ist der Vater emotional?

Sie hatte sich von Freydoun an die Hand nehmen lassen und ging mit ihm durch die Passkontrolle. Sie hörte, wie Freydoun dem Passbeamten und den Wachleuten mit den Maschinengewehren erzählte, sie fliegen zu Tante Elahe nach Dubai.

Es war gelogen. Aber es war so abgemacht. Er musste lügen. Selbst die beiden Rückflugtickets Teheran - Dubai - Teheran waren eine Lüge, eine, für die ihre Eltern viel Geld bezahlt hatten.

7. Welche Lügen erzählte Freydoun?

In Dubai wartete eine Frau auf sie. Sie gab Freydoun die beiden Flugtickets nach Athen. Diesmal waren es keine Rückflugtickets. Freydoun bezahlte mit amerikanischen Dollarscheinen, die er in den Schuhen versteckt hatte.

8. Wo hat Freydoun das Geld versteckt?

Sie kann stolz auf ihren großen Bruder sein. Feige ist er nie gewesen. Er träumt nur manchmal vor sich hin oder wird zum Schweiger. Aber immer dann, wenn es gilt, kann man sich auf Freydoun verlassen.

9. Was denkt Farideh über ihren Bruder?

In Athen gab er den Rest des Geldes einem kleinen Iraner, der sie dafür in die Lufthansa-Maschine nach Frankfurt setzte.

Eine lange Reise und ein langer Weg.

„He! Schläfst du?" Freydoun schüttelte sie unsanft am Arm. „Wir landen gleich! Da sind schon die Landelichter. Guck mal raus!"

10. Wo landen sie dieses Mal?

Mit einem kräftigen Stoß setzte die Maschine auf der Rollbahn auf.

Es war Mittwoch, der 5. Januar 1988.

Nach dem Lesen

1. Ist diese Geschichte nur chronologisch, oder gibt es auch Flashbacks? Was zeigt die Tabelle, die Sie ausgefüllt haben?
2. Diese Geschichte wird aus der Perspektive des Mädchens Farideh erzählt. Sie hört von ihren Eltern die folgenden Sachen, als sie sich am Flughafen verabschieden:

   Vater: Solange ich nicht bei dir bin, musst du tun, was er sagt, hörst du? Dann kann dir nichts passieren.

   Mutter: Pass auf Freydoun auf, ja?

   Wie verstehen Sie diese Aussagen (*statements*)? Arbeiten Sie mit Partnern und benutzen Sie Textbelege (*evidence from the text*), um die Gefühle und Gedanken der drei Personen zu beschreiben.
3. Welche Rolle spielen die anderen Figuren im Text: die Passbeamten; die Wachleute mit Maschinengewehren; Tante Elaha; die Frau in Dubai; der kleine Iraner in Athen?

Erweiterung

1. Schreiben Sie! Wie geht die Geschichte weiter? Was werden die beiden Geschwister auf dem Flughafen in Köln erleben? Denken Sie daran, was man auf einem Flughafen alles machen kann und muss.
2. Diese Geschichte findet am 5. Januar 1988 statt. Wissen Sie von anderen Situationen in Europa, wo Leute ins fremde Paradies flüchten wollen? Diskutieren Sie in der Klasse über ähnliche Situationen. Woher kommen die Leute, warum flüchten sie, wohin wollen sie?

Machen wir weiter! Pre AP

Dialog am Flughafen Interpersonal Speaking

With a partner, play the roles of a traveler and another person at the airport like a pilot, flight attendant, airline employee at the counter, another traveler, a customs official, server or salesperson. The traveler begins a conversation with this person due to a need, perhaps to get information, to calm his or her nerves about flying, to pass the time, or find something or some place. Present your dialog to the class, who will write down the traveler's purpose for starting the conversation. Your dialogues can be in any tone you choose, for example, sarcastic, funny or serious.

Europa Presentational Writing and Speaking

Find out in which ways European nations in general, or Germany and one of its neighbors specifically, work together outside of government in the European Union. Topics you might consider are transportation, scientific research, business ventures, the arts, space travel, athletics, tourism. Work with a partner, then make a video or online presentation that shows—using text, images and speech—what you learned about collaboration between European neighbors.

Das Klima heute Presentational Speaking

Choose one of these topics about Europe to research: temperatures, droughts or floods. Make a scientific table of the data you collect, then share it with the class. Are weather patterns changing or not? Which parts of Europe are vulnerable? Is there anything being done or that can be done to reverse climate trends and cope with climate change? Each person in your group presents answers to one of these topics.

Das YO! Fest Presentational Writing

Das YO!Fest findet jedes Jahr in Straßburg statt. Es wird vom European Youth Forum organisiert und dient dazu, junge Leute aus aller Welt zusammenzubringen, um über Politik zu reden und zu agieren. Erforschen Sie mit einem Partner oder einer Partnerin, was im letzten Jahr auf dem Festival passiert ist. Dann sehen Sie nach, was für das nächste Jahr vorgeschlagen wird und schreiben Sie gemeinsam einen Bericht über das Festival.

Marketing für das Reisebüro

Interpersonal and Presentational Speaking / Presentational Writing

As you know, Germany has nine neighboring countries. Each group will make a week's travel package for one of them for German travelers, including: an itinerary for a visit to the capital city, transportation, hotels and key sightseeing spots. In addition, you will provide a fact sheet with information you think the traveler needs to know about the country/city. To help the travelers prepare, recommend websites in German for them to visit to learn about the places they will be visiting. Each student in the group plays a role, such as graphic designer, researcher, technical support person, writer, director or editor. Finally, all members of each group present the features of their travel package to the class; be sure to include dates (is one season better than another?) and prices (you could do online research).

Rückblick

R1 Welches Wort passt?

die Ebene	**der Wald**
das Gebirge	**das Tal**
das Ufer	**der See**
die Wiese	**der Fluss**

der Fluss Limmat in der Schweiz

1. Im ___ sieht man viele Bäume.
2. Am ___ eines Flusses kann man sitzen und das Wasser hören.
3. Zwischen zwei Bergen gibt es ein ___.
4. Wo es keine Berge gibt und das Land sehr flach ist, ist man auf der ___.
5. Der Rhein ist ein ___, der durch Straßburg fließt.
6. Auf dem ___ kann man mit einem Boot fahren.
7. Im Harz findet man ___, Wälder und Flüsse.
8. Auf einer ___ gibt es oft schöne Blumen.

R2 Mein Traum: ein neuer Job!

Passiv, Futur oder *werden* als Vollverb? Schreiben Sie die Sätze und achten Sie darauf, dass Sie *werden* richtig benutzen!

BEISPIEL: Ich / einen neuen Job / suchen
Ich werde einen neuen Job suchen.

1. Zuerst / ich / lesen / die Stellenangebote
2. Viele Informationen / suchen / müssen
3. Viele Briefe / schreiben / müssen
4. Der Direktor / meine Bewerbungsunterlagen / lesen
5. Ich / vom Direktor / interviewen
6. Ich / beim Interview / immer nervös
7. Viele Fragen / stellen
8. Der Direktor / mich / in einer Woche / anrufen

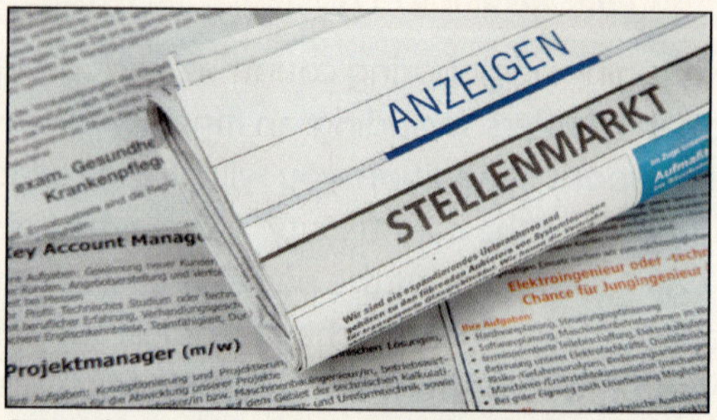

Eine Arbeitsstelle wird in der Zeitung angeboten.

R3 Was? Wann? Wo?

Bilden Sie Sätze mit den Elementen und bringen Sie sie in die richtige Reihenfolge!

BEISPIEL Anja / gehen / ins Kino / am Samstag
Anja geht am Samstag ins Kino.

1. Anna / fahren / nach Frankfurt an der Oder / um 11 Uhr / am Dienstag
2. Tim / müssen / aufräumen / in der Garage / am Samstag
3. Leonie / arbeiten / im Restaurant / um 18 Uhr / am Freitag
4. Daniel und Maria / sollen / kommen / zur Party / um 20 Uhr / am Samstag
5. Ich / wollen / gehen / ins Bett / heute Abend / um 23 Uhr

R4 Was alles für den Euro gemacht wurde!

Schreiben Sie die Sätze zu Ende. Beginnen Sie jeden Satz mit „Es..."

BEISPIEL in den europäischen Ländern: zusammenarbeiten
Es wurde in den europäischen Ländern zusammengearbeitet.

1. in vielen Städten: Informationstreffen organisieren
2. im Parlament: Gesetze schreiben
3. in den Schulen: diskutieren
4. für die Banken: neues Geld drucken
5. in den Geschäften: mit dem neuem Geld bezahlen
6. auf den Straßen: feiern
7. überall: neues Geld ausgeben
8. in Europa: eine neue Zeit beginnen

Vergleiche
Research a topic about North American neighbors and compare to two or more European neighbors.

Wikipedia Commons

R5 *-ung* Nouns from Verbs

Wie viel wissen Sie über die jüngste Geschichte Deutschlands? Benutzen Sie diese Verben als *-ung* Substantive, um die Geschichte zu erzählen! Das erste *-ung* Wort steht schon für Sie da.

entdecken	**wiedervereinigen**	**teilen**
erfahren	**regieren**	**hoffen**

Die Teilung Deutschlands in die BRD und die DDR hatte viele Jahre lang Konsequenzen für die Politik in Europa und das Leben der Leute. Die Situation führte zu vielen unglücklichen Jahren, aber die Leute hatten ihre (1) nicht aufgegeben. Die (2) der Länder passierte 1989 und die Teilung der beiden Staaten hatte ein Ende. Dann machte man auch bald die (3), dass der DDR-Staat viele politische Gegner (*opponents*) auf Listen geschrieben hatte. Viele Leute werden ihre (4) unter der DDR- (5) nie vergessen.

Noch etwas

Beschreiben Sie die Landschaft und das Wetter von einem der drei Fotos.

Noch etwas

Indicate what you know now after completing *Kapitel 9* that you didn't know before. On the right indicate what you still need to master.

Ich verstehe...	Ich verstehe noch nicht...
1.	
2.	
3.	
4.	
5.	
6.	
7.	
8.	
9.	
10.	

Vokabeln

abheben (*hob ab, abgehoben*) to take off *9A*
agieren to act *9B*
allererst very first *9A*
die **Annäherung,-en** reconciliation *9A*
ansprechen (*spricht an, sprach an, angesprochen*) to address, to speak to *9B*
arktisch arctic *9A*
die **Aufgabe,-n** task, assignment *9B*
ausüben to exercise *9B*
begeistert enthusiastic *9A*
der **Check-in,-s** check in *9B*
die **Ebene,-n** plain *9A*
endgültig finally *9A*
der **Enkel,-** grandchild *9A*
erfahren (*erfährt, erfuhr, erfahren*) to learn of, experience *9B*
erklären to declare *9A*
die **Europakarte,-n** map of Europe *9A*
die **Exekutive** executive branch *9B*
feucht moist, humid *9A*
der **Finanzminister,-** treasury secretary *9B*
fließend fluently *9B*
der **Frieden** peace *9A*
das **Gebirge,-** mountain range *9A*
die **Geburtsstunde,-n** birth *9A*
gemäßigt temperate *9A*
die **Gepäckausgabe,-n** baggage claim *9B*
der **Gepäckdienst** baggage office *9A*
die **Gepäckkontrolle,-n** baggage scan *9B*
der **Gerichtshof,-̈e** court *9A*
der **Gipfel,-** mountain peak *9A*
die **Gruselgeschichte,-n** horror story *9A*
handeln to act *9B*
die **Hauptrolle,-n** leading role *9A*
die **Herrschaft,-en** reign *9A*
das **Hochmoor,-en** highland moor *9A*
die **Institution,-en** institution *9A*
das **Jurastudium,-ien** law studies *9A*
die **Klassenfahrt,-en** class outing *9A*
der **Klassensprecher,-** class spokesperson *9A*
das **Klima** climate *9A*
die **Küste,-n** coastline *9A*
die **Landebahn,-en** runway, landing strip *9B*
die **Landschaft,-en** landscape *9A*
die **Landung,-en** landing *9B*
die **Liebesgeschichte,-n** love story *9A*
mächtig powerful *9B*
das **Menschenrecht,-e** human right *9A*
mild mild *9A*
die **Mitgliedschaft,-en** membership *9B*
der **Mitgliedsstaat,-en** member country *9B*
die **Muttersprache,-n** native language *9B*
der **Niederschlag,-̈e** precipitation *9A*
parlamentarisch parliamentary *9B*
die **Passkontrolle,-n** passport check *9B*
die **Passprüfung,-en** passport check *9B*
die **Personenkontrolle,-n** identity check *9B*
die **Persönlichkeit,-en** personality *9A*
das **Pfund** British pound (currency) *9A*
die **Polarzone,-n** polar zone *9A*
der **Premierminister,-** prime minister *9B*
die **Pyrenäen** Pyranees *9A*
rau harsh *9A*
der **Regen** rain *9A*
die **Regierung,-en** government *9B*
der **Repräsentant,-en** representative *9B*
der **Scanner,-** scanner *9B*
selbstständig independent *9B*
die **Sicherheitskontrolle** security check *9B*
der **Sitz,-e** seat *9A*
das **Sprachgenie,-s** genius at languages *9B*
die **Sprachkenntnisse** (*pl.*) language skill *9B*
die **Startbahn,-en** runway for take-off *9B*
die **Subtropen** (*pl.*) Subtropics *9A*
subtropisch subtropical *9A*
die **Suche-n** search *9B*
der **Sumpf,-̈e** swamp *9A*
symbolisieren to symbolize *9A*
die **Tropen** (*pl.*) Tropics *9A*
tropisch tropical *9A*
turbulent turbulent *9A*
umtauschen to exchange *9A*
die **Verhandlung,-en** negotiation *9B*
sich **verständigen** to communicate *9A*
der **Vertrag,-̈e** contract, agreement *9B*
der **Wald,-̈er** forest *9A*
die **Wartehalle,-n** waiting area *9B*
die **Warteschlange,-n** queue, line *9B*
wechseln to change, to shift *9A*
die **Wiese,-n** meadow *9A*
die **Wüste,-n** desert *9A*
die **Zentrale,-n** headquarters *9A*
der **Zoll** customs clearance *9B*
die **Zone,-n** zone *9A*
zwingen (*zwang, gezwungen*) to force *9B*
zwischenstaatlich multi-lateral, interstate *9A*

Noch etwas

Play a word game with your partner, who will give you a list of 10–12 words from the chapter. Your job is to write a narrative using most of those words. Don't worry if your story is silly! Then give your story to your partner, who will peer edit it for subject-verb agreement, adjective agreement, punctuation, etc. Then hand it in.

Die mittelalterliche Liebesgeschichte „Tristan und Isolde" wurde als Oper von Richard Wagne aufgeführt.

Noch etwas

Write the main plot points of a well-known *Liebesgeschichte* from real life or the media. In groups, read your story aloud sentence by sentence until someone recognizes it and names it. Begin with general information, then move to specifics.

Zitat

„Jede lange und tiefe Beziehung beginnt mit einem Kurzschluss zwischen Herz und Hirn."

Each long and deep relationship begins with a short-circuit between the heart and the brain.

—Ernst Ferstl, österreichischer Dichter und Aphoristiker (1955–)

Tatsache

Deutschland pflegt freundschaftliche Beziehungen zu über 1400 Partnerstädten weltweit und hat in jedem Nachbarland einige: Frankreich führt mit über 340 Städtepartnerschaften.

Kapitel

10 Beziehungen

Leitfrage

?

With whom do people in other cultures develop relationships?

Lernziele

Lektion A **I will be able to:**

- Talk about decisions I've made, describe a person and his or her performance, say a person has potential, express what someone stands for.
- Talk about some of UNESCO's designations of intangible cultural heritage for Germany.
- Use the past perfect tense.
- Read about a cultural workshop organized by the German Commission for UNESCO.

Lektion B **I will be able to:**

- Describe an experience, ask someone what is wrong, express discouragement.
- Talk about Germany's Green Party, some of its sister cities, the road trip of the first Mercedes Benz by the inventor's wife and the 600-kilometer German Fairy Tale trail.
- Use modals in the past perfect, subordinate clauses with question words and past participles as adjectives.
- Read about Germans who have contributed legacy products to world culture that have been recognized by UNESCO and a socially critical fairy tale with fantasy elements.

Was machen deutsche Jugendliche gern im Internet?

Welche politische Partei fördert Windturbinen?

Lektion A

Vokabeln Politisch engagiert

Mülheim an der Ruhr	RP ONLINE 25. Mai

Am 30. Mai ist **Kommunalwahl**. Gestern sahen viele Leute **die Debatte**.

Die Kandidaten

Udo Kraft (CDU)

Andrea Specht (SPD)

Der CDU **Kandidat** Kraft liegt in Führung, aber die SPD Kandidatin Specht hat einen überzeugenderen **Slogan** für den **Wahlkampf**: *Zeit für wirkliche Taten!*

Die Wahl

Morgen gehen alle wählen. Klicken Sie auf die folgenden Links, um mehr Informationen zu finden.

das Wahllokal

die Wahlurne und **der Wahlzettel**

das Wahlplakat

der Wahlsieg

Wichtige Ausdrücke

How do I say someone didn't perform as well as others?

Thomas hat **nicht so gut abgeschnitten**.
Thomas didn't fare/come off very well.

How do I describe someone?

Er ist ein bisschen **schüchtern**.
He's a bit shy.

Lukas hat **am meisten Potential**.
Lukas has the most potential.

How can I ask what somebody stands for?

Für was ist denn Bernd?
So what's Bernd for?

Wörterkiste

Obwohl es schon genug gute alte deutsche Wörter für „voting" gibt, gibt es seit 2006 das neudeutsche Wort „voten". „Voting" benutzt man für Abstimmen per [Mobil]telefon oder Internet.

Konversationsgruppe

Fragen Sie andere Klassenkameraden, „Für was oder wen bist du?"

Was noch?

die Stimmabgabe	*vote*
das Volksbegehren	*grassroots petition*
der Wahlbeobachter	*voting judge*
der Wahlbezirk	*voting district*
die Wahlkabine	*voting booth*
abstimmen	*to cast a vote*
sich der Stimme enthalten	*to abstain*

Beziehungen und persönliche Prioritäten

Wissen Sie noch, was diese Wörter bedeuten? Diskutieren Sie sie mit einem Partner oder einer Partnerin.

Am wichtigsten in meinem Leben sind meine Freunde.
Geld ist mir im Leben am wichtigsten.
Meine größte Angst ist die vor Armut und sozialem Abstieg.
Politik hat etwas mit meiner Zukunft zu tun.
Politik interessiert mich nicht.
Sie passen sich der Mehrheit an.
Zu meinen Eltern habe ich guten Kontakt.

Weißt du...?

Wo wählt man in Deutschland—in einer Kirche, in einer Schule, in einem Rathaus, in einer Sporthalle, im Restaurant?

Antwort: Die meisten Wahllokale sind in öffentlichen Gebäuden wie Schulen oder Rathäusern.

Vergleiche

Wo wählt man in Ihrem Land?

1 Welche Wörter passen zu welchem Thema?

die Debatte	der Wahlzettel	der Wahlsieg
der Sieg wählen Fragen beantworten sich vorbereiten	reden das Wahllokal der Gewinner ausfüllen	miteinander sprechen gewinnen diskutieren

Dialog Die Wahl des Schulsprechers

Interpretive Communication

Analyse
Was erfahren die Schüler über die Kandidaten?

Christoph und Andrea unterhalten sich über die Kandidaten für die Schulsprecherwahl am nächsten Tag.

Christoph: Andrea, hast du dich schon entschieden, wen du morgen wählen willst?

Andrea: Nein, ich mag eigentlich keinen der drei Kandidaten.

Christoph: Auch Thomas Luhn nicht?

Andrea: Nein, den finde ich einfach zu langweilig. Er hat keine guten Ideen und seine Wahlplakate finde ich wirklich zu dumm.

Christoph: Ich mag eigentlich Lucas Schöneck ganz gern. Der hat gute Ideen und macht auch immer etwas.

Andrea: Aber in der Diskussion mit den anderen Kandidaten hat er nicht so gut abgeschnitten. Er ist ein bisschen schüchtern. Thomas und auch Bernd waren besser.

Christoph: Ich denke, ich bleibe bei Lucas. Er hat am meisten Potential.

Andrea: Für was will er sich denn einsetzen?

Christoph: Für Nachhilfestunden für Schüler und Schülerinnen, die sich privat keine leisten können, für mehr Mitbestimmung der Schüler, wenn es um Sachen wie Klassenfahrten und Ausflüge geht und er will auch eine Anlaufstelle für Schüler und Schülerinnen haben, wo sie hingehen können, wenn sie Probleme mit anderen Schülern und Schülerinnen oder auch mit Lehrern und Lehrerinnen haben.

Andrea: Nicht schlecht. Für was ist denn Bernd?

Christoph: Ich kann mich nicht so genau erinnern. Aber er hat viel über das Essen und Trinken gesprochen, das wir in der Pause kaufen können.

Andrea: Klug. Er will seinen Wahlkampf also über den Magen gewinnen. Aber ich glaube, ich stimme wie du für Lucas. Wann ist die Wahl denn?

Christoph: Um zehn Uhr morgen Vormittag kannst du deinen Wahlzettel ausfüllen.

Andrea: Bis dann!

Christoph: Tschüs!

2 Was fehlt hier?

1. Andrea und Christoph unterhalten sich über die Kandidaten für die ___.
2. Andrea mag keinen der drei ___.
3. Thomas Luhns ___ findet Andrea dumm.
4. Christoph denkt, dass Lucas ___ hat.
5. Lucas will sich für ___ für Schüler und Schülerinnen einsetzen.
6. Lucas will eine ___ für Schüler und Schülerinnen mit Problemen haben.
7. ___ sind ein wichtiges Thema in Bernds Wahlkampf.
8. Andrea will wissen, wann die ___ ist.

Sprache Past Perfect

When you want to indicate that a past event is further back in time than another past event, you use the past perfect. Past perfect provides a way to sequence events in the past.

The past perfect looks very much like the present perfect, except that you use the narrative past of *haben* (*hatte*) or *sein* (*war*). You will also need the past participle of the main verb.

Weil wir schon im November ein Haus in Stralsund gekauft hatten, konnten wir im Dezember nach Deutschland umziehen.	Because we had already bought a house in Stralsund in November, we could move to Germany in December.
Bevor wir das teuerste Fahrrad kauften, hatten wir mehrere ausprobiert.	Before we bought the most expensive bicycle, we had tried out several.
Nachdem wir telefoniert hatten, trafen wir uns um sieben in der Stadt.	After we had talked on the phone, we met downtown at seven.

Because past perfect is used to sequence events, you cannot use this tense alone. The past perfect is generally used together with the narrative past.

Vergleiche

Which sentence in English is in the past perfect?

I ran as a student representative.
I was pushing for improvements in the school.
I did get a lot of support.
I had gotten some advice from my dad on how to win.

Antwort: The last sentence, using „had," is in the past perfect tense. That described action occurred prior to all the others.

Das Leben einer Politikerin

Angela Dorothea Merkel hatte Physik studiert, bevor sie sich für Politik interessierte. Sie errang ihr erstes Bundestasgmandat während der deutschen Wiedervereinigung im Jahr 1990.

Später wurde Merkel Bundesministerin für Frauen und Jugend, danach Bundesministerin für Umwelt unter Bundeskanzler Helmut Kohl.

Im Jahre 2000 war sie Bundesvorsitzende der CDU. 2005 wurde Angela Merkel zur ersten deutschen Bundeskanzlerin gewählt.

emcpassport.com

WB 4–5

3 Mein Koffer ist verloren gegangen!

Ergänzen Sie die Sätze!

BEISPIEL Ich kaufte einen neuen Koffer, nachdem / mein alter Koffer / verloren gehen
Ich kaufte einen neuen Koffer, nachdem mein alter Koffer verloren gegangen war.

1. Ich stand am Schalter und gab mein Gepäck ab, aber / ich / schon wieder / meinen Namen / nicht darauf schreiben
2. Die Angestellte nahm mein Gepäck, nachdem / sie / es / wiegen
3. Bevor ich zum Flugsteig ging, ich / eine Zeitschrift / kaufen
4. Ich wartete noch eine halbe Stunde, nachdem / ich / zum Flugsteig / gehen
5. Wir stiegen ins Flugzeug, sobald / die Flugbegleiter / alles / vorbereiten
6. Wir sahen einen Film, nachdem / wir / essen
7. Wir landeten schon um 13 Uhr, weil / die Winde / sehr gut / sein
8. Ich wollte mein Gepäck abholen, aber / sie / meinen Koffer / verlieren
9. Bevor ich zum Gepäckdienst ging, ich / lange / bei der Gepäckausgabe / warten
10. Beim Gepäckdienst sagte man mir, dass / man / ihn / in eine andere Stadt / schicken

Frau Drummer war sehr müde, nachdem sie das Gepäck geholt hatte.

4 Warum sah Marianne so traurig aus?

Benutzen Sie die Ideen, um zu erklären, was Marianne für Erfahrungen gemacht hat!

BEISPIEL: Warum sah Marianne nervös aus?
Sie sah nervös aus, weil sie ihre Hausaufgaben zu Hause vergessen hatte.

die Matheprüfung bestehen
sehr spät ins Bett gehen
gestern Hausaufgaben nicht machen
einen schönen Tag haben
ihr Freund sie zu einer Party einladen
Streit mit ihrem Freund haben

1. Warum sah Marianne so traurig aus?
2. Warum sah Marianne zwei Stunden später so glücklich aus?
3. Warum sah Marianne am nächsten Morgen so müde aus?
4. Warum sah Marianne in der Schule unglücklich aus?
5. Warum sah Marianne nach der Schule froh aus?
6. Warum sah Marianne am Abend so zufrieden aus?

Lebendige[1] Traditionen: Die UNESCO Liste des immateriellen[2] Weltkulturerbes[3]

Was sollte man aus der Vergangenheit[4] verstehen, in der Gegenwart[5] pflegen[6] und für die Zukunft retten? Das Erbe[7] der Menschheit. In diesem Buch haben Sie schon einige Weltkulturerbestätten wie den Kölner Dom und die Stadt Lübeck besucht. Solche Denkmäler sind „materielles[8] Kulturerbe" und werden von der UNESCO und der Weltgemeinschaft[9] geschützt.[10] Aber es gibt seit 2006 auch die UNESCO Liste des „immateriellen Welterbes". Dazu gehören „lebendige Ausdrucksformen[11]", die über Generationen weitergegeben[12] werden, wie Tanz, Theater, Musik, mündliche Überlieferungen[13] und Handwerkstechniken[14]. Auf der UNESCO Liste stehen Beispiele wie Tänze aus Bali; Marimba-Musik aus Ecuador; Kimchi aus Korea und die arabische[15] Kaffeekultur[16] aus Katar und Saudi-Arabien. Eine nationale Liste zeigt, was die gemeinsamen Werte eines Landes sind und wie es Identität[17] und Traditionen vermittelt.[18] Hier ist eine kleine Auswahl aus Deutschland:

Deutsches Brot ist weltweit bekannt für seine vielen Formen und regionalen Unterschiede. Der Meister[19] gibt sein Wissen an die Lehrlinge[20] weiter. Seit dem Mittelalter tragen junge deutsche ausgebildete Bäcker ihr Können in die ganze Welt und bringen neues Wissen nach Deutschland zurück.

„Die Walz" ist die mehrjährige[21] Wanderschaft[22], auf die der Junggeselle[23] oder die Junggesellin gehen, wenn sie ihre dreieinhalbjährige Ausbildung abgeschlossen und die Gesellenprüfung[24] bestanden haben. Diese Tradition existiert seit dem Mittelalter. „Auf der Walz" sollen sie mit Fremden und Gleichgesinnten[25] noch mehr über ihren Beruf lernen. So wird die Tradition über Generationen gepflegt.

---

[1]*lebendig* living; [2]*immateriell* intangible; [3]*das Weltkulturerbe* world cultural heritage; [4]*die Vergangenheit* past; [5]*die Gegenwart* present; [6]*pflegen* to take care of; [7]*das Erbe* heritage; [8]*materiell* material, tangible; [9]*die Weltgemeinschaft* world community; [10]*schützen* to protect; [11]*die Ausdrucksform* form of expression; [12]*weitergeben* to pass on; [13]*die mündliche Überlieferung* oral tradition; [14]*die Handwerkstechnik* craftman's technique; [15]*arabisch* Arabic; [16]*die Kaffeekultur* coffee culture; [17]*die Identität* identity; [18]*vermitteln* to communicate; [19]*der Meister* master craftsman; [20]*der Lehrling* apprentice; [21]*mehrjährig* multi-year; [22]*die Wanderschaft* journey; [23]*der Junggeselle* bachelor; [24]*die Gesellenprüfung* apprenticeship certification exam; [25]*der Gleichgesinnte* like-minded person, kindred spirit

emcpassport.com
WB 6

Sternsingen tun Kinder in ganz Deutschland am 6. Januar, dem Tag der Drei Könige. Sie singen traditionelle Lieder, die über Generationen weitergegeben werden, und sammeln Spenden für Kinderhilfsprojekte[26]. Heutzutage nehmen rund 330.000 Kinder und 90.000 Jugendliche an der „Aktion Dreikönigssingen" teil; sie haben schon fast 100 Millionen Euro für Kinder in aller Welt gesammelt.

Die Orgelkultur[27] hat eine sehr lange Tradition in Deutschland. Um eine Orgel zu bauen sind Wissen über natürliche Materialien[28], traditionelles Handwerk und innovative Technik besonders wichtig. Bundesweit gibt es 50.000 Orgeln, 400 Betriebe[29] für Orgeln mit 1.800 Mitarbeitern, 180 Lehrlinge und fast 14.000 Organistinnen[30] und Organisten.

Reetdachdeckerei[31] ist eine Handwerkstechnik, die schon seit 4.000 vor Christus existiert. Man braucht großes Können, um dieses Handwerk auszuüben. Die Tradition bleibt durch die mündliche Überlieferung lebendig und wird über Generationen weitergegeben.

Die deutsche Volkstanzbewegung ist nicht auf Alter, Talent oder soziale Stellung begrenzt: jeder kann daran teilnehmen. Diese Tradition wird mündlich und durch Vorführen[32] weitergegeben. Es schafft ein Gemeinschaftsgefühl[33].

Deutschland hat 34 „lebendige Ausdrucksformen" auf der nationalen Liste. Wenn Sie sie erforschen, lernen Sie viel über Traditionen und gemeinsame Werte der Deutschen.

Suchwörter: UNESCO Deutschland Kultur, immaterielles bundesweites Kulturerbe

Weißt du…?

Wie viel kostet eine Orgel?

Antwort: Eine mittelteure Orgel kostet etwa 200.000 Euro.

Vergleiche

Es gibt über 50.000 Reetdächer in Deutschland. Wie viele gibt es in Ihrem Land?

---

[26]*das Kinderhilfsprojekt* aid project for children; [27]*die Orgelkultur* organ culture (musical instrument); [28]*Materialien* materials; [29]*der Betrieb* factory; [30]*der Organist* organist; [31]*die Reetdachdeckerei* thatch roofing; [32]*vorführen* to demonstrate; [33]*das Gemeinschaftsgefühl* sense of belonging

Flash!

Ergebnisse eines Workshops zum immateriellen Kulturerbe

Im Rahmen der „Internationalen Wochen gegen Rassismus" hat die Deutsche UNESCO-Kommission in Kooperation mit dem Interkulturellen Zentrum Heidelberg am 12. März den Workshop „Wissen. Können. Weitergeben. – Kulturerbe Interkulturell!" veranstaltet. Im Programm thematisierten Vorträge die Potenziale und Möglichkeiten einer Anerkennung lebendiger Traditionen als Immaterielles Kulturerbe. Die Teilnehmenden wurden insbesondere für Kulturformen von migrantischen und interkulturellen Gruppen in Deutschland sensibilisiert. Der Workshop richtete sich vornehmlich an Aktive in Migrantenselbstorganisationen, interkulturellen Gruppen, Vereinen und losen Strukturen. Auch Vertreter der am 11. März ausgezeichneten Trägergruppen von Kulturformen im Bundesweiten Verzeichnis des Immateriellen Kulturerbes nahmen teil.

Analyse

Welche Kontakte können Sie bei einem Workshop machen?

Heidelberg in Baden-Württemberg

5 Was verstehen Sie?

Show your understanding of the reading by explaining what these numbers and dates correspond to and their significance. Write your explanations in a chart like the one below. One example has been done for you.

BEISPIEL 50.000
Es gibt 50.000 Orgeln in Deutschland.

Daten und Zahlen	Erläuterung
34	
2006	
14.000	
4.000 v. Chr.	
100 Millionen Euro	

6 Aktivitäten

1. **Presentational Speaking / Connecting to World Heritage.** Erforschen Sie die Liste des immateriallen Welterbes auf der UNESCO Webseite. Zu der deutschen Liste gehören noch mehr interessante Beiträge, wie der Vogtländische Musikinstrumentenbau im „Musikwinkel", die Falknerei (*falconry*); die Beschäftigung mit dem Rattenfänger von Hameln; und vieles mehr. Finden Sie einen Beitrag, den Sie interessant finden. Finden Sie auch Bilder dazu und erzählen Sie der Klasse von diesem immateriellen Weltkulturerbe.

Suchwörter: immaterielles Kulturerebe Deutschland; UNESCO immaterielles Weltkulturerbe

2. **Interpersonal Speaking.** Arbeiten Sie mit einem Partner oder einer Partnerin und erforschen Sie zusammen die Antworten auf diese Fragen, dann spielen Sie dieses Gespräch zwischen dem Bäckermeister und Gesellen/Gesellin für die Klasse. Sie sind gerade mit Ihrer Ausbildung als Bäcker fertig geworden und wollen auf die Walz gehen. Sie fragen den Bäckermeister: *Wie lange müssen Sie unterwegs sein; was dürfen Sie mitnehmen; wo können Sie übernachten; wann dürfen Sie Ihre Familie besuchen; dürfen Sie die Wanderschaft abbrechen und was passiert am Ende der Wanderschaft; in welchen Ländern können Sie arbeiten?* Und, falls Sie noch weitere Fragen haben, stellen Sie sie!

Suchwörter: Wanderjahre, die Walz

Du bist dran! Pre AP

Umfrage über die Medien Interpersonal and Presentational Speaking

The Smartphone graphic at the beginning of the chapter shows how teens use the Internet to build relationships. Find another media topic by using the search words below that will get you to a study of media use by teens in Germany today. Interview ten of your classmates about your chosen topic, then compare the media use by German and American teens in an oral presentation in your group.

Suchwörter: Grunddaten Jugend und Medien (+ Jahre)

Wir voten! Interpersonal Speaking and Presentational Writing

Mit deinen Klassenkameraden schreib eine Liste mit Ideen, die eure Schule besser machen könnten, wie zum Beispiel ein Komittee, das über die Angebote in der Cafeteria entscheidet. Macht einen Wahlzettel mit den 10 Top-Ideen. Dann stimmt die ganze Klasse ab. Schreib über die Ergebnisse in deinem Kulturjournal. Welche Resultate findest du in Ordnung, welche ärgern dich, welche findest du unmöglich?

Der Wahlkampf! Presentational Writing

Eine Kandidatin für Schulsprecherin bittet dich, ihr beim Wahlkampf zu helfen. Mit einem Partner oder einer Partnerin macht eine Broschüre (*brochure*), die auflistet, wofür diese Person steht und was sie machen würde, um anderen Schülern zu helfen. Macht ein Wahlplakat für diese Person und vergesst nicht, einen Slogan zu erfinden, der zum Wahlsieg führt! Dann entwerft auch einem Plan für den Wahlkampf, in dem ihr vorschlagt, was sie machen kann, um die Wahl zu gewinnen.

Der letzte Wahlkampf Interpersonal Speaking

In Partnerarbeit diskutiert die folgenden Fragen: Wann war der letzte große Wahlkampf in eurem Heimatland? Wer und wie waren die Hauptkandidaten? Für was waren sie? Wie sahen die Debatten aus? Wie haben sie abgeschnitten? Und letztlich, welchen Kandidaten mochtet ihr? (Wenn du nicht gern öffentlich über Politik sprichst, kannst du darüber im Kulturjournal schreiben.)

Mein Vorschlag für die UNESCO-Liste Presentational Writing

Gibt es eine lebendige Ausdrucksform in deiner Kultur oder in deiner Familie, die dir wichtig ist? Schlag eine Aktivität für die UNESCO-Liste des immateriellen Weltkulturerbes vor! Dein Antrag (*application*) kann deine persönliche Meinung zur lebendigen Ausdrucksform sein und beschreiben, welche Rolle diese Ausdrucksform in deinem Leben spielt. Du kannst aber auch etwas „offizieller" schreiben und beschreiben, welche Beziehung diese Ausdrucksform zu deiner Kultur hat.

Wörter und Ausdrücke

Talking about Campaigning and Related Issues

die Debatte debate
der Kandidat candidate
der Slogan slogan
die Schulsprecherwahl election for student representative
die Wahl election
wählen to elect, vote
der Wahlkampf election campaign
das Wahlplakat campaign poster
der Wahlsieg election victory
Er hat nicht gut abgeschnitten. He didn't do well.
Für was will er sich einsetzen? What is he advocating?

Lektion B

Vokabeln Zwischenmenschliches und Beziehungen

Zwischenmenschliches und Beziehungen

Arbeitskollegen

Konversationsgruppe

Sprechen Sie mit anderen Klassenkameraden und erzählen Sie ihnen, wofür Sie sich engagieren würden, wenn Sie mehr Zeit hätten.

Wichtige Ausdrücke

How do I say talking about experiences?

Sie **besprechen ihre Erfahrungen** in der virtuellen Welt.
They talk about their experiences in the virtual world.

How do I ask why people feel bothered?

Warum ärgert ihr **euch**?
Why are you guys complaining?

How do I say "I give up"?

Ich gebe es auf.
I give up.

Wörterkiste

Der Freundfeind ist eine Person, die manchmal ein Freund ist, aber manchmal eher ein Feind. Dieses Wort hört und benutzt man nicht oft auf Deutsch, aber wenn man es braucht, passt es wunderbar.

Was noch?

der Feind	*enemy*
der Gegner	*opponent, rival*
der Kumpel	*pal*
das Pärchen	*couple*
befreundet sein	*to be friends*
liiert sein	*to have a relationship*
mit jemandem gehen	*to be going steady*
zusammen sein	*to be together*

Familie und alltägliches Leben

Wissen Sie noch, was diese Wörter bedeuten? Diskutieren Sie sie mit Partnern.

der Cousin/ die Cousine	**der Onkel/ die Tante**
mein Freund/ meine Freundin	**Schulfreunde**
	die Freundschaft
die Geschwister	**Hobbys**
die Großeltern	**Interessen**
duzen	**siezen**

7 Ergänzen Sie jeden Satz mit einem Wort, das sinnvoll ist!

Beziehung	**Bekannte**	**Freunde**	**Gleichgesinnte**
Kollegen	**Interessen**	**Familie**	**Chef**

1. Herr Wolter ist der Leiter in der Firma. Er ist der ___.
2. Rainer kennt Maria schon lange und sie machen viel zusammen. Sie sind gute ___.
3. Hans kennt Regina nicht so gut. Sie ist eine ___.
4. Du arbeitest in einer großen Firma und hast viele ___.
5. Als Teenager hatte ich viele ___ wie Sport, Schach spielen und Briefmarken sammeln.
6. Zu Feiertagen kommt immer die ganze ___ zusammen.
7. Hans arbeitet für Greenpeace. Viele ___ arbeiten mit ihm.
8. Sie mögen sich. Sie haben eine gute ___.

8 Schreiben Sie etwas über Ihre Beziehungen.

Benutzen Sie in Ihrer Beschreibung Vokabeln, die Sie gelernt haben! Ihre Beschreibung sollte auch Ihre Beziehungen zu den verschiedenen Personen erklären.

Dialog Freunde im Internet

Interpretive Communication

Renate und Karsten sitzen im Internet-Café und besprechen ihre Erfahrungen in der virtuellen Welt.

Renate: Du, Karsten, ich muss dir von dem neuen Chat erzählen, den ich diese Woche entdeckt habe.

Karsten: Was für einen?

Renate: Es heißt „Mensch, ärgere dich nicht!" und alle Teilnehmer erzählen von ihren zwischenmenschlichen Problemen. Wir schreiben über gute und kaputte Beziehungen. Klingt vielleicht doof, aber es sind viele Gleichgesinnte dabei. Wir alle ärgern uns über andere in unserer Klasse, oder über Arbeitskollegen, oder über Familie und Freunde.

Karsten: Warum ärgert ihr euch? Und warum redest du lieber mit virtuellen Freunden im Chat, anstatt mit den echten Menschen, über die du dich ärgerst?

Renate: Verstehst du nicht, dass es manchmal viel besser ist, wenn man sich nicht kennt? Da ist man viel freier und kann seine Meinung sagen, ohne sich sofort doof zu fühlen. Manchmal kann ich nicht einmal mit meiner besten Freundin über meine Probleme mit Bekannten und Schulfreunden reden.

> **Analyse**
> Erklären Sie, mit wem Renate enge Beziehungen online hat. Benutzen Sie Beispiele aus dem Dialog.

Karsten: Stimmt. Das hat bestimmt Vorteile, aber ich bin für echte, nicht virtuelle Freunde und Bekannte, mit denen man über seine Interessen und Hobbys sprechen kann.

Renate: Du bist so altmodisch! Ich diskutiere meine Interessen und Hobbys mit den Gleichgesinnten im Internet: wir interessieren uns für Computer, das Internet und Beziehungen! Wir sagen unsere Meinungen ganz offen. Was will man mehr?

Karsten: Ich gebe es auf. Das nächste Mal, wenn ich mit dir reden will, logge ich ein und rede mit dir im Chatraum. Dann nimmst du mich vielleicht ernst.

Renate: Das kann dauern!

9 Ergänzen Sie diese Sätze!

Schreiben Sie alle Wörter groß. Wenn Sie fertig sind, bilden die Anfangsbuchstaben ein englisches Wort aus dem Text.

1. Renate hat einen neuen ___ entdeckt.
2. Der neue Chat ___ „Mensch, ärgere dich nicht."
3. Manche in dem Chat ärgern sich über Klassenkameraden oder ___, Familie und Freunde.
4. Alle ___ im Chat erzählen von ihren zwischenmenschlichen Problemen.
5. ___ ist vom Chat begeistert.
6. Renate meint, man kann seine Meinung im Chat ganz ___ sagen.
7. Man kann im Chat seine Meinung sagen, ___ sich doof zu fühlen.
8. Karsten wird das nächste ___ einloggen, wenn er mit Renate reden will.

Sprache Past Perfect with Modals

When you use modals in the past perfect, you use the double infinitive construction. Modals always use *hatten* as their helping verb to form the past perfect. Remember that the helping verb precedes the double infinitive in subordinate clauses.

Bevor wir essen konnten, hatten wir den Tisch sauber machen müssen.	Before we could eat we had to clean the table.
Ich wusste nicht, dass er dahin hatte fahren sollen.	I didn't know he was supposed to drive there.

10 Hand-in-Hand

Was hatte passieren müssen? Siegfried formte sein Basketballteam, aber er musste vieles machen, damit alles gut ging. Diskutieren Sie mit einer anderen Person darüber, was hatte passieren müssen! Denken Sie daran, wo das Verb sein muss! Eine Person arbeitet auf dieser Seite, die andere im Anhang.

BEISPIEL **Person 1: Was hatte passieren müssen, bevor Siegfried seine Mannschaft formen konnte?**

Person 2: Er hatte viele Freunde überzeugen müssen.

Was hatte passieren müssen, bevor	
Siegfried konnte seine Mannschaft formen.	er: viele Freunde überzeugen müssen
Sie konnten ihr erstes Spiel spielen.	
Sie trainierten für das Spiel.	
Sie spielten das erste Spiel.	sie: ein Spielfeld suchen müssen
Das Spiel begann.	
Sie hatten viele Punkte.	sie: viele Körbe schießen müssen
Der Abend war vorbei.	die Spieler: ihren Sieg feiern wollen
Sie spielten gegen eine andere Mannschaft.	
Der Sommer kam.	Siegfried und die anderen: andere Teams kennen lernen wollen

11 Schreiben Sie die Sätze nach dem Beispiel!

Benutzen Sie die Informationen aus *Hand-in-Hand*!

BEISPIEL **Bevor Siegfried seine Mannschaft formen konnte, hatte er viele Freunde überzeugen müssen.**

Im Fokus

Interpretive Communication Pre AP

Das UNESCO-Weltregister[1] und bedeutende Deutsche

Das UNESCO-Weltregister „Memory of the World" ist ein digitales Netzwerk mit den wichtigsten Dokumenten der Weltkultur[2]: Handschriften[3], Musikkompositionen[4], Büchersammlungen, Bild-, Ton[5]- und Filmdokumenten. Die UNESCO digitalisiert[6] sie, damit jeder sie lesen kann und sie in der Zukunft da sind. Zurzeit gibt es im Register 350 Dokumente aus verschiedenen Ländern. Und welche Dokumente und Persönlichkeiten finden die Deutschen als Beitrag[7] zur Weltkultur wichtig? Hier ist eine kleine Auswahl:

Gedächtnis der Menschheit: "Memory of the World"

Buchkultur[8]
Der Buchdruck von *Gutenberg* war eine Technologie, die die Welt veränderte. Der Buchdruck führte dazu, dass immer mehr Leute Lesen gelernt haben und Wissen weitergegeben werden konnte. Die Gutenberg-Bibel ist seit 2001 im Register.

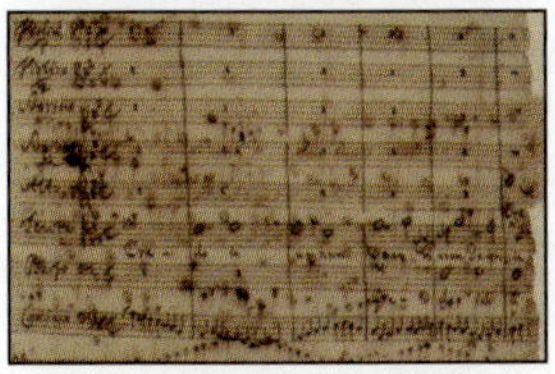

Musikgeschichte[9]
***Johann Sebastian Bachs* Manuskript der h-Moll-Messe**[10] ist eine seiner bekanntesten Kompositionen. Bachs Werke[11] gelten als Meilensteine[12] in der Musikgeschichte. (seit 2015)

Filmgeschichte[13]
Der Film *Metropolis* von *Fritz Lang*, der bekannteste deutsche Stummfilm[14], ist der erste Film, der in das Register aufgenommen wurde. Der Film wurde in Babelsberg gedreht; 2001 wurde er restauriert[15] und auf der Berlinale gezeigt. (seit 2001)

Geschichte der Technologie
Das Benz-Patent[16] **von 1886** wurde 2011 in das Register aufgenommen. Der deutsche Ingenieur ***Carl Benz*** erfand das moderne Automobil. Bis heute gehören seine technologischen Innovationen zu den bedeutendsten Erfindungen der modernen Welt und zur deutschen technisch-kulturellen[17] Identität. (seit 2011)

---

[1] *das Weltregister* world registry; [2] *die Weltkultur* world culture; [3] *die Handschrift* manuscript; [4] *die Musikkomposition* musical composition; [5] *das Tondokument* audio file; [6] *digitalisieren* to digitize; [7] *der Beitrag* contribution; [8] *die Buchkultur* book culture; [9] *die Musikgeschichte* musical history; [10] *die h-Moll Messe* mass in B minor; [11] *das Werk* work; [12] *der Meilenstein* milestone; [13] *die Filmgeschichte* film history; [14] *der Stummfilm* silent film; [15] *restaurieren* to restore; [16] *das Patent* patent; [17] *technisch-kulturell* technical-cultural

Literaturgeschichte[18]

Die Kinder- und Hausmärchen der *Brüder Grimm* sind neben der Luther-Bibel weltweit das bekannteste und meistverkaufte Buch der deutschen Kulturgeschichte[19]. Die Grimms Märchen dokumentieren die ganze europäische und orientalische[20] Märchentradition. (seit 2005)

Conrad Schumann,
„Flucht in die Freiheit"

Zeitgeschichte[21]

Der Bau und Fall der Berliner Mauer gehört als Zeitdokument[22] ins Register. Der Bau der Mauer 1961 war das Symbol der Teilung[23] der Welt in Ost und West und der Beginn[24] des Kalten Krieges; der Fall der Mauer 1989 gehört zum kollektiven[25] Gedächtnis[26] der ganzen Welt. Filmaufnahmen, Fotografien und Schriften wie der Zwei-Plus-Vier-Vertrag von 1990 dokumentieren die Ereignisse um die Mauergeschichte[27]. (seit 2011)

Deutschland hat 22 Beiträge und es werden immer mehr. Sie können sich die Dokumente und Listen ansehen unter den Suchwörtern: **unesco memory of the world**.

---

[18]*die Literaturgeschichte* history of literature; [19]*die Kulturgeschichte* cultural history; [20]*orientalisch* Middle Eastern; [21]*Zeitgeschichte* contemporary history; [22]*Zeitdokument* contemporary document; [23]*die Teilung* division; [24]*der Beginn* start, beginning; [25]*kolletiv* collective; [26]*das Gedächtnis* memory; [27]*die Mauergeschichte* the history of the (Berlin) Wall

Analyse

1. Welche Informationen finden Sie über jedes Dokument?
   - ___ den Namen des Dokuments
   - ___ seit wann es im Register ist
   - ___ warum es wichtig ist
   - ___ was das Dokument ist
   - ___ wer das Dokument für das Register vorgeschlagen hat
   - ___ wo man das Dokument finden kann
   - ___ wer das Dokument kreiert hat
2. Sind die Informationen immer in der gleichen Reihenfolge?

Antworten:
1. Everything but *wer das Dokument für das Register vorgeschlagen hat* and *wo man das Dokument finden kann.*
2. No

12 Aktivitäten

1. **Presentational Writing / Connecting to World Heritage.** Geben Sie einen Grund für die Aufnahme in das UNESCO-Weltregister.

BEISPIEL Fritz Langs Meisterwerk
Fritz Langs Meisterwerk *Metropolis* ist der weltweit bekannteste deutsche Stummfilm.

Beispiele deutsches Weltkulturerbes	Gründe dafür
die Gutenberg-Bibel	Johannes Gutenberg erfand die erste Buchpresse.
eine Komposition von Bach	
das Patent von Carl Benz	
Märchen der Brüder Grimm	

2. **Presentational Writing / Connecting to World Heritage.** Erforschen Sie einen Beitrag aus dem Lesestück, der Sie interessiert oder erforschen Sie die ganze deutsche Liste und berichten Sie über ein anderes Dokument. Zu den anderen Dokumenten gehören Beethovens 9. Sinfonie; Literatur von Goethe; das Nibelungenlied; die Himmelsscheibe von Nebra; das Manifest der Kommunistischen Partei von Karl Marx aus den Jahren 1847/48; die Schriften von Martin Luther; die Goldene Bulle von 1356; die ältesten Tondokumente traditioneller Musik 1893–1952; digitale Sammlung zur Sprachenvielfalt (*language diversity*). Sie können die Ideen von der „Analyse" von der letzten Seite benutzen, um Ihren Bericht zu formulieren.

Suchwörter: deutsche Beiträge für Memory of the World

3. **Presentational Speaking / Connecting to Social Engagement and Volunteerism.** *Kulturweit*, der Freiwilligendienst für Jugendliche im Bereich der Kultur- und Bildungspolitik, ist ein Projekt von der deutschen UNESCO-Kommission, um jungen Menschen zwischen 18 und 26 die Möglichkeit zu geben, sich sechs oder zwölf Monate im Ausland kulturell und sozial zu engagieren. Die jungen Leute leisten Freiwilligenarbeit im Afrika, Asien, Lateinamerika und auch in Staaten Mittel-, Südost- und Osteuropas. Typische Projekte sind Organisation von Theatercamps mit Schulkindern; Übersetzungen und Schreiben von Texten für Unterrichtsfilme; Bloggen und Schreiben von Online-Artikeln; und Deutschkurse für Erwachsene. Über 200 Jugendliche nehmen jedes Jahr teil; nach ihrer Erfahrung schreiben sie Berichte über die Zeit und ihr kulturelles und soziales Engagement. Lesen Sie einige Erfahrungsberichte, dann stellen Sie der Klasse eine Person vor. Wichtige Informationen für Ihren Bericht: der Name der Person; der Ort, wo die Person gearbeitet hat; die Aktivitäten; andere Informationen aus dem Bericht. Sie können diese Aktivität auch mit einem Partner oder einer Partnerin unternehmen und als Interview machen.

Suchwörter: Kulturweit Erfahrungsberichte

4. **Interpersonal Speaking / Connecting to Anthropology.** Wie sehen die Deutschen ihre Geschichte? Was wollen sie dokumentieren? Als Klasse diskutieren Sie die deutsche Liste des Weltdokumentenerbes. Sie müssen vielleicht im Internet nach historischen Informationen forschen.

   Schritt 1: In Gruppen schreiben Sie eine Liste von historischen, kulturellen und technischen Ereignissen in Deutschland. Sie können die Liste vom Lesestück benutzen, um wichtige Daten zu identifizieren. Am besten schreiben Sie eine Liste mit Jahrhunderten, z.B. 15. Jahrhundert: Gutenberg und der Buchdruck; 20. Jahrhundert: der Erste und der Zweite Weltkrieg; die Teilung Berlins, usw.

   Schritt 2: Jede Gruppe liest ihre Liste vor; eine Gesamtliste (*complete list*) wird zusammengestellt.

   Schritt 3: Mit der Gesamtliste diskutieren Sie als Klasse, welche Ereignisse für die Deutschen besonders wichtig sind und welche Dokumente im Weltregister „Memory of the World" sein sollten.

   Schritt 4: Wenn Sie sich die deutsche Liste ansehen, können Sie die gemeinsamen Werte der Deutschen identifizieren?

Sprache Subordinate Clauses with Question Words

You have learned many ways to introduce subordinate clauses: with subordinating conjunctions, with relative pronouns, and with *als*, *wenn* and *wann*. You can also introduce subordinate clauses with question words like *wer (wen, wem), wie, wie lange, was, wo* and *warum*.

Ich weiß nicht, wo wir uns treffen.	I don't know where we are meeting.
Hast du gehört, wer die neue Klassensprecherin ist?	Have you heard who the new class representative is?

Remember that the conjugated verb appears at the end of the subordinate clause.

Vergleiche

What is the position of the verb in English subordinate clauses introduced with question words?

- Have they said when the debate *is*?
- Have you heard who the candidates *are*?

Antwort: English sentences with question words introducing a subordinate clause also end in a conjugated verb, as in German.

13 Hast du gesagt,...?

Es ist sehr laut und Sie hören nicht so genau, was Ihre Freunde sagen. Fragen Sie noch einmal!

BEISPIEL Wann kommt der Zug?
Hast du gesagt, wann der Zug kommt?

1. Wie heißt der neue Schüler?
2. Wer soll heute Nachmittag zu Besuch kommen?
3. Wann haben wir die nächste Prüfung?
4. Was habe ich für Anita kaufen sollen?
5. Warum dürfen wir heute Abend nicht ins Kino?
6. Wem wollen wir am Wochenende helfen?
7. Wen will Monika bitten, beim Wahlkampf zu helfen?
8. Wie lange müssen wir noch arbeiten?

Haben sie sich entschieden, wer für die Finanzen verantwortlich sein wird?

emcpassport.com
WB 12–13

14 Kombinieren Sie!

Wir sollen fragen	wo	die Party dauern soll
Wer weiß	wer	eingeladen wurde
Hast du gesagt	wie lange	die Party ist
Weißt du	wann	wir die Party feiern werden
Ich weiß nicht	wem	ich helfen kann
Hast du gehört	wen	wir zur Party mitnehmen müssen

Sprache Past Participles as Adjectives

You have learned how to form past participles to create the present perfect and the past perfect tenses. Sometimes participles are also used as adjectives. They often correspond to English adjectives that end in *-ed*.

kaufen - gekauft:

Die gekaufte Uhr war sehr schön. The purchased clock was very pretty.

festnehmen - festgenommen:

Der festgenommene Pirat war nicht glücklich. The captured pirate was not happy.

As adjectives, these words must have adjective endings.

15 Was passt?

Bilden Sie zuerst das Partizip und vergessen Sie die Adjektivendungen nicht!

BEISPIEL Der ___ Koffer wird nach Hause gebracht. (abholen)
Der abgeholte Koffer wird nach Hause gebracht.

1. Der ___ Wahlkampf von den Studenten war sehr erfolgreich. (organisieren)
2. Der Politiker stand vor vielen ___ Leuten. (interessieren)
3. Sie lesen die ___ Formulare. (ausfüllen)
4. ___ Wähler stellen viele Fragen bei einer Debatte. (informieren)
5. Wegen Gutenbergs Buchpresse gab es die ersten ___ Bücher. (drucken)
6. Die ___ Schüler organisierten eine Debatte. (engagieren)
7. Romeo und Julia hatten eine ___ Liebe. (verbieten)
8. Jeder braucht eine ___ Person. (vertrauen)

Perspektive

Was ist deutsche Kultur?

„Die deutsche Kultur beginnt mit unseren Literaten, unserer Musik und unserer Architektur. Sie beginnt mit den sogenannten Traditionen, von den Schwarzwalduhren bis Johann Sebastian Bach, der Frauenkirche und Schloss Neuschwanstein."

—*Wolfgang*

Aktuelles

Interpretive Communication Pre AP

Die Grüne Partei in Deutschland

Die Grüne Partei (die Grünen) wurde 1980 offiziell eine politische Partei in Deutschland. Grüne Kandidaten wurden ins Parlament gewählt und von 1998 bis 2005 bildete sie mit der Sozialdemokratischen Partei (SPD) eine Koalitionsregierung[1]. Am Anfang standen die Grünen für soziale Gerechtigkeit[2], Umweltschutz[3], eine Basisdemokratie[4] und den Ausstieg aus der Kernenergie[5]. Heute gehören zu ihrer Plattform auch die Themen Solidarität[6] mit Benachteiligten und Minderheiten[7], wie auch gute Arbeit und Bildung. Im Jahre 2014 gewann die Grüne Partei mehr als zehn Prozent der Stimmen in den Europäischen Parlamentswahlen.

Suchwörter: die Grünen

Die Grünen fördern Windturbinen anstatt Kernenergie.

Deutschland und seine Städtepartnerschaften

Eine Städtepartnerschaft ist eine Partnerschaft zwischen zwei Städten, die hilft, die Beziehungen zu anderen Ländern zu entwickeln. Deutschland hat weltweit 1.400 Städtepartnerschaften. Die Liste unten zeigt, wie viele Städtepartnerschaften Deutschland mit den verschiedenen Nachbarn hat.

DEUTSCHLAND	1.400
FRANKREICH	340
POLEN	133
BELGIEN	70
DÄNEMARK	54
LUXEMBURG	46
DIE NIEDERLANDE	40
ÖSTERREICH	25
DIE SCHWEIZ	19
DIE TSCHECHISCHE REPUBLIK	6

Suchwörter: Städtepartnerschaften Deutschland, Liste deutsch-amerikanischer Städtepartnerschaften

Analyse

What have you learned about how Germans build relationships with other nations?

Weißt du…?

When did Cincinnati become a sister city with Munich?

Antwort: Cincinnati became Munich's third sister city in 1989. It has welcomed many German immigrants and hosts one of the biggest celebrations of *Oktoberfest* outside of Munich.

Vergleiche

Die Vereinigten Staaten haben mehr als 100 Städtepartnerschaften mit Deutschland. Was meinen Sie: warum gibt es so viele?

---

[1]*die Koalitionsregierung* coalition government; [2]*die Gerechtigkeit* justice; [3]*der Umweltschutz* environmental protection; [4]*die Basisdemokratie* grass-roots democracy; [5]*der Ausstieg aus der Kernenergie* phase-out of atomic energy; [6]*die Solidarität* solidarity; [7]*die Minderheit* minority

Die Promo-Fahrt: Bertha Benz 1888

Die folgende Geschichte zeigt, wie eine Familie zusammen arbeitetet, um ein Unternehmen zu starten. Die Straßen waren sehr schlecht, es gab keine Tankstellen, und noch keine Frau in der Geschichte der Menschheit hatte jemals[8] eine lange Autofahrt allein gemacht. Mit ihren Söhnen Eugen und Richard tat Bertha Benz genau das und machte damit das neue Auto ihres Mannes Carl Benz überall berühmt. Benzin war ein richtiges Problem, denn es gab „Ligroin" nur in Apotheken. Bertha Benz fuhr 180 Kilometer von Mannheim nach Pforzheim und zurück. Danach sagte sie ihrem Mann, was an dem Auto verbessert werden musste: die Bremsen waren zu schwach und die 2,5 PS Leistung des Motors zu wenig. Diese Fahrt machte nicht nur Bertha berühmt, sondern auch die Marke Mercedes-Benz.

Im Andenken an Bertha Benz verleiht die Daimler und Benz Stiftung[9] seit 2009 den „Bertha Benz-Preis" für Ingenieurinnen, die eine herausragende[10] Promotion[11] in Deutschland mit Dr.-Ing. abgeschlossen haben. Die Gewinnerin bekommt 10 000 Euro. Seit 2008 gibt es auch die neue „Bertha-Benz Memorial Route" und seit 2011 die „Bertha Benz Challenge", offen nur für alternative Fahrzeuge – von Elektro-und Hybridautos, bis hin zu Biofuels, usw.

Suchwörter: **Bertha Benz, Bertha Benz-Preis, bertha-benz.de, Bertha-Benz-Challenge, Bertha-Benz Memorial Route**

Auf den Spuren der Brüder Grimm

Die Deutsche Märchenstraße führt 600 Kilometer vom Norden nach Süden durch Deutschland, von Bremerhaven bis nach Hanau, dem Geburtsort[12] der Brüder Grimm. Diese Strecke existiert seit über 40 Jahren und führt den Besucher auf die Spuren der Brüder und ihre verschiedenen Werke, die „Kinder- und Hausmärchen" und „Die deutschen Sagen". Auf dieser Tour gibt es viele Sehenswürdigkeiten: Städte und Orte, wo die Brüder ihre Märchen sammelten und wo sie gelebt und gearbeitet haben. Man sieht auch Gegenden, die mit bestimmten Märchen zu tun haben, wie Bremen mit den Bremer Stadtmusikanten[13] oder Alsfeld, mit dem Rotkäppchenhaus; Bad Wildungen mit dem Schneewittchen Museum oder das Sababurg Schloss, das sogenannte[14] „Dornröschen" Schloss.

---

[8]*jemals* ever; [9]*die Stiftung* foundation; [10]*herausragend* exceptional; [11]*die Promotion* doctoral dissertation; [12]*der Geburtsort* birthplace; [13]*der Stadtmusikant* town musician; [14]*sogenannt* so-called

Fotogalerie

Benz Patent-Motorwagen Nr. 3, 1888

Bertha Benz (1849–1944)

Zusammenhänge

Engineering. Der Mercedes Benz B250e schafft 2,7 Liter pro 100 km (85 mpg) in der Stadt und 2,9 L/100 km (82 mpg) auf der Autobahn.

Mathematik. Sie fahren mit dem B250e von Dortmund nach Berlin. Das sind 518 Kilometer. Wie viele Liter Benzin brauchen Sie für die Strecke?

Antwort: 14 Liter

Weißt du…?

Was sind die Namen auf Englisch von diesen Märchen der Brüder Grimm?

„Dornröschen"
„Schneewittchen"
„Die Bremer Stadtmusikanten"

Antwort: „Sleeping Beauty", „Snow White", „The Bremen Town Musicians".

Die Stadt Hameln, bekannt für ihren Rattenfänger[15], liegt auch auf der Strecke. Auf der Märchenstraße sieht man auch viel schöne Natur, da der Weg durch acht Naturparks geht. Und nicht zuletzt sind die vielen UNESCO Weltkulturerbestätten hier: das Wattenmeer[16] in Bremerhaven; das Bremer Rathaus mit der Roland-Statue; der Bergpark Wilhelmshöhe in Kassel; und die ältesten Buchenwälder[17] Deutschlands. Es gibt auch verschiedene Routen, die man nehmen kann: die *Frau Holle Strecke* von Kassel bis Fürstenberg; *die Dornröschen Strecke* mit dem Sababurg Schloss; und das *Rotkäppchenland* zwischen Alsfeld und Fritzlar. Der Höhepunkt der Reise ist in Kassel im Brüder-Grimm Museum, wo man die Originale der „Kinder- und Hausmärchen", seit 2005 auf der UNESCO Weltdokumentenerbe-Liste, sehen kann. Und jedes Jahr gibt es in vielen Städten auf der Route tolle Veranstaltungen, Freilichtfeste[18], Ausstellungen[19] und Aufführungen. Auf der Deutschen Märchenstraße erlebt man Kultur, Natur und Geschichte zugleich[20].

Suchwörter: deutsche Märchenstraße

Das Wattenmeer in Bremerhaven ist auch Weltkulturerbe.

---

[15]*der Rattenfänger* rat catcher, Pied Piper; [16]*das Wattenmeer* mudflats; [17]*die Buchenwälder* beech forests; [18]*das Freilichtfest* open-air festival; [19]*die Ausstellung* exhibit; [21]*zugleich* all at the same time

Perspektive

„Ich war gestern in Hameln. Das ist eine kleine, aber schöne Stadt. In Hameln sind die Ratten sehr bekannt."

—*Amina, Schülerin*

Produkte

Ein Literaturpreis

„Der Rattenfänger von Hameln" ist eine der bekanntesten deutschen Volkssagen. Alle zwei Jahre verleiht die Stadt Hameln den „Rattenfänger-Literaturpreis" für herausragende Märchen- und Sagenbücher, fantastische Erzählungen oder Erzählungen aus dem Mittelalter für Kinder und Jugendliche. Der Gewinner bekommt 5.000 Euro.

Suchwörter: Rattenfänger Literaturpreis

16 Kulturelle Aktivitäten

Complete the following activities to demonstrate your understanding of the content in the culture readings.

1. **Presentational Writing / Connecting to Marketing and Political Science.** Find posters of the Green Party online. Copy each image and put it in a presentation using an online presentational tool. Write what the party stands for, according to each image, and analyze the effectiveness of the image. Is the message clear? Who is the audience? Is the art complicated or simple?
2. **Presentational Speaking / Connecting to Political Science.** Explore the relationship between the Green Party in Germany and the Green Party in the United States. For how long have they been working together? Are their goals identical? Is the Green Party as popular in the United States as in Germany and Europe? Work with a partner to make a presentation to answer these questions and others that you self-generate. Finally, present your findings and opinions to your classmates, perhaps using audio and visuals to make it more interesting.
3. **Interpersonal Speaking / Connecting to Diplomacy.** Imagine you are visiting your sister city in Germany and you are bringing a gift of something typical of your region. The representative of the German city also has a gift for you that is a product of his or her area. With a partner, play the roles of the representatives of the two cities. Explain the significance of the gift you're offering and thank the other person for the gift you are given. (You might consider selecting an American sister city in your region that you know something about.)
4. **Presentational Speaking / Connecting to Transportation.** From humble beginnings, Mercedes-Benz became a maker of luxury automobiles, selling cars around the world. Find a Mercedes-Benz that you would like to own and describe its features to your group of classmates and say why it's your favorite.
5. **Presentational Speaking / Cooperative Groups.** With several classmates, compare Bertha Benz's road trip to someone taking the same route today. How much time would it take to cover that distance? What would the driver see along the route? What precautions or preparations to have a safe trip could one take today that were not possible in Bertha's day? Each student in your group researches one of the questions, then comes back to the group with their best answer. It is important you show the steps taken to reach your conclusion.
6. **Presentational Writing / Connecting to Technology.** Your class project is to create a database so users can locate certain Grimm fairy tales. Each student chooses a Grimm tale and writes up to 10 search words so users can find a story with certain elements they like or they can find a story they once read for which they do not remember the title. You can include the names of key characters, actions, fantasy elements, settings, etc.

An der Tankstelle

Wissen Sie noch, was diese Ausdrücke bedeuten? Diskutieren Sie sie mit Partnern.

das Benzin/voll tanken
das Dach
der Geländewagen
der Kompaktwagen
der Lkw
der Minivan
... gefällt mir.
Ich fahre lieber...

7. **Presentational Speaking or Writing / Connecting to Storytelling.** Tell an imaginary story of your visit to one of the towns/cities along the *Deutsche Märchenstraße*. Add some real and some fantasy elements. The other students will write down what they think is real and not real in the story you tell or write.

Kultur Plus Interpretive Communication Pre AP

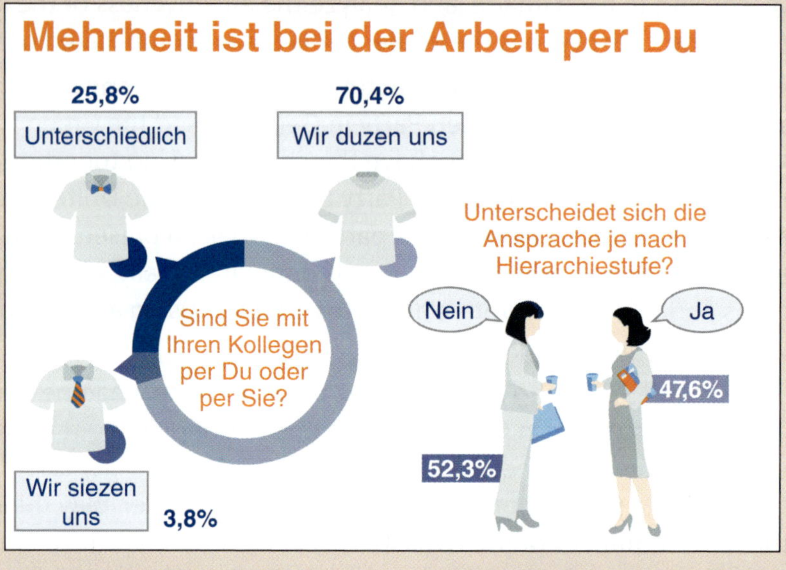

Den Deutschen wird ja oft nachgesagt, sie seien etwas distanziert. Zumindest am Arbeitsplatz ist das einer aktuellen Umfrage zufolge nicht der Fall. Demnach duzen rund 70 Prozent der Werktätigen ihre Kollegen, Mitarbeiter und Chefs. Ein weiteres Viertel der Arbeitnehmer nutzt unterschiedliche Anreden für Kollegen. Für die Hälfte entscheidet dabei die Hierarchiestufe über *Du* oder *Sie*. Lediglich 3,8 Prozent der Befragten siezen alle Kollegen.

Aktivitäten

Beantworten Sie diese Fragen!

1. Was benutzen Leute mehr im Büro: *du* oder *Sie*?
2. Was zeigt diese Grafik: (checken Sie alle, die passen!)
   A. Die meisten Leute siezen sich im Büro.
   B. Mehr Leute finden Hierachiestufen wichtiger als unwichtig.
   C. Einige Leute machen es mal so, mal so.
   D. Fast dreimal so viel Leute benutzen *du* als *Sie*.
3. Was sagt diese Grafik über die Beziehungen der Mitarbeiter im Büro zu einander?
   A. Die Anrede wird formeller.
   B. Die Anrede wird lockerer.

Du bist dran! Pre AP

Familie Presentational Writing

Wie viele Leute gibt es in deiner Familie? Hast du Geschwister? Wenn ja, wie viele? Onkel? Tanten? Wie sind sie? Seid ihr eine enge Familie oder eher distanziert? Schreib einen kurzen Bericht über deine Familie und wie sie ist!

Virtuelle Beziehungen Interpersonal Speaking

Sieh dir nochmals den *Dialog* zwischen Renate und Karsten in *Lektion B* an. Karsten ist der Meinung, dass virtuelle Freundschaften nicht so wertvoll wie zwischenmenschliche Freundschaften sind. Renate meint aber, dass das Internet gerade in diesem Bereich Vorteile haben kann! In Partnerarbeit nehmt jeweils Pro- und Kontrastellungen zu virtuellen Beziehungen ein, sei es freundschaftlich oder romantisch. Überlegt euch Vor- und Nachteile (*advantages and disadvantages*) und vergleicht dann eure Ergebnisse.

Sieh in die Kamera und sag unserer neuen Freundin aus Kamerun „Hallo"!

Wahlen Presentational Writing

Du bist Kandidat/Kandidatin für Klassensprecher/in. Entwirf deine Wahlplattform (*campaign platform*) mit Ideen, wie man die Schule und das Schulleben verbessern kann. Du sollst mindestens sechs Ideen zu verschiedenen Themen formulieren. Zeig deinen Klassenkameraden deine Plattform und frag sie, was sie von deinen Ideen halten.

Eine Quizshow! Presentational Writing / Interpersonal Speaking

Kleine Gruppen erforschen deutsche Triviafragen im Internet und schreiben eine Liste mit solchen Fragen. Dann wird die Liste eingereicht und ein Quizshow wird gemacht. Der Lehrer oder die Lehrerin teilt die Klasse in Teams auf und jedes Team schickt einen Vertreter in die Show.

Suchwörter: deutsch Triviafragen

Wörter und Ausdrücke

Relationships at School and Work

das Engagement engagement, commitment
das Interesse interest
das Zwischenmenschliche interpersonal (matters)
der Gleichgesinnte like-minded person of the same convictions
der Mitarbeiter co-worker, colleague
die Erfahrung experience
jemanden ernst nehmen to take someone seriously
sich ärgern to be irritated
sich doof fühlen to feel dumb
verlässlich dependable

Using the Internet

der Chat chat
einloggen to log in
virtuell virtual

Leseecke

Interpretive Communication Pre AP

Über den Text

Dieses Märchen ist ein Teil einer längeren Geschichte über die Figur des Herrn Moritz. Als Märchen erzählt es von fantastischen Ereignissen. Es ist auch ein sozialkritischer Text, der versucht, Probleme in der Gesellschaft zu diskutieren.

Kurzbiografie

Wolf Biermann (1936–)

Wolf Biermann wurde 1936 in Hamburg geboren. Er zog 1953 in die DDR. Er ist ein bekannter Liedermacher, der die Verhältnisse in der DDR analysierte. 1974 musste er die DDR verlassen, weil die Regierung ihn zu kritisch fand. Viele Leute in Ost- und Westdeutschland protestierten dagegen, dass Biermann nicht mehr in der DDR leben durfte. Heute lebt er wieder in Hamburg.

Vor dem Lesen

1. Wolf Biermann calls his story a fairy tale. You are already familiar with the characteristics of these stories. Considering the title of the story, what do you think might happen here?
2. Since Wolf Biermann writes this text as a socially critical text, what kinds of interactions might you expect between the characters?
3. This story takes place in Berlin, where the winters are often long, cold and gray, with little sunshine. How do you imagine the climate affects people's moods? How might the effect of Berlin's climate serve as a starting point for Biermann's fairy tale?

Strategie

A "turn of events" is an unforeseen development or change in a situation. Biermann propels his story through a number of such events. Use an organizer like the one below, or create one of your own, to track them and keep the title of the story in mind as you do.

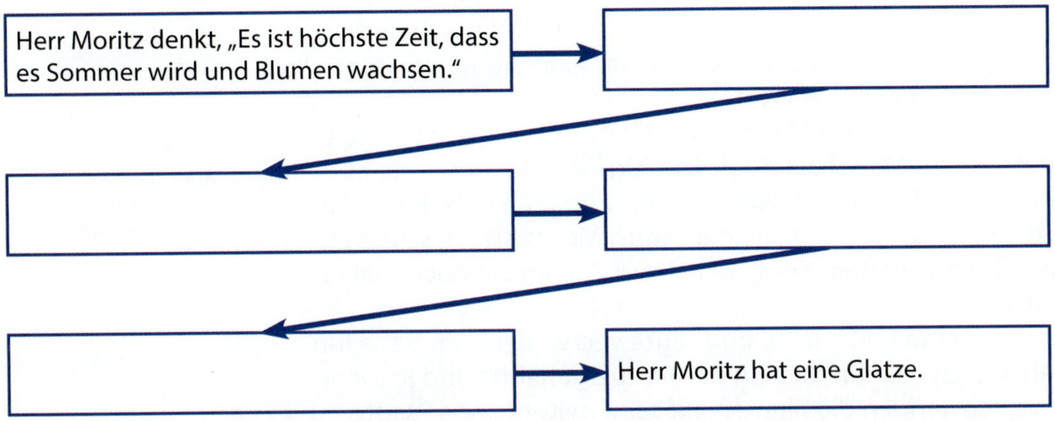

Beim Lesen
Was führt dazu, dass Herr Moritz eine Glatze bekommt?

Das Märchen vom kleinen Herrn Moritz, der eine Glatze kriegte

Es war einmal ein kleiner älterer Herr, der hieß Herr Moritz und hatte sehr große Schuhe und einen schwarzen Mantel dazu und einen langen Regenschirmstock, und damit ging er oft spazieren.

Als nun der lange Winter kam, der längste Winter auf der Welt in Berlin, da wurden die Menschen allmählich böse. Und die Hunde bellten vor Wut über die Kälte schon gar nicht mehr, sondern zitterten nur noch und klapperten mit den Zähnen vor Kälte, und das sah auch sehr böse aus.

1. Welchen Einfluss hat das Wetter auf Menschen und Tiere?

An einem solchen kalten Schneetag ging Herr Moritz mit seinem blauen Hut spazieren, und er dachte: „Wie böse die Menschen alle sind, es wird höchste Zeit, dass wieder Sommer wird und Blumen wachsen."

Und als er so durch die schimpfenden Leute in der Markthalle ging, wuchsen ihm ganz schnell und ganz viel Krokusse, Tulpen und Maiglöckchen und Rosen und Nelken, auch Löwenzahn und Margeriten auf dem Kopf. Er merkte es aber erst gar nicht, und dabei war schon längst sein Hut vom Kopf hochgegangen, weil die Blumen immer mehr wurden und auch immer länger.

2. Was passiert Herrn Moritz? Wie realistisch ist das?

Da blieb vor ihm eine Frau stehen und sagte: „Oh, Ihnen wachsen aber schöne Blumen auf dem Kopf!" „Mir Blumen auf dem Kopf!" sagte Herr Moritz, „so was gibt es gar nicht!" „Doch! Schauen Sie hier in das Schaufenster. Sie können sich darin spiegeln. Darf ich eine Blume abpflücken?"

3. Worum bittet ihn die Dame?

Und Herr Moritz sah im Schaufensterspiegelbild, dass wirklich Blumen auf seinem Kopf wuchsen, bunte und große, vielerlei Art, und er sagte: „Aber bitte, wenn Sie eine wollen..."

„Ich möchte gerne eine kleine Rose", sagte die Frau und pflückte sich eine. „Und ich eine Nelke für meinen Bruder", sagte ein kleines Mädchen, und Herr Moritz bückte sich, damit das Mädchen ihm auf den Kopf langen konnte. Er brauchte sich aber nicht so sehr tief zu bücken, denn er war etwas kleiner als andere Männer. Und viele Leute kamen und brachen sich Blumen vom Kopf des kleinen Herrn Moritz, und es tat ihm nicht weh, und die Blumen wuchsen immer gleich nach, und es kribbelte so schön am Kopf, als ob ihn jemand freundlich streichelte, und Herr Moritz war froh, dass er den Leuten mitten im kalten Winter Blumen geben konnte. Immer mehr Menschen kamen zusammen und lachten und wunderten sich und brachen sich Blumen vom Kopf des kleinen Herrn Moritz und keiner, der eine Blume erwischt hatte, sagte an diesem Tag noch ein böses Wort.

Aber da kam auf einmal auch der Polizist Max Kunkel. Max Kunkel war schon seit zehn Jahren in der Markthalle als Markthallenpolizist tätig, aber so was hatte er noch nicht gesehen! Mann mit Blumen auf dem Kopf! Er drängelte sich durch die vielen lauten Menschen, und als er vor dem kleinen Herrn Moritz stand, schrie er: „Wo gibt's denn so was! Blumen auf dem Kopf, mein Herr! Zeigen Sie doch mal bitte sofort Ihren Personalausweis!"

Und der kleine Herr Moritz suchte und suchte und sagte verzweifelt: „Ich habe ihn doch immer bei mir gehabt, ich hab ihn doch in der Tasche gehabt!" Und je mehr er suchte, um so mehr verschwanden die Blumen auf seinem Kopf. „Aha", sagte der Polizist Max Kunkel. „Blumen auf dem Kopf haben Sie, aber keinen Ausweis in der Tasche!" Und Herr Moritz suchte ängstlicher seinen Ausweis und war ganz rot vor Verlegenheit, und je mehr er suchte—auch im Jackenfutter—, um so mehr schrumpften die Blumen zusammen, und der Hut ging allmählich wieder runter auf den Kopf!

In seiner Verzweiflung nahm Herr Moritz seinen Hut ab, und siehe da, unter dem Hut lag in der abgegriffenen Gummihülle der Personalausweis. Aber was noch!? Die Haare waren alle weg! Kein Haar mehr auf dem Kopf hatte der kleine Herr Moritz. Er strich sich verlegen über den kahlen Kopf und setzte dann schnell den Hut drauf.

„Na, da ist ja der Ausweis", sagte der Polizist Max Kunkel freundlich, „und Blumen haben Sie ja wohl auch nicht mehr auf dem Kopf, wie?!

„Nein…", sagte Herr Moritz und steckte schnell seinen Ausweis ein und lief, so schnell man auf den glatten Straßen laufen konnte, nach Hause. Dort stand er lange vor dem Spiegel und sagte zu sich: „Jetzt hast du eine Glatze, Herr Moritz!"

4. Wer bittet sonst noch um eine Blume?
5. Wie reagiert Herr Moritz auf seine Situation?
6. Wie reagiert der Polizist auf Herrn Moritz' Situation?
7. Was will der Polizist von Herrn Moritz?
8. Was findet er in seinem Hut? Ist das positiv oder negativ?
9. Was ist unter seinem Hut?
10. Was sieht er im Spiegel?

Nach dem Lesen

1. Ist Biermanns Geschichte wirklich ein Märchen? Warum würde er die Geschichte von Herrn Moritz als „Märchen" bezeichnen (*describe*)?
2. Welche Beziehung hat Herr Moritz zu seiner Umwelt?
3. Warum wachsen Herrn Moritz Blumen auf dem Kopf? Was repräsentiert der Kopf eines Menschen?

Erweiterung

1. Schreiben Sie die Geschichte neu! Schreiben Sie aus der Perspektive von einer dieser Personen: einer Person, die eine Blume von Herrn Moritz bekommt; dem Polizisten; einer Person auf dem Markt, die Blumen verkauft.
2. Diesen Text kann man gut in Bilder verwandeln. Zeichnen Sie die wichtigsten Szenen mit Herrn Moritz und machen Sie eine Bildergeschichte daraus!

Machen wir weiter! Pre AP

Meine Superkräfte Presentational / Interpersonal Speaking

Mit einem Partner oder einer Partnerin, schreiben Sie auf Karten ein paar Superkräfte (*super powers*) auf, die eine Person besitzen könnte. Dann arbeiten Sie zusammen in kleinen Gruppen: eine Person nimmt eine Karte und liest vor, was auf der Karte steht. Dann sagt die Person, was sie tun würde, wenn sie diese Kraft hätte.

Veranstaltungen auf der Märchenstraße

Presentational Speaking

Was gibt es für Feste und Veranstaltungen auf der Märchenstraße? In Partnerarbeit forschen Sie im Internet und recherchieren Sie jeweils die Veranstaltungen, die in zwei Städten, die auf der Website gelistet sind, stattfinden. Tauschen Sie dann Ihre Ergebnisse aus!

Suchwörter: **deutsche märchenstrasse**

Was ist „Dating"? Presentational / Interpersonal Speaking

In Partnerarbeit lesen Sie den folgenden Abschnitt eines Artikels von einem deutschen Journalisten namens Joachim Pense:

> "Dating" is a typical American phenomenon, a strange foreign ritual with details unknown over here. We know that it is about boys and girls (or men and women) meeting regularly in sort of semi-formal occasions (often in restaurants), with the idea of possibly becoming a pair. But that is about all we know about it. Of course German boys and girls meet in Germany as well, but the concept of "dating rules" or a "dating culture" is alien.

Was denken Sie? Was meinen Sie: wie sieht „Dating" in Deutschland aus? Forschen Sie im Internet und machen Sie eine Grafik, die die Sitten (*customs*) für Dating in Deutschland und in den USA vergleicht. Diskutieren Sie mit der Klasse, welches „Dating" System Ihnen besser gefällt.

Weltkulturerbe Presentational Speaking

In Partnerarbeit gehen Sie auf die UNESCO Liste des immateriellen Weltkulturerbes und suchen Sie ein Beispiel aus Österreich. Erforschen Sie ein Kulturerbe des Landes und sprechen Sie dann mit Ihrem Partner darüber!

Suchwörter: **immaterielleskulturerbe.unesco.at**

Rückblick

R1 Haben Sie sich schon entschieden?

Welches Wort passt?

Wahllokal	**Debatte**	**Slogan**	**Wahlsieg**
Wahlkampf	**Wahlzettel**	**Wahlplakate**	**Wahlurne**

1. Im Wahlkampf hängen an Wänden viele ___ von den Kandidaten.
2. Auf jedem Wahlplakat steht groß geschrieben der ___ des Kandidaten.
3. Im ___ stehen die Wähler und warten auf einen Wahlzettel.
4. Auf dem ___ stehen die Namen aller Kandidaten.
5. Am Abend vor der Wahl gibt es im Fernsehen oft noch eine große ___ mit den Kandidaten.
6. Der Gewinner ist die Person mit dem ___.
7. Im Wahllokal tun die Wähler die Wahlzettel in die ___.
8. Ein ___ wird mit den härtesten politischen Mitteln geführt.

R2 Was musste zuerst passieren?

Schreiben Sie Sätze nach dem Beispiel!

BEISPIELE Wir fuhren weg (wir ins Auto steigen)
Wir fuhren weg, nachdem wir ins Auto gestiegen waren.

Er kaufte sein eigenes Skateboard (er viele Skateboards ausprobieren)
Er kaufte sein eigenes Skateboard, nachdem er viele Skateboards ausprobiert hatte.

1. Wir gingen ins Theater (wir Karten kaufen)
2. Laura spielte am Computer (sie Hausaufgaben machen)
3. Maximilian und Vanessa trafen sich im Café (sie texten sich)
4. Lukas kaufte ein neues Handy (er sein altes Handy verlieren)
5. Tobias räumte sein Zimmer auf (seine Mutter auf ihn sauer sein)
6. Sarah besuchte Daniel (er ihr einen Liebesbrief schreiben)
7. Lisa verbat Dominik, sie anzurufen (er sie zu oft anrufen)
8. Felix ging früher zur Bushaltestelle (er zweimal den Bus verpassen)

Sie spielte am Computer, nachdem sie von der Schule nach Hause gekommen war.

R3 Welches Wort wird definiert?

Was wird hier beschrieben?

1. Das ist die Person, die der Boss in der Firma ist.
2. Die Beziehung zu einem Freund oder einer Freundin.
3. Eine Person, mit der man zusammenarbeitet.
4. Man kann dieser Person vertrauen, dass sie ihre Arbeit tut.
5. Wenn man gern, gut und viel arbeitet.
6. Personen, die die gleichen Interessen haben oder ähnlich denken.
7. Wenn man sich für etwas einsetzt.

A. die Freundschaft
B. der Mitarbeiter
C. die Gleichgesinnten
D. fleißig
E. verlässlich
F. der Chef
G. das Engagement

R4 Streit ums Putzen!

Schreiben Sie die Sätze! nach dem Beispiel!

BEISPIEL Als Kind war ich immer sauer, wenn / ich / mit meiner Schwester / müssen / aufräumen
Als Kind war ich immer sauer, wenn ich mit meiner Schwester hatte aufräumen müssen.

1. Als Kind musste ich immer putzen, wenn / meine Schwester / nicht / wollen / sauber machen
2. Das fand ich unfair, weil / ich / auch nicht / wollen / arbeiten
3. Wir konnten erst essen, nachdem / wir / den Tisch / müssen / decken
4. Unsere Eltern wurden dann sauer, wenn / wir / die Arbeit / nicht / wollen / machen
5. Sie sagten dann, dass wir / unsere Arbeit / am Nachmittag / sollen / machen
6. Wir mussten alles am nächsten Morgen machen, wenn / wir / unsere Arbeit / am Nachmittag / nicht / können / machen
7. Es gab immer Streit, wenn / meine Schwester und ich / unsere Zimmer / nicht / wollen / aufräumen
8. Aber Streit gab es nur, wenn / meine Schwester und ich / keine guten Kinder / wollen / sein

Wussten Sie, dass Tiger schwimmen können?

R5 Weißt du, wer gewinnt?

Schreiben Sie die Sätze nach dem Beispiel!

BEISPIEL Ich weiß nicht, wo (die Leute können wählen)
Ich weiß nicht, wo die Leute wählen können.

1. Weiß die Druckerei Schnellprint schon, wie viele (Wahlzettel müssen gedruckt werden)?
2. Hast du gehört, wann (die Kandidaten nehmen an einer Debatte teil)?
3. Ich weiß nicht, warum (die Druckerei liebt politische Wahlkämpfe).
4. Meine Schwester weiß, wo (Wahlplakate sind am preiswertesten).
5. Dr. Kleinschmidt fragt die Wähler, wen (sie wollen wählen).
6. Thomas hat gefragt, wie lange (die Wahllokale sind offen).
7. Stand es in der Zeitung, wann (die Debatte beginnt)?
8. Ich weiß nicht, wer (der interessanteste Kandidat könnte sein).

R6 Das Leben eines Reporters

Helfen Sie, die Geschichte des Reporters zu schreiben! Die erste Antwort steht schon für Sie da. Vergessen Sie die Adjektivendungen nicht! Ein paar Vokabeln, die Sie brauchen:

enthaupten *to behead*; **plündern** *to pillage*; **sinken** *to sink*; **polieren** *to polish*

Der Reporter musste früh aufstehen, um sein Hemd zu bügeln. Jetzt stand er da in seinem frisch ***gebügelten*** Hemd. Er hatte viel zu berichten. Heute wurden drei Piraten *enthauptet*, und er berichtet besonders gern von (1) Piraten! Sie hatten die Häuser *geplündert*, aber ihr Schiff war danach *gesunken*. Der Reporter war im Dorf und sah die (2) Häuser und das (3) Schiff. Einige Leute hatten ein Kind vor den Piraten *gerettet*. Er interviewte das (4) Kind und fragte es, wie es war, von den Piraten entführt zu werden. Das Kind sagte, dass es sehr spannend gewesen war.

Nach dem Gespräch musste der Reporter dann in die Stadt, um das Rathaus zu sehen. Es wurde gerade *restauriert*. Das (5) Gebäude sah sehr schön aus. Bei der Restaurierung hatte man alte Ritterkleidung und alte Bücher von Gutenberg *entdeckt*! (Stellen Sie sich das vor!) Die (6) Sachen mussten ins Museum gebracht werden. Der Reporter ging auch schnell zum Museum. Im Museum wurden die Rittersachen schön blank *poliert*. Er machte ein Bild von den frisch (7) Sachen und wollte dann seinen Bericht für die Zeitung schreiben. Aber zuerst musste er seinen Film *entwickeln*. Mit dem (8) Film und seinen tollen Eindrücken konnte er bestimmt einen spannenden Bericht schreiben. Er hatte sich nie bei seiner Arbeit *gelangweilt*, denn ein (9) Reporter ist kein guter Reporter.

Vokabeln

abschaffen to get rid of *10A*
abschneiden (*schnitt ab, abgeschnitten*) to perform (poorly or well) *10A*
die **Anlaufstelle,-n** drop-in center *10A*
arabisch Arabic *10A*
der **Arbeitskollege,-n** co-worker *10B*
die **Ausdrucksform,-en** form of expression *10A*
der **Beginn** start, beginning *10B*
der **Beitrag,¨-e** contribution *10B*
besprechen (*bespricht, besprach, besprochen*) to discuss *10B*
der **Betrieb,-e** factory *10A*
die **Beziehung,-en** relationship *10B*
die **Buchkultur,-en** book culture *10B*
der **Chef,-s** boss *10B*
die **Debatte,-n** debate *10A*
digitalisieren to digitize *10B*
doof stupid, dumb *10B*
sich **einsetzen für** to advocate for *10A*
das **Engagement,-s** engagement *10B*
das **Erbe,-n** heritage *10A*
die **Erfahrung,-en** experience *10B*
ernst: ernst nehmen to take seriously *10B*
fest steady *10B*
die **Filmgeschichte,-n** film history *10B*
das **Gedächtnis** memory *10B*
die **Gegenwart** present *10A*
das **Gemeinschaftsgefühl,-e** sense of belonging *10A*
die **Gesellenprüfung,-en** apprenticeship certification exam *10A*
gleichgesinnt to be of the same mind *10A*
der **Gleichgesinnte,-n** like-minded person, kindred spirit *10A*
der **Großonkel,-** great-uncle *10B*
die **Großtante,-n** great-aunt *10B*
die **Grüne Partei** Green Party *10B*
die **h-Moll Messe** mass in B minor *10B*
die **Handschrift,-en** manuscript, handwriting *10B*
die **Handwerkstechnik,-en** craftman's technique *10A*
die **Identität,-en** identity *10A*
immateriell intangible *10A*
das **Interesse,-n** interest *10B*
der **Junggeselle,-n** bachelor *10A*
die **Kaffeekultur,-en** coffee culture *10A*
der **Kandidat,-en** candidate (male) *10B*
die **Kandidatin,-nen** candidate (female) *10A*
das **Kinderhilfsprojekt,-e** aid project for children *10A*
kollektiv collective *10B*
die **Kommunalwahl,-en** local election *10A*
konstruktiv constructive *10A*
die **Kulturgeschichte,-n** cultural history *10B*
lebendig living *10A*
der **Lehrling,-e** apprentice *10A*
sich **lieben** to love each other *10B*
die **Literaturgeschichte,-n** history of literature *10B*
die **Lösung,-en** solution *10A*
das **Märchen,-** fairy tale *10B*
die **Materialien** (*pl.*) materials *10A*
materiell tangible *10A*
die **Mauergeschichte** history of the (Berlin) Wall *10B*
mehrjährig multi-year *10A*
der **Meilenstein,-e** milestone *10B*
der **Meister,-** master craftsman *10A*
die **Mitbestimmung** co-determination *10A*
die **Musikgeschichte,-n** musical history *10B*
die **Musikkomposition,-en** musical composition *10B*
die **Nachhilfestunde,-n** tutoring *10A*
der **Organist,-en** organist *10A*
die **Orgelkultur,-en** organ culture (musical instrument) *10A*
orientalisch Middle Eastern *10B*
das **Patent,-e** patent *10B*
pflegen to take care of *10A*
das **Potential,-e** potential *10A*
die **Reetdachdeckerei** thatch roofing *10A*
restaurieren to restore *10B*
schüchtern shy *10A*
der **Schülerrat** student council *10A*
der **Schulleiter,-** school principal *10A*
der **Schulsprecher,-** student representative *10A*
die **Schulsprecherwahl,-en** election of student representative *10A*
schützen to protect *10A*
der **Slogan,-s** slogan *10A*
stimmen für to vote for *10A*
der **Stummfilm,-e** silent movie *10B*
technisch-kulturell technical-cultural *10B*
die **Teilung,-en** division *10B*
das **Tondokument,-e** audio file *10B*
die **Überlieferung: die mündliche Überlieferung** oral tradition *10A*
der **Urgroßvater,¨-** great-grandfather *10B*
die **Urgroßmutter,¨-** great-grandmother *10B*
die **Vergangenheit** past *10A*
verlässlich dependable *10B*
vermitteln to communicate *10A*
sich **vertrauen** to trust each other *10B*
der **Verwandte,-n** relative *10B*
vorführen to demonstrate *10A*
der **Vorteil,-e** advantage *10B*
die **Wahl,-en** election *10A*
der **Wahlkampf,¨-e** campaign *10A*
das **Wahllokal,-e** polling place *10A*
das **Wahlplakat,-e** election poster *10A*
der **Wahlsieg,-e** election victory *10A*
die **Wahlurne,-n** ballot box *10A*
der **Wahlzettel,-** ballot *10A*
die **Wanderschaft,-en** journey *10A*
weitergeben (*gibt weiter, gab weiter, weitergegeben*) to pass on *10A*
die **Weltgemeinschaft** world community *10A*
die **Weltkultur,-en** world culture *10B*
das **Weltkulturerbe** world cultural heritage *10A*
das **Weltregister,-** world registry *10B*
das **Werk,-e** work *10B*
das **Zeitdokument,-e** contemporary document *10B*
die **Zeitgeschichte** contemporary history *10B*
zwischenmenschlich interpersonal *10B*
das **Zwischenmenschliche** the interpersonal *10B*

Noch etwas

1. In your *Kulturjournal*, explain how the *Leitfrage* for this chapter was developed, and make a list of questions you have about it that could be further explored.
2. Also in your *Kulturjournal*, reflect on the approach that worked best for you learning German this year: • Did visual cues help you the most? • Was listening to German very helpful? • Did you learn best by reading, then writing about what you had learned? • Are you someone who benefits from moving around the classroom and using your body?

Kapitel 2 (*page 46*) Arbeiten Sie mit einem Partner oder einer Partnerin! Die andere Hälfte dieser Übung ist im Kapitel 2. Passen Sie auf: Sie müssen für *die anderen Schüler* die Pluralform vom Verb benutzen.

BEISPIELE A: Was hat Maren am Morgen gemacht?
B: Sie hat die Kameraausrüstung gesucht.

A: Was hast du am Morgen gemacht?
B: Ich bin um 8 Uhr aufgestanden.

	Maren	Annette	die anderen Schüler	du
Was hat sie/ haben sie am Morgen gemacht?	die Kameraausrüstung suchen		frühstücken	
Was hat sie/ haben sie am Nachmittag gemacht?	Sehenswürdigkeiten notieren			
Was hat sie/ haben sie am Abend gemacht?		den Plan mit Maren diskutieren	Hausaufgaben machen	

Kapitel 6 (*page 219*) Frank und Jürgen sind Brüder und haben bisher ein Zimmer geteilt. Jetzt haben sie eigenes Zimmer bekommen, aber sie wissen nicht, ob sie das jetzt so gut finden. Eine Person arbeitet auf dieser Seite, die andere auf der Seite im Kapitel 6. Versuchen Sie herauszufinden, was Jürgen und Frank alles anders hätten machen sollen.

BEISPIEL A: Was sagt Jürgen über das Zimmer?
B: Jürgen sagt, Frank hätte ordentlicher sein können.

	Jürgen sagt:	Frank sagt:
Was sagt Jürgen/Frank über das Zimmer?	Frank / ordentlicher sein können	Jürgen / nicht so oft aufräumen sollen
Was sagt Jürgen/Frank über die Hausaufgaben?	Frank / sie eher machen müssen	
Was sagt Jürgen/Frank über das Essen im Zimmer?		Jürgen / auch essen können
Was sagt Jürgen/Frank über den Lärm im Zimmer?		Jürgen / etwas in die Ohren stecken sollen
Wie hätte Frank/Jürgen sich verbessern können?	Frank / netter sein sollen	

Kapitel 7 (*page 252*) Besuch kommt! Die Familie muss das Haus in Ordnung bringen und sie hat nur zwei Tage. Was muss alles an den beiden Tagen passieren? Eine Person arbeitet auf dieser Seit, die andere im Kapitel 7.

BEISPIEL A: Was passiert am Freitag im Bad?
B: Der Spiegel muss geputzt werden.

Was passiert im/in der...	Bad	Kinderzimmer	Wohnzimmer	Küche	Garten
am Freitag	den Spiegel putzen			Lebensmittel in den Schrank tun	den Rasen mähen
am Samstag-vormittag		den Schreibtisch aufräumen		einen Kuchen backen	
am Samstag-nachmittag	die Kinder baden		mehr Stühle holen	Essen kochen	

Kapitel 10 (*page 364*) Was hatte passieren müssen? Siegfried formte sein Rollstuhlbasketballteam, aber er musste vieles machen, damit alles gut ging. Diskutieren Sie mit einer anderen Person darüber, was hatte passieren müssen! Denken Sie daran, wo das Verb sein muss! Eine Person arbeitet auf dieser Seite, die andere im Kapitel 10.

BEISPIEL A: Was hatte passieren müssen, bevor Siegfried seine Mannschaft formen konnte?
B: Er hatte viele Freunde überzeugen müssen.

bevor	
Siegfried konnte seine Mannschaft formen.	er: viele Freunde überzeugen müssen
Sie konnten ihr erstes Spiel spielen.	sie: die Regeln lernen müssen
Sie trainierten für das Spiel.	Siegfried: einen Trainer finden müssen
Sie spielten das erste Spiel.	
Das Spiel begann.	die Spieler: sich konzentrieren sollen
Sie hatten viele Punkte.	
Der Abend war vorbei.	
Sie spielten gegen eine andere Mannschaft.	sie: mehr üben müssen
Der Sommer kam.	

Personal Pronouns

SINGULAR	nominative	accusative	dative
1st Person	ich	mich	mir
2nd Person	du	dich	dir
3rd Person	er, sie, es	ihn, sie, es	ihm, ihr, ihm
PLURAL			
1st Person	wir	uns	uns
2nd Person	ihr	euch	euch
3rd Person	sie	sie	ihnen
formal form (singular or plural)	Sie	Sie	Ihnen

Reflexive Pronouns

SINGULAR	accusative	dative
1st Person *(ich)*	mich	mir
2nd Person *(du)*	dich	dir
3rd Person *(er, sie, es)*	sich	sich
PLURAL		
1st Person *(wir)*	uns	uns
2nd Person *(ihr)*	euch	euch
3rd Person *(sie)*	sich	sich
formal form *(Sie)* (singular or plural)	sich	sich

Definite Article

	SINGULAR			PLURAL
	masculine	**feminine**	**neuter**	
nominative	der	die	das	die
accusative	den	die	das	die
dative	dem	der	dem	den
genitive	des	der	des	der

Indefinite Article

	SINGULAR			PLURAL
	masculine	**feminine**	**neuter**	
nominative	ein	eine	ein	keine
accusative	einen	eine	ein	keine
dative	einem	einer	einem	keinen
genitive	eines	einer	eines	keiner

The word *kein* and the possessive adjectives (*mein, dein, sein, ihr, unser, euer, Ihr*) take the same endings as the indefinite article.

der-words

	SINGULAR			PLURAL
	masculine	**feminine**	**neuter**	
nominative	dieser	diese	dieses	diese
accusative	diesen	diese	dieses	diese
dative	diesem	dieser	diesem	diesen
genitive	dieses	dieser	dieses	dieser

Other *der*-words introduced are *welcher, jeder, solcher, mancher, derselbe.*

Relative Pronouns

	SINGULAR			PLURAL
	masculine	**feminine**	**neuter**	
nominative	der	die	das	die
accusative	den	die	das	die
dative	dem	der	dem	denen
genitive	dessen	deren	dessen	deren

Demonstrative Pronouns

	SINGULAR			PLURAL
	masculine	**feminine**	**neuter**	
nominative	der	die	das	die
accusative	den	die	das	die
dative	dem	der	dem	denen

Question Words: *Wer? Was?*

nominative	wer	was
accusative	wen	was
dative	wem	
genitive	wessen	

Adjectives after *der*-words

	SINGULAR			PLURAL
	masculine	**feminine**	**neuter**	
nominative	-e	-e	-e	-en
accusative	-en	-e	-e	-en
dative	-en	-en	-en	-en
genitive	-en	-en	-en	-en

	SINGULAR			PLURAL
	masculine	feminine	neuter	
nominative	der alte Film	die nette Dame	das neue Haus	die gut*en* Schüler
accusative	den alt*en* Film	die nette Dame	das neue Haus	die gut*en* Schüler
dative	dem alt*en* Film	der nett*en* Dame	dem neu*en* Haus	den gut*en* Schülern
genitive	des alt*en* Filmes	der nett*en* Dame	des neu*en* Hauses	der gut*en* Schüler

The following words expressing quantity can be used only in the plural with their corresponding adjective endings for *der*-words: *alle, beide.*

Adjectives after *ein*-words

	SINGULAR			PLURAL
	masculine	feminine	neuter	
nominative	-er	-e	-es	-en
accusative	-en	-e	-es	-en
dative	-en	-en	-en	-en
genitive	-en	-en	-en	-en

	SINGULAR			PLURAL
	masculine	feminine	neuter	
nominative	ein alt*er* Film	eine nette Dame	ein neu*es* Haus	keine gut*en* Schüler
accusative	einen alt*en* Film	eine nette Dame	ein neu*es* Haus	keine gut*en* Schüler
dative	einem alt*en* Film	einer nett*en* Dame	einem neu*en* Haus	keinen gut*en* Schülern
genitive	eines alt*en* Filmes	einer nett*en* Dame	eines neu*en* Hauses	keiner gut*en* Schüler

The following words expressing quantity can be used only in the plural: *andere, ein paar, einige, viele, wenige.* Adjectives following these words take the ending *-e* (nominative, accusative) or *-en* (dative).

Adjective Endings for Adjectives Not Preceded by Articles

	SINGULAR			PLURAL
	masculine	feminine	neuter	
nominative	alt*er* Freund	rote Bluse	neu*es* Auto	kleine Kinder
accusative	alt*en* Freund	rote Bluse	neu*es* Auto	kleine Kinder
dative	alt*em* Freund	rot*er* Bluse	neu*em* Auto	klein*en* Kindern
genitive	alt*en* Freundes	rot*er* Bluse	neu*en* Auto	klein*er* Kinder

Comparison of Adjectives and Adverbs

adjective/adverb	schnell	warm	gut	hoch	gern
comparative	schneller	wärmer	besser	höher	lieber
superlative	schnellst-	wärmst-	best-	höchst-	liebst-

Note that *gern* and *lieber* cannot take an adjective ending.

Plural of Nouns

	SINGULAR	PLURAL
no change or add umlaut	das Zimmer die Mutter	die Zimmer die M**ü**tter
add *-n, -en* or *-nen*	die Ecke der Herr die Freundin	die Ecke**n** die Herr**en** die Freundin**nen**
add *-e* or ¨*e*	der Tag die Stadt	die Tag**e** die St**ä**dt**e**
add ¨*er*	das Buch das Fach	die B**ü**ch**er** die F**ä**ch**er**
add *-s* (adopted foreign words)	das Café das Büro	die Café**s** die Büro**s**

Prepositions

accusative	dative	dative or accusative	genitive
durch	aus	an	anstatt
für	außer	auf	trotz
gegen	bei	hinter	während
ohne	mit	in	wegen
um	nach	neben	
	seit	über	
	von	unter	
	zu	vor	
		zwischen	

Inverted Word Order

1. Formation of questions beginning with the verb
   Spielst du heute Fußball?

2. Formation of questions beginning with a question word
   Wohin gehen Sie heute Nachmittag?

3. Command forms
   Hab keine Angst!
   Lauft schnell!
   Passen Sie auf!
   Gehen wir!

4. Sentences beginning with anything other than the subject
   Am Sonntag fahren wir zu meiner Tante.

Word Order of Dative and Accusative Case
(Objects and Pronouns)

Er gibt	dem Fluggast	eine Bordkarte.
Er gibt	ihm	eine Bordkarte.
Er gibt	sie	dem Fluggast.
Er gibt	sie	ihm.

Word Order When Using Conjunctions

1. Coordinating conjunctions
   Ich möchte bleiben, aber ich habe keine Zeit.
2. Subordinating conjunctions
   Wir gehen ins Restaurant, weil wir Hunger haben.
   Weil wir Hunger haben, gehen wir ins Restaurant.

Conjunctions

coordinating	subordinating	
aber	als	obgleich
denn	bevor	obwohl
oder	bis	seitdem
sondern	da	sobald
und	damit	solange
	dass	während
	ehe	weil
	nachdem	wenn
	ob	

Verbs Followed by Dative

antworten	to answer
folgen	to follow
gefallen	to like
gehören	to belong
*glauben**	to believe
gratulieren	to congratulate
helfen	to help
passen	to fit
schmecken	to taste

Gabi hilft ihrer Mutter.
Ich gratuliere ihm zum Geburtstag.

*The verb *glauben* may take either the dative or accusative case. If used with a person, the dative follows (*Ich glaube ihm*). If used with an object, the accusative is used (*Ich glaube das nicht*).

Verbs with Prepositions Followed by Accusative Case

sich beklagen über	to complain about
bitten um	to ask for, request
danken für	to thank for
denken an	to think of
sich erinnern an	to remember (about)
sich freuen auf	to look forward to
grenzen an	to border on
sich interessieren für	to be interested in
sich kümmern um	to take care of
lachen über	to laugh about
schreiben über	to write about
sich sorgen um	to be concerned about
sprechen über	to speak about
sich vorbereiten auf	to prepare for
warten auf	to wait for

Verbs with Prepositions Followed by Dative

bestehen aus	to consist of
erzählen von	to tell about
halten von	to think of
sprechen mit	to speak with
suchen nach	to search for
teilnehmen an	to participate in
träumen von	to dream about

Regular Verb Forms— Present Tense

	gehen	finden	heißen	arbeiten
ich	gehe	finde	heiße	arbeite
du	gehst	findest	heißt	arbeitest
er, sie, es	geht	findet	heißt	arbeitet
wir	gehen	finden	heißen	arbeiten
ihr	geht	findet	heißt	arbeitet
sie, Sie	gehen	finden	heißen	arbeiten

Irregular Verb Forms— Present Tense

	haben	sein	wisssen	werden
ich	habe	bin	weiß	werde
du	hast	bist	weißt	wirst
er, sie, es	hat	ist	weiß	wird
wir	haben	sind	wissen	werden
ihr	habt	seid	wisst	werdet
sie, Sie	haben	sind	wissen	werden

Verbs with Stem Vowel Change— Present Tense

	a to *ä*	*e* to *i*	*e* to *ie*
ich	fahre	spreche	sehe
du	fährst	sprichst	siehst
er, sie, es	fährt	spricht	sieht
wir	fahren	sprechen	sehen
ihr	fahrt	sprecht	seht
sie, Sie	fahren	sprechen	sehen

Imperative/Command Forms

	gehen	warten	sein	haben
familiar (singular)	Geh!	Warte!	Sei!	Hab!
familiar (plural)	Geht!	Wartet!	Seid!	Habt!
formal (singular/plural)	Gehen Sie!	Warten Sie!	Seien Sie!	Haben Sie!
***wir*-form** (Let's...)	Gehen wir!	Warten wir!	Seien wir!	Haben wir!

Modal Auxiliaries

	dürfen	können	möchten	mögen	müssen	sollen	wollen
ich	darf	kann	möchte	mag	muss	soll	will
du	darfst	kannst	möchtest	magst	musst	sollst	willst
er, sie, es	darf	kann	möchte	mag	muss	soll	will
wir	dürfen	können	möchten	mögen	müssen	sollen	wollen
ihr	dürft	könnt	möchtet	mögt	müsst	sollt	wollt
sie, Sie	dürfen	können	möchten	mögen	müssen	sollen	wollen

The narrative past forms and the past participles are:

dürfen: durfte, gedurft
können: konnte, gekonnt
mögen: mochte, gemocht
müssen: musste, gemusst
sollen: sollte, gesollt
wollen: wollte, gewollt:

Note: The modal auxiliary *möchten* does not have a past tense form.

present	Darfst du das?
past	Durftest du das?
present perfect	Hast du das gedurft?
past perfect	Hattest du das gedurft?

Modals with the Double Infinitive

present	Darfst du das machen?
past	Durftest du das machen?
present perfect	Hast du das machen dürfen?
past perfect	Hattest du das machen dürfen?

Future Tense (*werden* + infinitive)

ich	werde
du	wirst
er, sie, es	wird
wir	werden
ihr	werdet
sie, Sie	werden

Past Tense (Narrative Past Tense)

	REGULAR VERBS		IRREGULAR VERBS				
	sagen	**arbeiten**	**kommen**	**gehen**	**fahren**	**haben**	**sein**
ich	sagte	arbeitete	kam	ging	fuhr	hatte	war
du	sagtest	arbeitetest	kamst	gingst	fuhrst	hattest	warst
er, sie, es	sagte	arbeitete	kam	ging	fuhr	hatte	war
wir	sagten	arbeiteten	kamen	gingen	fuhren	hatten	waren
ihr	sagtet	arbeitetet	kamt	gingt	fuhrt	hattet	wart
sie, Sie	sagten	arbeiteten	kamen	gingen	fuhren	hatten	waren

Present Perfect Tense

Regular verbs: *haben* + past participle *(ge* + 3rd person singular*)*
Sie hat gefragt.
Hast du etwas gesagt?

Irregular verbs: *haben* or *sein* + past participle
Ich habe das Brot gegessen.
Wir sind dorthin gefahren.

Past Perfect Tense

Past tense of *haben* or *sein* plus past participle
Hattest du den Brief geholt?
Wart ihr zu Hause gewesen?

Passive Voice

present	*Das Buch wird gelesen.*
past	*Das Buch wurde gelesen.*
present perfect	*Das Buch ist gelesen worden.*

When using modals, the passive in the present, past and present perfect is formed as follows:

Das Buch muss gelesen werden.
Das Buch musste gelesen werden.
Das Buch hat gelesen werden müssen.

Present Subjunctive II: Polite Requests and Wishes

ich	würde	hätte	wäre
du	würdest	hättest	wärest
er, sie, es	würde	hätte	wäre
wir	würden	hätten	wären
ihr	würdet	hättet	wäret
sie, Sie	würden	hätten	wären

Irregular Verbs

The following list contains all the irregular verbs used in *Deutsch Aktuell 1, 2* and *3*. Verbs with separable or inseparable prefixes are not included in this list if the basic verb form has already been introduced in the textbook. Verbs with stem vowel changes as well as those constructed with *sein* have also been indicated.

INFINITIVE	STEM VOWEL CHANGE	PAST	PAST PARTICIPLE		MEANING
abbiegen		bog ab	ist	abgebogen	to turn (to)
abbrechen	bricht ab	brach ab		abgebrochen	to break down
abheben		hob ab		abgehoben	to take off
backen	bäckt (*also*: backt)	backte		gebacken	to bake
beginnen		begann		begonnen	to begin
bekommen		bekam		bekommen	to get, receive
bestehen		bestand		bestanden	to exist
beweisen		bewies		bewiesen	to prove
bewerben	bewirbt	bewarb		beworben	to apply (for a job)
bieten		bot		geboten	to offer
bitten		bat		gebeten	to ask
bleiben		blieb	ist	geblieben	to stay, remain
brennen		brannte		gebrannt	to burn
bringen		brachte		gebracht	to bring
denken		dachte		gedacht	to think
dürfen	darf	durfte		gedurft	may, to be permitted to
einladen	lädt ein	lud ein		eingeladen	to invite
empfehlen	empfiehlt	empfahl		empfohlen	to recommend
entscheiden		entschied		entschieden	to decide
entstehen		enstand	ist	entstanden	to develop, originate
entwerfen	entwirft	entwarf		entworfen	to design
erfahren	erfährt	erfuhr		erfahren	to learn from a person
essen	isst	aß		gegessen	to eat
fahren	fährt	fuhr	ist	gefahren	to drive
fallen	fällt	fiel	ist	gefallen	to fall
fangen	fängt	fing		gefangen	to catch
finden		fand		gefunden	to find
fliegen		flog	ist	geflogen	to fly
fließen		floss	ist	geflossen	to flow, run
fressen	frisst	fraß		gefressen	to eat (for animals)
geben	gibt	gab		gegeben	to give
gefallen	gefällt	gefiel		gefallen	to like
gehen		ging	ist	gegangen	to go
gelten	gilt	galt		gegolten	to be regarded as
genießen		genoss		genossen	to enjoy
gewinnen		gewann		gewonnen	to win
haben	hat	hatte		gehabt	to have
halten	hält	hielt		gehalten	to hold
hängen		hing		gehangen	to hang
heben		hob		gehoben	to lift
heißen		hieß		geheißen	to be called
helfen	hilft	half		geholfen	to help

INFINITIVE	STEM VOWEL CHANGE	PAST		PAST PARTICIPLE	MEANING
herunterladen	lädt herunter	lud herunter		heruntergeladen	to download
kennen		kannte		gekannt	to know (a person)
klingen		klang		geklungen	to sound
kommen		kam	ist	gekommen	to come
können	kann	konnte		gekonnt	to be able to
lassen	lässt	ließ		gelassen	to leave, let
laufen	läuft	lief	ist	gelaufen	to run, walk
leihen		lieh		geliehen	to loan, lend
lesen	liest	las		gelesen	to read
liegen		lag		gelegen	to lie, be located
mögen	mag	mochte		gemocht	to like
müssen	muss	musste		gemusst	to have to, must
nehmen	nimmt	nahm		genommen	to take
nennen		nannte		genannt	to name, call
raufladen	lädt rauf	lud rauf		raufgeladen	to upload
reiten		ritt	ist	geritten	to ride (horseback)
rufen		rief		gerufen	to call
schaffen		schuf		geschaffen	to create
scheinen		schien		geschienen	to shine
schieben		schob		geschoben	to push
schießen		schoss		geschossen	to shoot
schlafen	schläft	schlief		geschlafen	to sleep
schneiden		schnitt		geschnitten	to cut
schreiben		schrieb		geschrieben	to write
schreien		schrie		geschrien	to scream
schwimmen		schwamm	ist	geschwommen	to swim
sehen	sieht	sah		gesehen	to see
sein	ist	war	ist	gewesen	to be
singen		sang		gesungen	to sing
sitzen		saß		gesessen	to sit
sprechen	spricht	sprach		gesprochen	to speak, talk
springen		sprang	ist	gesprungen	to jump
stehen		stand		gestanden	to stand
steigen		stieg	ist	gestiegen	to climb
sterben	stirbt	starb	ist	gestorben	to die
stinken		stank		gestunken	to stink
stoßen	stößt	stieß		gestoßen	to push
streiten		stritt		gestritten	to fight, argue
tragen	trägt	trug		getragen	to carry
treffen	trifft	traf		getroffen	to meet
treiben		trieb		getrieben	to do (sports)
treten	tritt	trat		getreten	to pedal, kick
trinken		trank		getrunken	to drink
tun		tat		getan	to do
überfallen	überfällt	überfiel		überfallen	to raid

INFINITIVE	STEM VOWEL CHANGE	PAST	PAST PARTICIPLE	MEANING
unterstreichen		unterstrich	unterstrichen	to underline
verbinden		verband	verbunden	to connect
vergessen	vergisst	vergaß	vergessen	to forget
vergleichen		verglich	verglichen	to compare
verleihen		verlieh	verliehen	to confer, award
verlieren		verlor	verloren	to lose
vermeiden		vermied	vermieden	to avoid
verstehen		verstand	verstanden	to understand
vorschlagen	schlägt vor	schlug vor	vorgeschlagen	to suggest
wachsen	wächst	wuchs	ist gewachsen	to grow
waschen	wäscht	wusch	gewaschen	to wash
werden	wird	wurde	ist geworden	to become, be
werfen	wirft	warf	geworfen	to throw
wiegen		wog	gewogen	to weigh
wissen	weiß	wusste	gewusst	to know
ziehen		zog	gezogen	to move
zugreifen		griff zu	zugegriffen	to access
zwingen		zwang	gezwungen	to force

All the words introduced in *Deutsch Aktuell* have been summarized in this section. The numbers following the meaning of individual words or phrases indicate the chapter in which they appear for the first time in Level 3. When there is more than one meaning for a word or a phrase and it appears in different chapters, both chapter numbers are listed. (For example: **das** that; the.) When no number follows an entry, it has been introduced in Level 1 or Level 2. Nouns are listed with their articles and plural forms.

A

abbiegen to turn (to)
abbrechen (*bricht ab, brach ab, abgebrochen*) to break down
der **Abend,-e** evening; *heute Abend* this evening; *am Abend* in the evening
das **Abendessen** supper, dinner
der **Abendteuerspielplatz,¨-e** kids' playland
das **Abenteuer,-** adventure *2B*
aber but
abfahren (*fährt ab, fuhr ab, ist abgefahren*) to depart, leave
die **Abfahrt,-en** departure
die **Abfahrtstafel,-n** departure table *1B*
abfliegen (*flog ab, ist abgeflogen*) to take off (plane)
der **Abflug,¨-e** departure (flight)
abheben (*hob ab, abgehoben*) to take off *9A*
abholen to pick up
abhängen von (*hing ab, abgehangen*) to depend on
das **Abitur** final examination (*Gymnasium*)
ablehnen to reject *5A*
ablösen to displace
der **Abreisetag,-e** day of departure *1B*
abräumen to clear (table)
abschaffen to get rid of *10A*
abschicken to send off *6B*
abschlagen (*schlägt ab, schlug ab, abgeschlagen*) to chop off *6B*
abschließen (*schloss ab, abgeschlossen*) to conclude *2B*
der **Abschlussfilm,-e** final film project for graduation *2B*
abschneiden (*schnitt ab, abgeschnitten*) to perform (poorly or well) *10A*
abschreiben (*schrieb ab, abgeschrieben*) to copy *1B*
der **Absender,-** sender
absteigen (*stieg ab, ist abgestiegen*) to be relegated to *7A*
abstellen to leave (a vehicle)
abstellen to turn off *4B*
der **Abstieg,-e** decline
das **Abteil,-e** train compartment *1B*
die **Abteilung,-en** department
ab und zu once in a while
ach ja oh yes
acht eight
achten auf to watch out for
die **Achterbahn,-en** roller coaster
der **Achttausendergipfel,-** mountain peak over *8000* meters *5B*
achtzehn eighteen
achtzig eighty
der **Actionfilm,-e** action film
die **Actionkomödie,-n** action comedy *2B*
die **Adresse,-n** address
Afrika Africa *1A*
agieren to act *9B*
ähnlich similar
der **Akademiker,-** academician *1A*
die **Aktentasche,-n** briefcase
aktiv active
akzeptieren to accept *5A*
der **Alkoholiker,-** alcoholic *3B*
alle all; *alle zwölf Minuten* every twelve minutes
allerdings however
allererst very first *9A*
alles everything; *Das ist alles.* That's all.
allgemein general
der **Alliierte,-n** ally *1B*
der **Alltag** everyday life *3B*
die **Alpen** (*pl.*) Alps
der **Alpenverein** Alpine Association *5A*
als than, when; *Da ist mehr Platz als…* There is more room than…
also so; *Also, was ist dein Geschenk?* So, what is your present?
alt old
der **Ältere,-n** senior *5A*
die **Altersfreigabe,-n** age rating *2B*
die **Altersgruppe,-n** age group
altmodisch old-fashioned *5A*
die **Altstadt,¨-e** old town
Amerika America
analysieren to analyze *8A*
anbieten (*bot an, angeboten*) to offer
das **Andenken,-** remembrance *1B*
andere other
anderes: etwas anderes something else
sich **ändern** to change
anfahren (*fährt an, fuhr an, angefahren*) to hit (with a vehicle) *3B*
der **Anfang,¨-e** start, beginning
anfangen (*fängt an, fing an, angefangen*) to start, begin
die **Anfangszeit,-en** starting time *2B*
der **Anfänger,-** beginner
angeben (*gibt an, gab an, angegeben*) to indicate
das **Angebot,-e** offer
angenehm pleasant
angepasst conformist *7A*
die **Angestellte,-n** employee (female)
die **Angst** fear; *Keine Angst!* Don't be afraid!
anhaben (*hat an, hatte an, angehabt*) to have on, wear
anhalten (*hält an, hielt an, angehalten*) to stop
der **Anhänger,-** follower *8B*

die **Animation,-en** animation *2B*
anklicken to click on
ankommen (*kam an, ist angekommen*) to arrive; *auf deinen Geschmack ankommen* to depend on your taste
die **Ankunft,¨e** arrival
die **Ankunftstafel,-n** arrival table *1B*
die **Anlage,-n** complex, grounds *2A*; attachment *6B*
die **Anlaufstelle,-n** drop-in center *10A*
anmachen to start (motor) *4B*
annehmen (*nimmt an, nahm an, angenommen*) to accept
die **Annäherung,-en** reconciliation *9A*
der **Anorak,-s** wind breaker *5B*
sich **anpassen** to fit
die **Anredeform,-en** form of address *5A*
anreden to address a person *5A*
der **Anruf,-e** call
anrufen (*rief an, angerufen*) to call (on the phone)
anschlagen (*schlägt an, schlug an, angeschlagen*) to put up *8B*
anschließen (*schloss an, angeschlossen*) to connect
sich **anschnallen** to buckle up, tighten one's harness
anschreiben (*schrieb an, angeschrieben*) to write to *6B*
sich **ansehen** (*sieht an, sah an, angesehen*) to look at
die **Ansichtskarte,-n** picture postcard
ansprechen (*spricht an, sprach an, angesprochen*) to address, to speak to *9B*
der **Ansprechpartner,-** contact person *6B*
anspruchsvoll demanding *7A*
Antarktika Antartica *1A*
die **Antike** antiquity *1B*
die **Antwort,-en** answer
die **Anweisung,-en** instruction
sich **anziehen** (*zog an, angezogen*) to get dressed
der **Anzug,¨e** suit
an (am) at, on, to; *am Telefon* on the telephone
der **Apfel,¨** apple
der **Apfelkuchen,-** apple cake
der **Apfelsaft** apple juice
die **Apfelsine,-n** orange
der **Apotheker,-** pharmacist
die **App,-s** app (application); *Instant-Messaging App* Instant-Messaging Application
der **App-Entwickler,-** app developer
der **Appetit** appetite; *Guten Appetit!* Enjoy your meal!
der **April** April
der **Äquator** Equator *1A*
arabisch Arabic *10A*
die **Arbeit,-en** work
arbeiten to work
der **Arbeitgeber,-** employer *6B*
der **Arbeitskollege,-n** co-worker *10B*
der **Arbeitsmarkt,¨e** job market *3A*
die **Arbeitsstelle,-n** place of employment *6A*
die **Arbeitszeit,-en** work schedule *7A*
das **Archiv,-e** archive
archäologisch archeological *8A*
ärgern to annoy *8B*
arktisch arctic *9A*
der **Arm,-e** arm
das **Armaturenbrett,-er** dashboard *4B*
das **Armband,¨er** bracelet
die **Armut** poverty
der **Artikel,-** article
der **Arzt,¨e** doctor, physician
Asien Asia *1A*
der **Astronom,-e** astronomer *8B*
die **Astronomie** astronomy *8A*
der **Atemweg,-e** respiratory tract *8A*
der **Atlantik** Atlantic Ocean; *der Nord-Atlantik* North Atlantic; *der Süd-Atlantik* South Altantic *1A*
Au! Ouch!
auch also, too
auf on, on top of
der **Aufenthalt,-e** stay
der **Aufenthalt,-e** stay *9A*
die **Aufführung,-en** performance
die **Aufgabe,-n** task, assignment *9B*
aufhören to stop, quit
auflegen to put on
die **Auflistung,-en** list *6B*
aufmachen to open
aufpassen to pay attention, watch out
aufregend exciting
aufräumen to clean up (room)
der **Aufsatz,¨e** essay, composition
aufschreiben (*schrieb auf, aufgeschrieben*) to write down
aufsetzen to put on
aufstehen (*stand auf, ist aufgestanden*) to get up
aufsteigen (*stieg auf, ist aufgestiegen*) to move up *7A*
auftauchen to appear, show up
aufwachen to wake up
aufwachsen (*wächst auf, wuchs auf, ist aufgewachsen*) to grow up *2B*
das **Auge,-n** eye
der **Augenarzt,¨e** ophthalmologist
der **August** August
aus from, out of
die **Ausbildung,-en** apprenticeship
das **Ausdauertraining** endurance training
die **Ausdrucksform,-en** form of expression *10A*
ausfallen (*fällt aus, fiel aus, ist ausgefallen*) to turn out (well)
der **Ausflug,¨e** excursion, trip
ausfüllen to fill out; *die Felder ausfüllen* to fill out the fields; *Formulare ausfüllen* to fill out forms
ausgeben (*gibt aus, gab aus, ausgegeben*) to spend (money)
auskommen (*kam aus, ist ausgekommen*) to get along
die **Auskunft,¨e** information
das **Ausland** foreign country
der **Auslandssender,-** foreign (radio) station
der **Ausländer,-** foreigner
ausmachen to make a difference
ausmisten to clean out (stable)
die **Ausnahme,-n** exception
ausprobieren to try out, test
die **Ausrüstung,-en** equipment
ausschalten to turn off
aussehen (*sieht aus, sah aus, ausgesehen*) to look, appear
aussteigen (*stieg aus, ist ausgestiegen*) to get off
sich **aussuchen** to choose, select
der **Austausch,¨e** exchange *2A*
austauschen to exchange
austeilen to deal (cards) *4A*

Australien Australia *1A*
ausüben to exercise *9B*
die **Auswahl** selection, choice; *eine Auswahl an* a selection in
auswandern to emigrate *1A*
die **Auszeichnung,-en** award *1B*
das **Auto,-s** car
die **Autobahn,-en** German freeway
der **Automat,-en** automat, (vending) machine; *der Check-in Automat* self-service check-in
der **Autoscooter,-** bumper car
außer besides, except
außerdem besides
außergewöhnlich unusual
außerhalb outside
der **AV-Ausweis,-e** (*Alpenverein*) identity card as member of the hiking club *5B*
der **Azubi,-s** apprentice

B

der **Bach,¨e** creek
backen (*bäckt, backte, gebacken*) to bake
der **Bäcker,-** baker
die **Bäckerei,-en** bakery
das **Bad,¨er** bath *7A*
die **Badewanne,-n** bathtub
das **Badezimmer,-** bathroom
die **Bahn,-en** railroad, train *1B*
die **BahnCard,-s** rail pass *1B*
der **Bahnhof,¨e** train station
das **Bahnpersonal** railway staff *1B*
der **Bahnsteig,-e** train platform *1B*
bald soon
der **Ball,¨e** ball
die **Banane,-n** banana
die **Band,-s** band
die **Bank,¨e** bench
das **Bankenzentrum,-tren** banking center *1A*
das **Banking,-** banking *3B*
bar cash
das **Bargeld** cash
barrierefrei handicap accessible *5A*
die **Basis,-sen** groundwork, basis *1B*
der **Basketball,¨e** basketball
basteln to do crafts.
der **Bau,-ten** building phase *7A*
der **Bauch,¨e** stomach
die **Bauchschmerzen** (*pl.*) stomachache
das **Baudenkmal,¨er** historic building *6A*
bauen to build
der **Bauernhof,¨e** farm
die **Bauernschläue** street smarts *7A*
der **Baum,¨e** tree
das **Baumwoll T-Shirt,-s** cotton T-shirt
das **Bauwerk,-e** building *2A*
Bayern Bavaria
bearbeiten to edit
sich **bedanken** to thank
bedeuten to mean; *es bedeutet mir viel* it means a lot to me
die **Bedeutung,-en** meaning *1B*
sich **bedienen** to help oneself
bedienen to wait on, to serve
die **Bedingung** condition
sich **beeilen** to hurry
beeinflussen to influence *1B*
die **Befestigungsanlage,-n** fortification *4A*
befreien to liberate *1B*
begeistert enthusiastic *9A*
der **Beginn** start, beginning *10B*
beginnen (*begann, begonnen*) to begin
begleiten to accompany
begrüßen to greet
behalten (*behält, behielt, behalten*) to keep *6B*
die **Behandlungsmethode,-n** treatment method *8B*
behaupten to claim *6A*
der **Behinderte,-n** handicapped person *3B*
bei at, near, with; *bei uns bleiben* to stay with us
beibringen (*brachte bei, beigebracht*) to teach; *hat mir als Kind beigebracht* taught me as a child
beide both
beige beige
die **Beilage,-n** side dish
das **Bein,-e** leg; *ein Bein stellen* to trip somebody *6B*
das **Beispiel,-e** example; *wie zum Beispiel* as for example
der **Beitrag,¨e** contribution *10B*
beitragen (*trägt bei, trug bei, beigetragen*) to contribute *6B*
beitreten (*tritt bei, trat bei, beigetreten*) to join
bekannt well known
die **Bekannte,-n** acquaintance (female)
der **Bekannte,-n** acquaintance (male)
sich **beklagen über** to complain about
bekommen (*bekam, bekommen*) to get, receive
belagern to lay siege to *6B*
Belgien Belgium
beliebt popular
bemerken to notice
benachbart adjacent, neighboring *7B*
der **Benachteiligte,-n** disadvantaged person *3A*
das **Benehmen,-** behavior *5A*
benutzen to use
das **Benzin** gasoline
die **Benzinuhr,-en** fuel gauge *4B*
bequem comfortable *4B*
die **Beraterin,-nen** counselor (female) *6B*
der **Berg,-e** mountain
die **Berggegend,-en** area around a mountain range *5B*
die **Berghütte,-n** mountain cabin *5A*
die **Berglandschaft,-en** alpine landscape *5A*
der **Bergmann,¨er** miner *8B*
das **Bergsteigen** mountain climbing *5B*
der **Bergsteiger,-** mountain climber *5A*
die **Bergtour,-en** mountain tour *5B*
das **Bergwerk,-e** mine *8A*
der **Beruf,-e** occupation, profession
beruflich professional *6A*
die **Berufskrankheit,-en** occupational illness *8B*
die **Beruhigung** calming (down)
berücksichtigen to consider *8A*
berühmt famous *1A*
berühren to touch
die **Beschäftigung,-en** occupation *4B*
beschreiben (*beschrieb, beschrieben*) to describe
die **Beschreibung,-en** description
besichtigen to visit, view

der **Besitzer,-** owner
besonders especially; *etwas Besonderes* something special
besprechen (*bespricht, besprach, besprochen*) to discuss *10B*
besser better
bestehen (*bestand, bestanden*) to exist *6A*; *eine Prüfung bestehen* (*bestand, bestanden*) to pass (an exam)
besteigen (*bestieg, bestiegen*) to climb *5B*
bestellen to order
bestimmt definitely, for sure, certain(ly)
der **Besuch,-e** visit
besuchen to visit
der **Besucher,-** visitor
der **Betrieb,-e** factory *10A*; *viel Betrieb sein* to be busy
das **Bett,-en** bed
die **Bettwäsche** bed linen
beunruhigend worrisome
die **Beute,-n** booty, loot *6B*
bevor before
die **Bewegung,-en** movement
das **Beweisstück,-e** evidence *6A*
sich **bewerben** (*bewirbt, bewarb, beworben*) to apply (for a job)
der **Bewerber,-** applicant *6B*
die **Bewerbung,-en** application *6B*
der **Bewerbungsbrief,-e** letter of application *6B*
das **Bewerbungsgespräch,-e** job interview *6B*
die **Bewerbungsmappe,-n** application folder *6B*
das **Bewerbungsschreiben,-** application
die **Bewerbungsunterlage,-n** application material *6B*
bewerten to evaluate *3B*
die **Bewertung,-en** evaluation *3B*
bewusst conscious *8A*
bewölkt cloudy, overcast
bezahlen to pay
die **Bezeichnung,-en** title *6B*
die **Beziehung,-en** relationship *1B*
bieten (*bot, geboten*) to offer
das **Bild,-er** picture
das **Bilderbuch,¨-er** picture book
der **Bildhauer** sculptor
der **Bildschirm,-e** screen
die **Bildung,-en** education *2A*

billig cheap
die **Biografie,-n** biography *2B*
die **Biologie** biology
die **Birne,-n** pear
bis until; *Bis später*! See you later!
bitte please; *Bitte schön*? May I help you? *Bitte sehr*. Here you are.
bitten (*bat, gebeten*) to ask
blau blue
die **Blaue** Grotte Blue Grotto
bleiben (*blieb, ist geblieben*) to stay
der **Bleistift,-e** pencil
der **Blick,-e** view *3A*
blind blind *6A*
der **Blinker,-** blinker *4B*
die **Blockflöte,-n** recorder
das **Blog,-s** blog
bloggen to blog *3A*
die **Blume,-n** flower
die **Blumeninsel** flower island
die **Bluse,-n** blouse
die **Bohne,-n** bean
das **Boot,-e** boat
das **Bord-Bistro,-s** bistro-restaurant on train *1B*
das **Bord-Restaurant,-s** train restaurant *1B*
die **Bordkarte,-n** boarding pass
der **Boss,-e** boss *5A*
die **Botschaftsschule,-n** diplomatic school *2B*
die **Boutique,-n** boutique
die **Bratkartoffeln** (*pl.*) fried potatoes
die **Bratwurst,¨-e** bratwurst
brauchen to need
braun brown
die **Bremse,-n** brake *4B*
brennen to burn
das **Brettspiel,-e** board game *4A*
die **Brezel,-n** pretzel
der **Brief,-e** letter
der **Brieffreund,-e** pen pal
der **Briefkasten,¨** mailbox
die **Briefmarke,-n** stamp
de **Briefmarkenautomat,-en** stamp vending machine
die **Brieftasche,-n** wallet
der **Briefumschlag,¨-e** envelope
die **Brille,-n** glasses
bringen (*brachte, gebracht*) to bring

Broccoli broccoli
die **Brombeere,-n** blackberry
die **Bronzezeit,-en** Bronze Age *8A*
die **Broschüre,-n** brochure
das **Brot,-e** bread
die **Brotzeit,-en** snack *5B*
der **Bruder,¨** brother
der **Brunnen,-** fountain *2A*
das **Brötchen,-** hard roll
die **Brücke,-n** bridge *1A*
das **Buch,¨-er** book; *Bücher machen* to do the accounting *4B*
das **Bücherregal,-e** bookshelf
der **Buchhistoriker,-** book historian *7B*
die **Buchkultur,-en** book culture *10B*
die **Buchpresse,-n** printing press *7B*
der **Buchstabe,-n** letter (of the alphabet) *7B*
der **Buchverlag,-e** publishing house *4A*
bügeln to iron
die **Bühne,-n** stage *6A*
das **Bundesland,¨-er** federal state (Germany)
die **Bundesliga** Federal League;. *Bundesliga* top Federal League
bunt colorful
der **Bürger,-** citizen *3A*
der **Bürgermeister** mayor
das **Burgkloster,¨** fortified cloister *6A*
das **Burgtor,-e** gateway to the citadel *6A*
der **Bus,-se** bus
die **Butter** butter

C

campen to camp; *campen gehen* to go camping
der **Camper,-** camper
der **Campingplatz,¨-e** campground
die **Campingreise,-n** camping trip
die **CD,-s** CD
das **Cello,-s** cello
der **Cent,-s** cent
der **Champignon,-s** mushroom
die **Chance,-n** chance *4A*
charmant charming
der **Chat,-s** chat *3B*
der **Chaträume,¨-e** chat room
chatten to chat

der **Check-in,-s** check in *9B*
checken to check *7B*
der **Chef,-s** boss *10B*
die **Chemie** chemistry
der **Chip,-s** (potato) chip
die **Cola,-s** cola
die **Comedy,-s** comedy
der **Comic,-s** comic book
die **Comicverfilmung,-en** comic adaptation *2B*
der **Computer,-** computer
das **Computerspiel,-e** computer game
der **Cousin,-s** cousin (male)
die **Cousine,-n** cousin (female)
die **Currywurst,¨-e** curry sausage *8A*

D

da there; *da drüben* over there
dabei sein to be part of
das **Dach,¨-er** roof
die **Dame,-n** lady; *Dame* checkers (game) *4A*
die **Dampfnudel,-n** steamed dumpling *3A*
danach after that
Dänemark Denmark
dänisch Danish *6B*
der **Dank** thanks; *Herzlichen Dank!* Thank you very much!
Danke! Thank you!; *Danke schön*. Thank you very much.
dann then
der **Darsteller,-** actor *2B*
das that; the
dass that
die **Daten** (*pl.*) data, facts
die **Dauer** length, duration *2B*
dauern to take, last
die **Daumen: die Daumen drücken** to keep fingers crossed *6B*
die **Debatte,-n** debate *10A*
das **Deckblatt,¨-er** cover sheet *6B*
die **Decke** ceiling
der **Deckel,-** cover *4A*
decken to cover; *den Tisch decken* to set the table
defekt defective, broken *7A*
dein your (familiar singular)
denken (*dachte, gedacht*) to think
das **Denkmal,¨-er** monument *2A*
denn because
das **Dentallabor,-e** dental lab *4B*
der the
derselbe the same
deshalb therefore, that's why
deutlich clear
Deutsch German (subject)
deutsch German; *Er spricht deutsch*. He speaks German.
der **Deutsche,-n** German
die **Deutsche Welle** well known for its radio and TV broadcasting around the world
die **Deutschkenntnisse** (*pl.*) German language skills *1A*
die **Deutschklasse,-n** German class
Deutschland Germany
der **Dezember** December
die **Diät,-en** diet *8A*
der **Dichter,-** poet, writer *1A*
dick fat, heavy *8A*
die the
der **Dienst,-e** service
der **Dienstag,-e** Tuesday
dies- this
digital digital
digitalisieren to digitize *10B*
die **Digitalkamera,-s** digital camera
dir: von dir about you
direkt direct(ly)
die **Disko,-s** disco
diskutieren to discuss *2A*
doch (used for emphasis) *Komm doch mit*! Why don't you come along!
der **Doktor,-en** physician, doctor
das **Dokument,-e** document *7B*
der **Dokumentarfilm,-e** documentary
dokumentieren to document
der **Dom,-e** cathedral *7A*
dominieren to dominate *1A*
das **Donauschiff,-e** ship on the Danube *3A*
der **Donnerstag,-e** Thursday
doof stupid, dumb *10B*
die **Doppelstadt,¨-e** twin city *1A*
die **Dorfschule,-n** village school *5B*
dort there
dorthin (to) there
die **Dosis,-sen** dose *8B*
die **Dozentin,-nen** lecturer (female) *2B*
der **Drachenflieger,-** hang-glider *8A*
das **Drama,-men** drama *2B*
dran sein to be one's turn; *Sie ist dran*. It's her turn.
draußen outside
die **Drehbuchautorin,-nen** screenplay writer (female) *2B*
drehen to turn *4B*; *einen Film drehen to make a film 2A*
drei three
das **Dreieck,-e** triangle *4A*
das **Dreiländereck** three-country corner (Germany, Austria, Switzerland)
dreimal three times
dreizehn thirteen
dreißig thirty
drinnen inside
drin sein to be inside *8A*
dritt- third
drucken to print
der **Drucker,-** printer
die **Druckerei,-en** print shop *7B*
die **Druckmedien** (*pl.*) print media *7B*
drum und dran: mit allem Drum und Dran with all the bells and whistles
du you (familiar singular); *Du, ich komme mit*. Hey, I'll come along.
dunkel dark
durch through
dünn thin *8A*
durchfahren (*fährt durch, fuhr durch, ist durchgefahren*) to go, drive through
durchklingeln to give a jingle *7A*
durchkommen (*kam durch, ist durchgekommen*) to get through
der **Durchschnitt,-e** average
dürfen (*darf, durfte, gedurft*) may, to be permitted to
der **Durst** thirst; *Durst haben* to be thirsty
die **Dusche,-n** shower
sich **duschen** to shower, take a shower
sich **duzen** to use the informal you *5A*
das **Duzen** use of the informal you *5A*

E

der **E-Book-Reader** eReader
die **E-Mail,-s** e-mail; *eine E-Mail schicken* to send an e-mail
die **Ebene,-n** plain *9A*
echt real(ly)
die **Ecke,-n** corner
das **Ehrenzeichen,-** medal of distinction *5B*
ehrgeizig ambitious *3A*
ehrlich honest
das **Ei,-er** egg *8A*
eigen own
eigentlich actually *1A*
ein(e) a, an
der **Eindruck,¨-e** impression *6B*
einer/eine one (person)
einfach one-way *1B*; simple
die **Einfahrt,-en** entrance
der **Einfluss,¨-e** influence
der **Eingang,¨-e** entrance
die **Einheit** unity; *Tag der Deutschen Einheit* Day of German Unity
einig: einig sein to be in agreement
einige a few
die **Einigung,-en** unification *1B*
einkaufen to shop; *einkaufen gehen* to go shopping
die **Einkaufsliste,-n** shopping list
die **Einkaufstasche,-n** shopping bag
der **Einkaufswagen,-** shopping cart
das **Einkaufszentrum,-tren** shopping center
einladen (*lädt ein, lud ein, eingeladen*) to invite
die **Einladung,-en** invitation
einloggen to log in
einmal once
die **Einrichtung,-en** organization *2A*
eins one
einsam lonely
sich **einsetzen für** to advocate for *10A*
einsteigen (*stieg ein, ist eingestiegen*) to get in, board
einstellen to adjust
die **Einstellung,-en** setting (on camera)
der **Einwanderer,-** immigrant *2B*
die **Einwandererfamilie,-n** immigrant family *2B*
die **Einwanderung** immigration
der **Einwohner,-** inhabitant
die **Einzelfahrt,-en** single trip *7B*
die **Einzelheit,-en** detail
einzeln individual, separate
das **Eis** ice cream
das **Eiscafé,-s** ice cream parlor, café
das **Eisen** iron (metal) *8A*
das **Eishockey** ice hockey
die **Eisschokolade** chocolate sundae
der **Eistee** iced tea
eitel vain
der **Elektriker,-** electrician
das **Elektrogerät,-e** electric appliance
elektronisch electronic
elf eleven
der **Elfmeter,-** penalty kick
der **Ellenbogenschutz** elbow protection *8B*
die **Eltern** (*pl.*) parents
empfehlen (*empfiehlt, empfahl, empfohlen*) to recommend *8B*
der **Empfänger,-** receiver
das **Ende** end; *zu Ende sein* to be over
enden to end (up)
endgültig finally *9A*
endlich finally
eng tight
das **Engagement,-s** engagement *10B*
sich **engagieren** to be involved *3A*
England England
das **Englisch** English (subject)
englisch English; *Er spricht englisch.* He speaks English.
der **Enkel,-** grandchild *9A*
die **Ente,-n** duck
entfernt away
die **Entfernung,-en** distance
entlang along, beside *5B*
sich **entscheiden** (*entschied, entschieden*) to decide *2A*
die **Entscheidung,-en** decision; *eine Entscheidung treffen* to make a decision
sich **entschließen** (*entschloss, entschlossen*) to decide, make up one's mind
entschuldigen: Entschuldigen Sie! Excuse me!
sich **entspannen** to relax *6B*
entspannt relaxed *7A*
die **Entspannung** relaxation
entstehen (*entstand, entstanden*) to arise, emerge *7B*
entwerfen (*entwirft, entwarf, entworfen*) to design
entwerten to validate *7B*
die **Entwertung,-en** stamping of ticket *7B*
entwickeln to develop *1B*
er he
das **Erbe,-n** heritage *10A*
die **Erbse,-n** pea
die **Erdbeere,-n** strawberry
das **Erdbeereis** strawberry ice cream
der **Erdbeershake,-s** strawberry shake
das **Erdgeschoss,-e** ground floor, first floor (in America)
die **Erdkunde** geography
die **Erdnussbutter** peanut butter
das **Ereignis,-se** event
erfahren (*erfährt, erfuhr, erfahren*) to learn of, experience *9B*
erfahren experienced
die **Erfahrung,-en** experience *10B*
der **Erfinder,-** inventor *7B*
erfinderisch inventive *6A*
der **Erfolg,-e** success
erfolgreich successful *4B*
die **Erfüllung: in Erfüllung gehen** to be fulfilled, realized *5B*
ergeben (*ergibt, ergab, ergeben*) to reveal
das **Ergebnis,-se** result
erhalten (*erhält, erhielt, erhalten*) to receive
erhalten: gut erhalten well-preserved *4A*
sich **erholen** to relax *5A*
erinnern an to recall
erkennen (*erkannte, erkannt*) to recognize
erklären to declare *9A*
sich **erkälten** to catch a cold
erlauben to allow
das **Erlebnis** experience
erledigen to finish
sich **ernähren** to eat *8A*
die **Ernährung,-en** nutrition *8A*
ernst: ernst nehmen to take seriously *10B*

erobern to conquer
eröffnen to open
der **Eröffnungsfilm,-e** opening film *2B*
erreichen to reach
das **Ersatzteil,-e** replacement part
das **Erscheinungsjahr,-e** release year *2B*
erst- first; *erst einmal* first
die **Erste Hilfe** first-aid kit *5B*
der **Erwachsene,-n** adult
erwarten to expect
erweitern to expand *5A*
die **Erziehung** upbringing *3A*
erzählen to tell; *erzählen von* to tell about
es it
essen (*isst, aß, gegessen*) to eat
das **Essen,-** meal, food
die **Essgewohnheit,-en** eating habit *8A*
die **Esskultur,-en** food customs *3A*
das **Etikett,-en** sticker, label
etwas some, something, a little
euer your (familiar plural)
der **Euro,-s** euro
Europa Europe
die **Europakarte,-n** map of Europe *9A*
ewig forever
die **Exekutive** executive branch *9B*
existieren to exist *8A*
die **Expedition,-en** expedition *5B*
der **Experimentalfilm,-e** experimental film *2B*
experimentieren to experiment *2B*
der **Experte,-n** expert
das **Exponat,-e** exhibit *7A*
die **Exportfirma,-men** export firm *1A*
exportieren to export *1A*
die **Exportware,-n** export article *6A*
expressionistisch Expressionist *2A*
extra extra

F

das **Fach,¨-er** (school) subject
die **Fahne,-n** flag
die **Fähigkeit,-en** skill *6B*
fahren (*fährt, fuhr, ist gefahren*) to drive, go, ride
der **Fahrer,-** driver
die **Fahrkarte,-n** ticket
der **Fahrplan,¨-e** schedule
das **Fahrrad,¨-er** bicycle
der **Fahrstuhl,¨-e** elevator
die **Fahrt,-en** ride
die **Fahrtrichtung,-en** direction of travel *7B*
das **Fahrzeug,-e** vehicle
der **Fall,¨-e** case; *auf jeden Fall* in any case
die **Familie,-n** family
der **Familienfilm,-e** family movie *2B*
das **Familiengeschäft,-e** family business *1A*
das **Familienleben** family life *3A*
das **Familienunternehmen,-** family business *4B*
der **Fan,-s** fan
fangen (*fängt, fing, gefangen*) to catch *4A*
die **Fanta** brand name of soda (orange-flavored)
fantastisch fantastic
die **Fantasy,-** fantasy
die **Farbe,-n** color; *Welche Farbe hat…?* What color is…?
fast almost
die **Fastenzeit** Lent (religious season) *7A*
das **Fax,-e** fax
der **Februar** February
fehlen to be missing; *Was fehlt dir?* What's the matter with you?
der **Fehlversuch,-e** failed attempt *5B*
feiern to celebrate
der **Feiertag,-e** holiday
der **Feind,-e** enemy *4A*
feindlich enemy *6B*
das **Feld,-er** field, space
das **Fenster,-** window
die **Ferien** (*pl.*) vacation; *in den Ferien* on vacation; *in die Ferien fahren* to go on vacation; *Ferien machen* to take a vacation
die **Ferienreise,-n** vacation trip
fernsehen (*sieht fern sah fern, ferngesehen*) to watch television; *im Fernsehen* on television
der **Fernseher,-** TV, television set
das **Fernsehprogramm,-e** television program
die **Fernsehregie** TV directing *2B*
der **Fernsehsender,-** TV station *7A*
das **Fernsehspiel,-e** made-for-TV movie *2B*
fertig sein to be ready, finished
fest steady *10B*
das **Fest,-e** festival
das **Festessen,-** feast
festhalten an (*hält fest, hielt fest, festgehalten*) to hang on to *3A*
festlegen to set, fix *6B*
sich **festmachen** to secure, fasten
festnehmen (*nimmt fest, nahm fest, festgenommen*) to arrest *6B*
feststellen to determine *8A*
der **Festtag,-e** festival day *1A*
der **Festwagen** float
das **Fett,-e** fat *8A*
fettarm low in fat *8A*
fettreich rich in fat *8A*
feucht moist, humid *9A*
das **Feuer** fire
die **Feuerwehr** fire department
das **Fieber** fever
der **Film,-e** film, movie
der **Filmemacher,-** filmmaker *2B*
filmen to film *2A*
das **Filmgelände,-** studio lot *2A*
die **Filmgeschichte,-n** film history *10B*
die **Filmlänge,-n** movie length *2A*
die **Filmproduzentin,-nen** film producer (female) *2B*
die **Filmregisseurin,-nen** film director (female) *2B*
das **Filmstudio,-s** movie company *2B*
der **Finanzminister,-** treasury secretary *9B*
finden (*fand, gefunden*) to find; *Ich finde es langweilig.* I think it's boring.
der **Finger,-** finger
Finnland Finland
die **Firma,-en** firm, company
der **Fisch,-e** fish
das **Fischerstechen** fight of fishermen on boats
das **Fischfilet** fish fillet

die **Fischsemmel,-n** fish sandwich
fit fit *8A*
das **Fitnessstudio** the gym
flach flat
die **Flasche,-n** bottle
das **Fleisch** meat
der **Fleischer,-** butcher
fleißig hard-working *3A*
fliegen (*flog, ist geflogen*) to fly
fließen (*floss, ist geflossen*) to flow
fließend fluently *9B*
der **Fluch,¨-e** curse *7A*
der **Flug,¨-e** flight
der **Flugbegleiter,-** flight attendant
der **Fluggast,¨-e** flight passenger
der **Flughafen,¨** airport
der **Flugschein,-e** flight ticket
der **Flugsteig,-e** gate (airport)
das **Flugzeug,-e** airplane
der **Fluss,¨-e** river
die **Flöte,-n** flute
folgen to follow
die **Förderation,-en** federation *1A*
fördern to further, promote
die **Forelle,-n** trout
die **Form,-en** shape *4A*; *in Form sein to be fit 8A*
das **Formular,-e** form; *Formulare ausfüllen* to fill out forms
der **Fortgeschrittene,-n** advanced (student)
der **Fortschritt,-e** advancement
das **Forum,-ren** online forum
das **Foto,-s** photo
das **Fotoalbum,-en** photo album
fotografieren to take pictures
der **Fotowettbewerb,-e** photo competition
die **Fotozeitschrift,-en** photography magazine
foulen to foul
die **Frage** question; *Fragen stellen* to ask questions *6B*
der **Fragebogen,¨** questionnaire *8B*
fragen to ask
der **Franken** franc
frankieren to apply postage (stamp)
Frankreich France
französisch French; *Er spricht französisch*. He speaks French.
das **Französisch** French (subject)
die **Frau,-en** woman; *Frau* Mrs., Ms.
frei free, available
das **Freie: im Freien** outdoors
der **Freitag,-e** Friday
die **Freiwilligenarbeit** volunteering
die **Freizeit** leisure time
fremd foreign; *Ich bin fremd hier*. I'm a stranger here; strange; *fremde Leute* strangers
die **Fremdsprache,-n** foreign language
fressen (*frisst, fraß, gefressen*) to eat (animal)
sich **freuen auf** to look forward to
der **Freund,-e** boyfriend
die **Freundin,-nen** girlfriend
die **Freundschaft,-en** friendship *1A*
der **Frieden,-** peace *9A*
die **Friedensverhandlung,-en** peace negotiations *2A*
der **Friese,-n** Frisian *6B*
frisch fresh
der **Friseur,-e** hairstylist, barber
die **Friseuse,-n** hairstylist (female)
froh glad, happy
früh early
der **Frühling,-e** spring
das **Frühstück** breakfast
der **Frühstückstisch** breakfast table
FSK (Freie Selbstkontrolle) voluntary self-censorship *2B*
der **Fund,-e** finding *8A*
das **Fundament,-e** foundation *5A*
funktionieren to function, work
fühlen to feel; *sich wohl fühlen* to feel well
führen to lead
der **Führerschein,-e** driver's license
fünf five
fünfzehn fifteen
fünfzig fifty
für for; *für dich* for you
der **Fürst** prince
das **Fürstentum** principality
der **Fuß,¨-e** foot; *zu Fuß gehen* to walk
der **Fußball,¨-e** soccer; soccer ball
die **Fußballmannschaft,-en** soccer team
der **Fußballplatz,¨-e** soccer field
die **Fußgängerzone,-n** pedestrian zone *2A*
füttern to feed

G

die **Gabel,-n** fork
galoppieren to gallop
das **Gamen** (electronic) gaming *3B*
gamen to play (electronic) games *3B*
der **Gang,¨-e** aisle; gear *4B*
der **Gangzeiger,-** gear indicator *4B*
die **Gans,¨-e** goose
ganz quite, *ganz gut* quite well, pretty good; *noch nicht ganz* not quite yet
die **Garage,-n** garage
das **Garagentor,-e** garage door *4A*
die **Gardine,-n** curtain, drapery
der **Garten,¨-e** garden
gar nicht not at all; *gar nicht mehr* no longer
der **Gast,¨-e** guest
das **Gebäude,-** building *7A*
geben (*gibt, gab, gegeben*) to give; *es gibt* there is (are); *Was gibt's im Fernsehen*? What is there on TV?; *sich die Hand geben* to shake hands
das **Gebirge,-** mountain range *9A*
geboren born *1A*
die **Geburtsstunde,-n** birth *9A*
der **Geburtstag,-e** birthday
das **Gedächtnis** memory *10B*
der **Gedanke,-n** thought *3A*
das **Gedicht,-e** poem
die **Gefahr,-en** danger
gefährlich dangerous *3A*
gefallen (*gefällt, gefiel, gefallen*) to like; *Wie gefällt dir...*? How do you like...?
der **Gefangene,-n** prisoner *2A*
gegen about, around; *so gegen sieben* around seven (o'clock); against
die **Gegend,-en** area
die **Gegenwart** present *10A*
das **Geheimnis,-se** secret *7A*
gehen (*ging, ist gegangen*) to go; *Wie geht's?, Wie geht es Ihnen*? How are you?; *Das geht nicht*. That's not possible.; *Gehen wir*! Let's go!; *Es geht mir schon besser*. I'm feeling better already.; *Wohin geht's denn*? Where are you going?
gehören to belong
die **Geige,-n** violin

das **Gelände,-** grounds *2A*
der **Geländewagen,-** SUV
das **Gemälde,-** painting
gemäßigt temperate *9A*
gelb yellow
das **Geld** money
die **Gelegenheit,-en** opportunity
die **Gemeinde,-n** congregation *3A*
der **Gemeindepfarrer,-** local pastor *5B*
gemeinsam together *7A*
das **Gemeinschaftsgefühl,-e** sense of belonging *10A*
das **Gemüse** vegetable(s)
die **Gemüsesuppe,-n** vegetable soup
genau exact(ly)
die **Generation,-en** generation *7A*
das **Genie,-s** genius
genießen (*genoss, genossen*) to enjoy; *Lass uns genießen*! Let's enjoy…!
das **Genre,-s** genre *2B*
genug enough
geografisch geographical *1B*
das **Gepäck** luggage, baggage
die **Gepäckausgabe,-n** baggage claim *9B*
der **Gepäckdienst** baggage office *9A*
die **Gepäckkontrolle,-n** baggage scan *9B*
gerade just
geradeaus straight ahead
die **Gerechtigkeit** justice
der **Gerichtshof,¨-e** court *9A*
gern gladly, with pleasure; *gern spielen* like to play; *gern haben* to like; *Das hast du ja sehr gern.* You like it very well.
gesamt entire *1B*
das **Geschäft,-e** store, shop
das **Geschäftsleben,-** business life *5A*
die **Geschäftsleute** (*pl.*) business people *1B*
das **Geschenk,-e** present, gift
die **Geschichte** history; story
das **Geschichtsbuch,¨-er** history book
geschieden divorced *6A*
das **Geschirr** dishes
der **Geschirrspüler,-** dishwasher
der **Geschlechterturm,¨-e** dynastic tower *3A*
der **Geschmack** taste
die **Gesellenprüfung,-en** apprenticeship certification exam *10A*
die **Gesellschaft,-en** society *3B*
gesellschaftlich societal *3A*
das **Gesellschaftsspiel,-e** parlor game *4A*
das **Gesetz,-e** law *3A*
das **Gesicht,-er** face *2A*
gespannt sein to be curious
das **Gespräch,-e** conversation, talk
gestern yesterday
gesund healthy
die **Gesundheit** health *8A*
das **Getreide,-** grain *8A*
getrennt: getrennte Kasse machen to pay separately
das **Getränk,-e** beverage
das **Gewicht,-e** weight
gewinnen (*gewann, gewonnen*) to win
der **Gewinner,-** winner *4A*
das **Gewitter,-** thunderstorm
gewöhnlich usually
das **Gewürz,-e** spice *2A*
geöffnet open
das **Gift,-e** poison *8A*
giftig poisonous *8B*
der **Gipfel,-** mountain peak *9A*
die **Gitarre,-n** guitar
das **Glas,¨-er** glass
glauben to believe; *Ich glaube schon*. I believe so.
gleich immediately, right away; *gleich um die Ecke* right around the corner
gleichfalls same to you *7B*
gleichgesinnt to be of the same mind *10A*
der **Gleichgesinnte,-n** like-minded person, kindred spirit *10A*
das **Gleis,-e** track
das **Gletschergebiet,-e** glacial area *5A*
das **Glück** luck; *Glück haben* to be lucky
glücklich happy; *Ein glückliches Neues Jahr*! Happy New Year!
Gott God *3A*
graben (*gräbt, grub, gegraben*) to dig *8B*
der **Grad,-e** degree
der **Graf,-en** count
der **Grafiker,-** graphic designer
gratulieren to congratulate
grau gray
die **Grenze,-n** border; *an der Grenze zu* at the border with
grenzen an to border on
der **Grenzübergang,¨-e** border crossing
groß large, big; *größt-* biggest
das **Großatelier-Filmstudio** large-scale film studio *2A*
die **Größe,-n** size
die **Großeltern** (*pl.*) grandparents
die **Großmutter,¨-** grandmother
der **Großonkel,-** great-uncle *10B*
der **Großraumwagen,-** open-plan compartment *1B*
die **Großstadt,¨-e** large city, metropolis
die **Großtante,-n** great-aunt *10B*
der **Großvater,¨-** grandfather
grün green
der **Grund,¨-e** reason *1A*
gründen to start, establish
die **Grüne Partei** Green Party *10B*
die **Gruselgeschichte,-n** horror story *9A*
der **Gruß,¨-e** greeting; *Grüß dich!* Hi! Hello!; *herzliche Grüße* kindest regards
die **Grußkarte,-n** greeting card
die **Gulaschsuppe,-n** goulash soup
die **Gültigkeit,-en** validity *7B*
die **Gültigskeitsdauer** period of validity *7B*
günstig favorable
der **Gurkensalat** cucumber salad
der **Gürtel,-** belt
gut good, *ganz gut* quite well
das **Gymnasium,-sien** secondary school, college preparatory school

H

die **h-Moll Messe** mass in B minor *10B*
das **Haar,-e** hair
haben (*hat, hatte, gehabt*) to have
der **Hafen,¨-** harbor *2A*
halb half; *um halb fünf* at 4:30
halbrund semi-circular *4A*
die **Halbzeit,-en** halftime

die **Hälfte,-n** half
Hallo! Hi! Hello!
der **Hals,¨-e** neck
die **Halskette,-n** necklace
die **Halsschmerzen** (*pl.*) sore throat
halten (*hält, hielt, gehalten*) to hold; *halten von* to think of; *sich halten an* to stick to *5A*
die **Haltestelle,-n** stop
der **Hamburger,-** hamburger
die **Hand,¨-e** hand; *sich die Hand geben* to shake hands
das **Handbike,-s** hand-pedaled bike *5A*
der **Handel** trade *3A*
handeln to act *9B*
die **Handelsorganisation,-en** trade organization *4A*
die **Handelsroute,-n** trade route *6A*
die **Handelsstadt,¨-e** commercial city *1A*
das **Handelszentrum,-ren** trade center *3A*
das **Handgelenk,-e** wrist *8B*
der **Handgelenkschutz** wrist protection *8B*
der **Händler,-** trader *1A*
die **Handschrift,-en** manuscript *10B*
der **Handschuh,-e** glove
das **Handschuhfach,¨-er** glove compartment *4B*
die **Handtasche,-n** purse
die **Handwerkstechnik,-en** craft technique *10A*
das **Handy,-s** cell phone
sich **hangeln** to climb, move on a rope (hand over hand)
die **Hanse** Hanseatic League *1B*
die **Hansestadt,¨-e** Hanseatic city *1A*
häufig frequent
der **Hauptbahnhof,¨-e** main train station *1B*
das **Hauptquartier,-e** headquarters *6B*
die **Hauptrolle,-n** leading role *9A*
der **Hauptsitz,-e** headquarters *2A*
die **Hauptstadt,¨-e** capital (city)
das **Haus,¨-er** house; *zu Hause* at home; *nach Hause gehen* to go home
die **Hausaufgabe,-n** homework; *Hausaufgaben machen* to do homework
die **Hausfrau,-en** homemaker
die **Hausnummer,-n** house number
das **Haustier,-e** domestic animal, pet
heben (*hob, gehoben*) to lift
das **Heft,-e** notebook
heften to pin, attach
heilen to cure, heal *8B*
die **Heilige** saint (female) *8A*
heilklimatisch climate promoting health *8A*
die **Heilkunde,-n** medical science *8B*
die **Heilmethode,-n** method of healing *8B*
die **Heilpflanze,-n** medicinal plant *8B*
die **Heilung,-en** healing, cure *8B*
die **Heimat,-en** homeland *6A*
das **Heimatland,¨-er** home country *1A*
heiraten to marry *6A*
heiter clear (skies)
heiß hot
heißen (*hieß, geheißen*) to be called; *Wie heißt du?, Wie heißen Sie?* What's your name?
helfen (*hilft, half, geholfen*) to help
hell light
der **Helm,-e** helmet
das **Hemd,-en** shirt
die **Hemisphäre,-n** hemisphere *1A*
der **Henker,-** executioner *6B*
herausfinden (*fand heraus, herausgefunden*) to find out *8A*
die **Herausforderung,-en** challenge *4A*
herauskommen (*kam heraus, ist herausgekommen*) to come, get out
herausnehmen (*nimmt heraus, nahm heraus, herausgenommen*) to take out
die **Herbergsmutter,¨-** youth hostel director (female)
der **Herbergsvater,¨-** youth hostel director (male)
der **Herbst,-e** fall, autumn
der **Herd,-e** stove,
hereinsehen (*sieht herein, sah herein, hereingesehen*) to look into
herkommen (*kam her, ist hergekommen*) to come here; *Komm her!* Come here!
der **Herr,-en** Mr., gentleman; master *1B*
herrlich marvelous, wonderful *2A*
die **Herrschaft,-en** reign *9A*
herrschen to rule *1B*
der **Hersteller,-** manufacturer *4A*
die **Herstellung,-en** production, manufacturing *4B*
herumfahren (*fährt herum, fuhr herum, ist herumgefahren*) to drive around
herumlaufen (*läuft herum, lief herum, ist herumgelaufen*) to run around
herumsitzen (*saß herum, herumgesessen*) to sit around
herumspringen (*sprang herum, ist herumgesprungen*) to jump around *4A*
herunterladen (*lädt herunter, lud herunter, heruntergeladen*) to download *3B*
das **Herz,-en** heart *1A*
herzlich sincere, cordial; *Herzlichen Glückwunsch zum Geburtstag!* Happy birthday!
heute today
heutzutage nowadays
die **Hexe,-n** witch *8A*
hier here
hierher here
die **Hilfe,-n** help *6B*
das **Himalajagebiet,-e** area around the Himalayan mountains *5B*
die **Himmelsscheibe,-n** sky disk *8A*
hinausreiten (*ritt hinaus, ist hinausgeritten*) to ride out
hineingehen (*ging hinein, ist hineingegangen*) to go inside
hinfahren (*fährt hin, fuhr hin, ist hingefahren*) to drive, travel there
hingehen (*ging hin, ist hingegangen*) to go there
hinrichten to execute *6B*
sich **hinsetzen** to sit down *6B*
hinunterlassen to lower
hin und zurück round-trip *1B*
das **Historiendrama,-men** historical drama *2B*

historisch historical *2A*
der **Hit,-s** hit (song)
das **Hobby,-s** hobby
hoch high; *hoch und runter* up and down
der **Hochgebirgsträger,-** high altitude porter, Sherpa *5B*
hochladen (*lädt hoch, lud hoch, hochgeladen*) to upload; *Bilder/Videos ins Internet hochladen* to upload photos/videos on the Internet
das **Hochmoor,-en** highland moor *9A*
höchst- highest
die **Hochzeit,-en** wedding
der **Hochzeitstag,-e** wedding anniversary
hoffen to hope
hoffentlich hopefully
höflich polite *5A*
die **Hoffnung,-en** hope *2B*
die **Höhe,-n** height *5A*
der **Höhepunkt,-e** climax, high point
holen to get, fetch
Holland Holland
das **Holz,¨-er** wood *7B*
hören to hear, listen to
der **Hörer,-** listener
das **Horn,¨-er** horn, trumpet *4A*
der **Horrorfilm,-e** horror film
die **Horrorkomödie,-n** horror comedy *2B*
der **Horrorthriller,-** horror thriller *2B*
die **Hose,-n** pants, slacks
das **Hotel,-s** hotel
der **Hubschrauber,-** helicopter *3B*
das **Huhn,¨-er** chicken
die **Hühnersuppe,-n** chicken soup
der **Humor** humor
der **Hund,-e** dog
das **Hundeleben** dog's life
hundert hundred
der **Hunger** hunger; *Hunger haben* to be hungry
die **Hungersnot,¨-e** famine *6A*
die **Hupe,-n** horn *4B*

I

ich I
die **Idee,-n** idea
identifizieren to identify *7A*
die **Identität,-en** identity *10A*
idyllisch idyllic *2A*
ihr you (familiar plural); her; their; your
Ihr your (formal singular and plural)
der **Imbiss,-e** snack bar
der **Imbissstand,¨-e** snack stand
immateriell intangible *10A*
immer always
das **Imperium,-rien** empire *4B*
importieren to import
in in
die **Informatik** computer science; computer education (analysis management)
die **Informatikaufgabe,-n** computer science assignment
der **Informatiker,-** computer specialist
die **Information,-en** information
die **Informationsquelle,-n** source of information
sich **informieren** to inform oneself *3B*
die **Infotafel,-n** information board *1B*
der **Ingenieur,-e** engineer
die **Initiative,-n** initiative
die **Inlineskates** inline skates
das **Inline Skating** in-line skating *8B*
die **Innenstadt,¨-e** center of the city, downtown
die **Insel,-n** island; *Insel Rügen* name of island in the Baltic Sea
installieren to install
die **Institution,-en** institution *9A*
interessant interesting
das **Interesse,-n** interest *10B*
sich **interessieren für** to be interested in
international international
das **Internet** Internet
der **Internetnutzer,-** Internet user
die **Internetseite,-n** Internet page, website
der **Interviewer,-** interviewer *3A*
der **Irische Setter,-** Irish setter
Italien Italy
italienisch Italian; *Er spricht italienisch.* He speaks Italian.

J

ja yes; *Da ist er ja schon.* There he is.
die **Jacke,-n** jacket
das **Jahr,-e** year; *vor drei Jahren* three years ago
die **Jahreszeit,-en** season
das **Jahrhundert,-e** century
jährig year-old
jährlich annual *1A*
der **Januar** January
die **Jeans** (*pl.*) jeans
jed- every, each
jemand someone
jetzt now
je nach depending on *7B*
das **Jobportal,-e** online job portal *6B*
joggen gehen to go jogging
jubeln to cheer
der **Jude,-n** person of Jewish faith *3A*
jüdisch Jewish *3A*
die **Jugend** youth
das **Jugendbuch,¨-er** juvenile book
der **Jugendfilm,-e** youth film *2B*
die **Jugendherberge,-n** youth hostel
der **Jugendliche,-n** teenager, young person
die **Jugendzeitschrift,-en** youth magazine
das **Jugendzentrum,-tren** youth center
der **Juli** July
der **Junge,-n** boy
der **Jüngere,-n** junior *5A*
der **Junggeselle,-n** bachelor *10A*
die **Jungs** (*pl.*) boys (colloquial)
der **Juni** June
das **Jurastudium,-ien** law studies *9A*
die **Jury,-s** jury *3B*

K

das **Kabarett,-s** cabaret *1A*
der **Kaffee** coffee
die **Kaffeekultur,-en** coffee culture *10A*
der **Käfig,-e** cage
der **Kaiser,-** emperor *1B*
das **Kajak,-s** kayak
der **Kakao** hot chocolate, cocoa

kalt cold
die **Kalte Platte** cold-cut platter
die **Kamera,-s** camera
Kamerun Cameroon *1A*
sich **kämmen** to comb one's hair
der **Kampfsport** martial arts; *Kampfsport treiben* to practice martial arts
Kanada Canada *1A*
der **Kandidat,-en** candidate *10A*
die **Kandidatin,-nen** candidate (female) *10A*
kantig angular *4A*
der **Kanute,-n** canoeist
der **Kaperbrief,-e** official government document to seize ships *6B*
kapern to seize (a ship) *6B*
das **Kapitel,-** chapter
kaputt broken
der **Karneval** carnival season *7A*
die **Karotte,-n** carrot
die **Karriere,-n** career
die **Karte,-n** ticket, card; *die Karten austeilen* to deal cards; *Karten mischen* to shuffle cards *4A*
die **Kartoffel,-n** potato
der **Käse** cheese
das **Käsebrot,-e** cheese sandwich
die **Kasse,-n** cash register; ticket counter
die **Kassiererin,-nen** cashier (female) *5A*
das **Kastell,-e** fort, castle *3A*
die **Katastrophe,-n** catastrophe *7A*
die **Kategorie,-n** category
katholisch Catholic *7A*
die **Katze,-n** cat
kaufen to buy
das **Kaufhaus,¨-er** department store
die **Kaufleute** (*pl.*) merchants *1A*
kein(e) no
der **Keks,-e** cookie
der **Keller,-** basement
der **Kellner,-** waiter, food server
die **Kellnerin,-nen** waitress, food server
kennen (*kannte, gekannt*) to know (person, place); *kennen lernen* to get to know
die **Kerze,-n** candle; *eine Kerze anzünden* to light a candle
der **Ketschup** ketchup
das **Keyboard,-s** keyboard

das **Kilo,-s** kilo
der **Kilometer,-** kilometer
der **Kilometerzähler,-** odometer *4B*
das **Kind,-er** child
der **Kinderfilm,-e** kids movie *2B*
das **Kinderhilfsprojekt,-e** aid project for children *10A*
der **Kindertarif,-e** child's fare *7B*
der **Kinderwunsch,¨-e** wish to have children *3A*
das **Kinn,-e** chin
das **Kino,-s** movie theater
die **Kinoproduktion,-en** film production *2B*
der **Kiosk,-e** kiosk *7B*
die **Kirche,-n** church *2A*
der **Kirchenreformer,-** church reformer *8B*
die **Kirsche,-n** cherry
die **Kiste,-n** box *4B*
klappen to work out *7A*
klar clear; *na klar* of course
die **Klarinette,-n** clarinet
Klasse! Great! Terrific!
die **Klasse,-n** class
die **Klassenfahrt,-en** class outing *9A*
die **Klassenreise,-n** class trip
der **Klassensprecher,-** class spokesperson *9A*
das **Klassentreffen,-** class reunion *6A*
das **Klassenzimmer,-** classroom
die **Klassik** Classicism
klassisch classy
das **Klavier,-e** piano
kleben to stick, glue
das **Kleid,-er** dress
die **Kleiderordnung,-en** dress code *6B*
die **Kleidung** clothes, clothing
das **Kleidungsstück,-e** clothing item
klein little, small
das **Kleingeld** small change *2A*
klettern to climb
klicken to click; *auf den Link klicken* to click on the link
das **Klima** climate *9A*
klingeln to ring (bell); *Es klingelt.* The bell is ringing.
klingen to sound
die **Klosteranlage,-n** cloister grounds *6A*

die **Klosterschule,-n** convent school *7B*
der **Klub,-s** club
klug smart, intelligent
das **Kneipp-Heilbad,¨-er** spa using Kneipp therapy *8A*
der **Knieschutz** knee protection *8B*
der **Knochen,-** bone *8A*
der **Knödel,-** dumpling
der **Knoten,-** knot
kochen to cook
der **Kocher,-** cooker
der **Koffer,-** suitcase
der **Kofferraum,¨-e** trunk
der **Kollege,-n** colleague *5A*
kollektiv collective *10B*
die **Kolonie,-n** colony *1A*
der **Kolonist,-en** colonist *1A*
das **Kombiinstrument,-e** instrument cluster *4B*
komisch funny, strange
kommen (*kam, ist gekommen*) to come
kommentieren to comment
die **Kommunalwahl,-en** local election *10A*
die **Kommunikation,-en** communication
kommunizieren to communicate
die **Komödie,-n** comedy
der **Kompaktwagen,-** compact car
der **Kompass,-e** compass
kompliziert complicated *8A*
das **Kompott** stewed fruit
die **Kondition,-en** condition, shape
konfiszieren to confiscate *6B*
der **König,-e** king
königlich royal
können (*kann, konnte, gekonnt*) can, to be able to
konstruktiv constructive *10A*
der **Kontakt,-e** contact
die **Kontaktdaten** (*pl.*) contact information *6B*
der **Kontinent,-e** continent *1A*
das **Konto,-ten** account; *ein Konto eröffnen* to open an account
die **Kontrollleuchte,-n** indicator light *4B*
das **Konzert,-e** concert
die **Konzerthalle,-e** concert hall *1A*
koordinieren to coordinate

der **Kopf,¨e** head
köpfen to head (ball)
die **Kopfschmerzen** (*pl.*) headache
kopieren to copy *1B*
die **Koppel,-n** paddock
der **Korb,¨e** basket
der **Körper,-** body
körperlich physical
der **Körperteil,-e** part of the body
der **Körpertyp,-en** body type *8A*
die **Korrespondenz** correspondence
die **Kosmetik** cosmetics
kosten to cost
krachen to have a disagreement *7A*
die **Kraft,¨e** strength
das **Krafttraining** strength training; *Krafttraining machen* to do strength training
der **Kram: der alte Kram** that old stuff *2A*
krank sick, ill
das **Krankenhaus,¨er** hospital
der **Krankenpfleger,-** nurse (male)
die **Krankenschwester,-n** nurse (female)
der **Krankenwagen,-** ambulance
die **Krankheit,-en** illness *8A*
die **Krawatte,-n** tie
die **Kreditkarte,-n** credit card
das **Kreuz,-e** cross
der **Krieg** war
kriegen to get *4A*
der **Krimi,-s** detective story, thriller
der **Krug** jug
die **Küche,-n** kitchen
der **Kuchen,-** cake
der **Küchenschrank,¨e** kitchen cupboard
der **Küchentisch,-e** kitchen table
die **Kuh,¨e** cow
kühl cool
der **Kühlschrank,¨e** refrigerator
die **Kühltasche,-n** cooling bag
der **Kuli,-s** (ballpoint) pen
die **Kultur,-en** culture
das **Kulturangebot,-e** cultural offering *1A*
die **Kulturgeschichte,-n** cultural history *10B*
die **Kulturhauptstadt,¨e** cultural capital *7A*
die **Kulturstadt,¨e** cultural city *2A*
sich **kümmern um** to look after, take care of
die **Kundenrezension,-en** customer review *3B*
die **Kunst,¨e** art
der **Kunsthandel** art trade *7A*
das **künstliche Koma,-s** medically-induced coma *3B*
das **Kupfer** copper *8A*
die **Kupplung,-en** clutch *4B*
kurdisch Kurdish *2B*
der **Kurort,-e** spa *8A*
der **Kurs,-e** course *8B*
kurz short; *vor kurzem* recently
der **Kurzfilm,-e** short film *2B*
der **Kurzfilmwettbewerb,-e** short film contest *2B*
die **Kurznachricht,-en** short message, text message
die **Kurzstrecke,-n** short trip *7B*
die **Küste,-n** coastline *9A*

L

lächeln to smile
der **Ladentisch,-e** checkout counter
die **Lage,-n** location *5A*
die **Lampe,-n** lamp
das **Land,¨er** country; *aufs Land fahren* to drive to the country
die **Landebahn,-en** runway, landing strip *9B*
landen to land
die **Landeshauptstadt,¨e** capital of a federal state *2A*
die **Landkarte,-n** map
die **Landschaft,-en** landscape *9A*
die **Landung,-en** landing *9B*
lang(e) long time; long; *längst-* longest
langsam slow
der **Langspielfilm,-e** feature-length film *2B*
sich **langweilen** to be bored
langweilig boring
der **Laptop,-s** laptop
der **Lärm** noise
die **Lasagne** lasagna (Italian pasta dish)
lassen (*lässt, ließ, gelassen*) to leave, let
lateinisch Latin *8B*
laufen (*läuft, lief, ist gelaufen*) to run; *Ski laufen* to ski
der **LCD Projektor,-en** LCD projector
das **Leben** life
leben to live *1A*
lebendig living *10A*
die **Lebensfreude** love of life *7A*
der **Lebenslauf,¨e** résumé *6B*
die **Lebensmittel** (*pl.*) groceries
das **Lebensmittelgeschäft,-e** grocery store
der **Lebkuchen,-** gingerbread
lecker delicious
der **Leckerbissen,-** treat
das **Leder,-** leather
legen to put, place
die **Legende,-n** legend *6A*
das **Lehrbuch,¨er** textbook *8B*
die **Lehre,-n** teaching *8B*
der **Lehrer,-** teacher (male)
die **Lehrerin,-nen** teacher (female)
der **Lehrling,-e** apprentice *10A*
die **Lehrwerkstatt,¨en** vocational training workshop *5B*
die **Leibesübung,-en** physical exercise
leicht easy
die **Leidenschaft,-en** passion *4A*
leider unfortunately
leidtun to be sorry; *Es tut mir leid.* I'm sorry.
der **Leinenstoff,-e** linen cloth *4A*
die **Leistung,-en** accomplishment *2A*
der **Leiter,-** manager
das **Leitwort,-e** motto *5B*
das **Lenkrad,¨er** steering wheel
lernen to learn
die **Lernplattform,-en** learning (educational) platform
lesen (*liest, las, gelesen*) to read
letzt- last
die **Leute** (*pl.*) people
sich **lieben** to love each other *10B*
lieber rather; *Ich möchte lieber… essen.* I would rather eat…
der **Liebesfilm,-e** romantic film
die **Liebesgeschichte,-n** love story *9A*
die **Liebeskomödie,-n** romantic comedy *2B*
das **Lieblingseis** favorite ice cream
das **Lieblingsfach,¨er** favorite (school) subject

die **Lieblingsmannschaft,-en** favorite team
der **Lieblingssender,-** favorite station
Liechtenstein Liechtenstein
das **Lied,-er** song
liegen (*lag, gelegen*) to be located, lie
der **Lift,-e** ski lift *5A*; *elevator 8A*
die **Limo,-s** lemonade, soft drink
die **Limonade,-n** lemonade, soft drink
die **Linie,-n** line
der **Link,-s** link
links left; *auf der linken Seite* on the left side
die **Lippe,-n** lip
die **Liste,-n** list
die **Literatur,-en** literature *1A*
die **Literaturgeschichte,-n** history of literature *10B*
der **Lkw,-s** truck
locker casual, laid-back *7A*
der **Lokführer,-** train engineer *1B*
die **Lokomotive,-n** locomotive *1B*
los: Da ist viel los. There is a lot going on.; *Also los*! Let's go!; *Na, dann mal los*! Well then, let's go!
losgehen (*ging los, ist losgegangen*) to start; *Wann geht's denn los*? When will it start?
loslassen (*lässt los, ließ los, losgelassen*) to let go *4B*
die **Lösung,-en** solution *10A*
loswerden (*wird los, wurde los, ist losgeworden*) to get rid of
die **Luft** air
die **Luftmatratze,-n** air mattress
die **Lüftung** ventilation *4B*
die **Lust** pleasure; *Hast du Lust...*? Would you like to...?
Luxemburg Luxembourg

M

machen to do, make; *Was machst du*? What are you doing?; *Macht schnell!* Hurry!; *Musik machen* to make music; *Das macht nichts*. That doesn't matter.; *den Führerschein machen* to take the driving test

die **Macht,¨-e** might, power, force *1B*
mächtig powerful *9B*
das **Mädchen,-** girl
der **Magen,¨-** stomach
mähen to mow
die **Mahlzeit,-en** meal
der **Mai** May
mal times
das **Mal,-e** time(s); *ein paar Mal* a few times
malen to paint
der **Maler,-** painter
man one; you; they; people
manche some, a few
manchmal sometimes
die **Mandel,-n** almond *6A*
die **Manier,-en** manner *5A*
der **Mann,¨-er** man
die **Mannschaft,-en** team
der **Mantel,¨-** coat
das **Manuskript,-e** manuscript *1B*
das **Märchen,-** fairy tale *10B*
das **Markenzeichen,-** trademark *4A*
der **Markt,¨-e** market
der **Marktanalytiker,-** marketing analyst
der **Marktforscher,-** marketing researcher
die **Marmelade,-n** jam, marmalade
die **Marmortreppe,-n** marble staircase
der **März** March
die **Materialien** (*pl.*) materials *10A*
materiell tangible *10A*
die **Mathematik (Mathe)** mathematics (math); *die Mathestunde/Matheklasse* math class
die **Mauergeschichte** history of the (Berlin) Wall *10B*
die **Maus,¨-e** mouse
der **Maxibrief,-e** oversized letter (envelope)
der **Mechaniker,-** mechanic
die **Medien** (*pl.*) media
das **Medienverhalten** media behavior
die **Medienwirtschaft** media economics *2B*
die **Medienwissenschaft,-en** media science
das **Medium,-ien** medium
die **Medizin** medicine
medizinisch medical *8B*

das **Meer,-e** ocean
das **Mehl** flour
mehr more; *es gibt keine Karten mehr* there are no more tickets available; *mehr als* more than
die **Mehrheit,-en** majority
mehrjährig multi-year *10A*
der **Meilenstein,-e** milestone *10B*
mein my
meinen to mean, think; *Meinst du*? Do you think so?
die **Meinung,-en** opinion
meist- most; *die meisten* most of them; *meistens* mostly
der **Meister,-** master craftsman *10A*
meistern to master *3B*
meistverkauft most sold *4B*
melden to register
das **Menschenrecht,-e** human right *9A*
die **Menschheit** humanity *2A*
das **Messer,-** knife
der **Meter,-** meter
der **Meterlauf,¨-e** meter run
Mexiko Mexico *1A*
das **Mikrofon,-e** microphone
der **Mikrowellenherd,-e** microwave oven
die **Milch** milk
das **Milchprodukt,-e** dairy product *8A*
mild mild *9A*
die **Million,-en** million
mindestens at least
das **Mineralwasser** mineral water
der **Minivan,-s** minivan
minus minus
die **Minute,-n** minute
mir: mit mir with me
die **Mischform,-en** hybrid form *5A*
mit with
der **Mitarbeiter,-** co-worker *5A*; staff person *1A*
die **Mitbestimmung** co-determination *10A*
mitbringen (*brachte mit, mitgebracht*) to bring along
das **Mitglied,-er** member
die **Mitgliedschaft,-en** membership *9B*
die **Mitgliedskarte,-n** membership card
der **Mitgliedsstaat,-en** member country *9B*

mitkommen (*kam mit, ist mitgekommen*) to come along; *Komm mit*! Come along!
mitmachen to participate
mitnehmen (*nimmt mit, nahm mit, mitgenommen*) to take along
der **Mittag,-e** noon; *heute Mittag* today at noon
das **Mittagessen** lunch
die **Mitte,-n** center, middle
das **Mittelalter** Middle Ages
mittelalterlich medieval *1B*
das **Mittelgebirge,-** low mountain range *8A*
mittellang medium length *2B*
das **Mittelmeer** Mediterranean Sea *6A*
die **Mitternacht,¨-e** midnight *7A*
der **Mittwoch,-e** Wednesday
das **Mobilgerät,-e** mobile device
möchten would like to
die **Mode,-** fashion
modern modern
modernisieren to modernize *7B*
modisch fashionable
das **Mofa,-s** motorized bicycle
mögen (*mag, mochte, gemocht*) to like
möglich possible
die **Möglichkeit,-en** possibility
die **Möhre,-n** carrot
der **Moment,-e** moment; *Moment mal*! Just a moment!
der **Monat,-e** month
der **Mönch,-e** monk *7B*
der **Montag,-e** Monday
das **Moorheilbad,¨-er** mud spa *8A*
das **Moped,-s** moped
morgen tomorrow
der **Morgen,-** morning; *heute Morgen* this morning
der **Motor,-en** motor, engine
das **Motorrad,¨-er** motorcycle
der **Motorradfreak,-s** motorcycle freak
der **Motorroller,-** motor scooter
der **MP3 Player,-** MP3 player
das **Multimedia** multimedia
der **Mund,¨-er** mouth
mündlich oral(ly)
die **Münze,-n** coin
das **Museum,-seen** museum
die **Musik** music
musikalisch musical
die **Musikanlage,-n** stereo system *4B*
der **Musiker,-** musician (male)
die **Musikerin,-nen** musician (female)
das **Musikfest,-e** music festival
der **Musikfilm,-e** music film *2B*
die **Musikgeschichte,-n** musical history *10B*
der **Musikgeschmack,¨-e** taste for music
das **Musikgeschäft,-e** music store
das **Musikinstrument,-e** musical instrument
die **Musikkomposition,-en** musical composition *10B*
der **Musikproduzent,-en** music producer *7A*
der **Muskel,-n** muscle
müssen (*muss, musste, gemusst*) to have to, must
mutig brave, courageous
der **Mutmacher,-** person who inspires courage *3B*
die **Mutter,¨-** mother
die **Muttersprache,-n** native language *9B*
der **Muttertag,-e** Mother's Day
die **Mutti,-s** mom

N

na well; *na gut*, *na ja* oh well; *na und* so what; *na klar* of course
nach after, to; *nach Hause gehen* to go home
der **Nachbar,-n** neighbor
das **Nachbarland,¨-er** neighboring country
die **Nachbarschaft,-en** neighborhood
die **Nachhaltigkeit,-en** sustainability *5A*
die **Nachhilfestunde,-n** tutoring *10A*
die **Nachkriegsordnung** post-war order *2A*
der **Nachmittag,-e** afternoon; *heute Nachmittag* this afternoon
der **Nachname,-n** last name
die **Nachricht,-en** news
die **Nachrichtensendung,-en** newscast
nachsehen (*sieht nach, sah nach, nachgesehen*) to check
nächst- next
der **Nachtisch,-e** dessert
der **Nachttisch,-e** nightstand
der **Nachwuchsregisseur,-e** up-and-coming film director *2B*
nach Christus A.D. *3A*
nageln to nail *6B*
nah near, close
die **Nähe** nearness, proximity; *in der Nähe* nearby
die **Näherin,-nen** seamstress *5B*
die **Nahrungsmittelgruppe,-n** food group *8A*
der **Name,-n** name
die **Nase,-n** nose
nass wet
die **Nationalfahne,-n** national flag
der **Nationalsport** national sport
die **Natur** nature
der **Naturfreund,-e** nature lover
die **Naturheilkunde** natural healing *8B*
der **Naturliebhaber,-** nature lover *8A*
die **Naturparkregion,-en** nature park area *5A*
natürlich natural(ly), of course
das **Navigationssytem,-e** navigational system
der **Nebel,-** fog *8A*
neben next to
nehmen (*nimmt, nahm, genommen*) to take
nein no
nennen (*nannte, genannt*) to name, call
nervös nervous
nett nice
das **Netz** net; abbreviation for *Internet*
das **Netzwerk,-e** network; web
neu new
das **Neujahr** New Year
neulich recently *3B*
neun nine
neunzehn nineteen
neunzig ninety
die **Neuzeit** modern times *1B*
nicht not

nichts nothing
nie never
niedergeschlagen glum, down in the dumps *7A*
die **Niederlande** Netherlands
der **Niederschlag,¨-e** precipitation *9A*
nirgendwo no place, nowhere
der **Nobelpreisträger,-** Nobel laureate *6A*
noch still, yet; *noch nicht ganz* not quite yet
nominieren to nominate *2B*
Nordamerika North America *1A*
der **Norden** north; *im Norden* in the north
nördlich (von) north (of) *1A*
der **Nordosten** northeast *1A*
der **Nordpol** North Pole *1A*
die **Nordsee** North Sea
der **Nordwesten** northwest *1A*
normal typical, normal *5A*
die **Note,-n** grade
die **Notfallnummer,-n** emergency phone number
der **November** November
null zero
die **Nummer,-n** number
das **Nummernschild,-er** license plate
nur only; *nicht nur… sondern auch* not only… but also
die **Nuss,¨-e** nut *8A*
das **Nusseis** nut-flavored ice cream
die **Nutzung,-en** use

O

ob if, whether
oben on top, upstairs; *weit oben* way up
das **Objekt,-e** object
das **Obst** fruit(s)
die **Obstsorte,-n** kind of fruit(s)
offen open *7A*
öffentlich public *5A*
die **offizielle Währung** official currency
öffnen to open *6A*
oft often
ohne without
das **Ohr,-en** ear
der **Ohrring,-e** earring
das **Ökosystem** ecosystem *8B*
der **Oktober** October
das **Öl,-e** oil *8A*
Ölwechsel machen to change the oil
die **Oma,-s** grandma
der **Onkel,-** uncle
der **Opa,-s** grandpa
Opern aufführen to put on operas
der **Optiker,-** optometrist
der **Optimist,-en** optimist *5B*
optimistisch optimistic *3A*
orange orange
die **Ordnung** order; *in Ordnung sein* to be OK
die **Organisation,-en** organization *1A*
der **Organist,-en** organist *10A*
die **Orgelkultur,-en** organ culture (musical instrument) *10A*
orientalisch Middle Eastern *10B*
sich **orientieren** to orient oneself
der **Originalton** original sound track; *OmU (Originalton mit Untertiteln)* original sound track with subtitles *2B*
der **Ort,-e** town, place; *an Ort und Stelle* on the spot
der **Osten** East
das **Osterei,-er** Easter egg
Ostern Easter; *Frohe Ostern!* Happy Easter!
Österreich Austria
östlich (von) east (of) *1A*
die **Ostsee** Baltic Sea
der **Ostseehafen,¨-** Baltic Sea harbor *6A*
die **Ostseeküste,-n** Baltic Sea coast *6A*
der **Ozean,-e** ocean; *der Antarktische Ozean* Antarctic Ocean; *der Arktische Ozean* Arctic Ocean; *der Indische Ozean* Indian Ocean *1A*

P

das **Paar,-e** pair
paar: ein paar a few
packen to pack
die **Packung,-en** package
die **Pädagogik** pedagogy *2B*
paddeln to paddle
das **Paket,-e** package
der **Palast,¨-e** palace *1B*
der **Papagei,-en** parrot
das **Papier,-e** paper
die **Pappe,-n** cardboard *4B*
das **Paradies** paradise
der **Park,-s** park *2A*
parken to park
der **Parkplatz,¨-e** parking lot *2A*
parlamentarisch parliamentary *9B*
der **Parteigenosse,-n** party member *5A*
die **Party,-s** party
passen to fit
passieren to happen
die **Passkontrolle,-n** passport check *9B*
die **Passprüfung,-en** passport check *9B*
das **Patent,-e** patent *10B*
der **Patient,-en** patient
die **Pause,-n** recess, break; *Große Pause* long recess
der **Pazifik** Pacific Ocean; *der Nord-Pazifik* North Pacific; *der Süd-Pazifik* South Pacific *1A*
die **Pension,-en** bed and breakfast
die **Personenkontrolle,-n** identity check *9B*
persönlich personal
die **Persönlichkeit,-en** personality *9A*
der **Pessimist,-en** pessimist
der **Pfeffer** pepper
das **Pferd,-e** horse
Pfingsten Pentecost
der **Pfirsich,-e** peach
die **Pflaume,-n** plum
pflegen to take care of *10A*
das **Pfund,-e** pound; British pound (currency) *9A*
das **Phänomen,-e** phenomenon *8A*
die **Pharmazie** pharmaceutics *8B*
die **Physik** physics
das **Picknick,-e** picnic
der **Pilot,-en** pilot (male)
die **Pilotin,-nen** pilot (female)
pingelig picky *7A*
die **Piraterie** piracy *6B*
die **Pizza,-s** pizza

die **Pizzeria,-s** pizza restaurant
der **Plan,¨-e** plan *8A*
planen to plan, organize
das **Plastikteil,-e** plastic part *4B*
platt flat
die **Platte,-n** plate; *Kalte Platte* cold-cut platter
der **Platz,¨-e** place, seat; town square *2A*
plus plus
plötzlich suddenly
der **Polarkreis** Artic Circle *1A*
die **Polarzone,-n** polar zone *9A*
Polen Poland
die **Politik** politics
politisch political *5A*
die **Polizei** police
der **Polizist,-en** police officer
das **Polster,-** padding *8B*
die **Pommes frites** (*pl.*) french fries; *die Pommes* colloquial for "french fries"
die **Post** post office; mail
posten to post
das **Poster,-s** poster
die **Postkarte,-n** postcard
die **Postleitzahl,-en** zip code
das **Potential,-e** potential *10A*
prächtig magnificent *2A*
prachtvoll magnificent *2A*
prägen to characterize, to shape, to mint *2A*
das **Praktikum,-ka** practical training, internship *7B*
praktisch practical
die **Prävention** prevention *8B*
die **Praxis,-xen** practice, doctor's office *6A*
der **Preis,-e** price; prize *1B*
die **Preisstufe,-n** price bracket *7B*
preiswert reasonable
der **Premierminister,-** prime minister *9B*
preußisch Prussian *2A*
das **Priorität,-en** priority *3A*
privat private
pro per; *pro Tag* per day
das **Problem,-e** problem
das **Produkt,-e** product *3B*
das **Produktionsjahr,-e** production year *2B*
produzieren to produce *2A*
professionell professional *6B*
der **Professor,-en** professor
die **Profi-Bergsteigerin,-nen** professional mountain climber (female) *5B*
das **Programm,-e** program; movie times *2B*
das **Projekt,-e** project *8A*
das **Protein,-e** protein *8A*
der **Protektor,-en** protection *8B*
der **Proviant** provisions, food supplies *5B*
das **Prozent,-e** percent
die **Prüfung,-en** test, exam
psychisch psychological *3B*
die **Psychologin,-nen** psychologist (female) *3B*
der **Pudding** pudding
der **Pulli,-s** sweater, pullover
der **Pullover,-** sweater, pullover
der **Punkt,-e** point
die **Puppe,-n** puppet, marionette *7A*
sich **putzen** to clean oneself; *sich die Zähne putzen* to brush one's teeth
das **Puzzle,-s** puzzle *4A*
das **Puzzleteil,-e** puzzle piece *4A*
die **Pyrenäen** Pyrenees *9A*
pünktlich punctual, on time

Q

die **Quacksalberei** medical quackery *8B*
der **Quadratmeter,-** square kilometer
die **Qualität,-en** quality
querschnittgelähmt paraplegic *3B*
die **Quittung,-en** receipt
die **Quizsendung,-en** quiz show

R

das **Rad,¨-er** bike; wheel; *Rad fahren* to bike
das **Radio,-s** radio
das **Radioprogramm,-e** radio program
der **Radiowecker,-** clock radio
die **Radtour,-en** bike tour; *eine Radtour machen* to go on a bike tour
der **Rasen,-** lawn; *den Rasen mähen* to mow the lawn
sich **rasieren** to shave oneself
der **Rasierer,-** razor
der **Rat** advice; *um Rat fragen* to ask for advice
raten (*rät, riet, geraten*) to guess
das **Rathaus,¨-er** city hall
rau harsh *9A*
raufgehen (*ging rauf, ist raufgegangen*) to go upstairs
raufladen (*lädt rauf, lud rauf, raufgeladen*) to upload *3B*
der **Raum,¨-e** room
rauskommen (*kam raus, ist rausgekommen*) to start as the first player *4A*
reagieren to react
realistisch realistic(ally)
die **Reality-Show** reality show
recherchieren to research
der **Rechner,-** calculator
die **Rechnung,-en** bill, check (restaurant)
das **Recht** right; *Recht haben* to be right
rechts right; *auf der rechten Seite* on the right side
der **Rechtsanwalt,¨-e** lawyer, attorney
reden to speak *2A*
reduziert reduced
die **Reetdachdeckerei,-en** thatch roofing *10A*
die **Reflexion,-en** reflection
reformieren to reform *8B*
das **Regal,-e** shelf
die **Regel,-n** rule
regelmäßig regularly *8A*
der **Regen** rain *9A*
der **Regenschauer,-** rain shower
der **Regenschirm,-e** umbrella
der **Regenschutz** rain gear *5B*
das **Regenwetter** rainy weather *4A*
die **Regie,-n** artistic direction *2B*
regieren to govern *3A*
die **Regierung,-en** government *9B*
regional regional
der **Regisseur,-e** film director *2A*
registrieren to register
regnen to rain
rehabilitieren to rehabilitate
reichen to reach *1B*
der **Reichtum,¨-er** wealth *6A*
der **Reifen,-** tire
die **Reihe,-n** row

die **Reihenfolge,-n** sequence *6B*
die **Reise,-n** trip; *Gute Reise!* have a good trip!
das **Reisebüro,-s** travel agency
der **Reiseführer,-** travel guide *2A*
reisen to travel
der **Reisende,-n** traveler *1B*
der **Reisepass,¨-e** passport
die **Reisetasche,-n** traveling bag
das **Reisezentrum,-tren** travel center *1B*
reiten (*ritt, ist geritten*) to ride (horse)
die **Religion,-en** religion
die **Religionswissenschaft** religious studies *2B*
die **Renaissance** Renaissance *7B*
renommiert prestigious *1B*
die **Reparatur,-en** repair
reparieren to repair
die **Reportage,-n** report, feature *2A*
der **Repräsentant,-en** representative *9B*
repräsentativ representative *2A*
repräsentieren to represent *7A*
reservieren to reserve
die **Residenz,-en** residence *2A*
respektieren to respect *3A*
respektlos disrespectful *5A*
der **Rest,-e** remnant *7A*
das **Restaurant,-s** restaurant
restaurieren to restore *10B*
retten to save
der **Rettungshelfer,-** emergency medical aide *3B*
die **Revolution,-en** revolution *7B*
die **Rezeption,-en** reception
der **Rhein** Rhine River
das **Rheinschiff,-e** Rhine ship
der **Rhythmus** rhythm
richten to focus
richtig right, correct
das **Riesenrad** Ferris wheel
der **Rinderbraten** beef roast
der **Rock** rock (music) *die Rockgruppe,-n* rock group; *das Rockkonzert,-e* rock concert; *die Rockmusik* rock music
der **Rock,¨-e** skirt
die **Rolle,-n** role; *keine Rolle spielen* not to be a factor
rollen to roll
der **Roller,-** scooter
der **Rollstuhl,¨-e** wheelchair *3B*
die **Rolltreppe,-n** escalator
Roman,-e novel; *der Sci-Fi/Fantasy Roman* science fiction/fantasy novel
die **Romanze,-n** romance *2B*
der **Römer,-** citizen of Rome *3A*
römisch Roman *3A*
rosa pink
rot red
rüberkommen (*kam rüber, ist rübergekommen*) to come over
Rücken back
die **Rückenschmerzen** (*pl.*) backache
der **Rucksack,¨-e** backpack, knapsack
die **Rückseite,-n** back, reverse
der **Rücksitz,-e** back seat
der **Rückspiegel,-** rear-view mirror *4B*
rückwärts backwards *4B*
rufen (*rief, gerufen*) to call
die **Ruhe** peace, quiet; *Immer mit der Ruhe!* Take it easy!
die **Ruine,-n** ruins *7A*
rumhängen (*hängt rum, hing rum, ist rumgehangen*) to hang around *3B*
der **Rundfunk** radio
runtergehen (*ging runter, ist runtergegangen*) to go downstairs
runterkommen (*kam runter, ist runtergekommen*) to come downstairs

S

die **S-Bahn,-en** city train, suburban express train
die **Sache,-n** thing, item
sagen to say, tell
der **Salat,-e** salad; *gemischter Salat* tossed salad
das **Salz** salt
salzhaltig containing salt *8A*
die **Salzkartoffeln** (*pl.*) boiled potatoes
der **Salzspeicher,-** salt warehouse *6A*
sammeln to collect
der **Samstag,-e** Saturday
der **Sänger,-** singer (male)
die **Sängerin,-nen** singer (female)
der **Sängersaal** choir room
sauber machen to clean
säubern to clean
sauer sour
der **Sauerbraten** sauerbraten (marinated beef roast)
das **Sauerkraut** sauerkraut
der **Sauerstoff** oxygen *5B*
das **Saxophon,-e** saxophone
der **Scanner,-** scanner *9B*
Schach chess
der **Schädel,-** skull *6B*
schaden to harm *4A*
das **Schaf,-e** sheep
der **Schäferlauf** shepherds' run
schaffen (*schuf, geschaffen*) to create *1B*
schaffen to manage (it), make (it); *Das haben wir geschafft.* We made it.
schalten to shift; *die Gänge schalten* to shift gears *4B*
der **Schalter,-** (ticket) counter
die **Schaltung** stick shift *4B*
das **Schaufenster,-** shop window
die **Scheibe,-n** slice; *eine Scheibe Brot* a slice of bread
der **Scheibenwischer,-** windshield wiper *4B*
scheinen (*schien, geschienen*) to shine; to seem; appear
der **Scheinwerfer,-** headlight
schenken to give (a gift)
schick chic
schicken to send
schieben (*schob, geschoben*) to push
das **Schienbein,-e** shin *8B*
der **Schienbeinschutz,¨-e** shin guard *8B*
schießen (*schoss, geschossen*) to shoot
das **Schiff,-e** ship
schlafen (*schläft, schlief, geschlafen*) to sleep
der **Schlafsack,¨-e** sleeping bag
das **Schlafzimmer,-** bedroom
die **Schlagsahne** whipped cream
das **Schlagzeug** drums, percussion
der **Schlagzeuger,-** drummer
der **Schlauberger** smartie
das **Schlauchboot,-e** inflatable boat

schlecht bad
schlimm bad; *schlimmer* worse
Schlittschuh laufen to ice skate
das **Schloss,¨-er** castle
der **Schluchsee** name of lake (located in the Black Forest)
der **Schlüssel,-** key
die **Schmalspurbahn,-en** narrow gauge railroad *8A*
schmecken to taste; *Schmeckt dir...?* Do you like (to eat)...?
der **Schmuck** jewelry
der **Schnee** snow
schneiden (*schnitt, geschnitten*) to cut
schneien to snow
schnell fast
das **Schokoeis** chocolate ice cream
die **Schokolade** chocolate
der **Schokoshake,-s** chocolate shake
schon already
schön beautiful
der **Schrank,¨-e** cupboard, closet
schreiben (*schrieb, geschrieben*) to write; *schreiben an* to write to
die **Schreibmaschine,-n** typewriter *7B*
der **Schreibtisch,-e** desk
die **Schreibwaren** (*pl.*) stationery
schreien (*schrie, geschrien*) to scream, yell
die **Schrift,-en** writing *1B*
die **Schriftart,-en** type of writing *1B*
schriftlich written; in writing
der **Schritt,-e** step; *die einzelnen Schritte* the individual steps
schüchtern shy *10A*
der **Schuh,-e** shoe
der **Schulausflug,¨-e** school outing
die **Schule,-n** school
der **Schüler,-** student (elementary through high school)
der **Schülerrat** student council *10A*
der **Schulfreund,-e** schoolmate
der **Schulhof,¨-e** school yard
der **Schulleiter,-** school principal *10A*
der **Schulmediziner,-** orthodox medical practitioner *8B*
der **Schulsprecher,-** student representative *10A*
die **Schulsprecherwahl,-en** election of student representative *10A*
der **Schultag,-e** school day
die **Schultasche,-n** schoolbag
die **Schulter,-n** shoulder
schummeln to cheat *4A*
die **Schüssel,-n** bowl
der **Schutz** protection *8B*
der **Schützer,-** protector *6B*
die **Schutzmaske,-n** face mask *8B*
schwach weak
der **Schwan** swan
schwarz black
das **Schwarze Brett,-er** bulletin board *8B*
der **Schwarzwald** Black Forest
die **Schwarzwälder Kirschtorte** Black Forest Torte
schwedisch Swedish *6B*
das **Schwein,-e** pig
der **Schweinebraten** pork roast
die **Schweiz** Switzerland
schwenken to swing
schwer hard, difficult; heavy
die **Schwester,-n** sister
die **Schwierigkeit,-en** problem
schwimmen (*schwamm, ist geschwommen*) to swim
die **Schwimmweste,-n** life jacket
schwindlig dizzy; *Mir ist schwindlig.* I'm dizzy.
die **Sciencefiction** science-fiction *2B*
sechs six
sechzehn sixteen
sechzig sixty
der **See,-n** lake
der **Seefahrer,-** sailor *6B*
die **Seeleute** (*pl.*) sailors *6A*
die **Seeschlacht,-en** sea battle *6B*
das **Segelboot,-e** sailboat
segeln to sail
sehen (*sieht, sah, gesehen*) to see; *ein Fernsehprogramm sehen* to watch a television program; *Sieh mal!* Just look!; *sich sehen* to see each other
sehenswert worth seeing *2A*
die **Sehenswürdigkeit,-en** sight, place of interest
sehr very
die **Seidenkrawatte,-n** silk tie
die **Seife,-n** soap
das **Seil,-e** rope
die **Seilbahn,-en** cable car *5A*
sein (*ist, war, ist gewesen*) to be
sein his, its
seit since
die **Seite,-n** side
der **Seitenaufruf,-e** click on a website *3B*
der **Sekretär,-e** secretary (male)
selbst oneself
selbstständig independent *9B*
senden to send; *eine SMS senden* to send a text message
der **Senf** mustard
der **September** September
die **Serie,-n** series
die **Serviette,-n** napkin
der **Sessel,-** armchair
sich **setzen** to sit down
das **Shampoo** shampoo
das **Shirt,-s** shirt
die **Shorts** (*pl.*) shorts
sicher sure, certain, safe
der **Sicherheitsgurt,-e** seatbelt
die **Sicherheitskontrolle,-n** security check *9A*
sie she, they
Sie you (formal)
sieben seven
siebzehn seventeen
siebzig seventy
der **Siedler,-** settler *4A*
die **Siedlung,-en** settlement *6A*
der **Sieger** winner
das **Siezen** use of the formal "you" *5A*
sich **siezen** to use the formal "you" *5A*
das **Signal,-e** signal
das **Silber** silver *8A*
singen (*sang, gesungen*) to sing
sinnlos senseless
die **Situation,-en** situation
der **Sitz,-e** seat *9A*
sitzen (*saß, gesessen*) to sit; *sitzen auf* to sit on
der **Sitzplatz,¨-e** seat *1B*
der **Skandal,-e** scandal *8B*
das **Skateboard,-s** skateboard; *das Skateboard fahren*; to skateboard
der **Ski,-er** ski; *Ski laufen* to ski
der **Slogan,-s** slogan *10A*
das **Smartphone,-s** smartphone

die **SMS,-** text message
so so; *so spät* so late; *so wie...* as... as
die **Soap,-s** soap opera
sobald as soon as
Social-Media: eine Social Media-Seite a social media page
die **Socke,-n** sock
das **Sofa,-s** sofa
sogar even
der **Sohn,¨-e** son
sollen should, to be supposed to
der **Sommer,-** summer
die **Sommerferien** (*pl.*) summer vacation
der **Sommermonat,-e** summer month
das **Sonderangebot,-e** special (sale)
sondern but; *nicht nur... sondern auch* not only... but also
der **Sonnabend,-e** Saturday
die **Sonne,-n** sun
die **Sonnenbrille,-n** sunglasses *5B*
der **Sonnenhut,¨-e** sun hat *5B*
die **Sonnenschutzcreme,-s** sun screen *5B*
die **Sonnenwende,-n** solstice *8A*
der **Sonntag,-e** Sunday
sonst besides, otherwise; *Sonst noch etwas?* Anything else?
die **Sorge,-n** worry, concern
sowie as well as
sozial social; *das soziale Netzwerk* social network; *die sozialen Medien* (*pl.*) social media; *bei sozialen Medien aktiv sein* to be active on social media
das **Spaghetti Eis** strawberry sundae
Spanien Spain
spanisch Spanish; *Er spricht spanisch.* He speaks Spanish.
sparen to save
der **Spargel** asparagus
der **Spaß** fun; *Es macht Spaß.* It's fun.
spät late; *Bis später!* See you later! *das Spätmittelalter* late Middle Ages *4A*
die **Spätzle** spaetzle (kind of homemade pasta)
die **Speise,-n** meal
die **Speisekarte,-n** menu
der **Speisewagen,-** dining car *1B*
die **Spende,-n** donation *5B*
die **Sperrstunde,-n** curfew *7A*
das **Spezi,-s** cola-and-lemon soda
die **Spezialität,-en** specialty
der **Spiegel,-** mirror
der **Spiegelsaal** hall of mirrors; *den Spiegelsaal entwerfen* to design the hall of mirrors
das **Spiel,-e** game
die **Spielanleitung,-en** game instructions *4A*
der **Spieleentwickler,-** game developer *4B*
der **Spielehersteller,-** game manufacturer *4A*
die **Spielemeile,-n** game mile *4A*
spielen to play
der **Spieler,-** player
die **Spielfigur,-en** playing piece *4A*
der **Spielfilm,-e** feature-length film *2B*
die **Spielkultur,-en** game culture *4A*
der **Spielplan,¨-e** screening schedule *2B*; game board *4A*
die **Spielregel,-n** game rule *4A*
die **Spielwaren** (*pl.*) toys
der **Spinat** spinach
der **Spion,-e** spy, secret agent *2A*
der **Sport** sport(s); *Sport treiben* to participate in sports
die **Sportabteilung,-en** sports department
die **Sportart,-en** kind of sport
der **Sportartikel,-** sporting good
sportlich sporty; athletic
die **Sportschau** sports show (news)
die **Sportsendung,-en** sports show
die **Sportstunde,-n** sports class
die **Sprache,-n** language
das **Sprachgenie,-s** genius at languages *9B*
die **Sprachkenntnisse** (*pl.*) language skills *9B*
der **Sprachraum,¨-e** language area *5A*
sprechen (*spricht, sprach, gesprochen*) to speak, talk; *er/sie spricht* he/she speaks; *sprechen über* to talk about; *über sich selbst sprechen* to speak about oneself; *miteinander sprechen* to talk to each other
spritzen to splash
das **Spülbecken,-** kitchen sink
spülen to wash, rinse
die **Spur,-en** trace *7A*
der **Staat,-en** state
stabil solid, sturdy
das **Stadion,-dien** stadium
die **Stadt,¨-e** city; *in die Stadt gehen* to go downtown
die **Stadtbefestigung,-en** city fortification *4A*
das **Stadtbild,-er** cityscape *2A*
das **Stadtgebiet,-e** municipal area *3A*
die **Stadthalle,-n** city hall
die **Stadtmauer,-n** city wall *2A*
der **Stadtmauerrest,-e** remains of city wall *2A*
die **Stadtmitte,-n** center of city, downtown
der **Stadtteil,-e** city district *1A*
der **Stall,¨-e** stable, barn
stammen aus to come from
der **Standort,-e** location, site *7A*
die **Stange,-n** pole
der **Star,-s** star (entertainment)
stark strong; *stark reduziert* greatly reduced
die **Stärke,-n** strength *6B*
stärken to strengthen *8A*
die **Startbahn,-en** runway for take-off *9B*
starten to start *4B*
die **Statistik,-en** statistics
stattfinden (*fand statt, stattgefunden*) to take place
die **Statue,-n** statue *2A*
der **Status** legal state *1A*
der **Stau,-s** traffic congestion, traffic jam
staubsaugen to vacuum
staunen to be astonished, surprised
stecken to put, stick; to be; *Wo steckst du denn?* Where are you?
stehen (*stand, gestanden*) to stand, be; *Da steht es.* There it is.; *Das steht dir gut.* It looks good on you.; *Es steht...;* the score is...; *frei stehen* to be open; *in Kontakt stehen* to be in contact; *Schlange stehen* to stand in line

steif stiff
steigen (*stieg, ist gestiegen*) to climb; *steigen auf* to climb, to rise to
steil steep
der **Stein,-e** checker, typical game pieces *4A*
die **Stelle,-n** place, position *6B*; *an Ort und Stelle* on the spot; *an erster Stelle stehen* to be in first place
stellen to put, place
das **Stellenangebot,-e** job opening *6B*
sterben (*stirbt, starb, gestorben*) to die
die **Stereoanlage,-n** stereo system
das **Steuerrad,¨-er** steering wheel
der **Stiefbruder,¨-** stepbrother
der **Stift,-e** marker
der **Stil,-e** style
die **Stimme,-n** vote *3B*
stimmen to be correct; *Das stimmt*. That's right.; *stimmen für* to vote for *10A*
die **Stirn,-en** forehead
der **Stock,-** floor, story
der **Stoff,-e** material *8B*
stören to disturb
stolz proud *1A*
stoßen (*stößt, stieß, gestoßen*) to push
straff machen to tighten, secure (to a rope)
der **Strand,¨-e** beach, shore
die **Straßenbahn,-en** streetcar
die **Strecke,-n** stretch
das **Streichholz,¨-er** match
streiten (*stritt, gestritten*) to quarrel, argue *7A*
stricken to knit
der **Strumpf,¨-e** stocking
die **Strömung,-en** flow, current
der **Stubenarrest,-e** being grounded *7A*
die **Studie,-n** study
das **Studio,-s** studio
das **Studium,-ien** (university) studies
der **Stuhl,¨-e** chair
der **Stummfilm,-e** silent movie *10B*
die **Stunde,-n** hour
der **Stundenplan,¨-e** class schedule
die **Subtropen** (*pl.*) Subtropics *9A*
subtropisch subtropical *9A*
die **Suche,-n** search *9B*
suchen to look for
der **Süden** South
südlich (von) south (of) *1A*
der **Südosten** Southeast *1A*
der **Südpol** South Pole *1A*
der **Südwesten** Southwest *1A*
der **Sumpf,¨-e** swamp *9A*
super super, great
der **Supermarkt,¨-e** supermarket
die **Suppe,-n** soup
der **Suppenlöffel,-** soup spoon, tablespoon
surfen to surf; *Im Internet surfen* to surf the Internet
das **Survivaltraining** survival training
süß sweet
die **Süßigkeiten** (*pl.*) sweets
das **Sweatshirt,-s** sweatshirt
symbolisieren to symbolize *9A*
die **Szene,-n** scene

T

das **T-Shirt,-s** T-shirt
das **Tablet, -s** tablet
die **Tablette,-n** tablet, pill
tabu taboo
der **Tachometer,-** tachometer *4B*
die **Tafel,-n** board
der **Tag,-e** day; *Tag*! Hello!; *Guten Tag*! Hello!
die **Tageshöchsttemperatur,-en** highest daytime temperature
der **Takt,-e** beat
das **Tal,¨-er** valley *8A*
das **Talent,-e** talent
tanken to refuel; *voll tanken* to fill up
die **Tankstelle,-n** gas station
die **Tante,-n** aunt
der **Tanz,¨-e** dance
tanzen to dance
das **Tanzstudio,-s** dance studio
die **Tanzstunde,-n** dance lesson
tapfer brave, courageous
die **Tasche,-n** bag
die **Tasse,-n** cup
die **Tat,-en** deed, action *1B*
tätig sein to work in an area *2B*
täuschen to deceive, mislead
tausend thousand
das **Taxi,-s** taxi
die **Technik,-en** technology, technique *7B*
technisch-kulturell technical cultural *10B*
die **Technologie,-n** technology
der **Tee,-s** tea
der **Teelöffel,-** teaspoon
der **Teil,-e** part, section; *zum größten Teil* for the most part
teilen to divide *2A*; to share
teilnehmen (*nimmt teil, nahm teil, teilgenommen*) to participate *3B*
die **Teilnehmerin,-nen** participant (female)
teils-teils yes and no *3A*
die **Teilung,-en** division *10B*
das **Telefon,-e** telephone
das **Telefongespräch,-e** telephone conversation
die **Telefonkabine,-n** phone booth *7A*
die **Telefonnummer,-n** telephone number
der **Teller,-** plate
das **Tempo,-s** tempo, speed
das **Tennis** tennis
der **Tennisschläger,-** tennis racquet
der **Termin,-e** appointment
testen to test *2A*
teuer expensive
der **Text,-e** text
texten to text
das **Textil,-ien** textile *7B*
das **Theater,-** theater *1A*
das **Theaterfestival,-s** theater festival *1B*
die **Theke,-n** counter
das **Thema,-men** topic
theoretisch theoretical *4B*
der **Therapeut,-en** therapist *8B*
die **Therapie,-n** therapy *8A*
die **These,-n** thesis *8B*
der **Thriller,-** thriller
der **Thronsaal,-säle** throne room
das **Tier,-e** animal
die **Tierärztin,-nen** veterinarian
der **Tipp,-s** tip
tippen to type
das **Tiramisu** Italian dessert
der **Tisch,-e** table

das **Tischtennis** table tennis
der **Titel,-** title *2B*
die **Tochter,¨-** daughter
die **Toilette,-n** toilet
die **Toleranz** tolerance *3A*
toll great, terrific
die **Tomate,-n** tomato
der **Tomatensalat,-e** tomato salad
die **Tomatensuppe,-n** tomato soup
das **Tondokument,-e** audio file *10B*
tonnenweise by the ton *6A*
das **Tonstudio,-s** sound (recording) studio
der **Tontechniker,-** sound engineer
das **Tor,-e** goal; gate
die **Torte,-n** layer cake
der **Torwart,¨-er** goalkeeper
die **Tour,-en** tour, trip
der **Tourist,-en** tourist
die **Toxikologie** toxicology *8B*
der **Trab: auf Trab halten** to keep busy, be on the go *6A*
traditionell traditional *3A*
tragen (*trägt*, *trug*, *getragen*) to wear; to carry
die **Tragikomödie,-n** tragicomedy *2B*
der **Trainer,-** coach
trainieren to exercise; to train, practice
das **Training** training
der **Traum,¨-e** dream
der **Traumberuf,-e** dream job
sich **treffen** (*trifft*, *traf*, *getroffen*) to meet; *Treffen wir uns!* Let's meet!
der **Treffpunkt,-e** meeting place *6A*
treiben (*trieb*, *getrieben*) to do; *Sport treiben* to participate in sports
die **Treppe,-n** stairs, stairway
trinken (*trank*, *getrunken*) to drink
trocken dry
die **Trompete,-n** trumpet
die **Tropen** (*pl.*) Tropics *9A*
tropisch tropical *9A*
trotzdem nonetheless *4A*
Tschau! See you! Bye!
die **Tschechische Republik** Czech Republic
Tschüs! See you! Bye!
tun (*tut*, *tat*, *getan*) to do
die **Tür,-en** door
turbulent turbulent *9A*
der **Türke,-n** Turk (male)
die **Türkei** Turkey
der **Turm,¨-e** tower *3A*
turnen to do gymnastics

U

die **U-Bahn,-en** subway
u.a. (unter anderem) among others *2A*
üben to practice
über about, over; *über etwas Auskunft geben* to give some information about
überall everywhere
überfallen (*überfällt*, *überfiel*, *überfallen*) to raid, attack *6B*
übergeben (*übergibt*, *übergab*, *übergeben*) to hand over *1B*
das **Übergewicht,-e** overweight *8A*
überhaupt actually, really *6A*
sich **überlegen** to think about
die **Überlieferung: die mündliche Überlieferung** oral tradition *10A*
übermorgen day after tomorrow
übernachten to stay overnight
die **Übernachtung,-en** overnight stay, accommodation
überqueren to cross
die **Überraschung,-en** surprise
übersetzen to translate
der **Übersetzer,-** translator *6A*
überstehen (*überstand*, *überstanden*) to get over
übertragen (*überträgt*, *übertrug*, *übertragen*) to transmit
sich **überzeugen** to make sure, convince
die **Übung,-en** exercise, practice; *Übung macht den Meister*! Practice makes perfect.
das **Ufer,-** shore
die **Uhr,-en** clock, watch; *Um wie viel Uhr?* At what time?; *Es ist zwei Uhr.* It's two o'clock.
um around, at; *um die Ecke* around the corner; *Um wie viel Uhr?* At what time?
umdrehen to turn around *4B*
umfangreich extensive
umfassend comprehensive
die **Umfrage,-n** survey
umgeben von surrounded by *5A*
die **Umgebung** surroundings, vicinity
umgehen mit (*ging um*, *ist umgegangen*) to deal with, handle
umsteigen (*stieg um*, *ist umgestiegen*) to transfer
umtauschen to exchange *9A*
die **Umwelt** environment
der **Umzug,¨-e** parade
die **Unabhängigkeit** independence
unbedingt absolutely, really
und and
das **UNESCO-Welterbe** United Nations World Cultural Heritage *2A*
der **Unfall,¨-e** accident
ungefähr approximately
unglaublich unbelievable
unhöflich impolite *5A*
die **Uni,-s** university ("U"), colloquial for *Universität*
die **Universitätsstadt,¨-e** university town *1A*
unmöglich impossible *5A*
unscharf blurry
unser our
unten downstairs, below
die **Unterbrechung,-en** interruption
unterdessen in the meantime
das **Untergewicht,-e** underweight *8A*
unterhalten (*unterhält*, *unterhielt*, *unterhalten*) to maintain *5B*; to talk, converse
die **Unterhaltung,-en** conversation
die **Unterkunft,¨-e** accommodation *5A*
unternehmen (*unternimmt*, *unternahm*, *unternommen*) to undertake *5B*
der **Unternehmer,-** entrepreneur
der **Unterricht,-e** class, lesson
unterschätzen to underestimate *5B*
der **Unterschied,-e** difference

unterschiedlich different *4A*
unterstützen to support
untersuchen to examine, study *8A*
die **Untertasse,-n** saucer
der **Untertitel,-** subtitle *2B*
unterwegs on the way, en route; underway *7A*
die **Urgroßmutter,¨-** great-grandmother *10B*
der **Urgroßvater,¨-** great-grandfather *10B*
die **Urkunde,-n** official document *3A*
der **Urlaub,-e** vacation; *Urlaub machen* to take a vacation *5A*
die **USA** United States of America (also: *die Vereinigten Staaten von Amerika*)
das **USB-Kabel** USB cable

V

der **Valentinstag** Valentine's Day
das **Vanilleeis** vanilla ice cream
die **Vanillesoße,-n** vanilla sauce *3A*
der **Vater,¨-** father
der **Vati,-s** dad
die **Vegetarierin,-nen** vegetarian (female) *8A*
sich **verändern** to change *6A*
veranstalten to put on an event *8A*
verantwortlich responsible *4B*
verbessern to improve
verbieten (*verbot*, *verboten*) to forbid; *verboten* forbidden
verbinden (*verband*, *verbunden*) to connect *1B*
die **Verbindung,-en** connection
das **Verbrechen,-** crime *7A*
verbringen (*verbrachte*, *verbracht*) to spend (time)
verdienen to earn *3B*
der **Verdienst,-e** contribution *1B*
verehren to admire *8B*
vereinigen to unite *1B*
die **Vereinigten Staaten von Amerika** United States of America
verfolgen to follow
die **Vergangenheit** past *10A*
vergessen (*vergisst*, *vergaß*, *vergessen*) to forget *8B*
vergleichen (*verglich*, *verglichen*) to compare
das **Vergnügen** pleasure; *Zuerst kommt die Arbeit und dann das Vergnügen.* Business before pleasure.
die **Vergnügungsfahrt** fun ride
das **Verhältnis,-se** relationship *3A*
die **Verhandlung,-en** negotiation *9B*
verkaufen to sell
der **Verkehr** traffic
das **Verkehrsbüro-s** tourist office
das **Verkehrsmittel,-** means of transportation
das **Verkehrszentrum,-tren** transportation center *7B*
der **Verkäufer,-** salesperson (male)
die **Verkäuferin,-nen** salesperson (female)
verlassen (*verlässt*, *verließ*, *verlassen*) to leave
verlässlich dependable *10B*
verleihen (*verlieh*, *verliehen*) to confer, to award *1B*
sich **verletzen** to injure oneself
die **Verletzung,-en** injury *8B*
verlieren (*verlor*, *verloren*) to lose
der **Verlierer,-** loser *4A*
vermeiden (*vermied*, *vermieden*) to avoid *8B*
vermitteln to communicate *10A*
verpassen to miss
verschieden different
verschreiben (*verschrieb*, *verschrieben*) to prescribe
versetzen in to put into *3B*
versprechen (*verspricht*, *versprach*, *versprochen*) to promise *6B*
verstehen (*verstand*, *verstanden*) to understand
sich **verständigen** to communicate *9A*
der **Versuch,-e** attempt
versuchen to try, attempt
der **Vertrag,¨-e** contract, agreement *9B*
sich **vertrauen** to trust each other *10B*
vertreiben: sich die Zeit vertreiben (*vertrieb*, *vertrieben*) to pass time
der **Vertrieb,-e** distribution, marketing *4B*
verwandeln to transform *2A*
der **Verwandte,-n** relative *10B*
verwickelt in involved in
verzweifelt desparate *3B*
sich **verändern** to change *6A*
das **Video,-s** video
der **Videospiele Tester,-** video game tester
die **Videospielkonsole,-n** video game console
der **Videotrend,-s** video trend *3B*
viel much
viele many
vielleicht perhaps
vier four
die **Vierländerregion,-en** four-country region *4A*
das **Viertel,-** quarter
vierzehn fourteen
vierzig forty
die **Villenkolonie,-n** villa colony *2A*
vitaminarm poor in vitamins *8A*
vitaminreich rich in vitamins *8A*
der **Vogel,¨-** bird
die **Vokabel,-n** word, vocabulary
das **Volksfest,-e** public festival
die **Volksmedizin,-** folk medicine *8B*
voll full
der **Volleyball** volleyball
volljährig of (adult) age
von from
vor before, in front of; *vor allem* particularly *8B*; *vor Christus* B.C. *4A*
vorbeigehen (*ging vorbei*, *ist vorbeigegangen*) to go past
vorbeikommen (*kam vorbei*, *ist vorbeigekommen*) to come by *2B*
sich **vorbereiten auf** to prepare/get ready for
das **Vorbild,-er** model
der **Vordersitz,-e** front seat
der **Vorfahre,-n** ancestor *1B*
vorführen to demonstrate *10A*
der **Vorgänger,-** predecessor
der **Vorgesetzte,-n** supervisor *5A*
vorhaben (*hat vor*, *hatte vor*, *vorgehabt*) to plan, intend (to do)
vorher before

der **Vorname,-n** first name
sich **vornehmen** (*nimmt vor, nahm vor, vorgenommen*) to get to work on *3B*
die **Vorschau,-en** preview *2B*
vorschlagen (*schlägt vor, schlug vor, vorgeschlagen*) to suggest
sich **vorstellen** to introduce oneself; to interview (for a job), present oneself; to imagine
das **Vorstellungsgespräch,-e** job interview *6B*
der **Vorteil,-e** advantage *10B*
der **Vortrag,¨-e** lecture *8B*
vorwärts forward *4B*
vorüber sein to be over
die **VR Brille,-n** virtual reality glasses

W

die **Waage,-n** scale
wachsen (*wächst, wuchs, ist gewachsen*) to grow
der **Waggon,-s** rail car *1B*
die **Wahl,-en** choice; election *10A*; *Wer die Wahl hat, hat die Qual!* The more choices, the more problems.
der **Wahl-Lübecker,-** Lübecker by choice *6A*
wählen to vote
der **Wahlkampf,¨-e** campaign *10A*
das **Wahllokal,-e** polling place *10A*
das **Wahlplakat,-e** election poster *10A*
der **Wahlsieg,-e** election victory *10A*
die **Wahlurne,-n** ballot box *10A*
der **Wahlzettel,-** election ballot *10A*
wahr true *7A*
wahrscheinlich probably *1B*
das **Wahrzeichen,-** hallmark, landmark *5A*
der **Waise,-n** orphan *5B*
der **Wald,¨-er** forest *9A*
die **Walze,-n** roller, drum *7B*
die **Wand,¨-e** wall
die **Wandergegend,-e** hiking area *5B*
die **Wanderkarte,-n** hiking map *5B*
wandern to hike
die **Wanderschaft,-en** journey *10A*
der **Wanderschuh,-e** hiking boot *5B*
der **Wanderstock,¨-e** hiking stick *5B*
der **Wanderweg,-e** hiking trail *5B*
wann when
die **Ware,-n** goods (*pl.*)
wäre: Wie wäre es...? How would it be if...? *2A*
warm warm
die **Warnblinkanlage,-n** hazard lights switch *4B*
die **Wartehalle,-n** waiting area *9B*
warten to wait; *warten auf* to wait for
die **Warteschlange,-n** waiting line, queue *9B*
warum why
was what; *Was für ein...?* What kind of a...?
das **Waschbecken,-** bathroom sink
waschen (*wäscht, wusch, gewaschen*) to wash; *sich waschen* to wash oneself
der **Wasserfall,¨-e** waterfall *8A*
die **Wasserflasche,-n** water bottle *5B*
die **Wassermelone,-n** watermelon
die **Webseite,-n** website
wechseln to change, to shift *9A*
der **Wecker,-** alarm clock
der **Weg,-e** way, path
weg sein to be gone
wehtun (*tut weh, tat weh, wehgetan*) to hurt; *Tut es dir weh?* Does it hurt?
Weihnachten Christmas; *Fröhliche Weihnachten*! Merry Christmas!
die **Weile** while
die **Weinpresse,-n** wine press *7B*
die **Weintraube,-n** grapes, bunch of grapes
die **Weise** manner, fashion; *auf diese Weise* in this manner
weise wise; *ein weiser Mann* a wise man
weit far
weitergeben (*gibt weiter, gab weiter, weitergegeben*) to pass on *10A*
weitergehen (*ging weiter, ist weitergegangen*) to continue *5B*
weiterspielen to continue playing
weiß white
welch- which
die **Welt,-en** world; *auf der ganzen Welt* in the whole world
das **Weltbild,-er** world view *7B*
die **Welterbestätte,-n** world heritage site *3A*
die **Weltgemeinschaft** world community *10A*
der **Welthandel** international trade *6A*
die **Weltkultur,-en** world culture *10B*
das **Weltkulturerbe** world cultural heritage *10A*
das **Weltregister,-** world registry *10B*
der **Weltrekord,-e** world record *4A*
weltweit worldwide *4B*
wem (to) whom
wen whom
wenig little
wer who
werden will, shall; to become, be; *Er wird sechzehn.* He'll be sixteen.
das **Werk,-e** work *10B*
die **Werkbank,¨-e** workbench
die **Werkstatt,¨-e** workshop, (repair) shop
das **Werkzeug,-e** tool
der **Wert,-e** value *3A*
der **Westen** West; Western *2B*
westlich (von) west (of) *1A*
das **Wetter** weather
der **Wetterbericht,-e** weather report
die **Wettervorhersage** weather forecast
der **Wettkampf,¨-e** competition
das **Whiteboard,-s** whiteboard; *das interaktive Whiteboard* interactive whiteboard
wichtig important
wie how, what; *Wie heißt du?, Wie heißen Sie?* What's your name? *Wie geht's?, Wie geht es Ihnen?* How are you?; *wie viel* how much; *wie* viele how many; so *groß wie* as big as; *wie wär's* how about
wieder again
Wiedersehen! Bye! *Auf Wiedersehen*! Good-bye!

wiegen (*wog, gewogen*) to weigh
das **Wiener Schnitzel** breaded veal cutlet
die **Wiese,-n** meadow *9A*
wild wild
die **Wildwasserbahn,-en** wild water ride
der **Wind,-e** wind
die **Windrose,-n** compass rose *1A*
die **Windschutzscheibe,-n** windshield
der **Winter,-** winter
wir we
wirklich really
wirksam effective *8B*
die **Wirkung,-en** effect *2A*
die **Wirtschaft,-en** economy
wirtschaftlich economic
wissen (*weiß, wusste, gewusst*) to know
das **Wissen** knowledge
die **Wissenschaft,-en** science *2A*
der **Witz,-e** joke
wo where
woanders somewhere else
die **Woche,-n** week
das **Wochenende,-n** weekend
woher where from
wohin where (to)
wohl: Das können Sie wohl sagen. You can say that again
das **Wohlbefinden** well-being
wohlhabend well-to-do *1A*
wohnen to live
das **Wohnmobil,-e** RV (recreational vehicle)
die **Wohnung,-en** apartment
die **Wohnungstür,-en** apartment door
das **Wohnzimmer,-** living room
wollen (*will, wollte, gewollt*) to want to
die **Wolljacke,-n** cardigan
der **Wollpulli,-s** wool sweater
woraufhin whereupon *8B*
das **Wort,¨-er** word
wunderschön beautiful, wonderful *2B*
wünschen to wish; *sich wünschen* to want (for birthday)
der **Würfel,-** die *4A*
würfeln to roll dice *4A*
die **Wurst,¨-e** sausage
das **Wurstbrot,-e** sausage sandwich
das **Würstchen,-** hot dog
die **Wüste,-n** desert *9A*
die **Wurstküche,-n** sausage kitchen *3A*
die **Wurstsorte,-n** kind of sausage
während during; while
wäre: Wie wäre es...? How would it be if...? *2A*
die **Wäsche** clothes, laundry
das **Wörterbuch,¨-er** dictionary

Y

das **Yoga** yoga

Z

die **Zahl,-en** number *1B*
der **Zahn,¨-e** tooth
der **Zahnarzt,¨-e** dentist
die **Zahnpasta** toothpaste
die **Zahnschmerzen** (*pl.*) toothache
die **Zahnspange,-n** dental brace
der **Zahntechniker,-** dental technician *4B*
zehn ten
zeichnen to draw
zeigen to show
die **Zeit,-en** time
das **Zeitdokument,-e** contemporary document *10B*
der **Zeitgenosse,-n** contemporary *8B*
die **Zeitgeschichte,-n** contemporary history *10B*
die **Zeitlang** period of time *3B*
die **Zeitschrift,-en** magazine
die **Zeitung,-en** newspaper
der **Zeitungsstand,¨-e** newspaper stand
das **Zelt,-e** tent
die **Zentrale,-n** headquarters *9A*
das **Zentrum,-ren** center *3A*
zerstören to destroy
das **Zeugnis,-se** report card, transcript *6B*
die **Ziege,-n** goat
ziehen (*zog, gezogen*) to move
das **Ziel,-e** goal, finish line, destination
das **Zimmer,-** room
das **Zitat,-e** quotation *2A*
das **Zitroneneis** lemon ice cream
der **Zoll** customs clearance *9B*
die **Zone,-n** zone *9A*
zu at, to; *zu Hause* at home; *zum Kaufhaus gehen* to go to the department store; too
zubereiten to prepare (meal)
der **Zucker** sugar
der **Zuckerbäcker,-** confectioner *6A*
zuerst first
zufrieden content *3A*
der **Zug,¨-e** train; *einen Zug machen* to move a piece on the board *4A*
der **Zugang,¨-e** access *5A*
zugänglich accessible
der **Zugbegleiter,-** train conductor *1B*
zugreifen (*griff zu, zugegriffen*) to access *3B*
der **Zugriff,-e** access *3B*
die **Zukunft,¨-e** future
zuletzt finally, at last
zurechtkommen (*kam zurecht, ist zurechtgekommen*) to come to terms with *3B*
zurückfahren (*fährt zurück, fuhr zurück, ist zurückgefahren*) to go (drive) back
zurückgeben (*gibt zurück, gab zurück, zurückgegeben*) to return
zurückgehen (*ging zurück, ist zurückgegangen*) to decline *3A*
zurückkehren to return *2B*
zurückkommen (*kam zurück, ist zurückgekommen*) to come back
zurückreichen to reach back *4A*
zurzeit at this time *2B*
zusammen together; *zusammenkommen* to get together
zusammenbauen to put together
die **Zusammenfassung,-en** plot summary *2B*
zusammenkommen (*kam zusammen, ist zusammengekommen*) to get together

zusammenrollen to roll up
zusammensetzen to put together (a puzzle) *4A*
zusammenstellen to put together *6B*
der **Zuschauer,-** spectator
zusätzlich additional *5B*
zwanzig twenty
zwar… aber it is true… but *3B*
der **Zweck,-e** purpose *3B*
zwei two
die **Zweiradwerkstatt,¨-e** two-wheel (bike) repair shop
die **Zwiebel,-n** onion
die **Zwillingsschwester,-n** twin sister
zwingen (*zwang, gezwungen*) to force *9B*
zwischenmenschlich interpersonal *10B*
das **Zwischenmenschliche** the interpersonal *10B*
zwischenstaatlich multilateral, interstate *9A*
zwölf twelve

A

a ein(e); *a few* einige; *a little* etwas
A.D. nach Christus *3A*
about gegen; *about two o'clock* gegen zwei Uhr
absolutely unbedingt
academician der Akademiker,- *1A*
to **accept** annehmen; akzeptieren *5A*
access der Zugang,¨-e *5A*; der Zugriff,-e *3B*
to **access** zugreifen *3B*
accessible zugänglich
accident der Unfall,¨-e
accommodation die Übernachtung,-en; die Unterkunft,¨-e *5A*
to **accompany** begleiten
accomplishment die Leistung,-en *2A*
account das Konto,-en; *to open an account* ein Konto eröffnen
acquaintance die Bekannte,-n (*female*); der Bekannte,-n (*male*)
to **act** agieren *9B; handel*n *9B*
action comedy die Actionkomödie,-n *2B*
active aktiv
actor der Darsteller,- *2B*
actually eigentlich *1A*; überhaupt *6A*
additional zusätzlich *5B*
to **address** ansprechen *9B*; *to address a person* anreden *5A*
address die Adresse,-n
adjacent benachbart *7B*
to **adjust** einstellen
to **admire** verehren *8B*
adult der Erwachsene,-n
advancement der Fortschritt,-e
advantage der Vorteil,-e *10B*
adventure das Abenteuer,- *2B*
advice der Rat
to **advocate for** sich einsetzen für *10A*
afraid: Don't be afraid! Keine Angst!
Africa Afrika *1A*
after nach; *after that* danach
afternoon der Nachmittag,-e; *this afternoon* heute Nachmittag
again wieder
against gegen
age rating die Altersfreigabe,-n *2B*
age group die Altersgruppe,-n
aid project for children das Kinderhilfsprojekt,-e *10A*
air die Luft; *air mattress* die Luftmatratze,-n
airplane das Flugzeug,-e
airport der Flughafen,¨-
aisle der Gang,¨-e
alarm clock der Wecker,-
alcoholic der Alkoholiker,- *3B*
all alle; *That's all.* Das ist alles.
to **allow** erlauben
ally der Alliierte,-n *1B*
almond die Mandel,-n *6A*
almost fast
along entlang *5B*
Alpine Association der Alpenverein *5A*; *alpine landscape* die Berglandschaft,-en *5A*
Alps die Alpen (*pl.*)
already schon
also auch
always immer
ambitious ehrgeizig *3A*
ambulance der Krankenwagen,-
America Amerika
among others u.a. (unter anderem) *2A*
an ein(e)
to **analyze** analysieren *8A*
ancestor der Vorfahre,-n *1B*
and und
angular kantig *4A*
animal das Tier,-e
animation die Animation,-en *2B*
to **annoy** ärgern *8B*
annual jährlich *1A*
answer die Antwort,-en
Antartica Antarktika *1A*
antiquity die Antike *1B*
apartment die Wohnung,-en; *apartment door* die Wohnungstür,-en
app (*application*) die App,-s; *Instant-Messaging Application* Instant-Messaging App
to **appear** aussehen; auftauchen; scheinen
appetite der Appetit
apple der Apfel,¨-; *apple cake* der Apfelkuchen,-; *apple juice* der Apfelsaft
applicant der Bewerber,- *6B*
application die Bewerbung,-en *6B*; das Bewerbungsschreiben,-; *application folder* die Bewerbungsmappe,-n *6B*; *application material* die Bewerbungsunterlage,-n *6B*; *letter of application* der Bewerbungsbrief,-e *6B*
to **apply (for a job)** sich bewerben; *to apply postage (stamp)* frankieren
appointment der Termin,-e
apprentice der Azubi,-s; der Lehrling,-e *10A*
apprenticeship die Ausbildung,-en; *apprenticeship certification* exam die Gesellenprüfung,-en *10A*
approximately ungefähr
app developer der App-Entwickler,-
April der April
Arabic arabisch *10A*
archeological archäologisch *8A*
archive das Archiv,-e
arctic arktisch *9A*
area die Gegend,-en
arm der Arm,-e
armchair der Sessel,-
around um; *around the corner* um die Ecke; *around seven* (*o'clock*) so gegen sieben
to **arrest** festnehmen *6B*
arrival die Ankunft,¨-e; die Ankunftstafel,-n *1B*
to **arrive** ankommen
art die Kunst; *art trade* der Kunsthandel *7A*
Artic Circle der Polarkreis *1A*

article der Artikel,-
artistic direction die Regie,-n *2B*
Asia Asien *1A*
to **ask** fragen; bitten; *to ask for advice* um Rat fragen; *to ask questions* Fragen stellen *6B*
asparagus der Spargel
astonished: be astonished staunen
astronomer der Astronom,-e *8B*
astronomy die Astronomie *8A*
as... as so... wie; *as soon as* sobald; *as well as* sowie
at an, bei, um, zu; *at last* zuletzt; *At what time?* Um wie viel Uhr?
athletic sportlich
to **attach** heften
attachment die Anlage,-n *6B*
to **attack** überfallen *6B*
attempt der Versuch,-e
to **attempt** versuchen
attorney der Rechtsanwalt,¨-e
audio file das Tondokument,-e *10B*
August der August
aunt die Tante,-n
Australia Australien *1A*
Austria Österreich
automat der Automat,-en
autumn der Herbst,-e
available frei
average der Durchschnitt,-e
to **avoid** vermeiden *8B*
award die Auszeichnung,-en *1B*
to **award** verleihen *1B*
away entfernt

B

B.C. vor Christus *4A*
bachelor der Junggeselle,-n *10A*
back der Rücken; die Rückseite,-n; *back seat* der Rücksitz,-e
backache die Rückenschmerzen (*pl.*)
backpack der Rucksack,¨-e
backwards rückwärts *4B*
bad schlecht
bag die Tasche,-n
baggage das Gepäck; *baggage claim* die Gepäckausgabe,-n *9B*; *baggage office* der Gepäckdienst *9A*; *baggage scan* die Gepäckkontrolle,-n *9B*
to **bake** backen
baker der Bäcker,-
bakery die Bäckerei,-en
ball der Ball,¨-e
ballot box die Wahlurne,-n *10A*
Baltic Sea die Ostsee; *Baltic Sea coast* die Ostseeküste,-n *6A*; *Baltic Sea harbor* der Ostseehafen,¨- *6A*
banana die Banane,-n
band die Band,-s
banking das Banking,- *3B*; *banking center* das Bankenzentrum,-tren *1A*
barber der Friseur,-e
barn der Stall,¨-e
basement der Keller,-
basket der Korb,¨-e
basketball der Basketball,¨-e
bath das Bad,¨-er *7A*
bathroom das Badezimmer,-; *bathroom sink* das Waschbecken,-
bathtub die Badewanne,-n
Bavaria Bayern
to **be** sein; stecken; stehen; *He'll be sixteen.* Er wird sechzehn.; *It's her turn.* Sie ist dran.; *There it is* Da steht es.; *The score is...* Es steht...; *There it is.* Da steht es.; *to be able to* können; *to be bored* sich langweilen; *to be correct* stimmen; *to be curious* gespannt sein; *to be finished* fertig sein; *to be fit* in Form sein *8A*; *to be fulfilled* in Erfüllung gehen *5B*; *to be gone* weg sein; *to be in agreement* einig sein; *to be in contact* in Kontakt stehen; *to be inside* drin sein *8A*; *to be interested in* sich interessieren für; *to be involved* sich engagieren; *to be located* liegen; *to be missing* fehlen; *to be of use, be useful* nützen; *to be OK* in Ordnung sein; *to be one's turn* dran sein; *to be open (in a game)* frei stehen; *to be over* vorüber sein; zu Ende sein; *to be part of* dabei sein; *to be permitted to* dürfen; *to be ready* fertig sein; *to be relegated to* absteigen *7A*; *to be sorry* leidtun; *to be thirsty* Durst haben; *Where are you?* Wo steckst du denn?
beach der Strand,¨-e
bean die Bohne,-n
beat der Takt,-e
beautiful schön; wunderschön *2B*
because denn
bed das Bett,-en; *bed and breakfast* die Pension,-en; *bed linen* die Bettwäsche
bedroom das Schlafzimmer,-
beef roast der Rinderbraten
before vor; bevor; vorher
to **begin** beginnen; anfangen
beginner der Anfänger,-
beginning der Anfang,¨-e; der Beginn *10B*
behavior das Benehmen,- *5A*
beige beige
Belgium Belgien
to **believe** glauben; *I believe so.* Ich glaube schon.
to **belong** gehören
below unten
belt der Gürtel,-
bench die Bank,¨-e
besides sonst; außerdem; außer
better besser
beverage das Getränk,-e
bicycle das Fahrrad,¨-er
big groß; *biggest* größt-
bike das Rad,¨-er; *bike tour* die Radtour,-en; *hand-pedaled bike* das Handbike,-s *5A*; *to go on a bike tour* eine Radtour machen
to **bike** Rad fahren
bill die Rechnung,-en
biography die Biografie,-n *2B*
biology die Biologie
bird der Vogel,¨-
birth die Geburtsstunde,-n *9A*

birthday der Geburtstag,-e; *Happy birthday!* Herzlichen Glückwunsch zum Geburtstag!
bistro-restaurant on train das Bord-Bistro,-s *1B*
black schwarz
blackberry die Brombeere,-n
Black Forest der Schwarzwald; *Black Forest Torte* die Schwarzwälder Kirschtorte
blind blind *6A*
blinker der Blinker,- *4B*
to **blog** bloggen *3A*
blog das Blog,-s
blouse die Bluse,-n
blue blau; *Blue Grotto* die Blaue Grotte
blurry unscharf
board die Tafel,-n
to **board** einsteigen
boarding pass die Bordkarte,-n
board game das Brettspiel,-e *4A*
boat das Boot,-e; *inflatable boat* das Schlauchboot,-e
body der Körper; *part of the body* der Körperteil,-e
bone der Knochen,- *8A*
book das Buch,¨-er; *book culture* die Buchkultur,-en *10B*; *book historian* der Buchhistoriker,- *7B* *history book* das Geschichtsbuch,¨-er; *juvenile book* das Jugendbuch,¨-er
bookshelf das Bücherregal,-e
border die Grenze,-n; *at the border with* an der Grenze zu; *to border on* grenzen an; *border crossing* der Grenzübergang
boring langweilig
born geboren *1A*
boss der Boss,-e *5A*; der Chef,-s *10B*
both beide
bottle die Flasche,-n
boutique die Boutique,-n
bowl die Schüssel,-n
box die Kiste,-n *4B*
boy der Junge,-n; *boys* die Jungs (*pl.*) (*colloquial*)
boyfriend der Freund,-e
bracelet das Armband,¨-er
brake die Bremse,-n *4B*
bratwurst die Bratwurst,¨-e
brave mutig; tapfer
bread das Brot,-e
breaded veal cutlet das Wiener Schnitzel
break die Pause,-n; *long recess* die Große Pause
breakfast das Frühstück; *breakfast table* der Frühstückstisch
to **break down** abbrechen
bridge die Brücke,-n *1A*
briefcase die Aktentasche,-n
to **bring** bringen; to *bring along* mitbringen
British pound (*currency*) das Pfund *9A*
broccoli der Broccoli
brochure die Broschüre,-n
broken kaputt
Bronze Age die Bronzezeit,-en *8A*
brother der Bruder,¨-
brown braun
to **brush one's teeth** sich die Zähne putzen
to **buckle up** sich anschnallen
to **build** bauen
building das Bauwerk,-e *2A*; *das Gebäude,- 7A*; *historic building* das Baudenkmal,¨-er *6A*; *building phase* der Bau,-ten *7A*
bulletin board das Schwarze Brett,-er *8B*
to **burn** brennen
bus der Bus,-se
business: business life das Geschäftsleben,- *5A*; *business people* die Geschäftsleute (*pl.*) *1B*
busy: to be busy der Betrieb: viel Betrieb sein
but aber; sondern; *not only… but also* nicht nur… sondern auch
butcher der Fleischer,-
butter die Butter
to **buy** kaufen
Bye! Tschau!, Tschüs!, Wiedersehen! *Good-bye!* Auf Wiedersehen!

C

cabaret das Kabarett,-s *1A*
cable car die Seilbahn,-en *5A*
café Eiscafé,-s,
cage der Käfig,-e
cake der Kuchen,-
calculator der Rechner,-
to **call** (*on the phone*) anrufen; nennen; rufen
call der Anruf,-e
calming (down) die Beruhigung
camera die Kamera,-s; *digital camera* die Digitalkamera,-s
Cameroon Kamerun *1A*
to **camp** campen
campaign der Wahlkampf,¨-e *10A*
camper der Camper,-
campground der Campingplatz,¨-e
camping: *to go camping* campen gehen; *camping trip* die Campingreise,-n
can können
Canada Kanada *1A*
candidate (*male*) der Kandidat,-en, (*female*) die Kandidatin,-nen *10A*
candle die Kerze,-n; *to light a candle* eine Kerze anzünden
canoeist der Kanute,-n
capital (city) die Hauptstadt,¨-e; *capital of a federal state* die Landeshauptstadt,¨-e *2A*
car das Auto,-s; *bumper car* der Autoscooter,-
cardboard die Pappe,-n *4B*
cardigan die Wolljacke,-n
card die Karte,-n; *to deal cards* die Karten austeilen; *to shuffle cards* Karten mischen *4A*
career die Karriere,-n
carnival season der Karneval *7A*
carrot die Karotte,-n die Möhre,-n
to **carry** tragen
case der Fall,¨-e; *in any case* auf jeden Fall
cash bar; das Bargeld; *cash register* die Kasse,-n

cashier (*female*) die Kassiererin,-nen *5A*
castle das Schloss,⸚er
cat die Katze,-n
catastrophe die Katastrophe,-n *7A*
to **catch** fangen *4A*
category die Kategorie,-n
cathedral der Dom,-e *7A*
Catholic katholisch *7A*
CD die CD,-s
ceiling die Decke,-n
to **celebrate** feiern
cello das Cello,-s
cell phone das Handy,-s
cent der Cent,-s
center die Mitte; das Zentrum,-ren *3A; center of city* die Stadtmitte
century das Jahrhundert
certain sicher
certain(ly) bestimmt
chair der Stuhl,⸚e
challenge die Herausforderung,-en *4A*
chance die Chance,-n *4A*
to **change** sich ändern; sich verändern *6A*; wechseln *9A; to change the oil* Ölwechsel machen
chapter das Kapitel,-
charming charmant
to **chat** chatten; *chat room* der Chatraum⸚e
chat der Chat,-s *3B*
cheap billig
to **cheat** schummeln *4A*
to **check** checken *7B*; nachsehen
check die Rechnung,-en (*restaurant*)
checker der Stein,-e *4A*
checkers (game) Dame *4A*
checkout counter der Ladentisch,-e
check in der Check-in,-s *9B*
to **cheer** jubeln
cheese der Käse; *cheese sandwich* das Käsebrot,-e
chemistry die Chemie
cherry die Kirsche,-n
chess Schach
chic schick
chicken das Huhn,⸚er; *chicken soup* Hühnersuppe,-n
child das Kind,-er
child's fare der Kindertarif,-e *7B*
chin das Kinn,-e
chip (*potato*) der Chip,-s
chocolate die Schokolade; *chocolate sundae* die Eisschokolade; *chocolate ice cream* das Schokoeis; *chocolate shake* der Schokoshake,-s
choice die Wahl, die Auswahl; *The more choices, the more problems.* Wer die Wahl hat, hat die Qual!
to **choose** sich aussuchen
to **chop off** abschlagen *6B*
Christmas Weihnachten; *Merry Christmas!* Fröhliche Weihnachten!
church die Kirche,-n *2A*; *church reformer* der Kirchenreformer,- *8B*
citizen der Bürger,- *3A*; *citizen of Rome* der Römer,- *3A*
city die Stadt,⸚e; *center of the city, downtown* die Innenstadt,⸚e; *city district* der Stadtteil,-e *1A*; *city fortification* die Stadtbefestigung,-en *4A*; *city hall* die Stadthalle,-n, das Rathaus,⸚er; *cityscape* das Stadtbild,-er *2A*; *city wall* die Stadtmauer,-n *2A*; *large city* die Großstadt,⸚e
to **claim** behaupten *6A*
clarinet die Klarinette,-n
class die Klasse,-n, der Unterricht,-e; *class outing* die Klassenfahrt,-en *9A*; *class reunion* das Klassentreffen,- *6A class schedule* der Stundenplan,⸚e *class spokesperson* der Klassensprecher,- *9A*
Classicism die Klassik
classroom das Klassenzimmer,-
classy klassisch
to **clean** säubern; sauber machen; *to clean oneself* sich putzen; *to clean out* (*stable*) ausmisten; *clean up* (*room*) aufräumen
to **clear** (*table*) abräumen
clear klar, deutlich; *clear* (*skies*) heiter
to **click on** anklicken
click on a website der Seitenaufruf,-e *3B*
climate das Klima *9A*; *climate promoting health* heilklimatisch *8A*
climax der Höhepunkt,-e
to **climb** besteigen *5B*; klettern; steigen auf
clock die Uhr,-en; *clock radio* der Radiowecker,-
cloister grounds die Klosteranlage,-n *6A*
close nah
closet der Schrank,⸚e
clothes die Kleidung; die Wäsche
clothing Kleidung; *clothing item* das Kleidungsstück,-e
cloudy bewölkt
club der Klub,-s
clutch die Kupplung,-en *4B*
co-determination die Mitbestimmung *10A*
co-worker der Arbeitskollege,-n *10B*; der Mitarbeiter,- *5A*
coach der Trainer,-
coastline die Küste,-n *9A*
coat der Mantel,⸚
cocoa der Kakao
coffee der Kaffee; *coffee culture* die Kaffeekultur,-en *10A*
coin die Münze,-n
cola die Cola,-s
cold kalt; *to catch a cold* sich erkälten
cold-cut platter Kalte Platte
colleague der Kollege,-n *5A*
to **collect** sammeln
collective kollektiv *10B*
colonist der Kolonist,-en *1A*
colony die Kolonie,-n *1A*
color die Farbe,-n; *What color is...?* Welche Farbe hat...?
colorful bunt
to **comb one's hair** sich kämmen
to **come** kommen; *to come along* mitkommen; *to come back*

zurückkommen; *to come by* vorbeikommen *2B*; *to come downstairs* runterkommen; *to come from* stammen aus; *to come here* herkommen; *to come out* herauskommen; *to come over* rüberkommen; *to come to terms with* zurechtkommen *3B*

comedy die Komödie,-n; die Comedy,-s

comfortable bequem *4B*

comic adaptation die Comicverfilmung,-en *2B*

comic book der Comic,-s

to **comment** kommentieren

commercial city die Handelsstadt,-ё *1A*

to **communicate** kommunizieren; sich verständigen *9A*; vermitteln *10A*

communication die Kommunikation,-en

compact car der Kompaktwagen,-

company die Firma,-en

to **compare** vergleichen

compass der Kompass,-e; *compass rose* die Windrose,-n *1A*

competition der Wettkampf,¨-e

to **complain about** sich beklagen über

complex die Anlage,-n *2A*

complicated kompliziert *8A*

composition der Aufsatz,¨-e

comprehensive umfassend

computer der Computer,-; *computer science* die Informatik; *computer education (analysis management)* die Informatik; *computer game* das Computerspiel,-e; *computer science assignment* die Informatikaufgabe,-n; *computer specialist* der Informatiker,-

concert das Konzert,-e; *concert hall* die Konzerthalle,-en *1A*

to **conclude** abschließen *2B*

condition die Bedingung; die Kondition,-en

confectioner der Zuckerbäcker,- *6A*

to **confiscate** konfiszieren *6B*

conformist angepasst *7A*

to **congratulate** gratulieren

congregation die Gemeinde,-n *3A*

to **connect** anschließen; verbinden *1B*

connection die Verbindung,-en *1B*

to **conquer** erobern

conscious bewusst *8A*

to **consider** berücksichtigen *8A*

constructive konstruktiv *10A*

contact der Kontakt,-e; *contact information* die Kontaktdaten *(pl.) 6B*; *contact person* der Ansprechpartner,- *6B*

content zufrieden *3A*

continent der Kontinent,-e *1A*

to **continue** weitergehen *5B*

contract der Vertrag,¨-e *9B*

to **contribute** beitragen *6B*

contribution der Beitrag,¨-e *10B*; der Verdienst,-e *1B*

conversation die Unterhaltung,-en; das Gespräch,-e

to **converse** sich unterhalten

to **convince** sich überzeugen

to **cook** kochen

cooker der Kocher,-

cookie der Keks,-e

cool kühl; *cooling bag* die Kühltasche,-n

to **coordinate** koordinieren

copper das Kupfer *8A*

to **copy** abschreiben *1B*; kopieren *1B*

cordial herzlich

corner die Ecke,-n

correct richtig

correspondence die Korrespondenz

cosmetics die Kosmetik

to **cost** kosten

cotton: cotton T-shirt das Baumwoll T-Shirt,-s

counselor *(female)* die Beraterin,-nen *6B*

count der Graf,-en

counter die Theke,-n; *(ticket)* der Schalter,-

country das Land,¨-er; *three-country corner (Germany, Austria, Switzerland)* das Dreiländereck

courageous mutig; tapfer

course der Kurs,-e *8B*

court der Gerichtshof,¨-e *9A*

cousin *(male)* der Cousin,-s; *(female)* die Cousine,-n

to **cover** decken

cover der Deckel,- *4A*; *cover sheet* das Deckblatt,¨-er *6B*

cow die Kuh,¨-e

craft: to do crafts basteln; *craft technique* die Handwerkstechnik,-en *10A*

to **create** schaffen *1B*

credit card die Kreditkarte,-n

creek der Bach,¨-e

crime das Verbrechen,- *7A*

cross das Kreuz,-e

to **cross** überqueren

cultural: cultural capital die Kulturhauptstadt,¨-e *7A*; *cultural city* die Kulturstadt,¨-e *2A*; *cultural history* die Kulturgeschichte,-n *10B*; *cultural offering* das Kulturangebot,-e *1A*

culture die Kultur,-en

cup die Tasse,-n

cupboard der Schrank,¨-e

curfew die Sperrstunde,-n *7A*

current die Strömung,-en

curry sausage die Currywurst,¨-e *8A*

curse der Fluch,¨-e *7A*

curtain die Gardine,-n

customer review die Kundenrezension,-en *3B*

customs clearance der Zoll *9B*

to **cut** schneiden

Czech Republic die Tschechische Republik

D

dad der Vati,-s

dairy product das Milchprodukt,-e *8A*

dance der Tanz,⸚e; *dance studio* das Tanzstudio,-s; *dance lesson* die Tanzstunde, -n
to **dance** tanzen
danger die Gefahr,-en
dangerous gefährlich *3A*
Danish dänisch *6B*
dark dunkel
dashboard das Armaturenbrett,-er *4B*
data die Daten (*pl.*)
daughter die Tochter,⸚
day der Tag,-e
to **deal with** umgehen mit
debate die Debatte,-n *10A*
to **deceive** täuschen
December der Dezember
to **decide** sich entscheiden; sich entschließen *2A*
decision die Entscheidung,-en; *to make a decision* eine Entscheidung treffen
to **declare** erklären *9A*
decline der Abstieg,-e
to **decline** zurückgehen *3A*
deed die Tat,-en *1B*
defective defekt *7A*
definitely bestimmt
degree der Grad,-e
delicious lecker
demanding anspruchsvoll *7A*
to **demonstrate** vorführen *10A*
Denmark Dänemark
dental lab das Dentallabor,-e *4B*
dental technician der Zahntechniker,- *4B*
dental brace die Zahnspange,-n
dentist der Zahnarzt,⸚e
to **depart** abfahren
department die Abteilung,-en; *department store* das Kaufhaus,⸚er
departure die Abfahrt,-en; (*flight*) der Abflug,⸚e; *day of departure* der Abreisetag,-e *1B*; *departure table* die Abfahrtstafel,-n *1B*
dependable verlässlich *10B*
depending on je nach *7B*
to **depend on** abhängen von; *to depend on your taste* auf deinen Geschmack ankommen
to **describe** beschreiben; *described* beschrieben
description die Beschreibung,-en
desert die Wüste,-n *9A*
to **design** entwerfen; *to design the hall of mirrors* den Spiegelsaal entwerfen
desk der Schreibtisch,-e
desperate verzweifelt *3B*
dessert der Nachtisch,-e
destination das Ziel,-e
to **destroy** zerstören
detail die Einzelheit,-en
detective story der Krimi,-s
to **determine** feststellen *8A*
to **develop** entwickeln *1B*
dictionary das Wörterbuch,⸚er
die der Würfel,- *4A*
to **die** sterben
diet die Diät,-en *8A*
difference der Unterschied,-e
different verschieden; unterschiedlich *4A*
difficult schwer
to **dig** graben *8B*
digital digital; *digital camera* die Digitalkamera,-s
to **digitize** digitalisieren *10B*
dining car der Speisewagen,- *1B*
dinner das Abendessen
direct(ly) direkt
direction of travel die Fahrtrichtung,-en *7B*
disadvantaged person der Benachteiligte,-n *3A*
disagreement: to have a disagreement krachen *7A*
disco die Disko,-s
to **discuss** diskutieren *2A*; besprechen *10B*
dishes das Geschirr
dishwasher der Geschirrspüler,-
to **displace** ablösen
disrespectful respektlos *5A*
to **disturb** stören
to **divide** teilen *2A*
division die Teilung,-en *10B*
divorced geschieden *6A*
dizzy schwindlig; *I'm dizzy.* Mir ist schwindlig.
to **do** machen, tun; *What are you doing?* Was machst du?; *to do (crafts)* basteln; *to do gymnastics* turnen; *to do strength training* Krafttraining machen; *to do the accounting* die Bücher machen *4B*
doctor der Arzt,⸚e; der Doktor,-en; *doctor's office* die Praxis,-xen *6A*
document das Dokument,-e *7B*; *official document* die Urkunde,-n *3A*; *official government document to seize ships* der Kaperbrief,-e *6B*
to **document** dokumentieren
documentary der Dokumentarfilm,-e
dog der Hund,-e; *dog's life* das Hundeleben
to **dominate** dominieren *1A*
donation die Spende,-n *5B*
door die Tür,-en
dose die Dosis,-sen *8B*
to **download** herunterladen *3B*
downstairs unten
downtown die Stadtmitte; die Innenstadt
drama das Drama,-men *2B*
drapery die Gardine,-n
to **draw** zeichnen
dream der Traum⸚e; *dream job* der Traumberuf,-e
dress code die Kleiderordnung,-en *6B*
dress das Kleid,-er
to **drink** trinken
to **drive** fahren; *to drive back* zurückfahren; *to drive to the country* aufs Land fahren; *to drive around* herumfahren; *to drive/travel there* hinfahren; *to drive through* durchfahren
driver der Fahrer,-
driver's license der Führerschein,-e
drop-in center die Anlaufstelle,-n *10A*
drum die Walze,-n *7B*
drummer der Schlagzeuger,-
drums das Schlagzeug
dry trocken

duck die Ente,-n
dumb doof *10B*
dumpling der Knödel,-
duration die Dauer *2B*
during während
dynastic tower der Geschlechterturm,-̈e *3A*

E

e-mail die E-Mail,-s; *to send an e-mail* eine E-Mail schicken
each jeder
ear das Ohr,-en
early früh
to **earn** verdienen *3B*
earring der Ohrring,-e
east (of) östlich (von) *1A*
east der Osten
Easter Ostern; *Easter egg* das Osterei,-er; *Frohe Ostern!* Happy Easter!
easy leicht
to **eat** essen; (*animal*) fressen; sich ernähren *8A*
eating habit die Essgewohnheit,-en *8A*
economic wirtschaftlich
economy die Wirtschaft,-en
ecosystem das Ökosystem,-e *8B*
to **edit** bearbeiten
education die Bildung,-en *2A*
effect die Wirkung,-en *2A*
effective wirksam *8B*
egg das Ei,-er *8A*
eight acht
eighteen achtzehn
eighty achtzig
elbow protection der Ellenbogenschutz *8B*
election die Wahl,-en *10A*; *election ballot* der Wahlzettel,- *10A*; *election of student representative* die Schulsprecherwahl,-en *10A*; *election poster* das Wahlplakat,-e *10A*; *election victory* der Wahlsieg,-e *10A*
electrician der Elektriker,-
electric appliance das Elektrogerät,-e
electronic elektronisch
elevator der Fahrstuhl,-̈e; der Lift,-e *8A*
eleven elf
to **emerge** entstehen *7B*
emergency medical aide der Rettungshelfer,- *3B*
emergency phone number die Notfallnummer,-n
to **emigrate** auswandern *1A*
emperor der Kaiser,- *1B*
empire das Imperium,-rien *4B*
employee (*female*) die Angestellte,-n
employer der Arbeitgeber,- *6B*
end das Ende,-n
endurance training das Ausdauertraining
to **end (up)** enden
enemy der Feind,-e *4A*; feindlich *6B*
engagement das Engagement,-s *10B*
engine der Motor,-en
engineer der Ingenieur,-e
England England
English (*subject*) das Englisch; *He speaks English.* Er spricht englisch.
to **enjoy** genießen; *Let's enjoy…!* Lass uns…genießen!
enough genug
enthusiastic begeistert *9A*
entire gesamt *1B*
entrance die Einfahrt,-en; der Eingang,-̈e
entrepreneur der Unternehmer,-
envelope der Briefumschlag,-̈e
environment die Umwelt
Equator der Äquator *1A*
equipment die Ausrüstung,-en
eReader der E-Book-Reader,-s
especially besonders
essay der Aufsatz,-̈e
to **establish** gründen
Euro der Euro,-s
Europe Europa
evaluation die Bewertung,-en *3B*
even sogar
evening der Abend,-e; *this evening* heute Abend; *in the evening* am Abend
event das Ereignis,-se
every jeder
everyday life der Alltag *3B*
everything alles
everywhere überall
evidence das Beweisstück,-e *6A*
exact(ly) genau
exam die Prüfung,-en
to **examine** untersuchen
example das Beispiel,-e; *as for example* wie zum Beispiel
except außer
exception die Ausnahme,-n
to **exchange** austauschen; umtauschen *9A*
exchange der Austausch,-̈e *2A*
exciting aufregend
excursion der Ausflug,-̈e
Excuse me! Entschuldigen Sie!
to **execute** hinrichten *6B*
executioner der Henker,- *6B*
executive branch die Exekutive *9B*
exercise die Übung,-en; *physical exercise* die Leibesübung,-en
to **exercise** ausüben *9B*; trainieren
exhibit das Exponat,-e *7A*
to **exist** bestehen *6A*; existieren *8A*
to **expand** erweitern *5A*
to **expect** erwarten
expedition die Expedition,-en *5B*
expensive teuer
experience das Erlebnis; die Erfahrung,-en *10B*
experienced erfahren
to **experiment** experimentieren *2B*
expert der Experte,-n
to **export** exportieren *1A*; *export article* die Exportware,-n *6A*; *export firm* die Exportfirma,-men *1A*
Expressionist expressionistisch *2A*
extensive umfangreich
extra extra
eye das Auge,-n

F

face das Gesicht,-er *2A*; *face mask* die Schutzmaske,-n *8B*
factory der Betrieb,-e *10A*
facts die Daten (*pl.*)
failed attempt der Fehlversuch,-e *5B*
fairy tale das Märchen,- *10B*
fall der Herbst,-e
family die Familie,-n; *family business* das Familiengeschäft,-e *1A*; das Familienunternehmen,- *4B*; *family life* das Familienleben *3A*; *family movie* der Familienfilm,-e *2B*
famine die Hungersnot,¨-e *6A*
famous berühmt *1A*
fan der Fan,-s
Fanta (*brand name of soda, orange-flavored*) die Fanta
fantastic fantastisch
fantasy die Fantasy
far weit
farm der Bauernhof,¨-e
fashion die Mode,-
fashionable modisch
fast schnell
to **fasten** sich festmachen
fat das Fett,-e *8A*; *low in fat* fettarm *8A*; *rich in fat* fettreich *8A*
father der Vater,¨-
favorable günstig
favorite subject das Lieblingsfach,¨-er; *favorite station* der Lieblingssender,- *favorite team* die Lieblingsmannschaft,-en
fax das Fax,-e
fear die Angst
feast das Festessen,-
February der Februar
Federal League die Bundesliga
federation die Förderation,-en *1A*
to **feed** füttern
to **feel** fühlen; *to feel well* sich wohl fühlen
ferris wheel das Riesenrad
festival das Fest,-e; *public festival* das Volksfest,-e
festival day der Festtag,-e *1A*
to **fetch** holen
fever das Fieber
few: a few ein paar; manche
fifteen fünfzehn
fifty fünfzig
fight of fishermen on boats das Fischerstechen
to **fill out** ausfüllen; *to fill out the fields* die Felder ausfüllen; *to fill out forms* Formulare ausfüllen; *to fill up* voll tanken
film der Film,-e; *action film* der Actionfilm,-e; *experimental film* der Experimentalfilm,-e *2B*; *feature-length film* der Spielfilm,-e *2B*; *film director* der Regisseur,-e *2A*; (*female*) die Filmregisseurin,-nen *2B*; *film history* die Filmgeschichte,-n *10B*; *filmmaker* der Filmemacher,- *2B*; *film producer* (*female*) die Filmproduzentin,-nen *2B*; *film production* die Kinoproduktion,-en *2B*; *feature-length film* der Langspielfilm,-e *2B*; *final film project for graduation* der Abschlussfilm,-e *2B*; *large-scale film studio* das Großatelier-Filmstudio *2A*; *music film* der Musikfilm,-e *2B*; *opening film* der Eröffnungsfilm,-e *2B*; *short film* der Kurzfilm,-e *2B*; *short film contest* der Kurzfilmwettbewerb,-e *2B*; *youth film* der Jugendfilm,-e *2B*; *up-and-coming film director* der Nachwuchsregisseur,-e *2B*
to **film** filmen *2A*
finally enlich; zuletzt; endgültig *9A*
to **find** finden
to **find out** herausfinden *8A*
finding der Fund,-e *8A*
finger der Finger,-
to **finish** erledigen; *finish line* das Ziel,-e
Finland Finnland
fire das Feuer; *fire department* die Feuerwehr
firm die Firma,-en
first zuerst, erst-, erst einmal
first-aid kit die Erste Hilfe *5B*
fish der Fisch,-e; *fish fillet* das Fischfilet; *fish sandwich* die Fischsemmel,-n
fit fit *8A*
to **fit** passen; sich anpassen
five fünf
flag die Fahne,-n
flat flach; platt
flight der Flug,¨-e; *flight attendant* der Flugbegleiter,-; *flight passenger* der Fluggast,¨-e; *flight ticket* der Flugschein,-e
float der Festwagen,-
floor der Stock, Stockwerke
flour das Mehl
flow die Strömung,-en
to **flow** fließen
flower die Blume,-n; *flower island* die Blumeninsel
fluently fließend *9B*
flute die Flöte,-n
to **fly** fliegen
to **focus** richten
fog der Nebel,- *8A*
folk medicine die Volksmedizin,- *8B*
to **follow** folgen; verfolgen
follower der Anhänger,- *8B*
food das Essen,-; *food server* Kellner,-
food: *food customs* die Esskultur,-en *3A*; *food group* die Nahrungsmittelgruppe,-n *8A*
for für; *for you* für dich
to **forbid** verbieten; *forbidden* verboten
to **force** zwingen *9B*
forehead die Stirn,-en
foreign fremd; *foreign country* das Ausland; *foreign language* die Fremdsprache,-n; *foreign (radio) station* der Auslandssender,-
foreigner der Ausländer,-

forest der Wald,¨er *9A*
forever ewig
forget vergessen *8B*
fork die Gabel,-n
form das Formular,-e; *to fill out forms* Formulare ausfüllen
form of address die Anredeform,-en *5A*
form of expression die Ausdrucksform,-en *10A*
fort das Kastell,-e *3A*
fortification die Befestigungsanlage,-n *4A*
fortified cloister das Burgkloster,¨ *6A*
forty vierzig
forum das Forum, Foren; *online Forum* online forum
forward vorwärts *4B*
to **foul** foulen
foundation das Fundament,-e *5A*
fountain der Brunnen,- *2A*
four vier
four-country region die Vierländerregion,-en *4A*
fourteen vierzehn
franc der Franken
France Frankreich
free frei
freeway (*German*) die Autobahn,-en
French (*subject*) das Französisch; *He speaks French.* Er spricht französisch.; *french fries* die Pommes frites (*pl.*)
frequent häufig
fresh frisch
Friday der Freitag,-e
friendship die Freundschaft,-en *1A*
Frisian der Friese,-n *6B*
from aus, von
front: in front of vor
front seat der Vordersitz,-e
fruit(s) das Obst; *kind of fruit(s)* die Obstsorte,-n
fuel gauge die Benzinuhr,-en *4B*
fun der Spaß; *It's fun.* Es macht Spaß.
to **function** funktionieren
funny komisch
to **further** fördern
future die Zukunft,¨e

G

to **gallop** galoppieren
game das Spiel,-e; *game board* der Spielplan,¨e *4A*; *game culture* die Spielkultur,-en *4A*; *game developer* der Spieleentwickler,- *4B*; *game instructions* die Spielanleitung,-en *4A*; *game manufacturer* der Spielehersteller,- *4A*; *game mile* die Spielemeile,-n *4A*; *game rule* die Spielregel,-n *4A*; *parlor game* das Gesellschaftsspiel,-e *4A*; *typical game piece* der Stein,-e *4A*
gaming (electronic) das Gamen *3B*
garage die Garage,-n; *garage door* das Garagentor,-e *4A*
garden der Garten,¨
gasoline das Benzin
gas station die Tankstelle,-n
gateway to the citadel das Burgtor,-e *6A*
gate das Tor,-e; (*airport*) der Flugsteig,-e
gear der Gang,¨e *4B*; *gear indicator* der Ganganzeiger,- *4B*
general allgemein
generation die Generation,-en *7A*
genius das Genie,-s; *genius at languages* das Sprachgenie,-s *9B*
genre das Genre,-s *2B*
gentleman der Herr,-en
geographical geografisch *1B*
geography die Erdkunde
German deutsch; *German* (*subject*) Deutsch; *He speaks German.* Er spricht deutsch.; *German* (*person*) der Deutsche,-n; *German class* die Deutschklasse,-n
Germany Deutschland
German language skills die Deutschkenntnisse (*pl.*) *1A*
to **get** bekommen; holen; kriegen *4A*; *to get along* auskommen; *to get dressed* sich anziehen; *to get in* einsteigen; *to get off* aussteigen; *to get out* herauskommen; *to get over* überstehen; *to get ready for* sich vorbereiten auf; *to get rid of* loswerden; abschaffen *10A*; *to get through* durchkommen; *to get to work on* sich vornehmen *3B* *to get together* zusammenkommen; *to get up* aufstehen
gift das Geschenk,-e
gingerbread der Lebkuchen,-
girl das Mädchen,-
girlfriend die Freundin,-nen
to **give** geben; *to give* (*a gift*) schenken; *to give a jingle* durchklingeln *7A*; *to give some information about* über etwas Auskunft geben
glacial area das Gletschergebiet,-e *5A*
glad froh; *gladly* gern
glass das Glas,¨er
glasses die Brille,-n
glove der Handschuh,-e; *glove compartment* das Handschuhfach,¨er *4B*
to **glue** kleben
glum niedergeschlagen *7A*
to **go** gehen; *to go* (*by vehicle*) fahren; *Let's go!* Gehen wir!; Also los!; *to go back* zurückfahren; *to go downstairs* runtergehen; *to go inside* hineingehen; *to go past* vorbeigehen; *to go there* hingehen; *to go upstairs* raufgehen *There is a lot going on.* Da ist viel los.; *Well then, let's go!* Na, dann mal los!; *Where are you going?* Wohin geht's denn?
goal das Tor,-e; das Ziel,-e
goalkeeper der Torwart,¨er

goat die Ziege,-n
God Gott *3A*
good gut
goods die Ware,-n (*pl.*)
goose die Gans,¨-e
to **govern** regieren *3A*
government die Regierung,-en *9B*
grade die Note,-n
grain das Getreide,- *8A*
grandchild der Enkel,- *9A*
grandfather der Großvater,¨-
grandma die Oma,-s
grandmother die Großmutter,¨-
grandpa der Opa,-s
grandparents die Großeltern (*pl.*)
grapes (*bunch of*) die Weintraube,-n
graphic designer der Grafiker,-
gray grau
great toll, super; *Great!* Klasse!
great-aunt die Großtante,-n *10B*
great-grandfather der Urgroßvater,¨- *10B*
great-grandmother die Urgroßmutter,¨- *10B*
great-uncle der Großonkel,- *10B*
green grün
Green Party die Grüne Partei *10B*
to **greet** begrüßen
greeting der Gruß,¨-e; *greeting card* die Grußkarte,-n; *kindest regards* herzliche Grüße
groceries die Lebensmittel (*pl.*)
grocery store das Lebensmittelgeschäft,-e
ground floor das Erdgeschoss,-e
grounded: being grounded der Stubenarrest,-e *7A*
grounds das Gelände,- *2A*
groundwork die Basis,-sen *1B*
to **grow** wachsen; *to grow up* aufwachsen *2B*
to **guess** raten
guest der Gast,¨-e
guitar die Gitarre,-n
gym das Fitnessstudio

H

hair das Haar,-e
hairstylist der Friseur,-e, die Friseuse,-s
half halb; die Hälfte,-n
halftime die Halbzeit,-en
hallmark das Wahrzeichen,- *5A*
hamburger der Hamburger,-
hand die Hand,¨-e; *to shake hands* sich die Hand geben
to **hand over** übergeben *1B*
handicap accessible barrierefrei *5A*
handicapped person der Behinderte,-n *3B*
to **handle** umgehen mit
to **hang around** rumhängen *3B*
to **hang on to** festhalten an *3A*
hang-glider der Drachenflieger,- *8A*
Hanseatic city die Hansestadt,¨-e *1A*; *Hanseatic League* die Hanse *1B*
to **happen** passieren
happy froh, glücklich; *Happy New Year!* Ein glückliches Neues Jahr!
harbor der Hafen,¨- *2A*
hard schwer
hard-working fleißig *3A*
to **harm** schaden *4A*
harsh rau *9A*
to **have** haben; *to have to* müssen; *to have on* anhaben
hazard lights switch die Warnblinkanlage,-n *4B*
he er
to **head** (*ball*) köpfen
head der Kopf,¨-e
headache die Kopfschmerzen (*pl.*)
headlight der Scheinwerfer,-
headquarter der Hauptsitz,-e *2A*; *headquarters* das Hauptquartier,-e *6B*
to **heal** heilen *8B*
healing die Heilung,-en *8B*; *method of healing* die Heilmethode,-n *8B*
health die Gesundheit *8A*
healthy gesund
to **hear** hören
heart das Herz,-en *1A*
heavy dick *8A*; schwer
height die Höhe,-n *5A*
helicopter der Hubschrauber,- *3B*
Hello! Hallo!, Grüß dich!, Guten Tag!
helmet der Helm-e
help die Hilfe,-n *6B*
to **help** helfen; *May I help you?* Bitte schön?; *to help oneself* sich bedienen
hemisphere die Hemisphäre,-n *1A*
her ihr
here hier; hierher; *Here you are.* Bitte sehr.
heritage das Erbe,-n *10A*
Hi! Hallo!, Grüß dich!
high hoch
highest höchst-
highland moor das Hochmoor,-en *9A*
to **hike** wandern
hiking: *hiking area* die Wandergegend,-e *5B*; *hiking boot* der Wanderschuh,-e *5B*; *hiking map* die Wanderkarte,-n *5B*; *hiking stick* der Wanderstock,¨-e *5B*; *hiking trail* der Wanderweg,-e *5B*
his sein
historical historisch *2A*; *historical drama* das Historiendrama,-men *2B*
history die Geschichte; *contemporary history* die Zeitgeschichte,-n *10B*; *history book* das Geschichtsbuch,¨-er; *history of literature* die Literaturgeschichte,-n *10B*; *history of the (Berlin) Wall* die Mauergeschichte *10B*
hit (*song*) der Hit,-s
to **hit** (*with a vehicle*) anfahren *3B*
hobby das Hobby,-s
holiday der Feiertag,-e
Holland Holland
home: at home zu Hause; *to go home* nach Hause gehen

home country das Heimatland,¨-er *1A*
homeland die Heimat,-en *6A*
homemaker (*female*) die Hausfrau,-en
homework die Hausaufgabe,-n; *to do homework* Hausaufgaben machen
honest ehrlich
hope die Hoffnung,-en *2B*
to **hope** hoffen
hopefully hoffentlich
horn die Hupe,-n *4B*
horror: horror comedy die Horrorkomödie,-n *2B*; *horror film* der Horrorfilm,-e; *horror story* die Gruselgeschichte,-n *9A*; *horror thriller* die Horrorthriller,-n *2B*
horse das Pferd,-e
hospital das Krankenhaus,¨-er
hot heiß
hotel das Hotel,-s
hot chocolate der Kakao,
hot dog das Würstchen,-
hour die Stunde,-n
house das Haus,¨-er; *house number* die Hausnummer,-n
how wie; *how about* wie wär's; *How are you?* Wie geht's?; *how much* wie viel; *how many* wie viele; *How would it be…?* Wie wäre es…? *2A*
however allerdings
human right das Menschenrecht,-e *9A*
humanity die Menschheit *2A*
humid feucht *9A*
humor der Humor
hundred hundert
hunger der Hunger; *to be hungry* Hunger haben
to **hurry** schnell machen; sich beeilen
to **hurt** wehtun; *Does it hurt?* Tut es dir weh?
hybrid form die Mischform,-en *5A*

I

I ich
ice cream das Eis; *favorite ice cream* das Lieblingseis; *ice cream parlor* das Eiscafé,-s,
ice hockey das Eishockey
to **ice skate** Schlittschuh laufen
idea die Idee,-n
to **identify** identifizieren to *7A*
identity die Identität,-en *10A*; *identity card as member of the hiking club* der AV-Ausweis,-e (Alpenverein) *5B*; *identity check* die Personenkontrolle,-n *9B*
idyllic idyllisch *2A*
if ob
ill krank
illness die Krankheit,-en *8A*
to **imagine** sich vorstellen
immediately gleich
immigrant der Einwanderer,-; *immigrant family* die Einwandererfamilie,-n *2B*
immigration die Einwanderung
impolite unhöflich *5A*
to **import** importieren
important wichtig
impossible unmöglich *5A*
impression der Eindruck,¨-e *6B*
to **improve** verbessern
in in; *in the meantime* unterdessen; *in the north* im Norden
in-line skating das Inline Skating *8B*
independence die Unabhängigkeit
independent selbstständig *9B*
to **indicate** angeben
indicator light die Kontrollleuchte,-n *4B*
individual einzeln
influence der Einfluss,¨-e
to **influence** beeinflussen *1B*
to **inform oneself** sich informieren *3B*
information die Auskunft,¨-e; die Information,-en; *source of information* die Informationsquelle,-n; *information board* die Infotafel,-n *1B*
inhabitant der Einwohner,-
initiative die Initiative,-n
to **injure oneself** sich verletzen
injury die Verletzung,-en *8B*
in-line skating das Inline Skating *8B*
inside drinnen
to **install** installieren
institution die Institution,-en *9A*
instruction die Anweisung,-en
instrument cluster das Kombiinstrument,-e *4B*
intangible immateriell *10A*
intelligent klug
to **intend** (*to do*) vorhaben
interest das Interesse,-n *10B*
interesting interessant
international trade der Welthandel *6A*
Internet das Internet; *Internet user* der Internetnutzer,-; *Internet page, website* die Internetseite,-n
internship das Praktikum,-ka *7B*
interpersonal zwischenmenschlich *10B*; *the interpersonal* das Zwischenmenschliche *10B*
interruption die Unterbrechung,-en
to **interview** (*for a job*) sich vorstellen
interviewer der Interviewer,- *3A*
to **introduce oneself** sich vorstellen
inventive erfinderisch *6A*
inventor der Erfinder,- *7B*
invitation die Einladung,-en
to **invite** einladen
involved in verwickelt in
Irish setter der Irische Setter,-
to **iron** bügeln
iron (*metal*) das Eisen *8A*
island die Insel,-n
it es
Italian italienisch; *He speaks Italian.* Er spricht italienisch.; *Italian dessert* das Tiramisu
Italy Italien
item die Sache,-n
its sein

J

jacket die Jacke,-n
jam die Marmelade,-n
January der Januar
jeans die Jeans (*pl.*)
jewelry der Schmuck
Jewish jüdisch *3A*
Job: *job interview* das Bewerbungsgespräch,-e *6B*; das Vorstellungsgespräch,-e *6B*; *job market* der Arbeitsmarkt,¨-e *3A*; *job opening* das Stellenangebot,-e *6B*
jogging: to go jogging joggen gehen
to **join** beitreten
joke der Witz,-e
journey die Wanderschaft,-en *10A*
jug der Krug
July der Juli
to **jump around** herumspringen *4A*
June der Juni
junior der Jüngere,-n *5A*
jury die Jury,-s *3B*
just gerade
justice die Gerechtigkeit

K

kayak das Kajak,-s
to **keep** behalten *6B*; *to keep busy* auf Trab halten *6A; to keep fingers crossed* die Daumen drücken *6B*
ketchup der Ketschup
key der Schlüssel,-
keyboard das Keyboard,-s
kilo das Kilo,-s
kilometer der Kilometer,-
king der König,-e
kiosk der Kiosk,-e *7B*
kitchen die Küche,-n; *kitchen cupboard* der Küchenschrank,¨-e; *kitchen table* der Küchentisch,-e; *kitchen sink* das Spülbecken,-
knife das Messer,-
to **knit** stricken
knot der Knoten,-
to **know** (*person, place*) kennen; *to get to know* kennen lernen; *to know* (*fact*) wissen
knowledge das Wissen
Kurdish kurdisch *2B*

L

label das Etikett,-en
lady die Dame,-n
laid-back locker *7A*
lake der See,-n
lamp die Lampe,-n
to **land** landen
landing die Landung,-en *9B*; *landing strip* die Landebahn,-en *9B*
landscape die Landschaft,-en *9A*
language die Sprache,-n; *language area* der Sprachraum,¨-e *5A*; *language skill* die Sprachkenntnis,-se *9B*
laptop der Laptop,-s
large groß
lasagna die Lasagne
to **last** dauern
last letzt-
late spät; *late Middle Ages* das Spätmittelalter *4A*; *See you later!* Bis später!
Latin lateinisch *8B*
laundry die Wäsche
law das Gesetz,-e *3A*; *law studies* das Jurastudium,-ien *9A*
lawn der Rasen,-
lawyer der Rechtsanwalt,¨-e
to **lay siege** belagern *6B*
LCD projector der LCD-Projektor,-en
to **lead** führen
league die Liga
to **learn** lernen
learning (educational) platform die Lernplattform,-en
least: at least mindestens
leather das Leder,-
to **leave** verlassen; abfahren; lassen; *to leave* (*a vehicle*) abstellen
lecture der Vortrag,¨-e *8B*
lecturer (*female*) die Dozentin,-nen *2B*
left links; *on the left side* auf der linken Seite
leg das Bein,-e
legal state der Status *1A*
legend die Legende,-n *6A*
leisure time die Freizeit
lemonade die Limo,-s
lemon ice cream das Zitroneneis
Lent (*religious season*) die Fastenzeit *7A*
lesson der Unterricht,-e
to **let** lassen; *to let go* loslassen *4B*
letter der Brief,-e; (*of the alphabet*) der Buchstabe,-n *7B*; *oversized letter* (*envelope*) der Maxibrief,-e
to **liberate** befreien *1B*
license plate das Nummernschild,-er
to **lie** liegen
Liechtenstein Liechtenstein
life das Leben; *life jacket* die Schwimmweste,-n
to **lift** heben
light hell
to **like** gern haben; gefallen; *How do you like…?* Wie gefällt dir…?; mögen; *Would you like to…?* Hast du Lust…?
like-minded person der Gleichgesinnte,-n *10A*
line die Linie,-n
linen cloth der Leinenstoff,-e *4A*
link der Link,-s
lip die Lippe,-n
list die Liste,-n; die Auflistung,-en *6B*
listener der Hörer,-
to **listen to** hören
literature die Literatur,-en *1A*
little klein; wenig; *a little* etwas
to **live** leben *1A*; wohnen
living lebendig *10A*
living room das Wohnzimmer,-
local: local election die Kommunalwahl,-en *10A*; *local pastor* der Gemeindepfarrer,- *5B*

location die Lage,-n *5A*
locomotive
die Lokomotive,-n *1B*
to **log in** einloggen
lonely einsam
long lang(e); *long time* lang(e); *longest* längst-
to **look** aussehen; *It looks good on you.* Das steht dir gut.; *to look after* sich kümmern um; *to look at* sich ansehen; *to look for* suchen; *to look forward to* sich freuen auf; *to look into* hereinsehen
loot die Beute,-n *6B*
to **lose** verlieren
loser der Verlierer,- *4A*
love: love of life
die Lebensfreude *7A*; *love story* der Liebesfilm,-e; die Liebesgeschichte,-n *9A*
to **love each other** sich lieben *10B*
to **lower** hinunterlassen
Lübecker by choice der Wahl-Lübecker,- *6A*
luck das Glück; *to be lucky* Glück haben
luggage das Gepäck
lunch das Mittagessen
Luxembourg Luxemburg

M

made-for-TV movie
das Fernsehspiel,-e *2B*
magazine die Zeitschrift,-en
magnificent prächtig; prachtvoll *2A*
mail die Post
mailbox der Briefkasten,¨
to **maintain** unterhalten *5B*
majority die Mehrheit,-en
to **make** machen; *to make a difference* ausmachen; *to make a film* einen Film drehen *2A*; *to make music* Musik machen; *We made it.* Das haben wir geschafft; *to make sure* sich überzeugen; *to make up one's mind* sich entschließen
man der Mann,¨er
manager der Leiter,-
to **manage (it)** schaffen
manner die Manier,-en *5A*; die Weise; *in this manner* auf diese Weise
manufacturer
der Hersteller,- *4A*
manufacturing
die Herstellung,-en *4B*
manuscript
die Handschrift,-en *10B*; das Manuskript,-e *1B*
many viele
map die Landkarte,-n; *map of Europe* die Europakarte,-n *9A*
marble staircase
die Marmortreppe
March der März
marker der Stift,-e
market der Markt,¨e
marketing der Vertrieb,-e *4*; *marketing analyst* der Marktanalytiker,-; *marketing researcher* der Marktforscher,-
marmelade die Marmelade,-n
to **marry** heiraten *6A*
martial arts der Kampfsport; *to practice martial arts* Kampfsport treiben
mass in B minor die h-Moll Messe *10B*
master der Herr,-en *1B*; *master craftsman* der Meister,- *10A*
to **master** meistern *3B*
match das Streichholz,¨er
material der Stoff,-e *8B*
materials die Materialien (*pl.*) *10A*
mathematics (math)
die Mathematik (Mathe); *math class* die Mathestunde; die Matheklasse
matter: That doesn't matter.
Das macht nichts.
May der Mai
may dürfen
mayor der Bürgermeister,-
meadow die Wiese,-n *9A*
meal das Essen,- die Mahlzeit,-en; die Speise,-n
to **mean** meinen; bedeuten; *it means a lot to me* es bedeutet mir viel
meaning die Bedeutung,-en *1B*
means of transportation
das Verkehrsmittel,-
meat das Fleisch
mechanic der Mechaniker,-
medal of distinction
das Ehrenzeichen,- *5B*
media die Medien (*pl.*); *media behavior* das Medienverhalten; *media economics* die Medienwirtschaft *2B*; *media science* die Medienwissenschaft,-en
medical medizinisch *8B; medical quackery* die Quacksalberei *8B*; *medical science* die Heilkunde,-n *8B*; *medically-induced coma* das künstliche Koma,-s *3B*
medicinal plant
die Heilpflanze,-n *8B*
medicine die Medizin
medieval mittelalterlich *1B*
Mediterranean Sea
das Mittelmeer *6A*
medium das Medium,-ien
medium length mittellang *2B*
to **meet** treffen; *Let's meet!* Treffen wir uns!
meeting place
der Treffpunkt,-e *6A*
member das Mitglied,-er
membership
die Mitgliedschaft,-en *9B*; *member country* der Mitgliedsstaat,-en *9B*; *membership card* die Mitgliedskarte,-n
memory das Gedächtnis *10B*
menu die Speisekarte,-n
merchants die Kaufleute (*pl.*) *1A*
meter der Meter,-; *meter run* der Meterlauf
metropolis die Großstadt,¨e
Mexico Mexiko *1A*
microphone das Mikrofon,-e
microwave oven
der Mikrowellenherd,-e
middle die Mitte
Middle Ages das Mittelalter
Middle Eastern orientalisch *10B*

midnight die Mitternacht,¨-e *7A*
might die Macht,¨-e *1B*
mild mild *9A*
milestone der Meilenstein,-e *10B*
milk die Milch
million die Million,-en
mine das Bergwerk,-e *8A*
miner der Bergmann,¨-er *8B*
mineral water das Mineralwasser
minivan der Minivan,-s
minus minus
minute die Minute,-n
mirror der Spiegel,-
to **mislead** täuschen
to **miss** verpassen
mobile device das Mobilgerät,-e
model das Vorbild,-er
modern modern; modern times die Neuzeit *1B*
to **modernize** modernisieren *7B*
mom die Mutti,-s
moment der Moment,-e; *Just a moment!* Moment mal!
Monday der Montag,-e
money das Geld
monk der Mönch,-e *7B*
month der Monat,-e
monument das Denkmal,¨-er *2A*
moped das Moped,-s
more mehr; *there are no more tickets available* es gibt keine Karten mehr; *more than* mehr als
morning der Morgen,-; *this morning* heute Morgen
most meist-; *most of them* die meisten; *most sold* meistverkauft *4B*; *mostly* meistens
mother die Mutter,¨-; *Mother's Day* der Muttertag
motor der Motor,-en
motorcycle das Motorrad,¨-er; *motorcycle freak* der Motorradfreak,-s
motorized bicycle das Mofa,-s
motor scooter der Motorroller,-
motto das Leitwort,-e *5B*
mountain der Berg,-e; *area around a mountain range* die Berggegend,-en *5B*; *area around the Himalayan mountains* das Himalajagebiet,-e *5B*; *low mountain range* das Mittelgebirge,- *8A*; *mountain cabin* die Berghütte,-n *5A*; *mountain climber* der Bergsteiger,- *5A*; *mountain climbing* das Bergsteigen *5B*; *mountain peak* der Gipfel,- *9A*; *mountain peak over 8000 meters* der Achttausendergipfel,- *5B*; *mountain range* das Gebirge,- *9A*; *mountain tour* die Bergtour,-en *5B*
mouse die Maus¨-e
mouth der Mund,¨-er
to **move** ziehen; *to move a piece* einen Zug machen *4A*; *to move up* aufsteigen *7A*
movement die Bewegung,-en
movie der Film,-e; *kids movie* der Kinderfilm,-e *2B*; *movie company* das Filmstudio,-s *2B*; *movie length* die Filmlänge,-n *2A*; *movie theater* das Kino,-s; *movie times* das Programm,-e *2B*; *silent movie* der Stummfilm,-e *10B*
to **mow** mähen; *to mow the lawn* den Rasen mähen
MP3 player der MP3 Player,-
Mr. der Herr,-en
Mrs./Ms. die Frau,-en
much viel
mud spa das Moorheilbad,¨-er *8A*
multi-lateral zwischenstaatlich
multi-year mehrjährig *10A*
multimedia das Multimedia,-ien
municipal area das Stadtgebiet,-e *3A*
muscle der Muskel,-n
museum das Museum,-seen
mushroom der Champignon,-s
music die Musik; *music festival* das Musikfest,-e; *music store* das Musikgeschäft,-e
musical musikalisch; *musical composition* die Musikkomposition,-en *10B*; *musical history* die Musikgeschichte,-n *10B*; *musical instrument* das Musikinstrument,-e
musician der Musiker,- (*male*), die Musikerin,-nen (*female*)
music producer der Musikproduzent,-en *7A*
must müssen
mustard der Senf
my mein

N

to **nail** nageln *6B*
name der Name,-n; *What's your name?* Wie heißt du?, Wie heißen Sie?; *first name* der Vorname,-n; *last name* der Nachname,-n
to **name** nennen
napkin die Serviette,-n
narrow gauge railroad die Schmalspurbahn,-en *8A*
national flag die Nationalfahne,-n
national sport der Nationalsport
native language die Muttersprache,-n *9B*
natural(ly) natürlich
natural healing die Naturheilkunde *8B*
nature die Natur; *nature lover* der Naturfreund,-e; *nature lover* der Naturliebhaber,- *8A*; nature park area die Naturparkregion,-en *5A*
navigational system das Navigationssytem,-e
near bei; nah
nearby in der Nähe
nearness die Nähe
neck der Hals,¨-e
necklace die Halskette,-n
to **need** brauchen
negotiation die Verhandlung,-en *9B*
neighbor der Nachbar,-n

neighborhood die Nachbarschaft,-en
neighboring country das Nachbarland,⸚er
nervous nervös
net das Netz (*abbreviation for Internet*)
Netherlands die Niederlande
network das Netzwerk,-e
never nie
new neu; *New Year* das Neujahr
news die Nachricht,-en
newscast die Nachrichtensendung,-en
newspaper die Zeitung,-en; *newspaper stand* der Zeitungsstand,⸚e
next nächst-; *next to* neben
nice net
nightstand der Nachttisch,-e
nine neun
nineteen neunzehn
ninety neunzig
no nein; kein(e); *no longer* gar nicht mehr; *no place* nirgendwo
Nobel laureate der Nobelpreisträger,- *6A*
noise der Lärm
to **nominate** nominieren *2B*
nonetheless trotzdem *4A*
noon der Mittag,-e; *today at noon* heute Mittag
normal normal
north der Norden; *north (of)* nördlich (von) *1A*; *in the north* im Norden
Northeast der Nordosten *1A*
Northwest der Nordwesten *1A*
North America Nordamerika *1A*
North Pole der Nordpol *1A*
North Sea die Nordsee
nose die Nase,-n
not nicht; *not at all* gar nicht
notebook das Heft,-e
nothing nichts
to **notice** bemerken
novel der Roman,-e; *science-fiction/fantasy novel*; der Sci-Fi/Fantasy Roman
November der November
now jetzt
nowadays heutzutage
number die Nummer,-n
number die Zahl,-en *1B*
nurse der Krankenpfleger,- (*male*); die Krankenschwester,-n (*female*)
nut die Nuss,⸚e *8A; nut-flavored ice cream* das Nusseis
nutrition die Ernährung,-en *8A*

O

object das Objekt,-e
occupation die Beschäftigung,-en *4B*; *occupational illness* die Berufskrankheit,-en *8B*
ocean das Meer,-e; der Ozean,-e; *Atlantic Ocean* der Atlantik; *North Atlantic* der Nord-Atlantik; *South Altantic* der Süd-Atlantik *1A*; *Antarctic Ocean* der Antarktische Ozean; *Indian Ocean* der Indische Ozean; *North Pacific* der Nord-Pazifik; *Pacific Ocean* der Pazifik; *South Pacific* der Süd-Pazifik *1A*
October der Oktober
odometer der Kilometerzähler,- *4B*
to **offer** anbieten; bieten
offer das Angebot,-e
office das Büro,-s
official offiziell; *official currency* offizielle Währung
often oft
of (adult) age volljährig
of course natürlich
oil das Öl,-e *8A*
old alt; *old town* die Altstadt,⸚e; *old-fashioned* altmodisch *5A*
on an; auf; *on the spot* an Ort und Stelle; *on time* pünktlich; *on the way* unterwegs
once einmal; *once in a while* ab und zu
one eins; man; einer/eine; eins
one-way einfach *1B*
oneself selbst
onion die Zwiebel,-n
online job portal das Jobportal,-e *6B*
only nur; *not only...but also* nicht nur...sondern auch
open geöffnet; offen *7A*
to **open** aufmachen; eröffnen; öffnen *6A*; *to open an account* ein Konto eröffnen
ophthalmologist der Augenarzt,⸚e
opinion die Meinung,-en
opportunity die Gelegenheit,-en
optimist der Optimist,-en *5B*
optimistic optimistisch *3A*
optometrist der Optiker,-
oral(ly) mündlich; *oral tradition* die mündliche Überlieferung *10A*
orange orange; die Apfelsine,-n
to **order** bestellen
organ culture (musical instrument) die Orgelkultur,-en *10A*
organist der Organist,-en *10A*
organization die Einrichtung,-en *2A*; die Organisation,-en *1A*
to **organize** planen
to **orient oneself** sich orientieren
original sound track der Originalton; *original sound track with subtitles* OmU (Originalton mit Untertiteln) *2B*
orphan der Waise,-n *5B*
orthodox medical practitioner der Schulmediziner,- *8B*
other ander-
otherwise sonst
Ouch! Au!
our unser
outdoors im Freien
outside außerhalb; draußen
overcast bewölkt
overweight das Übergewicht,-e *8A*
own eigen
owner der Besitzer,-
oxygen der Sauerstoff *5B*

P

to **pack** packen
package das Paket,-e; die Packung,-en
padding das Polster,- *8B*
to **paddle** paddeln
paddock die Koppel,-n
to **paint** malen
painter der Maler,-
painting das Gemälde,-
pair das Paar,-e
palace der Palast, ⸚e *1B*
pants die Hose,-n
paper das Papier,-e
parade der Umzug,⸚e
paradise das Paradies
paraplegic querschnittgelähmt *3B*
parents die Eltern (*pl.*)
park der Park,-s *2A*
to **park** parken
parking lot der Parkplatz,⸚e *2A*
parliamentary parlamentarisch *9B*
parrot der Papagei,-en
part der Teil,-e; *for the most part* zum größten Teil
participant die Teilnehmerin,-nen (*female*)
to **participate** mitmachen; *to participate in sports* Sport treiben; teilnehmen *3B*
particularly vor allem *8B*
party die Party,-s; *party member* der Parteigenosse,-n *5A*
to **pass on** weitergeben *10A*
passion die Leidenschaft,-en *4A*
passport der Reisepass,⸚e; *passport check* die Passkontrolle,-n; die Passprüfung,-en *9B*
to **pass** (*an exam*) bestehen: eine Prüfung bestehen; *to pass time* sich die Zeit vertreiben
past die Vergangenheit *10A*
patent das Patent,-e *10B*
path der Weg,-e
patient der Patient,-en
to **pay** bezahlen; *to pay separately* getrennte Kasse machen; *to pay attention* aufpassen
pea die Erbse,-n
peace der Frieden,- *9A*; die Ruhe; *peace negotiations* die Friedensverhandlung,-en *2A*
peach der Pfirsich,-e
peanut butter die Erdnussbutter
pear die Birne,-n
pedagogy die Pädagogik *2B*
pedestrian zone die Fußgängerzone,-n *2A*
pen (*ballpoint*) der Kuli,-s; *pen pal* der Brieffreund,-e
penalty kick der Elfmeter,-
pencil der Bleistift,-e
Pentecost Pfingsten
people die Leute (*pl.*)
pepper der Pfeffer
per pro; *per day* pro Tag
percent das Prozent,-e
percussion das Schlagzeug
to **perform** aufführen; abschneiden (*poorly or well*) *10A*
performance die Aufführung,-en
perhaps vielleicht
period of validity die Gültigskeitsdauer *7B*
person: person of Jewish faith der Jude,-n *3A*; *person who inspires courage* der Mutmacher,- *3B*
personal persönlich
personality die Persönlichkeit,-en *9A*
pessimist der Pessimist,-en
pet das Haustier,-e
pharmaceutics die Pharmazie *8B*
pharmacist der Apotheker,-
phenomenon das Phänomen,-e *8A*
phone booth die Telefonkabine,-n *7A*
photo das Foto,-s; *photo album* das Fotoalbum,-ben; *photo competition* der Fotowettbewerb,-e
photography magazine die Fotozeitschrift,-en
physical körperlich
physician der Arzt,⸚e; der Doktor,-en
physics die Physik
piano das Klavier,-e
picky pingelig *7A*
to **pick up** abholen
picnic das Picknick,-e
picture das Bild,-er; *picture book* das Bilderbuch,⸚er; *picture postcard* die Ansichtskarte,-n
pig das Schwein,-e
pill die Tablette,-n
pilot der Pilot,-en (*male*); die Pilotin,-nen pilot (*female*)
to **pin** heften
pink rosa
piracy die Piraterie *6B*
pizza die Pizza,-s; *pizza restaurant* die Pizzeria,-s
place der Ort,-e; der Platz,⸚e
to **place** legen; stellen
place of employment die Arbeitsstelle,-n *6A*
plain die Ebene,-n *9A*
plan der Plan,⸚ *8A*
to **plan** planen; vorhaben
plastic part das Plastikteil,-e *4B*
plate die Platte,-n; der Teller,-
to **play** spielen; gamen (*electronic games*) *3B*; *to continue playing* weiterspielen
player der Spieler,-
playing piece die Spielfigur,-en *4A*
playland: kids' playland der Abendteuerspielplatz,⸚e
pleasant angenehm
please bitte
pleasure das Vergnügen; *Business before pleasure.* Zuerst kommt die Arbeit und dann das Vergnügen.
plot summary die Zusammenfassung,-en *2B*
plum die Pflaume,-n
plus plus
poem das Gedicht,-e
poet der Dichter,- *1A*
point der Punkt,-e
poison das Gift,-e *8A*
poisonous giftig *8B*
Poland Polen

polar zone die Polarzone,-n *9A*
pole die Stange,-n
police die Polizei; *police officer* der Polizist,-en
polite höflich *5A*
political politisch *5A*
politics die Politik
polling place das Wahllokal,-e *10A*
poor in vitamins vitaminarm *8A*
popular beliebt
pork roast der Schweinebraten
position die Stelle,-n *6B*
possibility die Möglichkeit,-en
possible möglich
to **post** posten
post-war order die Nachkriegsordnung *2A*
postcard die Postkarte,-n
poster das Poster, -s
post office die Post
potato die Kartoffel,-n; *boiled potatoes* die Salzkartoffeln (*pl.*); *fried potatoes* die Bratkartoffeln (*pl.*)
potential das Potential,-e *10A*
pound das Pfund,-e
poverty die Armut
powerful mächtig *9B*
practical praktisch; *practical training* das Praktikum,-ka *7B*
practice die Übung,-en; *Practice makes perfect!* Übung macht den Meister!
to **practice** üben; trainieren
precipitation der Niederschlag,¨-e *9A*
predecessor der Vorgänger,-
to **prepare** (*meal*) zubereiten; *to prepare for* sich vorbereiten auf
to **prescribe** verschreiben
present die Gegenwart *10A*; das Geschenk,-e
to **present oneself** sich vorstellen
prestigious renommiert *1B*
pretzel die Brezel,-n
preview die Vorschau,-en *2B*
price der Preis,-e
price bracket die Preisstufe,-n *7B*
prime minister der Premierminister,- *9B*
prince der Fürst,-en
principality das Fürstentum
to **print** drucken
print media die Druckmedien (*pl.*) *7B*
print shop die Druckerei,-en *7B*
printer der Drucker,-
printing press die Buchpresse,-n *7B*
priority das Priorität,-en *3A*
prisoner der Gefangene,-n *2A*
private privat
prize der Preis,-e *1B*
probably wahrscheinlich *1B*
problem das Problem,-e; die Schwierigkeit,-en
to **produce** produzieren *2A*
product das Produkt,-e *3B*
production year das Produktionsjahr,-e *2B*
profession der Beruf,-e
professional beruflich *6A*; professionell *6B*; *professional mountain climber* (*female*) die Profi Bergsteigerin,-nen *5B*
professor der Professor,-en
project das Projekt,-e *8A*
to **promise** versprechen *6B*
to **promote** fördern
to **protect** schützen *10A*
protection der Protektor,-en *8B*; der Schutz *8B*; *elbow protection* der Ellenbogenschutz *8B*; *knee protection* der Knieschutz *8B*; *wrist protection* der Handgelenkschutz *8B*
protector der Schützer,- *6B*
protein das Protein,-e *8A*
proud stolz *1A*
provisions der Proviant *5B*
proximity Nähe
Prussian preußisch *2A*
psychological psychisch *3B*
psychologist (*female*) die Psychologin,-nen *3B*
public öffentlich *5A*
publishing house der Buchverlag,-e *4A*
pudding der Pudding
pullover der Pullover,-; der Pulli,-s
punctual pünktlich
puppet die Puppe,-n *7A*
purpose der Zweck,-e *3B*
purse die Handtasche,-n
to **push** schieben; stoßen
to **put** legen; *to put a puzzle together* zusammensetzen *4A*; *to put into* versetzen *3B*; *to put on an event* veranstalten *8A*; *to put on* auflegen; aufsetzen; stellen; stecken; *to put together* zusammenbauen; *to put together* zusammenstellen *6B*; *to put up* anschlagen *8B*;
puzzle das Puzzle,-s *4A; puzzle piece* das Puzzleteil,-e *4A*
Pyrenees die Pyrenäen *9A*

Q

quality die Qualität,-en
quarter das Viertel,-
to **quarrel** streiten *7A*
questionnaire der Fragebogen,¨ *8B*
quiet die Ruhe
to **quit** aufhören
quite ganz; *quite well* ganz gut; *not quite yet* noch nicht ganz
quiz show die Quizsendung,-en
quotation das Zitat,-e *2A*

R

radio das Radio,-s; der Rundfunk; *radio program* das Radioprogramm,-e; *clock radio* der Radiowecker,-
rail car der Waggon,-s *1B*
rail pass die BahnCard,-s *1B*
railroad die Bahn,-en *1B*
railway staff das Bahnpersonal *1B*
rain der Regen *9A*; *rain gear* der Regenschutz *5B*; *rain shower* der Regenschauer,-; *rainy weather* das Regenwetter *4A*
to **rain** regnen
rather lieber; *I would rather eat...* Ich möchte lieber...essen.
razor der Rasierer,-
to **reach** erreichen; reichen *1B; to reach back* zurückreichen *4A*

to **react** reagieren
to **read** lesen
realistic(ally) realistisch
reality show die Reality-Show
really unbedingt; wirklich
rear-view mirror der Rückspiegel,- *4B*
reason der Grund,¨-e *1A*
reasonable preiswert
to **recall** erinnern an
receipt die Quittung,-en
to **receive** bekommen; erhalten
receiver der Empfänger,-
recently neulich *3B*; vor kurzem
reception die Rezeption
recess die Pause,-n
to **recognize** erkennen
to **recommend** empfehlen *8B*
reconciliation die Annäherung,-en *9A*
recorder die Blockflöte,-n
red rot
reduced reduziert
reflection die Reflexion,-en
to **reform** reformieren *8B*
refrigerator der Kühlschrank,¨-e
to **refuel** tanken
regional regional
to **register** melden; registrieren
regularly regelmäßig *8A*
rehabilitate rehabilitieren
reign die Herrschaft,-en *9A*
to **reject** ablehnen *5A*
relationship die Beziehung,-en *1B*; das Verhältnis,-se *3A*
relative der Verwandte,-n *10B*
to **relax** sich entspannen *6B*; sich erholen *5A*
relaxation die Entspannung
relaxed entspannt *7A*
release year das Erscheinungsjahr,-e *2B*
religion die Religion,-en
religious studies die Religionswissenschaft *2B*
remembrance das Andenken,- *1B*
remnant der Rest,-e *7A*; *remnant of city wall* der Stadtmauerrest,-e *2A*
Renaissance die Renaissance *7B*
repair die Reparatur,-en; *repair shop* die Werkstatt,¨-e; *two-wheel* (*bike*) *repair shop* die Zweiradwerkstatt,¨-e
to **repair** reparieren
replacement part das Ersatzteil,-e
report die Reportage,-n *2A*
to **represent** repräsentieren *7A*
representative der Repräsentant,-en *9B*; repräsentativ *2A*
to **research** recherchieren
to **reserve** reservieren *1B*
residence die Residenz,-en *2A*
to **respect** respektieren *3A*
respiratory tract der Atemweg,-e *8A*
responsible verantwortlich *4B*
restaurant das Restaurant,-s
to **restore** restaurieren *10B*
result das Ergebnis,-se
résumé der Lebenslauf,¨-e *6B*
to **return** zurückgeben; zurückkehren *2B*
to **reveal** ergeben
revolution die Revolution,-en *7B*
Rhine ship das Rheinschiff,-e
rhythm der Rhythmus
rich in vitamins vitaminreich *8A*
ride die Fahrt,-en *fun ride* die Vergnügungsfahrt
to **ride** fahren; (*horse*) reiten; *to ride out* hinausreiten
right richtig; *right around the corner* gleich um die Ecke; *to be right* Recht haben; rechts (*direction*); *That's right.* Das stimmt.
to **ring** (*bell*) klingeln; *The bell is ringing.* Es klingelt.
to **rinse** spülen
to **rise to** steigen auf
river der Fluss,¨-e
rock der Rock (music); die Rockmusik; *rock concert* das Rockkonzert,-e; *rock group* die Rockgruppe,-n
role: leading role die Hauptrolle,-n *9A*
roll das Brötchen,-
to **roll dice** würfeln *4A*; *to roll up* zusammenrollen
roller coaster die Achterbahn,-en
Roman römisch *3A*; der Römer,-
romance die Romanze,-n *2B*
romantic comedy die Liebeskomödie,-n *2B*
roof das Dach,¨-er
room das Zimmer,-; der Raum,Räume; *choir room* der Sängersaal
rope das Seil,-e
row die Reihe,-n
royal königlich
ruins die Ruine,-n *7A*
rule die Regel,-n
to **rule** herrschen *1B*
to **run** laufen; *to run around* herumlaufen
runway for take-off die Startbahn,-en *9B*
RV (*recreational vehicle*) das Wohnmobil,-e

S

safe sicher
to **sail** segeln
sailboat das Segelboot,-e
sailor der Seefahrer,- *6B*; *sailors* die Seeleute (*pl.*) *6A*
saint (*female*) die Heilige *8A*
salad der Salat,-e; *cucumber salad* der Gurkensalat; *tomato salad* der Tomatensalat; *tossed salad* gemischter Salat
sale: special (sale) das Sonderangebot,-e; *salesperson* (*male*) der Verkäufer,-; *salesperson* (*female*) die Verkäuferin,-nen
salt das Salz; *containing salt* salzhaltig *8A*; *salt warehouse* der Salzspeicher,- *6A*
same: *the same* derselbe; *same to you* gleichfalls *7B*
Saturday der Samstag,-e; der Sonnabend,-e

saucer die Untertasse,-n
sauerbraten (*marinated beef roast*) der Sauerbraten
sauerkraut das Sauerkraut
sausage die Wurst,¨-e; *sausage kitchen* die Wurstküche,-n *3A*; *sausage sandwich* das Wurstbrot,-e; *kind of sausage* die Wurstsorte,-n
to **save** retten; sparen
saxophone das Saxophon,-e
to **say** sagen
scale die Waage,-n
scandal der Skandal,-e *8B*
scanner der Scanner,- *9B*
scene die Szene,-n
schedule der Fahrplan,¨-e
schick chic
school die Schule,-n; *convent school* die Klosterschule,-n *7B*; *diplomatic school* die Botschaftsschule,-n *2B*; *school day* der Schultag,-e; *school outing* der Schulausflug,¨-e; *school principal* der Schulleiter,- *10A*; *school yard* der Schulhof,¨-e; *schoolbag* die Schultasche,-n; *schoolmate* der Schulfreund,-e; *secondary school, college preparatory school* das Gymnasium,-sien; *village school* die Dorfschule,-n *5B*
science die Wissenschaft,-en *2A*
science-fiction die Sciencefiction *2B*
to **scream** schreien
screen der Bildschirm,-e
screenplay writer (*female*) die Drehbuchautorin,-nen *2B*
sculptor der Bildhauer,-
sea battle die Seeschlacht,-en *6B*
seamstress die Näherin,-nen *5B*
search die Suche,-n *9B*
season die Jahreszeit,-en
seat der Platz,¨-e; der Sitz,-e *9A*; der Sitzplatz,¨-e *1B*
seatbelt der Sicherheitsgurt,-e
secret das Geheimnis,-se *7A*
secretary der Sekretär,-e
section der Teil,-e
to **secure** sich festmachen; *to secure* (*to a rope*) straff machen
security check die Sicherheitskontrolle,-n *9A*
to **see** sehen; *See you!*; Tschau!, Tschüs!; to *see each other* sich sehen
to **seem** scheinen
to **seize** (*a ship*) kapern *6B*
to **select** sich aussuchen
selection die Auswahl; *a selection in* eine Auswahl an
to **sell** verkaufen
semi-circular halbrund *4A*
to **send** senden; schicken; *to send a text message* eine SMS senden; *to send off* abschicken *6B*
sender der Absender,-
senior der Ältere,-n *5A*
senseless sinnlos
sense of belonging das Gemeinschaftsgefühl,-e *10A*
separate einzeln
September der September
sequence die Reihenfolge,-n *6B*
series die Serie,-n
to **serve** bedienen
service der Dienst,-e
to **set** festlegen *6B*; (*the table*) den Tisch decken
setting (*on camera*) die Einstellung,-en
settlement die Siedlung,-en *6A*
settler der Siedler,- *4A*
seven sieben
seventeen siebzehn
seventy siebzig
shall sollen
shampoo das Shampoo
shape die Form,-en *4A*; die Kondition,-en
to **shape** prägen *2A*
to **share** teilen
to **shave (oneself)** sich rasieren
she sie
sheep das Schaf,-e
shelf das Regal,-e
shepherds' run der Schäferlauf
Sherpa der Hochgebirgsträger,- *5B*
to **shift** schalten; *to shift gears* die Gänge schalten *4B*
shin das Schienbein,-e *8B*; *shin guard* der Schienbeinschutz,¨-e *8B*
to **shine** scheinen
ship das Schiff,-e; *ship on the Danube* das Donauschiff,-e *3A*
shirt das Hemd,-en; das Shirt,-s
shoe der Schuh,-e
to **shoot** schießen
shop das Geschäft,-e; *shop window* das Schaufenster,-
to **shop** einkaufen; *to go shopping* einkaufen gehen
shopping: *shopping bag* die Einkaufstasche,-n; *shopping cart* der Einkaufswagen,-; *shopping center* das Einkaufszentrum,-tren; *shopping list* die Einkaufsliste,-n
shore der Strand,¨-e; das Ufer,-
short kurz; *short message* die Kurznachricht,-en
shorts die Shorts (*pl.*)
should sollen
shoulder die Schulter,-n
to **show** zeigen; *to show up* auftauchen
shower die Dusche,-n
to **shower** sich duschen
shy schüchtern *10A*
sick krank
side die Seite,-n; *side dish* die Beilage,-n
sight die Sehenswürdigkeit,-en
signal das Signal,-e
silk: silk tie die Seidenkrawatte,-n
silver das Silber *8A*
similar ähnlich
simple einfach
since seit
sincere herzlich
to **sing** singen
singer (*male*) der Sänger,- *singer* (*female*) die Sängerin,-nen
single trip die Einzelfahrt,-en *7B*
sister die Schwester,-n; *twin sister* die Zwillingsschwester,-n

to **sit** sitzen; *to sit around* herumsitzen; *to sit down* sich setzen; sich hinsetzen *6B*; *to sit on* sitzen auf
site der Standort,-e *7A*
situation die Situation,-en
six sechs
sixteen sechzehn
sixty sechzig
size die Größe,-n
skateboard das Skateboard,-s; *to skateboard* das Skateboard fahren
ski der Ski,-er; *ski lift* der Lift,-e *5A*
skill die Fähigkeit,-en *6B*
skirt der Rock,¨-e
skull der Schädel,- *6B*
sky disk die Himmelsscheibe,-n *8A*
slacks die Hose,-n
to **sleep** schlafen
sleeping bag der Schlafsack,¨-e
slice die Scheibe,-n; *a slice of bread* eine Scheibe Brot
slogan der Slogan,-s *10A*
slow langsam
small klein; *small change* das Kleingeld *2A*
smart klug; *smart (looking)* schick
smartie der Schlauberger
smartphone das Smartphone,-s
to **smile** lächeln
snack die Brotzeit,-en *5B*; *snack bar* der Imbiss,-e; der Imbissstand,¨-e
snow der Schnee
to **snow** schneien
so also; *So, what is your present?* Also, was ist dein Geschenk?
soap die Seife,-n
soap opera die Soap,-s
soccer (game) der Fußball
soccer ball der Fußball,¨-e,
soccer field der Fußballplatz,¨-e
soccer team die Fußballmannschaft,-en
social sozial; *social media* die sozialen Medien, *social media* Social-Media; *to be active on social media* bei sozialen Medien aktiv sein; *a social media page* eine Social-Media-Seite; *social network* das soziale Netzwerk
societal gesellschaftlich *3A*
society die Gesellschaft,-en *3B*
sock die Socke,-n
sofa das Sofa,-s
soft drink die Limo,-s; *cola-and-lemon soda* das Spezi,-s
solid stabil
solstice die Sonnenwende,-n *8A*
solution die Lösung,-en *10A*
some etwas; manche
someone jemand
something etwas; *something else* etwas anderes; *something special* etwas Besonderes
sometimes manchmal
somewhere else woanders
son der Sohn,¨-e
song das Lied,-er
soon bald
to **sound** klingeln
sound engineer der Tontechniker,-
soup die Suppe,-n; *chicken soup* Hühnersuppe,-n; *goulash soup* die Gulaschsuppe,-n; *tomato soup* die Tomatensuppe,-n; *vegetable soup* die Gemüsesuppe,-n;
soup spoon der Suppenlöffel,-
sour sauer
south der Süden; *south (of)* südlich (von) *1A*
Southeast der Südosten *1A*
Southwest der Südwesten *1A*
South Pole der Südpol *1A*
spa der Kurort,-e *8A*; *spa using Kneipp therapy* das Kneipp-Heilbad,¨-er *8A*
space das Feld,-er
spaetzle (*kind of homemade pasta*) die Spätzle
Spain Spanien
Spanish spanisch; *He speaks Spanish.* Er spricht spanisch.
to **speak** reden *2A*; sprechen; *to speak about oneself* über sich selbst sprechen
special besonders; *something special* etwas Besonderes
specialty die Spezialität,-en
spectator der Zuschauer,-
speed das Tempo,-s
to **spend** (*money*) ausgeben; (*time*) verbringen
spice das Gewürz,-e *2A*
spinach der Spinat
to **splash** spritzen
spoon: *teaspoon* der Teelöffel,-
sport(s) der Sport; *to participate in sports* Sport treiben; *sports class* die Sportstunde,-n; *sports department* die Sportabteilung,-en; *sports show (news)* die Sportschau; die Sportsendung,-en; *sporting good* der Sportartikel,-
sporty sportlich
spring der Frühling,-e
spy der Spion,-e *2A*
square kilometer der Quadratmeter,-r
stable der Stall,¨-e
stadium das Stadion,-dien
staff person (*female*) die Mitarbeiterin,-nen *1A*
stage die Bühne,-n *6A*
stairs die Treppe,-n; *stairway* die Treppe,-n
stamp die Briefmarke,-n
stamping of ticket die Entwertung,-en *7B*
to **stand** stehen; *to stand in line* Schlange stehen
star (*entertainment*) der Star,-s
to **start** starten *4B*; *to start (motor)* anmachen *4B*; *to start as first player* rauskommen *4A*
starting time die Anfangszeit,-en *2B*
state der Staat,-en
stationery die Schreibwaren (*pl.*)
statistics die Statistik,-en
statue die Statue,-n *2A*
to **stay** bleiben; *to stay overnight* übernachten
stay der Aufenthalt,-e; *overnight stay* die Übernachtung,-en

steady fest *10B*
steamed dumpling die Dampfnudel,-n *3A*
steep steil
steering wheel das Lenkrad,¨er; das Steuerrad,¨er
step der Schritt,-e; *the individual steps* die einzelnen Schritte
stepbrother der Stiefbruder,¨
stereo system die Musikanlage,-n; die Stereoanlage,-n
stewed fruit das Kompott
to **stick** kleben; stecken; *to stick to* sich halten an *5A*
sticker das Etikett,-en
stick shift die Schaltung *4B*
stiff steif
still noch
stocking der Strumpf,¨e
stomach der Bauch,¨e; der Magen,¨
stomachache die Bauchschmerzen (*pl.*)
to **stop** anhalten; aufhören
stop die Haltestelle,-n
store das Geschäft,-e
story die Geschichte,-n; *detective story* der Krimi,-s; der Stock, Stockwerke
stove der Herd,-e
straight ahead geradeaus
strange fremd; komisch
strawberry die Erdbeere,-n; *strawberry ice cream* das Erdbeereis; *strawberry shake* der Erdbeershake,-s; *strawberry sundae* das Spaghetti Eis
streetcar die Straßenbahn,-en
street smarts die Bauernschläue *7A*
strength die Kraft,¨e; die Stärke,-n *6B strength training das Krafttraining; to do strength training* Krafttraining machen
to **strengthen** stärken *8A*
stretch die Strecke,-n
strong stark
student (*elementary through high school*) der Schüler,-; (*advanced*) der Fortgeschrittene,-n; *student council* der Schülerrat *10A*; *student representative* der Schulsprecher,- *10A*
studio das Studio,-s; (*recording*) *studio* das Tonstudio,-s sound; *studio lot* das Filmgelände,- *2A*
study die Studie,-n; (*university*) *studies* das Studium,-ien
sturdy stabil
style der Stil,-e
subject (*school*) das Fach,¨er
subtitle der Untertitel,- *2B*
subtropical subtropisch *9A*
Subtropics die Subtropen (*pl.*) *9A*
subway die U-Bahn,-en
success der Erfolg,-e
successful erfolgreich *4B*
suddenly plötzlich
sugar der Zucker
to **suggest** vorschlagen
suit der Anzug,¨e
suitcase der Koffer,-
summer der Sommer,-; *summer vacation* die Sommerferien (*pl.*); *summer month* der Sommermonat,-e
sun die Sonne; *sun screen* die Sonnenschutzcreme,-s *5B*; *sunglasses* die Sonnenbrille,-n *5B*; *sun hat* der Sonnenhut,¨e *5B*
Sunday der Sonntag,-e
super super
supermarket der Supermarkt,¨e
supervisor der Vorgesetzte,-n *5A*
supper das Abendessen
to **support** unterstützen
supposed: to be supposed to sollen
sure sicher
to **surf** surfen; *to surf the Internet* im Internet surfen
surprise die Überraschung,-en
surprised: to be surprised staunen
surrounded by umgeben von *5A*
surroundings die Umgebung
survey die Umfrage,-n
survival training das Survivaltraining
sustainability die Nachhaltigkeit,-en *5A*
SUV der Geländewagen,-
swamp der Sumpf,¨e *9A*
swan der Schwan,¨e
sweater der Pullover,-; der Pulli,-s
sweatshirt das Sweatshirt,-s
Swedish schwedisch *6B*
sweet süß; *sweets* die Süßigkeiten (*pl.*)
to **swim** schwimmen
to **swing** schwenken
Switzerland die Schweiz
symbolize symbolisieren *9A*

T

T-shirt das T-Shirt,-s
table der Tisch,-e; *table tennis* das Tischtennis
tablespoon der Suppenlöffel,-
tablet das Tablet,-s; die Tablette,-n
taboo tabu
tachometer der Tachometer,- *4B*
to **take** nehmen; *to take (time)* dauern; *to take a shower* sich duschen; *to take a vacation* Ferien machen; Urlaub machen; *to take along* mitnehmen; *to take care of* pflegen *10A*; sich kümmern um; *to take off* abheben *9A*; (*plane*) abfliegen; *to take out* herausnehmen; *to take pictures* fotografieren; *to take place* stattfinden; *to take seriously* ernst nehmen *10B*; *to take the driving test* den Führerschein machen
talent das Talent,-e
talk das Gespräch,-e
to **talk** sprechen; sich unterhalten; *to talk to each other* miteinander sprechen; *he/she speaks* er/sie spricht; *to talk about* sprechen über

tangible materiell *10A*
task die Aufgabe,-n *9B*
taste der Geschmack; *taste for music* der Musikgeschmack,¨-e
to **taste** schmecken
taxi das Taxi,-s
tea der Tee; *iced tea* der Eistee
to **teach** beibringen; *taught me as a child* hat mir als Kind… beigebracht
teacher (*male*) der Lehrer,-; (*female*) die Lehrerin,-nen
teaching die Lehre,-n *8B*
team die Mannschaft,-en
technical cultural technisch-kulturell *10B*
technique die Technik,-en *7B*
technology die Technologie,-n
teenager der Jugendliche,-n
telephone das Telefon,-e; *cell phone* das Handy,-s; *telephone conversation* das Telefongespräch,-e; *telephone number* die Telefonnummer
television (set) der Fernseher,-; *on television* im Fernsehen; *television program* das Fernsehprogramm,-e
to **tell** sagen; erzählen; *to tell about* erzählen von
temperate gemäßigt *9A*
temperature: highest daytime temperature die Tageshöchsttemperatur,-en
tempo das Tempo,-s
ten zehn
tennis das Tennis; *tennis racquet* der Tennisschläger,-
tent das Zelt,-e
terrific toll; *Terrific!* Klasse!
test die Prüfung,-en
to **test** ausprobieren; testen *2A*
text der Text,-e
to **text** texten
textbook das Lehrbuch,¨-er *8B*
textile das Textil,-ien *7B*
text message die SMS,-; die Kurznachricht,-en
than als; *There is more room than before.* Da ist mehr Platz als vorher.
to **thank** sich bedanken; *Thank you!* Danke!; *Thank you very much.* Danke schön. Herzlichen Dank!; *thanks* der Dank
that das; dass; *that old stuff* der alte Kram *2A*; *You can say that again.* Das können Sie wohl sagen.
thatch roofing die Reetdachdeckerei,-en *10A*
the der, die, das
theater das Theater,- *1A*; *theater festival* das Theaterfestival,-s *1B*
their ihr
then dann
theoretical theoretisch *4B*
therapist der Therapeut,-en *8B*
therapy die Therapie,-n *8A*
there da; dort; *over there* da drüben; *there (to)* dorthin
therefore deshalb
thesis die These,-n *8B*
they sie; man
thin dünn *8A*
thing die Sache,-n
to **think** denken; *to think about* sich überlegen; *to think of* halten von; meinen; *Do you think so?* Meinst du?
third dritt-
thirst der Durst; *to be thirsty* Durst haben
thirteen dreizehn
thirty dreißig
this dieser
thought der Gedanke,-n *3A*
thousand tausend
three drei; *three times* dreimal
thriller der Krimi,-s; der Thriller,-
throat: sore throat die Halsschmerzen (*pl.*)
throne room der Thronsaal
through durch
thunderstorm das Gewitter,-
Thursday der Donnerstag,-e
ticket Karte,-n; die Fahrkarte,-n
ticket counter die Kasse,-n
tie die Krawatte,-n
tight eng
to **tighten** straff machen; *to tighten one's harness* sich anschnallen
time die Zeit,-en; *at this time* zurzeit *2B*; *At what time?* Um wie viel Uhr?
times mal; *a few times* ein paar Mal
tip der Tipp,-s
tire der Reifen,-
title die Bezeichnung,-en *6B*; der Titel,- *2B*
to an, zu; *to go to the department store* zum Kaufhaus gehen
today heute
together gemeinsam *7A*; zusammen; *to get together* zusammenkommen
toilet die Toilette,-n
tolerance die Toleranz *3A*
tomato: *tomato salad* der Tomatensalat; *tomato soup* die Tomatensuppe,-n
tomorrow morgen; *day after tomorrow* übermorgen
ton: by the ton tonnenweise *6A*
too auch; zu
tool das Werkzeug,-e
tooth der Zahn,¨-e; *toothache* die Zahnschmerzen (*pl.*); *toothpaste* die Zahnpasta
topic das Thema,-men
to **touch** berühren
tour die Tour,-en
tourist der Tourist,-en; *tourist office* das Verkehrsbüro-s
tower der Turm,¨-e *3A*
town der Ort,-e; *town square* der Platz,¨-e *2A*
toxicology die Toxikologie *8B*
toys die Spielwaren (*pl.*)
trace die Spur,-en *7A*
track das Gleis,-e
trade der Handel *3A*; *trade center* das Handelszentrum,-ren *3A*; *trademark* das Markenzeichen,- *4A*; *trade organization* die Handelsorganisation,-en *4A*; *trade route* die Handelsroute,-n *6A*
trader der Händler,- *1A*

traditional traditionell *3A*
traffic der Verkehr; *traffic jam* der Stau
tragicomedy die Tragikomödie,-n *2B*
to **train** trainieren
train der Zug,¨-e; *city train, suburban express train* die S-Bahn,-en *train compartment* das Abteil,-e *1B*; *train conductor* der Zugbegleiter,- *1B*; *train open-plan compartment* der Großraumwagen,- *1B*; *train engineer* der Lokführer,- *1B*; *train platform* der Bahnsteig,-e *1B*; *train restaurant* das Bord-Restaurant,-s *1B*; *train station* der Bahnhof,¨-e; *main train station* der Hauptbahnhof,¨-e *1B*
training das Training
transcript das Zeugnis,-se *6B*
to **transfer** umsteigen
to **transform** verwandeln *2A*
to **translate** übersetzen
translator der Übersetzer,- *6A*
to **transmit** übertragen
transportation center das Verkehrszentrum,-tren *7B*
travel reisen; *travel agency* das Reisebüro,-s; *travel center* das Reisezentrum,-tren *1B*; *travel guide* der Reiseführer,- *2A*; *traveling bag* die Reisetasche,-n
traveler der Reisende,-n *1B*
treasury secretary der Finanzminister,- *9B*
treatment method die Behandlungsmethode,-n *8B*
treats die Leckerbissen (*pl.*)
tree der Baum,¨-e
triangle das Dreieck,-e *4A*
trip der Ausflug,¨-e; die Reise,-n; die Tour,-en; *class trip* die Klassenreise,-n; *Have a good trip!* Gute Reise!; *round-trip* hin und zurück *1B*; *short trip* die Kurzstrecke,-n *7B*
to **trip somebody** ein Bein stellen *6B*
tropical tropisch *9A*
Tropics die Tropen (*pl.*) *9A*
trout die Forelle,-n
truck der Lkw,-s
true wahr *7A*; *it is true... but* zwar... aber *3B*
trumpet das Horn,¨-er *4A*; die Trompete,-n
trunk der Kofferraum,¨-e
to **trust each other** sich vertrauen *10B*
to **try** versuchen; *to try out* ausprobieren
Tuesday der Dienstag,-e
turbulent turbulent *9A*
Turk (*male*) der Türke,-n
Turkey die Türkei
to **turn** drehen *4B; to turn around* umdrehen *4B*; *to turn off* abstellen; ausschalten *4B*; *to turn (to)* abbiegen; *to turn out* ausfallen
tutoring die Nachhilfestunde,-n *10A*
TV: television set der Fernseher,-; *TV directing* die Fernsehregie *2B*; *TV station* der Fernsehsender,- *7A*
twelve zwölf
twenty zwanzig
twin city die Doppelstadt,¨-e *1A*
twin sister die Zwillingsschwester,-n
two zwei
type of writing die Schriftart,-en *1B*
to **type** tippen
typewriter die Schreibmaschine,-n *7B*
typographer der Typograf,-en *7B*

U

umbrella der Regenschirm,-e
unbelievable unglaublich
uncle der Onkel,-
to **underestimate** unterschätzen *5B*
to **understand** verstehen
to **undertake** unternehmen *5B*
underway unterwegs *7A*
underweight das Untergewicht,-e *8A*
unfortunately leider
unification die Einigung,-en *1B*
unite vereinigen *1B*
United Nations World Cultural Heritage das UNESCO-Welterbe *2A*
United States of America die Vereinigten Staaten von Amerika; die USA
unity die Einheit; *Day of German Unity* Tag der Deutschen Einheit
university die Uni,-s (*colloquial*); die Universität; *university town* die Universitätssstadt,¨-e *1A*
until bis
unusual außergewöhnlich
upbringing die Erziehung *3A*
to **upload** (*photos/videos on the Internet*) Bilder/Videos ins Internet hochladen; raufladen *3B*
up and down hoch und runter; *way up* weit oben
USB cable das USB-Kabel
to **use** benutzen
use die Nutzung,-en
usually gewöhnlich

V

vacation die Ferien (*pl.*); *on vacation* in den Ferien; *to go on vacation* in die Ferien fahren
vacation trip die Ferienreise,-n
to **vacuum** staubsaugen
vain eitel
Valentine's Day der Valentinstag
to **validate** entwerten *7B*
validity die Gültigkeit,-en *7B*
valley das Tal,¨-er *8A*
value der Wert,-e *3A*
vanilla ice cream das Vanilleeis
vanilla sauce die Vanillesoße,-n *3A*
vegetable(s) das Gemüse
vegetarian (*female*) die Vegetarierin,-nen *8A*

to **vehicle** das Fahrzeug,-e
vending machine der Automat,-en
ventilation die Lüftung *4B*
very sehr; *very first* allererst *9A*
veterinarian die Tierärztin,-nen
vicinity die Umgebung,-en
video das Video,-s; *video game console* die Videospielkonsole,-n; *video game tester* der Videospiele Tester,-; *video trend* der Videotrend,-s *3B*
to **view** besichtigen
view der Blick,-e *3A*
villa colony die Villenkolonie,-n *2A*
violin die Geige,-n
virtual reality glasses die VR Brille,-n
to **visit** besuchen; besichtigen
visit der Besuch,-e
visitor der Besucher,-
vocabulary die Vokabel,-n
vocational training workshop die Lehrwerkstatt,¨-en *5B*
volleyball der Volleyball
voluntary self-censorship FSK (Freie Selbstkontrolle) *2B*
volunteering die Freiwilligenarbeit
vote die Stimme,-n *3B*
to **vote** wählen *10A*; to vote for stimmen für *10A*

W

to **wait** warten; *to wait on* bedienen; *to wait for* warten auf
waiter der Kellner,-
waiting area die Wartehalle,-n *9B*
waiting line die Warteschlange,-n *9B*
waitress die Kellnerin,-nen
to **wake up** aufwachen
to **walk** zu Fuß gehen
wall die Wand,¨-e
wallet die Brieftasche,-n
to **want to** wollen; *to want (for birthday)* sich wünschen
war der Krieg,-e
warm warm
to **wash** waschen; *to wash oneself* sich waschen
watch die Uhr,-en
to **watch out** aufpassen; *to watch out for* achten auf
to **watch television** fernsehen
waterfall der Wasserfall,¨-e *8A*
watermelon die Wassermelone,-n
water bottle die Wasserflasche,-n *5B*
way der Weg,-e
we wir
weak schwach
wealth der Reichtum,¨-er *6A*
to **wear** tragen, anhaben
weather das Wetter; *weather forecast* die Wettervorhersage; *weather report* der Wetterbericht,-e
web das Netzwerk,-e
website die Internetseite,-n; die Webseite,-n
wedding die Hochzeit,-en; *wedding anniversary* der Hochzeitstag,-e
Wednesday der Mittwoch,-e
week die Woche,-n
weekend das Wochenende,-n
to **weigh** wiegen
weight das Gewicht,-e
well-known bekannt
well-preserved gut erhalten *4A*
well-to-do wohlhabend *1A*
well-being das Wohlbefinden
west der Westen; *west (of)* westlich (von) *1A*
Western der Western *2B*
wet nass
what was; *What kind of a…?* Was für ein…?; *What's your name?* Wie heißt du?, Wie heißen Sie?; *What's the matter with you?* Was fehlt dir?
wheel das Rad,¨-er
wheelchair der Rollstuhl,¨-e *3B*
when wann; als
where wo; *where from* woher; *where (to)* wohin
whereupon woraufhin *8B*
whether ob
which welcher
while während; die Weile
whipped cream die Schlagsahne
white weiß
whiteboard das Whiteboard,-s; *interactive whiteboard* das interaktive Whiteboard
who wer; *whom* wen; *to whom* wem
why warum
wild wild; *wild water ride* die Wildwasserbahn,-en
will werden
to **win** gewinnen
wind der Wind,-e; *wind breaker* der Anorak,-s *5B*
window das Fenster,-
windshield die Windschutzscheibe,-n; *windshield wiper* der Scheibenwischer,- *4B*
wine press die Weinpresse,-n *7B*
winner der Gewinner,- *4A*; der Sieger
winter der Winter,-
wise weise; *a wise man* ein weiser Mann
to **wish** sich wünschen;
wish der Wunsch; *wish to have children* der Kinderwunsch,¨-e *3A*
witch die Hexe,-n *8A*
with mit; bei; *to stay with us* bei uns bleiben; *with all the bells and whistles* mit allem Drum und Dran
without ohne
woman die Frau,-en
wonderful herrlich *2A*
wood das Holz,¨-er *7B*
wool: wool sweater der Wollpulli,-s
word die Vokabel,-n; das Wort,¨-er
work die Arbeit,-en; das Werk,-e *10B*; *workbench* die Werkbank,¨-e; *workshop* die Werkstatt,¨-e; *work schedule* die Arbeitszeit,-en *7A*

to **work** funktionieren (*gadget*); arbeiten; *to work in an area* tätig sein *2B; to work out* klappen *7A*

world die Welt,-en; *in the whole world* auf der ganzen Welt; *world community* die Weltgemeinschaft *10A*; *world cultural heritage* das Weltkulturerbe *10A*; *world culture* die Weltkultur,-en *10B*; *world heritage site* die Welterbestätte,-n *3A*; *world record* der Weltrekord,-e *4A*; *world registry* das Weltregister,- *10B*; *world view* das Weltbild,-er *7B*; *worldwide* weltweit *4B*

worry die Sorge,-n; *worrisome* beunruhigend

worse schlimmer

worth seeing sehenswert *2A*

would like to möchten

wrist das Handgelenk,-e *8B*

to **write** schreiben; *to write to* anschreiben; schreiben an; *to write down* aufschreiben

writing die Schrift,-en *1B*; *in writing* schriftlich

written schriftlich

Y

year das Jahr,-e; *three years ago* vor drei Jahren; *year-old* jährig

to **yell** schreien

yellow gelb

yes ja; *yes and no* teils-teils *3A*

yesterday gestern

yet noch; *not quite yet* noch nicht ganz

yoga das Yoga

you (*familiar singular*) du; (*familiar plural*) ihr; (*formal*) Sie; man; *use of the informal you* das Duzen *5A*; *to use the informal you* sich duzen *5A*; *use of the formal you* das Siezen *5A*; *to use the formal you* sich siezen *5A*

your (*familiar singular*) dein; (*familiar plural*) euer; (*formal singular and plural*) Ihr

youth die Jugend; *youth center* das Jugendzentrum,-tren; *youth hostel* die Jugendherberge,-n; *youth hostel director* (*female*) die Herbergsmutter,⸚; *youth hostel director* (*male*) der Herbergsvater,⸚; *youth magazine* die Jugendzeitschrift,-en

Z

zero null

zip code die Postleitzahl,-en

zone die Zone,-n *9A*

Index

Photo Credits

&#16 Christina Hanck/Istockphoto: 54 (t)
&#169 Marina Bartel/Istockphoto: 185 (#3)
© 2016. Land der Erfinder. All rights reserved: 263
© AG Kurzfilm: 72, 74
© alpenverein akademie : 173 (der AV-Ausweis)
© Deutsche Bahn 2011: 25 (bl), 25 (br)
© European Union, 2016 – Source: European Parliament (http://ec.europa.eu/commission/2014-2019_de): 332 (b)
© European Union, 2016 – Source: European Parliament (http://www.europarl.europa.eu/european-youth-event/en/news/ideas.html): 313 (b)
© European Union, 2016 – Source: European Parliament (http://www.europarl.europa.eu/news/de/news-room/20130905STO18726/Infografik-ABC-der-EU-Institutionen): 332 (l)
© European Union, 2016 – Source: European Parliament (http://www.europarl.europa.eu/european-youth-event/en/news/ideas.html): 337
© Gerlinde Kaltenbrunner: 178 (t)
© H.-P.Haack/Wikipedia CC BY-SA 3.0: 208 (br)
© Nationalmuseum Bangkok: 365 (tr)
© Nepalhilfe Beilngrie: 179 (t)
© Raimond Spekking/CC BY-SA 4.0: 259 (tr)
© Stadt Hameln 1996-2012: 372 (r)
© UNESCO: 365 (tr)
1970gemini/Wikipedia CC BY-SA 3.0: 199 (b), 221 (tl)
2008 Getty Images/Istockphoto: 107 (tr), 350 (*der Wahlsieg*)
2009 Getty Images/Istockphoto: 61 (Maren Ade), 350 (*das Wahllokal*), 357 (*Sternsingen*)
2010 Getty Images/Istockphoto: 327 (*der Scanner*), 348
360b/Shutterstock.com: 36, 58 (t)
4x6/Istockphoto: 85, 330
Abehn/CC BY-SA 3.0: 145 (bl)
ablokhin/Istockphoto: 218
adempercem/Istockphoto: 155 (#6), 155 (#8)
AdventurePicture/Istockphoto: 38 (*das Theater*)
Aivita/Istockphoto: 224 (*Besucher*)
AJ_Watt/Istockphoto: 331
ajkkafe/Istockphoto: 200 (*Jan und Mirko*)
Aldo Murillo/Istockphoto: 288 (b)
Alex Belomlinsky/Istockphoto: 327 (*Haustiere*)
Alexander Raths/Fotolia: 133 (t)
alexander_h_schulz/Istockphoto: 291 (c)
alexkich/Istockphoto: 174
Alvarez/Istockphoto: 82 (*Arbeitsmarkt weniger wichtig*)
Amy.Leonie/CC 0 1.0: 242 (c)
Andegro4ka/Istockphoto: 122 (*die Spielfigur*)
Andreas Schwarzkopf/CC BY-SA 3.0: 149
Angelikamechtel.de: 340
ANKAWÜ/CC BY-SA 3.0: 279
Anna Jo Dornbracht: 245, 375 (t)
AnnaElizabethPhotography/Istockphoto: 81 (t)
annedde/Istockphoto: 82 (*Eltern als Vorbild*)
Anton Ernst Lafenthaler: 295
Antonioguillem/Fotolia: 210 (t)
Aphelleon/Istockphoto: 4 (b)
aprott/Istockphoto: 38 (*die Stadtmauer*), 40 (b), 224 (*Unterhaltung*), 327 (*die Passkontrolle*)
Aronagust/CC BY-SA 4.0: 365 (*Geschichte der Technologie*)
artisteer/Istockphoto: 173 (*der Rucksack*)
ArtVandelay13/CC BY-SA 3.0: 12 (*das Bord-Restaurant, der Speisewagen*)
Astrid Gast/Istockphoto: 272
Atakan/Istockphoto: 1 (m)
AUDI AG/ CC BY-SA 2.0: 147 (b)
Barsrsind/Istockphoto : 95 (br)
baybae/Istockphoto: 287 (*die Handschuhe*)
Ben-Schonewille/Istockphoto: 349 (b), 370 (tr)
Bermicourt/CC BY-SA 3.0: 301
Bernhard Küpper/Fotolia: 23(r)
bernsmann/Istockphoto: 271 (bl)
Bertha Benz (1849–1944) Bühler, Mannheim - Automuseum Dr. Carl Benz, Ladenburg: 371 (rt)
Bildagentur Zoonar GmbH / Shutterstock: 127 (bl), 129 (*Ravensburg bei Nacht*)
Bin im Garten/CC BY-SA 3.0: 258 (tr)
Bitkom/CC BY-SA 2.0: 106 (tr)
bizoo_n/Istockphoto: 155 (#9)
bluejayphoto/Istockphoto: 38 (*das Schloss*)
Boarding1Now/Istockphoto: 329

Bob Thomas/Istockphoto: 368
Bojidar Beremski/Istockphoto: 291 (br)
Bonetta/Istockphoto: 122 (*der Würfel*)
Borisb17/Istockphoto: 90 (tl)
Brocreative/Shutterstock: 300 (t)
Brzozowska/Istockphoto: 274 (*Die Ernährung*)
byPaul/Istockphoto: 159 (c)
Carl Justus Fedeler: 336
Catalin Petolea/Shutterstock: 188
Catalin205/Istockphoto: 287 (*der Gesichtsschutz*)
celsopupo/Istockphoto: 274 (#5)
Cesaria1/istockphoto: 67 (tr)
chelovek/Istockphoto: 375 (b)
chieferu/Istockphoto: 155 (#7)
Chris Fertnig/Istockphoto: 274 (*dunn*)
Chris Warham/Shutterstock: 311
ChrisGorgio/Istockphoto: 160 (*siezen*)
Christian Baitg/Istockphoto: 77 (t)
Christina Hanck/Istockphoto: 357 (*Reetdachdeckerei*)
Christopher Ames/Istockphoto: 327 (*der Zoll*)
Christopher Fuchter / Istockphoto: 76 (bl), 95 (bl), 160 (*Sie + Vornamen*), 186 (#1), 380
Cineberg/Istockphoto: iii (tl)
ClaudioVentrella/Istockphoto: 274 (#7)
ClausAlwinVogel/Istockphoto: 124 (b)
clu/Istockphoto: 39 (book cover)
contrastwerkstatt/Fotolia: 212
Cooper/CC BY-SA 3.0: 12 (*der Großraumwagen*)
coramueller/Istockphoto: 236 (#2 r)
Craig/Wikipedia: 12 (*das Reisezentrum*)
crashtackle/Istockphoto: 133 (c)
CREATISTA/Istockphoto: 56
creativemarc/shutterstock: 165
Cristian Baitg/Istockphoto: 274 (*das Milchprodukt*)
cruphoto/Istockphoto: 106 (tl)
cruphoto/Istockphoto: 93 (#1)
DaLiu/Istockphoto: 346 (r)
Daniel Ernst/Fotolia: 344 (b)
Darkbob/CC BY-SA 3.0: 320 (t)
DAVID ILIFF/CC-BY-SA 3.0: 322
Dbachmann/CC BY-SA 3.0: 280 (b)
deimagine/Istockphoto: 173 (*die Sonnenbrille*), 175
delectus/Istockphoto: xv (b), 31, 61 (t)
DElight/Istockphoto: 236 (#3 r)
dennisvdw/Istockphoto: 346(lb)
Dkart/Istockphoto: 185 (#1)
dnaveh/Istockphoto: 287 (*der Handgelenkschutz*)
dnberty/Istockphoto: 287 (*der Helm*)
DOC RABE Media/Fotolia: 122 (*Karten*)
Don Pablo/Shutterstock : 155 (#5)
Dori O'Connel/Istockphoto: 104 (b)
Doug Cannell/Istockphoto: 124 (Act 2 #1)
Dr. Heinz Linke/Istockphoto: 182 (tl)
dragonimages/Istockphoto: iii (tr), 82 (*Eigene Familie weniger wichtig*)
DRB Images, LLC/Istockphoto: 3 (t)
drbimages/Istockphoto: 5 (t)
drserg / Shutterstock.com: 240
Dutko/Istockphoto: 160 (*Du + Nachnamen*)
EdStock/Istockphoto: 58 (bl), 58 (br)
Edu Van Gelder/CC BY-SA 2.0: 198
Eliza Snow/Istockphoto: 381
Eric Gevaert/Istockphoto: 243
Erica Guilane-Nachez/Fotolia: 228
Erik Khalitov/Istockphoto: 107 (b)
Euku/CC BY-SA 3.0: 22 (bl)
euthymia/Fotolia: 123 (b1), 123 (b2), 123 (b3)
Eva Katalin Kondorordoros/ Istockphoto: 93 (#7)
Evgeny Karandaev/Istockphoto: 274 (#8)
Factio popularis Europaea/CC BY-SA 2.0Wikipedia: 332 (t)
Fearl/Istockphoto: 291 (tl)
feedough/Istockphoto: 330
Fentino/Istockphoto: 93 (#8)
ferrantraite/Istockphoto: 82 (*Kinderwunsch geht zurück*)
Filipe Frazao/Shutterstock: 314 (*Brasil*)
filmfoto/Istockphoto: 8 (tr), 357 (*Volkstanzbewegung*)
fizkes/Shutterstock: 362
flashpics/Fotolia: 327 (*die Gepäckkontrolle*)
Flightlevel80/Istockphoto: 327 (*der Landung*)
Flominator/CC BY-SA 3.0: 145 (br)
FooTToo/Istockphoto: 356 (t)

Fotokvadrat /Shutterstock: 310
franckreporter/Istockphoto: 238
Frank Peters/Istockphoto: 274 (Übergewicht)
Freddy2001/CC BY-SA 4.0: 12 (*das BordBistro*)
Frimen.db: 222 (tr)
fritzundkatze/Istockphoto: xxvi cover,
funlab/Istockphoto: 39 (b)
FXQuadro/shutterstock: 287 (*der Ellenbogenschutz*)
ganzoben/Istockphoto: 206 (bl)
Geber86/Istockphoto: 274 (*Die allgemeine Gesundheit*)
George Clerk/Istockphoto: 155 (#4)
gerenme/Istockphoto: 122 (*der Würfel*)
German Federal Archives/CC BY-SA 3.0: 51 (b)
Gina Sanders/Fotolia: 210 (#3), 327 (*die Passprüfung*)
ginton/istockphoto: 262
Glen Pearson/Istockphoto: 38 (*die Brücke*)
GLimages/Istockphoto: 76 (tr)
Global_Pics/istockphoto: 8 (b), 64
graemenicholson/Istockphoto: 224 (*Kostüme*)
Graf Foto / Wikipedia CC BY-SA 3.0: 143 (t)
Grafissimo/Istockphoto: 224 (*Vortrage*)
Hans Laubel/Istockphoto: 327 (*DIE SICHERHEITSKONTROLLE*)
Hans-J. Aubert/Shutterstock: 281 (t)
Hans/Pixabay CC0: 145 (*porsche*)
Hansemuseum.eu: 208 (tr)
harleebob/Istockphoto: 236 (#2 l)
Heater/Fotolia: 254
Heidas /CC BY-SA 3.0: 326
Heiko Küverling/Istockphoto: 88
helovi/Istockphoto: 102
High Contrast/CC BY-SA 3.0: 68
Highwaystarz-Photography/ Istockphoto: 116
Hk13114/Istockphoto: 38 (*das Denkmal*)
Hochseilgarten Gerlos, © Zillertal Arena: 183 (tr)
Holger Mette/Istockphoto: 250 (t)
Hongqi Zhang/Istockphoto: 162 (c)
hoozone/Istockphoto: 274 (*dick*)
HP Mayer/Shutterstock: 299 (t)
hsvrs/Istockphoto: 316, 357 (*Die Orgelkultur*)
Ian Ning/Istockphoto: 122 (*Spieler 1*)
iceink/shutterstock: 287 (*der Knieschutz*)
leonori/Istockphoto: 274 (#2), 274 (#3)
Igor Marx/Shutterstock: 281 (b), 300 (t)
ilbusca/Istockphoto: 220 (bl), 274 (*stark*)
Inter Nationes: 253
IPGGutenbergUKLtd/ Istockphoto: 93 (#6)
iruska/Istockphoto: 192
IS_ImageSource /Istockphoto: 173 (*der Wanderstock*)
Izabela Habur/Istockphoto: 223
jachurch/Istockphoto: 287 (*der Mundschutz*)
JackF/Istockphoto: 161
Jacob Wackerhausen/ Istockphoto: 317
JakeOlimb/ Istockphoto: 122 (*Spieler 3*)
Jakub Cejpek/shutterstock: 184
JANIFEST/Istockphoto: 142 (Act 21 #1)
Jazz42/istockphoto: 63
Jeanette Dietl/Fotolia: 210 (b)
Jeff Mangione, © Loewe Verlag GmbH: 111
JFs Pic Factory/Shutterstock: 143 (br)
JiaHuei/Istockphoto: 122 (*zusammensetzen*)
jim kruger/Istockphoto: 173 (*der Anorak*)
Jodi Jacobson/Istockphoto: 90 (c), 220 (br)
johannes86/Istockphoto: 173 (*die Wanderkarte*)
John Wightman/Istockphoto: 122 (*das Brettspiel*)
John Woodworth/Istockphoto: 314 (*Schottland*)
Johnny Greig/Istockphoto: 77 (b)
jophil/Istockphoto: 5 (t)
Jorges/CC BY-SA 3.0: 23 (tr)
Joseph C. Justice Jr. / Istockphoto: 350 (*Andrea Specht*), 350 (*Udo Kraft*), 350 (*Wahlplakate*)
jovanjaric/Istockphoto: 173 (*Erste Hilfe*)
Juanmonino/Istockphoto: 249 (br)
Juergen Bosse/Istockphoto: 249 (t)
just77me / seechat.de Gründer: 128 (t)
kaarsten/Istockphoto: 250 (b)
kaczka/Istockphoto: 182 (tr)
Kali9 LLC/Istockphoto: 142 (Act 21 #2)
kama71/Istockphoto: 346 (lt)
Karel Gallas/Istockphoto: 357 (b)
kaspiic/Istockphoto: 291 (bl)

Kerstin Waurick/Istockphoto: 294
killerbayer/Istockphoto: 103
Kinboris/Istockphoto: 19
Kitty /Fotolia: xx (#2)
Klugschnacker/CC BY-SA 2.5: 222 (cr)
Kogo/CC-BY SA 2.0: 178 (b)
kokouu/Istockphoto: 200 (*Heidi und Regina*)
Kremlin.ru/CC BY-SA 3.0: 354 (bc)
kristian sekulic/Istockphoto: 272
kristina rütten/Fotolia: 267
Ktheck: 138
KVB: 235 (t)
Kyoshino/Istockphoto: 122 (*das Puzzleteil*)
L.Willms/CC BY-SA 3.0: 12 (*Der Reisender spricht mit der Zugbegleiterin*)
Lapplaender/CC BY-SA 3.0: 215 (b)
LarsZahnerPhotography/ Istockphoto: 186 (#2)
lechatnoir/Istockphoto: 93 (#9)
Leonardo Patrizi/Istockphoto: 324
Leontura/Istockphoto: 182 (br)
Lienhard Schulz/CC BY-SA 3.0: 144 (tr)
LittleBee80/Istockphoto: 93 (#4)
Ljupco/Istockphoto : 96
Lorado/Istockphoto: 60
LuckyBusiness/Istockphoto: 256
Luis Alvarez/Istockphoto: 82 (*Optimistischer Blick in die Zukunft*)
lvcandy/Istockphoto: 327 (*Start/ Landesbahn*)
Lya_Cattel/Istockphoto: 303
lzf/Istockphoto: 173 (*die Wanderschuhe*)
Madagan/CC_BY SA 3.0: 320 (t)
Magdalena Jankowska/ Istockphoto: 312
makromedya/Istockphoto: 124 (Act 2 #4)
Manfred Werner - Tsui/CC BY-SA 3.0: 61 (*Österreichischer*)
manfredyx/Istockphoto: 38 (*das Rathaus*), 38 (*die Kirche*), 105 (r)
Manuel Schönfeld / Fotolia: 129 (*Theater- und Konzertgebäude*)
ManuelVelasco/Istockphoto: 289
Marc_Osborne/Istockphoto: 89 (tr)
Marco Maas/fotografirma.de/CC BY-SA 2.0: 376
Mariya Bibikova/Istockphoto: 284
Martin Kawalski/Istockphoto: 173 (*der Regenschutz*)
Martinan/Istockphoto: 46
Mauritsvink/Wikipedia: 12 (*die Abfahrt und Ankunft Tafeln*)
Maxiphoto/Istockphoto : 67 (tl)
MaZiKab/shutterstock: 287 (*der Schienbeinschutz*)
Meinzahn/Istockphoto: 177 (bl), 273 (t), 327 (*die Gepäckausgabe*), 327 (*die Personenkontrolle*)
mh-fotos/Istockphoto: 38 (*der Hafen*)
Michael Luhrenberg/ Istockphoto: 38 (*der Brunnen*), 38 (*die Fußgängerzone*), 39 (t), 85, 96, 234, 289, 327 (*DER CHECK-IN*)
Michael Thaler /shutterstock: 170
MichaelJay/Istockphoto: 124 (Act 2 #3)
Milenko Bokan/Istockphoto: 203
mm88/Istockphoto: 249 (bl)
monkeybusinessimages/ Istockphoto: 71 (t), 160 (*du - du*), 236 (#1), 353 (r)
Mordolff/Istockphoto: 160 (*du - Sie*)
mpalis/Istockphoto: 224 (*Essen*)
mRGB /shutterstock: 167
Muller/MSC / CC BY-SA 3.0: 354 (br)
nevereverro/Istockphoto: 275
Nick01ay/istockphoto: 67 (bl)
Nicolas McComber/Istockphoto: 120, 236 (#3 l), 276
Niels Heidenreich/flickr CC BY-SA 2.0: 94
NiroDesign/Istockphoto: 93 (#10)
Niyazz/Istockphoto: 350 (*die Wahlurne*)
Noppasin Wongchum/ Istockphoto: 177 (br)
nullplus/Istockphoto: 162 (t)
o' wie obacht/CC BY-SA 2.0: 221 (br)
oakidoki/Fotolia: 129 (*Ravensburg am Tag*)
Oksana_Alex/Istockphoto: 220 (bc)
olaser/Istockphoto: 160 (*Sie + Nachnamen*)
Oleg Golovnev/Shutterstock: 123 (t)
Oliver S/Shutterstock: 99
Olivier Le Moal/Istockphoto: 274 (*Untergewicht*)
Ollo/Istockphoto: 37 (c), 65 (t), 80, 82 (*Werte für Jugendliche*)
omgimages/Istockphoto: 10 (b)
oneinchpunch/Istockphoto: 143 (t)
Online+Verwaltung/CC BY-SA 4.0: 52

ORLEN Deutschland GmbH/CC BY-SA 2.0: 148
oscity/Fotolia: 344 (t)
pabkov/Istockphoto: 39 (c), 51 (t)
Paolo Cipriani/Istockphoto: 173 (*der Wanderweg*)
Patrizia Tilly/Shutterstock: 140
pavrich/Istockphoto: 291 (tr)
Pedelecs /CC BY-SA 3.0: 255
PeopleImages/Istockphoto: 93 (#2)
Peter Zijlstra/Shutterstock: 372 (b)
photodjo/Istockphoto: 202
photographereddie/ Istockphoto: 330
Picsfive/shutterstock: 122 (*austeilen*)
pidjoe/Istockphoto: 32 (b)
Piotr Zajac / Shutterstock.com: 36
pixdeluxe/Istockphoto: 286 (bl), 286 (br)
pixelheadphoto/Istockphoto: 353 (l)
PixelPower/Fotolia: 122 (*der Spielplan*)
Pogocini/Istockphoto: 274 (#1)
powell83/Fotolia: xvi (t)
Pp158/Istockphoto: 42
Predag Vuckovic/Istockphoto: 92
premier.gov.ru/CC BY-SA 4.0: 12 (*der Lokführer*)
proxyminder/Istockphoto: 300 (b)
querbeet/Istockphoto: 321 (b)
Queryzo/CC BY-SA 4.0: 61 (*Ilker Çatak*), 61 (*Patrick Vollrath*)
r sester/Istockphoto: 314 (*Deutschland*)
Raimond Spekking/Wikipedia: 12 (*Die BahnCard*)
Ralf Roletschek /CC BY_SA 3.0: 12 (*das Abteil*)
Ravensburg.de: 129 (t)
Rawpixel Ltd/Istockphoto: 93 (#3)
rclassenlayouts/Istockphoto: 1 (b), 23 (c), 242 (t)
Richard Huber/CC BY-SA 3.0: 370 (l)
Rocky89/Istockphoto: 261
Roma_/Istockphoto: 327 (*DER FLUGSCHEIN*)
Roman Ivaschenko/Istockphoto: 276
romrodinka/Istockphoto: 355
Roni Ben Ishay/Shutterstock: 314 (*Norwegen*)
Rudy Balasko/Istockphoto: 81 (b), 105 (tl)
RuslanDashinsky/Istockphoto: 286 (bc)
Ryan King999/Istockphoto: 43
RyanJLane/Istockphoto: 185 (#2)
RyanKing999/Istockphoto: 5 (t)
ryccio/Istockphoto: 93 (#5)
Sarun Laowong/Istockphoto: 314 (*Thailand*)
sborisov/Istockphoto: 38 (*das Tor*)
seb_ra/Istockphoto: 250 (b)
Sebastian Sonntag/CC BY-SA 3.0: 215 (t)
Sebastian Terfloth/CC BY-SA 2.5: 12 (*Sitz am Gang*)
sebastian-julian/Istockphoto: 224 (*Musik*)
senorcampesino/Istockphoto: 8 (tl)
shapecharge/Istockphoto: 250 (b)
shironosov/Istockphoto: 39 (t), 39 (c), 39 (b)
shvili/Istockphoto: 238
Sigismund von Dobschütz/CC BY-SA 3.0: 356 (b)
SilviaJansen/Istockphoto: 17 (t), 17 (b), 278
Simone Bechetti/Istockphoto: 41
Solstockphoto/Istockphoto: 84, 352
Sonia Alves-Polidori/ Shutterstock.com: 158
Sorbis/Shutterstock: 327 (*DIE WARTEHALLE*)
Specht Jarvis Associates: iii (b), iv, v, vi, vii, xv, xvi, xvii, xviii, xix, xx, xxi, 9 (b), 12 (*der Bahnsteig*), 12 (*Gleise und Bahnsteige*), 12 (*die Infotafeln*), 15 (t), 15 (br) 89 (tl), 89 (b), 205 (b), 206 (tl), 217 (t), 235 (b), 242 (b), 258 (tl), 273 (b), 298 (t)
Spielwarenmesse eG/CC BY-SA 3.0: 121 (b), 144(br)
StepStone.de: 199 (t)
Steve Debenport/Istockphoto: 47, 290
SteveAllenPhoto/Istockphoto: 313 (t)
stiftungfuerzukunftsfragen.de: 338
StockRocket/Istockphoto: 2
stoertebeker.de: 217 (c)
Stratol/Istockphoto: 155 (#1), 155 (#2), 155 (#3)
studiocasper/Istockphoto: 123 (b4)
sturti/Istockphoto: 257 (bl), 257 (bc), 257 (br)
Sumetee/Istockphoto: 274 (fit)

SurkovDimitri/Istockphoto: 122 (*mischen*)
Susan Chiang/ Istockphoto: 134, 200 (*Tom und Claudia*), 200 (*Milan und Diana*), 236 (#4 l), 236 (#4 r), 274 (*Trainieren*), 323
SusanneB/Istockphoto: 83
svetikd/Istockphoto: 335
svetlana foote/Istockphoto: 274 (#4)
sylv1rob1 /Shutterstock: 100
SZ-Designs/Fotolia: 210 (#1)
Takashi Images/Shutterstock: 280 (t)
taniavolobueva/Shutterstock.com: 37 (b), 57 (t), 57 (c), 57 (b), 67 (br)
Tatjana Balzer/Fotolia: 210 (#4)
tekinturkdogan/Istockphoto: 38 (*der Platz*)
Thomas Demarczyk/ Istockphoto: 38 (*der Park*)
Thomas Francois/ Fotolia: 298 (b)
ThomasSaupe/Istockphoto: 6 (b)
tichr/Istockphoto: 38 (*das Museum*)
Tigatelu/Istockphoto: 160 (*duzen*)
Tobias Klenze/Wikipedia CC-BY SA 3.0: 159 (b), 183 (br)
TommL/Istockphoto: 38 (*die Statue*)
Torbjorn Lagerwall/Istockphoto: 274 (#6)
Tramino/Istockphoto: 135
travelpeter /shutterstock: 169
Tristan & Isolde John Duncan (1866–1945) / CC BY-SA 3.0
TUBS/ CC BY-SA 3.0: 345
Tuned_In/Istockphoto: 45
tupungato/Istockphoto: 16, 32 (t), 162 (c)
typo-graphics/Istockphoto: 53, 54 (b), 66 (t)
Ulrich Knaupe/Istockphoto: 122 (*die Spielfigur*)
ultramarinfoto/Istockphoto: 200 (*Nora und Reiner*), 287 (*die Schutzmaske*)
undesarchiv, Bild 183-1990-0803-017 / Settnik, Bernd / CC-BY-SA 3.0: 354 (bl)
valentinrussanov/Istockphoto: 349 (t)
valio84sl/Istockphoto: 314 (*Jamaika*)
VanderWolf-Images/ Istockphoto: 145 (*Futuristischer Mercedes IAA15*)
Vera-g/Istockphoto: 207 (br)
villorejo/Istockphoto: 269
vipflash/Shutterstock.com: 71 (b)
vm/Istockphoto: 3 (b), 109
VRD/Fotolia: 173 (*die Brotzeit*)
Watcha/Istockphoto: 122 (*der Stein*)
Wavebreak/Istockphoto: 142 (Act 21 #4)
Wavebreakmedia/Istockphoto: 75, 97, 288 (t)
wavebreakmedia/Shutterstock: 154
Westlight/Istockphoto: 124 (Act 2 #2)
WhisperCollection/Istockphoto: 129 (*Ravensburger Fahnen*)
Wiki05/Creative Commons CC0 1.0: 128 (b)
Willie B. Thomas/Istockphoto: 121 (t)
wlodi/ CC BY-SA 2.0: 12 (*der Bahnhof*)
xalanx/Istockphoto: 173 (*der Sonnenhut*)
XiXinXing/Istockphoto: 287 (*das Polster*)
YelenaYemchuk/Istockphoto: 244
Yulia Kuznetsova/Istockphoto: 142 (Act 21 #3)
Yuri_Arcurs/Istockphoto: 173 (*die Wasserflasche*), 176
zoranm/Istockphoto: 200 (*Anna und Christoph*)
ZU_09 /Istockphoto: 365 (*Buchkultu*)

Art Credits

Die Simplonlinie an den Gestaden des Genfersees', poster advertising rail travel around Lake Geneva, 1949 (colour litho), Cardinaux, Emil (1877–1936) / Private Collection / DaTo Images / Bridgeman Images: 15 (bl)
An advertising poster of the Deutsche Bundesbahn, 1966 (b/w photo) / © SZ Photo / Gert Maehler / Bridgeman Images: 35 (b)
Conrad Schumann, „Flucht in die Freiheit". Die Geschichte der Berliner Mauer ist auch ein deutscher Beitrag zum UNESCO Weltregister: 366 (t)
Family outing, 1960 (b/w photo) / © SZ Photo / Kurt Schraudenbach / Bridgeman Images: 153 (t)

German advertisement for 'Sprengel' chocolate, produced by B Sprengel und Co., Hannover, 1924 (colour litho), Rump, Richard (fl.1924) / Deutsches Historisches Museum, Berlin, Germany / © DHM / Bridgeman Images: 271 (br)

German advertisement for the film 'Blonde Venus', starring Marlene Dietrich, printed by August Scherl GmbH, 1932 (colour litho), German School, (20th century) / Deutsches Historisches Museum, Berlin, Germany / © DHM / Bridgeman Images: 78

Journey down the Danube, English School, (20th century) / Private Collection / © Look and Learn / Bridgeman Images: 119

Osterseen, 1925 (oil on canvas), Schrimpf, Georg (1889–1938) / Private Collection / Photo © Christie's Images / Bridgeman Images: 308

The Wanderer above the Sea of Fog, 1818 (oil on canvas), Friedrich, Caspar David (1774–1840) / Hamburger Kunsthalle, Hamburg, Germany / Bridgeman Images: 193

Realia Credits

© 2016 DGE: 274 (*Ernährungskreis*)

© copyright VPRT: 70

© Deutsche Bahn 2011: 25

© European Union, 2016: 332 (*Das ABC der EU-institutionen*)

© KVB AG 2016: 248

© Statista 2016: 109, 222, 374

© Süddeutsche Zeitung Digitale Medien GmbH / Süddeutsche Zeitung GmbH: 146

Aschehoug Danks Forlag: "Der Stift" from "Man kann ruhiger darüber sprechen" by Heinrich Spoerl (pp. 150–151); "Lenchens Geheimnis" by Michael Ende, (pp. 264–265); "Flucht ins fremde Paradies" by Angelika Mechtel (pp. 341–342). Copyright@ Aschehoug Dansk Forlag, Copenhagen, Denmark.

bad-harzburg.de: 301

Deutsche UNESCO-Kommission: 357

Europäisches Parlament: 322

Museum Humpis-Quartier Ravensburg: 129

Parcelsus Messe Rhein-Main: 296

Peer Hellerling / LN Online.de: 207

Stätebund Die Hanse: 224

Stephanie Kowalewski / WDR.de: 185

stiftungfuerzukunftsfragen.de : 338